Thaton
Hall of Opium
Chiang Khong
Chiang Rai
Phu Chi Fah F. P.
Mae Hong Son
Pai
Chiang Dao
Phrao
2
Phu Sang Waterfall
1
Chiang Mai
Doi Inthanon N.P.
Lampang
4
5
Si Satchanalai Historical Park
6
Tak
Mae Sot
Phitsanulok
Phetchabun

Unterwegs mit

Sandra Wohlfart

In Düsseldorf 1971 geboren, reiste sie schon in früher Kindheit mit ihren Eltern durch die Welt. Nach dem Studium der Anglistik, Psychologie und Kommunikationswissenschaft an der Universität Augsburg ließ sie sich in der Schweiz nieder und arbeitete im Human Resource Management für internationale Konzerne. Der 2004 miterlebte Tsunami ließ sie 2005 nach Thailand gehen und auf Koh Lanta gemeinsam mit einer Thai-Familie ein zerstörtes Resort wieder aufbauen. Seit 2011 lebt die Autorin im Norden des Landes.

Thailand entdecken heißt, sich auf die Leichtigkeit des Seins einzulassen, zu entspannen, Fünfe mal gerade sein zu lassen, es wird sich schon alles finden – europäische Hektik und deutsche Genauigkeit sollte man im Land des Lächelns einfach mal zurückstellen. Thais sind Meister im Improvisieren. Eine leere Gasflasche in der Garküche – „mai pen rai" – die Lösung mag ein Campingkocher sein; ein Platten unterwegs – der freundliche Thai hilft beim Reifenwechsel; alle Hotels belegt – irgendwer wird ein Bett freimachen.

Thailand ist auch ein Land der Genießer. Ein Land, in dem man anstatt „Grüß Gott", „Grüezi" oder „Guten Tag" das Gegenüber fragt, ob es schon gegessen habe oder nicht, zeigt deutlich den Stellenwert des Kulinarischen im Alltag. Wenn erst der Som Tam, der scharfe Papayasalat, seinen Geruch entfaltet, der Klebreis im Bambuskörbchen gereicht wird und sonnengetrocknetes Rindfleisch vor mir steht, weiß ich, was ich auf jeder Europareise vermisse. Der Gesang der Mönche aus den zahlreichen Tempeln, der tägliche Almosengang und das gemächliche Leben der Thais lässt mich einfach einen Gang zurückschalten. Und das Einkaufen auf den farbenfrohen Märkten ist ein Festschmaus für die Sinne. Lassen Sie sich verzaubern von den Menschen, der Küche, der Landschaft und den kulturellen Schätzen Nordthailands.

In eigener Sache

Aufgrund der Pandemie und deren Folgen sind unsere Recherchen vor Ort im einen oder anderen Fall nur eingeschränkt möglich, sodass die entsprechenden Angaben unter Vorbehalt stehen. Wir bitten um Ihr Verständnis.

Thailand – der Norden

Sandra Wohlfart

1. Auflage 2023

Inhalt

Orientiert im Norden Thailands ▪ 10

Unterwegs im Norden Thailands ▪ 24

Chiang Mai und Umgebung ▪ 26

Die Provinzhauptstadt bietet eine faszinierenden Mischung aus geschichtsträchtig und modern: Eine Vielzahl von Tempeln, Kunstgalerien, bunten Märkten und Handwerkskunst lockt ebenso wie Lanna-Architektur und kulinarische Highlights.

Der hohe Norden und Phayao ▪ 116

Ein vielseitiger Mix aus Natur und Kultur, ländlichem und urbanem Leben herrscht in der Region zwischen Chiang Rai und Phayao. Die Bergregion des hohen Nordens ist geprägt von Kaffee- und Teeplantagen, in den Städten herrscht ein breites kulturelles Angebot.

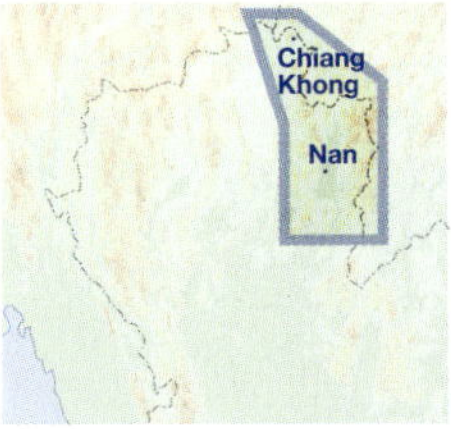

Vom Goldenen Dreieck nach Nan ▪ 164

Ein Touristenmagnet ist das Goldene Dreieck am Mekong. Entlang der Grenze zu Laos erheben sich bizarre Felsformationen, allen voran der „Finger, der in den Himmel zeigt". Rund um Nan wechseln sich Nationalparks, Berge und Dschungellandschaften ab.

Lamphun, Lampang und Phrae ▪ 196

Idyllisch zwischen Reisfeldern liegt Lamphun, das berühmt für seine Tempelanlage ist. In Lampang und Phrae ist das koloniale Erbe noch sichtbar. Tiefer in der Provinz wartet die ehemalige Kronprinzenstadt und UNESCO-Weltkulturerbe Si Satchanalai auf Entdeckung.

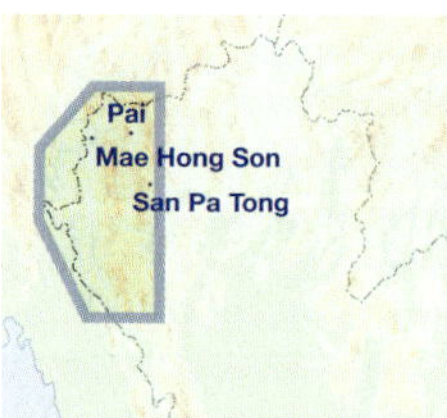

Vom Doi Inthanon nach Mae Hong Son ▪ 226

Thailands höchster Berg, der Doi Inthanon, ist ein Ausläufer des Himalaya. Von dort aus prägen sanftere Bergregionen den Westen. In Mae Hong Son ist es weitgehend ruhig, Pai hingegen ist ein Backpacker-Hotspot.

Von Mae Sot nach Chiang Khan ■ 264

Der Einfluss des Nachbarlandes Myanmar ist in Mae Sot deutlich spürbar. Durch abwechslungsreiche Landschaften geht es von dort zur Wiege Thailands, dem UNESCO-Weltkulturerbe Sukhothai. Chiang Khan am Mekong steckt voller romantischer Holzhaus-Architektur.

Die Blüten des Bodhi-Baums im Wat Suan Dok, Chiang Mai

Nachlesen & Nachschlagen ■ 308

Die Chompu Bridge wird auch the White Bridge genannt ...

Was haben Sie entdeckt?

Haben Sie ein besonderes Restaurant, ein neues Museum oder ein nettes Hotel entdeckt? Wenn Sie Ergänzungen, Verbesserungen oder Tipps zum Buch haben, lassen Sie es uns bitte wissen!

Schreiben Sie an: Sandra Wohlfart, Stichwort „Thailand – der Norden"
c/o Michael Müller Verlag GmbH | Gerberei 19, D – 91054 Erlangen
sandra.wohlfart@michael-mueller-verlag.de

Preise Übernachten (DZ inkl. Frühstück in der Hauptsaison)		**Preise Essen** (ein Hauptgericht)	
€	bis THB 1500	**€**	bis THB 100
€€	THB 1600–2500	**€€**	THB 110–250
€€€	THB 2600–4000	**€€€**	THB 260–400
€€€€	über THB 4000	**€€€€**	über THB 400

nachhaltig, ökologisch, regional

MeinTipp Die besondere Empfehlung unserer Autorin

... und ist ein echter Hingucker

Die Pagode zu Ehren von König Rama IV. auf dem Doi Inthanon

Orientiert

im Norden Thailands

Die Region im Profil

Der Norden Thailands ist …

Unsere Reise durch den Norden verläuft durch unterschiedlichste Provinzen und ist ein Paradies für Entdecker: Traumhafte Natur, Kultur, Bergvölker und verschiedene ethnische Gruppen machen den Norden aus.

- 14 Provinzen werden erkundet.
- Die Flüsse Mekong, Nan und Ping prägen die Landschaft in den Regionen um Chiang Mai, Chiang Rai und Nan.
- An Grenzen stößt man in Mae Sai und Mae Sot zu Myanmar und in Chiang Khong zu Laos.

… ursprünglich

Die Hilltribes, die Bergvölker des Nordens, leben oftmals wie vor hundert Jahren in kleinen, versprengten Dörfern und bewirtschaften die steilen Hänge. Den Besucher erwartet jede Menge Lokalkolorit.

… abwechslungsreich

Die Region liegt an den Ausläufern des Himalaya. Berge wechseln sich mit Ebenen ab, Reisfelder, so weit das Auge reicht, Obstplantagen und Gemüseanbau an den Hängen, aber auch Nationalparks mit immergrüner Vegetation. Besonderes Highlight sind die letzten Bretschneidera-Bäume Asiens. Ein Besuch des Berges Phu Chi Fa, des „Fingers, der in den Himmel zeigt", bietet spektakuläre Ausblicke in die Bergwelt von Laos und auf die Mutter aller Flüsse, den Mekong. Spannende Höhlen, Wasserfälle und tolle Bergstraßen prägen das Bild des Nordens.

… kulinarisch ein Paradies

Die Thai-Küche zählt zu Recht zu den besten Küchen der Welt, Schlemmermäuler sind hier bestens aufgehoben. Vom Papayasalat über die Nudelsuppe und Phad Thai bis hin zu cremigen Currys und Pfannengerührtem, man kann richtig gut für kleines Geld essen.

… ein Mekka für Tempel-Liebhaber

Die Region wartet mit vielen Tempeln aus dem 13. Jh. auf. In Chiang Mai sind etwa der Wat Chedi Luang oder auch der Wat Lok Mo Li besonders geschichtsträchtig. Im ehemaligen Mon-Reich Haripunchai (dem heutigen Lamphun) ist der Wat Haripunchai so etwas wie ein Must-see im Leben eines Buddhisten. Eine anders anmutende Architektur wird durch den Einfluss der Thai

Lue im ehemaligen Königreich Nan spürbar.

Aber auch neuzeitliche Tempel wie der Wat Thaton mit seinem eindrucksvollen Chedi und dem Blick aufs Kok-Tal oder der Wat Phra That Pha Son Kaeo in der Provinz Phetchabhun sind sehenswert.

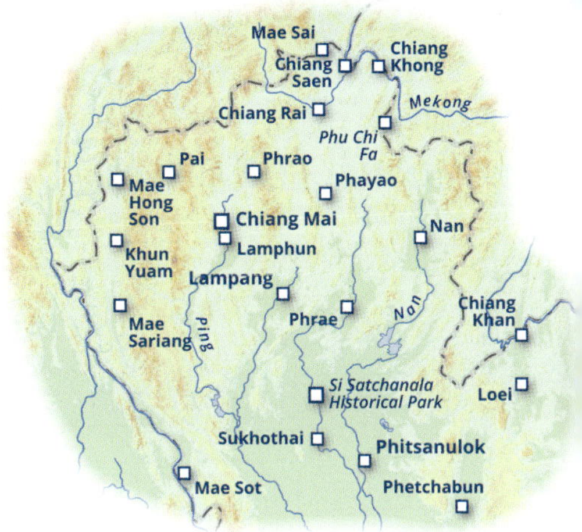

… ein Ziel für Entdeckernaturen

Im touristischen Dornröschen-Schlaf befinden sich die Provinzen Phrae, Lamphun und Lampang. Umso mehr Spaß macht es, sie zu besichtigen. In Lampang kann man mit der Pferdedroschke an kolonialer Architektur vorbeifahren. Lamphun scheint eine Mini-Ausgabe von Chiang Mai zu sein, hier liegen die schönsten Golfplätze der Region. In Phrae gibt es noch einige aufwendig restaurierte Teakhäuser aus dem beginnenden 20. Jh. – ein Altstadtbummel lässt an längst vergangene Zeiten denken.

… Heimat von UNESCO-Weltkulturerbe

Gleich zwei Weltkulturerbe-Stätten liegen im Norden. Sukhothai gilt als die Wiege des Landes und seine Geschichte ist eng verknüpft mit der des Lanna-Reiches. Zwischen Lampang und Phrae befindet sich der Si Satchanalai Historical Park, die ehemalige Kronprinzenstadt. Tempelruinen und renovierte Gotteshäuser warten unter jahrhundertealten Bäumen auf Besucher.

… ein Eldorado für Elefantenfreunde

Es gibt viele Elefantencamps, in denen man die Dickhäuter näher kennenlernen kann. Die Erhaltung der Art und der Tierschutz stehen im Vordergrund, weniger die Shows oder das Reiten auf den sanften Riesen.

… eine Gegend mit vielen interessanten Museen

Die Hall of Opium im goldenen Dreieck ist ein Highlight für Geschichtsinteressierte. Erzählt wird die Geschichte des Opiums, seiner Verbreitung und der Bedeutung für die Region. Architektonischer Höhepunkt ist der Weiße Tempel in Chiang Rai von Stararchitekt Chalermchai Kositpipat. Das Baan Dam, das schwarze Haus, zeigt den Lebenstraum des Künstlers Thawan Dutchanee. In der Nan Art Gallery erwartet den Besucher moderne zeitgenössische Kunst, während man im Chiang Mai National Museum eine Reise in die Vergangenheit antritt. Auch das Bankenmuseum von Lampang entführt ins vorherige Jahrhundert. Das Hilltribe Museum in Chiang Rai erzählt die Geschichte der Bergvölker, und in Chiang Mai ist das kleine private Lisu-Museum von Mimi sehenswert, erzählt es doch eine sehr persönliche Geschichte.

Die Highlights

Erlebnis Kultur

Glitzernde Tempel, Tempelruinen, Kolonialarchitektur, eine bunte Museenmischung sowie der Besuch der UNESCO-Weltkulturerbestätte Sukhothai machen den Besuch im Norden Thailands zu einem besonderen Erlebnis.

Das **Loy Krathong Festival** in Sukhothai zu erleben, gehört auf jeden Fall auf die Liste der Highlights im Norden. Im November wird das Lichterfest vor der Kulisse der Ruinen der alten Stadt ausgiebig zelebriert. Auch in Chiang Mai ist das Fest besonders schön, alljährlich wird ein neuer Rekord an Laternen erzielt, die mit Kerzen bestückt in den Himmel fliegen.

Kulturelle Blütezeiten

Der Norden Thailands mit der ehemaligen Hauptstadt **Sukhothai** wird auch als die Wiege Thailands bezeichnet. Hier verfasste König Ramkhamhaeng (1239–1298) seine berühmten Gesetzesinschriften. Im 13. Jh. war die Stadt weit über ihre Grenzen hinaus bekannt. Auch die angeschlossenen Fürstentümer des **Lanna-Reiches** wie Chiang Mai, Phayao und Nan erreichten zu dieser Zeit ihre Blüte. Im Norden finden sich geballt Altertümer und Tempel aus der Zeit vor der burmesischen Übernahme im Jahr 1558. Viele der alten Tempel sind renoviert worden und lassen den Glanz längst vergangener Tage erahnen.

Architektur des Nordens

Die **Lanna-Architektur** des Nordens zeichnet sich durch Teakbauten, Spitzgiebel und Schnitzereien aus. In den Steintempeln ist das Innere mit Teakholztäfelungen ausgestaltet, die rot oder schwarz bemalt und mit Goldornamenten geschmückt sind. Die Chedis und Buddhastatuen sind entweder strahlend weiß gekalkt oder mit Gold überzogen.

Während der Blüte des Teakhandels im ausgehenden 19. Jh. entstanden auch in Thailand wunderschöne **Häuser im Kolonial-Stil**, auch wenn das Land nie unter die Herrschaft der Kolonialmächte geriet. Viele der noch erhaltenen Gebäude sind heute zu Museen, Hotels oder Restaurants umgebaut.

Die schönsten Tempel

Die schönsten Tempel hat sicherlich Chiang Mai. Die alte Prinzenunterkunft **Wat Phan Tao** (→ S. 34) ist ein gelungenes Beispiel der Lanna-Holzarchitektur. Der **Wat Lok Mo Li** (→ S. 36) und der **Wat Jed Yod** (→ S. 55) sind bemerkenswerte Beispiele von Tempeln aus der Gründerzeit Chiang Mais aus dem 13. Jh. Der Wat Phra Singh (→ S. 36) ist bekannt für die Wandmalereien und seine gold glitzernden Chedis.

Aber auch in anderen Städten liegen wahre Kunstwerke versteckt, so etwa der Wat Ban Den (→ S. 118) in Mae Taeng. Hier trifft moderne Tempelarchitektur auf alte Tradition. In Nan ist der Wat Phumin (→ S. 190) mit seinen Wandmalereien aus dem 19. Jh. im Tai-Lue-Stil ein Highlight.

In Phayao kann man sich mit dem Boot zum Wassertempel Wat Tilok Aram (→ S. 159) staken lassen oder den marmornen Chedi des Wat Analayo im Dschungel besuchen (→ S. 162).

Auch moderne Tempelarchitektur gibt es im Norden. So ist der farbenfrohe Wat Thaton (→ S. 134) hoch über dem Kok-Tal unbedingt einen Besuch wert. Man kann bis in die Kuppel steigen. Der Wat Phra That Pha Son Kaeo (→ S. 293) bei Lom Sak mitten in den Bergen ist ebenfalls ein Beispiel für moderne Tempelarchitektur, man hat das Gefühl, in einem Kunstwerk Dalís zu stehen.

Unbekannte Ruinenstädte

Sukhothai (→ S. 276) ist wohl die bekannteste Ruinenstadt Thailands. Doch ebenso sehenswert sind unbekanntere Orte wie Si Satchanalai (→ S. 223), die alte Kronprinzenstadt zwischen Phrae und Lampang, außerdem Wiang Kum Kam (→ S. 52), die versunkene Stadt, die noch vor Chiang Mai gegründet und erst in den 1980er-Jahren ausgegraben wurde. Und nicht zuletzt die vergessene Stadt in San Pa Tong (→ S. 228) und der zufällig freigelegte Palast in Phitsanulok (→ S. 287).

Die schönsten Kolonialbauten

Sie stehen in der Stadt Phrae, allen voran das Vongburi House (→ S. 219). Auch Nan hat eine Anzahl von hübschen Kolonialhäusern, im größten ist das Nan National Museum (→ S. 189) untergebracht. Die Residenz der Prinzessin, der Daraphirom Palace (→ S. 65) in Mae Rim, ist ein sehr gut erhaltener Kolonialbau aus Teakholz und kann besichtigt werden. Auch das Raming Tea House (→ S. 43) in Chiang Mai ist einen Besuch wert.

Die schönsten Museen

Pflicht ist ein Besuch der Hall of Opium (→ S. 168) im Goldenen Dreieck, einer Ausstellung über die Geschichte des Opiums. Das Hilltribe Museum (→ S. 150) in Chiang Mai beleuchtet die Kultur der Bergvölker. Das Baan Dam Museum (→ S. 151) ist ein Freilichtmuseum des Künstlers Thawan Duchanee und liegt nördlich von Chiang Rai. Auch der Wat Rong Khun (→ S. 149), der Weiße Tempel, ein Kunstwerk von Chalermchai Kositpipat, befindet sich in der Provinz. Die Nan Riverside Art Gallery (→ S. 190) bietet jungen Künstlern Ausstellungsfläche.

Ziele im Grünen

Erlebnis Natur

Grün ist die Farbe des Nordens: Bergketten mit immergrünen Wäldern wechseln sich mit landwirtschaftlichen Anbauflächen an den Hängen ab, immer begleitet von dem saftigen Grün der Millionen Reisfelder.

- Einen beeindruckenden Landsplit sieht man in Pai (→ S. 259).
- Pflanzenliebhaber zieht es in den Garten Mae Fah Luang bei Mae Salong oder in den Rajapruek-Park in Chiang Mai (→ S. 141 und 49).
- Wasserratten können in Wasserfällen baden, z. B. im Huay Kaeo Waterfall im Hinterland von Chiang Mai (→ S. 58).

Die schönsten Naturparks

Beeindruckend ist die Vielzahl an National- und Naturparks in Thailands Norden. Man kann Vögel und Schmetterlinge beobachten – Wild, Bären und Großkatzen gibt es zwar, sie zeigen sich allerdings nur selten. Die Vegetation ist vielseitig. Man findet Bambuswälder und Teakbäume und in höheren Lagen sogar Pinien- und Eichenwälder. An manchen Orten kann man noch immergrüne Regenwälder bewundern. Viele uns bekannte Blumen und Sträucher wie Oleander, Bougainvillea, Orchideen oder Helikonen wachsen hier.

Doi Inthanon National Park: erstreckt sich rund um Thailands höchsten Berg. Man kann bis zum Gipfel fahren, es gibt Wasserfälle, Königspagoden sowie gut in Schuss gehaltene Wanderwege. → S. 234

Doi Khun Tan National Park: ideal für Wanderer, ein gut ausgebauter Weg führt auf den namengebenden Gipfel. → S. 203 u. 204

Doi Phu Kha National Park: Berg- und Talfahrt bis hoch hinauf zu Pinienwäldern, vorbei an Dörfern der Bergvölker, spektakuläre Aussichten und ein Wanderweg, der zu den einzigen Bretschneidera-Bäumen Asiens führt. → S. 185

Phae Muang Phi Forest Park: Gespenstisch mutet der kleine Park ca. 20 km außerhalb von Phrae an, in dem man zwischen erodierten Karstfelsen wandert, die tolle Fotomotive bieten. → S. 220

Phu Chi Fa Forest Park: Er erstreckt sich entlang der laotischen Grenze. Hat man den Phu Chi Fa, den Finger, der in den Himmel zeigt, erklommen, bieten sich traumhafte Ausblicke auf die Bergwelt von Laos. → S. 180

Chiang Dao Wildlife Sanctuary: Am Fuß des dritthöchsten Bergs des Landes befindet sich ein Paradies für Vogelbeobachter. → S. 124

Zahllose Wasserfälle

Nach der Regenzeit, wenn die Natur frisch gewaschen aussieht, die Pflanzen in sattem Grün stehen und die Orchideen ihre volle Blütenpracht zeigen, rauschen die Wasserfälle mit brachialer Kraft die Hänge hinunter.

Mae Ka Sa Waterfall: Bei Mae Sot stürzt er sich in einen jadegrünen Pool, in dem man baden kann. → S. 269

Huay Kaeo Waterfall: Direkt vor den Toren von Chiang Mai rauscht er vom Doi Suthep in die Tiefe, in den trockenen Monaten nicht mehr als ein Rinnsal, nach dem Regen ein eindrucksvolles Schauspiel. → S. 58

Phu Sang Waterfall: Er liegt in der Provinz Phayao und wird von einer heißen Quelle gespeist. Malerisch fällt er über Karstgestein in einen See. → S. 182

Auf Seen und Flüssen

Drei der mächtigsten Flüsse Thailands, der Nan, der Ping und der Yom, entspringen in den Bergen des Nordens und durchziehen seine Täler, werden zu Stauseen aufgestaut, bevor sie in den Chao Phraya River fließen.

Kwan Phayao: Im größten Süßwassersee des Nordens ist es gelungen, den vom Aussterben bedrohten Mekong Giant Catfish zu züchten. → S. 157

Pang Oung: Der See in der Nähe von Baan Rak Thai (Provinz Mae Hong Son) ist umgeben von Nadelwäldern. Eine Floßfahrt entschleunigt. → S. 249

Salween River: Auf dem Grenzfluss zu Myanmar kann man mit Bambusflößen den Fluss entlanggleiten. → S. 239

Nan River: Auf dem Fluss bilden sich zwischen Phitsanulok und Lom Sak in der Regenzeit Stromschnellen und es kann geraftet werden, in der trockenen Zeit fährt man Tretboot. → S. 194

Kok River: Traditionelle Longtail-Boote schippern von Thaton entlang der Grenze zu Myanmar bis nach Chiang Rai. → S. 153

Höhlen im Karstgestein

Karstgestein ist im Norden Thailands allgegenwärtig, und die bizarren Felsen bergen oft weit verzweigte Höhlen, die bei „Höhlenmenschen" hoch im Kurs stehen und auch Fledermäusen ein Zuhause bieten.

Tham Lod: Beim Besuch der Höhle sind auffällig schöne Stalagmiten und Stalaktiten zu bewundern. Mit einem Bambusfloß überquert man den unterirdischen Fluss. → S. 254

Tham Muang On: An diesem spirituellen Ort finden sich in den großen Kammern unzählige Buddhastatuen. Die Höhle ist wenig besucht, da sie leider etwas mühsam zu erreichen ist. Zunächst muss man den Berg hinaufsteigen, dann wieder in die Höhle hinab – nichts für Menschen mit Höhenangst. → S. 99

Tham Chiang Dao: Ein weitverzweigtes Höhlensystem, von dem heute nur einige Kammern zugänglich sind, ist Teil des gleichnamigen Tempels. Die Höhle punktet mit schönen Tropfsteinformationen und einfachem Zugang. → S. 121

Thailand für Fortgeschrittene

Abseits der Touristenpfade

Wenig besuchte Tempel, einsame Täler und individuelle Gästehäuser – wer Thailand von innen entdecken will, ist mit den hier versammelten Zielen abseits der Hotspots bestens beraten.

Neue Perspektiven bieten sich auf einer **Bootsfahrt von Thaton nach Chiang Rai.** Der Kok River schlängelt sich entlang der Grenze zu Myanmar durch unberührte Natur.

„Thainess" im Norden

Sich auf die Einheimischen einzulassen, sich dem Thai-Rhythmus anzupassen und nicht zu viel Perfektion zu erwarten, sind nötige Voraussetzungen für die Erkundung der abgelegeneren Regionen. Die Menschen in den weniger touristischen Gebieten sprechen nicht unbedingt Englisch und man muss sich auf eine Kommunikation mit Händen und Füßen einstellen. Thais sind darin sehr gut – und wenn mal nicht alles so gut klappt, dann kann man das durchaus mit thailändischer Gelassenheit nehmen und es mit einem „mai pen rai" (macht nichts) quittieren. Lautes Rufen und Aufregen nützt nichts und wird nicht goutiert. Man sollte auch auf seine Kleidung achten – während sich in den Städten Chiang Mai und Chiang Rai niemand mehr wundert, wenn Touristen im Trägershirt oder in Hotpants herumlaufen, kann das auf dem Land leicht anstößig wirken. Dresscode auf dem Land: Knie und Schultern bedecken und T-Shirts oder Hemden tragen. Wer in heißen Quellen baden möchte, sollte sich eher im Badeanzug als im Bikini zeigen. Beim Betreten eines Privathauses oder Tempels bitte die Schuhe ausziehen, das gilt oft auch für Minimärkte, da diese in Privathäusern untergebracht sind.

Orte abseits der Massen

Chiang Saen: Das Dorf am Mekong, einst eine Grenzfestung, ist ein schöner Ort, um die Seele baumeln zu lassen. Während die meisten Touristen nach dem Besuch des Goldenen Dreiecks wieder nach Chiang Rai zurückkehren, kann man hier gemütlich übernachten und die Gegend erkunden, mit den Rädern am Fluss entlangfahren, in alten Ruinen herumstöbern und die Thainess des Dorfes genießen. → S. 171

Phrao: Das Hochtal unweit von Chiang Mai bietet viel Lokalkolorit: Reisfelder vor aufragenden Bergen, bunte Märkte und Bergvölker. Von hier kann man Ausflüge nach Chiang Dao, Fang und zum Doi Ang Khang unternehmen. Sehr interessant ist ein Aufenthalt bei Khun Yaowanit im Khum Lanna, hier wohnt man in einem traditionellen Teakhaus und lernt thailändisches Landleben hautnah kennen. → S. 130

Nan: Nicht nur die Tempel von Nan, auch die Umgebung mit unberührter Natur und ihren Nationalparks machen Nan zu einem attraktiven Reiseziel. Hier liegt der Doi Phu Kha National Park mit seinem 1700 Meter hohen Pass und dem Salzbrunnen unweit der Provinzhauptstadt. → S. 185

Provinz Lamphun: In dieser kleinen Provinz gibt es wenig Tourismus, trotz der Nähe zu Chiang Mai. Vom einstigen Königreich Hariphunchai sind heute noch einige Tempel und ein Teil der Stadtmauer erhalten. Es herrscht eine entspannte Atmosphäre. Magnetischer Anziehungspunkt für Thais ist der Wat Phra That Hariphunchai. → S. 198

Chiang Khan: In dem kleinen Dorf am Mekong zelebriert man die Holzhausromantik längst vergangener Tage. → S. 301

Phayao: Von hier aus hat man an klaren Tagen eine schöne Sicht in die Berge. Die Provinzhauptstadt liegt direkt am See und verleiht ihr so einen südländischen Touch – mehr Riviera geht nicht in Thailands Norden. → S. 157

Phetchabun: Von der Tamarindenhauptstadt führen Ausflüge in die „Alpen" Thailands, und man sollte unbedingt den Buddha-Park besichtigen. → S. 297

Phitsanulok: Hier kann man die schönste Buddhastatue des Landes bewundern (sagen die Einheimischen), auf einem Hausboot dinieren und jede Menge kulinarische Highlights probieren. → S. 286

Nachtlager für Individualisten

In Phrao bietet sich das Khum Lanna an (→ S. 131). In Nan ist das Noble House der Topfavorit für Individualisten (→ S. 194). Etwas außerhalb liegen die hübschen Bungalows in einem großen Garten mit Swimmingpool.

Auf dem Land in Lamphun gibt es in der Paan Yong Villa einzeln stehende Bungalows mit Swimmingpool (→ S. 206). Khun Nithra bringt ihre Gäste gerne in die umliegenden Dörfer und führt sie in das lokale Leben ein – Familienanschluss garantiert.

Wer das Leben der Bergvölker kennenlernen will, kann in der Lisu Lodge (→ S. 254) nächtigen. Aber auch ein Besuch der Hmong Lodge (→ S. 83) lohnt sich.

Das schöne Guesthouse A day in Phetchabun (→ S. 299) liegt in der tiefsten Provinz in Phetchabun. Und wer im White House in Chiang Khan übernachtet (→ S. 304), einem gut erhaltenen Teakhaus, ist mittendrin im thailändischen Leben.

Gin khao rü yang?

Kulinarisches

„Schon gegessen – oder noch nicht?" – Eine vielsagende, gängige Begrüßung in Thailand, die den Stellenwert des Essens deutlich macht.

Beliebt bei Einheimischen und Touristen sind die Kantoke Dinner. Es wird auf dem Boden auf Matten an kleinen Tischen gegessen, während Tänzer mit Musikuntermalung ihr Können zeigen.

Esskultur

Essen ist eine ganz wichtige Sache in der thailändischen Gesellschaft. Während man sich mittags schnell für eine Nudelsuppe mit Kollegen auf den Plastikstühlen einer Garküche trifft, wird oftmals bereits ausgiebig diskutiert, was man am Abend essen könnte und wohin es geht. Vor den 1930er-Jahren gab es die thailändische Begrüßungsfloskel „Sawadee" noch nicht, sondern man begrüßte sich mit den Worten „Gin khao rü yang?" („Hast du schon gegessen oder noch nicht?"). Auch heute begrüßen viele Thais ihre Gäste und Freunde mit dieser Frage. Wer verneint, muss damit rechnen, dass in null Komma nichts etwas Essbares auf dem Tisch steht. Da Essen zu jeder Tageszeit eine bedeutende Rolle spielt, gibt es auch eine Rund-um-die-Uhr-Versorgung durch Garküchen.

Geht man am Abend ins Restaurant, werden, anders als in Europa, keine Tellergerichte pro Person bestellt, sondern viele verschiedene Gerichte. Alle Speisen werden gleichzeitig auf den Tisch gebracht, und der Kellner schöpft aus einer großen Schale den Reis auf die Teller, dann bedient man sich an den Köstlichkeiten, die auf dem Tisch stehen. Wer dann noch nicht satt ist, bestellt einfach nach. Gegessen wird den ganzen Abend, die leeren Teller werden auch nicht abgeräumt, es könnte ja noch eine Nachbestellung kommen. Man isst mit Löffel und Gabel, wobei der Löffel rechts gehalten und zum Zerteilen der Speisen benutzt wird, während die Gabel zum Schieben der Speisen auf den Löffel verwendet wird.

Klassiker der Thai-Küche

Die Klassiker der Thai-Küche sind pfannengerührte Gerichte wie das bekannte **Chicken Cashewnut** oder das **Phad Khapao,** Gehacktes mit scharfem Basilikum.

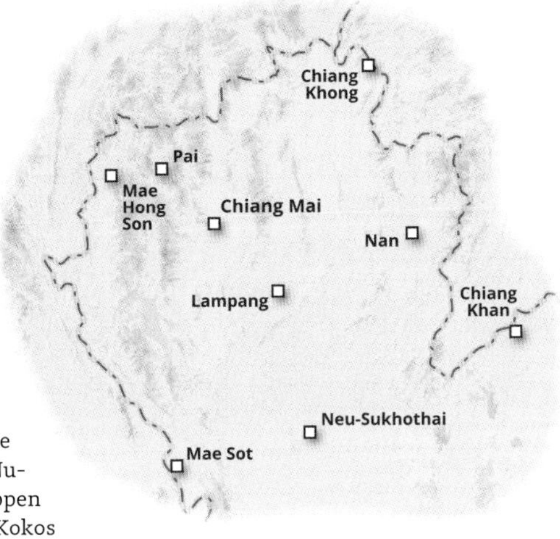

Eine weitere Spezialität sind die **Currys** – grüne Currys mit Auberginen, rote Currys mit scharfem Basilikum, gelbe Currys mit Bambus und Ananas, das Hanglay Curry mit Nelken, Zimt und Kardamom sowie das Massaman Curry mit Kartoffeln und Erdnüssen.

Suppenkasper sollten **Tom Yum**, eine scharf-saure Suppe mit Garnelen, probieren und Nudelliebhaber die vielen Nudelsuppen und die **Khao Soy**, eine Curry-Kokos Suppe mit gelben Nudeln aus Chiang Mai.

Yams sind scharfe Salate, in denen Koriander, Zwiebeln, Limette, Chili und oft auch Minze nicht fehlen dürfen: **Yam Wunsen** mit Glasnudeln oder auch **Yam Talay** mit Meeresfrüchten und nicht zu vergessen der **Yam Hua Phli**, der Bananenblütensalat.

Die **Tams** hingegen sind oft schärfer und basieren auf Früchten, Mango, Papaya oder Pomelo, und werden im Mörser mit scharfer Paste gestampft: so der überall beliebte **Som Tam**.

Meeresfrüchte und Fisch sind wie in ganz Thailand auch im Norden ebenso beliebt wie Fleisch.

Restaurant-Highlights

Im **Kiti Panit** (→ S. 86) in Chiang Mai bekommt man nordthailändische Spezialitäten – die würzigen Nam Phriks, Chilipasten mit Gemüsebeilage, sind sehr beliebt, auch die Jackfruit-Salate.

Mit Blick auf den Mekong wird im **Rai Saeng Arun Resort** in Chiang Khong (→ S. 176) das Gemüse gleich neben dem Tisch geerntet und zu interessanten Thai-Fusion-Gerichten verarbeitet.

Im **Vintage** in Nan (→ S. 194) kann man eine der besten Tom Yum Gung des Nordens essen.

Im Grenzort Mae Sot speist man in einem imaginären Dschungel: Im Restaurant **Khaomao-Khaofang** (→ S. 270) schmeckt nicht nur das Essen, es hat auch eine einzigartige Atmosphäre.

Im **Dream Cafe** in Neu-Sukhothai (→ S. 284) sitzt man wie bei Oma im Wohnzimmer zwischen Antiquitäten aus Europa und genießt thailändische Küche.

Die besten Essensmärkte

Eine Walking Street in **Chiang Mai** findet sonntags auf der Rachadamnoen Road statt (→ S. 84).

Täglich kann man am See in **Mae Hong Son** auf Matten am Ufer Streetfood genießen (→ S. 252).

Jeden Abend lockt der **Night Bazaar** in Chiang Rai (→ S. 154) mit seinen vielen Essensständen.

Am Wochenende flaniert man in schönem Ambiente über die Walking Street von **Lampang** (→ S. 209).

Chiang Khan mit seiner Walking Street bietet eine schöne Holzhauskulisse und gute Essensstände (→ S. 304).

In **Pai** findet jeden Abend die Walking Street mit Kultcharakter statt (→ S. 259).

Tipps für den Familienurlaub

Thailands Norden mit Kindern

Die Thais sind sehr kinderlieb, und so ist ein Urlaub mit Kindern im Land des Lächelns Entspannung für Groß und Klein.

Wer am zweiten Januarwochenende in Thailand ist, erlebt den **National Children's Day**. Im ganzen Königreich gibt es Attraktionen für Kinder, selbst in den kleinsten Dörfern werden Hüpfburgen aufgebaut, der Eintritt in Nationalparks ist gratis, Süßigkeiten werden verteilt – die Kinder stehen im Mittelpunkt.

Kinderliebe Thais

Ein Thailand-Urlaub mit Kindern? Die Idee scheint zunächst vielleicht ungewöhnlich – dabei ist Thailand wirklich sehr gut mit Kindern zu bereisen. Die Thais sind extrem kinderfreundlich, und man kann sich als Eltern sehr entspannt zurücklehnen. So kann es schon mal passieren, dass Hotelangestellte oder auch Kellner sich eine kleine Auszeit nehmen und das Kind spazieren tragen, mit ihm spielen oder es herumführen. Mit Kindern umzugehen, lernen die Thais schon in jungen Jahren, denn die Großfamilie und das Mehrgenerationenhaus sind hier noch immer üblich.

Grundversorgung

Babynahrung gibt es in den internationalen Geschäften, allen voran Tops, in den größeren Städten in den Einkaufszentren Central Festival oder Central Plaza. Rimping-Supermärkte in Chiang Mai, auch 7/11 und Tesco haben eine kleine Auswahl an Babynahrung. Windeln bekommt man in jedem Convenient Store, ebenso Fläschchen und Milchpulver. Da die Straßen und Orte meist katastrophale Trottoirs haben, die entweder sehr hoch sind oder von Schlaglöchern durchzogen, kann die Fahrt mit dem Kinderwagen mühsam werden, deshalb lieber eine Babytrage mitnehmen.

Was essen mit den Kleinen?

Den meisten Kindern schmeckt **Khao Phad Phak,** gebratener Reis mit Ei, oder auch **Phad Thai,** gebratene Nudeln mit Sojasprossen. Das **Khai Jiau** ist ein Omelette und passt zur **Tom Tschuet,** einer klaren Brühe mit Hackfleisch und Tofu. In vielen Restaurants stehen auch Spaghetti auf der Karte, und Pommes sind keine Seltenheit.

Wo essen mit den Kleinen?

Sehr cool, weil auch gut gekühlt durch Klimaanlagen, sind die Foodcourts in den Shoppingmalls, hier gibt es unweit der Essensstände schöne Indoor-Kinderspielplätze mit Rutschen, Hüpfburg, Ballparadies, Kaufladen, alles, was den Aufenthalt für Kinder versüßt.

In Chiang Rai im Cat'n'a Cup Cat Cafe speist man im Beisein süßer Fellnasen (→ S. 156).

Sehr beliebt ist auch Nic's Cafe and Playground in Hang Dong (→ S. 90) mit Spielplatz und Trampolinen.

Attraktionen für Kinder

Ein nächtliches Erlebnis für Groß und Klein ist die Night Safari in Chiang Mai (→ S. 50). Auch der Chiang Mai Zoo (→ S. 57) mit dem riesigen Sea World Aquarium ist Pflicht, wenn man mit Kindern unterwegs ist.

Natürlich sind die Elefantencamps ein absolutes Highlight, allen voran das Chang Sanctuary (→ S. 232) in Mae Wang. Ebenfalls um Elefanten dreht sich alles in der Elephant Parade (→ S. 62) in Chiang Mai beim Bemalen von Elefanten-Skulpturen sowie im Elephant Poo Poo Paper Park (→ S. 67), hier stellt man aus Elefantendung Papier her, ein Spaß für die ganze Familie.

Für ältere Kinder sind die Zipline-Parks eine spannende Aktivität. Durch die Baumwipfel fliegen, über Hängebrücken balancieren – das bieten der Flying Squirrel in Mae Rim (→ S. 76) und der Zipline-Park in Mae Wang (→ S. 232).

Ältere Kids werden vom Besuch des X-Centre in Mae Rim (→ S. 76) begeistert sein: Dort kann man Bungee Jumping wagen und Quad fahren.

Aktivitäten für Kinder verschiedener Altersgruppen werden im Singha Park in Chiang Rai angeboten, ein toller Themenpark. Kinder können hier töpfern, es gibt Spielplätze und man kann an einer kleinen Zipline fliegen (→ S.153).

Für sportliche Kinder sind Radtouren in der Umgebung von Chiang Mai eine gute Beschäftigung, am besten bei Chiang Mai Mountain Biking (→ S. 75), hier gibt es spezielle Programme für Familien. In Sukhothai bietet Sukhothai Bicycle Tour prima Touren an (→ S. 282).

Ein Highlight für Wasserratten ist der Chiang Mai Water Tube Park in San Kamphaeng mit seinen riesigen Rutschen und dem großen Schwimmbecken (→ S. 101). Aber auch die heißen Quellen im Land bieten Bademöglichkeiten, z. B. die San Kamphaeng Hot Springs (→ S. 100).

Auch ein Museumsbesuch kann auf dem Programm stehen: Das 3-D-Museum Art in Paradise in Chiang Mai (→ S. 99) ist ein Spaß für die ganze Familie. Schräge Fotos und coole Selfies kommen gut an bei Teenagern.

Kaffeetrinken mit Fellnasen: Cat'n a Cup Coffee, Chiang Rai

Unterwegs

im Norden Thailands

Chiang Mai und Umgebung

Das Herz des Nordens! Chiang Mai lockt mit Kultur, kulinarischen Highlights, bunten Märkten und Handwerkskunst.

Nicht verpassen sollte man die vielen Festivals in Chiang Mai: das **Loy Krathong Festival**, bei dem Tausende Laternen in den Himmel steigen, das **Songkran Festival** mit Wasserschlachten und Buddha-Paraden oder das **Flower Festival**, eine eindrückliche Blumenparade.

In der Provinz Chiang Mai, Mittelpunkt des ehemaligen Lanna-Reichs, ticken die Uhren anders. Hier ist es ruhiger und gemächlicher als in Bangkok, schon der Dialekt der Einheimischen wird viel langsamer gesprochen als das Hoch-Thai in der Hauptstadt. Die Gegend blickt auf eine jahrhundertelange Souveränität zurück, schließlich wurde das Lanna-Reich erst im letzten Jahrhundert Teil von Siam (→ Geschichte, S. 322). Die Stadt Chiang Mai hat die größte Tempeldichte aller thailändischen Städte. Die faszinierende Lanna-Architektur gepaart mit dem Zuckerbäcker-Stil der noch erhaltenen, vom Kolonialstil beeinflussten Häuser verleiht der Stadt einen besonderen Charme. Kunstgalerien und ausgefallene Läden tragen ebenfalls dazu bei. Auch moderne Shoppingmalls und Lebensmittelgeschäfte mit internationalen Produkten gibt es. Neben der Hauptstadt Chiang Mai mit ihrer Vielzahl an Restaurants, Unterkünften und dem lebendigen Nachtleben lässt sich im Umland vieles entdecken: Nationalparks, Handwerksdörfer, Stauseen, Höhlen, Bergtempel, ein schwimmendes Resort, schöne Lodges und jede Menge Lokalkolorit.

Was anschauen?

Die Tempel der Innenstadt sollte man sich in keinem Fall entgehen lassen, darunter der **Wat Lok Mo Li** (→ S. 36) mit seinen alten Chedis, der **Wat Jed Yod** (→ S. 55) mit den sieben Spitzen und den Reliefs aus der König-Mengrai-Periode sowie der **Wat Phra Singh** (→ S. 36) mit der hoch verehrten Buddhastatue und schließlich der **Wat**

Phan Tao (→ S. 34), ein wunderschönes Beispiel für die Lanna-Architektur. Unvergesslich ist auch ein Spaziergang über den **Warorot Market** (→ S. 84) und durch **Chinatown** (→ S. 42).

Schirmmacherdorf Bo Sang: Hier kann man den Handwerkern über die Schulter schauen und bei der Entstehung der kunstvoll gearbeiteten Schirme live dabei sein. **→ S. 95**

Erotic Garden: Lassen Sie sich von einer Gartenführung der etwas anderen Art überraschen. **→ S. 65**

Was unternehmen?

The Giant: In einem Baumriesen sitzen und gemütlich Kaffee trinken – ein außergewöhnliches Erlebnis. **→ S. 111**

Hilltribe Lodge: Beim Besuch kommt man mit den Bergvölkern in Kontakt. **→ S. 65**

Baan Celadon: In der Töpferei kann man selbst Hand anlegen. Das Areal mit den schönen Teakbauten hat ein gutes Café. **→ S. 103**

San Kamphaeng Hot Springs: Die schönste der heißen Quellen der Region, die zu einem Bad im gesunden Nass einladen. **→ S. 100**

Wo übernachten?

Das **Ping Nakara** (→ S. 79) ist eines der schönsten Resorts am Platz. Ganz gemütlich mit nur acht Bungalows übernachtet man im **Baan Saen Fang** (→ S. 77). Schöne Mittelklassehotels findet man in der Stadt genügend, z. B. das **Pingviman Hotel** (→ S. 78). Für den kleinen Geldbeutel bieten sich Guesthouses oder Hostels mit Schlafsaal an, z. B. das **Tanita Guest House** (→ S. 80). Entlang des Flusses liegen ruhige Resorts wie das **RatiLanna** (→ S. 79), auch Mae Rim bietet Boutique-Hotels der Extraklasse, z. B das **Four Seasons** (→ S. 83). In Doi Saket übernachtet man schön im **Baan Chai Thung** (→ S. 105) oder dem **Papa's Resort** (→ S. 105).

Was und wo essen?

Chiang Mai hat eine Vielzahl an Lokalen, so ziemlich alle Küchen der Welt sind vertreten. Sehr gut chinesisch isst man im **Tulou,** einem nachgebauten typischen Tulou, besonders die Dim Sums und die Pekingente sind hier gefragt (→ S. 89).

Lokale Köstlichkeiten wie die **Khao Soy,** eine Curry-Nudelsuppe mit gelben Nudeln, sollte man in jedem Fall probieren, man findet sie an fast jedem Nudelsuppenstand der Innenstadt, aber auch im **Kiti Panit** (→ S. 86), dem Restaurant für lokale Küche, unterge bracht im ältesten Kaufhaus der Stadt.

Wer indisch essen will, dem empfehlen wir **Accha Authentic Indian Cuisine** (→ S. 88), wo es u. a. ein leckeres Chicken Vindaloo gibt.

Gediegen speist man in der ehemaligen Englischen Botschaft im **The Service 1921** im **Anantara Resort** (→ S. 79) direkt am Fluss.

Chiang Mai
und Umgebung
8 km
Mae Ai
Chiang Rai
Wiang Haeng
Phayao
Hot
Thoen
Lampang
Arunothai
Sinchai
Pong Tam
Si Dong Yen
Hinoki Land
Rin Luang
Pha Daeng N.P.
Sri Sangwan Waterfall
Na Wai
Pong Arng Hot Spring
Wat Phra That Doi Mon Ching
Doi Kam Phra
Hua Fai
Hua Tho
Pong Pao
Mae Cha
Mueang Ngai
King Naresuan Shrine
Ping Khong
Taeng
Wang Mario
Chiang Dao W. S.
Doi Chiang Dao
W. Tham Pha Plong
W. Tham Chiang Dao
Chiang Dao
Pa Hin
Phrao
Wat Phrathat Klang Chai Mueang
Wat Tham Dok Kham
Wat Klang Wiang
Doi Khun Mae Mae
Mae Na
Doi Chom Hot
Huai Ngu
Mae Poon Luang
Sop Kai
Elephant Nature Park
Inthakhin
Kuet Chang
Thai Elephant Home
Elephant EcoValley
Thap Duea
Mae Ngat Somboon Chon
Si Lanna N.P.
Wat Ban Den
Mae Ngat
Mae Ngat Dam
Huai Sai
Pa Pae
Mae Taeng
Cho Lae
Ping
Sop Poeng
Mae Malai
Ban Luang
Bua Thong Waterfall
San Pa Yang
Huai Kaeo
Wat Phra Phutthapat Si Roi
Pang Kwao
Muang Kah
Erotic Garden
Mae Ta Khrai N.P.
Mae Aen
Mae Khi
Mae Pa
Nong Hoi
Mae Sa Elephant Camp
Mae Rim
Mae Jo
Mae Kuang
Mae Kuang Dam
Pong Din
Mae Wan
Pang Daeng
Khun Khan N.P.
Pong Khrai
Wat Pa Dara Phirom
Tweechol Botanical Garden
Doi Saket
Doi Saket Hot Springs
Huai Hong Krai
San Sai
Doi Suthep-Pui N.P.
Samoeng
National Museum
Chiang Mai
Hmong Village
Wat Pha Lat
Wat Chedi Luang
Bo Sang
San Kamphaeng Hot Spring
Huai Kaeo
Muang On Cave
Mae On
Huai Rai
Pong
Maiiam Art Museum
Baan Rong Wua Daeng
Art Museum
Wiang Kum Kam
San Kamphaeng
Ob Khan N.P.
Chiang Mai Grand Canyon
Huai Yuak
Huai Cho
Hang Dong
Baan Tawai
Saraphi
Wat Pa Yang
Thi Luang
Banthi
Mai
Suan Pa
Chae Son N.P.
San Pa Tong
Buffalo Market
Lamphun
Wat Phra That Hariphunchai
Mueang Kwak
Huai Sai
Mae Wang N.P.
Wat Si Nawarat
Wiang Tha Kan
Don Luang
Sapung
Mae Tha
Mae Suai Dam
Mae Suai
Pa Daet
Doi Khun Mae Tam Luang
Mae Yang Min Tai
Chedi Luang
Huai Nam Khun
Tha Ko
Doi Luang N.P.
Doi Mon Lan
Pong Nuea
Wiang Pa Pao
Pa Bong
Pa Ngio
Wiang Kalong
Mae Chedi
Wat Phra That Mae Chedi
Khun Chae N.P.
Doi Phi Pan Nam
Pong Nam Ron
Sop Pong
Mae Kachan Hot Spring and Geyser
Doi Mae Tho
Hua Mueang
Mae Ton Luang
The Giant
Flight of the Gibbon
Mae Kampong
Mae Kampong Waterfall
Chae Son
Muang Pan
Wat Chalerm Prakiat
Ban Sa
Thung Khuang
109
107
1178
1340
1346
1322
118
1150
1001
1095
1014
1317
1230
1252
1269
121
3035
1013
108
116
11
106
1033
1157

Das Restaurant Kiti Panit befindet sich im ältesten Kaufhaus der Stadt

Chiang Mai und Umgebung → Karte S. 28

Chiang Mai (Stadt)

Teakholzbauten, golden glitzernde Tempel, Mönche in safranfarbenen Gewändern, Garküchen und wuselige Märkte, das erwartet man von einer thailändischen Stadt – und Chiang Mai erfüllt diese Erwartungen in höchstem Maße. Willkommen in der Rose des Nordens.

Die Provinzhauptstadt Chiang Mai liegt im fruchtbaren Delta des Flusses Ping, ist von einer Reisfeldebene umgeben und wird von der Thanon-Thong-Chai-Bergkette im Westen begrenzt. Die Zwillingsgipfel Doi Pui mit dem königlichen Palast und Doi Suthep mit dem gleichnamigen Tempel sind die Hausberge Chiang Mais. Sie ragen knapp 1700 Meter über der Stadt empor. Chiang Mai und das Umland sind mit vielen Grünflächen, Nationalparks und Wald beschenkt – ein Paradies für Naturliebhaber. Stadt und Natur gehen ineinander über und das macht sie aus, die von ihren Einwohnern liebevoll so genannte „Rose des Nordens".

Das heutige Chiang Mai ist eine schnell wachsende Stadt, die in den Außenbezirken mehr und mehr mit der benachbarten Provinz Lamphun verschmilzt. Hochhäuser, Condos und Wohnsiedlungen reihen sich aneinander. Riesige Shoppingmalls, Mega-Supermärkte, Autohäuser und Baugeschäfte verdrängen die Reisfelder und geben der Stadt das Flair einer wirklichen Großstadt. Ist man aber im Innenstadtbereich, hat Chiang Mai viel vom alten Charme bewahrt: viele Tempel, enge Gassen, in denen sich windschiefe Häuser drängen. Hier ist man sich des kulturellen Erbes bewusst und Häuser im Kolonialstil und Holzhäuser werden nicht abgerissen, sondern vermehrt renoviert. Cafés, moderne Lokale, Fusion Food, schicke Boutiquen und Boutique-Hotels entstehen.

Stadtgeschichte

Das fruchtbare Tal entlang des Flusses Ping war laut archäologischen Angaben bereits vor 2000 Jahren besiedelt. Die Siedler, bekannt als Lawa, wurden in der Dvaravati-Ära (6.-10. Jh.) durch die Mon vertrieben. Das ursprünglich aus China oder Burma stammende Volk ließ sich in der Ebene nieder und im 8. Jh. wurde das Hariphunchai-Reich, das heutige Lamphun, gegründet.

Die Geschichte Chiang Mais ist eng mit der des Lanna-Reichs verbunden. Im Jahr 1251 überfiel König Mengrai (1238–1317) das Hariphunchai-Reich und annektierte es, 1296 machte er Chiang Mai, was übersetzt Neue Stadt heißt, zur Hauptstadt des Lanna-Reichs, dem Land der Millionen Reisfelder. Das geschah unter Mitwirkung der Könige von Phayao und Sukhothai, daran erinnert das Three Kings Monument in der Innenstadt.

Von den nachfolgenden Königen der Mengrai-Dynastie sind besonders hervorzuheben König Kuena (reg. 1355–1387) und König Tilokarat (reg. 1444–1487), beide trugen maßgeblich zur Entwicklung der Stadt und der Provinz bei, sie verbreiteten den Buddhismus im Norden und ließen wichtige Tempelanlagen errichten. Unter König Kuena entstand der Wat Suan Dok, der die Asche aller Könige der Mengrai-Dynastien in seinen Mausoleen beherbergt. Unter König Saen Mueang Ma (reg. 1385–1401) erlebte Chiang Mai eine architektonische Blütezeit, der Buddhismus florierte und viele Tempel wurden gebaut. Zur Zeit des Königs Tilokarat wurden Tempel saniert, erneuert und 1477 kam sogar der Buddhistische Rat zu einem Kongress nach Chiang Mai. Allerdings wurden zu dieser Zeit Ayutthaya und die Städte am Meer immer einflussreicher und so verlor das Lanna-Reich zusehends an Einfluss.

Die Kämpfe gegen Ayutthaya schwächten das Imperium, bis es 1585 endgültig an die Burmesen fiel. Bis 1774 blieb Chiang Mai unter burmesischer Herrschaft. Nur 1598 hatte König Naresuan von Ayutthaya (reg. 1590–1605) die Stadt am Ping zurückerobert, sie aber gleich im Jahr 1614 wieder an die Burmesen verloren. Nach der Zerstörung Ayutthayas 1767 wurde König Taksin in Bangkok immer stärker und mit seiner Hilfe konnte Chao Kawila von Lampang Chiang Mai 1775 zurückerobern und begann am 12. April mit dem Wiederaufbau.

Unter König Rama IV. (reg. 1851–68) wuchs das Interesse am Austausch mit den westlichen Staaten. Er unterzeichnete 1854 den Bowring Vertrag, der Europäern das Recht gab, in Siam Handel zu treiben. Zur Blütezeit des Kolonialismus im Nachbarland Burma boomte der Holzhandel in Südostasien. Nicht nur das Schlagen des Holzes, sondern auch der Transport der Stämme durch das Lanna-Reich sorgte für gute Geschäfte. Mit Hilfe von Elefanten wurden die riesigen Stämme über den Salawin River und den River Ping, vorbei an Lampang und Chiang Mai, transportiert. So bildeten sich neue Geschäftszentren entlang des Flusses und bald kamen nicht nur Engländer, sondern auch andere Europäer, Chinesen und Inder in die Stadt und fanden ihr Glück. Den Engländern folgten Amerikaner und Holländer und Chiang Mai wuchs. Auch sein heute noch hoch verehrter Sohn, Chulalongkorn, Rama V. (1868–1910), setzte die Öffnung gegenüber dem Westen fort. Chiang Mai war zu der Zeit noch nicht dem Königreich angeschlossen, sondern eine eigenständige Provinz mit engen Verbindungen zu Bangkok.

Chao Kawilorot, der damalige Gouverneur des Lanna-Reiches (1856–1870), wird auch oft der letzte König Chiang Mais genannt. Er führte sein Volk mit Härte und war gleichermaßen gefürchtet und respektiert. Er erlaubte den Missionaren Daniel Mc Gilvary und seiner Frau Sophia ihre Mission zu gründen, sie errichteten das auch heute noch bestehende McCormick Hospital und die CMIS Chiang Mai International School. Obwohl in Bangkok die Religionsfreiheit bereits praktiziert wurde, ließ Chao Kawilorot zwei zum Christentum konvertierte Buddhisten hinrichten. Damit verärgerte er König Chulalongkorn (Rama V.) in Bangkok dermaßen, dass dieser Chiang Mai mehr und mehr in dessen Autonomie beschnitt und schließlich den Siam-freundlichen Chao Inthawichayanon, kurz Chao Inthanon (reg. 1871–1897), als Herrscher in Chiang Mai einsetzte. Die Entscheidungsgewalten der Chaos wurden immer mehr beschnitten und 1932 wurde Chiang Mai eine offizielle Provinz Siams.

Rundgang durch die historische Altstadt

Stadtmauern, ein ehemaliger Befestigungsgraben, moderne Tempel und Tempelanlagen längst vergangener Zeit liegen nahe beieinander in der Altstadt Chiang Mais. Untermalt vom Singsang der Mönche ziehen Fahrradrikschas langsam ihre Kreise und hier und da knattert ein Moped durch die engen Gassen.

Chiang Mai wurde als Rechteck mit vier Stadttoren angelegt, das macht eine Orientierung innerhalb des historischen Kerns einfach. Das Chang Phuak Gate im Norden bildete den Kopf der Stadt, durch dieses Tor gelangten die Könige in die Stadt. Um das Thapae Gate im Osten auf der dem Fluss zugewandten Seite bildete sich das Handelszentrum der Stadt aus. Im Süden liegt das Chiang Mai Gate, es versinnbildlichte den Fuß der Stadt. Im Westen sollte hinter den Toren des Suan Dok Gates das geistige Zentrum entstehen. Vor den Toren umzieht ein Stadtgraben die Anlage und früher wurden Bambuszugbrücken zur Sicherung der Stadt benutzt. Heute sind von der Stadtmauer und deren Toren nur noch Fragmente zu sehen. Vermutlich wurden die Steine in den 1930er- bis 40er-Jahren als Baumaterial verwendet. In der Mitte, im Herzen der Stadt, steht der City Pillar Shrine im Wat Chedi Luang, dem Haupttempel Chiang Mais, der der Stadt und ihren Bürgern Sicherheit und Wohlstand verspricht.

> Von Nord nach Süd mit Schnittpunkt Wat Chedi Luang verläuft die Prapokklao Road vom Chang Phuak Gate bis zum Chiang Mai Gate. Zusammen mit der Rachadamnoen Road, die von Ost (Thapae Gate) nach West (Suan Dok Gate) verläuft, teilen die beiden Straßen die Altstadt in vier etwa gleich große Teile und helfen bei der Orientierung.

Innerhalb des Stadtgrabens

Die Altstadt innerhalb des Stadtgrabens besteht aus einem Gewusel kleiner Gassen und Straßen, manche zu schmal für ein Auto. Das macht den Charme dieses schnuckeligen, gemütlichen und ursprünglichen Chiang Mais aus, weit weg von den Hochhäusern und Shoppingmalls, von denen es umzingelt wird.

Chiang Mai und Umgebung → Karte S. 28

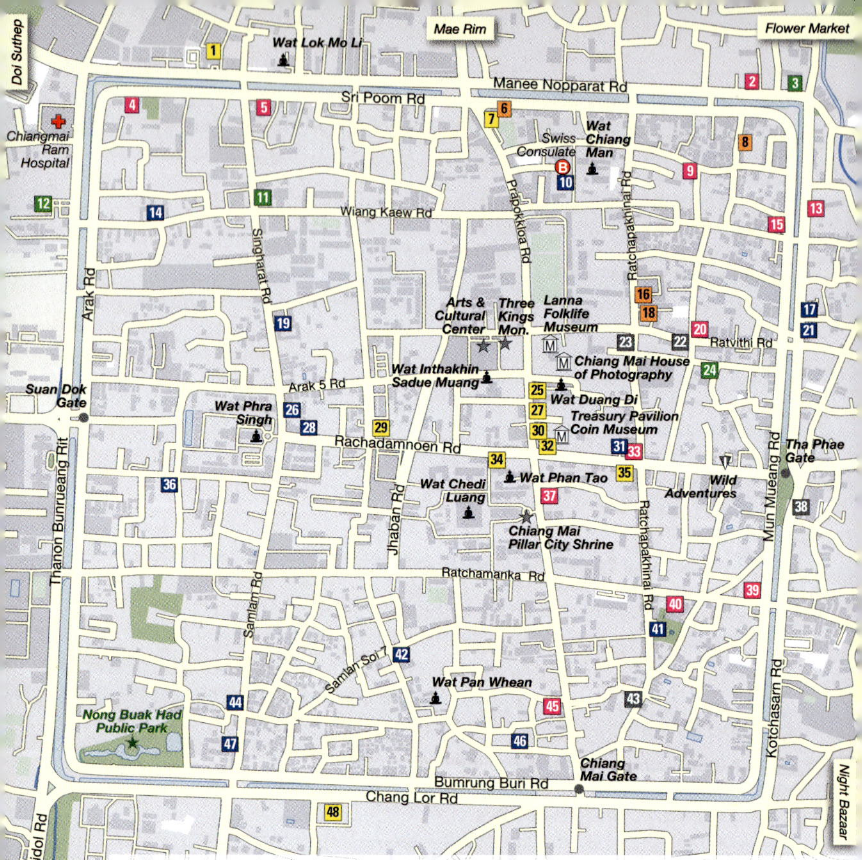

Essen & Trinken (S. 85/86)

2 Ai Tomoe Japanese Restaurant
4 Versailles de flore
5 Khum Hom
9 Blue Diamond
13 Miguel´s Mexican Food (S. 88)
15 The House by Ginger
20 UN Irish Pub
28 Buri Gallery House Resort (S. 78)
33 Wawee Plaza
37 La Fourchette
39 The Happy Frog
40 La Fontana (S. 88)
45 Grill of India

Cafés (S. 85/86)

3 La Chouquette
4 Versailles de flore
9 Blue Diamond
11 Fern Forest Cafe
12 Tea Leaf Lab
24 Angel's Secrets Cafe

Übernachten (S. 77/78)

10 Frangipani
14 The Twenty Lodge
17 OON Poshtel x Cafe
19 De Charme Hotel
21 Nidhra Lanna Hotel
26 99 The Heritage
28 Buri Gallery House Resort
31 Tamarind Village
36 Cheeva Dee Resort
41 Bodhi Serene Hotel
42 Villa Klang Wiang Hotel
44 Ma Guesthouse
46 Por Liang Terracotta Resort
47 Pingviman Hotel

Nachtleben (S. 92)

6 The North Gate Jazz Club
8 Oasis Rooftop Bar
16 Pentatonic Rock Bar
18 ZOE in Yellow

Einkaufen (S. 72)

1 Computer Plaza
7 Ban Taktor
25 Fairytales
27 Co-lours
29 Retup
30 Beautiful Herbal Products & Gifts
32 Supachet Studio
34 Chiang Mai Cotton
35 Siam Royal Orchid (ROC) (S. 73)
48 Siam TV Electronic Plaza

Sonstiges

22 Super Rich Mone Exchange (S. 71)
23 Mr. Mechanic Shop No.1 (S. 71)
38 Segway Gibbon (S. 74)
43 Mr. Mechanic Shop No.3 (S. 71)
44 Ma Salon (S. 76)

Chiang Mai Altstadt

180 m

Der Innenstadtbereich lässt sich am besten zu Fuß erkunden. Unser Rundgang beginnt am **Thapae Gate.** Das ehemalige Stadttor ist aus neuen Steinen in seiner ursprünglichen Form wieder aufgebaut worden, der große Platz davor ist von Selfie machenden Menschen bevölkert, rundherum Tauben, die von den Touristen gefüttert werden. Der Platz wird bei Veranstaltungen, etwa bei der Blumenparade Anfang Februar, dem Lee Pen Festival im November oder auch dem Jahresend-Countdown als Festplatz genutzt. Geht man durch das Tor, gelangt man auf die **Rachadamnoen Road.** Sie ist die Hauptstraße, die vom Thapae Gate im Osten über den Wat Phra Singh im Westen zum Suan Dok Gate verläuft.

Am Sonntag verwandelt sich die Straße in einen großen Markt, ab 16 Uhr ist sie für den Verkehr gesperrt und Händler bauen ihre Stände auf. Ein Traum für Schnäppchenjäger. Neben dem üblichen Touristenkram kann man hier auch schöne Handwerkskunst erstehen: Töpferwaren, handgenähte Taschen, filigran gearbeitete Puppenstübchen und jede Menge Kleider. Viele Einheimische kommen auf den Markt, um Geschenke, aber auch Gemüse und Obst zu kaufen. Die Tempel werden zu Foodcourts umgestaltet und es dampft und kocht an allen Ecken. Suppen, Seafood, Gebratenes, Kebab und Pommes sind genauso wie Süßwaren im Angebot.

Wat Chedi Luang: In der Mitte der Rachadamnoen Road befindet sich der Wat Chedi Luang, unter König Saen Muang Ma errichtet. 1385 wurde mit dem Bau begonnen, dessen Vollendung der König nicht mehr erlebte, da er früh verstarb. Doch wurde der 24 Meter hohe Chedi für seinen Vater errichtet und unter König Tilokarat wurde die Stupa dann auf sagenhafte 96 Meter erweitert, das war 1481. Während eines schweren Erdbebens 1545 stürzte das obere Drittel des Chedis ein und liegt noch heute neben dem übriggebliebenen Chedi. Dieser misst jetzt nur noch 42 Meter und ragt unvollendet in die Höhe. Der untere Sockel ist mit Elefanten geschmückt. Der Viharn und der Ubosot sind neueren Datums und stammen aus dem 19. und 20. Jh. Die zweistöckige Bibliothek ist hübsch anzusehen und beherbergt Buddha-Amulette aus dem 14. Jh. Der Stadtpfeiler oder auch **City Pillar Shrine,** in Thai „Lak Muang", befindet sich auf dem Tempelareal. Die Bürger der Stadt huldigen ihm regelmäßig, sie spenden Blumen und Räucherwerk. Im Hauptviharn kann man eine Replik des Jade-Buddhas bewundern, das weitgereiste Original steht im Wat Kaeo in Bangkok (→ S. 352). Die Mönche im Wat Chedi Luang bieten einen Monk Chat an, sie haben sozusagen Sprechstunde, man kann mehr über das Leben und Wirken erfragen und auch Allgemeines zum Buddhismus wird gerne diskutiert. Auch Meditationskurse werden angeboten und Übernachtungen sind möglich.

▪ 103 Road Prapokklao Rd., Phra Singh. Eintritt für Ausländer THB 50.

Wat Chedi Luang: Hier kann man am Monk Chat teilnehmen

Wat Phan Tao: Durch den Seitenausgang des Wat Chedi Luang gelangt man in den Wat Phan Tao. Er wurde zur gleichen Zeit erbaut wie der Wat Chedi Luang (1385), allerdings erfuhr er in der Regierungszeit des Königs Mahawong (reg. 1846–54) große Änderungen. Ein Teakholzpalast, der heutige Viharn, wurde gebaut und diente als Thronhalle für königliche Zeremonien und Staatsempfänge. Die schönen Holzschnitzereien sind typisch für die Lanna-Kunst und zeigen über dem Eingang einen Pfau, den königlichen Vogel der Burmesen. Der daneben schlafende Hund zeigt das Tierkreiszeichen des Erbauers an. Heute hat der Tempel einen parkähnlichen Charakter mit kleinem See und vielen Skulpturen im Garten. Besonders schön ist es zum alljährlichen Visakha-Bucha-Tag, dem höchsten buddhistischen Feiertag. Am 6. Vollmond des Jahres wird Buddhas Geburt, seiner Erleuchtung und seines Eintritts ins Nirwana gedacht. Es gehört zum festen Ablauf eines Buddhisten, an diesem Tag in den Tempel zu gehen und zu spenden. Abends findet in den meisten Städten eine Lichterprozession statt (besonders schön im Wat Phra Singh, wenn die Gläubigen mit Kerzen in den Händen den Tempel umrunden).

▪ Prapokklao Rd., Phra Sing.

Wat Duang Di: Auf der Prapokklao Road geht man zum Wat Duang Di, einem mit vielen Goldornamenten verzierten Tempel. Der Eingangsbereich ist von riesigen Longan-Bäumen überwachsen. Vermutlich wurde der Tempel im 16. Jh. errichtet, der Viharn kam erst später hinzu, er stammt aus der Rattanakosin-Periode des frühen 19. Jh. Der im Lanna-Stil erbaute Ubosot folgte 1829 und ist ein Meisterwerk filigraner Holzschnitzerei.

Wat Inthakhin: Ein Stück weiter die Straße hinunter erreicht man den Wat Inthakhin, auch Wat Muang Sadue genannt („Tempel des Stadtschreins"). In diesem Tempel ließ König Mengrai den Stadtschrein bei der Gründung Chiang Mais errichten, König Kawila ließ ihn um 1800 in den Wat Chedi Luang versetzen. Der Tempel ist eine wunderschöne Teakholzkonstruktion und ein Beispiel der Lanna-Architektur. Das schwarze Holz ist mit goldenen Lotos-

Erhaben stehen die drei Gründerväter Chiang Mais vor dem Chiang Mai City Arts and Cultural Center

motiven verziert. Weiße Naga-Schlangen säumen die Treppe zu dem schwarzen Tempel, im Inneren sitzt eine große weiße marmorne Buddhastatue mit gelber Schärpe, um sie herum weitere kleine Statuen, eine davon reichlich mit Blattgold verziert.

▪ Prapokklao Rd., Si Phum.

Three Kings Monument: Weiter geht es zum Three Kings Monument. Das Bronzedenkmal zeigt die drei Könige, die maßgeblich an der Gründung des Lanna-Reichs beteiligt waren: König Ngam Muang von Phayao, König Mengrai und König Ramkhamhaeng von Sukhothai. Vor dem Denkmal steht ein Tisch, auf dem den Dreien Opfer dargebracht werden: Girlanden, Kerzen, Räucherstäbchen. Die drei Museen, die um das Denkmal liegen, bieten dem Besucher einen guten Einstieg in die Kultur und das Leben in Chiang Mai und das Lanna-Reich.

Chiang Mai City Arts and Cultural Center: Gleich hinter dem Denkmal liegt das Museum, hier wird die Geschichte der Stadt veranschaulicht. In einem Video erfährt der Besucher Informatives über das heutige Chiang Mai. Die anschließenden Präsentationen führen durch 15 Räume, in denen die Gründung der Stadt, die Bedeutung des Buddhismus und die Wirtschaft der Provinz thematisiert werden. Im ersten Stock sind wechselnde Ausstellungen moderner Künstler zu sehen.

Chiang Mai Historical Centre: im neueren Gebäude gleich dahinter. Bei seinem Bau stieß man auf die Reste eines alten Tempels, diese schloss man in den Bau ein, sodass man im Untergeschoss die Überreste eines Chedi sehen kann. Er war Bestandteil eines ehemaligen königlichen Palastes. Die Ausstellung führt durch die Zeiten von der Vor-Mengrai-Periode bis ins heutige Chiang Mai. Ein Teil ist den Tai Lue gewidmet, dem Stamm aus Laos, der hier bereits vor der Gründung durch König Mengrai gelebt hat. Wachspuppen zeigen die traditionellen Gewänder (→ S. 187). Die Mengrai-Dynastie (1296–1558) ist Thema einer weiteren Abteilung, es war die Blütezeit des Lanna-Reiches. Es gibt Buddha-Repliken zu sehen, die Geschichte des Jade-Buddhas (→ S. 352) wird erklärt und anhand der Wandtafeln kann man die Abfolge der Ereignisse während der Dynastie nachlesen. Es folgt der Zeitraum der burmesischen Herrschaft 1558–1774. Der Einfluss des burmesischen Architekturstils mit seinen Phrangs und Chedis wird erklärt und auch die Garderobe der Zeit ist an Wachspuppen zu sehen. Weiter geht es in die Zeit 1774–1932. Hierzu gibt es jede Menge Fotografien, u. a. vom letzten Chao Chiang Mais, den Besuchen der Könige Bangkoks, dem Bau der Eisenbahn, dem Standhalten gegenüber der Kolonialisierung und dem Holzabbau in der Region. Auch die Neuzeit bis 1932 hat ihren Platz. Hier wird man des rasanten Wandels gewahr und der unglaublichen Bauvorhaben, die die Stadt in den letzten 30 Jahren ausgeführt hat. Es gibt Filme in englischer Sprache, die die Geschichte erzählen. Angeschlossen an das Gebäude ist eine frei zugängliche Bibliothek.

Lanna Folklife Museum: Im ehemaligen Gerichtsgebäude auf der gegenüberliegenden Straßenseite werden der Buddhismus im Alltag erklärt sowie die speziellen Wandmalereien der typischen Lanna-Tempel. Außerdem beherbergt das Museum eine Ausstellung von Lackwaren, Textilien, Keramik, Musikinstrumenten und Silberschmuck. In Dioramen wird das Dorfleben in der Lanna-Kultur nachgestellt, u. a. die Handwerkskunst, die auch heute noch gepflegt wird, etwa das Flechten von Körben, das Töpfern oder das Herstellen von Schirmen. Man sieht den typischen Aufbau eines Viharn mit den ebenfalls typischen Opfergaben und Zeremonienwerkzeugen.

Eine Ausstellung über die typischen Lanna-Stoffe ist ebenfalls sehenswert.

▪ Prapokklao Rd., Si Phum, ✆ 053/217793, www.cmocity.co. Di–So 8.30–17 Uhr. Tickets für alle drei Museen THB 180, Einzeleintritt THB 90.

Chiang Mai House of Photography: ebenfalls auf dem Gelände, untergebracht in einem schmucken Holzhaus und Teil der Chiang Mai University. Das Museum stellt zum einen Fotos aus dem 19. Jh. aus, als die Fotografie von Europa her auch Thailand eroberte. Thema der Fotos ist das Leben im Lanna-Reich. Außerdem bietet es Platz für Ausstellungen junger Künstler.

▪ Prapokklao Rd., Si Phum, ✆ 052/000292, www.cmhop.finearts.cmu.ac.th.

Wat Chiang Man: Über die Jhaban Road geht es weiter, vorbei am Fah Lanna Spa, einem Spa mit gutem Preis-Leistungs-Verhältnis, durch schmale Gassen zum Wat Chiang Man. Der erste Tempel der Stadt wurde 1297 erbaut, während die Bauarbeiten an der neuen Hauptstadt in vollem Gange waren. Heute sind die Gebäude mit reichlich Gold verziert und leuchten in allen Farben. In dem kleineren Viharn kann man den hoch verehrten Phra Setang Khamani bewundern, einen 10 cm großen Bergkristall-Buddha, der angeblich bereits Königin Chamadewi aus dem Hariphunchai-Reich, dem heutigen Lamphun, gehört hatte. Angeblich soll diese Statue die Brandschatzung von Hariphunchai durch König Mengrai überstanden haben und seither wird der Figur nachgesagt, dass sie vor Unfällen schützt. Ebenfalls in dem kleinen Viharn befindet sich das Flachrelief „Phra Sila", das vermutlich im achten Jahrhundert aus Ceylon kam. Dem Bild wird nachgesagt, dass es den Regen beeinflussen kann. Vor dem Ubosot befinden sich Stelen aus dem 13. bis 16 .Jh. mit alten Inschriften aus der Gründungszeit der Stadt. Die viereckige Stupa ist der älteste Teil der Tempelanlage. Der Sockel wird von Elefanten gesäumt, die eine pyramidenförmige goldene Kuppel tragen.

▪ 171 Ratchapakhinai Rd., Muang.

Wat Lok Mo Li: Geht man am Chang Phuak Gate vorbei und überquert den Graben, gelangt man zum Wat Lok Mo Li. Der Tempel wurde vor 1367 urkundlich erwähnt, der Chedi erst um 1528 gebaut. Der Hauptviharn mit seinem dreistufigen, heruntergezogenen Dach ist am Giebel mit Ornamenten verziert, im Inneren eine schlichte goldene Buddhastatue. Die Kassettendecken sind aufwendig gestaltet, die Holzschnitzereien überwiegend in Gold gehalten, aber auch Weiß, Blau und Grün sind gängige Farben. Die Kacheln zeigen Szenen aus dem Leben Buddhas. Hinter dem Viharn steht der Chedi auf einem viereckigen Fundament, im oberen Bereich befindet sich pro Seite eine Nische mit jeweils einer Buddhastatue. Die Asche der Könige der Mengrai-Dynastie soll sich im Chedi befinden. Davor steht eine Stele aus der Gründerzeit der Stadt. Nach der Einnahme der Stadt durch burmesische Truppen fiel der Tempel in einen Dornröschenschlaf und wurde erst wieder 2001 inauguriert und von Mönchen genutzt.

▪ Manee Nopparat Rd., Si Phum.

Wat Phra Singh: Wieder zurück auf der anderen Seite des Grabens, biegt man in die Singarat Road ein und folgt ihr bis zur Rachadamnoen Road. Hier liegt der Wat Phra Singh, einer der imposantesten Tempel der Stadt mit vielen in Rot und Gold glitzernden Elementen. Bereits im Jahr 1345 erbaut, ist heute von den alten Gemäuern wenig erhalten, lediglich ein steinerner Chedi hat die Zeit überlebt. Die beiden vergoldeten Chedis hinter der Gebetshalle stammen wahrscheinlich ebenfalls aus der Gründerzeit. Auf dem Fundament des größeren sind vergoldete Elefantenreliefs zu sehen. Im Inneren des Viharn strahlt es rot und gold. Die Buddhastatue Phra Singh, die dem Tempel seinen

Namen gibt, ist eine der wichtigsten Thailands. Der Legende nach soll sie aus Sri Lanka nach Thailand gekommen sein. Hierbei erlitt das Schiff, das sie transportierte, Schiffbruch und die Figur wurde zunächst in Nakhon Si Thammarat an Land gespült, von hier hat sie dann den Weg über Ayutthaya nach Chiang Mai gefunden. Die Bibliothek Hor Trai ist aus Teakholz gebaut und steht auf einem steinernen Sockel. Dieser hat schöne Reliefs von Devi-Figuren, den engelhaften Wesen, in verschiedenen Posen. Auf dem Gelände gibt es, wie in vielen Tempeln, einen Kaffee-Bus, schöne Sitzplätze im Schatten, wo man die Ruhe des Ortes unter großen Bäumen genießen kann. Der Tempel ist eine der größten Anlagen der Stadt mit angrenzender Schule. Am Sonntag, wenn die Walking Street stattfindet, werden auch im Tempelareal Stände aufgebaut, es werden Kleider, Hüte und Amulette verkauft. Während des Songkran Festivals wird der Buddha aus seinem Schrein genommen und in einer feierlichen Prozession durch die Gassen getragen.

▪ Samlan Rd., Phra Singh.

Auf der Rachadamnoen Road liegt auch das **Treasury Pavilion Coin Museum.** Es zeigt eine Sammlung von Thai-Münzen und Banknoten.

▪ 52 Rachadamnoen Rd., Phra Singh. Mo–Sa 9–15.30 Uhr.

Südlich der Rachadamnoen Road

Nong Buak Had Park: Entweder geht man vom Tempel entlang der Arak Road oder man nimmt eine der schmalen Gassen, die zum Nong Buak Had Park führen. Der Park an der Ecke des Stadtgrabens ist eine Ruheoase inmitten der Großstadt: Blumenrabatten, hohe, Schatten spendende Bäume, darunter vier sogenannte Painted Eukalyptusbäume, deren Stämme in bunten Farben leuchten, gepflegte Rasenflächen und ein künstlich angelegter Wassergraben, überspannt von kitschigen Brücken. Ein Open-Air-Parcours mit Fitnessgeräten steht den Besuchern zur Verfügung, Büdchen verkaufen Soft Drinks und Naschereien – Alkohol ist wie in allen öffentlichen Parks verboten. Man kann Bastmatten mieten und sich am Eingang bei den Essensständen gebratenes Hühnchen oder Tintenfisch und scharfen Papayasalat holen und sich neben den Thais zum Picknicken niederlassen – einfach an den Garküchen vor dem Eingang zum Park bestellen und das Mitgebrachte ausbreiten und genießen.

Wat Phan Whaen: Versteckt liegt dieser kleine Tempel hinter hohen Mauern und sieht auf den ersten Blick unscheinbar aus. Tritt man durch das Eingangstor, gelangt man in einen verwunschenen Tempelgarten mit einem weiß-goldenen Chedi, der vier Brahma-Köpfe in seiner Spitze verbirgt. Highlight ist hier die Massage von fachkundiger Hand. Ein Geheimtipp!

Vorbei am Pratu Chiang Mai geht es entlang der Tangente wieder zum Thapae Gate oder durch kleine Gassen wieder Richtung Rachadamnoen Road.

Die Bibliothek des Wat Phra Singh

Chiang Mai und Umgebung → Karte S. 28

Girlanden für Tempel und Geisterhäuschen am Warorot-Blumenmarkt

Außerhalb des Stadtgrabens

Hier schlägt das Herz der Stadt: grelles Treiben in Chinatown, bunte Marktstände, dampfende Garküchen, Stoffhändler, Gemüsetandler, Krimskrams – auf dem Warorot gibt es einfach alles. Auf der anderen Seite des Ping Rivers locken Häuser im Kolonialstil, Galerien, Restaurants und der Charme des ausgehenden vorletzten Jahrhunderts.

In den Stadtteilen Wat Ket und Chang Moi (Chinatown) entstand Ende des 19. Jh. ein florierendes Handelsviertel. Der Mix der Kulturen ist auch heute noch sichtbar, auf beiden Seiten des Flusses liegen Tempel, Kirchen, Chinesen-Schreine, indische Sikh-Tempel und Moscheen eng beieinander.

Wat Ket

Guter Ausgangspunkt für einen Rundgang ist die **presbyterianische Kirche** am Fluss auf der Charoen Rat Road. Das Gotteshaus wurde unter Rev. Daniel Mc Gilvary (→ S. 31) 1867 geweiht und bot damals schon Platz für 500 Gläubige.

Von hier geht man, den Fluss linker Hand, vorbei an dem modernen Rarinjinda Hotel, bis man die erhabenen Häuser entlang der Straße sieht, allen voran das **Gallery**, welches ein Restaurant beherbergt. Von außen ist das Gebäude mit großen chinesischen Schriftzeichen verziert. Tritt man ein, umfängt einen die Kühle der Steinmauern. Man durchquert das Gebäude und gelangt in einen Innenhof, an den ein Hinterhaus anschließt.

Wieder zurück auf der Hauptstraße, liegt gleich gegenüber der Shop der **Vila Cini.** Deutlich sichtbar ist der chinesische Einfluss an der Fassade. Im Shop erwartet den Besucher eine schöne

Nachtleben (S. 92)

42 Ram Bar
47 Boy Blues Bar
51 Number One Bar
53 The Hard Rock Cafe
59 Chiang Mai Cabaret
65 The Castle Ghost House (S. 46)

Übernachten (S. 77–81)

5 Baan Orapin
7 Casa Mpika
8 Karou Lotus
9 Rustic River Boutique
10 Back Yard
11 137 Pillars House
14 Nat Len Boutique Guest House
16 B2 Boutique Oriental Style
18 Ban Rau, Chez Nous
24 Baan Saen Fang
28 Ban Chang Tong Hotel
35 Hotel des Artists
36 Galare Guesthouse
39 Le Méridien
40 Ban Narai River Guesthouse
41 The Grace House
44 Rimping Village
45 Meliá Resort
46 Kate and Hasu
48 Brickhouse Hostel
52 Riverside House
60 Anantara Chiang Mai Resort
67 Na Nirand Romantic Boutique Resort
68 Ping Nakara Boutique Hotel
69 The Amata Lanna Hotel
70 Shangri-la Resort
72 Tanita Guest House

Einkaufen (S. 72/73)

3 Elephant Parade House (S. 41)
4 Sop Moei Arts
6 Tube Upcycling
19 Warorot Market (S. 84)
20 Ton Lam Yai Market (S. 84)
25 Atelier Ren
26 Achara Silver
27 John Gallery
30 Kesorn Arts
31 Lanna Silver
32 Art Lab
38 Night Bazaar (S. 84)
54 Cha Cha Slow Pace
55 The Thai Shop
58 Rimping Nawarat
61 Panthip Plaza
62 Fashion King

Essen & Trinken (S. 87/88)

1 The Hideout
2 Samsen Villa
12 Dara Vietnamese
15 The Gallery Riverside
21 The Riverside
22 The Deck 1
33 Kiti Panit (S. 86)
37 Billy´s Italian Restaurant
43 VT Namnueng
49 The Dukes @ Ping River
57 The River Market

Cafés (S. 87/88)

13 Vieng Joom Tea House
23 Thamel Cafe
29 Raming Tea House (S. 86)
34 Graph Contemporary

Sonstiges

17 Poy Laundry Motorbike (S. 71)
56 Redchili Cooking School (S. 75)
63 Su von PoP (S. 71)
64 Chiang Mai Mountain Biking & Kayaks (S. 75)
66 Mae Ping River Cruise (S. 75)
71 Gymkhana Golf Club (S. 74)

Kollektion an Stoffen, Kleidern, Dekorationsartikeln und Schmuck. Auch hier gibt es einen Innenhof zwischen dem Vorder- und dem Hinterhaus. Man fühlt sich in dem 150 Jahre alten Gebäude in der Zeit zurückversetzt.

▪ 30–34 Charoen Rat Rd., Wat Ket, ✆ 053/246 246, www.vilacini.com.

Tritt man nun wieder auf die Hauptstraße nach rechts (Vila Cini im Rücken) und biegt rechts in die nächste Gasse ein, gelangt man zu einem riesigen Tamarindenbaum, unter dem ein 150-jähriges Haus steht, das quietschgelb gestrichen ist, hier befindet sich das **Café Punn Toh.** Das schattige Plätzchen lädt zum Verweilen ein. Daneben ist eine Behindertenwerkstatt, in der man beim Weben von Stoffen zusehen kann.

Von hier gelangt man zum **137 Pillars Resort** (→ S. 80) Das Restaurant des Resorts ist in einem renovierten, auf 137 Säulen errichteten ehemaligen Stadthaus untergebracht, in dem eine Holzfirma angesiedelt war. Je mehr Säulen ein Haus hatte, desto wohlhabender sein Besitzer.

In der Gasse dahinter kann man das **Lisu Center** besuchen. Mimi, eine gebürtige Lisu, hat dieses wundervolle Museum aufgebaut. Sie stellt traditionelle Kleidung und Taschen des Bergstammes aus und auch Handgefertigtes aus ihrem Dorf. Sie möchte damit den Menschen ihres Stammes helfen und die Kultur erhalten. Mimis Englisch ist sehr gut und sie gibt eine individuelle Einführung in die Welt des Bergvolkes.

▪ 80 Bamrungrat, Soi 2, Wat Ket, ✆ 098/8138324.

Zurück Richtung Charoenrajd Road liegt der **Wat Ket Karam** versteckt zwischen zwei alten Teakhäusern, das religiöse Herzstück Wat Kets. Wahrscheinlich um 1480 erbaut, beherbergt der Ort der Stille ein kleines Museum. In diesem kann man Fotos und Bilder längst vergangener Tage betrachten. Alltagsgegenstände sowie eine Plattensammlung und ein Grammophon warten auf den Besucher. Der Eintritt ist frei, eine Spende wird erwartet.

▪ Nawat Ket Rd., Wat Ket.

Das Haus des Abtes im Wat Ket Karam zeigt den kolonial beeinflussten Baustil des ausgehenden 19. Jahrhunderts

Chiang Mai und Umgebung → Karte S. 28

Elefantenskulpturen in allen Größen und Farben im Elephant Parade Land

Nebenan liegt der Laden der **Elephant Parade** (→ Kasten, S. 62), Skulpturen von Elefanten in fünf Größen, alle bemalt von zeitgenössischen Künstlern aus aller Herren Länder, kann man bestaunen. Minielefanten, größere Skulpturen und auch Souvenirs wie Becher und Tassen kann man im Shop erwerben. Den ganzen Tag laufen Videos über aktuelle und vergangene Ausstellungen. Die sog. „Elephant Parade" gibt es seit zwölf Jahren, sie findet in verschiedenen Städten der Welt statt und stellt ihre Skulpturen aus, um so auf die Probleme der Dickhäuter aufmerksam zu machen und sie vor dem Aussterben zu bewahren. Bezeichnend ist die Lage der Elephant Parade, haben doch die Dickhäuter genau in diesem Hafen- und Geschäftsviertel dazu beigetragen, dass Chiang Mai eine florierende Handelsstadt wurde.

▪ 154–156 Charoen Rat Rd., Wat Ket, **3** (→ Karte S. 39), ✆ 053/246448, www.elephantparade.com.

Gegenüber trifft man auf die **La Luna Gallery** in einem wunderschönen Haus am Fluss. Sie ist ein guter Ort für diejenigen, die die Talente zeitgenössischer asiatischer Künstler entdecken möchten. Mit mehr als 15 Künstlern aus sechs Ländern, die in der Galerie ausstellen, erhält man Einblick in die Vielfalt der diversen Stile, Inspirationen und Techniken, die sich in der Sammlung von Gemälden und Skulpturen widerspiegeln.

▪ 193 Charoenrajd Rd., Wat Ket, ✆ 053/111894, www.lalunagalleries.com. Tägl. 9–18 Uhr. Eintritt frei.

Weiter flussabwärts gelangt man zu **The Consul's Garden,** einem geschichtsträchtigen Ort am River Ping. Auf einer riesigen Gartenfläche stehen ein einsamer Musikpavillon und das relativ kleine Café/Restaurant Consul's Garden, am anderen Ende ein Haus vom Beginn des 20. Jh. und ein weiteres Gebäude, das heute das Restaurant Coq d'Or beherbergt. Wir befinden uns auf dem ehemaligen Wohnsitz von William Alfred Rae Wood, dem ersten britischen Konsul in Chiang Mai. Wood wurde 1878 in Liverpool geboren, kam mit 18 Jahren nach Thailand und studierte Diplomatie an der Botschaft in Chiang Mai. 1905 wurde er zum Vizekonsul ernannt und sein erster Posten war in Nan. Hier lernte er seine Frau Boon kennen, eine gebürtige Thai aus Chiang Rai. Sie heirateten 1906 und 1913 wurde er der erste britische Konsul von Chiang Mai. Nach seiner Pensionierung im Jahr 1931 blieb er in Chiang Mai und verfasste das Buch „Consul in Paradise, 68 years in Siam". 1970 verstarb er im Alter von 91 Jahren. Der große Baum, der das Gelände dominiert, wurde von ihm und seiner Frau gepflanzt und ist nun über 100 Jahre alt. Heute kann man im Coq d'Or französisch schlemmen und im Consul's Garden Café lunchen und bei Kaffee und Kuchen den Ort genießen.

▪ 11 Kohklang Rd., Nonghoi, ✆ 089/8889339. 10–18 Uhr, Di geschlossen.

Chinatown (Chang Moi) mit Kat Luang

Schon früher schlug das Herz der Stadt auf dem Markt, der sich am Westufer des Flusses am Hafen entwickelt hatte. Auch heute ist der **Kat Luang,** bestehend aus den Markthallen **Warorot** und **Ton Lam Yai,** der zentrale Markt Chiang Mais (Kat = Markt) und das Zentrum der Stadt. Die trubeligen Markthallen befinden sich am Fluss in der Nähe der Old Iron Bridge und bilden gleichzeitig das Zentrum Chinatowns. An der Außenseite zum Wasser hin liegt der Schnittblumenmarkt. An den Ständen kann man Orchideen, Chrysanthemen, Gladiolen und in den Wintermonaten Rosen und Lilien erstehen. Die Blumenketten und Sträuße, die an Tempel, Geisterhäuschen und Autospiegel gehängt werden, sind kleine Kunstwerke. Auch kunstvolle Gestecke für den Hausaltar oder eine bevorstehende buddhistische Zeremonie warten auf den Käufer.

Kat Luang: große Auswahl an Laternen für das Lichterfest

Gleich dahinter ist die Fisch- und Fleischabteilung des Marktes, nichts für zarte Näschen. Trockenfisch und frische Fische gibt es ebenso wie Rind-, Hühner- oder Schweinefleisch. An die Schweineköpfe in der Auslage muss sich das europäische Auge erst gewöhnen. Auch Hühnerfüße und Frösche sind keine Seltenheit auf thailändischen Märkten. Im Inneren der Markthallen Warorot und Ton Lam Yai dominieren Trockenobst und Verkaufstische mit frischen Pasten, den sogenannten „Phad Phrik", für die der Norden bekannt ist. Es sind Chili-Gewürzpasten mit verschiedenen Ingredienzen – Mu (Schwein), Pla (Fisch) oder Nhum (Auberginen) – sie werden mit gekochten Kürbisstücken, rohem Gemüse und gebratenen Schweinekrusten gegessen, die man praktischerweise im Beutel gleich mitkaufen kann.

In den engen Seitengängen der Markthallen sind Läden mit Haushaltswaren, Stoffen, Räucherwerk und Buddhastatuen angesiedelt, man kämpft sich durch das dichte Gewühl, bis man an den Obst- und Gemüseständen landet. Leuchtend rote Drachenfrüchte, quietschgelbe Mangos, stachelige Kaktusfeigen konkurrieren mit allerlei anderem exotischen Obst. In der Durian-Zeit legt sich ein Schweißfuß-Geruch über die Markthallen, dann wird die Königin der Früchte zu hohen Preisen verkauft. Die Durian ist eine außen stachelig wirkende Frucht, sie wird in Asien zu Höchstpreisen gehandelt und ihr Verzehr wird zelebriert wie hierzulande eine Weinprobe. Sie ist im Handgepäck in Flugzeugen verboten, in vielen Hotels stehen Schilder „No Durian", einfach weil sie so streng riecht. Sie ist kokosnussgroß und wiegt zwischen zwei und drei Kilogramm. Jedenfalls schmeckt das gelbe Fruchtfleisch ganz anders als der Geruch glauben macht. Probieren Sie es aus.

Wie auf jedem thailändischen Markt fehlen auch hier Kleider und Schuhe nicht. Im ersten Stock haben sich kleine Shops mit typisch nordthailändischen Gewändern niedergelassen, auch Schuluniformen und Lingerie kann man kaufen.

In den schmalen **Gassen um den Markt** reihen sich Holzhäuser und moderne Gebäude aneinander. Viele Stoffläden gibt es hier, hauptsächlich Inder betreiben in Thailand dieses Business. Rollen und Ballen stapeln sich bis an die Decke der Geschäfte, ein schier unüberschaubares Chaos. Dazwischen Schneider und Nähereien, sodass man sich den gekauften Stoff gleich umarbeiten lassen kann. Das bunte Treiben wird durch die funkelnden Auslagen der Goldläden ergänzt, der Tagespreis wird den Käufern auf LED-Bildschirmen angezeigt. Dann gibt es die kleinen Läden, die typische nordthailändische Handarbeiten wie Taschen, Schlüsselanhänger und Sarongs anbieten. Je mehr Zeit man in dem Marktviertel verbringt, desto mehr Feingefühl entwickelt man für die Fülle der Läden und der Blick fürs Detail wird geschärft, man entdeckt immer wieder Neues. Während man durch das Viertel schlendert, sollte man unbedingt auch einen Blick in eine der chinesischen Apotheken werfen. Bis unter die Decke stapeln sich Gefäße mit getrockneten Pflanzen, gemörserten Pulvern und allerlei fremdartig riechenden Kräutern. Bei Dr. Wang kann man vorstellig werden, er verschreibt Tees und Akkupunktur bei gesundheitlichen Problemen.

■ Dr. Sheng Zhong Wang/Mae Hia Clinic, 48–52 Chang Moi Rd., Chang Moi. Mo–Sa 11–14 Uhr.

Raming Tea House an der Thapae Road

Ein Fest für die Sinne ist der Besuch des Kat Luang am Abend: Wenn die Marktstände und Geschäfte schließen, kommen die mobilen Garküchen auf den Plan und das Viertel verwandelt sich in ein Open-Air-Restaurant.

Direkt hinter dem Markt befindet sich ein schöner chinesischer Tempel, der **Pung Thao Kong Shrine.** Bunte Drachen schauen auf den Besucher von kleinen Türmchen und dem imposanten Eingangsportal hinab. Im Inneren sitzen dicke goldene Buddhas, vor ihnen auf den Tischen sind zahlreiche Opfergaben aufgebaut, die Luft ist geschwängert von Räucherwerk.

Weiter geht es zur **Thapae Road,** die einstige Handelsstraße und Herzstück von Chang Moi. Die von mehreren Tempeln gesäumte Straße ist die Hauptverkehrsader in die vom Stadtgraben umfasste Altstadt. An der Thapae Road sieht man heute noch, wie schön es im einstigen Chiang Mai war. Die Straße ist geprägt von Holzhäusern. Man sieht Rikschafahrer auf und ab fahren, die Geschäfte bieten schöne Stoffe und Artikel der Bergvölker an, Restaurants und Garküchen säumen die Straße. Das schöne **Raming Tea House** (→ Kasten S. 86) ist eines der besten Beispiele der alten Herrenhäuser. Die Holzschnitzereien an den Fenster- und Türstöcken nennt man auch Gingerbread Style, Zuckerbäcker-Stil, weil sie sehr verschnörkelt und extrem verziert sind. Betritt man das Raming Tea House, fühlt man sich in der Zeit zurückversetzt. Deckenventilatoren verströmen kühle Luft, die klassischen Fliesen in sino-portugiesischem Muster, gepaart mit den Holzjalousien an den Fenstern, geben dem Haus einen besonderen Charme. Das Café bietet eine gute Auswahl an Currys und der Garten im Hinterhof hat ebenfalls Sitzplätze.

Auf der gegenüberliegenden Straßenseite sind noch einige Fassaden im Kolonialstil erhalten. Sehr schön restauriert ist auch das aus den 1880er-Jahren stammende Haus, in dem sich heute das im Guide Michelin erwähnte Restaurant **Kiti Panit** befindet (→ S. 86), das Gebäude war das erste Kaufhaus Chiang Mais. Entlang der Straße sind auch drei sehr schöne Tempel zu erwähnen, der **Wat Chetawan** ist ungefähr 300 Jahre alt. Der Legende nach soll er aber bereits 657 gegründet worden sein, als die Königin Chamadewi aus dem Reich Hariphunchai eine kostbare Buddhareliquie von Lopburi an diesen Ort gebracht hat, der zu Ehren dann der Tempel erbaut wurde. Der Virhan hat sehr ansprechende Wandmalereien und der burmesische Chedi ist im oberen Bereich farbig angemalt. Essensstände und mobile Kaffeestände laden zum Verweilen ein, auch ein Massageareal gibt es auf dem Tempelgelände.

▪ 4 Thapae Rd., Soi 5, Chang Moi.

Der **Wat Buppharam** ist ebenfalls über 300 Jahre alt, allerdings wurde er in der Mitte des letzten Jahrhunderts komplett restauriert und erneuert und zählt damit zu den modernen Tempeln Chiang Mais.

▪ Thapae Rd., Chang Moi.

Der **Wat Saen Fang** wurde ca. 1476 erbaut, allerdings ist seine heutige Erscheinung auf die Herrschaft von Chao Kawilorot (1800–1870) zurückzuführen. Der Chedi sieht der berühmten Shwedagong Pagode in Yangoon sehr ähnlich. Besonders zu beachten sind die kleinen Figuren am Dachfirst der Ordinationshalle, sie deuten auf einen burmesischen Einfluss hin. Ein Ort der Ruhe entlang der Thapae Road.

▪ 164 Thapae Rd., Soi 3, Chang Moi.

Die Querstraßen führen weiter durch das gemütliche Chang-Moi-Viertel mit schönen Unterkünften und kleinen Restaurants. Etwas weiter Richtung Stadtgraben liegt auf der Chang Moi Road der **Sikh-Tempel** (Chang Moi Tud Mai Road). Bereits 1905 wurde auf dem Areal ein Tempel der Glaubensgemeinschaft erbaut, heute steht dort ein beeindruckendes vierstöckiges Gebäude, der **Namdhari Gurudwara.** Einfach mal reinschauen, ein freundlicher Inder mit Turban geht, nachdem man auch ein Käppi aufgesetzt hat, bereitwillig mit in den dritten Stock und erklärt die Sitten und Gebräuche der Glaubensgemeinschaft. Immer freitags findet eine Art Messe statt, zu der jeder eingeladen ist, anschließend wird gemeinsam gegessen.

Von hier geht es dann bis zur Siriphun Corner und man trifft wieder auf die historische Altstadt am Stadtgraben.

Entlang der westlichen Flussseite

Geht man vom Warorot-Markt entlang des River Ping Richtung Nachtmarkt, passiert man zunächst das **Philatelic Museum** – ein Briefmarkenmuseum im alten Postamt. Das Haus von 1909 für sich ist schon ein schöner Anblick.

▪ 15 Praisanee Rd., Chang Moi.

Vorbei am **Governor's Mansion,** das nicht besichtigt werden kann, aber ein Beispiel für vom Kolonialstil beeinflusste Architektur ist, gelangt man zur **Iron Bridge.** Davor steht am Abend ein Cocktailbus. Man sitzt auf Plastikhockern und genießt den Ausblick auf den Fluss bei einem kühlen Getränk.

Gleich danach folgen zwei Teakhäuser, die in neuem Glanz erstrahlen Der **River Market** ist ein gelungenes Thai-Restaurant mit frischen Meeresfrüchten und ausgezeichneter Bar. Auf dem großen Flussgrundstück wurde 2018 das **Ancient House** aus dem Jahre 1876 wieder hergerichtet und wartet darauf, dass es einen Pächter findet. Im Haus daneben befindet sich der **Roc Shop.** Hier wird aus echten Blumen Schmuck gefertigt. Ein echter Hingucker.

▪ 95 Charoen Prathet Rd.

Die Besonderheit des angrenzenden **Anantara Chiang Mai Resorts** (5 Sterne) ist sein Restaurant, das auch Nicht-Hotelgästen offen steht. Was wenige wissen – die ehemalige Botschaft Englands steht auf dem Gelände des Resorts und bietet heute Raum für das Restaurant mit seinen erlesenen Speisen. Im Erdgeschoss gibt es indische Gerichte und feine europäische Salate, Burger und Sandwiches, während im ersten Stock ein Thai-chinesisches Restaurant untergebracht ist. Oben kann man zudem in geheimer Mission dinieren, es gibt geheime Zimmer und verschachtelte Räume. Erlesene Weine werden oben wie unten serviert.

▪ Charoen Prathet Rd., ✆ 053/253352, www.anantara.com.

Dann werden auf der Flussseite die Gassen immer enger, man kann einige lediglich mit dem Moped oder zu Fuß erreichen. Eng an eng stehen hier die Häuser. In diesem Wohnviertel gibt es auch zwei Unterkünfte. Die kleinen Gassen führen wieder auf die Charoen Prathet Road.

Geht man die Straße Richtung Süden, weist ein Schild zur **Alliance Francaise** – man betritt das Anwesen der französischen Gemeinschaft auf der Flussseite und ist sofort in einer anderen Welt. Umgeben von großen Bäumen, Rasenflächen und Hecken liegt die alte Bibliothek, sie ist in einem wunderschönen Teakhaus untergebracht, das Drumherum ein verwunschener Park – frei zugänglich – romantischer kann es kaum werden! Die eigentliche Alliance Francaise liegt auf der gegenüberliegenden Straßenseite. In den Wintermonaten werden französische Filme im Open-Air-Kino gezeigt und weitere Veranstaltungen organisiert.

▪ 138 Charoen Prathet Rd.

Das Ping Nakara Resort erstrahlt in elegantem Weiß

Ein Stück weiter gelangt man zum **Ping Nakara,** eines der schönsten Hotels der Stadt. Das relativ neue Resort vereint verschiedene Baustile aus der Geschichte des Landes.

▪ Für Interessierte empfiehlt sich das Buch „Lanna Colonial: A Return to Elegance“, das im Buchhandel oder im Ping Nakara erhältlich ist. www.pingnakara.com.

Vom Areal des **Wat Chai Mongkhon,** einem Tempel aus neuerer Zeit, legen die Boote der **Mae Ping Rivercruise** ab. Einfach durchgehen bis zum Fluss.

▪ 133 Charoen Prathet Rd.

Rund um den Night Bazaar

Die **Chang Khlan Road** läuft parallel zur Charoen Prathet Road und ist das Geschäftsviertel Chiang Mais. Zwischen Loy Kroh Road und Sridonchai Road reihen sich Banken, Büros, Geschäftshäuser, Hotels und Restaurants. Am Abend steppte hier vor der Corona-Pandemie der Bär, wenn auf der Chang Khlan Road und den angrenzenden Gassen ab 16 Uhr Verkaufsstände und Garküchen aufgebaut wurden. Dann wimmelte es in dem Viertel von Straßenhändlern, die nebst Handwerkskunst, Schmuck und Halbedelsteinen, billigen Klamotten, Sarongs und Stoffen auch Fake-Produkte anboten. Da kostete eine „Gucci"-Tasche dann bloß 50 Euro oder ein Ralph Lauren Polohemd 15 Euro. Dazwischen immer wieder Stände mit Erfrischungen, Gegrilltem, Frittiertem und natürlich fehlten auch die Nudelsuppen nicht.

In den **Markthallen des Night Bazaar** boten viele Einzelhändler ihre Kollektionen an. Dort ging es etwas hochpreisiger zu. Schöner Silberschmuck, viele Stände mit Hilltribe-Kunst, Antiquitäten, Dekorationsgegenstände – hier wurde gehandelt, was das Zeug hält. Durch die Corona-Pandemie jedoch hat sich die Lage verändert und es gibt fast keine Straßenhändler mehr, auch stehen über die Hälfte der Läden leer und sind zur Vermietung ausgeschrieben. Heute ist der Night Bazaar ein Viertel, in dem man am deutlichsten sieht, wie schlimm die Pandemie den Tourismus in Thailand getroffen hat.

Geht man in die Anusarn Road, gelangt man zum **Anusarn Market,** dem kulinarischen Highlight des Night Bazaar. Einfach auf einem Hocker Platz nehmen, etwas bestellen und dem bunten Treiben zuschauen. Auch liegen im Bereich des Night Bazaar viele Kneipen und Restaurants, Pubs und Bars mit Livemusik sind ebenso zu finden. Jeder kommt auf seine Kosten, ob laut und Techno oder chillig und Blues oder Jazz. Jedoch sind auch von ihnen heute viele geschlossen.

Am Shagri-La Hotel vorbei Richtung Nachtbasar liegt **The Castle Ghost House,** eine der hippsten Bars der Stadt. Während man seinen Cocktail schlürft, erwarten den Gast in verschiedenen Themenräumen Gruseliges und Schauergeschichten.

▪ Chang Khlan Rd., **65** (→ Karte S. 39), ✆ 086/841666, www.thecastle-ghosthouse.com.business.site.

Muslimisch geprägtes Viertel

Folgt man der Charoen Prathet Road entlang des Flusses, ist die Gegend geprägt von Tempeln, aber auch die größte Moschee der Stadt befindet sich in der Charoen Prathet Road (Soi 1), die **Ban Ho Mosque.** Sie ist benannt nach den muslimischen Chinesen, die einst aus der Yunnan-Provinz nach Thailand kamen. Tritt man durch den Torbogen, der die Aufschrift „Halal Street Hila Town" trägt und mit den typischen Minaretten geschmückt ist, in die Soi 1, kommt man sich vor, als wäre man in einer anderen Welt. Bunte Kopftücher beugen sich über dampfende Woks, Männer in Kaftanen unterhalten sich vor der Moschee, arabisch klingende Musik tönt aus den zahlreichen kleinen Straßenrestaurants, in denen die Männer beim Tee sitzen und Mühle spielen. Die Läden verkaufen bunte Schleier, mit Strass besetzte Gewänder und Gebetskappen für die Herrenwelt liegen ebenfalls bereit. Die vielen Garküchen, die die Straße säumen, sind bis ca 22 Uhr geöffnet. Wer die besten Rotis der Stadt essen will, der sollte hierher kommen und die köstlichen, hauchdünnen, gefüllten Pfannkuchen probieren. Außerdem gibt es viele Klassiker der Thai-islamischen Küche, wie gelben Reis mit Hühnchen oder auch Khao Soy mit Rindfleisch. Freitags findet von 6 bis 13 Uhr zwischen der Soi 1 und Soi 6 der **muslimische Wochenmarkt** statt.

Die Einflüsse der Kolonialarchitektur in Chiang Mai

Mit der Öffnung Siams und im Zuge des Bowring Treaty ließen sich unter König Rama IV. und Rama V. britische Händler in Chiang Mai nieder und veränderten mit ihren Bauten im Kolonialstil das Bild der Stadt. Das Königreich Thailand ist sehr stolz darauf, dass es, anders als seine Nachbarländer, nie kolonialisiert wurde. Jedoch schwappte mit der Öffnung des Landes die Kolonialarchitektur der Nachbarländer hinüber ins Königreich. Die wenigen heute noch erhaltenen Häuser stammen aus der Zeit zwischen 1890 und 1930, als der Baustil von wohlhabenen Thais adaptiert wurde. Waren früher die Häuser komplett aus Holz gebaut, wurde nun das Fundament aus Stein errichtet und mit Holzelementen verziert. Einzig der obere Stock wurde bei manchen Häusern aus Holz gebaut. Die Formen der Dächer änderten sich, so wurden die Giebeldächer durch pyramidenförmige Ziegeldächer ersetzt, das sieht man heute noch sehr schön an den frei stehenden Gebäuden, etwas dem **Governor's Mansion** oder dem **Daraphirom Palace.** Im Zeitalter des Teaks wurden auch einige Gebäude komplett aus dem Edelholz errichtet, anschauliches Beispiel ist das wieder aufgebaute **Ancient House** am Fluss. Luftdurchlässig, mit heruntergezogenen Dächern schützte es vor extrem heißen Temperaturen. Der sogenannte Zuckerbäcker-Stil hielt dann ebenfalls Einzug in Chiang Mai. Die Häuser wurden mit aufwendigen filigranan Schnitzereien verziert, man sieht dies an Balkongittern, Treppenaufgänge, Fenstern und Türstöcken.

Schöne Zeugnisse des Kolonialstils sind die **Presbyterianische Kirche** am Fluss, die Holzhäuser in der Charoen Rat Road, wie **The Gallery,** heute ein Restaurant, die **Vila Cini,** eine Galerie mit Behindertenwerkstatt, und das **Museum des Wat Ket** auf dem Tempelareal. Ein Beispiel einfacher Holzhäuser bieten die Bungalows im **Tanita Guest House.** Klassisch und aus Stein sind das **Briefmarkenmuseum** und Gebäude der thailändischen Telefongesellschaft **TOT** in der Nähe des Warorot-Markts. Das **Raming Tea House** ist eines der besten Beispiele der Herrenhäuser im Zuckerbäckerstil, heute Café mit Garten. Entlang der Thapae Road sieht man noch weitere schöne Häuserfronten aus Holz, so das heutige Restaurant **Kiti Panit,** das einst das erste Kaufhaus der Stadt war. Die ehemalige Britische Botschaft, heute das Restaurant des 5-Sterne-Hotels **Anantara** am Ping, ist ein Eyecatcher, ebenso das **River Market Restaurant,** ein exklusives Lokal mit erlesenen Spezialitäten. Ein Stück weiter in einem verwunschenen Garten liegt die Bibliothek der **Alliance Francaise.** Erwähnenswert ist auch der **Hauptbahnhof,** das Gebäude mit seinem hohen Uhrenturm ist ein wahrer Hingucker. Im **Ping Nakara Resort** kann man die Elemente der vom Kolonialstil beeinflussten Architektur sehr gut betrachten, es ist berühmt für seinen Nachbau der Elemente.

Der Süden der Stadt

Tempel mit Silberreliefs und ein Wochenendmarkt warten auf den Besucher. Auf die Spuren von König Mengrai führen die Ausgrabungen von Wiang Kum Kam, der vergessenen Stadt. Der Handwerkerort Ban Tawai bietet kunstvolle Holzarbeiten und vor den Toren der Stadt lädt der Royal Park Rajapruek in Gärten verschiedener Länder ein.

Südlich des Chiang Mai Gate

Geht man durch das südliche Stadttor, das Chiang Mai Gate, gelangt man nach Überquerung der Hauptstraße schräg rechts in die **Wua Lai Road.** Sie ist besonders am Samstag beliebt, wenn die Saturday Walking Street stattfindet: ein gemütlicher Markt mit Handwerkskunst, Klamotten und jeder Menge Fressbuden. Es geht ruhiger zu als sonntags auf der Rachadamnoen Road.

Die Gegend um die Wua Lai Road wird auch das **Silberviertel** Chiang Mais genannt. König Mengrai (1239–1317) hat nach der Gründung der Stadt burmesische Silberschmiede beauftragt, den Siamesen diese hohe Kunst beizubringen. Die Handwerker ließen sich auf der Wua Lai Road nieder und auch heute kann man noch einige Werkstätten in diesem Stadtteil sehen. Besonders schön sind in diesem von Touristen sonst wenig besuchten Viertel die beiden mit Silberornamenten verschenen Tempel Wat Sri Suphan und Wat Muen San.

Der **Wat Sri Suphan** wurde 1501 unter König Mengrai gegründet. Erst 2004 im Zuge der Renovierung hat der Abt die lokalen Silberschmiede beauftragt, die Reliefs an der Ordinationshalle anzufertigen. Die kunstvollen Silberarbeiten erzählen Geschichten aus dem Leben Buddhas – ein glitzerndes Spektakel, wenn die Sonne darauf scheint. Frauen ist der Eintritt in die Ordinationshalle nicht gestattet. Dienstags, donnerstags und samstags von 17.30 bis 21 Uhr findet der Monk Chat statt, man kann mit den Mönchen in englischer Sprache über ihr Leben reden.

▪ 100 Wua Lai Rd., Chang Wat. Eintritt THB 100.

Der **Wat Muen San** liegt ganz versteckt in einer Nebenstraße und sein kleiner Viharn ist reich verziert mit Silberreliefs, auch im Inneren kann man die Arbeiten bestaunen, die Fensterläden und Türen sind ebenfalls mit Silberornamenten verziert. Die Ordinationshalle ist neu gebaut und zeigt die typischen rot-gold glitzernden Tempelfarben.

▪ 13 Wua Lai Rd.

Die Straße führt, vorbei am **Old Chiang Mai Cultural Center,** dem besten Kantoke Dinner der Stadt (→ S. 75), und am Flughafen bis nach Hang Dong.

Hang Dong – Blumen, wilde Tiere und Shopping

Hang Dong ist am besten mit dem Roller oder dem Leihwagen zu erkunden, da die Sehenswürdigkeiten weit auseinander liegen. Der Vorort ist ein beliebter Wohnort bei Deutschen und Thais gleichermaßen. Die deutsche Schule und das deutsche Konsulat befinden sich in diesem Teil der Stadt, über dem der **Wat Phra That Doi Kham** thront. Der Tempel wurde im 7. Jh. gegründet. Von großen Naga-Schlangen gesäumt, führt die Treppe zum 17 Meter hohen goldenen Buddha. Dahinter liegt eine schöne Aussichtsterrasse, bei klarem Wetter mit Blick über die Stadt.

▪ Moo Ban Chiang Mai Lake Land Rd., Tambon Su Thep.

In dem grünen Vorort liegt der **Rajapruek-Park.** Er wurde anlässlich des 50. Thronjubiläums von Rama IX. angelegt und mehrfach fand hier die Royal Flora statt, eine asienweit bekannte Blumen- und Pflanzenausstellung. Heute fährt man mit Bummelbussen durch den Park und kann an verschiedenen Haltestellen ein- und aussteigen. Man wandelt durch Gärten verschiedenster Länder, etwa Japan, Nepal oder Indien, besonders schön ist das überdimensionale Füllhorn, reichlich begrünt, das in der Mitte der Gärten zu finden ist. Ein Mini-Taj-Mahal findet man in den indischen Gärten und im japanischen Garten überzeugt die klare gerade Linie des Zen-Buddhismus. Im nepalesischen Garten findet man Nachbauten traditioneller Häuser, umgeben von Grün. Des Weiteren gibt es eine Orchideenausstellung, einen Sukkulenten-Garten und einen kleinen Skywalk. Highlight ist der Royal Pavilion, ein im Lanna-Stil erbautes Gebäude, das an einen Viharn erinnert, der zu Ehren seiner Majestät errichtet wurde und im Inneren die typischen Wand- und Deckenmalereien in Gold aufweist. Das Gebäude liegt auf einer Anhöhe und man hat einen schönen Blick auf den weitläufigen Park. Im ersten Stock befindet sich eine Ausstellung zu König Bhumibol Adulyadej (Rama IX.)

▪ Mae Hia, Hang Dong, www.royalparkrajapruek.org.

Dahinter, am Fuß des Doi Suthep, befindet sich die **Chiang Mai Night Safari,** ein Tiergarten, in dem man die Tiere in einer vorgetäuschten freien Wildbahn beobachten kann. Die Night Safari hat drei verschiedene Zonen, die um einen künstlichen See angelegt sind: Savanne, Raubtiere und ein Jaguar-Weg. Die ersten beiden Gebiete können nur mit dem offenen Bus besichtigt werden. Der Savannen-Trip ist ein 2,4 km langer Pfad südlich des Sees. Man passiert Giraffen, Zebras, Antilopen, Lamas und Nashörner, ebenso Elefanten und Rehe. Die Fahrt dauert ca. 30 Minuten (11–23 Uhr). Auf dem Raubtier-Trail kann man Tiger, Pumas, Hyänen, Löwen und Geier zu Gesicht bekommen, auch Wildschweine, Bären und Wallabies sind Teil des Parks (18–23 Uhr). Der Jaguar-Trail ist ein Wanderweg rund um den See. Man kann Flamingos, Schildkröten, Enten und Emus sehen, außerdem befindet sich ein Jaguargehege auf dem Weg. Am Abend gibt es Lasershows mit Musikuntermalung jeweils um 20 und um 21 Uhr.

▪ 33 Moo 12, Nong Khwai, ✆ 053/999000, www.chiangmainightsafari.com. Eintritt THB 800, Kinder THB 400.

Fährt man weiter stadtauswärts, gelangt man zum **Grand Canyon of Chiang Mai.** Das stillgelegte Felsabbaugebiet dient heute als Gelände für zwei Freizeitparks. Im See kann man baden und von den bizarren Felsformationen Sprünge wagen (→ Aktivitäten).

Die **Kad Farang Mall** ist ein schöner Shopping-Komplex mit einem großen Designer Outlet an dem Highway nach San Pa Tong (→ S. 74). Man kann Mode und Sportartikel günstiger kaufen. Gleich dahinter geht eine schmale Straße nach links ab und man findet gleich zwei spannende Attraktionen.

Bei Khun Phrabat und seiner Familie, die aus vier Generationen besteht, kann man ein Lanna-Haus und alte Traditionen kennenlernen. Im **Chiang Mai Home Host by Raunkaew-Yanon family** fühlt man sich direkt wohl. Man erhält Einblick in das Lanna-Leben, die Hintergründe, die Architektur, Pflanzenwelt und nicht zuletzt die Thai-Küche. Nach der Begrüßung wird man durch das typische Lanna-Haus der Familie geführt, hier erfährt man, wie viele Stufen ein Haus warum zu haben hat. Dann probiert man Betelnüsse und Tee, der früher in Chiang Mai nicht getrunken, sondern gegessen wurde. Es schließt sich eine Tour durch den Garten an und man erfährt vieles über die wichtigsten Thai-Heilpflanzen. Zigarren drehen übt man auch noch zusammen mit der Oma von Khun Phrabat, die mittlerweile in den Neunzigern ist. Abschließend kochen alle zusammen diverse Thai-Gerichte auf traditionelle Weise, die Kokosnuss wird handgeschabt, man kocht auf offenen Feuerstellen. Ein toller Tag in Lanna!

▪ 3 Moo 11 **30** (→ Karte S. 48), Ban Waen, Hang Dong, ✆ 053/441384, www.chiangmaihomehost.com.

In der gleichen Straße im **Supthongkum Studio** fertigt K. Daeng interessante Skulpturen, die er in die ganze Welt versendet. Es finden sich tongebrannte Skulpturen mit Vögeln, Metall und Gasflaschen werden als Skulpturen recycled und auch Beton ist in seinem Repertoire. Von ganz klein bis riesig kann man seine Werke erstehen.

▪ 222 Moo 4 **28** (→ Karte S. 48), Ban Waen, Hang Dong, ✆ 089/7558353, supthongkhum_sr-studio@hotmail.com.

Ban Tawai – Dorf der Schreiner und Möbelbauer

Fährt man von Hang Dong weiter auf der Straße 108 Richtung Hot, gelangt man nach Ban Tawai. Schon vor über

50 Jahren ließen sich Handwerker in dem kleinen Dorf nieder. Heute ist es so etwas wie eine riesige Künstlerkolonie mit Schreinern, Möbelbauern, Korbflechtern, Malern und auch Töpfern. Ban Tawai ist der Ort zum Shoppen von Einrichtungsgegenständen und Dekorationen, aber auch einfach zum Schaufensterbummel. Gleich vorweg, die Geschäfte sind alle darin erfahren, die Waren, also auch Möbel und Skulpturen etc., international per Spedition zu verschiffen. Sollte man nach einer neuen Einrichtung suchen, einfach mal hinfahren und sich inspirieren lassen. Biegt man von der Hauptstraße gegenüber der Police Box Hang Dong ab, sieht man Holzpferde in Echtgröße, in einem anderen Shop stehen Stühle in allen Variationen, bunt lasierte Vasen, Blumentöpfe und Springbrunnen. Eine Galerie stellt aus Schrott und Metall riesige Statuen her, meist furchterregende Star-Wars-Figuren, aber auch kleinere Sachen wie Mopeds und Autos in Miniatur.

Am Nayika Dekor mit seinen handgefertigten Möbeln vorbei geht es auf den Hauptplatz des Ortes. Neben einem Restaurant und mehreren kleinen Café-Shops sind hier Galerien, Lampengeschäfte, Anitquitäten- und Schmuckgeschäfte sowie typische Thai-Möbelläden zu finden. Ab und an kann man einem Schreiner bei der Arbeit zusehen. In den offenen Ständen auf dem Platz werden Souvenirs verkauft. Neuerdings haben sich auch Upcycling-Läden niedergelassen, aus alten Reifen werden Taschen und Portemonnaies hergestellt. Man kann in Ban Tawai schon mal einen ganzen Tag verbringen und entdeckt jedes Mal wieder neue spannende Läden mit ausgefallenen Ideen. Am besten fährt man durch und hält an, wenn einem etwas ins Auge springt.

Auf dem Weg nach San Pa Tong folgt rechter Hand der **Wat Intharawat,** ein typischer Landtempel des 19. Jh., im Lanna-Stil erbaut und 1858 geweiht. Seine Holzkonstruktion mit den heruntergezogenen Dächern ist schön anzuschauen. Beschattet wird das Gebäude von riesigen Bäumen. Verkaufsstände bieten Tee und Früchte, man kann hier die Ruhe genießen, nicht viele Touristen kommen hierher, liegt er doch etwas weit ab vom Schuss.

- Ban Ton Kwen Village, Hang Dong.

Wiang Kum Kam – die versunkene Stadt

Wieder zurück Richtung Chiang Mai sieht man schon von weitem das Schild

Durch seine Schlichtheit besticht der Wat Intharawat

„Wiang Khum Kam". Erst in den 1980er-Jahren hat man bei Ausgrabungen das alte Wiang Kum Kam freigelegt. Historiker und Archäologen fanden heraus, dass König Mengrai der Große direkt nach dem Fall des Hariphunchai-Reichs diese Stadt 1281 erbauen ließ. Damals lag sie noch am Ufer des River Ping und wurde bald zu einer florierenden Handelsstadt. Auch wurden neben der Befestigungsanlage und dem königlichen Palast etliche Tempel gebaut. Erst 1296 gründete König Mengrai dann Chiang Mai, doch blieb die Stadt Wiang Kum Kam weiterhin bestehen. Als im 15. Jh. der Fluss Ping seinen Lauf änderte, wurde der Stadt eine wichtige Handelsgrundlage entzogen und sie wurde von den Burmesen geplündert und gebrandschatzt. Bei einem Erdrutsch wurde sie dann von Schlammmassen begraben und geriet in Vergessenheit. Bei Bauarbeiten wurden zufällig die Ruinen gefunden und 1984 freigelegt. Natürlich war der Stadtteil zu dem Zeitpunkt bereits bebaut worden und man konnte die Leute nicht mehr umsiedeln. So bleibt ein Teil der Stadt unter dem Erdboden, darum nennen Einheimische sie auch die „Versunkene Stadt". Jetzt ragen Ruinen zwischen den Wohnhäusern auf, was dem Ganzen den Hauch von gelebter Geschichte oder integrierter Vergangenheit gibt. Am besten fährt man mit dem Scooter zu den einzelnen Tempelstätten oder man kann sich am Information Center eine Droschke mit Kutscher mieten (THB 400 für ca 1 Std.), auch Tuk Tuks aus der Stadt fahren in die Versunkene Stadt. Einige der ehemaligen Chedis sind wieder errichtet worden, so der **Wat E Khang.** Man bekommt einen guten Einblick, wie es in längst vergessenen Tagen ausgesehen haben mag. Der **Wat Chang Kham** fungiert auch heute wieder als Tempel mit einer modernen Ordinationshalle. Die weiße Stupa stammt aus der Gründungsphase des Tempels um das 13. Jh. Die **Ruinen des Wat That Khao** werden von einem steinernen sitzenden Buddha bewacht, man sieht nur die Grundmauern und das untere Drittel des Chedis. Beim **Wat Pu Pia** handelt es sich ebenfalls lediglich um eine Ausgrabungsstätte mit erhaltenem Chedi, dort sieht man noch die Grundfeste der Pfeiler, die das Dach hielten.

> Im **Besucherzentrum** am Highway 121 kann man ein Modell der einstigen Stadt sehen. Hier starten die Pferdedroschken.

Der schönste erhaltene Tempel, der auch heute wieder eine Abtei beherbergt, ist der **Wat Chedi Liem,** unter König Mengrai 1286 erbaut. Besonders sehenswert ist die fünfstufige pyramidenförmige Stupa, weiß verputzt. Jede Stufe hat drei Nischen auf jeder Seite, somit kommt man auf 60 Nischen, in denen Buddhafiguren sitzen. An den vier Ecken sitzen große Singhs, die Tempellöwen, die den Chedi beschützen.

▪ Eintritt frei, www.qr.wiangkumkam.com/en/home.

Der Wat Chedi Liem in der versunkenen Stadt

Chiang Mai und Umgebung → Karte S. 28

Der Westen der Stadt

Das Univiertel Nimmanhaemin mausert sich immer mehr zur Ausgehmeile, im Haus der 100 Türen verwirklichen sich die Künstler von morgen und der Hausberg Chiang Mais, der Doi Suthep, macht durch spektakuläre Tempel und den Königspalast mit beeindruckenden Gärten von sich reden.

Nimmanhaemin – Chiang Mais hippstes Viertel

Sehen und gesehen werden, darum geht es in dem Viertel um die Nimmanhaemin Road, kurz Nimman genannt. Schicke Boutiquen, Lifestyle Shoppingmalls wie die Maya Lifestyle Mall und One At Nimman, edle Restaurants, Cafés und Bars bevölkern das Viertel. Im Nimman ist alles etwas teurer, es ist hip und man lässt es sich etwas kosten, „in" zu sein. Im Winter flanieren Stars und Sternchen in ihrer Winterkollektion die Straßen entlang und auch Hunde bekommen Mäntelchen an und spielen im HiSo-Zirkus mit. In der heißen Jahreszeit begibt man sich in die zahlreichen Aircon-Restaurants und Bars des Viertels und hat die Hündchen frisch geschoren auf dem Arm, denn schwitzen will hier niemand.

Nimman hat aber auch ein anderes Gesicht, Garküchen, einfache Hostels, eine Mischung aus soliden Thai-Restaurants und Boutiquen mit ausgefallener, erschwinglicher Ware. Es gibt für jeden Geschmack etwas – und wer mitten im Geschehen sein will und Wert auf gepflegtes Nachtleben legt, ist hier ebenfalls bestens aufgehoben.

Aber auch Kulturelles ist geboten in dem Gebiet um den Doi Suthep.

Das **World Insect and Natural Wonders Museum** ist eine private Sammlung über Krabbelgetier. Erklärungen zu Insekten und ihrem Nutzen für die Natur gibt es auch in Englisch. Studien über Malaria und Mücken im Allgemeinen runden das informative Programm der beiden Forscher Manop und Rampa ab.

▪ 72 Nimmanheamin Rd., Soi 13, Suthep, ✆ 053/211891, www.thailandinsect.com.

Das **Lanna Traditional House Museum CMU** gehört zur Chiang Mai University und stellt traditionelle Lanna-Häuser aus allen Teilen des Nordens aus, die an ihrem ursprünglichen Standort abgetragen und hier restauriert wieder aufgestellt wurden. Die Anlage liegt in einem weitläufigen Park mit altem Baumbestand, eine Oase der Ruhe im sonst eher wuseligen Nimman-Viertel.

▪ Rim Klong Chonprathan Rd., Suthep, http://art-culture.cmu.ac.th/Museum. Tägl. 8.30–17 Uhr. Eintritt THB 40.

Der bedeutendste Tempel des Viertels ist der **Wat Suan Dok,** übersetzt Blumengarten-Tempel. Umgeben von den Fakultätsgebäuden der CMU (Chiang Mai University), ragt seine große Stupa in den Himmel. Der Name rührt daher, dass sich früher an dieser Stelle der Garten der königlichen Familie befand, der etwa 1370 von König Kuena angelegt wurde. Der heutige Tempel stand wahrscheinlich schon damals auf dem Grundstück. Die weißen, in der Sonne glitzernden Mausoleen beherbergen die Überreste der königlichen Lanna-Familien, sie wurden erst in der ersten Hälfte des 19. Jh. erbaut. Der Mix von goldenem Chedi und strahlend weißen Türmchen macht den Charme des Tempels aus. Meditation gibt es auch in englischer Sprache und die Mönche halten regelmäßig Monk Chats

Übernachten (S. 81/82)
2 U Nimman
8 2230 Hostel
11 Hotel Noir
18 The Craft
19 Akyra Hotel
20 Yesterday Hotel
21 De Chai - The Oriental
26 Begin @ nimman17
28 Jaritt Nymmanh Hotel
29 BED Nimman
30 Vulcano Hotel Chiang Mai
Essen & Trinken (S. 88/89)
4 Ginger Farm Kitchen at ONE Nimman
5 Happy Frog @ One Nimman
10 Ristr8to
12 Nori Sky Terrace
13 Accha Authentic Indian Cuisine
15 Salsa Kitchen
27 Charin Homemade Pies
31 L´élephant
Nachtleben (S. 92)
16 Siam Dragon Cabaret
25 Warm Up Cafe
Einkaufen (S. 73/74)
1 Export71
3 One Nimman
6 Paothong's
7 Srisanpanmai
9 Silver Birch
14 Chabaa
17 Shinawatra Thai Silk
24 Miu's Collection
Sonstiges
22 Chiang Mai Art & Sketch Club (S. 75)
23 Cloud 9 Massage & Spa (S. 76)
1004
Nimmana H. Rd Lane 3
Nimmana H. Rd Lane 5
Nimmana Haeminda Rd Lane 7
Nimmana Haeminda Rd Lane 9
Nimmana Haeminda Rd Lane 11
Nimmana H. Rd Lane 13
Nimmana H. Rd Lane 15
Nimmana Haeminda Rd Lane 17
Nimmanahaeminda Rd
Sai Nam Phueng Alley
Jumpee Rd
Siri Mangkalajarn Rd
Museum of World Insects and Natural Wonders
Chiang Mai National Museum
Chang Phueak Rd
Superhighway nach Lampang
121
Wat Jed Yod
Jed Yod-Chang Khian Road
Sirinthorn Rd
Taewan Rd
Doi Suthep
Huay Kaeo Rd
Hussadhisawee Rd
Changphuak Soi 2
Manee Nopparat Rd
Sri Poom Rd
Flower Market
Chiangmai Ram Hospital
Chiang Mai Int. Airport
Hang Dong
CMU Lanna Traditional House Museum
240 m
Nimanhaemin

ab, bei denen man mehr über ihr Leben und das Leben im Kloster und den Buddhismus im Allgemeinen lernen kann.

▪ 139 Suthep Rd., Suthep, www.monkchat.net.

Unweit des Tempels liegt das **Chiang Mai National Museum.** Es wurde 2017 wieder eröffnet und bietet einen guten Überblick über die Geschichte des Lanna-Reiches und seine Stellung im asiatischen Raum. Die Geschichtsepochen Thailands werden anschaulich dargestellt, ebenso die verschiedenen architektonischen Stile wie Lanna-Stil, die Lop-Buri-Periode oder der Stil des Ayutthaya-Reichs. Wer ein bisschen tiefer in Geschichte und Architektur des Landes eintauchen möchte, für den ist das Museum in jedem Fall ein Muss. Die Ausstellung auf drei Etagen ist interaktiv, man kann Filme anschauen, auf Bildschirme klicken – alles in englischer Sprache. In den Schaukästen befinden sich antike Buddhaköpfe und andere Reliquien aus längst vergangenen Zeiten. Die Stücke reichen bis ins 12. Jh. zurück.

▪ Chiang Mai – Lampang Super Highway, Suthep, ✆ 053/221308. Mi–So 9–16 Uhr.

Die Anlage des **Wat Jed Yod** gleich daneben mutet eher wie ein historischer Park an. Tritt man durch das Tor, das direkt am Superhighway liegt, gelangt man in eine andere Welt, schnell lässt der Verkehrslärm nach und man fühlt sich in die Vergangenheit versetzt. Der Haupttempel zeigt burmesischen Einfluss. König Tilokarat von Chiang Mai ließ ihn 1455 erbauen. Zuvor schickte er Mönche nach Burma, die den Mahabodhi-Tempel in Bagan und dessen Aufbau genau unter die Lupe nehmen sollten, um dann das Ebenbild in Chiang Mai zu errichten. Der besagte burmesische Tempel ist selbst eine Kopie des Bodh-Gaya-Tempels in Indien, in eben diesem erfuhr Buddha seine Erleuchtung. Anders als alle anderen Tempel der Stadt ist der rechteckige Viharn fensterlos und wird von sieben Turmspitzen geziert. Daher rührt der Name des Tempels: jed (7) yot (Spitzen). Im Inneren sitzt eine große Buddhastatue. An den Außenwänden sind 70 Stuckreliefs von Devas (Himmelwesen) zu sehen, deren Köpfe Abbilder von Familienmitgliedern des Königs Tilokarat sind. An der Rückseite stehen Skulpturen und kleine Statuen, ebenso unzählige Naga-Schlangen in allen Variationen. Der Legende nach hat die Nagakönigin Mucalinda Buddha während mehrerer Wochen vor Regen und Unwetter beschützt, indem sie einen ihrer vielen Köpfe über ihn gebreitet hat.

Auf dem großen Tempelgelände stehen unter alten Bäumen noch weitere Chedis. Der größte von ihnen beherbergt die Asche des Königs Tilokarat. Die Ordinationshalle ist aus dem 20. Jh. und birgt schöne Wandmalereien mit Szenen aus den Leben Buddhas.

▪ Chiang Mai – Lampang Superhighway/Ecke Huay Kaeo Rd., Suthep.

Ganz am Ende der Suthep Road in einer unscheinbaren kleinen Gasse liegt das bezaubernde **Haus der 100 Türen – Roi Tawara Baan Baandhewalai,** eine Künstler-Enklave, streng bewacht vom angeblich weltgrößten aus Holz gearbeiteten **Ganesha** (Elefantengott). Khun Khem Maruekapitak hat diese Künstlerkolonie gegründet. Als junger Mann war ihm im Traum Ganesha erschienen und hatte ihn beauftragt, eine riesige Statue zu bauen. Khun Khem schuf einen neun Meter hohen Ganesha aus Holz. Der Elefantengott ist der Herr der Anfänge, er räumt Hindernisse aus dem Weg, man betet um gute Geschäfte, Glück bei Neuanfängen. Davor sieht man überdimensionale Ratten-Statuen, die mit Ketten behangen sind. Im Hinduismus gelten Ratten als das Transportmittel für den Ganesha in unserer Welt. Auch kann man seine Wünsche in das Ohr der Ratte flüstern, sie wird sie an Ganesha weiterleiten.

Chiang Mai und Umgebung → Karte S. 28

Jede Tür ein Kunstwerk im Haus der 100 Türen, einer Künstlerkolonie

Auch das Haus der 100 Türen hat Khun Khem Maruekapitak erschaffen, ein Kunstwerk in sich. Türen aus Holz mit bunten Malereien aus dem Ramakien-Epos (→ Kasten, S. 288) hängen an Wänden, an der Decke, sie verkleiden die Balken des oberen Stocks, es gibt natürlich auch Türen im eigentlichen Sinne, durch die man hindurchgehen kann, alle mit filigranen Malereien versehen und die, die noch nicht bemalt sind, werden es bald sein. Künstler arbeiten täglich an neuen Gemälden, sie bemalen die Treppenaufgänge, die Türen, Holzpfeiler, einfach alles. Ein wunderschöner Mix aus verschiedenen Techniken, zeitgenössische Kunst mit hinduistischen und buddhistischen Wurzeln.

▪ 79/7 Suthep Rd., Soi 9, Suthep, ✆ 086/192 9699.

Mitten im Wald im schmucken Viertel liegt der Tempel **Wat Umong** am Fuß des Doi Suthep. Er wurde unter König Mengrai (1239–1317) ca. 1297 erbaut. Die große Stupa ist erhalten, ebenso die Tunnel, die dem Tempel seinen Namen geben. Diese dienten den Mönchen zur Meditation. Heute kann man sie besichtigen, auch einige alte Buddhastatuen sind zu sehen. Im westlichen Teil der Höhlen befinden sich alte Wandmalereien. Eine Treppe führt zu der von Bäumen umgebenen Stupa. Auf der Wiese daneben liegen und stehen halbzerfallene Buddhastatuen und Reliefs. Ein See gehört ebenfalls zur Tempelanlage und auf einer kleinen Insel werden Tausende von Tauben von den Besuchern gefüttert. Der Tempel ist bekannt für seine Meditationskurse, man kann zwischen drei und 15 Tage im Tempel übernachten und am Alltag der Mönche teilnehmen und meditieren.

▪ Suthep Rd., Suthep, www.watumong.org.

Auf dem Weg zum Doi Suthep passiert man das **Huay Kaeo Arboretum,** ein Park mit Geheimtipp-Charakter. Gleich vor dem Zoo (s. u.) liegt diese große Parkanlage mit einem Orchideenhaus, Salas zum Relaxen und einem Open Air Gym. Die älteren Bäume tragen Namenstafeln, auf denen nicht nur ihre Gattung steht, sondern auch der Sauerstoffausstoß, den sie produzieren. Der älteste ist 110 Jahre alt.

■ Huay Kaeo Rd. Tägl. 8–19 Uhr.

Gleich danach folgt der **Chiang Mai Zoo mit Aquarium.** Der Stolz der Stadt und auf jeden Fall ein Werbegag ist das Panda-Pärchen im Zoo, das es zu einem eigenen Fernsehkanal geschafft hat. Man kann hier den ganzen Tag das Leben der Bären beobachten. Ansonsten gibt es Giraffen, Zebras, Schlangen, Vögel, Löwen und Tiger, manche Gehege sind bereits an europäische Standards angepasst und die Tiere haben viel Freilauf, andere befinden sich im Umbau. Besonders sehenswert ist das Chiang Mai Aquarium mit Unterwassertunnel und Rochenfütterungen, sogar tauchen kann man hier. Für die Kinder gibt es einen Wasserpark zum Spielen, also unbedingt Badesachen mitnehmen. Im Snow Dome herrscht das ganze Jahr Winterwonderland.

■ 100 Huay Kaeo Rd., Tambon Suthep, ✆ 053/210374, www.chiangmai.zoothailand.org. Tägl. 9–17 Uhr.

In den Doi Suthep-Pui National Park

Lassen Sie sich von einem versteckten Bergtempel verzaubern, besuchen Sie das Wahrzeichen der Stadt, den Wat Doi Suthep, und die Gärten der königlichen Winterresidenz. Ein kleines Bergdorf, spektakuläre Aussichtspunkte und Wasserfälle erwarten die Besucher auf dem „Hausberg“ Chiang Mais. Mit seinen 1665 Metern ist der Doi Pui in der ganzen Stadt und den umliegenden Dörfern zu sehen und ein guter Orientierungspunkt, sein etwas niedrigerer Zwillingsgipfel ist der Doi Suthep. Eine gut ausgebaute Straße führt auf den heiligen Berg. Je höher man kommt, desto dichter wird der Wald rechts und links der Straße. Während der Hochsaison von Dezember bis Januar kann es

Halb verfallene Buddha-Statuen im Wat Umong

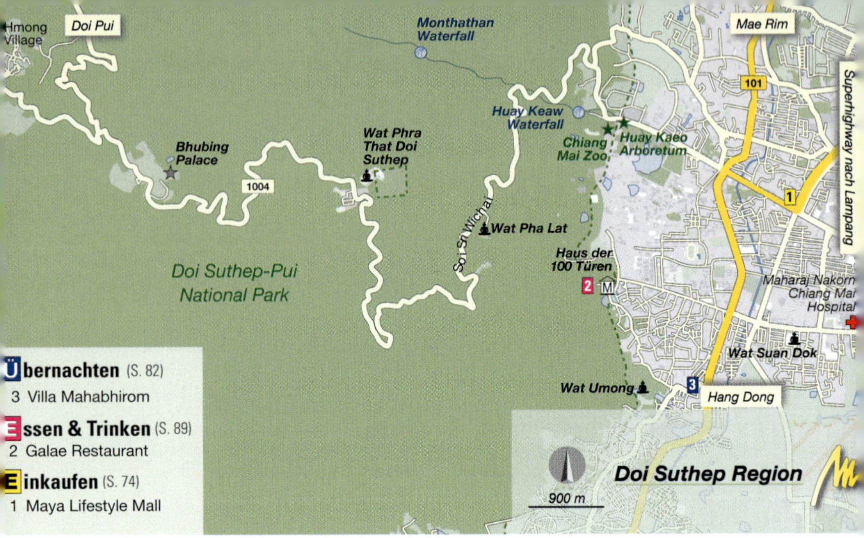

hier recht voll werden. Dann sollte man wirklich früh aufstehen und mit dem ersten Tageslicht am Berg sein.

Auf dem Weg zum Tempel Wat Phra That Doi Suthep passiert man mehrere Wasserfälle. Der unterste, der **Huay Kaeo Waterfall,** ist vom Parkplatz aus leicht über einen Fußweg zu erreichen, in dem untersten Pool kann man baden. Direkt an der Straße liegt ca. 3 km weiter der **Wan Hua Ban Viewpoint.** Man schaut von oben auf die Wassermassen, die vom Berg ihren steinigen Weg ins Tal nehmen, und hat einen schönen Ausblick auf die Stadt. Weitere Wasserfälle auf dem Weg zum Gipfel sind der **Mon Tha Than Waterfall** und der **Mork Fa Waterfall,** beide gut ausgeschildert. Lohnenswert ist der Besuch jedoch nur unmittelbar nach der Regenzeit im September bis November.

Unbedingt besuchen sollte man den **Wat Pha Lat,** einen mystischen Waldtempel unterhalb des Wat Phra That Doi Suthep. Man kann ihn entweder über den Pilgerweg der Mönche vom Huay-Kaeo-Wasserfall erreichen oder bequem von der Straße aus, die auf den Doi Suthep führt. Passiert man den Eingang mit seinen großen, löwenähnlichen Tempelwächtern, gelangt man, begleitet von Bambus, zum eigentlichen Tempel. Rechts die Bambushütten der Mönche und gleich dahinter der verwitterte Chedi, von einem safran-farbenen Band umgeben. Rundherum zirpen Grillen in dem hohen Bambus und hier und da fegt ein Mönch die Blätter zusammen. Ein Wasserfall durchfließt das weitläufige Tempelareal. Buddhastatuen, Brahmas und Elefantenreliefs schmücken das Areal. Über die Geschichte des Tempels ist wenig bekannt.

Nachdem man sich weiter und weiter nach oben geschraubt hat, erhascht man einen Blick auf große Naga-Schlangen, die oben eine Tempeltreppe säumen. Dort thront der **Wat Phra That Doi Suthep,** das Heiligtum der Stadt schlechthin. In der Hauptsaison von Tausenden Besuchern überrannt, ist der Tempel auf dem gleichnamigen Berg sicher schön anzusehen und die Aussicht spektakulär, aber leider eben völlig überlaufen. Am Fuße des Tempels warten 306 Stufen auf den Besucher, die es zu erklimmen gilt. Wem das zu viel ist, der kann bequem mit der Zahnradbahn fahren. Oben angekommen, beherrscht die goldene Stupa den Tempel, gegen sie erscheinen alle anderen Gebäude nebensächlich. Daneben steht das weiße Elefanten-Monument. Es geht auf die Legende zurück, nach der König Nu Na am Ende des 14. Jh. zu Ehren einer Reliquie Buddhas einen Tempel bauen wollte. Dazu band er diese Reliquie auf einen Elefanten und setzte diesen aus. Der wanderte auf den Doi Suthep und nachdem er an der Stelle des heutigen Tempels angekommen war, trompetete er dreimal und fiel tot um. Der König ließ 1383 an dieser Stelle den Tempel bauen, der Chedi beherbergt die Reliquie. Der Wat bietet Meditationskurse und Übernachtungen im Tempel an.

Passiert man das Heiligtum und fährt weiter zum Gipfel, gelangt man zur königlichen Winterresidenz, dem **Buphing Palace.** Er wurde 1961 unter König Bhumibol Adulyadej erbaut und dient nicht nur als Winterresidenz, um das kühle Klima des Nordens zu genießen, sondern auch als Empfangshalle für ausländische Staatsgäste. Keines der Gebäude kann besichtigt werden, wohl aber die Gärten und der Park. Es gibt einen Rosengarten, einen Farngarten und ein Orchidarium. Bänke laden zum Verweilen ein.

▪ Zwischen Januar und März sollte man abklären, ob die Gärten geöffnet sind, denn dann ist oft die königliche Familie zugegen und der Palast ist geschlossen. ✆ 053/223065.

Immer weiter nach oben windet sich die nun schmaler werdende, ausgewaschene Straße zum **Bergdorf der Hmong** auf dem Doi Pui. Das kleine Örtchen hat sich seine Identität trotz der Nähe zur Stadt erhalten. Man mag es auf den ersten Blick für einen Touristennepp halten mit dem kleinen Markt, den traditionellen Kleidern und Souvenirs, doch wer sich ein bisschen dort aufhält und z. B. in das kleine Dorfmuseum geht, wird freundliche Blicke ernten. Oft kommen Jugendliche in traditioneller Tracht auf den Besucher zu und probieren ihre Englischkenntnisse aus. Das kann hier und da zu interessanten Informationen über das Leben der Hmong führen. Die schön angelegten Gärten können besucht werden und ein paar Garküchen bieten ihre Speisen feil.

Der Huay-Kaeo-Wasserfall am Fuß des Doi Suthep

Chiang Mai Nord
Übernachten (S. 82/83)
5 Baan Suan Residence
6 The Granary Resort Hotel
8 Tonnam Homestay
21 Cross Chiang Mai Riverside (S. 80)
Essen & Trinken (S. 91)
1 Bualoy Khaosoy
3 Huay Thung Tao (S. 88)
4 Hashi by Kek
9 Paak Dang
10 Enoteca
13 Le Crystal (S. 86)
19 Collina Restaurant
Cafés
2 Nature Talk (S. 91)
12 Cafe de Oasis (S. 89)
18 Panmai Coffee (S. 91)
23 Monsoon Tea House (S. 87)
Einkaufen (S. 74)
14 JJ Market
15 Central Festival
17 Khamtiang Flower Market (S. 84)
Sonstiges (S. 75)
7 700th Anniversary Stadium
11 International Convention and Exhibition Center
16 Rada Loom
20 Aya Service (S. 70)
22 Chiangmai Boxing Stadium
Mae Taeng, Chiang Dao
Mae Rim
Mae Sa
Mae Jo Golf Club and Resort
Srimongkol Rd
Muang Samut Rd
2041
107
121
3029
1001
118
11
Huay Tueng Thao Reservoir
Phra Chao Lanna Buddhist Park
Don Kaeo
Elephant Parade Land
Hidden Village
San Phi Suea
Lanna Golf Course
The Highland People Discovery Museum
Lanna Hospital
Pan Tan
San Sai Noi
Doi Saket
Chiangmai Bus Terminal
McCormick Hospital Chiang Mai
Bangkok Hospital Chiang Mai
Chiang Mai Railway Station
Chiang Mai
San Pa Tong
Lampang
1 km

Am Fluss entlang gen Norden

Abseits der Touristenzentren liegt der ruhige Teil der Stadt. Der Blumenmarkt ist ein Muss für jeden Pflanzenliebhaber und Mae Rim und Umgebung haben die schönsten Hotels der Region zu bieten.

Khamtiang Flower Market

Ein Besuch auf dem Blumenmarkt an Chiang Mais Nordflanke lohnt sich. Kein botanischer Garten gibt mehr Fotomotive her als dieser Markt. Die Stände scheinen nahtlos ineinander überzugehen. Es gibt schier keine Pflanze des Königreiches, die hier nicht verkauft wird. Man findet einfach alles. Kräuter, Blumen, Bäume, Fruchtstauden, Sukkulenten, Farne und, und, und … Man ist überwältigt von der grünen, mit Blumen gespickten Lawine, die einen zu überrollen droht. Mit dem Roller oder dem Auto fährt man die engen Gassen entlang und hält, wo es gefällt (wer geht schon zu Fuß in Thailand?). In den Wintermonaten blühen die Rosen in allen Farben und warten auf Käufer, die Bougainvilleas strahlen in ihrer vollen Pracht und die Petunien in den Hängeampeln leuchten mit den Fleißigen Lieschen um die Wette. Selbst Fuchsien und Geranien findet man in dem subtropischen Klima des Nordens. Während der Sommermonate legen die Pflanzen eine Blühpause ein. Dann tragen die Helikonien wenige Blüten, die Bougainvilleas zeigen ihr grünes Blätterkleid – einzig die Frangipani-Bäume melden sich weiß und rot blühend zu Wort. Begibt man sich weiter in den Pflanzendschungel, gelangt man schließlich zur Orchideen-Gasse. Spätestens dann ist man hin und weg – die Blüten haben mindestens den doppelten, wenn nicht den dreifachen Durchmesser von dem, was der Mitteleuropäer als Orchidee kennt. Auch ganz ausgefallene Orchideenarten gibt es hier zu kaufen.

Der Khamtiang-Markt hat auch eine große Aquaristik-Abteilung – hier gibt es alles für die beflossten Lieblinge. Im Foodcourt gleich daneben befinden sich nicht nur Garküchen, auch ein Amulett-Markt ist unter dem großen Zeltdach untergebracht. Entlang der Adsadathon Road haben sich viele Bars und Restaurants niedergelassen und am Abend ist die Gegend ein Treffpunkt der Einheimischen. Die Livemusik lohnt sich und wer unter Thais sein möchte, sollte einen Abend vorbeischauen.

Panmai Coffee auf dem Khamtiang Flower Market

Weiter gen Norden am Fluss entlang kommt man in eine ruhige Nachbarschaft: überwiegend Privathäuser, viele von ihnen aus Holz, als wäre die Zeit stehen geblieben. Zwischendrin finden sich einige Restaurants und schöne Homestays, die eigentlich eher den Namen Boutique Stay verdient hätten.

Auf dem Weg nach Mae Rim

Auf dem Weg nach Mae Rim sollte man im **Highland People Discovery Museum** vorbeischauen. Der vierstöckige Bau liegt ein wenig außerhalb der Stadt Richtung 700th Anniversary Stadium. Das informative Museum wird nur selten von Ausländern besucht. Schaut man ins Gästebuch, sind es überwiegend Thai-Touristen, die dem liebevollen Museum einen Besuch abstatten. Zuerst sieht man im Kinosaal einen Film in englischer Sprache über die am weitesten verbreiteten Bergvölker und ihre Lebensweise. Mit diesem Vorwissen besucht man dann die Ausstellung im ersten Stock. Stamm für Stamm wird die traditionelle Kleidung an Puppen ausgestellt, besonders schöner Kopfschmuck ist in Vitrinen zu sehen. Die von den Stämmen produzierten Waren wie Körbe, Webereien und die dazugehörigen Werkzeuge liegen in den Schaukästen. Auf Knopfdruck erzählen die Monitore an der Wand die

Elephant Parade Land: Kunst aus Chiang Mai findet ihren Weg in die ganze Welt

Von der Straße 121 biegt man an der goldenen Elefantenskulptur links ab und folgt der Straße bis zum Elephant Parade Land. In der Wiese beim Parkplatz steht eine Allee aus Elefantenskulpturen: sitzende Elefanten, mit Blumen bemalt, ein stehender, mit der englischen Flagge verziert, eine Skulptur ist sogar ein Tuk-Tuk-Elefant. Man kann sich gar nicht satt sehen an den 1,50 m hohen bemalten Fiberglaskunstwerken. Dann geht es weiter in die Hallen der Elephant Parade. Elefantenskulpturen in allen Größen und Farben. Hier steht auch die Dumbina-Original-Skulptur von Katy Parry. Außerdem kann man die Beinprothese des Elefanten Mosha sehen, sie war der Anlass zur Gründung der Elephant Parade (s. u.). Nach der Besichtigung des Museums und dem Einführungsfilm geht es durch die Produktionshallen. Hier sieht man, wie die Skulpturen hergestellt werden und vor allem, wie sie bemalt werden. Jede Original-Elefantenskulptur, die einst auf einer Ausstellung zu sehen war, ist ein Kunstwerk für sich und wird nach den sog. Paraden versteigert, in Originalgröße. Die bislang teuerste wurde für USD 100.000 ersteigert. Anschließend werden von diesen Originalen kleinere Elefanten in den Größen 70 cm, 20 cm, 15 cm und 10 cm hergestellt. Diese Repliken werden von den Künstlern der Produktionsstätte in Chiang Mai handbemalt. Bei der Führung schaut man den Künstlern über die Schulter. Wer mag, kann auch selber tätig werden und Elefanten bemalen (10 cm zu THB 600 oder 15 cm zu THB 1000), das perfekte Souvenir.

Wie alles begann

Elephant Parade wurde 2006 von dem Holländer Marc und seinem Sohn Mike Souts gegründet. Während ihres Thailand-Urlaubs trafen sie auf den Babyelefanten Mosha, der an der burmesischen Grenze einen Teil seines Beins verloren hatte, als er auf eine Landmine getreten war. Die beiden

Geschichte der einzel-nen Stämme und erklären die ausgestellten Waren. In den beiden oberen Stockwerken wird König Bhumibol Adulyadej gedacht, dem das Wohlergehen der Hilltribes immer am Herzen lag. Leider ist dieser Teil der Ausstellung im dritten und vierten Stock nur in Thai beschriftet. Im Außengelände befinden sich in einem von großen Bäumen gesäumten Areal typische Häuser der unterschiedlichen Stämme. Sie sind begehbar und man bekommt, wie im Museum, einen guten Eidruck von der Lebensweise der Bergvölker.

■ Lanna Rama 9 Park, Chotana Rd., Chang Phuak, ✆ 053/210872.

Das Museum ist von einem künstlichen See umgeben, an dessen Ufer sich jede Menge Thai-Lokale niedergelassen haben. Mit Blick auf den See speist man auf einfachen Holzbänken und bekommt authentische Thai-Gerichte serviert.

Das ebenfalls hier in der Nähe liegende **Convention Center** bietet mehrmals im Jahr Lanna-Ausstellungen, dann kommen Händler aus der Region und bieten Handwerkskunst, Webwaren und Schmuck an. Untermalt von Shows, Kinderbelustigung und lauter Musik erwachen die Hallen des Messegebäudes zum Leben.

wollten etwas kreieren, was Mosha und anderen Elefanten helfen sollte, eine nachhaltige Zukunft aufzubauen. So produzierten sie große Fiberglas-Elefantenskulpturen und holten Künstler und Promis mit an Bord, um so ein Bewusstsein für die Dickhäuter zu kreieren. Bereits 2007 fand eine erste „Elephant Parade" in Rotterdam statt. Die Ausstellung, bei der die Elefantenskulpturen in der ganzen Stadt verteilt wurden, war ein voller Erfolg. Leute reisten in die Stadt, um die kunstvoll bemalten Elefanten zu sehen, es wurde auch ordentlich versteigert und der Erlös ging an das Friends of the Asian Elephant Hospital in Lamphang, Moshas Zuhause (→ S. 197). Mit dem Erlös konnte eine Prothese für Mosha angefertigt werden, sodass er der erste Elefant der Welt mit einer Beinprothese wurde. Bis Mosha mit 20 Jahren ausgewachsen ist, benötigt sie jedes Jahr eine neue Prothese. Und so hat sich das mittlerweile florierende Unternehmen Elephant Parade verpflichtet, 20 % seines Umsatzes an die Friends of the Asian Elephant Foundation zu geben, mindestens jedoch USD 50.000 im Jahr.

Die Ausstellungen, „Elephant Parade" genannt, werden in regelmäßigen Abständen in verschiedenen Ländern der Welt abgehalten. Im Jahr 2022 fand sie in Las Vegas statt mit einer Elefantenskulptur von Celine Dion, die mit 700.000 Svarovskisteinen und 400.000 anderen Steinen besetzt ist. Im Sommer 2020 und im Winter 2020/2021 fand die Ausstellung in Zürich statt. Brüssel, Dubai, Rio, Singapur und London standen auch schon auf dem Programm. London war sogar die bisher größte Ausstellung mit über 250 Skulpturen. Die Ausstellungen werden durch Sponsoren getragen und sind ein echter Hingucker. Bislang fanden 32 sog. Paraden statt und mehr als 1300 einzigartige Kunstwerke wurden geschaffen. Das Unternehmen leistet einen wichtigen Beitrag zur Erhaltung der Elefanten.

■ Elephant Parade Land, 180/9 Moo 7, San Pi Sua, ✆ 094/6152399, www.elephantparade.com. Tägl. 10–17 Uhr.

Der Themenpark **Hidden Village** liegt gegenüber vom Elephant Parade Land. Ein Tipp für Familien. Die Kinder können Dinosaurierskulpturen bewundern und erklettern, es gibt Spielplätze und ein Restaurant, das ganz auf die Kleinen eingestellt ist.

▪ 77 Moo 7, Soi 19, San Pi Suea, ✆ 064/550 0305. Tägl. 9–18 Uhr.

Stärken kann man sich auch im **The Duke's,** wie auch in Wat Ket gibt es hier amerikanisches Food vom Feinsten. Tolle Salate, Pizzas, Burger und mehr. Modernes Ambiente mit Showküche.

▪ 239 Moo 9, Somphot Chiang Mai, 700 Pi Rd., San Pi Suea, ✆ 053240550. Tägl. 10.30–22 Uhr.

Weiter auf dem Highway 107 nach Mae Rim sieht man gleich an der Hauptstraße das große weiße Portal des Buddhistischen Zentrums, **Phra Chao Lanna Buddhist Center.** Es wurde 2008 unter der Leitung von Ajarn Warin Buawiratlert errichtet. Er ist der wohl bekannteste Wahrsager des Landes, hat er doch schon 2006 General Sonthi die Fähigkeiten zugesprochen, das Land zu leiten. Die Anlage ist wie ein großer Tempel gebaut und dient insbesondere jungen Leuten als Schule des Buddhismus. Die weiß getünchten Gebäude mit ihren dunkelroten Ziegeldächern stellen das Herzstück des Komplexes dar. Im Inneren befinden sich goldglänzende Buddhas. Brücken führen über den künstlich angelegten Teich, gesäumt von Naga-Schlangen. Die Anlage ist mit Spenden aus aller Welt gebaut worden und soll an das Leben und die Erleuchtung Buddhas erinnern.

▪ Tägl. 8–16 Uhr. Eintritt frei.

Mae Rim – Natur pur

Weiter nördlich gelangt man in das mittlerweile in Chiang Mai eingemeindete Mae Rim. Ein von hohen Bergen umgebener Ort, der sich nach Norden Richtung Fang und Pai öffnet und im Westen nach Samoeng führt. Hier regnet es öfter als in der Stadt und den umliegenden Bezirken und alles scheint selbst in der Trockenzeit einen Tick grüner.

Von Chiang Mai kommend fährt man auf der Straße 107 in dichtem Verkehr nach Mae Rim, denn der Highway verbindet Chiang Mai mit dem Westen

Eine Prinzessin mit Einfluss

Prinzessin Dara Rasmi wurde 1873 als Tochter des Königs des Lanna-Reichs Inthawichayanon geboren. Ihre Mutter war eine Tochter des Königs Kawilorot. In den 1860er-Jahren wurde der Einfluss der Briten in Burma immer stärker und der Kolonialismus drohte nach Thailand überzuschwappen. Es hielt sich das Gerücht, dass Königin Victoria von England die Lanna-Prinzessin adoptieren wolle, um so die Macht auf das Reich auszuweiten. Deshalb schickte man Prinzessin Dara Rasmi nach Bangkok und sie wurde die Konkubine von König Rama V. (Chulalongkorn). Sie gebar ihm eine Tochter, die in frühen Jahren starb und an deren Tod sie beinahe zerbrach. Nachdem König Chulalongkorn 1910 an einem Nierenversagen gestorben war, kehrte die Prinzessin 1914 zurück nach Chiang Mai und gründete Schulen und Krankenhäuser und führte das Hochthailändische im Lanna-Reich ein. Sie starb 1933 im Alter von 60 Jahren an einem Lungenleiden in ihrem Haus in Mae Rim.

Das Wohnhaus der Prinzessin Daraphirom in Mae Rim

Mae Hong Sons und dem Norden Fangs. Einen wirklichen Ortskern findet man in Mae Rim nicht. Entlang der Hauptstraße befinden sich Läden, Supermärkte und zwei Markthallen, dieser Teil des Ortes ist eher unattraktiv. Biegt man jedoch auf die Straße 1096 nach links ab, ist man plötzlich von Grünflächen umgeben, Reisfeldern und Gemüseanbauflächen und schönem Bergpanorama. Mae Rim eignet sich hervorragend für Selbstfahrer zum Übernachten. Man kann von hier aus Touren fahren und am Abend wieder zurück sein. Auch Ruhesuchende, die der Hektik der Stadt entkommen wollen, sind hier gut aufgehoben. In der näheren Umgebung gibt es jede Menge zu erkunden und die Mae Sa Loop liegt direkt vor der Haustür. Interessant ist auch ein Besuch in der Hmong Hilltribe Lodge. Mae Rim ist schon seit Jahren ein beliebter Wohnort bei Thais und Ausländern, liegt doch hier eine der internationalen Schulen der Stadt und die Nähe zur Natur und zur Stadt gleichermaßen ziehen die Menschen an. Schon vor Jahren sind die Landpreise in die Höhe geschossen und heute wohnt hier die Haute Volé von Chiang Mai.

Daraphirom Palace Museum: Das Wohnhaus und der Garten der Prinzessin Dara Rasmi können besichtigt werden – sie wurden wunderbar hergerichtet.

- Sukkaphibaan Maerim Rd., Soi 5, Mae Tai.

Wat Pa Dara Phirom: 1938 wurde der königliche Tempel zu Ehren der Prinzessin erbaut. Elemente der strengen Sukhothai-Architektur paaren sich mit Lanna-Elementen. Ein wahrer Hingucker und ein absolutes Muss für Tempelliebhaber.

Wat Phra Phutthapat Si Roi: Der relativ neue „Tempel der vier Buddha-Fußabdrücke" liegt ca. 30 km außerhalb auf einem Berg, eingebettet in die Natur, bekannt bei Thais, aber weniger bei Touristen. Ein Ort der Besinnlichkeit. Buddhastatuen sind in den verschiedenen Gebäuden zu sehen und ein Café sorgt für das leibliche Wohl.

Erotic Garden: Ganz unscheinbar liegt in einem ruhigen Wohngebiet der

 → Karte S. 28

Chiang Mai Erotic Garden. Zunächst wundert man sich, was das wohl zu bedeuten hat, ein erotischer Garten in einem Land, in dem das Oben-ohne-Baden verboten ist. Khun Katai heißt ihre Gäste in dem zweistöckigen Holzhaus herzlich willkommen bei einem köstlichen Fruchtcocktail. Dann erzählt die 50-jährige Thai, dass sie schon immer Dinge mit anderen Augen betrachtet hat und schon seit frühester Kindheit die Erotik sieht. Ganz deutlich trennt sie Sex von Erotik. Erotik ist für sie ein dehnbarer Begriff und alles, was sie auf der Welt wahrnimmt, hat eine erotische Komponente. Sie erklärt es anschaulich am Beispiel der Anthurie, deren Stempel wie ein männliches Glied aus der Blume hervorragt. Auch am Beispiel anderer Blüten und Blumen zeigt sie die Erotik, manche wiegen sich sanft, wie die Kurven einer Frau, die übrigens in Form von Grashügeln wunderbar in ihrem Garten dargestellt sind, andere haben eine Phallus-Symbolik, die auf den zweiten Blick deutlich wird. Die Skulpturen, die in dem meisterhaft angelegten Garten stehen, sind allesamt von jungen Künstlern erschaffen. Khun Katai möchte diese fördern, sie gibt ihnen ihre Ideen und bittet sie, die Skulpturen nach ihren Vorstellungen zu gestalten. Betritt man den Garten, geht man vorbei an einem Brunnen, aus dessen Penissen das Wasser plätschert, auf eine Wand zu, auf der ein Künstler barbusige Frauen abgebildet hat. Ein Hinweis darauf, dass im letzten Jahrhundert noch viele Frauen ohne Oberbekleidung durch die Gegend liefen. Schlendert man mit der Gastgeberin durch den Garten, vergisst man die Welt außen herum, so gebannt ist man von ihren Erzählungen. 2014 wurde der Erotic Garden eröffnet, was dann auch direkt für Aufsehen sorgte und die Polizei auf den Plan brachte, die nicht nachvollziehen konnte, dass ein erotischer Garten nichts mit Sex zu tun hat und schon gleich gar nicht mit Prostitution. Mittlerweile haben sich die Wogen geglättet und der Garten ist eine anerkannte Attraktion der TAT (Tourist Authority of Thailand). Er wird gerne für Hochzeiten, Bankette und Geburtstage gemietet.

■ 46/3 Moo 3, Soi 5, Mae Rim, ✆ 083/3184855, www.chiangmaieroticgarden.com.

Skulptur junger Künstler im Erotic Garden in Mae Rim

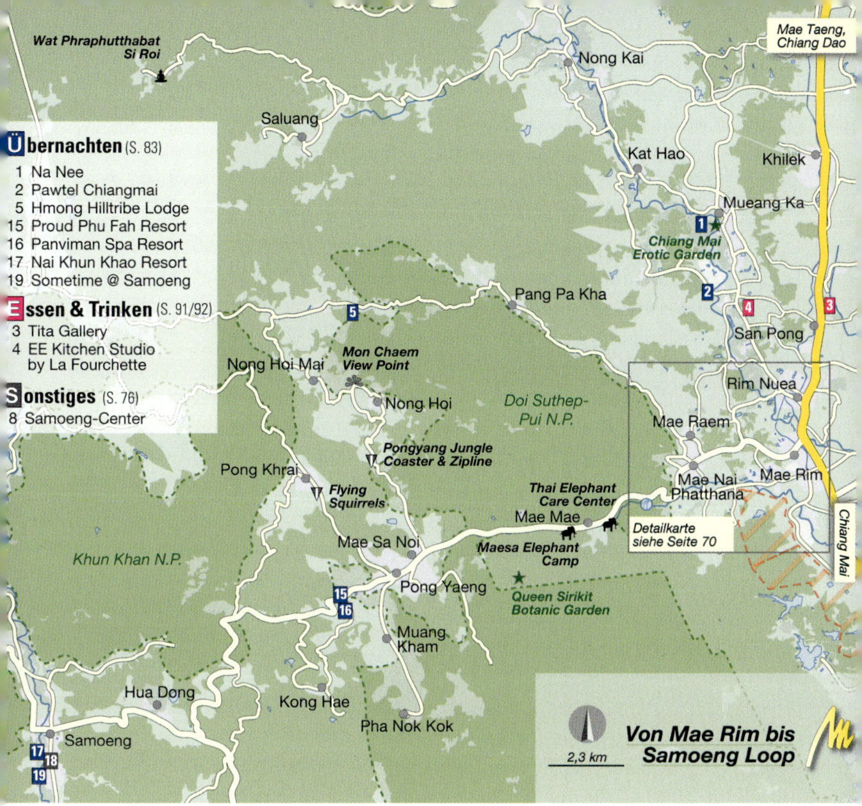

Ausflug in die Berge

Von Mae Rim kann man den beliebten „Loop" nach Hang Dong fahren. Besonders Motorradfahrer schätzen die Strecke, die auch mit dem Scooter gut passierbar ist.

Man fährt über die gut ausgebaute Straße durch die Berge, vorbei an Elefantencamps, Orchideenfarmen und dem Sirikit Botanical Garden. Vom Doi Cham hat man eine tolle Aussicht in die Bergwelt und zur Erdbeerzeit im Januar gibt es die Samoeng-Erdbeeren, die als die besten der Region gelten.

Das Mae Sa Valley

Fährt man von Mae Rim auf der Straße 1096 weiter, kann man einen Stopp im **Elephant Poo Poo Paper Park** einlegen. Aus Elefantenkot wird Papier – kein Werbegag. In einer privaten Führung wird den Besuchern die Herstellung erklärt. Zunächst wird der Dung in der Sonne über mehrere Tage getrocknet, bevor er dann in Wasser gereinigt und aufgekocht wird, sodass nur noch die Fasern übrig bleiben, die wiederum trocknen müssen. Diese werden dann in einer Maschine mit Resten von altem Papier und Lebensmittelfarbe gemischt. Es werden anschließend Bällchen geformt, die abtropfen müssen.

Dann kommen diese Bälle im Wasserbad auf Rahmen, die nach unten durchlässig sind. Die Fasern werden glatt gestrichen, hier legt der Besucher selbst Hand an. Dann werden die Rahmen getrocknet und das Papier ist fertig. Im Souvenir-Shop kann man die fertigen Produkte kaufen. Die im Elephant Poo Poo Paper Park hergestellten Dinge sind weit über die Grenzen Chiang Mais hinaus zu erwerben.

■ 7 Moo 10, Mae Rim, ✆ 053/299565, www.poopoopaperpark.com.

Weiter auf der Straße 1096 passiert man zwei Orchideenfarmen. Für Blumenliebhaber ein Muss ist die **Sai Nam Phung Orchid Farm.** Wunderschöne Orchideen in allen Farben können bestaunt werden. Es gibt ein Restaurant und Café auf dem Areal, außerdem eine private Sammlung von Oldtimern.

■ 61 Moo 6, Old Mae Rim – Samoeng Rd., Rim Tai.

Die zweite ist die hübsche kleine **Bai Orchid Butterfly Farm** mit gediegenem Restaurant und schön angelegtem Garten. Durch einen Vorhang aus Metallketten gelangt man in den Butterfly Garden. Wer will, kann am Mittag das Buffet für THB 250 essen, sehr gut übrigens, und wer nur die Pflanzen und Schmetterlinge anschauen möchte, zahlt THB 40.

Der Canopy Walk im Sirikit Botanical Garden

■ 97 Moo 7, Mae Rim, ✆ 053/299588.

Die Straße schlängelt sich kurvig in die Berge. Rechts und links Grün so weit das Auge reicht, riesige Bäume und hoher Bambus säumen den Weg. Schilder weisen zum **Mae Ka Sa Waterfall,** der in der Regenzeit ordentlich Wasser führt, in der Trockenzeit eher ein „No Burner" ist und die THB 200 Eintritt nicht wirklich lohnt.

Weiter den Berg hoch geht es zum **Mae Sa Elephant Camp,** ein bekanntes Camp direkt an der Straße. Während der Elefantenshow zeigen die Mahouts den Besuchern, wie die Elefanten früher Holz transportiert haben und was die Dickhäuter an Arbeiten im Dschungel erledigen konnten. Es gibt eine Aufzuchtstation, Gnadenbrot für Senioren und die Elefanten wirken zufrieden. Leider werden hier die Elefanten noch immer mit Korb geritten.

Etwas weiter liegt das **Thai Elephant Care Center,** ein besuchenswertes Altersheim für Dickhäuter. Man kann die Tiere und ihre Mahouts beobachten, stellt Futter für sie her, hilft beim Füttern und geht anschließend mit den Senioren zum Baden. Das Center bietet auch mehrtägige Programme an.

■ 1 Moo 9, Mae Rim, ✆ 053/206247, www.thaielephantcarecenter.com.

Die Straße steigt weiter an, Kurve um Kurve schrauben wir uns nach oben. Linker Hand liegt der **Queen Sirikit Botanical Garden,** ein Muss für Blumenfreunde – man kann mit dem eigenen Fahrzeug den weitläufigen Park erkunden. Absolut sehenswert ist der **Canopy Walk,** ein Skywalk, der den Besucher über die Baumwipfel des Parks führt. Von hier aus hat man einen tollen Blick auf den Doi Mon Khuam Long – den Sarg-Berg. Außerdem sehenswert der schöne Sukkulentengarten sowie Gewächshäuser mit Orchideen,

Wie der Sarg-Berg Doi Mon Khuam Long zu seinem Namen kam

Um 700 n. Chr., als Chamadewi das Zepter des Mon-Reichs Hariphunchai in der Hand hatte, wollte der damalige Lanna-König Viranga die Herrscherin ehelichen. Sie wollte aber lieber ihre Unabhängigkeit behalten, aber aus diplomatischen Gründen konnte sie nicht einfach nein sagen. Daraufhin forderte sie den König zu einem Spiel heraus. Er musste drei Speere werfen und wenn eines der Geschosse innerhalb ihrer Stadtmauern landete, würde sie seine Frau. Viranga warf den ersten Speer, der traf knapp die Stadtmauer. Die Königin wurde nervös und ließ dem Herrscher des Lanna-Reichs einen verhexten Turban zukommen, der seine Kräfte mindern sollte. Der König, stolz auf seinen neuen Kopfschmuck, trug diesen, als er den zweiten Speer warf, der flog schon nicht mehr so weit. Beim dritten schwanden seine Kräfte und er tötete sich selbst mit dem Geschoss. Auf dem Sterbebett wünschte er sich, auf einem Berg begraben zu werden, von wo aus er das Reich Hariphunchai sehen konnte. Als die Untertanen einen würdigen Platz für seine Asche suchten, fiel der Sarg vom Gefährt, so kam der Berg zu seinem Namen.

Farnen und Bromelien – ein Paradies für Gartenfreunde.

Mae Rim – Samoeng Route, ✆ 053/29965.

Wieder auf der Hauptstraße, zweigt nach 3 km die Straße nach rechts ab. Vorbei an einem **Zipline-Park** mit Achterbahn führt sie zum **Mon Cham,** einem Royal Project mit Gemüse- und Obstanbau. Im dazugehörigen Café gibt es simple Thai-Gerichte und eine tolle Aussicht. Durch die hohe Lage können hier auch europäische Pflanzen gedeihen, beispielsweise Lavendel oder Pflaumen und Erdbeeren. Erdbeeren sind in den Wintermonaten der große Renner. Dann schwärmen die Thais aus und begeben sich auf Erdbeerjagd. Wenn man genug Aussicht genossen hat, geht es den Berg wieder hinunter bis zur Hauptstraße und man setzt den Weg nach Samoeng fort.

Samoeng

Kleine Cafés und Restaurants in den Erdbeerfeldern säumen die Straße, dann gelangt man in den kleinen Ort Samoeng und hat das Gefühl, am Ende der Welt angekommen zu sein. Und ein bisschen ist es auch so. Eingerahmt von Bergen, geht von hier aus lediglich eine unbefestigte Straße nach Pai, die nur für erfahrene Motorradfahrer geeignet ist. Gemütlich geht es in dem Bergdorf zu. Der Markt ist das Zentrum des Ortes, daneben haben sich 7/11 und Tesco Lotus Express niedergelassen. Es gibt Garküchen und Essensstände, auch Post und Banken befinden sich auf dem Platz. Wer Ruhe und Abgeschiedenheit genießen will, findet Übernachtungsmöglichkeiten.

Auf dem Rückweg fährt man aus Samoeng hinaus und an der Polizeibox, an der sich die Straße gabelt, nimmt man den Weg geradeaus auf die Straße 1296. Sie führt durch die Berge zurück nach Hang Dong. Es bieten sich schöne Aussichten und ein paar abgelegene Resorts mit viel Natur.

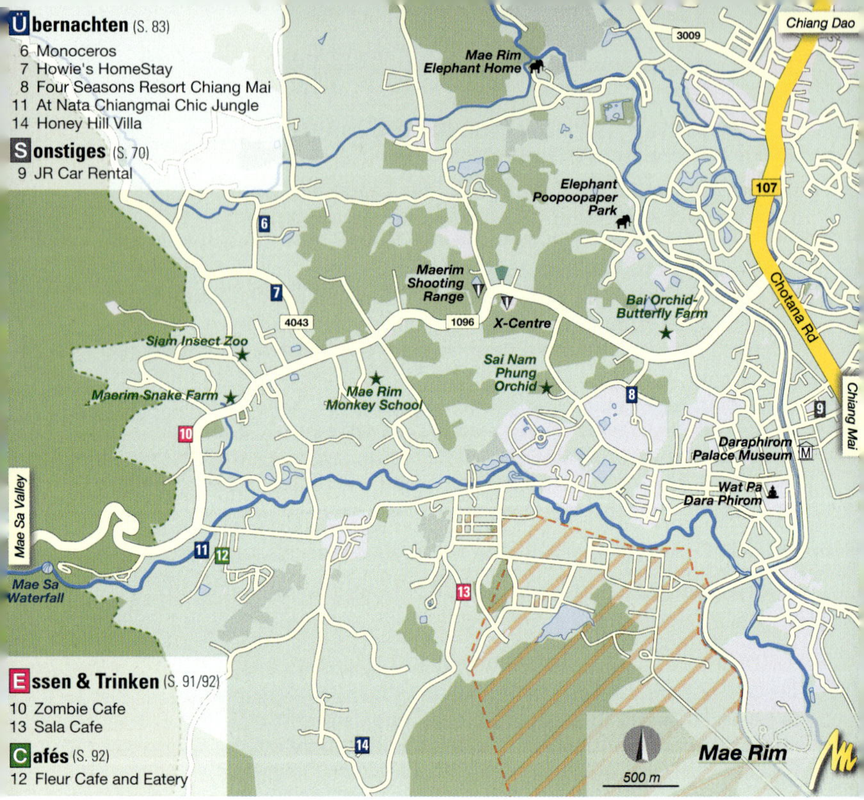

Basis-Infos

Immigration **Chiang Mai Immigration,** 77 Airport Rd., Muang, ✆ 055/201755, www.chiangmaiimm.com. Mo–Fr 8–16.30 Uhr.

Hin & weg In Chiang Mai gibt es einen **internationalen Flughafen,** von hier kann man ein Taxi zu einem Fixpreis in jedes Hotel der Stadt nehmen. 60 Mahidol Rd., www.airportthai.co.th/en/.

Die **Inlandsbusse** halten an der Arcade Bus Station. 165, Soi 5, Kaeonawarat Rd., Wat Ket.

Minibusse der Firma Aya **20** (→ S. 60) aus Pai und Mae Hong Son halten am Khamtiang Plaza. 60–60/1 Srimonkol Rd., Patan, www.ayaservices.com.

Der Hauptbahnhof in Chiang Mai ist der nördlichste des Landes, die **Züge** aus Bangkok halten dort. Charoen Muang Rd., www.railway.co.th.

Es gibt zwei **Buslinien,** rot und blau, die den Innenstadtbereich abdecken.

Entlang des Stadtgrabens und zu den Ausfallstraßen fahren dunkelrote **Songthaews.** Gelbe Songthaews fahren nach Doi Saket, die blaue Linie nach Lamphun.

Grab kann man im Innenstadtbereich gut bestellen. Als **Taxis** funktionieren auch rote Songthaews sowie Tuk Tuks. Im Viertel ums Thapae Gate und den Warorot-Markt sind auch **Fahrradrikschas** keine Seltenheit.

Fahrzeugvermietung Alle internationalen Autovermietungen sind am Flughafen vertreten, u. a. Avis, Hertz und Budget, um nur einige zu nennen. Besonders gute Erfahrungen haben wir mit folgender Vermietung gemacht:

JR Car Rental **9** (→ S. 70), Herr Pom bringt die Autos, wohin Sie möchten, entweder steht er am Flughafen bereit, am Bahnhof oder bringt das Fahrzeug ins Hotel. E-Mail schicken oder anrufen. Pom hat auch Scooter zu vermieten. 399/19 Mae Rim Plaza, Rim Tai, ✆ 082/762 8302, jrcarrentcnx@gmail.com.

Scooter kann man überall mieten, fast jedes Guesthouse in der Stadt stellt Roller zur Verfügung ab THB 200/Tag. Ich empfehle **Su von PoP** **63** (→ S. 39). Enduros kann man bei **Khun Su** mieten. 19 Sri Donchai Rd., Chang Khlan, ✆ 080/2464381.

Poy Laundry & Motorbike for rent **17** (→ S. 39), gut gewartete Motorräder beim einzigen Verleih an diesem Ende des Schachbretts. 32/1 Sittiwong Rd., Chang Moi, ✆ 053/ 232316.

Mr Mechanic **23**/**43** (→ S. 32), Scooter, Big Bikes und Autos vermietet Mr. Mechanic. 196/5/1 Ratchapakhinai Rd., Tambon Si Phum.

Die Berge rund um Chiang Mai reizen zum Motorradfahren. Wer sich ein Big Bike mieten will, findet die am besten gewarteten bei **CP Big Bike.** Herr Lan vermietet nicht nur gut gewartete Mopeds, er fährt auch als Guide die eine oder andere Tour mit. 21–23 Lampang – Chiang Mai Rd., Wat Ket, ✆ 053/2731914, www.cpbigbike.com.

Gesundheit Chiang Mai verfügt über eine sehr gute medizinische Infrastruktur. Die Internationalen Krankenhäuser haben einen guten Ruf. Auch zahnmedizinisch ist man rundum versorgt. **Apotheken** sind in der ganzen Stadt weit verbreitet. Besonders günstige Preise bietet die Kette Pharma Choice. Die internationalen Krankenhäuser rechnen bei stationärer Aufnahme direkt mit allen internationalen Versicherungen ab. Bei ambulanter Behandlung gilt meist die Zahlung vor Ort. Kreditkarten werden akzeptiert.

Mc Cormick Hospital, das älteste Spital der Stadt ist schön restauriert und behandelt im Vergleich der internationalen Krankenhäuser mit am preiswertesten. 133, 133 Kaeo Nawarat Rd., Wat Ket, ✆ 053/921777.

Das **Bangkok Hospital** ist das neueste Krankenhaus der Stadt und wohl auch das teuerste. Während man wartet, lauscht man einem Klavierspieler und oft ist auch ein Geiger vor Ort, um die wartenden Patienten ein wenig zu zerstreuen. Die Zimmer sind wie Hotelzimmer eingerichtet und der Service ist erstklassig. Chiang Mai – Lamphun Rd., Wat Ket, ✆ 1719, www.bangkokhospital.com.

Das **Lanna Hospital** ist empfehlenswert im Bereich Orthopädie. 1 Sukkasem Rd., Batan, ✆ 053/211037, www.lanna-hospital.com.

Das **RAM Hospital** hat eine ausgezeichnete Herzabteilung und auch die Zahnklinik ist sehr gut, eine der Ärztinnen hat in Berlin studiert. 8 Boonruangrit Rd., Suthep, ✆ 053/920300, www.chiangmairam.com.

Das **Rajavej Hospital** gehört ebenfalls zu den günstigeren Spitälern der Stadt. 316/1 Chiang Mai – Lamphun Rd., ✆ 053/801999, www.rajavejchiangmai.com/.

Das **Maharat Nakhorn Hospital** ist die Universitätsklinik der Stadt und ein öffentliches Krankenhaus mit hohem Standard. Hier werden auch Schlangen-Gegengifte bereit gehalten. ✆ 053/94700, Intawarorot Rd., Si Phum, www.med.cmu.ac.th.

Reisebüros Reisebüros gibt es innerhalb der Stadtmauern in der Altstadt jede Menge. Sie unterscheiden sich auch nicht in den Preisen. Sie bieten Flug- und Zugbuchungen an und man kann Tickets zu allen gängigen Attraktionen erweben, wie etwa Elefantencamps, Ziplines oder Kajaken. Auch Ausflüge und Touren werden angeboten. Wir haben sehr gute Erfahrungen mit dem folgenden Reisebüro gemacht:

Wild Adventures, Khun Chutikan bietet alles an, von Tagesausflügen über Elefantencamps, Ziplines und was immer das Herz begehrt. Zug-, Bus- und Flugreisen sind ebenfalls ihr Metier. Rachadamnoen Rd., Si Phum, ✆ 081/9515531.

Wechselstuben **Super Rich** **22** (→ S. 32), guter Kurs. Ratviti Rd., Soi 1, www.superrichchiangmai.com.

Eingang zum Elephant Parade Shop in Wat Ket

Einkaufen

In der Altstadt → Karte S. 32 **Beautiful Herbal Products & Gifts 30**, öffnet man die Tür, ist die Nase mit so vielen guten Gerüchen schon fast überfordert und man weiß gar nicht, wo man zuerst hinschauen soll. Bunt verpackte Seifen, Badeöle, Body Lotions und jede Menge anderer gut duftender Spezialitäten zur Körperpflege – ideale Mitbringsel. Besonders beliebt sind die Erfrischungssprays in verschiedenen Duftnoten, die man sich wunderbar in die Handtasche stecken kann. 174 Prapokklao Rd., Si Phum, ✆ 053/326595.

Co-lours 27, luftige Kleidchen, Bikinis, flippige T-Shirts und Hosen stellt der Laden aus und wirbt mit Made in Thailand. Die Kleider werden alle im Land hergestellt und es wird auf Nachhaltigkeit geachtet. Hier findet Frau genau das Richtige für warme Urlaubstage. Rachadamnoen Rd., Si Phum, ✆ 096/5977446.

Fairytales 25, winzige Katzen als Manschettenknöpfe oder doch lieber Elefanten? Lieber einen Hund als Kettenanhänger oder Eulen in den Ohren? Fairy Tales hat ausgefallenen handgefertigten Schmuck in Tier- und Fabelwesen-Form. Was kitschig klingt, ist in Wirklichkeit feinste Fingerfertigkeit. Hineingehen und sich verzaubern lassen! Prapokklao Rd., Si Phum, ✆ 086/0591687.

Chiang Mai Cotton 34, Schönes aus Baumwolle. Klare Formen, nüchterne Farben, cooles Aussehen, das schreibt sich Chiang Mai Cotton auf die Fahne. Die erfolgreiche Firma hat auch einen Online Store und hier im Herzen der Altstadt ihren Showroom. Viel Spaß beim Stöbern, auch für Herren. 114/6 Rachadamnoen Rd., Pjhra Sing, ✆ 053/814413, www.chiangmaicotton.com.

Handgemachte Schuhe auf der Walking Street

Ban Taktor 7, Gehäkeltes für Groß und Klein. Betritt man das urige Geschäft, kommt man sich wie in einer Puppenstube vor. Gehäkelte Fensterdekorationen, Geldbeutel und Taschen, die mit Häkelware verziert sind, Babyschühchen mit Bommeln, gehäkelte Kinderpüppchen mit Mini-Anziehsachen, natürlich auch gehäkelt. Ein ausgefallener Laden, in dem die Bewohner des Ortes Chiang Kham in der Provinz Phayao ihre Kunstwerke zum Verkauf anbieten. 208 Prapokklao Rd., Si Phum.

Supachet Studio 32, zu erkennen am Elefanten-Hasen vor der Tür. Der Künstler Supachet fertigt kleine Skulpturen aus diversen Materialien an, sei es Holz, Stein, Pappmaschee oder Ton. Farbenfroh sind seine teils abstrakten Formen. Die Tonvasen sind schöne Deko-Gegenstände und seine Elefantenbilder sind Hingucker. Unbedingt mal reinschauen. 56/2 Rachadamnoen Rd., Si Phum, ✆ 089/19501329.

Retup 29, Schmuckunikate aus Künstlerhand. Schöne Ketten und Ohrringe aus Kupfer, Bronze, mit und ohne Glas-Applikationen. Ketten und Armbänder aus Kautschuk, reich verziert bis zu ganz schlicht. Nicht nur Schmuck stellen die Künstler her, sondern auch Lederwaren wie Taschen, Gürtel und Geldbörsen. Rachadamnoen Rd., Si Phum.

Siam TV Electronic Plaza 48, Computer, Tablets, Telefone und andere Heim-Elektronikgeräte und Zubehör bekommt man in dem großen Geschäft. 111 Chang Lor Rd., Hai Ya, ✆ 053/282222.

Computer Plaza 1, Computer und zuverlässige Reparaturen derselben. 312/1 Manee Nopparat Rd., Si Phum, ✆ 053/404488.

In der Thapae Road → Karte S. 39 **Achara Silver 26**, Silberschmiede mit eigener Manufaktur, bietet Silberschmuck der Bergvölker an – ausgefallene Stücke auch auf Bestellung. 214–216 Thapae Rd., Chang Moi, ✆ 053/251349, www.acharasilver.com.

John Gallery 27, fällt sofort ins Auge. Der Künstler, ein waschechter Chiangmaier, arbeitet viel mit Holz, so z. B. Windspiele und Vogelhäuser, aber auch Skulpturen aus Wurzelwerk stellt er aus. Seine Bilder sind grell und groß –

wahre Kunstwerke. Thapae Rd., Chang Moi, ✆ 053/232245, JohnGallery1980@hotmail.com.

Lanna Silver 31, handgefertigter Silberschmuck zu fairen Preisen. Lanna Silver unterstützt Hilltribes und bietet ausgefallene Stücke an. Man kann bei der Herstellung zusehen. Es gibt mehrere Läden in der Stadt und auch in Bangkok. 390 Thapae Rd., Chang Moi, ✆ 053/232890, www.lannasilvercm.com.

Kesorn Arts – Hill Tribes Asia 30, Stoffe, Schmuck, Deko-Artikel aus Südostasien. Ein Laden für Stöberer, man stößt immer wieder auf interessante, auch alte Dinge. 154 Thapae Rd., Soi 4, Chang Moi, ✆ 052/874325.

Atelier Ren 25, eine japanische Firma, die sich auf ausgefallene Kleider und Hüte spezialisiert hat, hat neuerdings einen Laden in Chang Moi aufgemacht, ein richtiger Hingucker. 59 Langwat Saenfang Rd., Chang Moi, ✆ 053/252646.

Art Lab 32, Thapae Gate – die Goldschmiede bietet nicht nur ausgefallenen Schmuck an, sondern auch Kurse, in denen man selber kreativ werden kann. 179 Thapae Rd., ✆ 053/213058, www.nova-collection.com.

Auf der Ostseite → Karte S. 39 **Rimping Nawarat 58**, „the supermarket of choice" tituliert sich das Unternehmen und in der Tat, in den Filialen des Rimping Marktes findet man eine breitgestreute Produktpalette internationaler Köstlichkeiten: eine gute Bäckerei, europäische Käsesorten, Wurstwaren und importiertes Fleisch, auch auf Hengstenberg Sauerkraut und Knax Gurken muss man nicht verzichten. In dem Komplex befinden sich noch **S & P**, ein thailandweit operierender Coffeeshop mit Bäckerei, ein Souvenirladen und ein kleines Café. 129 Chiang Mai – Lamphun Rd., ✆ 053/246333, www.rimping.com.

Tube Upcycling 6, eine kleine Näherei, die sich zur Aufgabe gemacht hat, aus alten Reifenschläuchen Handtaschen, Geldbörsen und Schuhe zu fertigen. Chiang Mai – Lamphun Rd.

Sop Moei Arts 4, eine Non-Profit-Organisation, die es bereits seit 30 Jahren gibt. Sie unterstützt die Pow Karen, einen Bergstamm im Nordwesten des Landes. Superschöne Handtaschen und Deko-Artikel, Kissenbezüge und Kleidung, alles handgefertigt von den Pow Karen der Provinz Mae Hong Son. 150/10, Charoen Rat Rd., Wat Ket, ✆ 053/306123.

Auf der Westseite → Karte S. 39 **Panthip Plaza 61**, das Shopping Center für Computer, Telefone und Elektrogeräte. Auch Handys, abgestürzte Computer und Tablets kann man reparieren lassen. 152/1 Changklan Rd., Chang Khlan. Tägl 10–21 Uhr.

Siam Royal Orchid (ROC) am Ancient House 35 (→ S. 32), der Schmuckladen ist etwas Besonderes, Blüten und Früchte werden in Kunstharz getaucht und dann zu Schmuck verarbeitet. Ausgefallene Sachen. 95 Charoen Phrathet Rd., Chang Khlan, ✆ 087/4025666, www.royalorchidgift.com.

Fashion King 62, Vanita und Frank sind ein liebenswertes Ehepaar, die Fashion King for 20 Jahren gegründet haben. Mittlerweile schneidern die beiden nicht nur, sondern bieten auch indische Snacks und Gerichte zum Mitnehmen an. Unbedingt einen Besuch wert. 99/5–6 Sridonchai Rd., Chang Khlan, ✆ 092/9383988, www.fashionkingchiangmai.com. Tägl. 9–18 Uhr.

Boggy & Thol Jewellers 11 (→ S. 48), die Belgier Cyril Bogaievsky und Thierry und Thibault Helamns, Juweliere in dritter Generation, ansässig in Paris und Brüssel, haben gemeinsam Boggy & Thol ins Leben gerufen. Sie fertigen Schmuck aus Silber und Gold und führen auch Reparaturen in ihrer Werkstatt durch. Die Goldschmiede sind nach europäischen Standards ausgebildet und das kleine Team sprüht nur so vor Kreativität. Sie haben sich außerdem auf Urushi spezialisiert, eine Lacktechnik aus Japan. Diese Technik ist sehr aufwendig und die einzigartigen Kunstwerke, hier in Form von Kugelschreibern, sind unglaublich schön. Einfach mal vorbei schauen, Maiken, die dänische Geschäftsführerin, zeigt gerne die Ausstellung nach Anmeldung. 420/1 Chiang Mai Land, Chan Khlan, ✆ 061/9874719, www.boggythol.com.

The Thai Shop 55, kurz hinter dem Meridian am Kanal, untergebracht in einem alten Holzhaus. Baumwollkleidung in dezenten Farben zu guten Preisen, Frau findet immer etwas.

Cha Cha Slow Pace 54, Boutique mit ausgefallenen Kleidern und schönen Handtaschen in der Soi 4, Loy Kroh Rd., gegenüber vom chinesischen Schrein.

Nimmanhaemin → Karte S. 54 **Phaothongs 6**, Kleidung für Damen im Lanna-Ambiente. Soi 1, Nimmanhaemin, Suthep.

Srisanpanmai 7, handgewebte Stoffe, handgemachten Schmuck und Kleider findet man in diesem Antikladen. Viel Hilltribe-Kultur und alte Silberkunstwerke. Soi 1, Nimmanhaemin, Suthep.

Silver Birch 9, kleiner schmucker Laden mit handgefertigtem Modeschmuck und Dekorationsartikeln. Soi 1, Nimmanhaemin, Suthep, ✆ 053/8815886.

Shinawatra Thai Silk 17, Handgefertigtes aus Seide direkt aus der Manufaktur in San Kamphaeng (→ S. 94). Blusen, Kleider, Schals und Hemden sowie weitere Seidenaccessoires sind erhältlich. 18/1 Huay Kaeo Rd., Suthep, ✆ 053/223264, www.shinawatrathaisilk.co.th.

Chabaa 14, Kleider im Hippie-Stil bietet diese Boutique am Wawee Plaza. Nimmanhaemin Rd., Soi 4, Suthep.

Miu's Collection 24, „Clothes made with love" lautet das Motto der Designerin, die auch eigene Kollektionen verkauft. Hippie-Mode frech und bunt. Nimmanhaemin Rd., Soi 13, Suthep, ✆ 088/8664.

Maya Lifestyle Mall 1 (→ S. 58), schicke Geschäfte und viele ausgefallene Läden befinden sich in der Maya Mall. Im UG auch der Rimping Supermarkt, der seine Filialen in der ganzen Stadt hat. Foodcourt im Obergeschoss, Dachterrasse mit kleinen Bars, am Abend geöffnet. Außerdem ist ein Kino im Komplex. 55, Huay Kaeo Rd., Suthep.

One Nimman 3, Chiang Mais neueste Shoppingmall. Backsteinbau im Kolonialstil. Ausgefallene Boutiquen und hübsche Cafés und Restaurants sind in dem weitläufigen Gebäude untergebracht. Wechselnde Kunstausstellungen sowie Konzerte und Tanzkurse finden im One statt. 1 Nimmanhaemin Rd., Suthep, www.onenimman.com.

Export71 1, der schmucke Laden auf der Huay Kaeo Road ist ein echter Hingucker. Amerikanische Zapfsäulen aus den 1960ern in den Schaufenstern. Captain Morgan macht vor der Tür sein Aufwartung, Flugzeuge an den Decken und jede Menge coole Klamotten auf drei Etagen. 71 Huay Kaeo Rd., Suthep.

Hang Dong/Ban Tawai → Karte S. 48

Airport Plaza 9, moderner Shoppingkomplex mit internationalen Geschäften und dem Tops Supermarkt. Alle Ladenketten, die etwas auf sich halten, sind hier vertreten. 258 Mahidol Rd., Hang Dong.

CBen Collection 20, Antiquitäten, Möbel und Wohnaccessoires. 79/2, 108 Chiang Mai – Hang Dong Rd., ✆ 053/447752.

Kad Farang 27, Outlet Mall mit günstigen Preisen. 13 Moo 13 Chiangmai – Hot Rd., Baan Waen, ✆ 053/430552, www.kadfarangvillage.com.

Patara Studio 25, hochwertiges Möbelhaus mit tollen Dekorationsartikeln, Lampen, riesigen Vasen und einzelnen Möbelstücken. Alles im asiatischen Kolonialstil. 68/3 Cholpratan Rd., Namphrae, ✆ 064/8780767, www.patarastudio.com.

De Gallery Chinese Antique Furniture 33, die schönsten Sammlerstücke südostasiatischer Kunst findet man bei Khun Phiyasak in der Galerie: Buddhastatuen aus Bronze, Schränke mit Intarsien, handgeschnitzte Kommoden. Einfach mal reingehen und sich inspirieren lassen. 16 Ban Tawai Rd., Namphrae, ✆ 053/441575.

Amata Decor 29, Khun Amata sammelt Außergewöhnliches aus Holz – in allen Farben und Formen: riesige Tische, Zusammengewürfeltes aus Treibgut, meterlange Bänke aus Einzelstämmen. Eine Schau – natürlich wird auch hier verschifft. 111 Ban Tawai Rd., ✆ 053/441 988, www.amatadecor.com.

Im Norden am Fluss/Khamtiang Flower Market → Karte S. 60

JJ Market 14, gegenüber vom Blumenmarkt befinden sich die Arkaden des JJ Market. Es gibt verschiedene Vintage-Läden und Möbelgeschäfte und am Sa und So finden jeweils von 7 bis 13 Uhr Märkte statt, der Farmers Market mit Bio-Produkten am Sa, am So ein Trödelmarkt. 45 Adsadathon Rd., Pa Tan.

Central Festival 15, moderne Shoppingmall mit führenden Markengeschäften, außerdem ein sehr gut sortierter Tops Food Hall Supermarket mit vielen deutschen Lebensmitteln. 118 Chiang Mai – Doi Saket Rd. Öffungszeiten 11–21 Uhr, Sa und So 12–21 Uhr.

Aktivitäten

Im Herzen der Stadt

Segway Gibbon 38 (→ S. 32), Chiang Mai mit dem Segway zu erkunden ist zwar nicht ganz billig, macht aber großen Spaß. Mit zwei Guides fährt man in einer kleinen Gruppe zu den Hauptsehenswürdigkeiten der Altstadt. 29/4–5 Kachasarn Rd., Chang Khlan, ✆ 084/6144004, www.segwaygibbon.com.

Gymkhana Golf Club 71 (→ S. 39), auch für Nicht-Golfer ist dieser Club eine Ruheoase. Bereits 1898 wurde der Gymkhana Sports Club gegründet und diente Ausländern als Treffpunkt und zur körperlichen Ertüchtigung. Noch heute werden auf dem Gelände neben Golf auch Cricket und Tennis gespielt. Das Restaurant des Club-Hauses ist auch für Nichtmitglieder geöffnet und bietet Thai- und europäisches Essen zu günstigen Preisen. Man speist unter dem riesigen Baum, der zur Eröffnung des Clubs gepflanzt wurde. Rat Uthit Rd., Soi 6, Wat Ket, www.chiengmaigymkhana.com.

Chiang Mai Boxing Stadium **22** (→ S. 60), das bekannteste Stadion für Muay-Thai-Boxen. Karten auf Vorbestellung oder an der Abendkasse. 177 Chang Phuak, Soi 4, Tambon Si Phum, sites.googlez.com/xsorying.com/bookking/ontact-review.

Jeden Freitag zwischen 13 und 16 Uhr trifft sich der **Chiang Mai Art and Sketch Club** **22** (→ S. 54) im Salad Concept auf der 49/9-10 Soi 13, Nimmanhaemin Rd., Suthep, ✆ 053/894 455, www.thesaladconcept.com.

Nimmanhaemin **700th Anniversary Stadium** **7** (→ S. 60), der 1990 eröffnete Sportkomplex bietet günstige Angebote für Sportbegeisterte. Er verfügt über ein 50 Meter langes Schwimmbecken, Tennisplätze, Badminton Courts, Freiluft-Fitnessgeräte, eine Driving Range und Laufbahnen. Ein idealer Ort für einen Work Out. 200 Moo 3, Tambon Don Kaeo.

Chiang Mai Convention Center **11** (→ S. 60), in dem modernen Komplex finden Ausstellungen und Märkte zu diversen Themen statt. 456 Moo 1, Chang Phuak, http://www.cmecc-mice.com.

Red Chili Cooking School **56** (→ S. 39), im River Market Restaurant, sehr gut ausgestattet. Pro Tag zwei Kurse, morgens und nachmittags. Abholservice vom Hotel, dann kauft man gemeinsam auf dem Markt die Zutaten für die Rezepte ein und erfährt viel über Gewürze und Zutaten. Es wird viel Wert auf lokale Produkte und Gerichte gelegt. So lernt der Kochgast nicht nur Khao Soy, eine typische Suppe aus der Region Chiang Mai zu kochen, sondern auch seine eigene Currypaste zu machen. Eine bauchfüllende Erfahrung. 33/12 Chareon Prathet, Chang Khlan, ✆ 085/1364446, redchilicookingschool@gmail.com.

Punnee's Lisu Cooking School, Die Kochschule von Punnee hebt sich durch ihre Lisu-Spezialitäten von den anderen Kochschulen ab und ist stark vegetarisch orientiert. In kleinen Gruppen geht es mit den Gästen auf den Markt, werden Gemüsesorten und Gewürze erklärt, bevor es heißt: an die Töpfe, fertig, los. Ab 2 Pers., THB 1300 p. P. (inkl. Transfer). ✆ 086/1864713.

Mae Ping River Cruise **66** (→ S. 39), durch den Wat Chai Mongkhon führt der Weg an den Anleger der Mae Ping River Cruise. Die zweistündige Fahrt geht durch die Stadt, unterwegs wird angehalten, um etwas zu essen, dann geht es wieder zurück. Nichts im Vergleich zu den mondänen Cruise Ships auf dem Chao Phraya in Bangkok und doch eine schöne Fahrt, um sich die kühle Brise an einem heißen Tag um die Ohren wehen zu lassen. Es wird auch eine Dinner Cruise angeboten, das Essen ist allerdings eher simpel, aber die Abendstimmung über dem Fluss ist schön. Außerdem gibt es auch eine Fahrt nach Wiang Kum Kam in die versunkene Stadt (→ S. 75) inkl. Kutschenfahrt und Besichtigung. 113 Charoen Prathet Rd., Chang Khlan, ✆ 053/274822, www.maepingrivercruise.com.

Khamtiang Flower Market **Rada Loom** **16** (→ S. 60), Weben für Anfänger. Im JJ Market kann man seine Fähigkeiten am Webstuhl ausprobieren. Ohne Vorkenntnisse webt man Schals, Tischläufer, Taschen oder Wanddekorationen mit naturgefärbter Baumwolle oder Seide. Jing Jai Market, 45 Atsadatorn Rd., Patan, ✆ 089/8029346.

Mountain Biking und **Kayaking** **64** (→ S. 39), ein interessantes Unterfangen nach der Regenzeit. Wenn die Flüsse genug Wasser führen, macht das Paddeln in den Gewässern rund um die Stadt Spaß. Bei **Chiang Mai Kayaking** und **Mountain Biking** ist Rund-um-Service geboten. Die Biker werden den Doi Suthep-Pui National Park genauer kennenlernen oder auch Stadttouren radeln, am besten schaut man gleich im Office unweit des Nachtbasars vorbei. Die Gäste werden im Hotel abgeholt und wieder zurückgebracht. 24 Kamphaeng Din Rd., Chang Khlan, ✆ 053/814207, www.chiangmaikayaking.com, www.chiangmaimountainbiking.com.

Im Süden **Grand Canyon Gamnaboon** **31** (→ S. 48), Wasserpark am Grand Canyon mit Badeplätzen und Bambusflößen, gemütlicher Badespaß. Moo 3, Mae Hia, ✆ 053/001076.

Grand Canyon Waterpark **31** (→ S. 48), Ziplines führen über den See, es gibt Felssprünge von den markanten Klippen und man kann chillen. 201 Moo 3, Mae Hia, ✆ 063/6724007, www.grandcanyonwaterpark.com.

Old Chiang Mai Cultural Center **8** (→ S. 48), allabendlich findet im Kulturzentrum mit den schönen Teakbauten ein Kantoke Dinner statt. Dabei sitzt man auf Dreieckskissen auf dem Boden und bekommt Lanna-Spezialitäten serviert: etwas Auberginenpaste mit Gemüse zum Dippen, Hanglay Curry mit Fleisch oder vegetarisch, Sai Ua, die typische Wurstspezialität aus Chiang Mai, und weitere Köstlichkeiten. Während des Dinners führen Tänzer verschiedenste traditionelle Tänze auf. Früher waren solche Dinner Königen vorbehalten. Außerdem befindet sich auf dem Gelände ein altes Galae-Haus, ein 150 Jahre altes Teakhaus, das am Fluss modernen Gebäuden weichen musste und hier als Museum aufgestellt wurde, ebenfalls eine Bibliothek, die früher in einem Tempel stand. 85/3 Wua Lai Rd., Hai Ya, ✆ 053/202993, www.oldchiangmai.com.

Mae Rim/Samoeng X-Centre, wer Action, Freizeitsport und Bungee Jumping mag, ist hier gut aufgehoben. Der Neuseeländer Ian Rauner und seine Frau Long führen seit über 10 Jahren dieses Freizeitzentrum. Ian ist seit den 1990er-Jahren als Ausbilder und Konstrukteur von Bungee Jumps tätig und wendet in Chiang Mai die internationalen Standards an. Neben Bungee wird Paintball gespielt, ATC-Fahrten, Motorrad Offroad mit 250er Kawasakis, es gibt eine Kartbahn und Buggies. Das Restaurant bietet internationales Essen wie Burger, Steaks, Fish and Chips und auch die Thai-Gerichte sind sehr gut. Am Abend trifft man sich in der Bar und tauscht Erfahrungen aus. Viele Expatriates treffen sich hier auf ein Bier am Abend. 816 Moo 1, Samoeng Rd., Mae Rim, ✆ 053/297700, www.chiangmai-xcentre.com.

333 Shooting Range, moderne Shooting Range in Mae Rim. 817 Moo 1, Samoeng Rd., ✆ 081/5957113, www.maerim-shootingrange.com.

Jungle Coaster Pongyang, Erlebnispark mit Zipline, dem Jungle Coaster, einer windigen Achterbahn, die eher Kurven als Loopings hat. Spaß für die ganze Familie. 99/9 M. 2 Pongyang, Mae Rim, ✆ 053/106327 www.pongyang adventure.com.

Flying Squirrel, Zipline-Park. ✆ 053/278989, treetopflight.com.

Wellness

MeinTipp **Perception,** Massage von Blinden für Sehende! Ein (ent-)spannendes Erlebnis. Thapae Rd., Chang Moi, ✆ 095/5826024, www.perceptionblindmassage.com.

Relaxing Emotions, Salzgrotte und Spa mitten in der Innenstadt. Thapae Rd., Soi 6, N. 2/4 Chang Moi, ✆ 053/271162, www.relaxing emotions.com.

Pimantip Luxury Spa **5** (→ S. 48), gegenüber vom Flughafen, schönes Gebäude mit exklusivem Spa. Ein Genuss für Wellnessliebhaber. Wing 41, Mahidol Rd., Suthep, ✆ 091/851449, pimathip.spa@gmail.com.

Shivagakomarpaj (Old Medicine Center) **7** (→ S. 48), eine der besten Massageschulen des Nordens. Man kann die Kunst der Thai-Massage erlernen, Kurse in englischer Sprache. Die ausgebildeten Schüler legen Hand an die Patienten an und man kann eine wunderbare Massage genießen. 238/1 Wua Lai Rd., Tambon Hai Ya, ✆ 053/275085.

Peak Spa, gleich neben dem Shangri-la liegt der überzeugende Spa. 187/13 Chang Khlan Rd., Chang Khlan, ✆ 053/818869, www.peak-spa.com.

Cloud 9 Massage **23** (→ S. 54), netter Massagesalon in der Soi 11. Gutes Preis-Leistungs-Verhältnis. 36/4 Nimmanhaemin Rd., Soi 11, Suthep, ✆ 093/2702547.

Oasis Spa, der schönste der Oasis Spas liegt im hippen Nimman-Viertel. Massagen, Scrubs und Wohlfühlen pur. 11 Nimmanhaemin Rd., Lane 7, Suthep, ✆ 053/920111, www.oasisspa.net.

Miracle Spa, der kleine Spa bietet gute Massagen zu kleinen Preisen. Thai-Massage, Öl-Massage oder Fußmassagen. 58 Sirmanklajarn Rd., Suthep, ✆ 053/894494.

Candice Facial Spa, all about Facials. Der Day Spa hat sich auf Gesichtsbehandlungen spezialisiert. Angemessene Preise, schon ab THB 400 kann man hier eine einstündige Behandlung machen. 2/9 Prachasamphan Rd., Chang Khlan, ✆ 086/9148999. Tägl. 9–20 Uhr.

Samoeng Center **18** (→ S. 67), Spa mit Dampfbädern, Jacuzzi und Massagen. Samoeng Rd., Ban Saen Tong, ✆ 081/1222324. Der angrenzende Coffeeshop verkauft in Samoeng angebauten Kaffee, auch zum Mitnehmen.

Tiere

Mae Rim Elephant Home, ganz versteckt liegt das Elephant Home. 4-mal täglich kann man mit den Elefanten Trekken und Baden gehen. Kein Reiten, keine Shows, man kommt den Dickhäutern in ihrem Lebensraum näher. 96 Moo 10, Baan Hong Tok, Mae Rim, ✆ 062/7797575.

Monkey School, die Affen, die die Kokosnüsse von den Bäumen holen, wollen gut geschult sein. In der Monkey School in Mae Rim geht es allerdings eher um Show der gelehrigen Makaken. 87 Moo 1, Mae Rim – Samoeng Rd., ✆ 053/044123, www.chiang-mai-monkey-centre.business.site.

Die Show der **Snake Farm** ist eher gewöhnungsbedürftig und ansonsten hat die Farm keinen weiteren Nutzen wie beispielsweise die Gewinnung von Gegengiften etc. Mae Rim-Samoeng Rd., ✆ 053/860719.

Siam Insect Zoo, große Ausstellung von Insekten und Reptilien, informativ und ein Muss für Insektenliebhaber. 51/1 Moo 7, Rim Tai, Mae Rim, ✆ 053/86080.

Tiger Kingdom, Tiger aus nächster Nähe erleben, das verspricht die Anzeige des Tiger Kingdom. Nun, Tiger sind Raubkatzen, wieso sollten sie also freiwillig mit Menschen spielen wollen und sich von ihnen streicheln lassen? Die gängige Meinung ist, dass sie unter Drogen gesetzt werden und daher wie zahme Schmusekatzen den Touristen zur Verfügung stehen, mit artgerechter Haltung und Artenschutz der Großkatzen hat diese Institution wenig zu tun. Die Autorin rät von einem Besuch ab. 51/1 Moo 7, Rim Tai, Mae Rim, www.tigerkingdom.com.

Übernachten

Altstadt → Karte S. 32 und 39 **Villa Klang Wiang 42,** versteckt liegt dieses Kleinod in einer kleinen Seitengasse. Die geschmackvollen Zimmer sind hübsch eingerichtet und ein kleiner Pool liegt im Innenhof. 19/8 Soi 6, Rachamanka Rd., ✆ 053/280198, www.baanklangwiang.com. **€€€**

Mein Tipp **Baan Saen Fang 24,** ein gelungenes Resort mit nur 6 Zimmern. Die vier Häuser sind aus alten Holzbeständen aufgebaut worden. Ein wahres Kleinod dirket an der Thapae Road mit Blick auf den Wat Saen Fang. Hübscher Swimmingpool, schöne Terrassen, auf denen das Frühstück serviert wird. 10 Soi 2, Thapae Rd., ✆ 053/251500, www.baansaenfang.com. **€€€**

MA Guesthouse 44, der schmucke Friseursalon **MA Salon 44** hat ein gemütliches Guesthouse im oberen Stock mit 4 Zimmern. Der Gemeinschaftsbalkon des Holzhauses lädt zum Austausch mit anderen Gästen ein und dient auch gleichzeitig als Frühstücksplatz. 78/1 Samlan Rd. **€**

Bodhi Serene 41, gelungenes 4-Sterne-Boutique-Hotel mit Pool. Die Zimmer sind im Lanna-Stil eingerichtet und das Restaurant serviert feine Snacks. 110 Ratchaphshintai Rd., Phra Singh, ✆ 053/909900, www.bodhiserenehotel.com. **€€€**

Cheeva Dee Resort 36, neues Resort mitten im Zentrum. Zimmer und Suiten, Swimmingpool. 9 Soi 9, Rachamanka Rd., Phra Sing, ✆ 095/944296, www.cheevadee.com. **€€**

Buri Gallery House Boutique Resort 28, gegenüber vom Wat Phra Singh liegt dieses schnuckelige Resort. Die Deluxe-Zimmer haben ein gutes Preis-Leistungs-Verhältnis und man ist mitten im Geschehen. Das schöne Café-Restaurant ist unbedingt empfehlenswert.

Baan Saen Fang Resort

Der Signature Coffee kommt ganz blau daher und schmeckt ausgezeichnet. 102 Rachadamnoen Rd., Phra Singh, ✆ 053/416500, www.burigallery.com. **€€**

MeinTipp **Tamarind Village Resort 31**, inmitten der Altstadt, überdeckt von einem 200-jährigen Tamarindenbau, liegt dieses Schmuckstück. Das Resort ist in traditionellem Lanna-Stil gebaut und hat viele Innenhöfe, in denen sich die 5 Suiten und 40 Zimmer befinden. Alle sind individuell eingerichtet mit viel Liebe zum Detail. Der Swimmingpool lädt zum Verweilen ein, genau das Richtige nach einem ausgiebigen Stadtrundgang. Das Restaurant ist, ebenso wie die Lobby, mit Antiquitäten geschmückt und die Speisekarte lässt keine Wünsche offen. Klassiker der Thai-Küche, wie das Grüne Curry und Glasnudelsalat, aber auch Burger, Salate und Steaks. Für die Kleinen gibt es eine Extra-Karte. Dazu erlesene Weine und Cocktails aus der stilvollen Bar. 50/1 Rachadamneon Rd., Tambon Sri Phum, Chiang Mai, ✆ 053/4188989, www.tamarindvillage.com. **€€€€**

Frangipani Serviced Residences 10, Leben wie ein Chiang Maier, mal wieder selber kochen oder mit der Familie unterwegs und Sie brauchen mehr Schlafzimmer? Dann bietet Khun Luxamie die Lösung. Die „serviced apartments" liegen mitten in der Stadt in einem 4-stöckigen Gebäude. Es gibt sie mit einem Schlafzimmer und Wohnzimmer (60 m²) oder mit 2 Schlafzimmern mit Wohnzimmer (90 m² oder 100 m²). Die Wohnungen sind sehr geschmackvoll im Lanna-Stil möbliert. 11/1 Soi 13/1 Praprokklao Rd., Si Phum, ✆ 053/225000, www.chiangmaifrangipani.com **(€€€).** Das Frangipani ist gleichzeitig Sitz des schweizerischen Honorarkonsulats und der FERC-Stiftung, die sich dafür einsetzt, dass talentierte Schüler aus armen Verhältnissen eine Ausbildung bekommen. Normalerweise müssten sie mit 15 die staatliche Schule verlassen. Die Stipendien der FERC ermöglichen einen weiterführenden Unterricht von 3 Jahren, der es ihnen dann erlaubt, eine Universität oder Akademie zu besuchen. www.fercthailand.org.

Pingviman Hotel 47, Stadthotel mit Swimmingpool, Sauna und Gym. Es liegt ruhig und sticht durch ein gutes Preis-Leistungs-Verhältnis hervor. 92 Samlan Rd., Phra Singh, ✆ 053/281799, www.pingviman.com. **€€€**

Por Liang Terracotta Resort 46, das Resort ist aus Ziegeln erbaut und erinnert an Gebäude der Sukkhothai-Periode. Die Zimmer sind im Lanna-Stil eingerichtet. Am Pool kann man nach einem anstrengenden Stadtbummel schön relaxen. 36 Prasing, Soi 2, ✆ 081/881 6644, www.terracottahotelcm.com. **€€€**

99 The Heritage 26, ganz in der Nähe des Wat Phra Singh überzeugt das Resort durch seinen Kolonial-Charme. Swimmingpool, Fahrradverleih. 2 Samlan Rd., Phra Singh, ✆ 053/326287, www.99theheritagehotels.com. **€€**

The Twenty Lodge 14, gemütliches Hotel mit Swimmingpool, ruhig gelegen unweit des RAM Hospital. Die Zimmer verfügen über Balkon oder Terrasse und sind im Lanna-Stil mit vielen Holzelementen eingerichtet. 8/3 Singharat Rd., Si Phum, ✆ 053/326233, www.the20lodge.com. **€€€**

De Charme 19, Hotel mit Swimmingpool im Herzen der Altstadt. Gutes Preis-Leistungs-Verhältnis. Die Zimmer verfügen über Balkone und haben Teekocher sowie Minibar/Kühlschränke. 28 Singharat Rd., Si Phum, ✆ 053/416799, http://www.decharmehotel.com. **€€**

Thapae Road/China Town → Karte S. 32 und 39 **Ban Chang Tong Hotel 28**, modernes Hotel mit Swimmingpool beim Wat Bupparam. Zimmer mit Wohlfühlambiente. 242 Thapae Rd., T. Chang Moi, A. Muang Chiang Mai 50300, ✆ 053/25202456, www.banchangtonghotel.com. **€€€**

Oon Poshtel & Café 17, kleines nettes Guesthouse in der Nähe vom Thapae Gate. 56 Chaiyaphom Rd., Chang Moi, ✆ 062/2755567, oonposhtel@gmail.com. **€**

Nidhra Lanna Hotel 21, Stadthotel mit 52 großen sauberen Zimmern. An der Außenseite des Stadtgrabens. Chaiyaphom Rd., Chang Moi, ✆ 052/002585, www.nidhrahotel.com. **€€**

Rustic River Boutique 9, ein schönes Teakhaus als Guesthouse umfunktioniert, geräumige Zimmer, mitten im Geschehen von Chinatown. 84/1 Taiwang Rd., Muang Chiang Mai, ✆ 096/8714324, www.rusticriverhouse.com. **€**

Casa Mpika Bed and Breakfast 7, modernes Guesthouse bzw. Hotel mitten in Chinatown. 23/25 Taiwang Rd., Muang Chiang Mai, ✆ 052/001897, www.casampika.com. **€**

Karou Lotus Boutique Hotel 8, schönes Guesthouse-Hotel mit Pool und Frühstück. Neu gebaut, saubere Zimmer, gutes Preis-Leistungs-Verhältnis. 11 Taiwang Rd., Muang Chiang Mai, ✆ 053/233598. **€**

Das ehemalige englische Konsulat im Anantara Resort

Nat Len Boutique Guesthouse 14, mit kleinem Pool, urigem Garten und netter Besitzerin. 2/4 Chang Moi Rd., Sou Wat Champoo, Chang Moi, ✆ 053/231179, www.natlenboutiqueguesthouse.com. **€€**

Ban Rau, Chez Nous 18, schönes Guesthouse in einem alten Holzhaus mit Garten, der sich am Abend in eine Chill Out Bar verwandelt. Zimmer mit Ventilator ab THB 1500. **€**

Westseite am Fluss → Karte S. 39

Anantara Resort 60, ein gelungenes 5-Sterne-Ambiente am Fluss. Moderner Flachbau und Gouverneurshaus auf dem Gelände. Swimmingpool am Fluss und fußnah zu allen Sehenswürdigkeiten und dem Nachtbasar. 123–123/1 Charoen Prathet Rd., ✆ 053/253352, www.anantara.com. **€€€€**

Mein Tipp **Ping Nakara, Boutique Hotel & Spa 68**, Resort mit Charme, direkt am Fluss. High Tea am Nachmittag – very British. Am Airport wird man mit Chauffeur im alten Mercedes abgeholt, samt Tropenhut und allem Drum und Dran. Eines der gediegensten Hotels der Stadt. 135/79 Charoen Prathet Rd., ✆ 053/252 999, www.pingnakara.com. **€€€€**

Na Nirand Romantic Boutique Resort 67, unweit des Ping Nakara gelegen, bietet dieses kleine Hotel direkt am Fluss ein Boutique-Ambiente im modernen Lanna-Stil. Schöner Pool und Blicke auf den Fluss. Zum Sonnenuntergang bietet sich die Bar im ersten Stock an. 1/1 Soi 9, Charoen Prathet Rd., Chang Khlan, ✆ 053/280988, www.nanirand.com. **€€€€**

The Amata Lanna Hotel 69, gegenüber dem Ping Nakara liegt dieses Kleinod mit nur 12 Zimmern. Pool im Innenhof und freundliches Personal runden das Ferienfeeling ab. 222/2 Charoen Prathet Rd., Chang Khlan, ✆ 053/818628, theamatalanna.com. **€€€€**

RatiLanna Riverside Spa Resort 13 (→ S. 48), das am Fluss gelegene Resort verbindet Moderne mit Lanna-Architektur. Die Zimmer und Suiten sind mit Holz ausgestattet, Silberreliefs von lokalen Künstlern finden sich an den Wänden, Handgewebtes zur Dekoration auf den Betten. Das Hotel bietet Kochkurse an und man kann an einer Hmong-Teezeremonie teilnehmen. Das Restaurant am Fluss serviert Thai-Fusion-Küche, besonders zu empfehlen das Lamm mit Hangle Curry oder der Lachs Phad Cha Style. 33 Changklan Rd., Pa Daet, ✆ 053/999333, www.ratilannachiangmai.com. **€€€€**

Le Méridien 39, das Hotel der Marriott-Gruppe sieht man schon von Weitem. Zentral gelegen, bietet das Hotel alle Annehmlichkeiten eines 5-Sterne-Hauses. Das Restaurant „La Favola" im 3. Stock bietet ausgezeichnete italienische Küche. 108 Changklan Rd., Chang Moi,

✆ 053/253666, www.marriott.com. Über booking.com oder auch über die Mariott Website gibt es gute Preise. **€€€€**

Meliá Resort 45, das neu eröffnete 5-Sterne-Resort hat die höchste Rooftop Bar der Stadt im 19. Stock, eine schöne Atmosphäre für den Sundowner. Die Lobby und das Restaurant sind in kühlen modernen Tönen gehalten. Pool, Kinderpool und Gym im 4. Stock. 48 Charoen Prathet Rd., Chang Moi, ✆ 052/090699, www.melia.com. **€€€€**

Galare Guesthouse 36, besticht durch seine gute Lage und saubere Zimmer für den kleinen Geldbeutel. 7 Soi 2, Charoen Prathet Rd., Chang Khlan, ✆ 053/818887, www.galare.com. **€**

Ban Narai River Guesthouse 40, Zimmer mit AC direkt am Fluss, davor ein Garten mit Liegestühlen und Schatten spendenden Bäumen. Sehr individuell. 11/5 Charoen Prathet Rd. 2, Chang Khlan, ✆ 094/6121112. **€**

The Grace House 41, hübsches Café mit Restaurant, alles ganz auf Mädchen-Wohnzimmer eingerichtet. Die Zimmer im Hinterhaus sind sauber und günstig, mit AC. 1/4 Charoen Prathet Rd., Soi 4, Chang Khlan, ✆ 083/943 22220. **€**

Ostseite des Flusses → Karte S. 39 **Back Yard 10**, übereinander gestapelte Containerzimmer – modern eingerichtet mit allem, was das Flashpacker-Herz begehrt. Das Restaurant hat eine schöne Terrasse am Ping River und die Gerichte sind preiswert und Portionen groß. 175 Charoen Rat Rd., Wat Ket, ✆ 063/1640046. **€**

B2 Boutique Oriental Style 16, neu renoviertes Gebäude direkt am Fluss. Gutes Preis-Leistungs-Verhältnis, wie man es von der Kette gewohnt ist. 9 Charoen Rat Rd., Wat Ket, ✆ 02/221133, www.b2hotels.com. **€€**

Hotel des Artists 35, nobles Boutique-Hotel am Flussufer. Bungalows und Zimmer mit Flussblick und Swimmingpool. 181 Charoen Rat Rd., Wat Ket, ✆ 053/2499999, www.hotelartists.com. **€€€**

MeinTipp **Tanita Guest House 72**, ein richtiger Geheimtipp. Bereits in 5. Generation ein Familienbetrieb. Geräumige Holzbungalows liegen in einem großen Garten. Ein hübsches Café-Restaurant ist Teil des Tanita Guest House. In dem Antiquitätengeschäft in der Mitte des Areals findet man Schönes aus Holz. G152 Charoen Rat Rd., Wat Ket, ✆ 053/243755. **€**

MeinTipp **137 Pillars House 11**, das hübsche Luxus-Resort gehört zu den schönsten Chiang Mais. Die Zimmer und Suiten gruppieren sich um einen wunderbaren Garten. Der Pool wird von einer bepflanzten Wand flankiert, sodass man das Gefühl hat, man ist mitten in der Natur und nicht in der Stadt. Im Spa kann man hervorragend entspannen. Das Restaurant ist das Herzstück des Resorts, von ihm leitet sich auch der Name ab. Das auf 137 Säulen stehende Gebäude war einst Sitz einer Holzfirma der Borneo Company. Damals galten Säulen als Statussymbol. Je mehr Säulen ein Gebäude hatte, desto wohlhabender der Hausbesitzer. 2002 haben die heutigen Besitzer des Resorts das Haus gekauft und restauriert und das Resort daneben errichtet. Auch wer hier nicht übernachtet, kann gerne ins Restaurant zum Brunch oder Lunch oder Dinner gehen. Das Frühstück ist sehr zu empfehlen (THB 700 ++, all you can eat). 2 Soi 1, Nawatket Rd., Wat Ket, ✆ 053/247788, www.137pillarshotels.com. **€€€€**

Cross Chiang Mai Riverside 21 (→ S. 60), 5-Sterne-Resort direkt am Ping River mit modernem Flair. Sehr schönes Restaurant am Fluss. 369/1 Charoenrajd Rd., Wat Ket, ✆ 053/931999, www.crosshotelsandresorts.com/crosschiangmai. **€€€€**

MeinTipp **Baan Orapin Bed & Breakfast 5**, mitten in Wat Ket gelegen, bietet dieses Kleinod schön möblierte Zimmer im Lanna-Stil. Großer Garten mit Pool und schmackhaftes Frühstück. 150 Charoenrajd Rd., Wat Ket, ✆ 081/6164016, www.baanorapin.com. **€€**

MeinTipp **Rimping Village 44**, ruhiges Boutique-Hotel hinter der Flussstraße in schönem Garten mit Swimmingpool. 13/1 Soi 2, Chiang Mai – Lamphun Rd., Wat Ket, ✆ 053/243915, www.rimpingvillage.com. **€€**

Riverside House 52, gleich gegenüber der Iron Bridge liegt dieses schmucke Guesthouse. Geräumige Zimmer mit Balkon, Swimmingpool. 101 Chiang Mai – Lamphun Rd., Wat Ket, ✆ 053/302121, www.riversidehouse-chiangmai.com. **€**

Um den Nightbazaar → Karte S. 39 **Yaang Come Village**, gelungenes Boutique-Hotel mitten im Night Bazaar mit Pool, wahlweise Bungalows oder Zimmer. Schönes Frühstücksbuffet. **€€€**

Brickhouse Hostel 48, in einer ruhigen Seitenstraße liegt dieses Guesthouse mit Geheimtipp-Charakter – sogar mit Pool. 7/2 Kamphaeng Din, Soi 2, www.brickhousehostel.com. Schlafsaal THB 250 p. P., Zimmer mit Bad THB 1200. €

Kate & Hasu Boutique Chiang Mai 46, modernes Hotel in der Nähe der Loy Kroy Road in einer ruhigen Seitengasse. Moderner Komfort, mit Pool. 15/2 Soi 3, Kotchasam Rd., Chang Khlan, ✆ 053/2713556, www.kateand hasu.com. €€

Shangri-la 70, 5-Sterne-Hotel mit großem Pool direkt inmitten des Geschehens am Night Market. 89/8 Chang Khlan Rd., Chang Khlan, ✆ 053/253888, www.shangri-la.com. €€€

Silberviertel und Hang Dong → Karte S. 48 **San Pareni Hotel Chiang Mai 19**, europäisch anmutend von außen durch den Turm, der an einen Kirchturm erinnert, bietet das Hotel saubere, schön eingerichtete Zimmer zu einem guten Preis. Der Pool lädt zum Verweilen ein und man kann von hier bequem die „off the beaten track"-Sehenswürdigkeiten der Umgebung von Hang Dong erkunden. 45/8 Moo 1, Mae Hia, ✆ 082/1281844, san-pareni-hotel.hotelschiangmai.net. €€

XYM 6, gepflegtes Hotel gegenüber dem Lanna Heritage Cultural Center mit Swimmingpool auf dem Dach. Tages- und Longterm-Miete. 222/1 Wua Lai Rd., Hai Ya, ✆ 094/740 00999, http://www.thexym.com/. €

Oxotel Hostel Chiang Mai 3, gelungenes schnuckeliges Bed & Breakfast mit Schlafsaal und privaten Zimmern, auch ein Caravan steht im Hinterhof zum Übernachten bereit. 149–153 Wua Lai Rd., Hai Ya, ✆ 052/085334, www. oxotelcnx@gmail.com. €

Tri Yaan Na Ros's Architecture Colonial House 2, ein Kleinod versteckt in einer Seitengasse. Homestay mit Pool. 156 Wua Lai Rd., Hai Ya, ✆ 053/273174, www.triyaannaros.com. €€€

MeinTipp **The Marndadee Heritage 34**, ein außergewöhnliches Resort, umgeben von Reisfeldern liegt es mitten in der Natur. Die Zimmer sind mit viel Liebe zum Detail eingerichtet. Alte Reisscheunen sind zu Bungalows umgebaut und ganze Villen kann man ebenfalls buchen. Das Restaurant bietet Thai-und internationale Spezialitäten. Der Swimmingpool lädt zum Relaxen nach einem Tag in der Stadt ein. Moo 1, Kuamung, Sarphi, ✆ 097/5768887, www.themarndadee.com. €€€

Veranda High Resort Chiang Mai 16, ein schönes Beispiel von Thai-Architektur kombiniert mit modernen westlichen Elementen. Eine Anlage des Sofitel, die keine Wünsche offen lässt. Spa, Swimmingpool mit Bergblick, gutes Restaurant und entspannte Atmosphäre. 192 Moo 2, Banpong, Hang Dong, ✆ 053/365 007, www.verandaresort.com. €€€€

MeinTipp **Golden Teak House 26**, Jim und Marcel haben ein Kleinod geschaffen. Nur 11 km von der Stadt entfernt liegt das wunderschöne Teakhaus, umgeben von einem tropischen Garten, gepflegt von Marcel mit dem grünen Daumen. Das Ehepaar bietet 6 Zimmer zum Übernachten an – ein wahres Guesthouse. Außerdem kann man hier Kochkurse belegen. Genießen in der Natur. Riceland, 1/47 Moo 9 Koklang Rd., Lalisa Village, T. Thawangtarn, A. Saraphi, ✆ 053/816594, www.golden teakhome.com/. €€

Nimmanhaemin → Karte S. 54 **2230 Hostel 8**, von außen kaum ersichtlich, liegt diese kleine Guesthouse/Hostel hinter einem Kleiderladen. Zimmer mit und ohne Privatbad. Kleiner Garten zum Draußensitzen im Innenhof. Nimmanhaemin Soi 1, Suthep, ✆ 052/003831. €

MeinTipp Sehr originell präsentiert sich das **Yesterday 20**. Von der Hauptstraße zurückgesetzt, besticht dieses Gebäude durch seinen Charme. Das Haus war ehemals ein Kindergarten und wurde erst 2008 zu einem Hotel umgebaut. Diese Vergangenheit zieht sich durch die Zimmer, die mit Malbüchern dekoriert sind, mit Auszügen aus alten Schulheften und anderem Schnickschnack. Man fühlt sich im Yesterday gleich daheim. Die Bibliothek lädt zum Stöbern ein, im gemütlichen Innenhof kann man sitzen und den Lärm der Stadt hinter sich lassen. 24 Nimmanhaemin Rd., Muang Suthep, ✆ 053/213809. €€

Hotel Noir 11, gelungener Retrobau mit schönen Zimmern in guter Lage, freundliche Angestellte. Nimmanhaemin Rd., Soi 5, Suthep, ✆ 067/35170007, www.hotelnoir.co.th. €€

U Nimman 2, modernes Stadthotel neben der Nimman One Mall mit Swimming Pool auf dem Dach. Nimmanhaemin Rd., Soi 1, Suthep, ✆ 052/005111, www.uhotelsresorts.com/ unimmanchiangmai. €€€

The Craft 18, Boutique-Hotel mit modernen Zimmern in kühl gehaltenem Ambiente. Kühlschrank, AC, Warmwasserdusche und Teekessel auf dem Zimmer. Freundliches Personal – mitten im Geschehen. Nimmanhaemin Soi 9,

Essen in Bambushütten am Huai Ton Tao Lake

Suthep, ✆ 053/217996, www.thecraftnimman.com. **€€€**

Akyra Hotel 19, ein 5-Sterne-Ambiente in bester Lage, mit Suiten für jeden Geschmack und einem schönen Rooftop-Pool. Die Suiten sind modern eingerichtet und bieten alle Annehmlichkeiten. Das Hotel gab 2019 bekannt, dass es auf den Gebrauch von Plastik verzichtet – ein nachhaltiger Ansatz, ausgelöst durch den Tod mehrerer Meeresschildkröten durch die Plastikverschmutzung in der Andamanensee. 22/2 Nimmanhaemin Rd., Soi 9, Suthep, ✆ 053/216219, www.theakyra.com. **€€€€**

De Chai – The Oriental 21, schönes Hotel der de-Chai-Gruppe mit vielen orientalischen Elementen, einem Rooftop-Pool und gutem Frühstücksbuffet. Nimmanhaemin Rd., Soi 11, Suthep, ✆ 053/210100, www.dechaihotel.com. **€€€**

Begin@Nimman 17 26, sauberes Guesthouse mit komfortablen Betten und Privatbad. Nimmanhaemin Rd., Soi 17, Suthep, ✆ 065/8241715, beginnimman17@gmail.com. **€**

Jaritt Nymmanh 28, schmuckes Häuschen mit nur 4 Zimmern, die jeweils über einen Wohn- und einen Schlafbereich verfügen. Der Stil erinnert an den Charme vergangener Tage. Ein hübsches Café ist Teil des Gebäudes. Nimmanhaemin Rd., Soi 17, Suthep, ✆ 086/700 6969. **€€€**

Vulcano Hotel 30, Hotel mit geräumigen Zimmern und Suiten in einer ruhigen Gasse. Das Restaurant bietet Thai- und europäische Gerichte. Nimmanhaemin, 17 Soi Sai Namphueng, Suthep, ✆ 053/222638, www.vulcanohotelchiangmai.com. **€€**

Bed Nimman 29, gelungenes modernes Hotel mit super freundlichem Personal. Moderne Lobby und ein schöner Pool tragen zu dem sehr guten Preis-Leistungs-Verhältnis bei. Nimmanhaehim Rd., Soi 17, Suthep, ✆ 053/217100, www.bed.co.th. **€**

Suthep Region → Karte S. 58 **Villa Mahabhirom 3**, sehr geschmackvolles Resort im Lanna-Stil am Fuß des Doi Suthep. Swimmingpool und Restaurant, Frühstücksbuffet. 62 M. 10 T, Suthep, ✆ 053/271200, http://www.villamahabhirom.com. **€€€€**

Am Fluss gen Norden → Karte S. 60 **The Granary Resort 6**, direkt am Ping River in einem schönen Garten gelegen, reihen sich die Teakhäuser aneinander. Die einzeln stehenden Bungalows sind liebevoll eingerichtet und sehr geräumig, mit großer Terrasse und Blick in den Garten und auf den Fluss. Ein Swimmingpool rundet die Anlage ab. Kommt man sich vor, als sei man irgendwo im Nirgendwo, ist man doch in 10 Minuten in der Stadt. 253 Moo 2 Sanpisua, ✆ 053/110582, www.granaryresort.com. **€€€**

Mein Tipp **Tonnam Homestay 8**, das gediegene Holzhaus liegt direkt neben dem Huan Soontaree Restaurant und ist ein echter Hingucker. Yul hat sein Elternhaus am Fluss wieder hergerichtet und daraus einen kleinen, aber feinen Homestay gemacht. Das Teakhaus ist auf Stelzen gebaut und überblickt den Fluss. Ein kleiner Swimmingpool ist das Herzstück des Resorts. Im Restaurant gibt es Thai- und französische Spezialitäten. Die Zimmer sind alle individuell im Lanna-Stil eingerichtet und mit Kühlschrank und AC versehen. 216 Patan Rd., Pa Tan, ✆ 053/872177, www.tonnamhomestay.com. **€€**

Baan Suan Residence 5, ein superschönes Resort mit nur 8 Zimmern, untergebracht in 2 Häusern. Die beeindruckende Empfangshalle und Lobby lädt zum Verweilen ein – ein offener Lanna-Bau mit Antiquitäten und Kunstwerken ausgestattet, man kann sich gar nicht satt sehen. Die Zimmer sind individuell eingerichtet und haben private Terrassen, auf denen man am Abend seine Urlaubserlebnisse Revue passieren lassen kann. Nach einem anstrengenden Stadtbummel bietet es sich an, am Pool zu relaxen oder eine Massage zu buchen. 25 Moo 3, Sanpisua, ✆ 053/110876, www.thebaansuan.com. **€€€**

Mae Rim und Samoeng-Schleife → Karte S. 67 und 70 **Panviman 16**, großes Resort im Lanna-Stil. Verschiedene Freizeitangebote, unter anderem auch Bogenschießen, Swimmingpool. Restaurant mit Thai- und europäischen Spezialiäten. 197/2 Moo 1, Mae Rim – Samoeng Rd., ✆ 053/879540, www.panviman.com. **€€€**

Monoceros 6, ein hübsches Bungalow-Resort in einem Garten mit großen Bäumen, Salzwasserpool und nettem Restaurant. 21/2 Moo 6 B, Mae Ram, Mae Rim, ✆ 088/2513962, www.monocerosresort.com. **€€**

The Four Seasons 8, ein wunderschönes 5-Sterne-Resort mitten in der Natur und den Reisfeldern. Hier stimmt einfach alles. Die drei Restaurants bieten hervorragendes Essen, in der resorteigenen Kochschule lernt man authentische Thai-Gerichte zuzubereiten und außer dem Spa wird auch Yoga und Pilates angeboten. Wer immer schon den Malpinsel schwingen wollte, der kann im Four Seasons mit lokalen Künstlern einen Malkurs belegen. Mae Rim – Samoeng Old Rd., Mae Rim, ✆ 053/298181, www.fourseasons.com/chiangmai. **€€€€**

Pawtel 2, ein hundefreundliches Hotel in Mae Rim. Moderne Zimmer, die unteren mit direktem Poolzugang und Terrasse, die oberen drei Stockwerke haben Balkone. Modern eingerichtete Zimmer, in denen Herrchen und Hund sich wohl fühlen. Ein Restaurant/Café ist Teil des Resorts, ebenso der Hunde-Swimmingpool. 113/3, 115, 117, Hongyok Utit Rd., ✆ 053/044565, www.pawtelchiangmai.com. **€**

Honey Hill Villa 14, schöne Bungalows auf einem Hügel mit toller Fernsicht. Das Restaurant bietet gute Thai-Gerichte an. Freundlicher Service, Swimmingpool. 296 Moo Baan Mae Nai Tarraba, Mae Rim, ✆ 091/8521235. **€€**

At Nata Chiangmai Chic Jungle 11, mitten im Wald gelegen, erinnert das Resort an einen marokkanischen Palast. Die 12 Zimmer sind Kunstwerke für sich, mit Wandmalereien in verschiedenen Farben, mit Himmelbetten und viel Flair. Einen Swimmingpool gibt es auch, der Coffeeshop bietet Tee und Kaffeespezialitäten und das Restaurant Thai-Küche. 32/3 Moo 5, Mae Ram, Mae Rim, ✆ 081/6031717, info@atnachicview.com. **€€**

Howie's Homestay 7, ein 5-Sterne-Luxus-„Home away from Home". Ein Kleinod mitten im Grünen, Thai-Architektur vom Feinsten, die sich in die Natur integriert. Umgeben von Wasser und tropischem Grün kann man hier so richtig die Seele baumeln lassen. 75/1 Moo 1, Ban Mai, Mae Ram, Mae Rim, ✆ 081/8828345, www.howieshomestay.com. **€€€€**

Na Nee 1, ein Zeltcamp, das nur im Winter geöffnet hat, gleich hinter dem Erotic Garden. Nur 5 Zelte. Gemütlich, mitten in den Reisfeldern. Das Restaurant hat eigentlich ganzjährig auf, aber auch schon mal mehrere Tage hintereinander geschlossen. 299 Moo 3, Soi 5, Mae Rim. **€**

Proud Phu Fah 15, Hip & Green Resort, mit 9 Villen und einem Hauptgebäude, Swimmingpool und allen Annehmlichkeiten eines 4-Sterne-Resorts. 47/18 Mae Rim – Samoeng Rd., ✆ 053/879389, www.proudphufah.com. **€€€€**

MeinTipp **Hmong Hilltribe Lodge 5**, etwa 15 km entfernt von Mae Rim in den Bergen gelegen. Ein Kleinod mit 20 Zimmern und Swimmingpool. Die Häuser sind im Hmong-Stil gebaut und mit Reet gedeckt. Im Winter gibt es Lagerfeuer und Tänze. Ausflüge und Wanderungen werden von der Lodge organisiert. 111 Moo 4, Mae Raem, ✆ 081/9931416, www.hmonghilltribelodge.om. **€€**

Nai Khun Khao 17, Bungalow auf Stelzen direkt in der Erdbeerfarm. Schönes Restaurant mit Bergblick. 259 Moo 9, Samoeng Tai, ✆ 081/9907080. **€**

Sometime @ Samoeng 19, schöne Holzbungalows, verteilt in einem großen Garten, mit AC, Warmwasserdusche und Kühlschrank. 216 Moo 9, Samoeng, ✆ 091/8593622. **€**

Chiang Mai und Umgebung → Karte S. 28

Die besten Märkte in Chiang Mai

Warorot 19 und Tom Lam Yai Market 20 (→ Karte S. 39): Diese beiden Märkte gehen nahtlos ineinanander über und liegen im Herzen Chinatowns. Hier bekommt man wirklich alles: Stoffe, Kleidung, alles für die Schule, Plastikwaren, aber auch Gewürze, Trockenfrüchte, frische Curry-Pasten, Obst, Gemüse, Fisch und Fleisch. An der Seite, die sich zum Ping-Fluss öffnet, ist ein großer Schnittblumenmarkt. Tägl. 6–19 Uhr.

JJ Market 14 (→ Karte S. 60): Hier findet am Samstag der Bauernmarkt statt mit frischem Obst und Gemüse, Gewürzen, aber auch Fleisch und Fisch und einigen Essensständen. Sa 9–14 Uhr.

Khamtiang Flower Market 17 (→ Karte S. 60): Der Ort, um seinen Garten zu gestalten, aber auch schön zum Durchlaufen oder -fahren, Gartenfreunde können sich an dem Farbenmeer gar nicht satt sehen. Tägl. 9–17 Uhr.

Gleich gegenüber kann man den **Amulet Market** besuchen. Folgt man dem Schild an der Ampel „Khamtiang Flower Market", liegt die Halle linker Hand, rechts geht es in den Blumenmarkt. Meist sind an den Wochenenden mehr Händler anwesend. Im vorderen Eck gibt es urige Garküchen. Tägl. 10–17 Uhr.

Muang Mai Market: Ein großer Lebensmittelmarkt, der 24 Stunden geöffnet hat. Am frühen Morgen sind vor der Markthalle Stände aufgebaut und lokale Bauern verkaufen ihre Güter. Spät in der Nacht werden Früchte und Gemüse geliefert und man kann dann auch en-gros einkaufen. Tägl. 24 Std. geöffnet.

Night Bazaar 38 (→ Karte S. 39) **und Anusarn Market:** Entlang der Chang Khlan Road werden ab 16 Uhr Stände aufgebaut und die Straße wird für den Verkehr gesperrt. Es werden überwiegend Massenware und 0-8-15-Souvenirs verkauft: die typischen geschnitzten Seifen in Holzdöschen, Pluderhosen, Chang T-Shirts, dazwischen ein paar Essensstände. Gegen Abend wird es hier richtig voll, denn in der Umgebung sind viele Pubs, Bars und Restaurants. Tägl 16–0 Uhr.

Saturday Walking Street 1 (→ Karte S. 48): Auf der Wua Lai Road findet der Samstagsmarkt statt, die Straße wird für den Verkehr gesperrt. Es werden hübsche handgefertigte Souvenirs verkauft, typische Lanna-Kleidung, aber auch moderne Kleider, Jeans, Blusen, auch für Hunde ist etwas dabei. Die Essensstände fehlen ebensowenig wie die Stände mit frischem Ost und Gemüse. Jeden Sa.

Sunday Walking Street: Am Sonntag ist in der Altstadt auf der Rachadamnoen Road Sonntagsmarkt angesagt, er unterscheidet sich nicht großartig von der Saturday Walking Street, er ist einfach größer. In den vielen Tempeln entlang der Straße bauen Garküchen auf und man kann in den Tempelhöfen Streetfood genießen. Jeden So.

Essen & Trinken

In der Altstadt → Karte S. 32 **Wawee Plaza 33**, ziemlich in der Mitte der Rachadamnoen Road sticht das Wawee Coffee ins Auge. Nicht nur ein Café, sondern auch verschiedene Restaurants verbergen sich hinter Sonnenschirmen. Ein netter Platz zum Relaxen. Von Khao Soy über Isan-Spezialitäten bis hin zu Klamotten und einer Art Gallery findet sich hier alles. Rachadamnoen Rd., Si Phum. **€€**

Angel's Secrets Cafe 24, ein wahres Kleinod in der Altstadt. Gemütliches Café-Restaurant mit gesundem Fusion Food, tolle Salatkreationen. 27 Moon Mueang Rd., Lane 5, Si Phum, ✆ 089/9608689. **€€**

Grill of India 45, indisches Restaurant, zwar nicht sehr gemütlich, aber das Essen ist hervorragend. Malai Kofta, Kartoffelbällchen in milder Sauce oder auch scharfes Lamm Vindaloo, dazu hausgemachtes Nan-Brot. Prapokklao Rd., Phra Singh, ✆ 053/ 617959264. **€€**

Blue Diamond Cafe 9, gleich hinter dem Wat Chiang Man gelegen, bietet dieses gemütliche organisch-vegetarische Café ganztags Frühstück an. Selbstgebackenes Brot ist die Grundlage der guten Sandwiches. Man sitzt in einem großen Garten unter Bäumen und das mitten in der Stadt. Moon Muang Rd., Soi 9, ✆ 053/217120. **€€**

UN Irish Pub 20, eine Institution in Chiang Mai. Netter Pub mit deutsch-irischen Wurzeln mit hauseigener Bäckerei. Burger, Steaks, Fish and Chips, vollwertige Frühstücke, ebenso Pizza und Sandwiches. Alle wichtigen Sportereignisse werden live auf Großleinwand übertragen, den Plan entnimmt man der Website. Freitags und sonntags Livemusik. 24–24/1 Ratchawithi Rd., Si Phum, www.unirishpub.com. **€€**

Versailles de flores 4, das kleine Café setzt auf goldene Akzente. Ein Brunnen wie in Versailles, Spiegel überall, Sessel und Stühle im Louis-XIV-Stil, ein wahrer Augenschmaus. Vielleicht ein bisschen überladen, aber kitschig schön. 225 Sri Poom Rd., Si Phum, ✆ 084/362 4991. Tägl. 8–17 Uhr. **€€**

Tea Leaf Lab 12, gleich neben dem RAM Hospital liegt das kleine Lokal von Roman und Kate. Roman, ein Deutscher, hat lange Zeit in London als Koch gearbeitet und sich in kürzester Zeit in Chiang Mai mit seinem kleinen, aber feinen Restaurant einen Namen gemacht. Es gibt wöchentlich wechselnde Speisekarten und feinste Patisserie, Teespezialitäten und Kaffee. Kein Alkoholausschank. 10–18 Uhr, Mo Ruhetag. **€€€**

Khum Hom Restaurant and Gallery 5, das Lokal liegt direkt am Stadtgraben und strahlt schon von weitem Gemütlichkeit aus. Fischteiche, Moosbeete durchsetzt mit blühenden Pflanzen, alles vom Sprühnebel benetzt. Im unteren Geschoss befindet sich das Restaurant mit einfachen Thai-Spezialitäten, besonders zu empfehlen die Garnelen-Wontons und die verschiedenen Thai-Salate. 155 Ku Tao Soi 3, Si Phum, ✆ 093/2232777. Di–So 9–21 Uhr. **€€**

Fern Forest Café 11, in einem schön hergerichteten Haus sitzt man wie in einem Wohnzimmer von früher. Sofas, Sessel, schön polierte Holztische, an den Wänden gerahmte Bilder vergangener Zeiten, dazwischen die riesige Kuchentheke mit frisch Gebackenem. Aber nicht nur Kaffee und Kuchen gibt es in dem stilvollen Restaurant, auch Thai-Gerichte und europäische Salate. Im Garten, der von Farnen eingewachsen ist, findet sonntags ein Jazz-Frühschoppen statt. 54/1 Singharaj, Si Phum, ✆ 084/6161144. **€€**

Happy Frog 39, mitten in der Stadt liegt das gemütliche Restaurant, ideal für Lunch, Dinner oder einen Snack zwischendurch. Eine große Auswahl an internationalen Wurst- und Käsesorten, Sandwiches aller Art und jeden Freitag frische importierte Austern. Dazu gute Weine. 2 Ratchamanka Rd., Phra Sing, ✆ 092/3572314. Tägl. 9–22 Uhr. **€€**

Essen wie im Wohnzimmer: Fern Forest Café

Chiang Mai und Umgebung → Karte S. 28

The Consul's Garden Cafe and Restaurant 14 (→ S. 48), das Café bietet eine große Auswahl an Kuchen und Patisserie, auch High Tea kann man hier vorbestellen. Zum Lunch gibt es eine gute Auswahl an Sandwiches, Fish and Chips und Thai-Gerichte. 1 Kohklang Rd., Nonghoi, ✆ 089/8889339. 10–18 Uhr, Di Ruhetag. **€€**

Le Coq d'Or 15 (→ S. 48), gleich nebenan. Gediegenes Ambiente für Freunde der französischen Küche. Hier bleiben keine Wünsche offen, von Hummer über Lamm bis hin zu Bouillabaisse. 11 Kohklang Rd., Nonghoi, ✆ 089/8889339, https://www.lecoqdorrestaurant.com. 18–22 Uhr, Di Ruhetag. **€€€€**

Le Crystal 13 (→ S. 60), französisches Restaurant am Fluss, Innen- und Außenbereich, tägl. Soft-Jazz-Musik. Bekannt für sein World Buffet, das samstags stattfindet. Hier kann man nach Herzenslust schlemmen, frische Austern aus Frankreich, Kaviar, Garnelen, Sashimi, Sushi und vieles mehr (THB 1800). Die Speisekarte hat für jeden Geschmack etwas zu bieten, aus dem Meer oder von der Weide. 74/2 Patan Rd., Patan, ✆ 084/1776599, www.lecrystalrestaurant.com. 17–22 Uhr, Mo Ruhetag. **€€€**

The House by Ginger 15, am Stadtgraben liegt das schicke Lokal in einem alten Haus. Die Speisen sind geschmacklich ein Hit. 199 Mun Mueang Rd., Si Phum, ✆ 053/287681, thehousebygingercm.com. **€€**

La Fourchette 37, das Restaurant unter der Leitung von Amnard, halb Thai, halb Genfer, dessen Vater einer der ersten französischen Küchenchefs in Chiang Mai war, bietet Klassiker der französischen Küche. Coq au vin oder auch Foie Gras gibt es ebenso wie canard à l'orange. 162/2 Prapokkloa Rd., Phra Sing, ✆ 053/277482. 18–22 Uhr, So Ruhetag. **€€€**

Ai Tomoe Japanese Restaurant 2, sehr einfaches japanisches Restaurant, geführt von einem netten Thai-Ehepaar. Die Sashimi sind sehr gut und auch günstig, Sushi hervorragend. Am Abend stark frequentiert von Thais. 52 Si Phum Rd., Si Phum, ✆ 085/3890384. Tägl. 11–22 Uhr. **€€**

La Chouquette Bakery and Coffee 3, Eric macht die besten Macrons in Chiang Mai, außerdem hervorragende Pains Paillasse und Baguettes. Im Restaurant kann man feine Omelettes mit Salatbeilagen essen, Sandwiches und mehr. Ein Geheimtipp für Liebhaber französischer Patisserie und von Brot. 1/11 Atsadathon Rd., Si Phum, ✆ 082/6439516. 8–18 Uhr, Mo geschlossen. **€€**

Kiti Panit 33 (→ S. 39), das Restaurant ist im ältesten Kaufhaus der Stadt untergebracht und das Gebäude gehört noch immer der gleichen Familie in fünfter Generation. Liebevoll geführt wird das Kiti Panit und bietet nordthailändische Spezialitäten an. Ein Muss ist der Jackfruit-Dip

Raming Tea House

Das zweistöckige Haus an der Thapae Road, vor über 100 Jahren aus Teakholz erbaut, ist wunderschön restauriert worden. Bereits 1941 hat die Raming Tea Company in Chiang Mai und Chiang Dao Fuß gefasst und exportiert seither organischen Tee in aller Herren Länder. Im Restaurant gibt es High Tea am Nachmittag inkl. hausgebackener Scones, aber auch Thai-Gerichte mit und ohne Tee-Note. Probieren sollte man unbedingt den Teeblattsalat, aber auch in Currys machen sich Teeblätter sehr gut. Ein wirklich schönes Plätzchen zum Verweilen. Im Winter lässt es sich im Garten gut aushalten. Im Eingangsbereich befindet sich „Siam Celadon" mit einer Ausstellung handgefertigter Keramik. Im oberen Stock gibt es Handgewebtes und Handgenähtes für den ausgefallenen Geschmack zu fairen Preisen bei Cotton Farm. Man kann nicht nur die Weberei besuchen, sondern auch selber Kurse im Weben und Färben belegen.

■ Alle Infos gibt es im ersten Stock. 158–162 Thapae Rd., 29 (→ Karte S. 39), ✆ 053/234518. Cotton Farm ✆ 081/8846484, craftchiangmai@gmail.com. **€€**

mit Krusten und Gemüse, außerdem der Koriandersalat mit gegrilltem Hühnchen. Das obere Stockwerk kann besichtigt und auch für private Anlässe angemietet werden. 19 Thapae Rd., Chang Moi, ✆ 080/1917996, www.kitipanit.com. 11.30–21 Uhr, Di Ruhetag. €€€

Ostseite → Karte S. 39 **Graph Contemporary 34**, Künstlercafé unweit der Narawat-Brücke. Interessante Kaffeespezialitäten, z. B. Americano mit Orange. Die Graph-Gruppe hat verschiedene Lokale in Chiang Mai und Thailand, seit ein paar Jahren rösten sie auch die Kaffeebohnen selbst. Ein Muss für Coffeelovers. 177 Charoen Muang Rd., Wat Ket, ✆ 086/5673330, https://www.graphcoffeeco.com. 9–18 Uhr. €€

Monsoon Tea House 23 (→ S. 60), das gemütliche Tea House von Kenneth bietet Teespezialitäten aus biologischem Anbau aus Chiang Mai und Chiang Rai. Neben Oolong gibt es auch Schwarztees sowie aromatisierte Tees, die sehr gut ankommen. Speziell sind die Gerichte aus Teeblättern wie Teeblatt-Salat, die sich an die burmesische Küche anlehnen. 328/3 Charoen Rat Rd., Wat Ket, ✆ 053/106802, www.monsoontea.co.th. Mo–Sa 10–17 Uhr. €

Samsen Villa 2, sehr beliebtes Thai-Restaurant mit eher hässlichem AC-Bereich, aber schöner Flussterrasse. Die Küche ist Thai-chinesisch angehaucht – sehr gut schmeckt hier der gebratene Fisch mit Kräutern. 201 Chareonrat Rd., Wat Ket, ✆ 053/240455. €€

meinTipp **The Gallery Riverside 15**, das Haus von 1892 wurde vom Urgroßvater des jetzigen Besitzers gebaut, einem Chinesen, der eine Chiang Maianerin geheiratet hatte. Sie eröffneten einen Stoffhandel. Nachdem die alten Leute 1978 in ein neues Haus zogen, wurde das schöne Holzhaus dem Verfall preisgegeben. Doch um 1985 kam der Enkel, der das Haus wieder aufbaute und diese schöne Galerie mit Restaurant am Fluss einrichtete. Eine gelungene Mischung. Künstler der Region bieten ihre Kunstwerke an, während man im Restaurant Thai-Gerichte und einige Western Delights wie Fish & Chips genießen kann. Auf der Thai-Seite ist das Chicken Cashew Nuts sehr gut. 25–29 Charoen Rat Rd., ✆ 053/248601, www.thegallery-restaurant.com. €€

Vieng Joom On Tea House 13, schon von Weitem sticht das fuchsiafarbige Gebäude aus Holz ins Auge. Tolle Teeauswahl, auch für zu Hause. Das Lokal hat einen klimatisierten Innenbereich. Draußen sitzt man in einem schönen Garten am Fluss. Bekannt ist das Teehaus für seine außergewöhnlichen Teemischungen. Es gibt eine gute Auswahl an Scones und Kuchen, aber auch würzige Sandwiches. 53 Charoen Rat Rd., Wat Ket, ✆ 053/303113, www.vjoteahouse.com. €€

Sai Ping Restaurant, das Thai-Restaurant liegt direkt am Fluss, hübsches Ambiente und faire Preise. Unbedingt mal eine Tom Yum Goong hier probieren, sehr fein. 91 Charoen Rat Rd., Wat Ket, ✆ 099/2463522, www.saiping.simdif.com. Tägl. 16–23 Uhr. €€€

Comedara Restaurant, an der Uferpromenade gelegen mit Blick auf den Fluss. Hübsch gestaltetes Restaurant mit gutem Thai-Essen. 193 Charoen Rat Rd., Wat Ket, ✆ 086/4217191. Tägl. 10–21 Uhr. €€

The Riverside 21, In-Lokal mit Retrocharme direkt am Fluss. Allabendlich Livemusik. Sehr beliebt bei Ausländern. Große Auswahl an Thai-Gerichten, auf Vorbestellung kann das Essen auch auf dem restauranteigenen Boot mit 75-minütiger Flussfahrt verzehrt werden, Aufschlag THB 180, Kinder THB 80. Im Gebäude auf der anderen Seite der Straße liegt das **Riverside Bakery and Coffee**, schönes Haus mit Wohlfühlambiente. 9–11 Charoen Rat Rd., ✆ 053/243239, www.theriversidechiangmai.com. €€

Woo Café, schönes Lokal mit Galerie, mit viel Liebe zum Detail eingerichtet, eine Mischung aus Vintage und moderner Kunst. Viele Dekogegenstände stehen zum Verkauf. Thai Fusion Food wird hoch gelobt. Probieren Sie das schön präsentierte Pad Thai mit Garnelen. 80 Charoen Rat Rd., Wat Ket, ✆ 052/003717, www.woochiangmai.com. €€

The Deck 1 22, stylishes Restaurant am Fluss gegenüber vom Rarinjinda. Das Essen ist Fusion und richtig gut. Pomelosalat mit frittierten Shrimps, Pad Krapaow im Omelett, Garnelen mit Zitronenblättern auf Spaghetti. 1, 14 Charoen Rat Rd., Wat Ket, ✆ 053/302788, www.thedeck1.com. €€€

VT Namnueng 43, das vietnamesische Lokal in Chiang Mai. Mittags und abends sollte man fast einen Tisch bestellen, so frequentiert ist das Restaurant. Besonders gut die rohen Frühlingsrollen. 49/9 Chiang Mai – Lamphun Rd., Wat Ket, ✆ 087/4337111. €€

The Dukes @ Ping River 49, eine amerikanische Institution – egal ob Ribs, Pizza, Pasta oder Steaks. In den Filialen von Dukes stimmt Preis-Leistung. Neben den saftigen Steaks gibt es auch Pasta und mexikanisches Essen – die Nachos sind super. 49/4–5 Chiang Mai – Lamphun Rd., Wat Ket, ✆ 053/249231, www.thedukes.co.th. Weitere Filialen im Night Bazaar und in der Promenada Mall. **€€**

Night Bazaar/Warorot → Karte S. 39 **Thamel Cafe 23**, mitten in den wuseligen Gassen des Warorot Market sieht man schon von weitem bunte Stofflampenschirme leuchten. Betritt man das Ladenlokal, kommt man sich vor wie auf einem orientalischen Basar, indische Kleider, Schals, Pluderhosen und Tunikas, außerdem Wohnaccessoires, Kissen, Lampen, Lampions. Das alte Gebäude schillert in bunten Farben. Über eine kleine Holztreppe gelangt man in den ersten Stock und fühlt sich wie in 1001 Nacht. Bunte Möbel, bemalte Wände, indische Lampen, gedämpfte Musik. Neben guten Kaffee- und Teespezialitäten kann sich auch das Speisenangebot des Thamel sehen lassen. Das Massaman Curry ist sehr gut und die Tom Yum Gung ist hier zu empfehlen. Kuangmanee Rd., Chang Moi, ✆ 094/3623541. **€€**

meinTipp **Dara Vietnamese Restaurant 12**, in einem alten Holzhaus liegt in einer ruhigen Gasse dieses kulinarische Highlight, einfach, günstig und gut. Thai-Küche trifft auf Vietnam. So etwa die rohen Frühlingsrollen mit oder ohne Fleisch, dazu ein scharfer Blumensalat, vietnamesischer Pfannkuchen mit frischem Gemüse und Saté-Spieße. Chang Moi Kao Rd., Chang Moi. **€**

Billy's Italian Restaurant 37, hier gibt es das beste Carpaccio der Stadt, mit Gorgonzola oder ohne, einfach fein. Nudeln sind hausgemacht und die Pizzen können sich sehen lassen. Gemütliches Lokal. 19/2 Kamphaeng Din Rd., Soi 1, Chang Khlan, ✆ 081/2881480. **€€**

The Cathouse, gemütliches Restaurant mit Holzmöbeln. Backpacker-Gerichte wie Sandwiches, Pommes Frites, Fish and Chips, aber auch Spaghetti und Sandwiches. Frühstück gibt es den ganzen Tag. 8/5 Chaiyapoom Soi 1, Mueang, ✆ 095/1796869. **€€**

The Hideout 1, Sandwiches für jeden Geschmack, Salate und Fruchtshakes. Gemütliche Atmosphäre. 5/10 Sithiwongse Rd., Si Phum, ✆ 081/9603889, www.thehideoutcm.com. **€€**

Miguel's Mexican Food 13 (→ S. 32), die besten Margaritas der Stadt. Tex-Mex Food in rustikalem Ambiente. 106 Chaiyapoom Soi 1, Si Phum, ✆ 053/874148. **€€€**

Rivermarket 57, gelungenes Thai-Restaurant direkt am Fluss mit frischem Seafood und Thai European Fusionküche. Schönes Ambiente, große Weinauswahl. Nette Bar mit Signature Cocktails. Blick auf die Iron Bridge. 33/12 Charoen Prathet Rd., Chang Khlan, ✆ 053/234493, therivermarket.com. **€€€**

Chez Marco, schon seit vielen Jahren ist Marco eine Institution in Chiang Mai. An der Loy Kroh Road gelegen, bietet der Franzose gute provenzalische Küche zu fairen Preisen. Entenbrust steht genauso auf der Karte wie der ländliche Coq au vin, diverse Vorspeisen, z. B. Salat mit gratiniertem Ziegenkäse, dazu frisches Baguette. 15/7 Loi Kroh Rd., Chang Khlan, ✆ 053/207032. **€€€**

La Fontana 40 (→ S. 32), das italienische Restaurant in der Nähe des Night Market macht ausgezeichnete Gnocchi und gute Pizzen. Man sitzt in einer lockeren Umgebung und kann dem bunten Treiben zuschauen. 39/7–8 Ratchamanka Rd., Phra Sing, ✆ 053/207091. Tägl. 11.30–22 Uhr. **€€**

Nimmanhaemin/Suthep → Karte S. 54 und 60 **Salsa Kitchen 15**, hausgemachte mexikanische Küche von Burritos über Quesadillas bis hin zu Chili. Viele vegane und vegetarische Optionen. 26/4 Huay Kaeo Rd., Suthep, ✆ 053/216605, www.thesalsakitchen.com. **€€€**

Happy Frog @ One Nimman 5, das neueste Restaurant von Olaf ist im Shopping Center One Nimman im Erdgeschoss. Man kann innen oder außen sitzen. Wie auch im Happy Frog in der Altstadt gibt es freitags frische importierte Austern, eine tolle Auswahl an Käse und kalten Platten, aber auch Sandwiches überbacken oder frisch. One Nimman, Nimmanhaemin Rd., Suthep, ✆ 080/0833627. Tägl. 10–22 Uhr. **€€**

L'élephant 31, feine französische Küche. Der Renner sind die Weinbergschnecken, aber auch mit der Lobster Bisque macht das Restaurant von sich reden. 7 Siri Mangkalajarn Rd., Soi 11, Suthep, ✆ 097/9708947, www.lelephantchiangmai.com. 16.30–22 Uhr, Sa/So auch Lunch 11.30–14-30 Uhr, Mo Ruhetag. **€€€€**

Accha Authentic Indian Cuisine 13, gemütliches Restaurant im Herzen der Nimman, Innen- und Außenbereich. Gute indische Küche, sehr zu empfehlen das Butter Chicken und die gemischten Vorspeisen. 15 Nimman, Soi 5, Suthep, ✆ 099/2911551. Tägl. 11–21.30 Uhr. **€€**

meinTipp Essen unter Einheimischen: **Huay Thung Tao 3** (→ S. 60), am Fuß des Doi Suthep liegt versteckt das kleine Wasserreservoir

Huay Thung Tao. Um den künstlichen See hat man einen Park angelegt mit schattigen Joggingrouten unter schönem Baumbestand. Auch findet der Besucher Pavillions zum Verweilen und Picknicken. Am Seeufer haben sich jede Menge ursprüngliche Restaurants niedergelassen. Man isst in kleinen Hütten auf Stelzen, die in den See gebaut sind, oder gleich am Ufer, auf Holzbänken, einfach urig. Man kann aufgeblasene Lkw-Schläuche mieten, diese geben hervorragende Schwimmreifen ab, und im See plantschen. Die Restaurants bieten alle authentische Küche. Die meisten haben eine englische Speisekarte, sonst einfach deuten. Beliebt ist bei den Besuchern aller Restaurants der Tup-Tim-Fisch (roter Tilapia), entweder gebraten mit Kräutern (Pla Tuptim Thod Samun Phrai) oder gedünstet in Zitronensauce (Pla Tuptim Nueng manao). Der Eintritt zum Park kostet THB 50. **€€**

Mein Tipp **Ginger Farm Kitchen 4**, gelungenes Thai Organic Restaurant im neuen One Shopping Plaza – Sky Avenue. Schönes Vintage-Ambiente, guter Service. Nordthailändische Gerichte, Zutaten frisch von der Farm in Saraphi, unweit der Stadt. Besonders gut die Currygerichte und der Mangosalat mit getrocknetem Fisch. Im ersten Stock eine kleine Boutique mit Souvenirs, Kissen und Kleidern. Nimmanhaemin Rd., Suthep, ✆ 052/980928. **€€**

Nori 12, japanisches Restaurant mit Dachterrasse – japanische Küche at its best. Nimmanhaemin Rd., Soi 5, Suthep, ✆ 083/5735888. **€€€**

Ristr8to 10, Kaffee aus aller Herren Länder von Thailands Top Barista serviert. Ein eher unscheinbarer Laden mit Holzhockern im Freien. Gleich daneben eine kleine Backstube, sodass Kaffeeliebhaber auch auf Kuchen und Teilchen nicht verzichten müssen. Nimmanhaemin Rd., Soi 5, Suthep, ✆ 053/215278. **€€**

Charin Homemade Pies 27, schon seit mehr als 12 Jahren werden in dem kleinen gemütlichen Holzhaus mit nettem Garten hausgemachte Kuchen und Torten serviert, dazu frischer Kaffee oder Tee. Nimmanhaemin Rd., Soi 17, Suthep, ✆ 053/221867. **€**

Galae Restaurant 2 (→ S. 58), am Fuß des Berges, unweit vom Haus der 100 Türen, liegt in einer ruhigen Sackgasse am See dieses Restaurant inmitten von Blumenrabatten, in Terrassen angelegt. Die Speisekarte ist umfangreich, sodass die Entscheidung schwer fällt. Die Currys sind sehr gut und auch der gebratene Fisch ist ein Steckenpferd des Lokals. Im oberen Bereich befindet sich ein Café mit frischen Kuchen. 65 Suthep Rd., Suthep, ✆ 053/328455, galaerestaurant@gmail.com. **€€**

Stylishe Boutiquen in der Nimman

Ganz in der Nähe des Convention Centre befindet sich das **Cafe de Oasis 12** (→ S. 60), Mit Wasserventilatoren gekühlt, sitzt man in einem schönen Garten auf bequemen Rattanstühlen mit bunten Kissen. Nicht nur Kaffee und Kuchen, sondern auch herzhafte Gerichte sind im Angebot. 202/9 Moo 1 Route 4307, Chang Phuak, Muang, ✆ 053/920191. **€€**

Silberviertel und Hang Dong **→ Karte S. 48** **Tulou 4**, das wohl beste chinesische Restaurant der Stadt liegt im Silberviertel. Das runde Gebäude ist einem typischen Tulou nachempfunden, einer Hausbauform, die bereits seit dem 12. Jh. in China gebaut wird. Die runden Gebäude sind 3- bis 5-stöckig und in der Mitte ist ein großer Innenhof. Der untere Stock des Tulou-Restuarants ist das eigentliche Lokal. In den beiden oberen Stockwerken befinden sich Räume, die man mieten kann für besondere Anlässe oder einfach, wenn man mit der Familie zu Abend essen möchte. Dann hat man seine eigene Kellnerin und genießt die aufwendig dekorierten Separees. Hier fällt ein Aufschlag von THB 500 pro Raum bei bis zu 10 Pers. an und 1000 bei bis zu 20 Pers. Sehr zu empfehlen sind die Pekingente und die verschiedenen Dim Sums. Nantaram Rd., Hai Ya, ☏ 053/200888, www.tulourestaurant.com. Tägl. 11–14.30 und 17–22.30 Uhr. **€€€**

Daddy's Antique Café und Restaurant **19**, gemütliches Restaurant, ausgestattet mit vielen Vintage-Elementen. Auf der Speisekarte internationale Spezialitäten, hausgemachte Pasta mit verschiedenen Saucen. 45/8 Moo 1, Mae Hia, ☏ 094/1441. **€€**

MeinTipp **Jacky Show Restaurant** **12**, Überraschungsküche par excellence. Jacky, der liebenswerte Franzose, kocht mittags ein „menu surprise" mit 5 Gängen für THB 599 oder abends ein 7-Gänge-Menü für THB 799. Dazu gibt es auserlesene Weine. 108 Nhawatluang Rd., Soi 9, Nonghoi, ☏ 094/6170440. 11.30–15 und 18.30–21 Uhr, Mo Ruhetag. **€€€€**

The Great Escake **10**, Bäckerei und Coffeeshop, bekannt für seine Eclairs und Macrons. 458/4 Soi 1, Chiang Mai Land, Chang Khlan, ☏ 088/2690071. **€**

The Good View Village **17**, modernes Thai-Restaurant mit Café. Gute Thai-Fusion-Küche, nettes Personal, erinnert an ein französisches Bistro. In der Trockenzeit auch jede Menge Außenplätze. 700 Years Stadium Rd., Mae Hia, ☏ 053/904406. **€€**

MeinTipp **Khao Mao Khao Fang** **24**, das Motto „dine in an imaginary jungle" wird geschmackvoll umgesetzt. Überall sind Pflanzen, die Wände sind mit Orchideen übersät. Man sitzt entweder am See oder unter der großen Orchideen-Kuppel. Eine Augenweide. Selbst die WCs sind mit Pflanzen und Wurzeln geschmückt. Sehr gut sind hier die Currys und die Vorspeisen, beispielsweise Hühnchen mit Nüssen, Chili, Limettenstückchen und Knoblauch, eingerollt in Betelblätter. Rachapruek Rd., Mae Hia, ☏ 053/838444, http://www.khaomaokhaofang.com. **€€**

Carp Café **21**, Sushi unter Kois. Das Carp Café ist relativ neu und bietet japanische Gerichte wie Sushi und Gyozo, Ramen und einige Thai-Gerichte. Man sitzt inmitten von Karpfenteichen in einer japanisch anmutenden Atmosphäre. Hier finden auch Karpfen-Auktionen statt und man kann Zubehör für seinen privaten Koi-Teich kaufen, des Weiteren gehört noch eine Baumschule zu dem Anwesen. 118 Nong Kwai, Hang Dong, ☏ 061/2687447, www.carpcafe.com. Tägl. 9.30–20 Uhr. **€€**

Nic's Restaurant and Playground **23**, *das* Familienrestaurant in Chiang Mai. Nicht nur sind der große Spielplatz und der Platz zum Herumtollen der Hit, sondern auch das Essen. Es ist wirklich auf Kinder zugeschnitten. Chicken Nuggets, gebratener Reis, Pommes etc. und für die Erwachsenen oder größeren Kinder gibt es außerdem Pizza und Burger. Eiscreme in Hülle und Fülle und für die Erwachsenen auch Bier, Wein und Cocktails. Ein gelungenes

Im Tempel wird auch gerne Kaffee getrunken

Lokal für die ganze Familie. 87 Moo 1, Hang Dong District, ✆087/0073769, www.nics.asia/en/homepage/. Tägl. 11.30–22 Uhr. €€€

MeinTipp **Lanna Rice Barn 18**, ein gelungenes Restaurant im Lanna-Stil mit traditionellen und günstigen Thai-Gerichten, sehr schmackhaft das Hanglay Curry oder auch die Nam Phrik Noom, eine scharf-würzige Chilipaste mit Auberginen, dazu Schweinekrüstchen. Überall im Areal stehen Phallus-Symbole in Form von Pilzen, sehr beliebtes Fotomotiv. Die Reisscheune, die über dem Areal in die Luft ragt, sieht man schon von Weitem. Gleich vor dem Lokal liegt eine Tempelruine von Wiang Kum Kam. Bungalows werden auch vermietet. 242/2 Moo, Nong Phueng. €

Alt House 22, der italienische Illustrator Marco macht sein Haus zu einem Restaurant auf Vorbestellung. Er kommt aus einer Familie, die seit Generationen in Rom eine Trattoria betreibt, und bringt seine Speisen auf den Tisch. Man kann mit bis zu 8 Pers. reservieren. Entweder sucht man sich das Menü von der Website aus oder lässt sich etwas ganz Besonders zusammenstellen. 30/5 Soi Don Pin 3, Mae Hia, ✆095/2359037, www.althouse.it. Menü ab THB 1200. €€€

Phufinn 32, auf dem Hügel oberhalb des Canyons liegt dieses hübsche Café-Restaurant. Den Schildern folgen, es ist nicht leicht zu finden, die Aussicht und das gute Essen belohnen für die Mühen. ✆092/9590399. €€

Khamtiang Flower Market → Karte S. 60
Das **Pan Mai Coffee 18** ist in einem Blumenladen versteckt und bietet neben Kaffee und Kuchen auch einfache Thai-Gerichte an. Si Mongkhon Rd., Soi 6, ✆081/9989114. €€

Das **Collina Restaurant 19** gleich auf der Hauptstraße des Blumenmarktes macht gutes Thai-Essen, sehr fein die scharf-saure Tom-Yam-Suppe, auch die Salate und Currys können sich sehen lassen. Einfache Holztische und Bänke im Open-Air-Restaurant. Si Mongkhon Rd., Pa Tan, ✆081/5319597. €€

Entlang des Flusses im Norden → Karte S. 60 **Paak Dang 9**, das rustikale Restaurant am Fluss unter der Leitung des Singapurers K-Jin Lim ist gut besucht und bietet neben den klassischen Thai-Spezialitäten auch frisches Seafood. Die Livemusik ist unaufdringlich und bietet eine schöne Untermalung, man sitzt auf der Terrasse am Fluss und sollte unbedingt die Garnelen in Bethelblättern probieren. ✆094/6291319, paakdang@gmail.com. €€€

Hashi by Kek 4, japanische Küche in ihrer Bestform. Sushis, Ramen, Sashimi und vieles mehr wird bei Ket im Restaurant gekocht. Am beliebtesten ist das „all you can eat" für THB 390. 333/1 Moo 10, Sanpisua, ✆081/952 2452. €€€

Mae Rim/Samoeng → Karte S. 60, 67 und 70 **Tita Gallery 3**, kleine Galerie mit Coffeeshop, schöner Geschenkeladen. Bietet neben Kuchen auch einige Thai-Gerichte an wie Phad Thai, gebratenen Reis in der Ananas, aber auch Muscheln in Chili-Sauce. 68 Moo 6, Mae Rim – Samoeng Rd., Mae Rim, ✆053/297 911. €€

MeinTipp **Enoteca 10**, an der Ausfallstraße nach Mae Rim, auf Höhe des Mae Chok Plaza, gibt es den wohl besten Italiener der Stadt. Zurückgesetzt in dem 5th-Avenue-Komplex liegt dieses ausgefallene Restaurant. Die Trüffelgerichte sind unschlagbar, auch die schwarzen Nudeln mit Hummer ein Gedicht. Vorspeisenplatten mit importierten Käse- und Salamispezialitäten und wunderbar gebratene Steaks werden in dem hübschen Ambiente serviert. Man sitzt zwischen Hunderten von Weinflaschen, die darauf warten getrunken zu werden. Auch kann man Käse und Wurstspezialitäten an der Frischtheke kaufen. 555/148 Fifth Avenue Meechok, ✆093/272 2406. €€€

Bualoy Khaosoy 1, die wohl beste Khao Soy der Stadt. Es lohnt sich sogar, ein Taxi oder Grab hierher zu nehmen, so gut ist die Curry-Nudelsuppe hier. Die Garküche liegt an der Hauptstraße zwischen Chiang Mai und Mae Rim. 63 Moo 4, Chotanna Rd., Mae Rim, ✆089/6355888. Tägl. 9–15 Uhr. €

Sala Café 13, schönes Restaurant inmitten der Natur. Mehrere Terrassen umringen das Teakhaus mit Vintage-Möbeln und aufwendiger Dekoration. Kein Alkoholausschank. Besonders zu empfehlen der Pomelosalat und der Tintenfisch in Chilisauce auf der Thai-Seite und saftige Steaks aus der westlichen Küche. 133/12 Mae Rim – Samoeng Rd., ✆053/860996. €€

Nature Talk 2, das hübsche Café liegt recht versteckt, doch suchen lohnt sich. Das Haus sieht ein bisschen aus wie ein Erdhaus, sehr gemütlich innen, es gibt sogar zwei Zimmer zu mieten (THB 1800). Durch den Garten läuft ein hübsch angelegter Bach und gelegentlich werden in den kleineren Gebäuden Batikkurse oder Töpferworkshops angeboten. 82/1 Lan Rd., Mae Rim, ✆091/4475348. €€

EE Kitchen Studio by La Fourchette 4, Khun Amnard, der Chef und Besitzer des La Fourchette-Restaurants in der Stadt kocht hier in seinem Wohnzimmer für seine Gäste. Menü nach Vorbestellung für max. 12 Pers. 267/6 Moo 2, Huay Sai, Mae Rim, ✆089/8518292. **€€€€**

Fleur Cafe and Eatery 12, in den Bergen von Mae Rim ist das Fleur Cafe ein echter Hingucker. Ein riesiger Garten mit altem Baumbestand, hier und dort eine Skulptur, ein Brunnen, Kunstwerke, die in der Natur verteilt sind. Das Restaurant hat einen Innenbereich und außen sitzt man auch sehr nett inmitten der grünen Oase. Die Speisekarte reicht von nordthailändischen Gerichten bis hin zu Lasagne. Tung Lung Soi 4, Mae Raem, ✆091/0787104. Tägl. 9–18 Uhr. **€€€**

Zombie Cafe 10, ein gelungenes Restaurant mit Baumhaus. Es gibt guten Kaffee und Desserts, aber auch die Thai-Gerichte lassen keine Wünsche offen. Man sitzt im Fluss bei einem kühlen Bier und kann sich das klare Wasser um die Beine spülen lassen oder auch hoch oben im Baumhaus mit Blick auf die umliegenden Reisfelder. Mae Rim – Samoeng Rd., ✆085/0413714. **€€**

Nachtleben & Bars

Altstadt → Karte S. 32 und 39 **The North Gate Jazz Club 6,** rustikales Hinterhoflokal mit guten Bands. Günstige Getränke, meist findet man eine Reihe einheimischer Jazz-Liebhaber vor. 3/1 Si Phum Rd., Soi 1, Si Phum.

Oasis Rooftop Bar 8, kleine Bar auf dem Dach im 3. Stock. Chillige Musik aus der Konserve, gute Cocktails und Fingerfood, ein idealer Ort für den Apéro. 77/1 Si Phum Rd., Si Phum.

Zoe In Yellow 18, groovige Outdoor-Bar mit DJs und Livemusik. Das Kebab House nebenan versorgt die Gäste mit gutem indischen Essen. Ratvithi Rd., Si Phum.

Pentatonic Rock Bar 16, kleine Bar mit Livemusik inmitten der Altstadt. 204/5 Ratchapakhinai Rd.

Ram Bar 42, sie wirbt mit dem Slogan, die freundlichste Schwulenbar der Stadt zu sein. Nettes Publikum, tolle Gastgeber und Cabaret gibt's auch noch! 48 Charoen Prathet, Soi 6, Chang Khlan, ✆085/0345607, www.rambar chiangmai.com.

Number One Bar 51, in einer kleinen Gasse abseits der Loy Kroh Road. Große Bierauswahl, Billardtisch und jede Menge freundliches Personal. Loy Kroh Soi 1, Chang Khlan, ✆053/206 724.

MeinTipp **Boy Blues Bar 47,** eine der coolsten Livemusik-Bars der Stadt. Ab 22 Uhr spielt die Band – unbedingt empfehlenswert. Im Kalore-Gebäude, Nachtmarkt, Chang Khlan Rd., Chang Khlan.

Nimmanhaemin → Karte S. 39 und 54 **Warm up Cafe 25,** *die* In-Disco der Stadt. Täglich Live-Bands, DJs und coole Rhythmen. Sicher eine „take it or leave it"-Erfahrung mit dem ohrenbetäubenden Lärm und der groovigen Atmosphäre. Samstags findet auf dem Parkplatz zusätzlich ein Trödelmarkt statt. 123/1 Nimmanhaemin Rd., Suthep, ✆052/400677.

The Hard Rock Cafe 53, der amerikanische Klassiker findet sich auch in Chiang Mai. Tagsüber eher ein Speiselokal, steppt am Abend zur Livemusik der Bär. 115 Loi Kroh Rd., Chang Khlan.

Chiang Mai Cabaret 59 und Siam Dragon Cabaret 16, wenn man in Thailand ist, sollte man sich eine Cabaret Show anschauen. Die berühmteste ist das Calypso in Bangkok, aber auch in Chiang Mai gibt es zwei hervorragende Shows. Angelehnt an die großen Cabarets der 1930er-Jahre wird auf der Bühne getanzt und meist mit Playback gesungen. Anders aber sind die Darsteller, in schrillen Kostümen, mit aufwendigem Kopfschmuck sehen sie wie Paradiesvögel aus, die Bewegungen sind fließend, sehr anmutig tanzen die Akteure auf der Bühne und alle haben eines gemeinsam: Sie sind Ladyboys, Travestiten und Transvestiten, Männer, die zu ihrem Frausein stehen (→ S. 339). Der Zuschauer kann es sich kaum vorstellen, bei den hübschen Gesichtern und den weiblichen Formen. Chiang Mai Cabaret, in der Nähe vom Anusarn Markt, Chang Khlan Rd., ✆085/2499204. Siam Dragon Cabaret, in Nimmanhaemin, 12 Huay Kaeo Rd., Chang Phuak, ✆052/000873, www.siamdragon show.com.

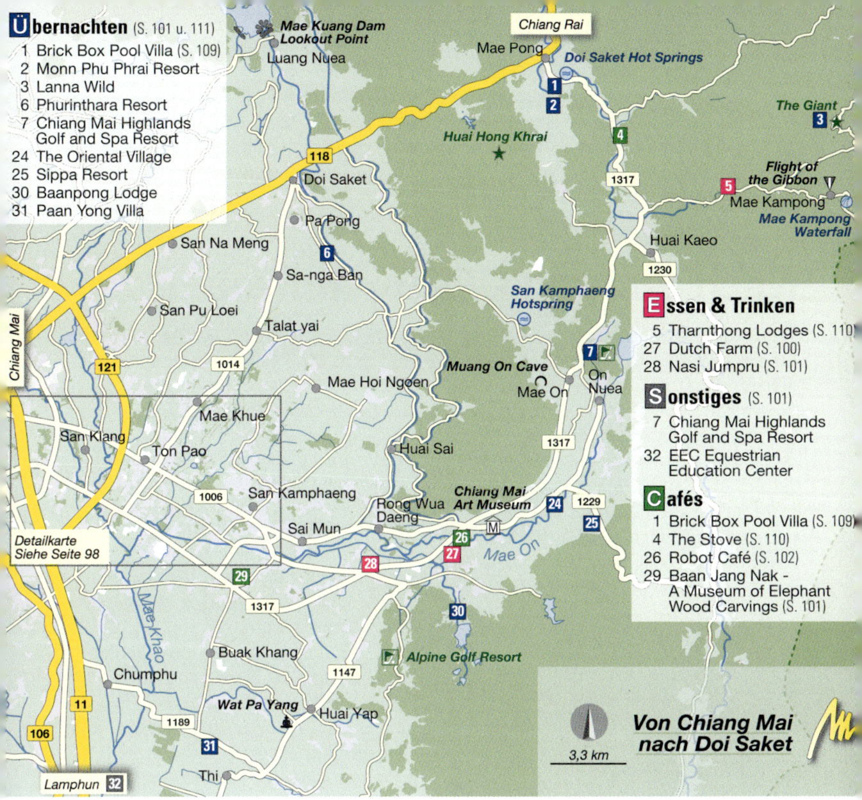

Von Chiang Mai nach Doi Saket

Doi Saket ist nur 20 km von der Großstadt entfernt und doch ist man in der Provinz: sanft im Wind wiegende Reisfelder, gold blitzende Chedis, dahinter die letzten Ausläufer des Himalaya. Im Norden gibt es heiße Quellen, Bergdörfer, Nationalparks, Tempel, einen botanischen Garten, eine Buddha-Höhle und jede Menge Lokalkolorit.

Von Chiang Mai fährt man über die Straße 1006 an verschiedenen Handwerksbetrieben vorbei, Webereien, Seidenspinnern, Schirmemachern, bis man in die Hochburg der Schirmherstellung nach Bo Sang kommt. Die kleine Straße 1014 führt dann durch Reisfelder und Dörfer nach Doi Saket. Hier sind die Berge zum Greifen nah und im Ort geht alles gemächlich zu. Bei einer Fahrt durch die Region gelangt man in kleine Dörfer, hier und da sitzen Korbflechter vor ihren Häusern, Chilis trocknen in der Sonne, Holz wird zu

Holzkohle verarbeitet und glimmt vor sich hin. Hunde toben am Straßenrand und monoton klingt der Gesang der Mönche aus den vielen Dorftempeln. Doi Saket bietet sich als ruhiger Standort an für Ausflüge in die Umgebung oder auch für Besichtigungen in Chiang Mai, da es mit dem Highway 118 gut an die Stadt angebunden ist.

Nach Bo Sang – „Shop till you drop"

Die Straße, die von Chiang Mai Richtung Bo Sang führt, die Route 1006, ist die Einkaufsmeile für Handarbeiten, Webereien, Seidenspinner, Rattanmöbel, kunstvolle Lackarbeiten, Rosenholzmöbel, Dekorationsartikel, nicht zuletzt auch Juwelen und Silber. Wer nicht selber fährt, nimmt sich am besten ein Taxi oder Tuk Tuk, um die Geschäfte zu erkunden. Die Straße ist stark befahren und der Zustand der Fußwege eignet sich nicht für einen Bummel zu Fuß.

Cotton Chic: Wie der Name schon sagt, werden hier Baumwolle und Leinen groß geschrieben. Eigene Weberei und Schneiderei. Schöne Kollektionen für Sie und Ihn, Schals, Souvenirs und Tischwäsche findet man hier ebenso wie traditionelle Thai-Kleider.

Seidenraupen produzieren die Rohseide

■ 29 Moo 4, Chaing Mai – San Kamphaeng Rd. (1006) Tonpao, Bo Sang, **11** (→ Karte S. 98), ✆ 053/960314, www.huanfai-daingam.com.

Jolie Femme: Eine schöne Seidenspinnerei mit eigener Kollektion. Man kann sehen, wie Seide durch die Seidenraupen produziert, gewonnen und gesponnen wird, bis sie dann vor Ort gewebt wird. Im Shop gibt es schöne Kleider, es wird auch auf Wunsch genäht. Taschen, Schals und auch Herrenaccessoires und Hemden findet man hier. Unbedingt mal vorbeischauen.

■ 8/3 Chiang Mai – San Kamphaeng Rd., ✆ 053/116777.

Laquer Ware Shop: Objekte aus dem Alltag werden mit einer kunstvollen Lackschicht überzogen und dann bemalt. Der Lack wird aus dem Lackbaum hergestellt in einem aufwendigen Verfahren und dient der Veredelung der Oberflächen. Nach Einstreichen des Lacks wird mit einem scharfen Gegenstand geritzt und geschnitzt und das typische Lacquerware-Muster entsteht. Diese Technik ist schon seit 1600 v. Chr. aus China bekannt.

■ 140/1–2 Moo 3, San Kamphaeng Rd., **12** (→ Karte S. 98), ✆ 053/338237.

Gems Gallery: Hier handelt es sich um die größte Juwelen-Handelskette des Königreichs. Eine tolle Ausstellung erwartet den Besucher. Man tritt in die kühlen Hallen ein und wird erst einmal von Schwarz eingehüllt. In der dunklen

Umgebung glitzern und funkeln die Edelsteine um die Wette. Zunächst sieht man Arbeiter, die Jade bearbeiten. Aus einem Steinklotz wird schnell ein Buddha. Hinter einer anderen Scheibe arbeiten Gold- und Silberschmiede und fertigen in filigraner Handarbeit Ringe und anderes Geschmeide.

▪ 80/1 Moo 3, San Kamphaeng, **13** (→ Karte S. 98), ✆ 053/339307, www.gems-gallery.com.

Louis Silver: Wer jetzt einen reinen Silberschmuck-Laden erwartet, ist auf dem Holzweg, ja, Schmuck gibt es auch, einzigartige Stücke, handgefertigt und vieles zu erschwinglichen Preisen. Aber der Eyecatcher sind die großen Silberreliefs, die die Wände schmücken.

▪ 99/1 Chiang Mai – San Kamphaeng Rd., **14** (→ Karte S. 98), ✆ 053/338494.

Bo Sang – das Schirmmacher-Dorf

Zwischen Chiang Mai und Doi Saket liegt das Handwerkerörtchen Bo Sang (auch Borsang oder Bor Sang). Das tagsüber quirlige Dorf ist weit über die Grenzen Chiang Mais hinaus bekannt für seine handgefertigten Schirme, die in viele Länder exportiert werden.

Fährt man durch das mit Königsbildern geschmückte, bunt bemalte Stadttor, reihen sich windschiefe Holzhäuser an moderne Steinbauten. Schon von Weitem sieht man die bunten Schirme, die an den Hauswänden hängen. Ebenso bunt sind auch die Auslagen der zahlreichen Geschäfte. Verkauft werden nicht nur Schirme in allen Ausführungen, auch bunte Souvenirs, ausgefallene Kleidung und Dekorationsgegenstände, Holzschnitzereien, Kleinmöbel, Lampen und Silberschmuck werden in den zahlreichen Läden feilgeboten. So wuselig es am Tag zugeht, nach Geschäftsschluss gegen 18 Uhr wird es still in dem kleinen Dorf. Ein paar Garküchen haben noch geöffnet, doch spätestens um 20 Uhr schließen auch die.

In den kleinen Schirm-Manufakturen bekommt man eine ausführliche Demonstration zu deren Herstellung. Man sieht Frauen den Bambus schnitzen, dabei fröhlich miteinander schwatzend, andere schöpfen Papier und stellen die Rahmen zum Trocknen in die Sonne. Fingerfertige Künstler bemalen die Schirme, nachdem sie bespannt sind. Bei den Motiven sind der Fantasie keine Grenzen gesetzt. Einige sind mit Blumen bemalt, andere mit dem Porträt des verstorbenen Königs Rama IX. verziert, wieder andere zeigen kitschige Sonnenuntergänge, Elefanten und bunte Koikarpfen. Jeder findet seinen persönlichen Lieblingsschirm in jeder erdenklichen Größe. Die Geschäfte verschicken die Exemplare

Umbrella Festival

Hoch her geht es in Bo Sang im Januar. Dann findet das Umbrella Festival statt, die Straßen werden geschmückt, ein Farbenmeer aus Schirmen entsteht, die Läden putzen sich heraus und es herrscht Festtagsstimmung. Während der drei Tage des Festivals ist Ausnahmezustand und die Straße ist für den Verkehr gesperrt. Ein Highlight ist die Parade der Damen mit Schirm auf Fahrrädern, die Miss Umbrella wird gewählt. Es kommen auch Schirmmacher aus benachbarten Ländern und zeigen ihr Können.

weltweit, so kann man die Urlaubserinnerung im Sommer daheim in den Garten stellen.

Ursprünglich wurden die Schirme aus Saa-Papier gefertigt, das auch heute noch in Bo Sang hergestellt wird. Es wird aus dem Maulbeerbaum gewonnen. Junge Äste werden abgeschält und getrocknet, dann werden die Fasern in großen Töpfen gekocht und gebleicht. In Wannen wird Wasser hinzugegeben, bis die richtige Konsistenz erreicht ist. Die Masse wird per Hand geschöpft, auf ein Sieb mit Rahmen verteilt und an der Sonne getrocknet. Manchmal werden noch Blüten oder Gräser mit in die Masse eingearbeitet, das sorgt für schöne Effekte. In der Soi Ton Pao gibt es noch einige Papierwerkstätten. Am Valentinstag ist diese Gasse üppig geschmückt mit pinken Papierherzen, Papierblumen und jeder Menge Schnickschnack. Schirme aus Saa-Papier sind heute eher selten, stattdessen verwendet man meist Baumwolle, die schichtweise imprägniert und dann bemalt und versiegelt wird.

Sehenswertes

Bo Sang Umbrella Making Centre: Khun Robert nennt er sich, der freundliche Besitzer der Schirmfabrik neben der Prempracha Collection. Große Kollektion und Schirme zum Bestellen, professioneller Versand. Highlight war 1988 der Besuch von Lady Diana, Princess of Wales, zu deren Ehren ein Schirm von 7 m Durchmesser angefertigt wurde.

- 111/2 Moo 3, Tonpao, ✆ 053/338195.

Bo Sang Museum: In dem kleinen unscheinbaren Museum, das nur unregelmäßig geöffnet ist, findet man schöne Fotos aus vergangenen Zeiten, die die Geschichte des Ortes dokumentieren. Hier erfährt man auch, dass vor über 200 Jahren der Mönch Phra Intaa von seinem Heimattempel in Bo Sang nach Burma pilgerte. Dort erhielt er als Opfergabe eines Gläubigen einen Schirm, der ihn vor Sonne und Regen schützen sollte. Der Mönch, dem Schirme bislang unbekannt waren, informierte sich bei burmesischen Schirmmachern über die Herstellungsart und die benötigten Ma-

Schirmladen in Bo Sang

Benjarong-Keramik

Benjarong bedeutet wörtlich „fünf Farben", es ist eine traditionelle Art handbemalter Keramik aus Thailand, bei Einheimischen und Ausländern gleichermaßen beliebt. Auf weißem Hintergrund werden symmetrische Muster gemalt, die mit Gold unterlegt werden. Diese Art der Porzellanverarbeitung gab es bereits in der chinesischen Ming-Dynastie (1368–1644). Während der Rattanakosin-Periode erlebte diese Art der Keramik einen Aufschwung, wie man beispielsweise im Wat Rachabopith in Bangkok sehen kann, einem der schönsten Tempel aus der Rama V.-Periode (1868–1910). Damals war die Keramik nur Edelleuten und dem Königshaus vorbehalten, heute darf die wertvolle Keramik von jedermann besessen werden.

terialien. Wieder zurück in Bo Sang, gab Phra Intaa diese Informationen an die Dorfbewohner weiter. Seitdem stellt das kleine Dorf im Norden Schirme her und wurde im ganzen Lanna-Reich bis hin nach Bangkok bekannt. Das Museum befindet sich etwa fünf Häuser nach dem 7/11 Richtung Norden.

Prempracha Collection: Die Porzellan-Manufaktur fertigt individuelle, schön designte Porzellankunst. Neben ausgefallenem Alltagsporzellan stellen sie auch das kostbare Benjarong-Porzellan her, das früher nur Königen vorbehalten war. Die metergroßen Vasen und Gefäße zeigen beeindruckendes künstlerisches Können in der komplizierten Herstellung. Pünktlich zum Umbrella Festival hat auch die Porzellan-Manufaktur „Prempracha" Ausverkauf und ihr Porzellan kann zu Spottpreisen erworben werden.

224 M.3, Chiang Mai – San Kamphaeng Rd., Tonpao, **19** (→ Karte S. 98), ✆ 053/338540, www.prempracha.com.

Praktische Infos

→ Karte S. 98

Hin & weg Mit dem **Songthaew** von Chiang Mai: weiße Linie ab Warorot-Markt bis Bo Sang. Nach San Kamphaeng umsteigen in die dunkelrote Linie. Ab Doi Saket fahren die weißen Songthaews Richtung Chiang Mai und halten in Bo Sang. Dann umsteigen in die dunkelroten, um nach San Kamphaeng zu kommen. Mit dem Fahrzeug über die Straße 1006 von Chiang Mai oder die Straße 1014 von Doi Saket.

Gesundheit Mehrere Apotheken befinden sich im Dorf. Auf der 1006 befindet sich eine Filiale der „Pharma Choice" mit Englisch sprechenden Apothekern.

Geld Banken an der Kreuzung zur 1006, weitere Bankomaten vor dem Tesco Lotus und dem 7/11.

Aktivitäten **Bo Sang Fishing Park 10**, große Welse und Karpfen zum Sportfischen. Angelausrüstung kann ausgeliehen werden, Köder vor Ort. Das kleine Restaurant bietet einfache Thai-Gerichte mit Blick auf den See. 29 Moo 4, Tonpao, Bo Sang, ✆ 083/3809320.

The Minigolf 22, das Golden Elephant Resort hat einen Minigolf-Kurs. Warum nicht eine Runde spielen, bevor es zum Abendessen geht? 176 Moo 8, Tonpao, ✆ 053/391093, www.goldenelephantresort.com.

Einkaufen **Tesco Lotus 21**, Supermarkt.

Bo Sang Market 16, der kleine Markt mit seinen T-Shirt-Händlern, Schreinern und Stoffläden liegt gleich hinter dem 7/11 Store. Besonders ausgefallene Kleidung hat **Khun Na** in ihrem Shop auf der linken Seite im Mittelgang.

Montags findet zwischen Bo Sang und dem Nachbardorf Mae Khü ein **Markt** an der 1014 statt.

meinTipp In Bo Sang kaufen die Einzelhändler Chiang Mais ein und die Waren kosten hier um einiges weniger als auf dem Nachtmarkt der Stadt.

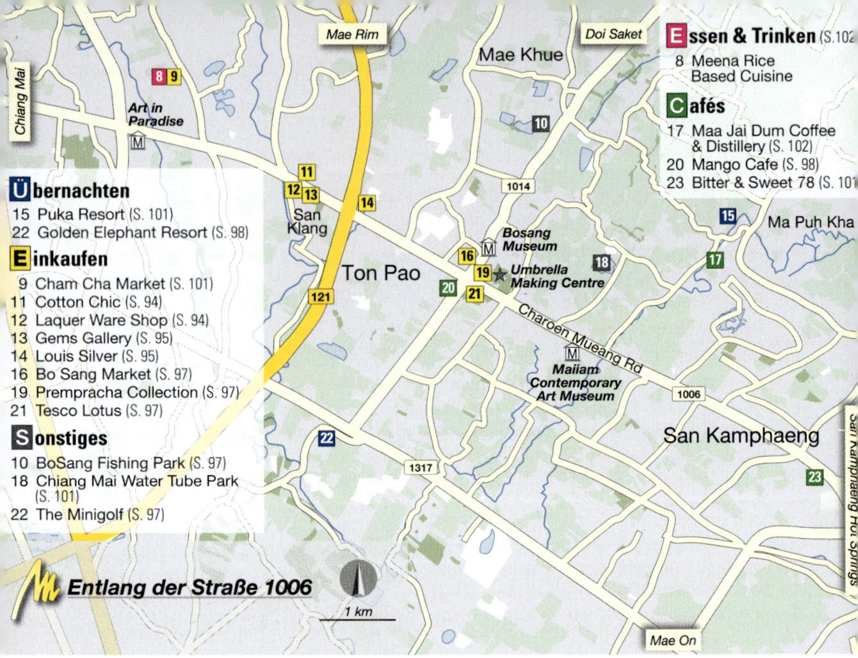

Übernachten **Golden Elephant Resort** **22**, nur 2 km vom Ortskern entfernt liegt das Resort in einem schönen Garten mit großem Pool. Die einzeln stehenden Bungalows lassen keine Wünsche offen. Das Restaurant bietet Thai- und Schweizer Küche. 176 Moo 8, Tonpao, ✆ 053/391093, www.goldenelephantresort.com. €

Essen & Trinken In Bo Sang findet man eher Garküchen als Restaurants im eigentlichen Sinn. Hinter der KTB-Bank befindet sich ein Essensmarkt mit diversen Ständen, nicht ganz so sauber, aber sehr lecker.

Mango Cafe **20**, zwischen handgefertigten Mangoholzmöbeln und Dekorationsgegenständen kann man guten Kaffee trinken.

San Kamphaeng und Umgebung

Fährt man auf der von uralten Bäumen gesäumten Straße 1006 weiter stadtauswärts, erreicht man den Bezirksort San Kamphaeng, eine typisch thailändische Kleinstadt mit einigen gut erhaltenen Teakhäusern, Läden des täglichen Bedarfs, Banken und Tankstellen. Samstags kommt Leben in das Städtchen: Ab 16 Uhr ist die Ortsdurchfahrt gesperrt und die **San Kamphaeng Walking Street** wird aufgebaut. Händler aus der ganzen Region treffen ein, Garküchen werden installiert, buntes Gemüse und Obst türmen sich auf Verkaufstischen, Haushaltswaren, aber auch Modeschmuck und Kleider werden feilgeboten. Gegen 17.30 Uhr läuft der Markt auf Hochtouren, es dampft und brodelt aus den mobilen Garküchen, es wird frittiert, gekocht, gebacken und gebraten, hier ist für jeden Geschmack etwas dabei. Um 18 Uhr friert das Leben für kurze Zeit ein, dann ertönt die Nationalhymne aus den Lautsprechern und die Welt steht still, Menschen halten in ihren Handbewegungen inne, schauen ernst und viele halten die Hand aufs Herz. Kaum ist der letzte Ton verklungen, geht das rege Treiben weiter. Touristen verschlägt es fast nie hierher, der Markt ist noch immer ein Geheimtipp.

Am Dorfausgang an der Straße nach Bo Sang liegt das neu eröffnete **Maiiam Contemporary Art Museum.** Schon von außen ist der Bau auffällig. Von einem Bangkoker Architektenteam entworfen, sieht das Haus wie ein silberglänzendes Ufo aus. Michael Beurdelay und seine Frau Patsri Bunnag stellen in dem Museum ihre Privatsammlung südostasiatischer Künstler aus. Ein Café mit Restaurant bietet thailändische Küche und lädt nach dem Museumsbesuch zum Verweilen ein.

Auch das 3D-Museum **Art in Paradise** ist in die Region San Kamphaeng gezogen, ein Spaß für die ganze Familie: Selfies, Fotos, mal steht man auf dem Kopf, mal mitten in Venedig. Die Künstler haben tolle Arbeit geleistet.

▪ 58/8 Moo 1, Charoen Muang Rd. Tägl 10–17 Uhr. Eintritt THB 300, Kinder 150.

In der Umgebung

Der Distrikt San Kamphaeng ist ebenso ländlich geprägt wie das angrenzende Doi Saket, Reisfelder und Gemüseanbau dominieren das Landschaftsbild, hier und da ein schöner Tempel vor sanfter Bergkulisse. Jenseits der Straße 1317 liegt das Dörfchen **Banthi,** das vom „Alpine Golf Course" dominiert wird. Ländlich geht es hier zu. Frauen sitzen vor den Häusern und quatschen, während man im Hintergrund den Fernseher plärren hört. Hunde liegen müde in der Sonne und Kinder in ihren Schuluniformen spielen auf der Straße – sehr idyllisch. Die kleine Baanpong Lodge liegt mitten im Ort und man ist in Thailand angekommen.

Weiter auf der 1147 gelangt man nach ca. 6 km in ein kleines unscheinbares Dörfchen. Auffällig sind die großen rot-goldenen Löwen am Eingang des **Wat Pa Yang.** Betritt man den weitläufigen Tempel, an dem immer mal wieder gebaut wird, herrscht auch dort die Farbe Rot vor. Ein roter Glockenturm, rote Grabmäler, rote Wände der Virhane, dazu reiche goldene Verzierungen, golden blitzende Chedis, die sich vom blauen Himmel abheben. Folgt man der Straße gegenüber des Tempels, sieht man Reisfelder und im Hintergrund die Berge Mae Ons aufragen. Rechts und links sind Schreinereien, die Türen und Möbel fertigen. Dann hört man neben dem Holzgesäge schon von Weitem ein kräftiges Klickerdiklack, das monotone Klappern der Schiffchen im Webstuhl. Unter einem großen Dach sitzen mehrere Frauen und weben bunte Stoffe. Sie sind gerne bereit, den Gästen ihre Kunst vorzuführen. Besonders interessant ist das Aufspulen des Garns auf die Webschiffchen, das passiert mit Hand und Fuß und den Einzelteilen eines Fahrrads. Im Dorf sieht man außerdem mehrere Korbflechter, die ihr Handwerk günstig anbieten.

Zurück auf der Hauptstraße, der 1147, geht es wieder in Richtung Lamphun, nach dem 7/11 und Tesco kommt der lokale Markt, dort verlässt man die 1174 und biegt nach rechts auf die 1189 ab. Nach 2 km gelangt man zum Paan Yong Home Stay. Wer so richtig in der Natur unter Einheimischen sein möchte und mobil ist, für den ist es ein MUST Stay.

Fährt man auf der 1006 nach **Mae On,** kann man ein neues Kunstmuseum sehen, das **Chiang Mai Art Museum.** Es wurde erst 2019 eröffnet und stellt Kunstwerke zeitgenössischer Künstler aus. Momentan wird die Skulpturen-Sammlung zusammengestellt und der Außenbereich ist noch nicht ganz fertig.

▪ San Kamphaeng – Mae On Rd., T. Ban Sa Ha Khon. Tägl. 9–17 Uhr.

Weiter auf der Straße 1006 geht es zur **Tham Muang On.** Man sieht die gelbe buddhistische Flagge auf einem spitzen Berggipfel wehen. Sie weist den Weg zur Muang-On-Höhle. Am Parkplatz angelangt, kann man sich mit Wasser oder anderen Getränken versorgen, bevor man die 180 von Naga-Schlangen

Chiang Mai und Umgebung → Karte S. 28

flankierten Stufen erklimmt. Die Aussicht auf das Tal lohnt sich. Hier beginnt der Abstieg in die Höhle. Etwa 160 steile Stufen steigt man hinunter ins Innere des Berges, bis man die dunkle Höhle erreicht, in der ein großer liegender Buddha verehrt wird. Die gleichen schmalen Stufen klettert man wieder empor. Ein Weg führt um den Berg und hinauf zu dem Chedi auf dem Gipfel, in dem sich eine Reliquie Buddhas befindet.

Am Fuß der Höhle liegt der erhabene **Wat Tham Muang On.** Auf einer riesigen Grünfläche steht die Gebetshalle mit ihren vielen Buddhastatuen und den großen Löwen am Eingang.

An der nächsten Tankstelle biegt man nach links ab und gelangt zu den **San Kamphaeng Hot Springs.** Die Geysire liegen unweit der Muang On Cave und sind Teil eines schön angelegten Parks mit riesigen Bougainvilleas, Rabatten, in denen Tagetes das ganze Jahr blühen, und Schatten spendenden Bäumen, unter denen man prima picknicken kann. Stände verkaufen Seife und andere Körperpflegeprodukte, die in den Badehäusern auch gleich ausprobiert werden können. Ein Weg führt durch den Park zum Ursprung des Geysirs, der mit 96 °C in die Höhe schießt. Das Wasser wird auf ca. 45 °C gekühlt und fließt wie ein Bach durch das Areal. Schuhe aus, Hinsetzen und Füße hineinhalten. Die Thais sprechen dem Wasser heilende Kräfte zu. Im schwefelhaltigen Schwimmbad tummeln sich Groß und Klein, wer es entspannter will, nimmt eine private Badekabine und zur Entspannung kann man dann auch noch eine Massage buchen. Wie überall in Thailand fehlt es am Kulinarischen nicht und die Essensstände bieten Som Tam (scharfen Papayasalat) an, dazu gegrilltes Fleisch und Fisch. Überall werden Eier in kleinen Körbchen angeboten, die man in die heiße Quelle hält und nach Belieben gart. Das Restaurant im Park ist überteuert und man trifft oft laute chinesische Reisegruppen an. Die Garküchen am Parkplatz sind einfach und gut.

Biegt man vor dem Chiang Mai Highland Golf Resort ab, gelangt man in das kleine Dorf **Baan Rong Wua Daeng.** Mittelpunkt ist ein großer Tempel mit dazugehöriger Schule. Das große Areal birgt verschiedene Gebetshallen, Chedis und einen imposanten Glockenturm. Eine beeindruckende große schwarze Mönchsstatue wacht über den Tempel. Das Eingangstor mutet indisch an mit seinem rot-grünen Mosaik.

Hot Springs in San Kamphaeng

Praktische Infos

Hin & weg Von Chiang Mai ab Warorot-Markt fahren die **Songhtaews** der weißen Linie regelmäßig nach San Kamphaeng, ansonsten per Taxi oder Tuk Tuk. Von Doi Saket fahren gelbe Songthaews zu den Hotsprings. Ansonsten ist dieses Gebiet am besten mit dem **eigenen Fahrzeug** zu erkunden.

Aktivitäten **Alpine Golf Course,** schön gelegen. Das Resort ist ein wenig in die Jahre gekommen, doch Golfer sind mit dem Green zufrieden.

Dutch Farm **27** (→ S. 93), besonders mit Kindern ein schönes Ausflugsziel. Bambussteg durch Reisfelder, Streichelzoo mit Ponys, Schafen und Hasen, Fahrradverleih und Restaurant mit schönem Spielplatz. 56 Moo 5, On Tai, San Kamphaeng, www.dutchfarm2u.com. Tägl 9–18 Uhr.

Equestrian Education Center Chiang Mai 32 (→ S. 93), Lukas Wyss, Reitlehrer und Pferdetrainer, gründete das EEC. Er und seine Frau Ning leiten diesen sehr schön gelegenen Reitstall. Hier kann man Reitkurse aller Art buchen, vom Anfänger bis zum Fortgeschrittenen, für Erwachsene und Kinder. Bei Lukas erfährt man viel über das Leben und die Arbeit mit den Pferden. Es werden überwiegend Angehörige von Thai-Minderheiten beschäftigt, die dabei unterstützt werden, eine Ausbildung in der Pferdepflege zu machen und Englischkenntnisse zu erwerben. Saraphi, ✆ 085/7079468, www.eec-cm.com.

Baan Jang Nak – A Museum of Elephant Wood Carvings 29 (→ S. 93), der Künstler fertigt Elefantenfiguren aller Art aus Holz. Diese können in dem Museum neben dem Robot Restaurant and Café besichtigt werden. 56/1, Moo 2, Buakkang, San Kamphaeng, Chiang Mai, ✆ 089/7007162.

Cham Cha Market 9 (→ S. 98), der Markt ist in den letzten zwei Jahren immer größer und bekannter geworden und macht sich jetzt einen Namen als Kunsthandwerkermarkt. Schön geschmückt sind die Gassen an den Wochenenden und auch die Läden wie Slow Stich, ein sehr hübsches Kleidergeschäft, das handgenähte und handgebatikte Kleider und Dekorationsstoffe verkauft. San Klang, San Kamphaeng. Der Markt findet Sa und So statt von 10–14 Uhr.

Chiang Mai Highland Golf 7 (→ S. 93), der Vorzeigegolfplatz der Region. Das Green in den Bergen ist wohl das schönste, das Chiang Mai zu bieten hat. Gepflegtes Restaurant und Clubhaus. www.chiangmaihighlands.com.

Chiang Mai Water Tube Park 18 (→ S. 98), Rutschen und Klettergerüste und jede Menge Wasserspaß bietet der Tube Park in San Kamphaeng. 55/5 Moo 10, ✆ 052/010123. Eintritt THB 300, Kinder THB 150.

Übernachten → Karte S. 93 und 98

Chiang Mai Highlands 7, Golf Resort & Spa. Schön in den Mae-On-Hügeln gelegen, sieht man das Hotelgebäude gar nicht von der Straße. Die lange Einfahrt führt durch einen Teil des Golfplatzes und öffnet sich zum schönen Bergpanorama. Wahlweise Zimmer oder Bungalows, auch für Nicht-Golfer ein schöner Fleck zum Übernachten mitten in der Natur. 167 Moo 2, On Nuea, Mae On, ✆ 053/261354, www.chiangmaihighlands.com. €€€€

Oriental Village 24, Naturist Resort. Ein kleines Nudisten-Resort am Fuß der Mae-On-Berge. 12 gemütliche Cottages, schöner Swimmingpool und gutes Restaurant. 122 Moo 1, Onklang, Mae On, ✆ 080/7137217. €€

Baanpong Lodge 30, ein gemütliches kleines Resort im Dörfchen Banthi. Ideal für Familien, mit schönem Pool und guten Currys im Restaurant. 97 Moo 8, T. Ontai, ✆ 053/036105, www.baanponglodge.com. €€

Puka Resort 15, in San Kamphaeng, umgeben von Reisfeldern, liegt das Resort mit Swimmingpool und nur 8 Zimmern, die mit viel Liebe zum Detail eingerichtet sind. 4 der Zimmer haben Schlaf- und Wohnbereich. 17/4 Moo 6, Mae Puka, San Kamphaeng, ✆ 053/965499. €

Sippa Resort 25, schöne Bungalows in großem Garten an den Hotsprings. Der heiße Strom läuft durch das Resort und hat die warmen Quellen im eigenen Badezimmer. 55 Moo 1, Mae Pong, ✆ 053/317249. €€

Paan Yong Villa 31, die einzeln stehenden Bungalows in dem großen Garten sind um den Pool gruppiert. Sie verfügen über AC, Kühlschrank und Warmwasserkessel. Das familiäre Ambiente um Khun Ning, die ihren Gästen gerne die Umgebung und angrenzenden Dörfer zeigt, garantiert einen individuellen Aufenthalt. Besonders geeignet für Selbstfahrer. ✆ 087/5531991, www.paanyongvilla.com. €€

Essen & Trinken → Karte S. 93 und 98

Bitter & Sweet 78 23, an der Hauptstraße in San Kamphaeng in einem traditionellen Teakhaus befindet sich der Coffeeshop, der gemütlich im Vintage-Stil eingerichtet ist und eine gute Auswahl an Kuchen bietet. 78, Rd. 1006, Tambon San Kamphaeng. €€

MeinTipp **Nasi Jumpru 28**, ein echter Hingucker ist das in den Reisfeldern gelegene Restaurant. Riesige Lampen und Kunstwerke schmücken die Räume des Lokals. Ausgefallene Farben der Tische und Stühle, keiner gleicht dem anderen, schönes Dekor im Vintage-Stil und eine Terrasse mitten in den Reisfeldern machen den Charme dieses sehr guten Lokals aus. Die Gerichte sind wunderbar dekoriert mit Blumen und Gemüseschnitzereien, jeder Teller ein Kunstwerk für sich. Besonders gut die Gaeng Som, eine sauer-scharfe Curry-Fischsuppe, die eigentlich aus dem Süden kommt, hier aber neu erfunden wurde. Das Entencurry hat Lychees drin und kann sich sehen lassen, ganz zu schweigen von den nordthailändischen Apéro-Platten. Ein Modedesigner nimmt einen kleinen Teil des Restaurants ein. Feinste Couture für Individualisten. 108 San Kamphaeng Chiang Mai Rd., Soi 9, San Kamphaeng, ✆ 081/8319325. €€€

Robot Restaurant and Café 26, schon von weitem sieht man in den Reisfeldern die Tipi-Zelte leuchten. Das Restaurant ist ganz im Western-Stil aufgemacht, das Blockhaus sieht aus, als wäre es gerade aus dem Wilden Westen nach Thailand gebracht worden. Auch die anderen Gebäude erinnern an den Film „High Noon". Das Speisenangbot ist westlich, Steaks, Burger, Entenbrust. Sehr zu empfehlen ist der rohe Lachssalat mit scharfer Sauce. Optik 49, Moo 5, On Tai, San Kamphaeng, ✆ 094/614 2616. Tägl. 10–19 Uhr. **€€**

Meena Rice Based Cuisine 8, das hübsche Lokal ist der Treffpunkt auf dem Cham Cha Market, untergebracht in mehreren alten Reisscheunen und mit einem großen Garten. Angeboten wird eine ansehnliche Auswahl an verschiedenen Reisgerichten, wie z. B. das aus dem Süden stammende Khao Gluk Kapi, gebratener Reis mit Shrimp-Paste, frischen grünen Mangos, Chilis und rohen grünen Bohnen. Für Vegetarier gibt es ebenfalls eine gute Auswahl. Das Café bietet Tee und Kaffee an sowie hausgemachte Torten und Kuchen. Sehr gute Smoothies. 13, San Klang, San Kamphaeng, ✆ 095/6939586. **€€**

MeinTipp **Maa Jai Dum Coffee & Distillery 17**, versteckt in einer kleinen Straße im Bezirk San Kamphaeng befindet sich dieses Kleinod. Die Skulptur des großen Hunds mit seinem schwarz umrandeten Auge lacht einen schon von Weitem an, kennt man sie doch von den Etiketten des Thai-Vodkas: Ma Jai Dam – der Hund mit dem schwarzen Herz. Khun Kung stellt in seiner kleinen Destille drei verschiedene Sorten Schnaps her, zum einen den fruchtig süßen Bananenschnaps, dann den dem Vodka ähnlichen Reisschnaps und noch eine süßere Variante. Man kann ihn hier verkosten und dazu im Gartenidyll einen Kaffee trinken. Mae Pu Kha, San Kamphaeng District, Chiang Mai 50130, ✆ 085/0305003. **€€**

Doi Saket

Fährt man auf dem Highway 118 von Chiang Mai nach Chiang Rai, sieht man nach 20 km rechts oben auf einem Hügel einen großen goldenen Chedi blitzen. Biegt man rechts ab, ist man im Zentrum des kleinen Marktfleckens Doi Saket. Über dem Ort thront der Wat Phra That Doi Saket, einer der wichtigsten Tempel der Provinz. Der Ortskern mit Geschäften, einem Krankenhaus, Garküchen und dem täglichen Markt ist schnell erkundet. Es sind noch ein paar Teakhäuser erhalten und in zugewucherten Gärten stehen unter riesigem Bambus ehemalige Reis- und Tabakspeicher. Der Ort besteht aus kleinen Weilern, die sich rechts und links des Highways erstrecken. Wer das ländliche Chiang Mai erkunden will, ist in Doi Saket bestens aufgehoben. Das Dorf eignet sich hervorragend für Ausflüge in die Bergwelt der Umgebung und mit seinen schönen Resorts und Restaurants auch wunderbar zum Chillen.

Sehenswertes

Wat Phra That Doi Saket: Auf dem Hügel des Ortes, dem „Doi", schillert golden der große Chedi des Wat Phra That Doi Saket. Daneben funkelt eine riesige Buddhastatue. Eine lange Treppe, gesäumt von Naga-Schlangen, führt steil den Berg hinauf. Keine Angst, Treppenmuffel können die gut asphaltierte Straße den Berg hinauf nehmen. Im Chedi befindet sich eine Reliquie Buddhas. Die Wände im Inneren des Viharn sind, für Thailand ungewöhnlich, mit modernen Malereien verziert. Der regionale Künstler Chaiwat Wannanon begann 1990 mit den Arbeiten, die vier Jahre dauerten. Folgt man der Straße weiter den Berg hinauf, gelangt man zu einem großen sitzenden Buddha und hat bei klarem Wetter einen schönen Ausblick auf die umliegenden Reisfelder bis nach Chiang Mai.

Markt: Jeden Tag ist in Doi Saket Markttag. Am Fuße des Tempelberges

Reisfelder in der Gegend um Doi Saket

gelegen, ist er eine feste Institution, hier trifft sich die Bevölkerung, tauscht den neuesten Tratsch aus und kauft ein. Früchte leuchten um die Wette mit erntefrischem Gemüse, ein paar Händler bieten Kleider und Schuhe an, an den Essensständen bilden sich gegen 16.30 Uhr lange Schlangen. Von der Fleischabteilung sollten sich empfindliche Nasen lieber fernhalten.

Baan Celadon: Alte Handwerkskunst kann man in der Töpferwerkstatt sehen. Celadon ist eine spezielle Art der Thai-Keramik, es gibt sie bereits seit 700 Jahren und sie wurde mit der Zeit immer weiter perfektioniert. Sie ist leicht grünlich und die Lasur sieht gebrochen aus. Auf dem großen Areal stehen schöne Teakhäuser und man hat das Gefühl, in einem Lanna-Dorf von vor 200 Jahren gelandet zu sein. Man kann den Töpfern bei der Arbeit zuschauen und beobachten, wie die gebrannte Ware bemalt wird. Im angrenzenden Showroom werden die Objekte zum Verkauf ausgestellt. Vasen, kleine Figuren, große Skulpturen, Porzellan, Kunstgegenstände – es findet sich etwas für jeden Geschmack und Geldbeutel. Ein besonderer Hingucker sind die handbemalten Kettenanhänger aus Ton. Das geschmackvoll eingerichtete Café hält für Naschmäuler eine große Auswahl an Kuchen und Torten bereit.
■ 135/4 Moo 6, Doi Saket – Bosang Rd., Papong, ✆ 053/484693, chiangmaiceladon.com. Tägl. 9–17 Uhr.

Tweechol Botanical Garden: Auf der anderen Seite des Highway 118 befindet sich das „Horizon Resort“, gleich daneben erstreckt sich der Tweechol Botanical Garden. Tweesackdi Deseweech und seine Frau Chalarng gründeten diesen im Jahr 2005, um zum einen ihrer leidenschaftlichen Zuneigung zu Pflanzen zu frönen, zum anderen, um ihren Mitmenschen einen Teil der Lanna-Kultur zu präsentieren. In dem kleinen Museum sieht man Gegenstände aus der Lanna-Zeit, alte Fotos, Buddhastatuen und andere Antiquitäten. Daneben hat man aus altem Teakholz Gebäude nachgebaut, um zu zeigen, wie die Menschen früher gelebt haben.

Chiang Mai und Umgebung → Karte S. 28

Eines der Häuser zeigt das Bauernleben, ein anderes das der wohlhabenden Menschen und ein weiteres ist ein schlichtes Haus. Mittelpunkt des botanischen Gartens ist ein künstlich angelegter See, auf dem man Tretboot fahren kann. Weitere Teile des großen Areals sind nach Themen gegliedert, so gibt es ein Sukkulenten-Areal, in dem riesige Granitbrocken liegen und Kakteen in allen Varianten darum herum gruppiert sind. Im künstlich angelegten Dschungel läuft Wasser über Kaskaden in einen Fischteich und die Bromelien und Orchideen blühen um die Wette. Im Palmengarten machen die roten Lipstick-Palmen auf sich aufmerksam, die klein und fein unter den großen Artgenossen hervorlugen. Der Kräutergarten ist eher unspektakulär, dafür ist nebenan Buchs zu Dinosauriern gestutzt, ein grüner Tierpark. Doch auch echte Tiere gibt es im Tweechol Botanical Garden. Der Besucher kann Rehe füttern, Kamele streicheln und Pfauen beim Radschlagen zuschauen, besonders elegant die weißen Exemplare. Der große Park kann zu Fuß oder per Fahrrad erkundet werden. Alternativ: ein Golfcaddy mit Fahrer.

- Tägl. 8–17.30 Uhr.

Wat Si Mung Muang: Auf dem Weg zum Staudamm passiert man den Tempel. Zwei große schwarze Löwen mit goldenen Köpfen wachen am Eingang. Geht man durch die Pforte, erwartet den Besucher schönste Lanna-Architektur. Durch ein Portal betritt man den Viharn, rechts und links sitzen Tempelwächter, die ein stilisiertes iPad in der Hand halten – was sich der Künstler dabei wohl gedacht hat? Im Inneren sind die schwarz gefärbten Holzwände mit goldenen Buddhas versehen, die Säulen leuchten in Rot. Ein stimmungsvoller Ort. Am hinteren Ende des Virhan funkeln große goldene Chedis. Der Tempel ist umgeben von einem gepflegten Garten und Bänke laden zum Verweilen ein.

Mae Kuang Dam: Idyllisch liegt der Stausee vor der Bergkulisse, die sich im Hintergrund auftürmt. Die Straße schlängelt sich durch Reisfelder, vorbei an kleinen Dörfern. Der Aussichtspunkt ist ausgeschildert, man kann aber vorher rechts abbiegen und auf die östliche Staumauer fahren, von wo aus man einen schönen Blick auf das riesige Reservoir hat. Außerdem liegen hier zwei Restaurants, die ganz einfach, dafür aber sehr gut sind. Scharfer Papaya-

Ein sprechendes Skelett fordert zur Sargspende auf

salat und Fisch gelten als Klassiker. Angler finden Welse und die endemischen Schlangenkopffische vor. Die Boote können gechartert werden und schippern die Gäste auf dem See herum. Hauptsächlich Einheimische kommen hierher. Übrigens ein schöner Platz für den Sonnenuntergang. Gegenüber des Headquarters gibt es einige Garküchen, die am Wochenende stark frequentiert sind, wenn die Thais zum Picknicken kommen. 2018 wurde hier eine Brücke gebaut, die auf das gegenüberliegende Ufer führt. Der Asphalt hört dort nach eine paar Hundert Metern auf und es geht unbefestigt durch Bambuswald bis ins Dorf Ban Pa Sak Ngam auf der Straße 4031. Hält man sich immer rechts, gelangt man auf die Straße 1001, die nach Phrae und Me Jo führt.

Praktische Infos

→ Karte S. 106

Hin & weg Die gelben und weißen **Songthaews** fahren von Chiang Mai nach Doi Saket, die gelben fahren vom Warorot Market und die weißen über Bo Sang ab Thapae Gate.

Die **Überlandbusse** ab Arcade Bus Station halten am Krankenhaus in Doi Saket. Ansonsten per Taxi oder Grab.

Mit dem **eigenen Fahrzeug** geht es am besten über den Highway 118 Richtung Chiang Rai.

Fahrzeugvermietung In Doi Saket gibt es **Bikky Rental,** einen Moped-Verleih. Scooter ab 350 THB/Tag.

Polizei Am Highway 118 liegt die Polizeistation **2** 5 km nördlich von Doi Saket.

Gesundheit Mehrere **Apotheken** befinden sich im Dorf. Ein praktizierender **Arzt** arbeitet Mo–Fr 17–20, Sa 10–17 Uhr. Das **Doi Saket Hospital** am Highway 118 ist rund um die Uhr geöffnet.

Einkaufen **7/11** und **Tesco Lotus Express** liegen im Dorf, der tägliche **Markt** **6** befindet sich am Fuße des Tempels. Am Samstag kommen noch zusätzlich Bauern aus der Umgebung. Dienstags wird die Straße zum Fußballplatz gesperrt und der Bauernmarkt **10** findet statt. Freitags gibt es gegenüber der Schule vor dem Verwaltungsgebäude einen Markt **9**.

Aktivitäten **Flow Yoga** **15** bietet Yoga-Kurse für jedermann.

Papa's Sport Villa, gut ausgestattetes Gym. So 17–18 Uhr wird Zumba angeboten, Thai Boxing Kurse nach Vereinbarung. Im großen Pool kann man seine Bahnen ziehen. Mi–Mo 9–21 Uhr.

Das **Horizon Resort** (s. u.) bietet die Benutzung der Fitnessräume und des Pools auch für Nicht-Hotelgäste an, tägl. 7–18 Uhr.

Heißluft-Ballon-Fahrten und Flüge mit einem Ultra Light Glider hat Sky Adventure im Programm. Auf dem Areal vor dem Horizon, www.skyadventures.info.

Töpfern, im Baan Celadon: Khun Tasanee bietet Töpferkurse an, sein schönstes Stück kann man mit nach Hause nehmen. 135/4 Moo 5, Doi Saket – Bo Sang Rd., Papong, ✆ 053/484 693, info@chiangmaiceladon.

Wellness **Pi Massage** **11**, sehr sauberer und günstiger Massagesalon, überwiegend von Einheimischen frequentiert. Wer Ruhe und leise Musik erwartet, ist hier fehl am Platz. Man liegt auf Matten nah beieinander und die Kunden und Masseusen tauschen lautstark den neuesten Tratsch aus. Eine authentische Erfahrung mit sehr guten Masseusen. Soi Tessaban.

Tip Tara Spa **3**, gleich neben dem Tempel am Highway 118 liegt dieser kleine Spa mit angrenzendem Café. Bei sanft klingender Musik kann man seine Seele bei einer Massage der Wahl baumeln lassen. 1/2 Moo 2, Choengdoi, ✆ 088/2533514.

Übernachten Doi Saket bietet eine Vielfalt an Resorts und Unterkünften für all diejenigen, die mehr Natur als Stadt wollen.

... rechts des Highways/Richtung Dorf

Jasmine Hills Lodge **13**, eine gelungene Bungalowanlage mit Pool, bietet neuerdings auch Serviced Apartments an. Auch für Langzeiturlauber geeignet. Paul und Dolly, das Ehepaar aus Singapur, führt das Resort liebevoll. Das Restaurant bietet einige malaysische Spezialitäten. ✆ 053/495834, www.jasminehills villasandspa.com. **€€**

Mein Tipp **Baan Chai Thung** **16**, sehr schöne Bungalows, in einem Garten in den Reisfeldern gruppiert. Schweizer Leitung, gutes Restaurant am See. 208 Moo 4 T, Choeng Doi, ✆ 063/0783005, http://www.baan-chai-thung-resort.com. **€€**

Papa's Resort **14**, Papa Garden hat im Januar 2019 seine Anlage eröffnet. Schöne Holzbungalows, auch für Familien geeignet. 220 Moo 4, Choeng Doi, ✆ 081/2890888, bei Facebook buchen. **€**

Chiang Mai und Umgebung → Karte S. 28

ssen & Trinken (S. 108)
1 The Lemon Tree
5 Locanda Doi Saket
7 Mr. Esan
9 Friday Night Market
2 Lab Paka
4 Papa's Garden Coffee
7 Pizza Plus
afés (S. 108)
8 Baan Pa's Cafe
0 Celapot Café and Gallery
inkaufen (S. 105)
6 Doi Saket Market
9 Friday Night Market
0 Tuesday Farmer's Market
onstiges (S. 105)
2 Doi Saket Police Station
3 Tip Tara Spa
1 Pi Massage
5 Flow Yoga
Übernachten (S. 105–107)
4 Him Doi House
8 Baan Chiangroong
13 Jasmine Hills
14 Papa's Resort
16 Baan Chai Thung Resort
19 Horizon Village & Resort
21 Phoo Na Resort & Restaurant
22 Papai Country Lodge
23 Taladya Homestay
24 Baan Janthai Guesthouse
25 Secret Garden Chiang Mai
Songthaew Haltestelle/ Endstation
Wat Phra That Doi Saket
Doi Saket Post Office
Doi Saket Hospital
1007
118
1014
Doi Saket
Mae Kuang Dam
Mae Kuang Dam
Luang Nuea
Chiang Rai
Hua Fai
Nong Yaeng
Wat Si Mung Muang
San Pa Pao
Balloon Adventure Thailand
Tweechol Botanic Garden
Pa Kha
Chiang May Celadon by Tassanee
Khua Ko
Chiang Mai
Talat Khwan
Pa Pong
Pa Lan
Sa-nga Ban
Samran Rat
Talat Yai
Mae Hoi Ngoen
Mae Khue
Bosang
1,3 km
Doi Saket

Phoo Na Resort 21, im kleinen Dorf Mae Daeng inmitten von Reisfeldern liegt das Kleinod von Jürgen und Phoo. Man spricht Deutsch – und kombiniert mit thailändischer Gastfreundschaft steht einem gemütlichen Urlaub nichts im Weg. Es ist von Vorteil, mobil zu sein, da das Resort ca. 5 km außerhalb von Doi Saket liegt. **€€**

Taladya Homestay 23, Natalie und Patrick haben eine Ruheoase erschaffen, in einem eingewachsenen Garten bieten sie große Zimmer mit viel Komfort an. Eine familiäre Atmosphäre mit schönem balinesischen Pool und ausgezeichnetem Frühstück. ✆ 062/9519360, www.taladyahomestay.com. **€€€€**

Papai Country Lodge 22, große Bungalows mit Außenküche und Terrasse liegen in dem großzügig angelegten Garten mit Swimmingpool. Bis ins Dorf sind es 5 km. ✆ 081/8827100, www.papaicountrylodge.com. **€€**

Im **Baan Janthai 24**, versteckt an der Straße nach Bo Sang, fühlt man sich direkt zu Hause, der Niederländer Jan bietet schöne Bungalows mit Küche an. ✆ 084/4850373. **€**

MeinTipp **Secret Garden 25**, das kleine Resort ist wirklich so etwas wie ein Geheimtipp, es liegt versteckt zwischen Bo Sang und Doi Saket. Die Bungalows von Peter sind im mexikanischen Stil gebaut und liegen in einem eingewachsenen Garten um den Swimmingpool herum. Das gemütliche Restaurant lädt zum Genießen ein. ✆ 053/339502, www.secretgardenchiangmai.com. **€€**

… links des Highways/Richtung Stausee

Horizon Village Resort 19, großes Resort mit schönen Zimmern hinter dem Highway 118. Freier Eintritt zum „Tweechol Botanical Garden". Zwei Pools zum Schwimmen, reichhaltiges Frühstücksbuffet, ca. 5 km bis ins Ortszentrum. ✆ 053/29238, www.horizonvillage.net. **€€€**

Baan Chiangroong 8, der Coffeeshop von Joy boomt und jetzt auch ihre Bungalows. Schön eingerichtet sind die Zimmer mit Blick auf den Tempel von Doi Saket. Selbstgebackene Kuchen und Kaffee im Restaurant nebenan. ✆ 081/7462281. **€**

Him Doi House 4, am Highway 118 gelegen, das Motel bietet saubere Zimmer mit Blick in die Reisfelder. ✆ 089/4330578. **€**

Essen & Trinken Doi Saket verfügt über viele Garküchen entlang der Straße, von denen die meisten bis 18 Uhr geöffnet haben. Nur wenige Restaurants sind am Abend geöffnet. Auch auf der Hauptstraße zwischen dem Highway und dem Tempel finden sich jeden Abend mobile Garküchen ein und es dampft und duftet. Freitags findet gegenüber der Schule ein

Die Terrasse vom Into The Wild in den Bergen Doi Sakets

Chiang Mai und Umgebung → Karte S. 28

Essensmarkt **9** statt. Einheimische Spezialitäten zum Mitnehmen oder zum Essen auf Plastikhockern.

Bei **Mr. Esan** **7** im Dorfinneren bekommt man gutes Essen aus dem nordöstlichen Bereich des Landes. Scharfer Papaya- oder Gurkensalat, dazu Fisch, Bambussalat oder luftgetrocknetes Schweine- oder Rindfleisch. **€**

Lab Paka **12**, an langen Holztischen oder in Bambus-Salas direkt am Reisfeld trifft sich die Dorfbevölkerung zum Essen. Gebratener oder gedünsteter Fisch, serviert mit scharfen Saucen, getrocknetes Rindfleisch, gebratener Reis und sogar Pommes Frites bietet das Restaurant an. Doi Saket – Bo Sang Rd. **€**

Pizza Plus **17**, bei Eve und Sine gibt es Thai-Italian Fusion Food. Spannende Pizza-Kreationen, wie die Pizza Larb Gai mit scharf gewürztem Hackfleisch, oder ein Dinosaurier-Ei mit Kartoffelpüree und Hackfleisch sind nur zwei Kreationen der beiden innovativen Köche. Doi Saket – Bo Sang Rd., ✆ 086/9714930. **€€€**

Papa's Garden **14**, ein uriges Lokal. Ein schönes Holzhaus mit viel Liebe zum Detail lädt zum Verweilen ein, der Kaffee ist richtig gut und die Gerichte werden schön serviert. Neben Thaifood gibt es auch eine kleine Karte mit westlichen Gerichten, etwa Fish and Chips und Spaghetti. Moo 4, Papong, ✆ 081/2890888. **€€**

Celapot Café and Gallery **20**, das neueste Café-Restaurant zwischen Doi Saket und Bo Sang. Sehr schön ausgestellt sind die Celadon-Erzeugnisse der Töpferei in einem modernen zweistöckigen Gebäude mit Café. Ein Bambussteg führt über die Reisfelder. 162 Moo 3, Pa Pong, Doi Saket, ✆ 093/1396298, https://celapot.business.site/?utm_source=gmb&utm_medium=referral. Tägl 10–19 Uhr. **€€€**

Baan Pa **18**, bietet Thai-Gerichte und sehr gute Kaffee- und Teespezialitäten. Moo 4, Papong. **€**

The Lemon Tree Doi Saket **1**, hübsches Lokal mit großem Garten an der Zufahrtsstraße zum Mae Kuang Dam. Sehr zu empfehlen ist hier der Bananenblütensalat. Am Wochenende stark frequentiert. Canal Rd., Choeng Doi, Doi Saket, ✆ 093/4150544. 10.30–21 Uhr, Di Ruhetag. **€€**

Locanda **5**, das Restaurant des Tessiners Roberto bietet gute Tessiner Küche sowie Pizza und Pasta. Sehr zu empfehlen das Hirschsteak mit Beilagen. An den Wochenenden auch mal Veranstaltungen, Livemusik oder Themenabende. Hier sitzt man gemütlich im Garten mit Blick auf den Fischteich. ✆ 081/0207945. Di Ruhetag. **€€**

Tweechol Botanical Garden in Doi Saket

Das ländliche Doi Saket

Der Bezirk Doi Saket besticht durch seine schöne Landschaft. An den Ausläufern des Himalaya gelegen, findet man eine abwechslungsreiche Natur mit kleinen Passstraßen, Nationalparks, Bergdörfern, Wasserfällen und gemütliche Lodges und Restaurants.

Sehenswertes

Huai Hong Krai Royal Development Study Center: Fährt man den Highway 118 nach Norden, geht es zunächst rechts ins Study Center, ein königliches Projekt. Nachdem man die Schranke passiert hat, fährt man entlang Baumriesen und Seen ins Niemandsland, so scheint es. Rechts und links zeigen Wegweiser auf Thai die verschiedenen Stationen dieses Royal Project an. Das riesige Areal wird genutzt, um neue Erkenntnisse in der Landwirtschaft zu gewinnen, aber auch, um der Bevölkerung moderne Agrarwirtschaft näher zu bringen. Man trifft hier selten auf Menschen, außer an dem großen See vor dem Campingplatz (ca. 13 km nördlich auf dem Highway 118 den Schildern folgen, ✆ 053/389228), dort versuchen jede Menge Angler ihr Fischerglück. Eine Oase der Ruhe. Getränke und Picknick muss man mitbringen.

Doi Saket Hot Springs: Weiter nördlich geht es zu den heißen Quellen. Ein Geysir verbreitet schwefeligen Geruch. Man kann Eier in Körbchen kaufen und in der 90 °C heißen Quelle kochen, die umliegenden Garküchen steuern gegrilltes Hühnchen, Papayasalat und weitere Köstlichkeiten bei. Die Quelle wird auf 42 °C heruntergekühlt und man kann seine Füße in den warmen Strom tauchen. In den Badehäusern gönnt man sich ein Vollbad im schwefeligen Nass oder nimmt ein Bad im großen Becken und erfreut sich am Blick auf die Berge und Reisfelder.

Unweit davon liegt **Brick Box Pool Villa and Cafe.** Mitten in den Reisfeldern bietet der schöne Coffeeshop Kaffee, Tee und Süßes, auch einige Thai-Gerichte stehen auf der Karte. Übernachten kann man entweder in einem Zimmer ohne Pool oder in einer geräumigen Pool-Villa mit Platz für 4 bis 8 Personen.

▪ 65 Moo 4, Pa Miang, Doi Saket District, **1** (→ Karte S. 93), ✆ 097/9515297. Zimmer ohne

Pool ab THB 1200, Pool Villas ab THB 5900 (4 Pers.). **€€€**

Von hier fährt man auf dem Weg zur Tharnthong Lodge direkt vorbei am Café **The Stove.** An der Straße nach Mae On entlang des Flusses in idyllischem Ambiente liegt das sich über mehrere Etagen erstreckende Café und bietet eine gute Auswahl an Kaffee und Kuchen, auch einige Thai-Gerichte. Ein beliebter Ort bei Thais, die hier Selfies schießen.

▪ Huai Kaew, Mae On, **4** (→ Karte S. 93), ✆ 062/2900220. Sa und So 9–16 Uhr. **€€**

Tharnthong Lodge: Weiter Richtung Norden gelangt man zur idyllisch gelegenen Lodge, einem beliebten Ausflugsziel. Eingebettet in ein Hochtal fließt der kleine Fluss durch das riesige Anwesen, üppige Vegetation in einem wild anmutend angelegten Garten. Im Restaurant wird gute Thai-Küche serviert. Unbedingt den „Pla Thod Samoen Prai" probieren, frittierte Tilapia mit Kräutern und Gewürzen. Auch gibt es eine gute Auswahl an Kaffee und Kuchen. Der sprechende Kakadu, der durchs Lokal hüpft und mit Vorliebe an den Tischen knabbert, ist zu einem Wahrzeichen der Lodge geworden. In großen Gehegen sieht man Affen beim Spielen zu und Hühner und Hasen tummeln sich auf den Rasenflächen. Die Zimmer in der Lodge sind behaglich eingerichtet, wenn auch etwas düster.

▪ ✆ 091/0726069, **5** (→ Karte S. 93), www.tharnthonlodge.com. DZ THB 1200–1800, Familienzimmer (bis zu 7 Pers.) THB 4000. **€€€**

Mae Kampong: Am Royal Project Café vorbei gelangt man in das Bergdorf Mae Kampong. Zwischen hohen Bäumen an den Hang geschmiegt liegen die Holzhäuser, die auf Stelzen gebaut sind. Stünden hier keine Autos, würde man sich in ein Thailand von vor hundert Jahren zurückversetzt fühlen.

Royal Projects

Im Norden des Königreichs findet man viele sogenannte „Royal Projects". Die Stiftung Royal Project Foundation wurde von König Bhumibol Adulyadej (1927-2016) ins Leben gerufen. 1969 startete er die ersten Projekte, um die Bergvölker zu unterstützen, die durch das Verbot des Opiumanbaus ihre wirtschaftliche Grundlage verloren hatten. Um den Schwarzhandel und Schmuggel zu unterbinden, mussten neue Handelswaren her. So wurden statt Opium Kaffee, Tabak, Tee und Baumwolle angebaut. Es wurde geforscht, welche Pflanzen in dem fragilen Ökosystem wachsen und gedeihen. Wichtigstes Gebot dabei ist die Nachhaltigkeit und der bewusste Umgang mit den Rohstoffen. Heute ist die Royal Project Foundation ein wichtiger Arbeitgeber der ländlichen Bevölkerung und verhilft vielen Dörfern zu Wohlstand. In den Supermärkten des ganzen Landes kann man Güter mit dem Gütesiegel „Royal Project" erwerben, es hat etwa den gleichen Stellenwert wie das Bio-Label in Deutschland.

Heute gibt es in den fünf nördlichen Provinzen Chiang Mai, Chiang Rai, Phayao, Lampang und Mae Hong Son 38 Royal Project Center und es werden knapp 40.000 Familien unterstützt. Weitere 29 Forschungsstationen sind landesweit in Betrieb.

Tharnthong Lodge in den Bergen von Doi Saket

Bauern arbeiten an den Hängen der Kaffeeplantagen, vor den Häusern flechten Frauen Körbe, gackernde Hühner laufen über die Straße, Kinder spielen am Wegesrand und im Winter wärmen sich die Menschen an offenem Feuer. Touristen zieht es wegen des Zipline-Parks in den Ort und so sind kleine Garküchen und Restaurants entstanden. Sehenswert ist der kleine **Wat Mae Kampong,** ein Tempelchen mit hölzernem Viharn. Hinter dem Ort steigt die Straße weiter an und man gelangt an den **Mae Kampong Waterfall.** Über drei Kaskaden plätschert er hinunter. Wer will, kann durch den dichten Wald zu seinem Ursprung klettern.

The Giant: Hoch oben in einem riesigen Baum befindet sich die Plattform eines Restaurants. Über eine Hängebrücke begibt man sich in das gigantische Baum-Café/Restaurant und genießt die Umgebung aus der Vogelperspektive. Man kann hier auch übernachten, allerdings ist der Zimmerpreis mit THB 3000 recht hoch für wenig Komfort.

www.thegiantthailand.com. **€€**

Sehr schön ist das 2 km weiter unten gelegene **Lanna Wild** **3** (→ Karte S. 93) mit Zelt-Bungalows am Hang. Das Restaurant ist aus Naturmaterialen gebaut und der Blick in die Berge von der Terrasse ist wunderschön. Zimmer kann man über Facebook buchen.

Praktische Infos

Hin & weg Die Region Doi Saket ist am besten mit dem eigenen Fahrzeug oder einem Fahrer zu erkunden.

Übernachtung in den Bergen **Monn Phu Phrai Resort** **2** (→ S. 93), ein sehr schön gelegenes idyllisches Kleinod mit Swimmingpool und großen Zimmern. Deng, der Besitzer, spricht sehr gut Deutsch. ✆ 053/389036, www.monnphuphrai.com. **€€**

Phurinthara Resort **6** (→ S. 93), die urige Anlage liegt am Fluss gegenüber der Doi Saket Hot Spring. Schöne Holzhäuser oder saubere geräumige Zimmer mit freundlichem Service. ✆ 095/2196950. **€**

Chiang Mai und Umgebung → Karte S. 28

Reisfelder wiegen sich im Wind

Von Doi Saket nach Nordosten

Auf dem Highway 118 in Richtung Chiang Rai geht es zwischen immergrünen Baumriesen und vorbei an mächtigen Geysiren bis zur Hochebene nach Wiang Pa Pao. Von hier gelangt man nach Chiang Rai oder ins gemütliche Städtchen Phayao.

Der Highway 118 von Chiang Mai nach Chiang Rai ist die kürzeste Verbindung zwischen den beiden Städten. Er schlängelt sich von Doi Saket in die Berge bis kurz vor Chiang Rai (→ S. 146). Der Highway führt durch immergrünen Wald an Flüsschen und Nationalparks entlang. Vorbei an hoch spritzenden Geysiren geht es nach Wiang Pa Pao und Phayao. Bei der Rundfahrt durch das Hinterland fährt man hoch hinauf zum Wat Chalerm Prakiat – nur für Schwindelfreie!

Zu den Mae Kachan Geysiren

Die kurvige Bergstraße ist gut ausgebaut und verläuft entlang des Mae-Ta-Khrai-Nationalparks. Der Park bietet Campingmöglichkeiten und es gibt einige Wasserfälle, die in der Regenzeit interessant sind. 50 km hinter Doi Saket sieht man schon von Weitem die Wasserfontänen der **Mae Kachan Geysire.** Sie schießen hoch hinauf und Dampf legt sich über die kleinen Restaurants und Verkaufsbuden. In der Luft hängt der Geruch von Schwefel.

An den heißen Quellen bieten fleißige Verkäuferinnen Eier in Bambuskörbchen an – diese hängt man an einen Stab und gart sie im heißen Quellwasser. Geschäftig erklärt man uns, dass Wachteleier fünf Minuten garen und Hühnereier zehn – wir sollen uns derweil nur an den Verkaufsständen umschauen, für unsere Eier sei gesorgt. Die Stände bieten Buddhafiguren, Ketten, Armreife und anderes Geschmeide zu überteuerten Preisen an. Im Winter haben Mützen, Jacken und Handschuhe Saison, damit dem Reisenden bei der Weiterfahrt in den hohen Norden auch nicht zu kalt wird. Die gekochten Eier bekommen wir mit Maggi serviert – ein schmackhafter Snack. Dann noch auf einen Kaffee ins 118 Coffee. Mit den Füßen im heißen Wasser beobachten wir die Busse mit den Touristen, die angefahren kommen. Ein buntes Treiben.

In Richtung Phayao

Weiter auf der 118 biegen wir nach 15 km in Wiang Haeng rechts ab auf die Straße 120 in Richtung Phayao (→ S. 157). Es wird ruhiger und die Straße zwirbelt sich den Berg hinauf – schöne, langgezogene Kurven wechseln sich mit engen Kehren ab. Rechts geht es steil bergab, während links die dicht bewaldeten Hänge natürlichen Schatten spenden.

Etwa 20 km vor Phayao liegt der **Tan Tong Waterfall,** den man schon von Weitem sieht. In der Regenzeit führt er genug Wasser, um den Pool zu füllen, und man kann baden. In der Trockenzeit ist er ein kleines Rinnsal, dann haben auch die Essensstände am Pool geschlossen.

Fährt man etwa 5 km weiter den Berg hoch, sieht man große Beton-Saurier in einer Rabatte mit Bougainvilleas

stehen. Hier liegt ein **Aussichtspunkt,** von dem sich ein schöner Blick über Phayao, den See und die Ebene mit ihren Reisfeldern bietet. Im Coffeeshop gibt es Kaffee aus der Region. Nach dem Aussichtpunkt macht die Straße noch mehr Kehren, bis man schließlich auf den Highway 1 gelangt, der zum einen nach Lampang und gen Norden weiter über Phayao nach Chiang Rai führt (→ S. 146 und S. 157).

Wiang Pa Pao

Fährt man die Straße 118 weiter, anstatt nach Phayao abzubiegen, gelangt man nach Wiang Pa Pao. Auf der Hochebene gab es schon vor Jahrhunderten Siedlungen, Archäologen fanden im benachbarten Wiang Kalong Scherben, die darauf schließen lassen, dass hier bereits vor mehr als 2000 Jahren Töpfergut hergestellt wurde, was das Dorf zu einem der ältesten des Nordens machen würde (Quelle TAT). Heute befindet sich dort ein Museum. Das Dorf Wiang Pa Pao liegt inmitten von Reisfeldern, so weit das Auge reicht – man versteht König Mengrai, der sein Land das Reich der Millionen Reisfelder genannt hat. Die Hänge der Berge sind meist gerodet und es werden Mais und anderes Gemüse angebaut. Hier hoch oben in den Bergen leben verschiedene Stämme der Bergvölker, die der kargen Erde und der Steilheit der Hänge zum Trotz Gemüse und Obst für ihren Lebensunterhalt anbauen. Entlang der Straße verkaufen Landwirte ihre Erträge und auf den bunten Märkten der Dörfer sieht man die Karen oder Lisu in ihren bunten Trachten. Zum Einkehren bieten sich genügend Möglichkeiten. Zahlreiche liebevoll eingerichtete Cafés sorgen für das leibliche Wohl, auch Übernachtungsmöglichkeiten gibt es in Wiang Pa Pao.

Ländliche Idylle in Wiang Pa Pao

Und natürlich fehlt auch der ein oder andere Tempel nicht, besonders hervorzuheben ist der **Wat Phra That Mae Chedi** direkt an der Straße 118. Er ist gut zu erkennen an seinem weißen, eckigen Chedi. Der Abt des Tempels hat ein Museum eingerichtet. Es werden alte Buddhafiguren und Amulette ausgestellt, eine Fotoreihe dokumentiert das Dorfleben der letzten 50 Jahre, alte Zeremonien, Gegenstände, alles liebevoll präsentiert.

Im **Wiang Kalong Museum** sind die Funde ausgestellt, die von Archäologen ausgegraben wurden, die darauf hinweisen, dass hier bereits vor 2000 Jahren eine Siedlung existiert hat.

▪ Vom Highway 118 aus Chiang Mai kommend nach dem Isuzuhändler die nächste Straße rechts abbiegen bis zur nächsten T-Kreuzung, dann links. Wiang Kalong. Tägl. 8–17 Uhr.

Übernachten **Tippaya Villa** **1** (→ S. 109), sehr schöne Bungalows am Fluss, leicht zu erreichen vom Highway aus. ✆ 091/8041067, www.tippayavilla@gmail.com. **€**

Dr. Lee Farmstay 1 (→ S. 113), nette Bungalows im Chalet-Stil mit großen Zimmern. Blick auf die Berge, inmitten von Reisfeldern. Ein kleiner Streichelzoo mit Ponys, Hasen und Ziegen ist Teil des Geländes. 4 Moo 6, Chiang Mai – Chiang Rai Rd., ✆ 089/5608899. €

Rundfahrt von Doi Saket zum Chae Son National Park

Eine besonders schöne Route ist die Rundfahrt zum Nationalpark Chae Son. Sie ist ca 230 km lang. Zunächst fährt man den Highway 118 in nördliche Richtung und überschreitet die Provinzgrenze ins benachbarte Chiang Rai. Linker und rechter Hand spritzen **Geysire** ihre Fontänen in die Luft. Die Cafés entlang der Straße lassen das warme Wasser durchs Lokal fließen, sodass man seine Füße in dem warmen Nass baden kann, während man Kaffee oder Tee trinkt. Souvenirshops und Garküchen haben sich rund um den Geysir angesiedelt.

Weiter geht es auf der neu ausgebauten Straße und man gelangt in das kleine Dorf **Mae Kachan.** Hier biegt man rechts auf die Straße 120 ab und folgt dem Straßenverlauf weitere 20 km bis zur Verzweigung mit der 1035. Wiederum rechts abbiegen auf die schmale Straße, die gesäumt von Bäumen immer weiter in die Einsamkeit führt. Hier und da ein kleines Dörfchen, alles sehr beschaulich. Linker Hand liegt nach 40 km ein kleiner **Stausee** (gut ausgeschildert). Im Coffeeshop lässt sich die Aussicht genießen.

Weiter geht es auf der Hauptstraße, jetzt befindet man sich in der Provinz Lampang. Nach weiteren 15 km sieht man hoch oben in den Bergen weiße Spitzen glitzern. Sie gehören zum **Wat Chalerm Prakiat.** Folgt man den Schildern, gelangt man auf einen Parkplatz. Songthaews warten auf die Besucher und fahren die unbefestigte Straße hinauf (THB 100 p. P.). Oben angekommen, erwartet den Besucher eine fantastische Aussicht in die Bergwelt. Für Nicht-Schwindelfreie ist der Ausflug nicht zu empfehlen, denn die Wege zu den kleinen Pagoden sind nur über schmale Stege und Treppen zu erreichen. Erbaut wurde dieser Bergtempel 2004 zur Feier der 200-jährigen Herrschaft der Chakri-Dynastie. Gegenüber von der Straße zum Tempel gibt es urige Zimmer in Holzbungalows mit Warmwasserduschen und gutem Restaurant, sehr schmackhaft die Currygerichte und der Som Tam.

Wieder unten, fährt man ein kleines Stück zurück und biegt auf die 1287 ab. Hier befindet sich der Eingang zum **Chae-Son-Nationalpark.** Der Park hat einen sechsstöckigen Wasserfall und heiße Quellen, die, umgeben von der Bergwelt, im Winter am Morgen ein besonders schönes Fotomotiv abgeben (Eintritt THB 200, Kinder THB 100).

Zurück auf der Hauptstraße, gabelt sich diese nach ein paar Kilometern und man fährt auf der kurvenreichen 1152 wieder in Richtung Doi Saket.

Der hohe Norden und Phayao

Der hohe Norden besticht durch wilde Natur, zerklüftete Karstformationen und Bergdörfer. Die gut ausgebauten Straßen machen die Region zum beliebten Ziel bei Motorradfahrern.

Festivals in der Region:

- **Flower Festival** Ende Dezember bis Anfang Januar in Chiang Rai
- **King Mengrai Festival** in Chiang Rai im Januar
- **Tribal Festival** in Doi Mae Salong im Januar
- **Coffee Festival** mit Hilltribe-Darbietungen in Doi Chang im Januar

Die Region ist vielseitig und bietet einen gelungenen Mix aus Natur, Kultur, Stadt und Dorf. Die Gegend zwischen Chiang Rai und Phayao ist landwirtschaftlich geprägt und bildet mit Chiang Mai ein Dreieck, das ihre damaligen Herrscher zum Lanna-Reich machten. Heute sind Chiang Rai und Phayao jeweils Hauptstädte der gleichnamigen Provinzen. Die Stadt Chiang Rai befindet sich im Umbruch, nicht zuletzt durch die Nähe zum Goldenen Dreieck und zu den Nachbarländern Laos und Myanmar. Die Bergregion des hohen Nordens, einst eine Hochburg des Opiumhandels und Heimat vieler Bergstämme, hat man durch königliche Projekte in den 1980er-Jahren umgewandelt und den Opiumanbau zurückgedrängt. Stattdessen suchte man nach Anbaualternativen. Heute werden in dem Gebiet entlang der burmesischen Grenze Kaffee und Tee angebaut. Phayao, weiter südlich gelegen, besticht durch seine Flaniermeile am See mit dahinter aufragendem Bergpanorama. Viele coole Restaurants und Bars machen die gemütliche Stadt zu einer schönen Ausgehstadt, momentan allerdings eher für Thai-Touristen, „Langnasen" sieht man weniger.

Was anschauen?

Wat Rong Khun: Zwischen Kitsch und Kunst, Buddhismus und Kommerz – der sogenannte Weiße Tempel ist ein Kunstwerk zeitgenössischer Tempelarchitektur. → S. 149

Baan Dam: Diese Kunstausstellung gleicht einem Freilichtmuseum – über 40 Häuser hat der Künstler bauen lassen, um seine umfassenden Arbeiten und seine Sammlung auszustellen. → **S. 151**

Royal Villa Doi Thung: Die Villa und die Gärten Mae Fah Luang sind einen Besuch wert, es bietet sich zudem ein toller Ausblick über die Bergwelt. → **S. 141**

Was unternehmen?

Bootsfahrt auf dem Kwan-Phayao-See: Die Fahrt zum Wassertempel Wat Tilok Aram ist ein netter Ausflug. → **S. 159**

Teeplantagen Doi Mae Salong: In den Bergen zwischen Chiang Rai und Mae Sai gibt es Tee und eingelegte Früchte zu kaufen. → **S. 138**

Bummel durch Mae Sai: Im wuseligen Grenzort zu Myanmar locken viele bunte Märkte und Goldläden. Abends ab 17 Uhr wird eine große Freiluftküche mit Essensständen entlang der Straße aufgebaut. → **S. 142**

Almosengabe im Wat Tham Pa Archa Thong: Wer früh aufsteht, kann der berittenen Version der Almosengabe an die Mönche beiwohnen. → **S. 136**

Hot Springs von Fang: Herrlich ist ein Wellnesstag an der heißen Quelle mit Massagen und ganz viel Entspannung. → **S. 133**

Mit dem Boot nach Chiang Rai: Gemütlich schippert man auf dem Fluss Kok von Thaton nach Chiang Rai. Wilde Landschaft wartet an der Grenze zu Myanmar. → **S. 135**

Wo übernachten?

Old Tree's House in Thaton: Am bunten Tempel Wat Thaton kann man in die Kuppel steigen und stilvoll übernachten. → **S. 137**

Katiliya Mountain Resort: Die großen, auf Stelzen gebauten Häuser mit schönen Veranden inmitten herrlicher Landschaft laden zum Entschleunigen ein. → **S. 137**

Khum Lanna Lodge in Phrao: Wer hier übernachtet, nimmt am Alltag der Thais teil und kommt dem Landleben näher. → **S. 131**

Was und wo essen?

Hat Chiang Rai: Hier sitzt man in Bambus-Salas (Pavillons) auf Matten am Boden und isst Fisch und scharfen Papayasalat → **S. 148**

Alaska Crab Chiang Dao: Tiefseekrabben und Hummer, Fisch und Krustentiere kombiniert mit thailändischen Salaten und Gewürzen isst man in Chiang Dao. → **S. 126**

Kiengdoi Country Garden: Hier genießt man den Sonnenuntergang am See mit Blick auf die Karstformationen und die Berge Myanmars. → **S. 145**

Balcony Hill in Mae Suai: Wir empfehlen Yam Makūa, einen scharfen Auberginensalat, mit Minze verfeinert. → **S. 133**

Chiang Rai Koi Farm: Die Fischfarm bietet richtig guten Kaffee und Teespezialitäten. → **S. 136**

Lee Hu Doichang Coffee: Außerhalb von Chiang Rai kann man sehr gut Kaffee trinken oder auch einfach das aufwendig konstruierte Teakhaus bestaunen. → **S. 156**

Schön eingebettet in die Natur liegt die Hmong Hilltribe Lodge

Von Mae Taeng über Chiang Dao nach Phrao

Mae Taeng ist ein verschlafenes Dörfchen am Mae Ngat Dam, von dort geht es nach Chiang Dao in das Trekkingdorf am Fuß des dritthöchsten Berges des Königreichs und weiter nach Phrao auf dem Hochplateau zwischen Chiang Mai und Chiang Dao. Für Entdeckernaturen lohnt ein Ausflug an die Grenze zu Burma.

Lässt man die Ausläufer Chiang Mais hinter sich, wird es ruhiger, der Verkehr lässt nach und Reisfelder treten wieder vermehrt in Erscheinung. Die Straße zieht sich in langen Kurven bergauf und bergab bis Chiang Dao. Während es auf dem Weg nach Phrao viel unberührte Natur und dichte Waldstücke gibt, sind die Hänge an der Grenze zu Myanmar gerodet und Bergvölker, allen voran Lisu, erwirtschaften ihren Lebensunterhalt auf den kargen Böden.

Mae Taeng und Umgebung

Der Weg nach Mae Taeng führt von Chiang Mai über Mae Rim entlang des Highway 107. Der Ort scheint völlig unberührt vom Tourismus, obwohl er nur 20 Minuten von Mae Rim entfernt liegt, das eigentlich schon fast als Stadtteil Chiang Mais gilt.

Ein Besuch des **Wat Ban Den** lohnt sich in jedem Fall. Schon von Weitem sieht man die blauen Dächer des großen Tempelareals. Um 1840 renoviert, wird auch heute noch eifrig gebaut: Schöne Lanna-Architektur ist kombiniert mit modernen Elementen. Schwarze Chedis,

Der hohe Norden und Phayao
9,5 km
MYANMAR
Mae Sai
Baan Pha Mee
Tham Luang Cave
Ang Kep Nam
Pong Pha
Kok
Chao Pho Luang
Mae Moh
Doi Thung
Mae Fa Luang Garden
Tham Pla Cave
Poeng
Mong Tong
Phayaprai
1338
Wat Tham Pa Archa Thong
Pa Kwao
Doi Sam Sao Noi
Thoet Thai
1
Choui Fong Tea Farm
1016
Mae Salong
1130
Pa Sang
Mae Chan
Tea Plantation 101
Choui Fong Tea Plantation
Nam Hua
Huai Mahin Fon
Pa Tueng H.S.
Doi Pha Luang
Wat Thaton
Thaton
Wat Doi Nang Lae
Mae Khao Tom
Pha Tai
Lam Nam Kok N.P.
Tha Sut
Doi Pha Hom Pok N.P.
1089
3023
Hua Fai
Baan Dam Museum
Doi Lamem
Mae Ai
Kok
Hot Springs Pongprabaht
Fang Hot Spring
Mae Mueang Noi
Elephant Camp Ruammit
Mae Hang
Ruammit Village
Muang Chum
San Ton Mue
Baan Wawi
Phasoet Hot Springs
Huay Pla Kang
Fang
Lo Pa Khrai
Khun Korn Waterfall
Wat Huay Sai Khao
131
Chiang Rai
Doi Ang Khang
Wat Si Mongkol
Yang
Doi Mae Kon
Boon Rawd Farm
45
Mae Sun
Huai Khrai
Doi Chang
Wat Rong Khun
Tha Sai
lawng Yun
1249
Doi Liam
Elephant Valley Thailand
1340
109
Huai Sak
Arunothai
Mae Kha
Chom Mok Kaeo
1020
Wiang Haeng
Sinchai
Pong Tam
Dong Mada
1340
Si Dong Yen
Pa Ruak
Pha Daeng N.P.
Mae Suai
Mae Ao
Sri Sangwan Waterfall
Rin Luang
Hinoki
Doi Lan
Mae Suai
Pong Daeng
Na Wai
107
Hua Fai
Doi Khun Mae Tam Luang
Pa Daet
Chiang Kham
Wat Phra That Doi Mon Ching
Mae Yang Min Tai
Chedi Luang
Pong Arng Hot Spring
Hua Tho
Pa Hung
1126
Phan
Mae Cha
Pong Pao
Huai Nam Khun
Pang Ko Sai
Mueang Ngai
Tha Ko
Mae Puem N.P.
Ping Khong
1346
Mae Yen
King Naresuan Shrine
Wat Phrathat Klang Chai Mueang
Pong Nuea
Doi Luang N.P.
W. Tham Pha Plong
Doi Mon Lan
Doi Luang
Pa Faek Tai
W. Tham Chiang Dao
Pa Hin
Phrao
118
Doi Chiang Dao
Chiang Dao
Wiang Pa Pao
Mae Chai
Wat Klang Wiang
Mae Poon
Pa Bong
Mae Na
Wat Tham Dok Kham
1150
Mae Puem
Pa Ngio
Si Lanna N.P.
Kai Wang
Mai
Elephant Nature Park
Doi Chom Hot
Wiang Kalong
Huai Bong
Huai Ngu
Tam Nai
1193
Inthakhin
Mae Ngat Somboon Chon
Rong Ha
Thap Duea
Wat Phra That Mae Chedi
Thung Hua
Wat Analayo
Phayao
Elephant EcoValley
Wat Ban Den
Mae Ngat
Huai Sai
Mae Chedi
Wang Nuea
Wat Tilok Aram
Mae Ngat Dam
Khun Chae N.P.
Chiang Kham
Mae Taeng
Cho Lae
Doi Phi Pan Nam
Sop Pong
Mae Na Ruea
Ping
1001
Pong Nam Ron
120
Tan Tong Waterfall
Mae Malai
Ban Luang
Mae Kachan Hot Spring and Geyser
Kwang
Mae Ta Khrai N.P.
Doi Mae Tho
Pak Bok
Huai Kaeo
Pang Daeng
Mae Ka
107
Hua Mueang
Erotic Garden
1001
Mae Kuang Dam
Rong Kho
1252
Mae Aen
Mae Rim
Mae Kuang
Mae Wan
Mae Ton Luang
1035
Mae Ngao Tai
Lampang, Phrae
Mae Jo
Pong Din
Doi Saket Hot Springs
The Giant Flight of the Gibbon
Doi Saket
118
Huai Kaeo
Huai Hong Khrai
Wat Phra That Doi Saket
Mae Kampong
Chae Son
Chiang Mai

hölzerne Viharne, dazwischen wieder bunt funkelnde Naga-Schlangen und goldene Buddhas – hier gibt es immer etwas zu entdecken. Ganz in der Nähe liegt das Phusanfah Resort mit gutem Restaurant. Hier kann man sich nach einem ausgiebigen Tempelbesuch stärken.

Weiter geht es zum **Mae Ngat Dam,** einem großen Stausee, der das Frischwasser von Chiang Mai garantiert. Man kann Bootsfahrten auf dem See unternehmen oder kayaken. Hat man wieder festen Boden unter den Füßen, lohnt sich der Besuch im **Elephant Nature Park.** Ganz dem Schutz der Dickhäuter hat sich diese Organisation verschrieben und wer mehr über die Riesen wissen und nähere Bekanntschaft machen möchte, sollte unbedingt hier vorbeischauen.

Von hier sind es nur ein paar Kilometer zur **Lisu Lodge.** Der Abstecher lohnt sich allemal, in der gemütlichen Lodge kann man mehr über die Bergvölker erfahren und mit Blick ins Grüne lokale Köstlichkeiten probieren. Ein weiterer Halt empfiehlt sich an den **Sticky Falls,** ein Schild weist zum „Bua Thong Waterfall". Essensstände sorgen für das leibliche Wohl und man kann herrlich picknicken. Am Wasserfall sind Seile gespannt, sodass man mit deren Hilfe den Wasserfall erklimmen kann.

Praktische Infos

Hin & weg Von Chiang Mai fahren **Songthaews** nach Mae Taeng ab Warorot Market. Die **Minibusse** von Prempracha und Aya (→ S. 251), die von Chiang Mai nach Pai und umgekehrt fahren, halten in Mae Taeng.

Aktivitäten **Elephant Nature Park,** das Elefantenreservat legt Wert auf den respektvollen Umgang mit den Dickhäutern und bietet die Möglichkeit, mit Elefanten zu baden, sie zu füttern und ihnen jede Menge Streicheleinheiten zu geben. Das Büro befindet sich in Chiang Mai. Wer direkt hinfahren will, folgt in Mae Taeng den Schildern zum Sibsan Resort, der Elephant Nature Park liegt gleich dahinter. ✆ 053/272855, www.elephantnaturepark.org.

Kayaken/Bootsfahrten auf dem Mae Ngat Dam, im Restaurant kann man Kayaks ausleihen und die Kapitäne mit ihren knatternden Longtail-Booten warten auf Passagiere. Es wird dann allerdings die Nationalparkgebühr von THB 200 pro Person fällig. Kayaks kosten THB 100 die Stunde und eine Rundfahrt mit dem Boot kostet je nach Verhandlungsgeschick THB 500 die Stunde.

Übernachten → Karte S. 122 **Phusanfah Resort 28,** Richtung Mae Ngat Dam gelegen, umgeben von Reisfeldern. Das kleine Resort ist ein guter Ausgangspunkt für Ausflüge in die Umgebung. Wer nicht übernachten möchte, kann trotzdem von dem guten Angebot des Restaurants profitieren. Der Bananenblütensalat mit gebratenem Reis in der Ananas bestreut mit Curry und Kokosraspeln, gefolgt von Snapper, mit lokalen Kräutern gebraten, ist nur eine der Signature-Kombinationen des Resorts. 222 Bannpong 2 Moo 7, Mae Taeng, ✆ 053/106437, www.phusanfah.com. **€€€**

Mountain Float 26, wer mit der Natur eins sein will, kann in den schwimmenden Bungalows auf dem Mae Ngat Dam übernachten. Allerdings hat die Exklusivität auch ihren Preis. www.mountainfloat.net. **€€€€**

Auf dem Mae-Ngat-Stausee gibt es noch weitere **schwimmende Resorts,** die bis auf das Mountain Float aber sehr einfach sind. Saubere Bambushütten auf schwimmenden Pontons mit Veranda davor, hier kann man direkt das Kanu vertäuen und jederzeit in See stechen. Außerdem haben diese schwimmenden Bungalows ein Restaurant-Floß und am Wochenende kommen die Thais in Scharen und singen Karaoke. Ein lustiges Erlebnis – wer übernachtet: am besten den am weitesten vom Lokal entfernten Bungalow nehmen. **Aj Wit Floating House 27,** ✆ 081/1803055; **Eakachai Houseboat 24,** ✆ 083/4805679; **Sainatee Floating House 25,** ✆ 081/9605357; DZ jeweils ab THB 500. Vorher anrufen, das Boot steht dann am Ableger unterhalb des Restaurants parat.

Sibsan Resort 23, das Resort verfügt über große Bungalows, an die Felsen gebaut, umgeben von altem Baumbestand, der Schatten spendet. Eine schöne Poollandschaft mit Naturfelsen rundet das Bild ab. www.sibsanresort.com. **€€**

The River Flows Camp 22, ein Luxuscamp der besonderen Art, schön gelegen im Mae-Taeng-Tal, mit Luxuszelten am Fluss – Idylle pur. 4140 Moo 1, Kuedchang, Mae Taeng, ✆ 089/4416365, www.theriverflowscamp.com. Zelt ab THB 10.000. **€€€€**

Lisu Lodge 29, die Lodge liegt inmitten von Reisfeldern am Rande eines Lisu-Dorfes. Die

Räume sind einfach gestaltet, ohne Klimaanlage, nur mit Ventilator. Es lohnt sich, ein Programm mit dem Zimmer zu buchen. Bei der Walking Experience z. B. hat man die Möglichkeit, mit dem Dorfältesten ins Gespräch zu kommen, der freundliche Lisu-Guide übersetzt. Es gibt auch eine mehrtätige Trekkingtour zum Akha Outpost (ein weiterer Bergstamm). https://asian-oasis.com/lisulodge/. Ein Besuch der Lodge ist nur mit Voranmeldung/Reservierung möglich. **€€€**

Essen & Trinken Am Eingang zum Mae-Ngat-Stausee liegt ein **Holzrestaurant** mit Blick auf den See. Es gibt guten Papayasalat und Gerichte auf Reis, z. B. Phad Khapao (Hühnchen oder Schwein mit Basilikum).

Air Diamond Cafe 30, das Café-Restaurant ist in einem ausrangierten Flugzeug untergebracht. Die Franchise-Kette Black Canyon hat das Café übernommen und man findet ein breit gefächertes Sortiment von klassischen Thai-Gerichten bis hin zu Spaghetti und Sandwiches auf der Speisekarte. Und natürlich gibt es auch Kaffee. Am Wochenende ist es hier meist voll, da es ein typisches Ausflugslokal für Thais ist, die dann selfie-schießend über das Flugzeug herfallen. Momentan wird noch an einem Hotel gleich neben dem Flugzeug-Café gebaut. Mae Taeng Mae Rim Rd., Kilek, Mae Taeng, ✆ 084/2316043. Tägl 9–17 Uhr. **€€**

Chiang Dao und Umgebung

Von Mae Taeng geht es entlang des Flusses Ping nach Chiang Dao. Der Ort liegt am Fuß des gleichnamigen Berges, der in Form zweier Karstfelsen mit knapp 2200 Metern in die Höhe ragt. Das Dorf hat eine Vielzahl an Holzhäusern mit Geschäften, Restaurants und Banken entlang der Hauptstraße. Die Restaurants bieten Backpacker-Essen an, Burger und Sandwiches sind keine Seltenheit. Man ist auf westliche Touristen eingestellt.

Gegenüber vom Busbahnhof findet jeden Dienstag ab den frühen Morgenstunden ein **Markt 15** (→ Karte S. 122) statt. Ein buntes Treiben, wenn die Bergvölker aus den Bergen kommen und ihr frisches Gemüse verkaufen, auch Kleider und Alltagsgegenstände sind erhältlich. Einige Stände verkaufen auch Selbstgewebtes und andere Handarbeiten.

Im neugebauten Tempel **Wat Mae Ead** kann man sehen, wie es dem Buddhisten in der Hölle ergeht, wenn er schlechtes Karma auf Erden sammelt. Riesengroße Statuen, blutüberströmt und durchgesägt, stehen vor dem strahlend weißen Viharn.

Tham Chiang Dao (Chiang Dao Cave) mit Tempel

Vor der Abzweigung zum Chiang Dao Wildlife Sancturay befindet sich linker Hand die Chiang Dao Cave, eine Höhle, die Teil eines Tempels ist – oder umgekehrt. Der Eingang zur Chiang Dao Cave liegt auf dem gleichnamigen Tempelgelände, man steigt die überdachte Treppe, die von zwei Tempelwächtern flankiert wird, hinauf, entrichtet THB 40 Eintrittsgebühr und steigt hinab in die Höhle, die von zwei großen Löwenstatuen bewacht wird. Man geht direkt auf die Statue einer sitzenden Buddhafigur zu und kann Räucherstäbchen und Kerzen anzünden. Ein Stück weiter den beleuchteten Gang entlang sitzen Höhlenführer und warten auf Kundschaft,

Einblick in die buddhistische Hölle

Einkaufen
1 Friday Morning Market (S. 128)
15 Chiang Dao Market (S. 121)
17 Thursday Market (S. 125)
Sonstiges
9 Malee's Nature Lovers Bungalows (S. 125)
11 The Cave (S. 125)
16 Mong Cycles - Phrao (S. 130)
Essen & Trinken (S. 126)
14 Anothai Place (S. 131)
19 Alaska Crab Chiang Dao
20 Chiang Dao Resto
Cafés (S. 121)
30 Air Diamond Cafe
Übernachten
2 Chiang Dao in Love (S. 126)
3 Rimdoi Resort (S. 126)
4 Chiang Dao Good View Resort (S. 126)
5 Doi Farang Resort (S. 131)
6 Baan Din Chiangdao (S. 125)
7 The Wes Village Chiang Dao (S. 12
8 Chiang Dao Nest 1 (S. 126)
9 Malee's Nature Lovers Bungalows (S. 125)
10 Chiang Dao Nest 2 (S. 126)
12 Chiang Dao Story Camp (S. 126)
13 Azalea Resort (S. 125)
14 Anothai Place (S. 131)
18 Phrao Boutique Hotel (S. 131)
21 Khum Lanna (S. 131)
22 The River Flows Camp (S. 120)
23 Sibsan Resort & Spa (S. 120)
24 Eakachai Houseboat (S. 120)
25 Sainatee Floating House (S. 120)
26 Mountain Float Resort (S. 120)
27 AJ Wit Floating House (S. 120)
28 Phusanfah Resort (S. 120)
29 Lisu Lodge (S. 120)
Mae Sun
Mae Kha
Mae Na
Arunothai
1340
Sinchai
Chai Prakan
1178
Si Dong Yen
Pha Daeng National Park
Hinoki Land
Sri Sangwan Waterfall
Pong Arng Hot Spring
107
Phrao
Wat Klang Wiang
1150
Phrao Hospital
1001
Thung Khao Phuang
Wat Phra That Doi Mon Ching
Wat Tham Pha Plong
Tham
Wat Tham Chiang Dao
1322
Ping Khong
Muang Ngai
King Naresuan Shrine
San Sai
Pa N
Wat Phrathat Klang Chai Mueang
Chiang Dao Hospital
Doi Chiang Dao
Chiang Dao Wildlife Sanctuary
Chiang Dao
Pong
Wat Tham Dok Kham
Khuean Phak
Wat Mae Ead
1359
Mueang Na
Elephant Nature Park
Thai Elephant Home
Elephant EcoValley
Sri Lanna National Park
Inthakhin
Wat Ban Den
Mae Ngat Dam
Cho Lae
Chiang Mai, 30
Mae Ho Phra
Mae Taeng-Chiang
4,5 km
Bua Tong Waterfalls

außerdem kann man hier Lampen mieten. Die „Tham Seua Dao" und die „Tham Phra Nawn" sind recht gut ausgeleuchtet und man kann sie ohne Guide besichtigen. Für die anderen drei Höhlen empfehlen wir, einen Guide zu nehmen, denn die Gänge sind nicht sehr gut beleuchtet, geschweige denn ausgebaut. Zum Teil muss man sich bücken und auf allen Vieren unter Vorsprüngen hindurchkrabbeln. In allen Höhlen sind sehr schöne Stalagmiten und Stalaktiten zu bewundern, einige Gebilde scheinen Figuren darzustellen, hier und da eine Buddhastatue in den Felswänden. Das Gestein sieht aus wie gegossene Kristalle. Manchmal muss man durchs Wasser waten – achten Sie auf die Marker des Wasserpegels, da kann es einem schon mulmig werden ... Das Höhlensystem ist weit verzweigt und besteht vermutlich aus über 100 Höhlen, die noch erforscht werden. Momentan sind nur fünf Höhlen zugänglich. Und auch hier gibt's eine Legende zu erzählen (→ Kasten unten). Die Chedis und Viharns des eigentlichen Tempels, des **Wat Tham Chiang Dao,** der rechts vom Höhleneingang liegt, sind nicht wirklich spektakulär, doch der Blick auf den Berg und die Licht-Schatten-Spiele sind schön anzusehen. Auf dem Markt davor können Kräuter und Gewürze gekauft werden. Coffee Huts und Essensstände laden zum Verweilen ein.

Die Legende der Chiang-Dao-Höhle

Ein Einsiedler namens Phrom Rue Si, der hier vor 1000 Jahren in der Höhle gelebt hat, soll sich mit den buddhistischen Engeln, den The-Wadaa angefreundet haben. Sie sind bekannt dafür, Wunder zu vollbringen. Die Engel sollen in dem Höhlensystem eine wunderschöne Welt erschaffen haben, die sich im entferntesten Teil befindet, der natürlich noch nicht erforscht ist. Dort gäbe es massive goldene Buddhastatuen, die Stadt der Nagas, einen Zaubersee und auch das Grab Phrom Rue Sis. Ein tragischer Zwischenfall, so die Legende, ereignete sich in jüngerer Zeit, als ein Soldat eine marmorne Buddhastatue aus der Höhle mitgehen ließ und sie bei sich zu Hause aufstellte, just in dem Moment ertrank sein Sohn. Das ängstigte den Soldaten so sehr, dass er die Statue seinem Bruder gab, der Luftwaffenpilot war. Und auch ihm brachte sie Unglück, er stürzte ab, wurde schwer verletzt und voller Angst gab er die Statue seinem Kommandanten. Dieser wurde schwer krank und starb. Dann wurde die Statue von den Erben erneut weiterverschenkt, diesmal starb der Vater des Besitzers und dessen Frau erkrankte. Der Mann machte sich über den Werdegang dieser kleinen Statue schlau und beschloss, diese zurück in die Höhle zu bringen. In dieser Nacht erschien ihm Phom Rue Si im Traum und teilte ihm mit, nicht länger mit der Rückgabe der Statue zu warten, damit er nicht auch verflucht werde. Das tat der Mann und lebte in Frieden bis an sein Lebensende. Thais glauben an die Legende und würden niemals auch nur ein Steinchen aus der Höhle mitnehmen, aus Angst, der Fluch könnte auch sie treffen. Also besser die Finger von Höhlensouvenirs lassen.

■ Eintritt THB 40, mit Führer THB 100.

Der hohe Norden → Karte S. 117

Wat Tham Pha Plong

Etwas weiter die Straße entlang, den steilen Weg vorbei an der Bungalowanlage Malee Nature Lovers, geht es zum Wat Tham Pha Plong. Man steigt über 500 Stufen hinauf zu dem Höhlentempel mitten im Wald, Stufen wechseln mit kleinen Wegpassagen ab, alles wird gesäumt von Naga-Schlangen, rechts und links des Pfades sind Buddha-Weisheiten an die Bäume genagelt. Auf Thai mögen sie Sinn ergeben, die englische Übersetzung hinkt ein wenig. Auf halbem Weg sieht man den Chedi des Tempels, der über der Höhle im Berg errichtet wurde. Oben angekommen, sieht man Mönche ins Gebet vertieft, andere kehren Blätter. Eine friedliche Stille mit grandioser Aussicht. Der eigentliche Tempel ist die Höhle, über deren Eingang der Chedi gebaut wurde. Der Eingang wird von stehenden Buddhastatuen flankiert. Im Inneren befinden sich viele kleine Statuen und fast jede Nische der Felswand füllt ein Figürchen.

Auf den Doi Chiang Dao

Travelshops bieten Touren und Trekking in die Umgebung an. Am beliebtesten ist die Wanderung auf den Doi Chiang Dao, entweder als Tagestour oder mit Übernachtung im Zelt-Camp. Man biegt am Schild „Chiang Dao Wildlife Sanctuary" von der Straße 3024 ab, passiert das Headquarter, zahlt den Eintritt und dann führt eine schmale Straße in das Chiang Dao Wildlife Sanctuary nach oben. Ohrenbetäubend ist das Gezirpe der Zikaden beim Hinaufschlängeln auf den dritthöchsten Berg Thailands. Die Straße ist gut ausgebaut, gesäumt von Baumriesen rechts wie links, dazwischen schöne Aussichten. Ein Paradies für Vogelliebhaber: Die seltene Erddrossel findet sich in dem Park ebenso wie der Blauschnäpper und die Graukopfpapageienmeise. Außerdem sind mehrere Eulenarten im Park anzutreffen wie der Nepal-Uhu und der Falkenkauz. Auch das Geschnarre der großen Nashornvögel ist deutlich zu vernehmen. Wer auf den Gipfel fahren

Blick auf Thailands dritthöchsten Berg, den Doi Chiang Dao, vom Eingang des Chiang Dao Wildlife Sanctuary

Übernachten inmitten der Reisfelder im The Wes Village, Chiang Dao

möchte, sollte sicherstellen, dass er genug PS hat, mit dem Roller wird es schwierig, da Teilstücke sehr steil sind.

Es führen Wanderwege durch den Park, hier sollte man sich am besten Informationen bei Kurt oder Malee holen im Malee Nature Lovers Resort (→ Karte S. 122, www.maleenature.com). Man kann auch bis zum Gipfel wandern, das geht nur mit eigener Campingausrüstung, oder man schließt sich einer geführten Tour an, denn die Wanderung dauert den ganzen Tag.

▪ Eine interessante Website über Vögel im Sanctuary und in Thailand ist www.norththailandbirding.com.

Praktische Infos

Hin & weg Mit dem **Bus** oder **Minibus** ab Chiang Mai oder Mae Rim. Am besten jedoch ist die Anreise mit dem **eigenen Fahrzeug.**

Fahrzeugverleih **The Cave** **11** bietet Roller und Fahrräder zum Vermieten an, gleich bei der Höhle. ✆ 081/8920531.

Diverses Chiang Dao verfügt über ein Krankenhaus (✆ 053/455074), Banken und Bankomaten sind im Ortskern vorhanden.

Einkaufen **Walking Street,** jeden 2. und 4. Donnerstag findet an der Brücke über den Ping ein Markt **17** (→ S. 122) statt. Bunte Kleider, Essensstände und Waren des Alltags – ein Fest für die Thais.

Aktivitäten Bergtouren und Ausflüge organisiert Malee vom **Malee's Nature Lovers Bungalow** **9** (→ S. 122). 144/2 Moo 5, Chiang Dao, ✆ 081/9618387, www.maleenature.com.

Festivals Beim **Shambala Festival** im Februar zieht es die Blumenkinder in den kleinen Ort und Woodstock wird neu belebt – unbedingt in den Kalender eintragen.

Übernachten → Karte S. 122 Das **Azalea Resort** **13** hat schöne Bungalows mit Blick auf den Doi Chiang Dao. Am Pool kann man relaxen und den Blick auf die Reisfelder und den Berg genießen. Im Spa, das sich in einem schönen Teakhaus befindet, kann man bei einer Massage abschalten. Das Restaurant bietet gutes Thai-Essen an, auch Spaghetti und und Fish and Chips stehen auf der Karte. 168 Moo, www.azalea-village.com. **€€€**

meinTipp **The Wes Village** **7**, in der Ebene der Chiang Dao Mountains liegt inmitten von Reisfeldern das Wes Village. 2 große Zimmer mit Küche und Wohnbereich liegen an dem Pool mit Bergblick und 3 Bungalows befinden sich im Grünen. Familiäres Ambiente. ✆ 061/2479651, thewesvillage@gmail.com. THB 1500–1800 für die Bungalows und THB 2500 für die Zimmer im Haupthaus mit Frühstück. **€–€€**

Baan Din Chiangdao **6**, große Holzbungalows mit AC und Kühlschrank mitten in der Natur. 363 Moo 5, Chiang Dao, ✆ 088/2684757, baandinchiangdao@gmail.com. Bungalows ab THB 1200. **€**

Chiang Dao Good View 4, Bungalows auf dem Hügel mit Blick auf die Ebene und den Doi Luang. 175 Moo 5, Chiang Dao, ✆ 053/ 106189. €

Chiang Dao Story Camp 12, Backpacker-Anlage unweit der Höhle. Freundliches Personal, unterschiedliche Kategorien von Zimmern und Zeltplätzen bis zu AC-Bungalows. 364 Moo 5, Baan Thun, ✆ 081/7338505. Zelten ab THB 300, Zimmer ohne AC ab THB 600, Zimmer mit AC THB 1000. €

The Nest 1/2 , der Klassiker in Chiang Dao, unter britischer Leitung. Die beiden Bungalow-Anlagen liegen in herrlicher Natur. Nest 2 10 hat einen schönen Pool und liegt etwa 800 Meter entfernt vom Nest 1 8. Das Restaurant dort bietet Thaifood an. Man kann Touren buchen, Mopeds und Fahrräder leihen. ✆ 053/ 456612, www.chiangdaonest.com. Bungalows zwischen THB 1200 und THB 3500. €–€€€

Chiang Dao in Love 2, modernes Resort mit überteuerten Zimmern, ohne Pool etwas außerhalb in Richtung Arunothai. Der Coffeeshop ist allerdings sehr nett, das Personal freundlich und das Design ist einen Besuch wert. 70 Moo 1, Soi 1, Mueang Ngai, Chiang Dao, ✆ 053/375339, www.bansuan108.com. €€€

Rimdoi Resort 3, Holzbungalows außerhalb am Fluss gelegen, mit geräumigen, etwas abgewohnten Zimmern. Schöner Garten und Außenbereich – Preis-Leistung passt. 46 Moo 4, Mueang Ngai, Chiang Dao, ✆ 052/010016. €

Essen & Trinken → Karte S. 122 **Chiang Dao Resto 20,** modernes Restaurant mit AC-Bereich sowie Terrasse an der Straße 107. Das Café-Restaurant bietet neben Kaffee und Kuchen auch thailändische Gerichte an. Freundliches Ambiente. ✆ 053/456456. €€

Neben dem Busbahnhof gibt es neben dem **Gemüsemarkt** eine große **Suppenküche:** dampfende Nudelsuppen, die man sich nach Belieben am Tisch würzen kann. €

An der Abzweigung zur Chiang Dao Cave liegt linker Hand eine urige **Garküche** am Fluss, Papayasalate und Tellergerichte ab THB 30. €

The Nest 8, das Restaurant im Nest 1 bietet europäische Spezialitäten an, wie Lamm mit Minzsauce und donnerstags einen Grillabend, der keine Wünsche offenlässt. www.chiangdaonest.com. €€€

Alaska Crab Chiang Dao 19, das unscheinbare Restaurant an der Hauptstraße gleich neben der PTT-Tankstelle ist ein typisches Thai-Lokal. Holztische mit langen Bänken oder Stühlen unter einem Eternit-Dach, Steinbänke auf dem Kies vor dem Parkplatz, kein Firlefanz, keine Dekoration und jeden Tag brechend voll.

Frische Meeresfrüchte im Alaska Crab in Chiang Dao

Das Geheimnis: Seafood – die Menschen kommen extra aus dem 70 km entfernten Chiang Mai, um hier das wohl beste Seafood des Nordens zu essen. Khun Nucht, die bis vor wenigen Jahren ein Restaurant in Las Vegas besaß, kam in ihr Heimatdorf zurück und beweist ihre Kochkünste jeden Tag aufs Neue. Tiefseekrabben in Currysoße oder natur, feinste Jakobsmuscheln, Hummer aus Phuket und Garnelen aus dem Süden werden hier mit viel Raffinesse zubereitet. Auch für Fleischliebhaber gibt es eine kleine Karte, etwa Spare Ribs oder Schweinshaxe, dazu fehlen auch der Som Tam, der Papaya- oder Mangosalat nicht. 8/439 Main Rd., Chiang Dao, ☏ 092/2678550. Tägl. 10.30–21 Uhr. **€€€**

Ausflug ins Grenzgebiet und zum Pha Daeng National Park

Von Chiang Dao kommend fährt man auf der Straße 107 nach Norden Richtung Fang, an der Gabelung biegt man links auf die Straße 1178 ein.

Mueang Ngai

Linker Hand liegt zunächst der hochverehrte **King Naresuan Shrine.** Naresuan der Große (1555–1605) nahm als Sohn des Königs von Ayutthaya 1583 Chiang Mai und somit das Lanna-Reich ein und verschob so die Grenze seines Landes von Ayutthaya bis an die burmesische Grenze. Er gilt als großer Kämpfer des siamesichen Reichs und wird von der Bevölkerung hoch verehrt. Die Pagode in dem kleinen Ort Mueang Ngai wurde von seinen Bürgern im Jahre 1605 gebaut, zur Erinnerung an die Durchreise des Königs auf dem Weg nach Burma. Unzählige Porzellanhähne in allen Größen und Farben umringen den Schrein. Sie weisen auf eine weitere Thai-Legende hin. Prinz Naresuan war in burmesischer Gefangenschaft. Um seine Freiheit wieder zu erlangen, ging er eine Wette mit dem burmesischen Oberhaupt ein. Es sollte ein Hahnenkampf stattfinden und wenn Naresuans Hahn gewänne, wäre der Prinz frei. Und wie konnte es anders sein, der Hahn gewann und der Prinz war ein freier Mann. Der Hahn steht für Geld, Macht und Freiheit.

Auf der gegenüberliegenden Straßenseite fällt der Blick auf die gold glitzernde Stupa hoch oben am Berg. Sie gehört zum **Wat Phra That Doi Mon Ching,** einem Bergtempel im burmesischen Baustil. Eckige Dächer mit Glöckchen zieren den Eingang des Viharn, auch der Chedi hat die typisch burmesische Form, unten breit und eckig, läuft er in einer Spitze zusammen.

Pha Daeng National Park

Folgt man der Straße 1178 für weitere 20 km, erreicht man den Nationalpark Pha Daeng, auf der linken Seite gelegen. Der Park wird vom 1800 Meter hohen Doi Kham Fah überragt und überall sieht man grün bewaldete Karstfelsen in die Höhe ragen. Im Headquarter gibt es Informationen auf Thai und Englisch. Der Park ist eher wenig besucht, auch an Wochenenden bleibt der Besucherandrang aus. Ein Naturlehrpfad führt über ca. 3 km durch den Wald, hier und da sind Bäume und Pflanzen auf Englisch und Latein angeschrieben. Der Park bietet einen Campingplatz und Bungalows – am besten informiert man sich über die Website. Vom Headquarter aus kann man zum **Sri Sangwan Waterfall** laufen, etwa 1,2 km. Der Wasserfall ist nicht wirklich spektakulär, aber die Umgebung, die Stille und das klare Wasser, in dem man baden kann, rechtfertigen den Eintritt. Ebenso kann man mit dem Auto oder Moped zu den heißen Quellen fahren. Die **Pong Arng Hot Springs** weisen Brücken und

Der hohe Norden → Karte S. 117

Wege auf, die den Besucher über die vielen blasenschlagenden heißen Löcher führen, die Luft um die blubbernden Quellen riecht nach faulen Eiern. Einfach hinsetzen und die Füße in das warme Nass halten. Dem schwefelhaltigen Wasser werden heilende Kräfte nachgesagt.

Moo 3, Muang Na, 053/818348, www.dnp.go.th. Nationalpark 8–18 Uhr. Eintritt THB 100, Kinder THB 50.

Arunothai – chinesisches Flair

Fährt man auf der Straße 1178 weiter nach Norden und hält sich geradeaus, gelangt man auf die Straße 1340, diese führt direkt nach Arunothai, ein chinesisches Dorf an der Grenze zu Myanmar. 50 km von Chiang Dao entfernt ist man in einer anderen Welt. Es wird neben Thai und Burmesisch Mandarin gesprochen. Bergvölker in ihren traditionellen Gewändern sind im Straßenleben zu sehen. Die Gerichte der Garküchen sind chinesisch angehaucht, man lässt sich Dim Sum und Gyoza schmecken, die Suppen sind mit dicken gelben Nudeln angereichert – Yunnan Style, man isst Ente und redet Mandarin … Arunothai ist eines jener Dörfer im Norden Thailands, in denen in den 1940er-Jahren Gegner des Kommunismus in China in Thailand Zuflucht suchten. Sie flüchteten zunächst nach Burma, doch auch dort wurden sie vertrieben und gelangten so nach Thailand. Die Lost Army, wie sie auch genannt wurden, half Thailand im Wirken gegen den Kommunismus und viele ihrer Mitglieder erhielten in den 1990er-Jahren die thailändische Staatsbürgerschaft. Doch bis heute pflegen die Menschen ihre Traditionen. So sieht man auch in Arunothai chinesiche Häuser mit großen Innenhöfen, abgeschottet durch hohe Mauern mit runden Toren. An den Geschäften und Restaurants hängen rote Laternen und einen chinesischen Tempel gibt es auch.

Jeden Freitag findet der **Morgenmarkt** **1** (→ Karte S. 122) statt. Händler verkaufen ihre Waren zwischen 6 Uhr und Mittag – etwas für Frühaufsteher. Man sieht viele Menschen der Bergvölker, die sich in ihren traditionellen Kleidern einfinden (→ S. 333), besonders Lisu, die aus den nahegelegenen Dörfern kommen und nicht nur ihre Waren verkaufen, sondern auch Waren des täglichen Bedarfs einkaufen. Auch einige burmesische Produkte gibt es auf dem Markt zu erwerben, die Thais lieben besonders die Kosmetika aus dem Nachbarland.

> Für Touristen ist die Grenze nicht passierbar.

Wiang Haeng

Von Arunothai geht es entweder auf der Straße 1340 weiter nach Doi Ang Khang oder zurück auf der 1322 vorbei an Lisu-Dörfern nach Chiang Dao. Fährt man die Straße 1340 weiter, schlängelt sie sich durch landwirtschaftliche Flächen durch die Hügel bis nach Wiang Haeng. Entlang der Straßen, wie überall, Garküchen, örtliche Spezialität gegrillte Eichhörnchen – Mutige vor … Die traditionsbewussten **Lisu** erkennt man an ihren farbenfrohen Outfits. Die Damen tragen meist drei Farben, sehr oft sieht man grelles Grün, kombiniert mit Magenta und Orange auf schwarzem Untergrund, meist weisen die Trachten auch noch verschiedene Muster auf, etwa geblümt und kariert, gestreift oder getupft. Die Männer tragen Pluderhosen und farbenfrohe Jacken über ihren meist einfarbigen Hemden. Ein wichtiges Merkmal sind die Taschen, handgefertigt aus Baumwollstoffen werden sie lässig über die Schulter getragen. Die Überhänge an beiden Seiten werden Ohren genannt und sind spezifisch für die Taschen der Lisu. Das Bergvolk, das erst am Anfang des letzten Jahrhunderts

Altmodische Tankstellen gibt es viele in den kleinen Bergdörfern

Der hohe Norden → Karte S. 117

über China und Burma nach Thailand kam, hat sich sehr gut integriert und doch seine eigene Lebensweise erhalten. Viele junge Leute sind mittlerweile in die großen Städte des Landes gezogen und unterstützen ihre Familien finanziell. Diese leben von der Landwirtschaft an den steilen Hängen, die schon vor vielen Jahzehnten gerodet wurden. Es wird Mais und Kohl angebaut. Bis in die 1980er-Jahre haben viele Stämme vom Opiumanbau gelebt. Durch das Royal Project sind die ehemaligen Opiumbauer zu ganz normalen Farmern geworden.

Praktische Infos

Hin & weg Von Chiang Mai fahren **Busse** und **Minibusse. Songthaews** fahren entlang der 1322 ab Chiang Dao.

Diverses Im Ort Wiang Haeng gibt es Banken und Convenient Stores, außerdem jede Menge Thailäden, in denen man alles für den täglichen Bedarf kaufen kann.

Organisierte Tagestour Wer einen Tag in einem Lisu-Dorf in Wiang Haeng verbringen möchte, kann bei **Punnee** eine Tagestour buchen. Start um 8 Uhr in Chiang Mai oder Chiang Dao, anschließend geht es gemeinsam zur Gemüseernte auf die Farm des Bergvolkes. Während die Erträge verkocht werden, erzählt Punnee Geschichten aus ihrem Dorf. Voller Stolz zeigen die Dorfbewohner ihre handgefertigten Bambusschalen und die handgewebten Stoffe. Termine nach Vereinbarung. ✆ 086/186 4713 oder 090/0519028 (Khun Punnee). Mindestteilnehmerzahl vier Personen oder nach Anfrage. THB 2500 pro Pers.

Übernachtung Das **Ginggarha** ist ein kleines Guesthouse mit wahlweise AC- oder Ventilator-Zimmern, alle verfügen über ein privates Bad. Große Zimmer mit Balkonen und Terrassen. 508 Moo 1, Highway 1322, Piang Luang, ✆ 087/1815055, ginggarha508@gmail.com. **€**

Huen Kingkhala Resort, große Bungalows mit wenig Service – AC und Kühlschrank, schöne Verandas mit Aussicht. 471 Moo 1, Highway 1322, Piang Luang, ✆ 053/476190. **€**

Essen & Trinken Entlang der Straße finden sich Coffeeshops und Garküchen.

Phrao und Umgebung

Fährt man auf der Straße 107 von Chiang Dao nach Norden, biegt man rechts ab und weiter geht es auf der Straße 1050 nach Phrao, dem beschaulichen Dörfchen auf einem Hochplateau. Die Straße führt in weiten Kurven entlang eines Bachbetts in die Berge. Die Kurven sind sanft, der Belag ist gut, eine schöne Strecke für Big Bikes und Scooter.

Das Zentrum von Phrao hat man schnell durchschritten – ein 7/11-Laden, Tesco Lotus Express, viele Thai-Shops, die den Bedarf des Alltags decken, dazwischen Cafés und Garküchen, mittendrin die Markthallen. Frühmorgens und am Abend werden Stände aufgebaut und es dampft und duftet aus allen Ecken. Am besten trinkt man seinen Kaffee im Teakhaus gegenüber dem Markt und beobachtet das bunte Treiben.

Die beiden **Tempel** in der Dorfmitte sind nett anzusehen, weiß getüncht mit roten Dächern heben sie sich vom blauen Himmel ab. Es gibt nicht wirklich viel Sehenswertes in Phrao. Es sind eher das gemütliche Landleben, die untouristische Atmosphäre und die Ausflüge in die umliegenden Dörfer, die einen Aufenthalt lohnenswert machen.

Phraos Landschaft ist geprägt von Landwirtschaft. Reisfelder wiegen sich sanft im Wind, Mango und Rambutans, aber auch Kartoffeln und Bohnen werden auf den fruchtbaren Böden der Hochebene angebaut. Auf dem **Doi Nang Lae** sieht man schon von weitem Tempelspitzen blitzen. Fährt man den Hügel hinauf, hat man vom **Wat Doi Nang Lae** eine schöne Aussicht auf das Tal. Der Tempel ist leider nicht mehr wirklich gut unterhalten. Nachdem der ehemalige Abt Phra Nikorn Thammawathee des sexuellen Missbrauchs angeklagt und verurteilt wurde, verfällt der Tempel seit den 2000ern zusehends. Trotzdem ein mystischer Ort auf dem dicht bewachsenen Hügel. Hier und da schaut eine Buddhastatue hervor, dort die alten Mönchsgemächer, unten die Hochebene von Phrao.

Fährt man auf der Straße 1050 Richtung Wiang Pa Pao, geht es hinauf bis zum Chinesendorf **Mae Poon.** Hier wird neben Thai auch Mandarin gesprochen und ein Royal Project unterstützt die Einwohner des kleinen Dorfes hoch oben mit schönem Blick auf Phrao. Gestärkt nach einer Rast in dem einzigen Minimarkt (wörtlich zu verstehen) des Dorfes, geht die kurvenreiche Fahrt durch dschungelartige Landschaft weiter, kaum eine Menschenseele ist hier unterwegs.

Die Straße endet in Wiang Pa Pao und führt auf den Highway 118, der von Chiang Mai nach Chiang Rai verläuft (→ S. 26 und S. 146). Über die Straße 1001 geht es auf ziemlich gerader Strecke wieder zurück nach Mae Taeng und an den Mae Ngat Dam.

Praktische Infos

Hin & weg **Busse** und **Minibusse** fahren ab Mae Rim und Chiang Mai. Am besten ist man allerdings in Phrao mit dem **eigenen Fahrzeug** unterwegs, sodass man die Umgebung nach Lust und Laune erkunden kann.

Diverses Das Dorf hat ein kleines Krankenhaus, einige der Ärzte und Schwestern sprechen gutes Englisch. Banken und ATMs, Tesco Express und 7/11 Shops sind vorhanden.

Aktivitäten **Mong Cycles** **16** (→ S. 122), vormals in Chiang Mai, jetzt in den Bergen von Phrao, bieten Mong und ihr Mann, ein passionierter Radfahrer, geführte Radtouren an und haben sich auf das Reparieren von Fahrrädern spezialisiert, auch Vermietung und Verkauf hochwertiger Räder. Gleich neben dem Tempel an der Straße nach Chiang Mai, ☏ 088/2602579, www.mongcycles.com.

Koch- oder Massagekurse im Khum Lanna, → Übernachten.

Übernachten → Karte S. 122 **Anothai Place 14**, nur 4 Zimmer und 4 Bungalows mit Pool. Gutes Restaurant, bekannt für Tischgrill-Spezialitäten, ansonsten auch à la carte. ✆ 096/012325. **€**

Phrao Boutique Hotel 18, an der Straße 1001 gelegen, Zimmer mit AC, Kühlschrank und Balkon. ✆ 053/474723. **€**

Doi Farang Resort 5, auch Khoom Kam Kaeo Farm Resort, liegt am Fuß der Berge etwa 15 Min. außerhalb von Phrao. Die einzeln stehenden Bungalows sind groß und bieten AC, Kühlschrank und große Verandas. Schön ist der Pool mit Blick auf die Reisfelder und die Berge. 203/1 Oa Nai, ✆ 053/0175556, www.doifarang.com. Bungalow ab THB 1200. **€**

MeinTipp **Khum Lanna 21**, wer Phrao genauer kennenlernen will, sollte sich am besten im Khum Lanna einbuchen. Dieses Kleinod besteht aus zwei großen traditionellen Teakhäusern mit wunderschönen Zimmern. Ein ausgefallener Homestay mit integriertem Reismuseum. Khun Yaowanit, der freundliche Besitzer mit ausgesprochen gutem Englisch, pflegt thailändische Gastfreundschaft und heißt seine Gäste aufs Herzlichste willkommen. Mitten in den Reisfeldern kann man im Khum Lanna Kochkurse machen, die Kräuter und das Gemüse pflückt man gleich im angrenzenden Garten. Wer möchte, kann einen Massagekurs belegen oder einfach nur eine Massage genießen und am Leben des Dorfes teilnehmen, wie z. B. bei einer morgendlichen Radtour zur Almosengabe an die Mönche. 36 Moo 2, Khuan Phak, ✆ 081/9803662, www.khumlanna.com. Einzelübernachtungen ab THB 2200 pro Person, Packages auf der Website. **€€**

Essen & Trinken Die **Garküchen** an den Straßen bieten Thaifood an, Suppen, Papayasalate und Pfannengerührtes. Die meisten schließen allerdings gegen 18 Uhr.

Anothai Place 14 (→ S. 122), erst am Abend öffnet das wohl beste Restaurant des Ortes. Jeden Abend ist das einfache Lokal gut besucht. Man kann Karaoke singen oder auch einfach nur zuhören. Der freundliche Besitzer spricht gut Englisch. Spezialität ist das Gata Ron (warmer Stein), man bestellt eine Auswahl an Rind, Huhn, Schwein und Seafood, dazu wird ein großer Korb mit Gemüse und Kräutern gereicht – Kohl, Basilikum, Frühlingszwiebeln, Sellerie, um nur einige zu nennen. Dazu Glasnudeln, die man nach Belieben in die Suppe wirft, während Fleisch und Fisch gegrillt werden. Der heruntergelaufene Saft macht die Bouillon so richtig schmackhaft und sie wird aus kleinen Schalen gelöffelt. Für das Gegrillte hat man scharfe Saucen. Eigentlich ähnlich wie Fondue, ein abendfüllendes Essen, dazu passt gebratener Reis. A la carte ist die Tom Yam Gung zu empfehlen, eine sauer-scharfe Suppe mit Galangal, Zitronengras und Garnelen, wahlweise auch mit Hühnchen (Tom Yam Gai). **€**

Binthabat – Morgengabe an die Mönche

Aus dem buddhistischen Alltag nicht wegzudenken und überall zu beobachten ist die Morgengabe an die Mönche. Frühmorgens wandern die Mönche in ihren safranfarbenen Roben mit den Almosenschalen durch die Straßen und Dörfer. Gläubige stehen am Straßenrand oder vor ihren Haustüren und reichen den Mönchen ihre Gaben: Trinkwasser, fertige Speisen, Reis, Geld, Süßes oder auch Dinge des alltäglichen Bedarfs wie Hygieneartikel und Medikamente. Nachdem man die Schale mit seinen Gaben gefüllt hat, kniet man hin und empfängt den Segen der Mönche. Zum Dank singen sie ein Lied, das die Spender segnet und in den Dörfern und Städten landesweit allmorgendlich zu hören ist. Die Gaben werden immer barfuß entgegengebracht. Auch Ausländer sind herzlich willkommen, bei diesem Ritual mitzumachen. Wer früh am Morgen durch die Gassen eines Dorfes oder einer Stadt geht, wird unweigerlich diesen Brauch mitbekommen. Spenden ist gut fürs Karma.

Von Fang nach Thaton

Über gut ausgebaute Straßen geht es zunächst nach Fang in einen von ausländischen Touristen eher wenig besuchten Teil des Nordens, anschließend nach Thaton zum Bergtempel mit Blick auf den Fluss Kok und an dessen Lauf entlang zum Tempel der Pferdemönche.

Fang ist eine typische Kleinstadt im Norden, hier ist nichts wirklich spektakulär, außer die Nähe zum Doi Ang Khang, dem Berg, der an eine Nadel erinnert und auf dem eines der ältesten Royal Projects liegt. Außerdem punktet Fang mit seinen außergewöhnlich schönen heißen Quellen, die in einem Park mit riesigen Felsen aus dem Boden hervorsprudeln. Von Thaton kann man auf dem Flussweg nach Chiang Rai reisen, entlang unberührter Natur. Die Gegend um Mae Chang ist von Teeplantagen geprägt und die bergige Landschaft bietet schöne Aussichtspunkte.

Fang und Umgebung

Fährt man von Chiang Dao Richtung Norden auf der Straße 107, gelangt man in das kleine Städtchen Fang mit ein paar Unterkünften, Restaurants, einem Markt und der samstäglichen Walking Street. Bekannt bei den Thais ist der Ort zum einen für die einzige Ölquelle des Landes – die Fang Oil Well, und zum anderen wegen seiner schön gelegenen heißen Quellen. Massagen, Warmwasserbecken und Restaurants lassen den Wellnesstag im Fluge vergehen. Man kann durchaus ein paar Tage in Fang verbringen und von hier aus Ausflüge in die Umgebung machen.

Wat Si Mongkol: In dem Tempel an der Hauptstraße ca. 3 km vor Fang befindet sich der angeblich älteste Holzbuddha Thailands. Die sieben Meter lange Buddhastatue ist aus einem Holzstück gefertigt und zeigt den Erleuchteten in einer liegenden Position, im Übergang zum Nirwana. Untergebracht ist die Statue in einem Teakholz-Viharn mit reich verzierten Giebeln mit Holzschnitzereien. Das Alter der Statue wird auf über 300 Jahre geschätzt.

Fang Hot Springs: Ca. 10 km nord-westlich von Fang liegen die heißen Quellen am Fuße der Berge in schöne Natur eingebettet. Hier kann man einen ganzen Tag verbringen. Massagehäuschen, Schwimmbecken, private Badehäuser, Essen und Trinken, alles vorhanden in dem schönen Park.

▪ Straße 4050. Tägl. 9–17.30 Uhr. Eintritt THB 100.

Mae Suai

Von Fang führt eine Straße nach Mae Suai. Biegt man in Fang Richtung Oil Well auf die Straße 109 ein, windet sie sich durch die Berge, durch Felder mit Mais- und Gemüseanbau, hier und da ein Dorf, dann wieder dichter Wald – kein Mensch weit und breit. Auf der Passhöhe verkauft eine Bäuerin Getränke und Snacks – glückliche Schweine suhlen sich neben der Straße im Dreck. Bergab wiederholt sich die Szenerie. Im Dorf Mae Suai wartet ein Geheimtipp – **Balcony Hill,** Chalets im Schweizer Stil mit Swimmingpool und sehr gutem Restaurant. Der Yam Makúa,

Dampfender Geysir in den Fang Hot Springs

Der hohe Norden → Karte S. 117

ein gegrillter Auberginensalat mit Garnelen, lässt das Wasser im Mund zusammen laufen.

2 km weiter ist man wieder auf dem Highway, der Chiang Mai mit Chiang Rai verbindet.

Auf den Doi Ang Khang

Von Fang ist es auf den Doi Ang Khang nur ein Katzensprung. Der 1928 Meter hohe Berg, der aussieht wie eine überdimensionale Nadel, ragt hoch über dem Ort in die Höhe. Steil geht die Straße hinauf zum **Royal Project,** in diesem Fall ein Forschungsprojekt für den Anbau von Nutzpflanzen in tropischen Bergregionen. Thais lieben es, die Plantagen zu besichtigen und frisches Obst und Gemüse zu kaufen. Die Aussicht ins benachbarte Myanmar ist von hier oben großartig. Thais lieben die Kälte in den Wintermonaten hoch oben und so fahren sie schon ganz früh auf den Berg. Wenn das Quecksilber nachts auf bis zu 2 °C sinkt, ist es auch in den frühen Morgenstunden noch richtig frisch ...

Praktische Infos

Hin & weg Fang wird von Chiang Mai aus mit **Bussen** der grünen Linie über Chiang Dao angefahren.

Gesundheit **Fang Hospital,** 30 Moo 4, Chotana Rd., ✆ 053/451444.

Übernachten → Karte S. 132 **Hug Fang** **8**, zentral gelegenes Guesthouse-Motel mit sauberen Zimmern. Relativ neu, mit Kühlschrank, AC, Warmwasserdusche ausgestattet. Parkplätze vor der Tür. 393 Moo 9, Wiang, ✆ 084/6174888. €

Sleeping Tree Hotel **7**, modernes Hotel mit sauberen Zimmern direkt an der Straße beim Krankenhaus. 16/1 Moo 4, Wiang, ✆ 053/451 542, sleepingtreefang@gmail.com. €

Tonfang Hotel **9**, 6 km vor Fang von Mae Ai kommend auf der rechten Seite, direkt an der Hauptstraße. Neu gebautes Hotel mit großen Zimmern, in modernem Stil eingerichtet. 61/1 Moo 6, Sansai, ✆ 063/7815425. €

Gumbie House **6**, 2 km vor den heißen Quellen liegt das nette Resort. Zimmer und Bungalows in einem tropischen Garten, mit Blick in die Reisfelder. Gutes Restaurant. Freundlicher Besitzer mit gutem Englisch. 5 Moo 7, Pong Nam Ron, ✆ 063/6422892, gumbiefang@gmail.com. €€

Balcony Hill **10**, gemütliches Resort mit Häuschen im Chalet-Stil, Swimmingpool und einem guten Restaurant. www.balconyhill.com. €€€€

Essen & Trinken Im **Gumbie House** (s. o.) kann man gut essen und der Besitzer spricht Englisch, ansonsten auch hier **Garküchen** und kleine Restaurants. €

Thaton und Umgebung

Vom Berg schlängelt sich die Straße 1089 über Hügel und durch Wälder bis nach Thaton. Das schmucke Dorf am Kok River ist zum einen Ausgangspunkt der Boote nach Chiang Rai, zum anderen ist es bekannt für seinen farbenfrohen Tempel auf dem Berg. Einige Gästehäuser, ein paar in die Jahre gekommene Bungalowanlagen und zwei schöne Resorts haben sich hier angesiedelt. Es gibt Restaurants und Banken, außerdem 7/11 und Big C Mini.

Wat Thaton: Hoch oben auf dem Berg gelegen, macht der bunte Tempel schon ordentlich was her. Fährt man von der Hauptstraße durch das Tempeltor, schlängelt sich der Weg den Berg hinauf, hier und da ein Schrein oder ein Geisterhäuschen, Giraffen- und Zebrastatuen am Wegesrand. Mehrere Tempelgebäude und auch die Gemächer der Mönche passiert man auf dem Weg nach oben zum Kristall-Chedi, **Chedi Kaeo.** Auf der Höhe angekommen, betritt man den Chedi, im Inneren läuft meditative Musik und Gläubige beten zu diversen Buddhastatuen. Auf einer Rampe geht man hinauf unters Dach.

Der Bau ist dem Berg Meru nachempfunden, ganz zu oberst erwartet den Besucher der liegende Buddha. Auf der obersten Ebene kann man auf den Balkon hinaustreten und hat eine tolle Aussicht über das Tal. Der Tempel schillert in den grellsten Farben und ist nachts sehr schön beleuchtet.

- Geöffnet 6–19 Uhr.

Bootsfahrt von Thaton nach Chiang Rai: In Thaton kann man in und nach der Regenzeit mit dem Boot den Kok River hinauffahren bis Chiang Rai. Die Fahrt dauert ca. 3 Std. und führt entlang der burmesischen Grenze, vorbei an abgelegenen Dörfern und durch unberührte Natur. Man kann entweder das Public Boat nehmen für THB 350 pro Person oder man chartert sein eigenes für THB 4000 – hier ist Verhandlungsgeschick gefragt. Die Boote legen in der Nähe von Ruammit an. Unbedingt empfehlenswert!

Auf den Doi Chang

In Thaton folgt man der Straße 1089 entlang des Flusses Kok. Orangenhaine und Obstplantagen begleiten den Reisenden. Hinter dem **Wat Sadek** kann man rechts abbiegen auf die Straße 3037 und gelangt so zum **Doi Wawi** und zum **Doi Chang** – die Straße führt durch die Berge nach Mae Suai und trifft auf den Highway 1, der Chiang Mai mit Chiang Rai verbindet. Weder der Bergort **Baan Wawi** noch die Bergkette Doi Chang haben viel zu bieten, hier sieht ein Dorf wie das andere aus. Nichtsdestotrotz geben einige der Thai-Dörfer der Region einheimischen Kaffeesorten ihren Namen. Viele Thai-Besucher fahren in die Berge, um die Aussicht zu genießen und im Winter Selfies mit Schal und Winterkleidung zu machen. Auf dem Doi Chang kann man das Café und die Rösterei besichtigen (www.doichaangcoffee.co.th) und einmal jährlich zieht das Kaffeefestival Besucher an, danach fällt es wieder in einen tiefen Schlaf.

Bunter Chedi im Wat Thaton

Mae Chan

Fährt man von Thaton geradeaus auf der Straße 1089, gelangt man zum Verkehrsknotenpunkt Mae Chan. Der Ort liegt zwischen Chiang Rai und dem Grenzort Mae Sai. Hier gibt es drei geheimtippverdächtige Resorts in der näheren Umgebung: das Phu Chai Fa, das Katilyia Mountain Resort und das Dala Resort (→ Kasten, S. 137).

An der 1089 liegen auch die **Pa Tueng Hot Springs.** Rechter Hand sieht man eine Brücke mit lebensgroßen Statuen. Die dargestellten Männer und Frauen verrichten ihre alltäglichen Tätigkeiten und haben Roben an – eine Arbeit von jungen Künstlern der Region. Hinter der Brücke liegt die heiße

Majestätisch thront der japanische Bau im Garten des Hinoki Land

Quelle. Es gibt einen Pool, in dem man baden kann, und viele kleinere Kanäle, wo man die Füße in das warme Nass halten kann.

▪ Road 1089. Tägl. geöffnet 8–17 Uhr. Eintritt frei.

Außerdem befindet sich unweit des Dorfes eine der schönsten Teeplantagen Chiang Rais: die **Choui Fong Tea Plantation.** Hierzu biegt man auf den Highway 1 nach Norden ab und dann wieder nach links auf die Straße 1030. Das riesige Areal hat zwei moderne Restaurants, in denen man in futuristischem Design einen fantastischen Ausblick auf die Teefelder hat. Im Hintergund baut sich das Bergmassiv an der Grenze zu Myanmar auf. Überwiegend Oolong wird hier angebaut. Im Laden sind diverse Tees und kosmetische Produkte wie Seifen und Bodylotion zu erwerben.

▪ 97 Moo 8, Pasang, ✆ 053/771563, www.chouifongtea.com. Tägl 9–18 Uhr. Eintritt frei.

Auf dem Weg zur Plantage, vorbei an kleinen Reisbauerndörfern, gibt es noch eine **Koi-Farm,** hier werden die kostbaren Fische gezüchtet und weiterverkauft. Ein paar schöne Exemplare schwimmen im Teich vor dem Restaurant umher. Der Coffeeshop ist urig eingerichtet, es gibt auch Übernachtungsmöglichkeiten.

Wat Tham Pa Archa Thong

Jetzt folgt man den Schildern mit den berittenen Mönchen, um so zum Wat Tham Pa Archa Thong zu gelangen. Der Tempel liegt ziemlich einsam, umgeben von Reisfeldern und Wald, auf einer Anhöhe. In der Übersetzung bedeutet sein Name „Tempel der Pferdemönche". Anders als in anderen Tempeln gehen die Mönche nicht zu Fuß zur Almosengabe ins Dorf, sondern reiten auf ihren Ponys zu den Gläubigen – es lohnt sich, bei ihrem Aufbruch zuzusehen. Der Tempel auf dem Hügel hinter der Brücke ist nicht alt, vielleicht

200 Jahre – er erlangte durch den jetzigen Abt Berühmtheit, einen ehemaligen Muay-Thai-Boxer, der im Glauben seinen Weg fand und viel für die Verbreitung des Buddismus in den von Bergvölkern bewohnten Regionen des Nordens getan hat.

Praktische Infos

Hin & weg Thaton wird von Chiang Mai aus mit **Bussen** der grünen Linie über Chiang Dao angefahren. Busse aus Chiang Rai halten in Mae Chan.

Von Thaton nach Chiang Rai kann man mit dem **Boot** fahren. Tickets gibt es am Pier vor dem Saranya River House. Die Boote nach Chiang Rai fahren um 12.30 Uhr, die von Chiang Rai nach Thaton legen um 8.30 Uhr in Chaing Rai ab. Auch private Boote kann man mieten, je nach Verhandlungsgeschick THB 4000–6000.

Gesundheit Für schnelle Hilfe kann man sich an eines der Krankenhäuser wenden, allerdings wird hier, wie oft auf dem Land, kein Englisch gesprochen, aber mit Händen und Füßen und dem Google Translator geht das ganz gut, wenn Not am Mann ist. **Mae Ai Hospital** (Thaton), 191 Mae Ai, ✆ 053/459036, www.maeaihospital.com.

Übernachten in Thaton → Karte S. 132
Saranya River House **5**, gegenüber der Bootsanlegestelle. Kleines Hotel mit gutem Restaurant und Coffeeshop. Swimmingpool, saubere Zimmer. Khun Saranya, die freundliche Besitzerin, organisiert Touren und Trekkings. 232 Moo 3, ✆ 053/373143, tatontour@hotmail.com. €

Maekok River Village Resort **4**, das gehobenste Haus am Platz. Direkt am Fluss gelegen in einem schönen Garten, lassen die Bungalows keine Wünsche offen. Man kann Kayaks mieten, eine Kochschule besuchen und an diversen anderen Aktivitäten und geführten Touren teilnehmen. 333 Moo 4, Mae Chan-Fang Rd., ✆ 053/053628. €€€

MeinTipp **Old Tree's House** **3**, am Hang gelegen mit Blick auf den Tempel, nur 4 wunderschöne Bungalows gruppieren sich um den Pool. Nid, die liebe Franco-Thai, kümmert sich reizend um ihre Gäste. Mae Chan-Fang Rd., ✆ 085/8671348, www.oldtreehouse.net. €

Garden Home Nature Resort **1**, verwunschene Anlage am Fluss mit altem Baumbestand. Zimmer in veschiedenen Kategorien, sehr günstig für THB 500 oder Bungalows ab THB 1000. 14 Moo 14, ✆ 053/373015, gardenhome14@hotmail.com. €

Phusangtawan Hotel **2**, modernes Hotel hinter dem Old Tree House. Zimmer mit AC, Warmwasserdusche und Kühlschrank. 261 Moo 4, ✆ 053/053668, phusangtawan@hotmail.com. €

... in Mae Chan **Chiang Rai Koi Farm**, an der Straße zur Choui-Fong-Plantage gelegen, bietet die Fischfarm 4 Zimmer. Moo 8, Pasang, ✆ 090/6693014 oder 091/0790130. €

> **Bezahlbarer Luxus im Niemandsland:** Kurz vor Mae Chan liegen drei idyllische Resorts. Das **Katiliya Mountain Resort** (www.katiliya.com, ÜF ab THB 5000) besticht durch schöne Ausblicke. Die freistehenden Suiten auf Stelzen sind riesig und bieten jeden Komfort. Weit verstreut liegen sie auf dem großen Gelände. Gemüse und Salat aus eigenem Anbau kann man im Restaurant mit Thai- und internationalen Gerichten genießen. Wer mal europäisch essen möchte, sollte das Lamm probieren – perfekt gegart. Den Hügel teilt sich das Resort mit dem **Phu Chaisai Resort** (www.phu-chaisai.com, ÜF ab THB 5000) mit großen Bambus-Bungalows, mit allen Annehmlichkeiten und viel Liebe zum Detail eingerichtet. Auch hier bietet das Restaurant Thai- und internationale Spezialiäten. Das **Dala Hideaway** (hier gibt es keine Website – ein Anruf genügt, ✆ 090/317 3894, ÜF ab THB 5500) liegt den beiden Resorts zu Füßen. Versteckt hinter einem Bambuswald befinden sich die individuell eingerichteten Bungalows, von denen jeder anders ist, in einem riesigen Garten. Wer es gemütlich und sehr diskret mag, ist hier gut aufgehoben. €€€

Essen & Trinken In Thaton sind **Garküchen** entlang der Hauptstraße am Abend aufgebaut und in den Unterkünften findet man gutes Thai-Essen.

In Mae Chan gibt es einige **Garküchen**, die meisten entlang des Highway 1. Ansonsten ist man auf das Essen der Resorts angewiesen. Im **Katiliya** kann man westlich schlemmen, sehr gut das Lamm mit Kräuterkruste.

Der hohe Norden → Karte S. 117

Ein Abstecher nach Japan – Hinoki Land

40 km nördlich von Chiang Dao auf der 107 oder 42 km nördlich von Phrao auf der Straße 1043 liegt das Hinoki Land. Schon von Weitem sieht man auf dem Hügel das riesige Haus im japanischen Stil mit den auffälligen Toori-Pforten auf dem großen Areal. Auf 150 m² hat Anirut Chuengsudprasert ein kleines Japan geschaffen. Das vierstöckige Haus kann besichtigt werden und der Besucher erfährt viel über die japanische Kultur und Architektur. Vom vierten Stock hat man eine herrliche Aussicht in die Bergwelt des Nordens. Und damit das Selfie auch möglichst japanisch wird, kann man sich eigens zu dem Zweck Kimonos ausleihen. Es gibt einen Foodcourt und einen Souvenirshop. Khun Anirut, der lange selbst in Japan lebte und die japanische Kultur bewundert, will mit diesem Projekt die Dorfbevölkerung seines Heimatortes unterstützen.

▪ 168 Moo 6, Don Yen, Chai Prakan. Tägl. 8–18 Uhr. Eintritt Erwachsene THB 180, Kinder THB 50.

Von Mae Salong nach Mae Sai

Die Fahrt geht durch die Bergwelt des hohen Nordens zum königlichen Sommerpalast auf dem Doi Thung mit botanischem Garten. Ein Stopp am nördlichsten Punkt Thailands an der Grenze zu Myanmar lädt zum Shoppen ein, kulinarisch geht es einheimisch zu.

Gut ausgebaut, aber schmal ist die Straße hoch nach Mae Salong. Auf der Berg- und Talfahrt passiert man dichten Bambuswald, der sich an manchen Stellen lichtet und Ausblicke in die Täler freigibt. Die Kehren sind spitz, man fährt gemütlich, es herrscht wenig Verkehr. Schon von Weitem sieht man die Teeplantagen an den Hängen rund um das Dorf Santikhiri. Auch die Fahrt zu den königlichen Gärten ist die reinste Achterbahnhfahrt durch Wald und kleine Dörfer in den Bergen. Schließlich geht es bergab zur Grenze nach Myanmar, hier wird die Straße wieder breiter und mündet in den vierspurigen Highway 1.

Mae Salong und Umgebung

Von Mae Chan fährt man zurück auf der Straße 1089, bis man an einen Checkpoint kommt. Hier weist bereits ein Schild nach Mae Salong, man biegt rechts ab auf die Straße 1030 und fährt entlang des Grates in das Dorf Mae Salong, offizieller Name ist heute Santikhiri, doch ist das Dorf heute noch unter Mae Salong bekannt, wie auch die Straßenschilder zeigen.

Nachdem 1949 Mao Zedong die Macht in China übernommen hatte, zog sich die geschlagene KMT (Kuomintang-Armee) nach Taiwan zurück. Diese abgesplitterte Gruppe kritisierte den Kommunismus aufs Schärfste. Eine Untergruppe blieb in der Provinz Yunnan und versuchte weiterhin gegen den Kommunismus in China anzutreten. Als Maos Truppen 1950 allerdings in die Hauptstadt Yunnans, Kunming, einmarschierten, mussten die tapferen Kämpfer fliehen und sie schafften es in den burmesischen Dschungel. Vertrieben von den Burmesen, flohen sie nach Thailand. 1961 bot Thailand den Kämpfern Asyl und sie wurden in Mae Salong angesiedelt. Im Gegenzug mussten sie die thailändische Regierung beim Kampf gegen den Kommunismus im Königreich unterstützen, im Norden kam es immer wieder zu Aufständen und blutigen Auseinandersetzungen zwischen Armee und thailändischen Kommunisten. Erst 1982 gab es einen Waffenstillstand, die thailändische Regierung bot daraufhin den Kämpfern die Staatsbürgerschaft als Gegenleistung für ihre Dienste an, ebenso wie in Baan Rak Thai in der Provinz Mae Hong Son. Wer mehr über die Geschichte erfahren möchte, kann dem **Chinese Martyrs' Memorial Museum** einen Besuch abstatten. In dem weiß getünchten chinesischen Haus in einem parkähnlichen Garten werden Fotos ausgestellt und die Geschichte der KMT-Truppen auf Englisch erklärt.

Auch heute noch wird in Mae Salong ein chinesischer Dialekt gesprochen, denn die meisten Einwohner sind direkte Nachfahren der damaligen Armeeangehörigen. Früher schwer in den Opiumhandel involviert, ist auch Mae Salong heute geläutert und es wird stattdessen Tee angebaut. Ca. 200 Tonnen Tee werden hier im Jahr produziert, überwiegend High Mountain Oolong.

Erreicht man Mae Salong, öffnet sich die schmale Bergstraße zu einem Dorfplatz hin. Ein überdimensional großer Kilometerstein mit der Aufschrift „Mae

Der hohe Norden → Karte S. 117

Teeplantagen, so weit das Auge reicht

Übernachten (S. 141/142 u. 144/145)

2 Top North Hotel
3 Orasa Hotel
5 Maekhong Delta Boutique Hotel
6 The Room Mae Sai
7 Maan Fah Homestay
12 The One Resort
13 Ban Naam Resort
15 Poonyamantra Resort
16 Doi Tung View Resort
17 Baan Hom Muen
18 Maesalong Flower Hills Resort
19 Phumektawan

Essen & Trinken (S. 145)

8 Du Doi Suay Resort
9 Restaurant am See (S. 144)
11 Kiengdoi Country Garden

Cafés (S. 145)

1 Fora Bee Cafe
10 Lek´s Coffee
14 11 Coffee Roasters

Einkaufen (S. 144)

4 Mae Sai Market

Salong" sagt uns, dass wir angekommen sind. Stände mit **Tee** in allen Farben und mit bunten Aufdrucken haben sich hier angesammelt. Man kann die Teesorten probieren und kaufen. Der Preis für günstige Sorten, etwa Jasmintee, liegt bei THB 120 für drei Tüten. Wer einen richtig guten Tee möchte, legt aber auch schon mal THB 500 für ein Tütchen auf den Tisch. Neben Tee werden eingelegte Früchte, Trockenfrüchte und Nüsse verkauft. In riesigen Gefäßen lagern salzig-sauer eingelegte Mangos, süße Pflaumen und andere Früchte der Region. Kleine Guesthouses und Cafés säumen die Straße, die durchs Dorf führt. Die Küche ist regional, geprägt vom chinesischen Einfluss. Es wird viel mit gebundenen Saucen gekocht und alles in allem isst man hier weniger scharf.

Fährt man in südlicher Richtung aus dem Ort, sieht man am Berg das **Mausoleum** des Generals Duan Shi Wen, der die chinesischen Truppen nach Thailand führte.

Auf den Doi Thung

Nachdem man die Teeplantage 101 passiert hat, schlängelt sich die Straße in engen Kehren weiter zum Doi Thung. Der 1389 Meter hohe Berg ist Heimat des **Doi Thung Development Project,** das von der Prinzessin Srinagarindra (1900–1995), der Mutter von König Bhumibol Adulyadej, ins Leben gerufen wurde. Sie ließ eine Teakholz-Villa bauen, die ihr als Sommerresidenz diente, und man legte wunderschöne Gärten an. Prinzessin Srinagarindra unterstützte den Weg weg vom Opium und suchte nach alternativen Einkommensquellen für die lokale Bevölkerung. Heute wird hier im Zuge des Royal Projects der Kaffeeanbau gefördert, aber auch Macadamia-Nüsse und Früchte wie Erdbeeren, Physalis und Avocados werden angebaut. Der Doi Thung Coffeeshop verkauft Arabica-Kaffee und auf dem kleinen Markt gegenüber vom Ticketschalter werden Obst und Gemüse verkauft, ebenso Webwaren und Selbstgenähtes. Der königliche Garten **Mae Fah Luang** ist wunderschön anzusehen, terrassenförmig mit Rabatten blühen die Blumen um die Wette. Viele europäische Blumen sieht man hier: Rabatten mit Tagetes gefasst, Azaleen neben Rhododendren, auch wilde Weihnachtssterne blühen, ebenso die exotischen Helikonen. Die **Doi Thung Royal Villa,** wie das Teakhaus genannt wird, das der Prinzessin als Sommerresidenz diente, kann ebenfalls besichtigt werden. Die Ausstellung im Haus erzählt die Geschichte der Prinzessin und ihr Wirken im hohen Norden.

▪ Gärten und Villa geöffnet Di–So 8–17 Uhr. www.doitung.com.

Praktische Infos

Hin & weg Am besten mit dem **eigenen Fahrzeug.** Von Thaton fahren 4-mal täglich **Songthaews** nach Santikhiri und von Chiang Rai ebenfalls.

Einkaufen In **Mae Salong** kauft man Tee, eingelegte Früchte und Trockenfrüchte entlang der Straße und auf dem großen Marktplatz am Ortseingang.

Auf dem Doi Thung kann man **Hilltribe-Produkte** erwerben, Taschen, Mützen und jede Menge Schnickschnack. Stände mit Früchten und Gemüse der Region aus dem **Royal Project** stehen täglich zum Verkauf. Am Fuß des Berges liegt der **Doi Thung Shop.** Edle Deko-Gegenstände, Kleidung und geschmackvolle Accessoires. Nicht ganz billig, unterstützt aber die Hilltribe-Projekte am Doi Thung.

Festivals Ende Dezember findet in Mae Salong pünktlich zur Kirschblüte der Sakura, der wilden Himalaya-Kirsche, das **Tribal Festival** statt. Bergvölker der ganzen Region treffen ein und führen traditionelle Tänze vor, in ihre Gewänder gekleidet. Aber auch Tee steht hoch im Kurs, die Plantagen öffnen ihre Tore und es wird verköstigt und probiert. Wie immer in Thailand wird dem Essen ein hoher Stellenwert beigemessen und die Bergvölker warten mit ihren Spezialitäten auf (www.explorechiangrai.com).

Übernachten → Karte S. 140 **Flower Hills Resort** **18**, das gelungene Resort liegt am Ortsausgang und schmiegt sich in die Hügel. Seinem Namen macht es alle Ehre durch

In den königlichen Gärten von Mae Fah Luang auf dem Doi Tung

die riesigen Blumenanpflanzungen. Zimmer und Bungalows und ein großer Pool runden das Resort ab. ✆ 091/8506262, www.maesalongflowerhills.com. €

Baan Hom Muen 17, kleines Resort mit Bungalows und einer schönen Aussicht über das Tal. 90 Moo 1, Mae Salong Nok, ✆ 053/765271. €

Phumektawan 19, kleines Resort mit modernen Zimmern und grandiosen Aussichten von den Balkonen/Terrassen. 86 Moo 6, Mae Salong Nok. €

Hong Futeas, die gleichnamige Teeplantage hat einen Homestay dabei. 133 Moo 1, Mae Salong, ✆ 080/5580066. €

Mae Sai und Umgebung

Über schmale Bergstraßen geht es nach Mae Sai. Man passiert das Dörfchen **Baan Pha Mee** mit seinen vielen Cafés entlang der Straße, kommt an einer Pagode mit Ausblick vorbei und gelangt dann über eine vierspurige Straße in das nördlichste Dorf Thailands. Untertags ist es meist sehr voll. Dann reihen sich die Fahrzeuge Stoßstange an Stoßstange, um über die Grenze nach Myanmar zu gelangen. Entlang der Straße gibt es jede Menge Geschäfte, einen chinesischen Schrein und einen großen Markt, der Haushaltswaren zu günstigen Preisen anbietet. Seit der Öffnung der Grenzen zu Myanmar sieht man hier viele Burmesen beim Einkaufen, besonders an den Wochenenden aber auch Thais, die es genießen, die eh schon günstige Ware noch ein bisschen runterzuhandeln – und wenn es nur um des Handelns willen ist. Rechts vor dem Grenzübergang steht ein Bogen mit der Aufschrift „Northenmost Point of Thailand“ – ein beliebtes Fotomotiv – mit Stacheldraht des Grenzübergangs im Hintergrund.

In **Tachilek** auf der Seite Myanmars befinden sich ein Casino unter Thai-Leitung und ein Duty Free Shop. Übernachten kann man hier auch, allerdings sind die Zimmer in die Jahre gekommen. Wer über die Grenze geht, bezahlt THB 1000 für das Einreisevisum und darf sich drei Tage in Myanmar aufhalten. Tuk Tuks bieten ihren Service an zu Tempeltouren und einem Marktbummel auf der Seite Myanmars. Wer über die Brücke schlendert, sollte aufpassen, denn hier herrscht wieder

Rechtsverkehr. Traurig anzusehen sind die vielen Bettler, die hier im Niemandsland mit offenen Wunden und fehlenden Gliedmaßen ihr Leid zur Schau stellen. Achtung: Auch hier gilt, das Visum für Thailand wird mit Grenzübertritt ungültig und wer wieder einreist, bekommt nur ein Visum für 15 Tage, da die Einreise auf dem Landweg erfolgt. Für Non Immigrant O Visa mit Multiple Entry ist Tachilek ein beliebter Visa Run.

Rund um Mae Sai gibt es ein paar hübsche Bungalow-Anlagen, gute Restaurants und tolle Aussichten in die Berge – zum Sonnenuntergang wunderschöne Fotomotive. Man kann zur **Tham Pla,** der Fischhöhle fahren, eine heilige Höhle mit Fischteich und Tempel. Der Legende nach wurde Buddha

Prinzessin Srinagarindra – die Großmutter des Königs

Prinzessin Srinagarindra, geboren am 21. Oktober 1900 in der Provinz Nonthaburi, kam aus einer Goldschmiedefamilie. Mit 13 Jahren beendete das intelligente Kind die Schule und begann eine Ausbildung als Krankenschwester und Hebamme am Siriraj Hospital in Bangkok. Aufgrund ihrer guten Leistungen bekam sie ein königliches Stipendium zum weiteren Studium in den USA. Hier lernte sie 1918 Prinz Mahidol von Songkhla kennen, der die thailändischen Medizinstudenten in den Staaten betreute. Mahidol war ein Sohn König Chulalongkorns, Rama V. 1920 heiratete das Paar und der Prinzenbruder Rama VI. traute sie. So wurde aus der bürgerlichen Sangwan Prinzessin Somdech Phra Srinagarindra Boromarajajonani. Prinz Mahidol setzte seine medizinischen Studien in Europa und den USA fort. Prinzessin Galyani Vadhana kam 1923 in London zur Welt, 1925 Prinz Ananda Mahidol in Heidelberg und schließlich 1927 Prinz Bhumipol Adulyadej in Cambridge, MA. 1929 ging Prinz Mahidol nach Chiang Mai und wurde Stationsarzt am McCormick Hospital, wo er im selben Jahr am 24. September verstarb. Die junge Königsfamilie zog 1933 nach Lausanne und die Kinder bekamen eine angemessene Ausbildung. Als 1935 König Rama VII. abdankte, wurde Prinz Ananda Mahidol dessen Nachfolger. Die Familie blieb trotzdem in der Schweiz, um die Ausbildungen abzuschließen. Als 1946 Prinz Ananda Mahidol (Rama der VIII.) bei einem Waffenunfall starb, wurde Prinz Bhumibol Adulyadej als Rama IX. sein Nachfolger. Die Königsmutter zog bald nach Thailand und gemeinsam mit ihrem Sohn und dessen Frau, Königin Sirikit, unterstützte sie viele gemeinnützige Projekte: Die Wasser- und Energieversorgung wurde durch den Bau von Dämmen sichergestellt, der Opiumhandel eingedämmt und der ländlichen Bevölkerung Bildung und Gesundheitswesen zugänglich gemacht. Ihre ganze Arbeit und ihr ganzes Leben orientierten sich an den demokratischen Idealen der Menschenrechte und Gleichberechtigung. Am 2. Juni 1995 erkrankte die Königsmutter an einem Herzleiden und verstarb im Siriraj-Spital am 18. Juli 1995.

Der hohe Norden → Karte S. 117

gegrillter Fisch angeboten, als er die Region besuchte, doch wollte er die Fische nicht essen, sondern machte sie wieder lebendig und setzte sie in einer Höhle im Karstgestein aus. Einer seiner Begleiter gab Wasser hinzu, Buddha verschloss die Lücke durch eines seiner Haare und es entstand ein See, in dem heute noch die Nachfahren eben jener Fische schwimmen.

Ein toller Platz zum Sonnenuntergang ist der See **Ang Kep Nam** ein paar Kilometer weiter südlich, man fährt von Süden kommend vor dem Checkpoint nach links, passiert The One Resort (→ S. 145) und gelangt an den von Karstfelsen umgebenen See. Eine Fußgängerbrücke führt hinüber zu einer Höhle. Hinter der Buddhafigur im Felsen führen Stufen in den Berg. Eine weitere Buddhastatue und jede Menge Fledermäuse erwarten den Besucher, Taschenlampen liegen aus. Am Ufer des Sees auf der gegenüberliegenden Seite ist ein hübsches **Thai-Lokal** **9** (→ Karte S. 140) mit Bambussalas und Tischen mit Blick auf den See. Ebenfalls besonders schön zum Sonnenuntergang.

Folgt man der kleinen Straße und lässt den See links liegen, gelangt man zur **Tham Luang,** einer Karsthöhle, die sich ungefähr 10 km in den Berg hinein verzweigt. Stalagmiten und Stalaktiten sind zu bestaunen – für Höhleninteressierte auf jeden Fall sehenswert. Nur der erste Kilomter ist zugänglich und das auch nur von November bis Juni. Der Fluss, der durch das Höhlensystem fließt, steigt in der Regenzeit an. Die Höhle hat 2018 traurige Berühmtheit erreicht, als eine Jugendfußballmannschaft – 12 Jungen und ihr Trainer – von der Flut überrascht und erst 9 Tage später unter den Augen internationaler Medien von Einsatzkräften gerettet werden konnten. Wie durch ein Wunder blieben Kinder und Trainer unverletzt, ein Rettungstaucher jedoch starb bei dem Einsatz.

▪ Anfahrt: 8 km hinter dem Checkpoint zur Tham Pla in Richtung Norden geht es links ab, auf dem Schild steht „Bible Society" und ein Wegweiser führt nach „Nong Num Pu", die restlichen Schilder sind auf Thai. Geöffnet November bis Mai, Eintritt THB 100. Führer können vor Ort gebucht werden.

Praktische Infos

Information Im Top North Hotel in Mae Sai gibt es ein **Reisebüro,** das Minibusfahrten organisiert und Flug- und Zugtickets bestellen kann.

Hin & weg Nach Mae Sai fahren **Busse** und Minibusse ab Chiang Rai. Von Mae Sai ins Goldene Dreieck und nach Chiang Saen fahren **Songthaews** und Minibusse. Auch Busse der Linie Greenbus fahren Mae Sai an. Sie halten unterwegs in den Dörfern entlang des Highway 1.

Gesundheit **Mae Sai Hospital,** Wiang Phang Kham, www.maesaihospital.com.

Einkaufen In Mae Sai gibt es einen großen **Markt** **4** (→ S. 140) direkt neben dem chinesischen Schrein, 400 Meter vor der Grenze. Überdacht geht es durch die Marktstände. Es werden Kleider und Elektrogeräte sowie Haushaltswaren angeboten. Entlang der Straße vor der Grenze sind auch viele Obst- und Gemüseverkaufer zu sehen. Auf dem Weg zum „Northernmost Point of Thailand" haben sich mehrere Stände mit Dekorationsgegenständen, Jade-Buddhafiguren und Ketten niedergelassen, auch einige Schmuckhändler, die Silberware mit Steinen zu überteuerten Preisen anbieten.

Übernachten → Karte S. 140 **The Room** **6**, kurz vor dem Ort Mae Sai. Große, saubere Zimmer mit AC, Kühlschrank und Warmwasserdusche. 998/30 Moo 9, Wiangohangkham, ✆ 093/2438629. **€**

Maan Fah Homestay **7**, in Baan Pha Mi etwa 10 km von Mae Sai den Berg hinauf. Das Homestay bietet saubere Zimmer mit privatem Bad. Vom Restaurant hat man eine schöne Aussicht auf die Bergwelt Myanmars. Baan Pha Mi, ✆ 091/7076559. **€**

Maekhong Delta Boutique Hotel **5**, dreistöckiges Hotel direkt am Ortseingang. Saubere Zimmer. 230/9 Moo 4, Mae Sai, ✆ 05372517. **€**

Top North Hotel **2**, bereits seit 1979 existiert das Hotel im Herzen Mae Sais. Es wurde 2017 generalüberholt. 306/Moo 1, Phaholyothin Rd., ✆ 053/731955. **€**

The One Resort 12, auf dem Weg zum See. 10 große, freistehende Bungalows in einem großen Areal mit schönem Blick in die Berge. Zum Frühstück gibt es Reissuppe (Khao Tom) und Bananen aus dem Garten. 358 Moo 3, Pongngam, ✆ 053/709358. Bungalow THB 800. €

Orasa Hotel 3, neu renoviertes Budgethotel mitten in Mae Sai. Moderner Coffeeshop. Die Zimmer sind funktional ausgestattet, das Personal ist ausgesprochen nett. 30 Moo 7, Phahonyothin Rd., Mae Sai, ✆ 081/0353538. €

Ban Naam Resort 13, hübsche Bungalows an einem künstlichen See mit Blick in die Berge. 350 Noo 3, Pongngam, ✆ 053/709077, www.ban-naam-resort.com. €

Doi Tung View Resort 16, kleine Chalets in einem gepflegten Garten, mit schönem Restaurant, sehr ruhig gelegen. Große Weinauswahl und auch europäische Küche. 10 Moo 10, Huaikrai, ✆ 053/763619. €

Poonyamantra Resort 15, an der Straße zum Doi Thung. Gepflegtes Hotel mit Swimmingpool. 316 Moo 7, Mae Sai, ✆ 053/763111, www.poonyamantra.com. €€€

Essen & Trinken → Karte S. 140 **Kiengdoi Country Garden 11**, vorbei am The One Resort in Phongnam liegt dieses urige Lokal mit Salas und Steinbänken. Sehr gut der Papayasalat und die thailändischen Spare Ribs. €

Mein Tipp Sehr authentisch isst man in den beiden Lokalen am und auf der Fahrt zum kleinen See in **Pongngam.** Gegenüber vom Ban Naam Resort und dem One Resort in Pongnam liegt die urige Bar und Restaurant mit Livemusik und gutem Essen. Sehr einfaches Ambiente, man sitzt auf Bänken auf dem Vorplatz oder unter dem Dach des Lokals. Sehr gut hier Gung ob Wunsen, gedämpfte Garnelen mit Glasnudeln und Ingwer-Soya-Sauce. €

11 Coffee Roaster 14, guten Kaffee gibt es in dem modern eingerichteten 11 Coffee Roasters. 338 Moo 3, Pongngam, ✆ 087/1939911. €

Lek's 10, kurz hinter Pongngam, nach dem Checkpoint, sticht Lek's Coffee ins Auge, ein tolles Holzhaus direkt am Highway. Schönes Interieur auf alt und antik gemacht. Guter Kaffee und Frühstückskarte mit Sandwiches und Kuchen, aber auch einfache Thai-Gerichte auf Reis. €€

Fora Bee 1, Outlet und Coffeeshop der Honig- und Bienenprodukt-Kette Fora Bee, gleich neben dem Tesco Lotus Express. Hier wird mit Honig gesüßt, im angrenzenden Shop werden Seifen und Produkte aus Bienenhonig und Pollen verkauft. Sehr erfrischend der Bee Splash, Eistee aus grünem Tee mit Zitrone und Honig. €

Du Doi Suay 8, schon von Weitem sieht man den Schriftzug am Highway und die kleinen Chalets. Das Restaurant bietet gutes Thai-Essen. Am Abend auch schon mal Livemusik. Sehr zu empfehlen die Gaen Om, eine scharfe Rindfleischsuppe mit Dill, wird in der kalten Jahreszeit gerne hier gegessen. In den Bungalows kann man übernachten, ÜF ab THB 1200. Highway 1 Mae Chan – Mae Sai, ✆ 053/709313. €€

Streetfood, Mae Sai verwandelt sich am Abend in ein wahres Open-Air-Restaurant. Ab 17 Uhr fahren mobile Garküchen vor und beidseits der Straße kann man schlemmen, was das Zeug hält.

Der hohe Norden → Karte S. 117

Straßenszenen im Grenzdorf Mae Sai

Chiang Rai und Umgebung

Die alte Lanna-Hauptstadt Chiang Rai, von König Mengrai gegründet, ist eine aufstrebende Stadt, die im Wachstum begriffen ist. Sie hat nicht den Holzhaus-Charme ihrer jüngeren Schwester Chiang Mai, doch kann sie mit interessanten Museen in Stadt und Umgebung auftrumpfen und auch der Nachtbasar ist einen Besuch wert.

Von der alten Stadt, die König Mengrai noch vor Chiang Mai gegündet hatte, ist heute leider nichts mehr zu sehen. Nachdem die Stadt Chiang Mai im 13. Jh. zu ihrer Blüte gelangte, geriet Chiang Rai in Vergessenheit. Heute ist sie eine aufstrebende Kleinstadt und Hauptstadt der gleichnamigen Provinz. Nur 60 km vom Grenzübergang zu Myanmar Mae Sai/Tachilek entfernt, liegt Chiang Rai zentral in der Provinz und ist ein guter Ort, um Ausflüge in die Umgebung zu unternehmen. Das Stadtzentrum ist noch immer sehr gemütlich mit seinen Tempeln, Märkten und Restaurants, der Tourismus ist noch nicht so weit fortgeschritten wie in Chiang Mai. Chiang Rai steht für zeitgenössische Kunst, hier finden sich gleich zwei berühmte Museen, der Weiße Tempel und das Schwarze Haus, nah beieinander.

> Die Innenstadt lässt sich am besten zu Fuß oder mit einem Dreiradtaxi erkunden. Für alles andere sollte man ein eigenes Fahrzeug nehmen oder auf ein Taxi zurückgreifen.

Sehenswertes

Wat Phra Sing: Der Tempel ist einer der ältesten der Stadt und wurde vermutlich 1385 errichtet, der älteste Teil der Anlage ist der Chedi, er ist auf einer viereckigen Basis gebaut und mit Buddhafiguren geschmückt. Der Viharn beherbergte einst eine der wichtigsten Buddhastatuen des Landes, den Phra Singh, er soll aus Sri Lanka stammen. Heute sieht man nur noch Repliken aus Marmor und Jade in dem Tempel, die Originalstatue ist im Wat Phra Singh in Chiang Mai untergebracht (→ S. 36). Der Eingang des Viharn wird von großen Löwen bewacht, die Eingangstüren weisen schöne Holzschnitzereien auf, florale Motive und auch Pfauen sind zu sehen. Eine weitere Besonderheit befindet sich auf dem Tempelgelände, der heilige Bodhi-Baum aus dem Bodh-Gaya-Tempel in Indien wurde 1963 importiert und hier eingepflanzt – er gilt als heiliger Baum und man huldigt ihm mit Buddhafiguren, die in seinem Schatten stehen.

▪ Singhaclai Rd., Muang. Tägl. 6–18 Uhr.

Wat Phra Kaeo: Der Tempel wurde vor 1434 erbaut. Der Legende nach wurde der Chedi von einem Blitz getroffen und stürzte durch die schwere Erschütterung um. Im Chedi kam ein Jade-Buddha zum Vorschein. Diese berühmte Buddhafigur ist weit gereist, sie wurde immer wieder geraubt und verschleppt und so dauerte es dann 300

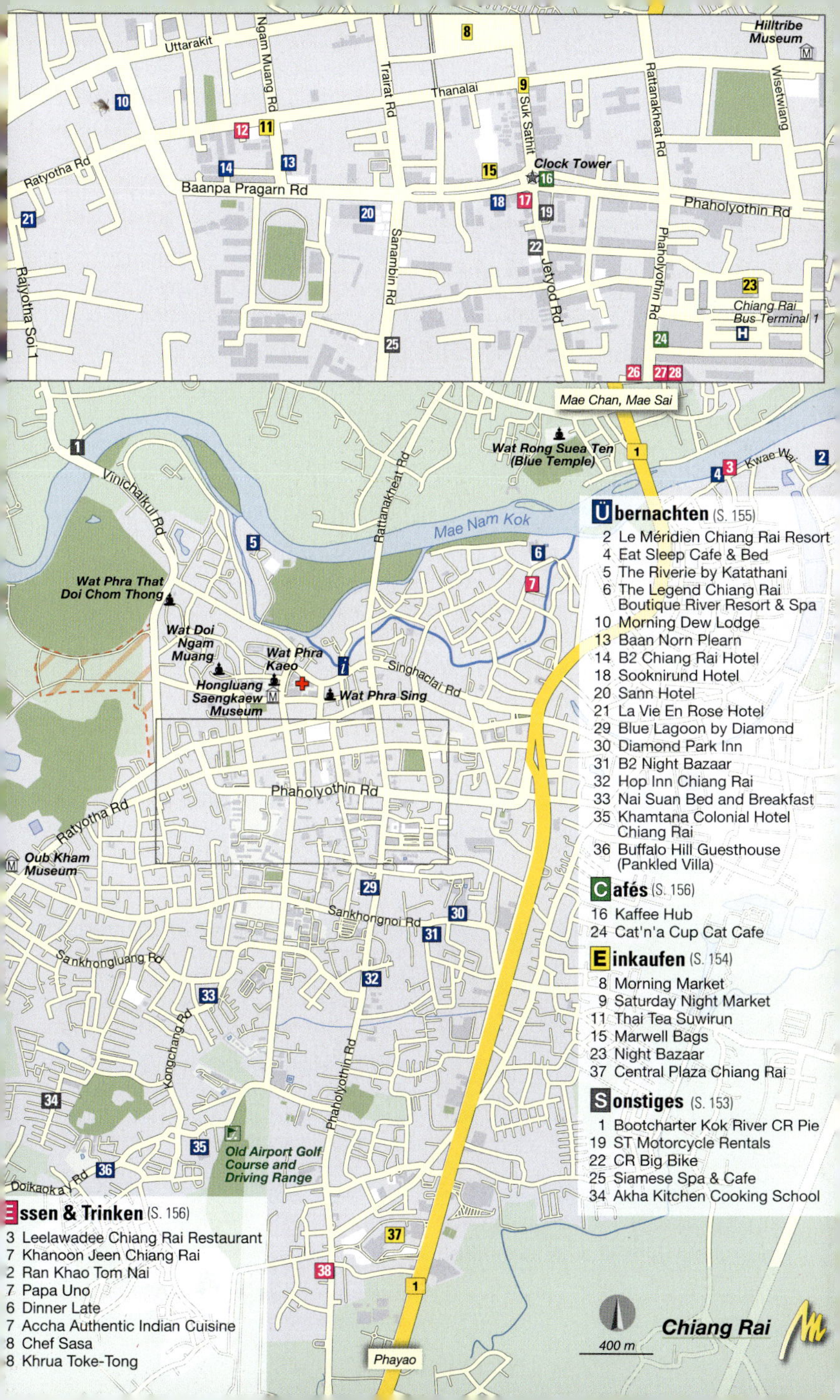

Hilltribe Museum
Uttarakit
Ngam Muang Rd
Trairat Rd
Thanalai
Suk Sathit
Rattanakheat Rd
Wisetwiang
Ratyotha Rd
Baanpa Pragarn Rd
Clock Tower
Phaholyothin Rd
Sanambin Rd
Jetyod Rd
Phaholyothin Rd
Rajyotha Soi 1
Chiang Rai Bus Terminal 1
Mae Chan, Mae Sai
Wat Rong Suea Ten (Blue Temple)
Kwae Wai
Vinichaikul Rd
Rattanakheat Rd
Mae Nam Kok
Wat Phra That Doi Chom Thong
Wat Doi Ngam Muang
Wat Phra Kaeo
Hongluang Saengkaew Museum
Wat Phra Sing
Singhaclai Rd
Phaholyothin Rd
Ratyotha Rd
Oub Kham Museum
Sankhongnoi Rd
Sankhongluang Rd
Kongchang Rd
Phaholyothin Rd
Old Airport Golf Course and Driving Range
Doikaokay Rd
Phayao
400 m
Chiang Rai
Übernachten (S. 155)
2 Le Méridien Chiang Rai Resort
4 Eat Sleep Cafe & Bed
5 The Riverie by Katathani
6 The Legend Chiang Rai Boutique River Resort & Spa
10 Morning Dew Lodge
13 Baan Norn Plearn
14 B2 Chiang Rai Hotel
18 Sooknirund Hotel
20 Sann Hotel
21 La Vie En Rose Hotel
29 Blue Lagoon by Diamond
30 Diamond Park Inn
31 B2 Night Bazaar
32 Hop Inn Chiang Rai
33 Nai Suan Bed and Breakfast
35 Khamtana Colonial Hotel Chiang Rai
36 Buffalo Hill Guesthouse (Pankled Villa)
Cafés (S. 156)
16 Kaffee Hub
24 Cat'n'a Cup Cat Cafe
Einkaufen (S. 154)
8 Morning Market
9 Saturday Night Market
11 Thai Tea Suwirun
15 Marwell Bags
23 Night Bazaar
37 Central Plaza Chiang Rai
Sonstiges (S. 153)
1 Bootcharter Kok River CR Pie
19 ST Motorcycle Rentals
22 CR Big Bike
25 Siamese Spa & Cafe
34 Akha Kitchen Cooking School
ssen & Trinken (S. 156)
3 Leelawadee Chiang Rai Restaurant
7 Khanoon Jeen Chiang Rai
2 Ran Khao Tom Nai
7 Papa Uno
6 Dinner Late
7 Accha Authentic Indian Cuisine
8 Chef Sasa
8 Khrua Toke-Tong

Jahre, bis sie endlich im Wat Phra Kaeo, dem Königstempel in Bangkok, ihren Platz fand. Hier in Chiang Rai steht eine Nachbildung, die zu Ehren des 90. Geburtstags der Königsmutter angefertigt wurde. Das Tempelgelände ist eine Oase der Ruhe inmitten des geschäftigen Treibens der Stadt. Das **Hongluang Saengkaeo Museum** auf dem Gelände zeigt eine Sammlung religiöser Gegenstände, einige davon aus Vietnam. Der Viharn ist ein sehr gutes Beispiel typischer Lanna-Architektur mit heruntergezogenen Dächern aus Holz und mit goldenen Ornamenten verziert.

▪ Trirad Rd., gegenüber vom Overbrook Hospital. Tägl. 6–17 Uhr.

King Mengrai Stupa: Gegenüber im **Wat Doi Ngam Mueang** steht die Königsstupa. Sie wird von den Thais hoch verehrt, da hier die sterblichen Überreste des Königs Mengrai liegen.

▪ Arjamnuat Rd. Tägl. 6–17 Uhr.

Wat Phra That Doi Chom Thong: Die Pagode in dem Tempel nordwestlich der Stadt wurde bereits 940 unter dem Prinzen Chiang Rais erbaut. Schon von Weitem sieht man ihre goldene Spitze blitzen. Ganz oben auf dem Hügel befindet sich der 1988 erbaute Stadtschrein.

▪ Arj Amnuay Rd., Wiang. Tägl. 6–18 Uhr.

Hat Chiang Rai: Als Teil des Sirikit-Parks am Kok River liegt der Strand, auf Thai „Hat" (auch „Had"), von Chiang Rai, wie Einheimische ihn nennen. Am Wochenende geht es hier ganz schön trubelig zu, wenn die Familien die Restaurants stürmen und die Kinder auf aufgepumpten Lkw-Reifenschläuchen im Fluss baden. Die Bambushütten sind am Ufer gebaut, man hockt auf Matten und lässt sich die kühle Brise, die vom Fluss kommt, beim Essen um die Nase wehen. Thaifood gut und günstig.

▪ Rob Wiang, **3** (→ S. 152). Restaurants geöffnet von ca. 10–21 Uhr.

Chiang Rai Clock Tower: Der Uhrenturm steht inmitten eines Kreisverkehrs. Das goldene Kunstwerk erschuf der Erbauer des Weißen Tempels anlässlich des 80. Geburtstags von König Bhumibol Adulyadej. Während der Uhrenturm sich tagsüber strahlend gold vom blauen Himmel abhebt, kann der Besucher am Abend ab 20 Uhr staunen, wenn er in schillernden Farben leuchtet und die Illumination von klassischer Musik untermalt wird.

▪ Kreuzung Phaholyothin-, Jedyod-, Suksatit- und Ban Phra Phrakan Rd.

King Mengrai Monument: Zu Ehren des Gründers des Lanna-Reiches steht am Highway 1 eine große Statue des Herrschers. Blumenkränze, Girlanden und jede Menge Räucherwerk werden hier gespendet. Das dient dem Wohlstand und dem Glück der Stadt sowie des Einzelnen.

Oub Kham Museum: Gezeigt wird eine Ausstellung zum Erbe und der Kultur der verschiedenen Völker Südostasiens.

Der Uhrenturm in Chiang Rai bei Nacht

Wat Rong Khun – Kunst zwischen Kommerz und Buddhismus

Der sagenhafte Weiße Tempel, der kein Tempel ist – Scharen von Touristen von Nah und Fern drängen sich, um dieses Bauwerk zu sehen. Das Kunstwerk von **Chalermchai Kositpipat,** Jahrgang 1955, beherbergt keinen aktiven Orden, sondern ist ein Museum in Tempelform. Der Künstler hat sich hiermit einen Lebenswunsch erfüllt. Er verbindet moderne Tempelarchitektur mit alten Formen: geschnitzte Giebel aus der Lanna-Architektur, Naga-Schlangen, die in den Tempel führen, und ein Teich mit Karpfen, die zu füttern ein langes Leben beschert. Der Künstler begann mit dem Bau des Tempels auf dem Areal des baufälligen Wat Rong Khun. 1997 eröffnete er seine kontroversen Kreationen zwischen buddhistischer Kultur und moderner Pop Art. Sein Werk ist nicht beendet, Chalermchai erweitert es um mehr und mehr Gebäude. Das strahlende Weiß der Fassaden soll die Weisheit Buddhas repräsentieren. Vorbei an dem Koi-Karpfenteich betritt man den Tempel über die Brücke, die den Weg von der Hölle in den Himmel symbolisiert. Aus dem Gewässer darunter fahren Hände, Totenköpfe und Zombies auf. An den Wänden sieht man traditionelle Szenen aus dem Leben Buddhas gepaart mit Szenen aus Matrix oder Superman und auch Michael Jackson's „Thriller". Auch am Eingang vor dem Kassenhäuschen sitzt eine Roboterfigur aus einem Zeichentrickfilm. Die Pylone an der Straße, die auf das Halteverbot hinweisen, sind mit Totenköpfen verziert. Die Toiletten können wohl als die schönsten des Landes gelten, sie sind in einem goldüberzogenen kleinen Haus untergebracht und nicht minder kunstvoll verziert als der Rest der Gebäude auf dem Areal. Im Museum gleich neben dem Coffeeshop und den Souvenir Shops stellt der Künstler seine Gemälde aus. Sie zeigen Szenen aus dem Leben Buddhas und erinnern in ihrer Farbenpracht an naive Malerei. Die Bilder sind alle sehr farbintensiv.

Bei konservativen Buddhisten ist der Tempel nicht gerade beliebt. Da aber König Rama IX. einige Kunstwerke von Chalermchai gekauft hat, hat er den Tempel salonfähig gemacht. Außerdem erweist er sich als wahre Cash Cow, an manchen Tagen in den Wintermonaten ist fast kein Durchkommen vor lauter Touristen und Bussen, die das beliebte Ziel ansteuern.

- Chiang Rai – Phayao Rd. Highway 1. Tägl. 9–17 Uhr. Eintritt THB 150.

Als Nachfahre einer königlichen Familie des Shan-Staates in Burma hat Julasa Suriyahchai eine wunderschöne Sammlung zusammengetragen, unter anderem den goldenen Thron von Kengtun, der gerettet werden konnte, bevor der Palast in Burma zerstört wurde, des Weiteren ein großes Sortiment an Schmuck und Buddhastatuen aus den verschiedenen Herrscherfamilien, die oft mehr als 1000 Jahre alt sind. Wunderschön angelegt ist auch der Garten, der das Museum umgibt.

■ Tägl. 10–17 Uhr. Eintritt THB 300. www.oubkhammuseum.com.

Hilltribe Museum: Das Museum vermittelt einen Einblick in die sechs wichtigsten Bergvölker. Zunächst schaut man einen 20-minütigen Film über die Geschichte der Bergvölker an, über ihre Verbreitung und Migration. Anschließend öffnen sich die Türen zur eigentlichen Ausstellung, die die Unterschiede und Traditionen der Völker anschaulich darstellt.

■ 620/25 Tanalai Rd., ✆ 053/740088. Mo–Fr 9–17 Uhr, Sa/So 10–17 Uhr. THB 50.

Wat Rong Suea Ten: Der blaue Tempel Chiang Rais, ein neuer, noch nicht vollendeter Tempel auf der gegenüberliegenden Seite des Kok River, lädt zu einem Besuch ein. Der Viharn ist blau mit goldenen Ornamenten an den Außenwänden. An der Rückseite steht ein wandernder Buddha ganz im Sukhothai-Stil. Im Inneren sitzt ein marmorner weißer Buddha auf einem Podest. Die Wände, der Teppich, die Holzdecken und Säulen im Inneren sind alle blau, verziert mit Gold. Die Gemälde, die Szenen aus den Leben Buddhas zeigen, sind in goldenen Rahmen angebracht – ein ungewöhnliches Farbenspiel. Auch der Chedi hinter dem Viharn ist blau, einzig die Spitzen sind golden gefärbt.

■ 306, Maekok Rd., Muang.

In der Umgebung

Wat Rong Khun: Der Weiße Tempel ist wohl der spektakulärste für Touristen (→ Kasten, S. 149).

Wat Huay Pla Kang: Ca. vier Kilometer nach dem weißen Tempel erfolgt ein Abzweig auf die Straße 131. Dieser Highway wurde Ende 2019 fertiggestellt und ist eine perfekte Umgehung für den Ampelstau auf dem Highway 1. Die vierspurige Straße führt außerdem zu einem riesigen neuen Tempelareal, dem Wat Huay Pla Kang. Die weiße Guanyin, die Göttin der Barmherzigkeit, thront knapp 80 Meter groß über der Tempelanlage. Ein Aufzug im Inneren der Statue führt nach oben in den Kopf, von hier hat man einen fantastischen Ausblick in die Bergwelt. Gegenüber steht die neunstöckige Pagode, sie ist über Treppen zu erreichen und begeistert mit kunstvoll geschnitzten Holzfiguren. Das Innere des riesigen weißen Viharns ist aufwendig verziert, ein großer weißer Buddha thront in der Halle. Nach Sonnenuntergang ist der Komplex hell erleuchtet und bietet schöne Fotomotive.

■ 555 Road 131, Ban Pla Kang, Chiang Rai. Tägl. 7–21.30 Uhr, Eintritt frei, einzig die Fahrt mit dem Lift kostet THB 40.

Wat Huay Sai Khao: 20 km südlich des Weißen Tempels liegt der bunte, an einen Disneyfilm erinnernde Tempel mit bunten Türmchen und aufblitzenden Spitzen, modernen Chedis in verschiedenen Formen und grellen Farben – auf jeden Fall einen Stopp wert auf dem Weg nach Phayao.

■ Chiang Rai – Phayao Highway 1. Tägl. 6–18 Uhr.

Khun Korn Waterfall: Biegt man am Weißen Tempel auf die Straße 1208 ab, gelangt man nach 18 km in den **Khun**

Korn Forest Park. Der Weg ist gut ausgeschildert. Vom Parkeingang führt ein Weg durch Dschungellandschaft zum Wasserfall. Schon von Weitem hört man das Rauschen. Aus 70 Metern Höhe fällt das Wasser in den natürlichen Teich, in dem man auch schwimmen kann, eine willkommene Abkühlung. Am besten zwischen Mai und September, in der Trockenzeit lohnt ein Besuch nicht.

Mae Fah Luang Art & Cultural Park: Der Park liegt in einem großen Garten und wurde unter der Patronage der Großmutter des jetzigen Königs ins Leben gerufen. Vom Highway 1 biegt man auf die Straße 1211 ab und folgt den Schildern zum Park. Alter Baumbestand und schöne Gärten geben dem Park sein Aussehen. In den Gebäuden befinden sich eine große Ausstellung von Kunstwerken der Lanna-Kultur sowie Gegenstände und Artefakte der Bergvölker und der Tai-Kulturen aus Yunnan, dem Shan State und dem westlichen Laos. Der **Haw Kham Pavillion** mit seinen hölzernen Dachziegeln wurde zu Ehren des 84. Geburtstags von Prinzessin Srinagarindra gebaut und ist ein gutes Beispiel der Kunstfertigkeit der Lanna-Architektur.

313 Moo 7, Baan Pa Ngiew Rd., Rop Wiang, ✆ 053/717433. Di–So 8.30–17.30 Uhr.

Ruammit: In dem kleinen Karen-Dorf am Kok-Fluss machen die Boote von Thaton Halt, bevor sie ihre Endstation Chiang Rai erreichen. Das Dorf hat ein kleines Elefantencamp, verkauft Webwaren und ist ganz traditionell aus Holz gebaut.

Baan Dam Museum: Übersetzt heißt es „schwarzes Haus" oder „schwarze Häuser". Es ist das Freilichtmuseum des Künstlers Thawan Duchanee. 1939 geboren, machte sich der Künstler international einen Namen und hat u. a. einen Ehrentitel der Universität Amsterdam. 50 Jahre lang hat Thawan an seinem Lebenswerk gebaut. Auf einem Areal von 160.000 m² hat er über 40 Häuser errichten lassen in den verschiedenen Baustilen Thailands. Betritt man das Gelände, sieht man linker Hand das sehr große Geisterhaus in Teakholz mit fast lebensgroßen Puppen, dann geht es in das Haupthaus, hier steht eine Büste des Künstlers. Das Lanna-Haus ist ganz aus Holz mit überhängendem Dach und großen Säulen im Inneren. Blickt man nach oben, sieht man die typische Dachkonstruktion der steilen Giebel. Verlässt man das Gebäude am Hinterausgang, gelangt man in den Garten. Hier stehen mehr als 40 Häuser, manche sehen aus wie Tempelgebäude, andere ähneln einfachen Wohnhäusern. Auch der nicht wegzudenkende Chedi und ein weiteres Geisterhäuschen stehen auf dem Areal. Thawan Duchanne hat jede Menge Raum geschaffen, um auch seine Sammlungen auszustellen. So

Baan-Dam-Freilichtmuseum

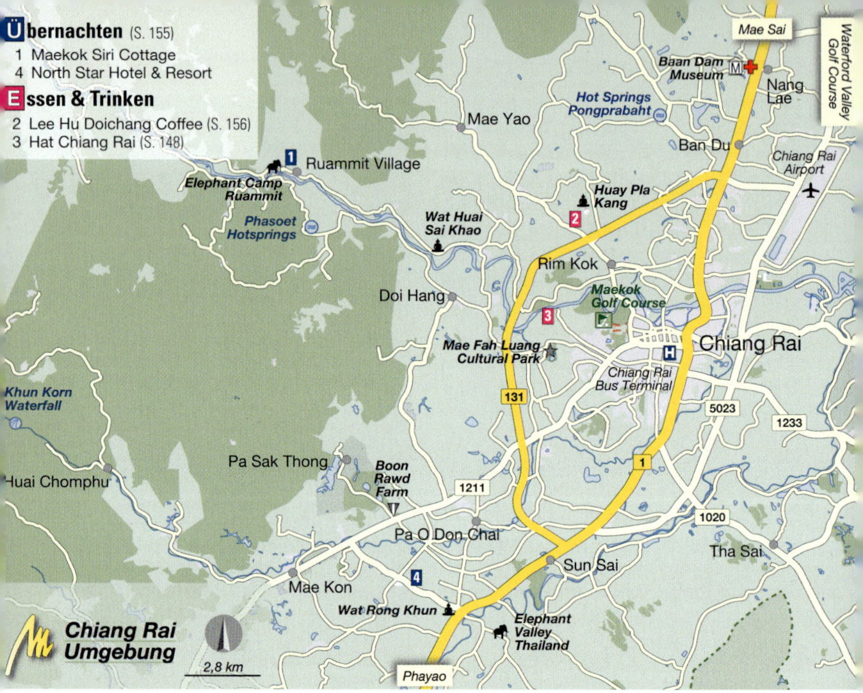

sieht man in vielen der Häuser Sammlungen von Tierfellen. Ein Gebäude zeigt gehäutete Schlangen, das nächste aus Tiermaterial hergestellte Möbel. Ein Haus beherbergt Hunderte von Büffelhörnen, ein anderes ein gehäutetes Krokodil. Seine Kunstsammlung muss man mögen. Aber hier geht es auch eher ums Gesamtbild – eine beeindruckende architektonische Leistung. Im hinteren Teil des Geländes ragt ein U-Boot auf. An Kuppeln von Moscheen erinnern die weißen Gebäude, die mit vielen Kerzen erleuchtet sind – sie sehen aus wie Tränen zwischen den schwarzen Holzhäusern. Auf der gegenüberliegenden Seite der kleinen Straße befindet sich die **Art Gallery,** sie zeigt weitere Bilder des Künstlers. Auf großen Gemälden werden Tiermotive dargestellt, hier schaut man in das Maul eines Flusspferdes, dort ein Adlerkopf in Dunkelgrau, dann ein Tiger, der einen Büffel reißt. Alles auf sehr großen Leinwänden dargestellt.

▪ 333 Moo 13, Nang Lae, ✆ 053/776333, www.tawan-duchanee.com. Tägl. 9–17 Uhr. Eintritt THB 80.

Basis-Infos

Informationen Die **TAT** liegt mitten in der Stadt und stellt Broschüren über die Provinz zur Verfügung, die Angestellten sprechen gut Englisch. 448, 16 Singhaclai Rd., Wiang, ✆ 053/717433. Tägl. 8.30–16.30 Uhr.

Immigration **Chiang Rai Immigration,** 117 Moo 10, Wiang Phang Kham, ✆ 053/175376, www.chiangrai.immigration.go.th. Mo–Fr 8.30–16.30 Uhr.

Hin & weg Mit dem **eigenen Fahrzeug** ist Chiang Rai bequem über den Highway 1 zu erreichen.

Busse fahren nach Chiang Mai und Bangkok. Der Busbahnhof liegt außerhalb der Stadt am Highway 1.

Züge fahren von Bangkok bis Chiang Mai, dann weiter mit dem Bus der Greenline. www.

12go.asia/en bietet, wie für die anderen Destinationen auch, den besten Überblick.

Der **Mae Fah Luang Airport in Chiang Rai** bietet täglich mehrere Flüge nach Bangkok an. chiangraiairportthai.com.

Fahrzeugvermietung → Karte S. 147 Internationale Autovermietungen sind **am Flughafen** vertreten. Mopeds gibt es bei **ST Motorcyle Rentals 19**, 1025/34-35 Jed Yod Rd., ☎ 053/713652, www.st-motorcyclerentals.com. Große Motorräder und Scooter gibt es bei **CR Big Bike Rentals 22**, 1025/8 Jed Yod Soi 3, ☎ 908/910997, www.crbigbikerentals.com.

Gesundheit Chiang Rai verfügt über mehrere Krankenhäuser, seit Neuestem sogar über ein **Bangkok Hospital**, das liegt am Highway 1 nach Mae Sai, ca. 10 km nördlich. 369 Moo 13, Nang Lae, ☎ 052/051800, www.bangkokhospital-chiangrai.com. Dahinter liegt das Baan Dam.

Das älteste Krankenhaus der Stadt ist das **Overbrook Hospital**, 17 Singhaclai Rd., ☎ 053/711366, www.overbrook-hospital.com.

Das **Kasemrad Sriburin Hospital** hat ebenfalls einen guten Ruf und englischsprachige Ärzte. 11/5 Asia Rd., 1 Moo 13, San Sai, ☎ 053/910999, www.kasemrad.co.th.

Aktivitäten

Golfen Old Airport Golf and Driving Range, 162/2 Doi Khao Kwai, Rob Wiang, ☎ 053/757010.

Waterford Valley Golf Course, schönes Green am Fluss. Pa Sang, Wiang Chiang Rung District, Chiang Rai 57210, ☎ 053/953440.

Maekok Golf Course, 18-Loch Golf Course. 256 Moo 15, Rob Wiang, ☎ 052/029961.

Wellness Siamese Spa 25 (→ S. 147), ein sehr schöner Spa mit gutem Preis-Leistungs-Verhältnis, z. B. 1,5 Std. Ayurveda-Massage für THB 1700 oder eine einstündige Gesichtsbehandlung für THB 1200. 450/6996, Rimkok, ☎ 052/020160, www.siamesespa.com.

Pasoet Hot Springs, die heiße Quelle liegt auf dem Weg nach Ruammit. Es gibt jede Menge Essensstände und Wasserrinnen, in denen man die Füße baden kann. Baan Du. 8–20 Uhr, das Mineralbad-Schwimmbecken ist Mo und Do geschlossen.

Kochen Akha Kitchen Cooking School 34 (→ S. 147), Kochkurse von Akha. Halbtageskurse beinhalten den Besuch auf dem Markt und die Zubereitung der Speisen sowie ein gemeinsames Mittag- oder Abendessen. 693/2 Ban Kon Rat Rd., Soi 9, ☎ 090/3318485, www.akhakitchen.com. THB 1200 pro Pers.

Elefanten Elephant Valley Thailand, ein sehr schönes Elefantenreservat. Hier leben ausgediente Arbeitselefanten und ehemalige Reitelefanten. Man behandelt die Tiere mit größtem Respekt und der Besucher kann sie in ihrem Reservat beobachten. Sind die Tiere neugierig, kommen sie von alleine und werden sich dem Besucher nähern. Es gibt die Möglichkeit, als freiwilliger Helfer im Camp mitzuarbeiten, auch Übernachtungsmöglichkeiten sind gegeben. ☎ 095/4521974, www.elephantvalleys.com.

Elephant Camp Ruammit, in Ruammit befindet sich ein Elefantencamp der Karen. Leider wird hier auch in Körben auf dem Rücken der Tiere geritten, aber die Dickhäuter machen einen gepflegten Eindruck. Am Ende des Ruammit Village.

Freizeitpark Boon Rawd Farm/Singha Park, eine riesige Parkanlage, die sich auf knapp 13 km² erstreckt. Eigentümer ist die Singha-Brauerei, deren riesiger goldener Löwe den Eingang dominiert. Früher wurde hier Roggen für das Bier angebaut, dann hat die Brauerei das Areal zu einem Freizeitpark umgestaltet. Ein schönes Ausflugsziel für Familien. Man kann entweder Räder mieten und den Park selbst erkunden oder aber mit den Elektrobähnchen mitfahren, die ständig pendeln. Es gibt einen Streichelzoo, Zebras und Giraffen, ein kurzes Ziplining und außerdem werden verschiedene Workshops für Kinder angeboten. Eine Teeplantage ist ebenfalls Teil der riesigen Anlage. Auf angelegten Spazierwegen kann man durch Blumenfelder laufen. Das Restaurant Bhu Birom mit Blick auf die Teeplantage bietet Thai- und europäisches Essen an – der scharfe Salat aus Teeblättern ist sehr zu empfehlen. Am schönsten ist es im Park während der Wintermonate. 99 Moo 1, Mae Korn, ☎ 061/3877592, www.singhapark.com. Tägl. 9–18 Uhr. Man bezahlt die einzelnen Attraktionen.

Bootsfahrt Auf dem Kok River 1 (→ S. 147), am CR Bootspier unweit der Riverie kann man ein Longtailboat chartern und den Fluss hinunterfahren. Die Fahrt lohnt sich. Eine Stunde kostet THB 400. CR Bootspier, ☎ 053/750009.

Festivals Jedes Jahr findet in der letzten Dezemberwoche bis zur ersten Januarwoche das **Flower Festival** statt. Es gibt großartige

Blumenparaden mit verschiedenen Themen und jede Menge tolle Blüten zu bestaunen. Das Rahmenprogramm besteht aus Tanz und Musik und jeder Menge Lokalkolorit.

Jeden Dezember findet zu Ehren **König Mengrais** ein Festival statt. Es werden Paraden abgehalten, Hilltribes zeigen ihre Fertigkeiten und lokale Produkte werden auf dem angeschlossenen Markt verkauft, das Festgelände liegt hinter dem Hotel Khamtanna.

Ende Januar oder Anfang Februar findet im Singha Park das **Balloon Festival** statt. Dann kommen Heißluftballon-Piloten aus aller Welt und lassen die Ballons steigen. Es gibt ein Fest mit Livemusik, Kinderbelustigung und wer will, kann mitfahren. Infos unter www.balloonevents.info.

Einkaufen

→ Karte S. 147

Central Plaza 37, Shoppingmall am Highway 1. Internationale Spezialitäten im Tops Supermarket, ansonsten Kaufhaus Central, Computer Shops etc. Das Major Cineplex Kino befindet sich im Gebäude. Foodcourt und Restaurants. Phahonyothin Rd., Rob Wiang. Tägl. 11–22 Uhr.

Marwell Bags 15, zweistöckiger Taschenladen: Handtaschen, Trolleys, Geldbeutel, Rucksäcke, alles was das Herz begehrt. Während Frau shoppt, kann Mann sich hier in dem gemütlichen Café im Shop etwas Gutes tun. Banpaprakarn Rd., gegenüber vom Sooknirund Hotel.

Thai Tea Suwirun 11, die 40 Jahre alte Teemanufaktur, die überwiegend Oolong-Tees verarbeitet, hat hier ihren Verkaufsraum mit Tea Room. Sehr hübsch und edel. Café unten, Verkaufsraum oben mit vielen schönen Teekannen, Tassen und praktischen Accesoires der Teezubereitung. 173/3 Thanalai Rd., ✆ 053/711 889. 8–18 Uhr.

Chiang Rai Night Bazaar 23, hier schlagen Shopper-Herzen höher. Ab 18 Uhr werden die Stände aufgebaut und man findet alles von Kleidern bis zu Accessoires, Haushaltswaren und kitschigen Souvenirs. Auch Essensstände fehlen nicht. Im Foodcourt mittendrin kann man einfach und gut essen. Von Nudelsuppe bis zu Tellergerichten und Papayasalat – alles da.

Kad Luang und Morgenmarkt 8, zwischen der Trairat und der Uttarakit Road liegen die Markthallen der Stadt, der Kad Luang (großer Markt). Hier findet auch allmorgendlich der Gemüsemarkt entlang der Straße vor den Markthallen statt. Die Bauern der Umgebung preisen ihre Waren an. Planen sind auf dem Boden ausgebreitet, einige Garküchen stehen daneben und es herrscht geschäftiges Treiben. Gegen 9.30 Uhr verlagert sich der Markt dann in die überdachten Hallen.

Die **Saturday Walking Street 9** findet samstags von 17 bis 0.30 Uhr statt auf der Thanalai Road, die **Sunday Walking Street** von 17 bis 23 Uhr vor dem Chiang Rai Hospital. Schöne Handwerkskunst, Souvenirs, Schals, alles was das Herz begehrt.

Eine Händlerin verkauft Hilltribe-Produkte auf dem Nachtbasar

Übernachten

→ Karte S. 147

In Chiang Rai **Nai Suan 33**, Bed and Breakfast-Hotel im Tudor-Stil, alles soll sehr britisch sein. Gelungenes Design, geräumige Zimmer und ein schönes Café. 11 Moo 14, Khong Chang Rd., ✆ 098/8126330, naisuan.cb@gmail.com. €

Sann Hotel 20, modernes, neues Hotel mitten in der Stadt. 390 Banpha Prakan, ✆ 053/727360, sannhotel.business.site. €€

Eat Sleep 4, Guesthouse/Hotel am Fluss in einem schönen Holzhaus, netter Garten und gemütlicher Coffeeshop. 58/9 Moo 2, Rob Wiang, ✆ 091/0678272. €

Khamtana Colonial Hotel 35, gelungenes Hotel auf dem Weg zur Doi-Kao-Kwai-Pagode. Im Kolonialstil erbaut. Swimmingpool und Restaurant mit sehr gutem Frühstücksbuffet. 651/8 Moo 24, Rob Wiang, ✆ 053/718826, www.khamtanahotel.com. €€

Buffalo Hill Guesthouse 36, urige Bungalows in einem großen tropischen Garten, ein bisschen in die Jahre gekommen, dafür ein schöner neuer Pool und gutes Frühstück. 481 Moo 14, Doi Kwao Kwai Rd., Rob Wiang, ✆ 053/717552, www.pankledvilla.com. €

Le Meridien Chiang Rai 2, 5-Sterne-Resort am Kok River umgeben von Reisfeldern und einer großen Gartenanlage mit altem Baumbestand. Hervorragendes Frühstücksbuffet. 221/2 Moo 20, Kwaewai Rd., Rob Wiang, ✆ 053/603333, www.marriott.com. €€€€

Baan Norn Plearn 13, in einem alten Schulhaus hat der ehemalige Lehrer ein wahres Kleinod geschaffen. Übernachtung im Guesthouse mit Familienanbindung. 382 Ngam Muang Rd., ✆ 086/6697926. €

La Vie en Rose 21, modernes Hotel mit schönem Swimmingpool in der Stadt. 92/9 Kohloy Rd., ✆ 053/601331. €

B2 Chiang Rai 14, zur B2-Kette gehörendes Stadthotel, die Zimmer sind etwas dunkel mit ihren Wänden in grauer Wischoptik und den schwarzen Möbeln. ✆ 052/020766, www.b2hotel.com. €

B2 Night Bazaar 31, auch am Nachtbasar hat ein B2-Hotel eröffnet. Gutes Standardhotel zu erschwinglichen Preisen. 30 Moo 17, Rob Wiang, ✆ 052/020767, www.b2hotel.com. €

Morning Dew Lodge 10, familiäres Hotel mitten in der Stadt. Saubere Zimmer. 85 Baanphra Pragan Rd., ✆ 053/719231. €

Diamond Park Inn 30, solides Stadthotel, etwas in die Jahre gekommen, aber gutes Preis-Leistungs-Verhältnis. 903/1 Phaholyothin Rd., ✆ 053/752789. €

Blue Lagoon by Diamond 29, modernes Stadthotel mit Swimmingpool, direkt hinter dem Diamond Park Inn. 903/1 Moo 4, Phahoyothin Rd., ✆ 053/752789, www.bluelagoonchiangrai.com. €

MeinTipp **The Legend Chiang Rai Boutique River Resort & Spa 6**, das gemütliche Resort liegt direkt am Fluss in einem wunderschönen Garten mit altem Baumbestand. Der Pool mit Blick auf den Fluss lädt zum Verweilen ein, ebenso die Liegen auf der riesigen Wiese am Fluss. Die Zimmer sind in einzeln stehenden Häusern untergebracht, je 2 pro Haus oder 4 in den zweistöckigen Häusern. Es gibt auch private Pool Villas. Das Restaurant bietet Thai- und italienische Küche an zu sehr fairen Preisen. 24/15 Moo 21, Kohloy Rd., ✆ 053/910400, www.thelegend-chiangrai.com. €€€

North Star Hotel 4 (→ S. 152), zwischen dem weißen Tempel und dem Rong Kun Forest Park gelegen. Sauberes Thai-Hotel. www.northstarchiangrai.com. €

Hop Inn Chiang Rai 32, das Hotel der Budget-Kette liegt mitten im Zentrum und bietet saubere Zimmer für wenig Geld. 34/28 Phaholyothin Rd., ✆ 02/6592899, www.hopinnhotel.com/our-hotels/hop-inn-chiang-rai. €

Sooknirund Hotel 18, zweistöckiges Hotel mit hübschen Zimmern mitten im Zentrum. 424/1 Banpaprakarn Rd., www.sooknirund.com. €€

The Riverie by Katathani 5, direkt am Fluss liegt das 10-stöckige Resort. Ein großer Garten mit Joggingpfad umgibt den eher brutalistischen Bau. Imposante Lobby mit hohen Decken und Coffeeshop. Das Resort ist sehr kinderfreundlich. Große Poollandschaft, Spielplatz und Familienzimmer. 1129 Kraisorasit Rd., ✆ 053/607999, www.theriverie.com. €€€

MeinTipp **In Ruammit** **Maekok Siri Cottage 1** (→ S. 152), Sammie, ein freundlicher Thai mit gutem Englisch, hat gerade die Bungalowanlage seiner Eltern renoviert. Schön am Fluss gelegen, bieten die Häuschen modernen Komfort. Wenn die Elefanten vom Camp kommen, kann man ihnen bei einem Bad im Fluss zuschauen. Direkt am Fluss, ein großes Schild weist den Weg. ✆ 086/7321555. €

Der hohe Norden → Karte S. 117

Essen & Trinken

→ Karte S. 147

MeinTipp **Lee Hu Doichang Coffee 2** (→ S. 152), etwas außerhalb in einem ruhigen Dorf gelegenes Café/Restaurant in einem sehr schön designten Holzhaus. Ein guter Stopp auf dem Weg nach Ruammit. Einrichtung aus Naturmaterialien und mit viel Liebe zum Detail. Direkt hinter dem Wat Huay Pla Kang. Rd. 1207, ✆ 086/1887499. 8–19 Uhr. **€€**

Leelawadee Restaurant 3, am Kok River, ein schöner Ort, um den Sonnenuntergang zu genießen, anschließend gibt es Livemusik und gutes Thai-Essen, der Teeblattsalat ist ein Highlight. 9 58/2 Kwaewai Rd., ✆ 053/600000, www.leelawadeechiangrai.com. **€€**

Cat'n'a Cup Cat Cafe 24, gemütliches Café-Restaurant, in dem Samtpfoten das Sagen haben. Die Katzen umgarnen den Gast und lassen sich schnurrend streicheln. Thai-Gerichte, Sandwiches, Kaffee und auch Kuchen werden angeboten. 590/7 Phaholyothin Rd., ✆ 088/2503706. Di–So 11.30–22 Uhr. **€€**

Ran Khao Thom Nai 12, eine klasse Garküche gegenüber vom Baan Kum Yon. Sehr zu empfehlen die gedämpften Fische und dazu Morning Glory. Phad Phak Bung Fai Daeng, 172 Thanalai Rd. **€**

Kaffe Hub 16, schmuckes Café direkt am Uhrenturm. **€€**

Khrua Toke-Tong 38, Kantoke-Restaurant mit traditionellen Tänzen und Speisen. Beim Kantoke Dinner sitzt man an langen Tafeln auf Matten auf dem Boden, Kellner bringen eine Vielzahl von Speisen, sie sind in traditionellen Sarongs und Hemden gekleidet. Zum Essen werden Tänze aufgeführt. 48/13 Phaholyothin Rd., www.toketong.com. **€€€**

Chef Sasa 28, italienisches Restaurant, nicht sehr gemütlich, 6 Tische im klimatisierten Speisesaal, es besticht allerdings durch sehr gute Pizzen. Phaholyothin Rd. **€€**

Accha Authentic Indian Cuisine 27, das kleine indisch-pakistanische Restaurant ist ein Ableger des größeren Restaurants in Chiang Mai. Im unteren Bereich lediglich 3 Tische, oben ein etwas größerer Raum. Sehr gutes Essen, besonders zu empfehlen die Onion Bachis und das Butter Chicken. Phaholyothin Rd., ✆ 058/024276. 11–15 Uhr (Di–So) und 17–21 Uhr (Mo–So). **€€**

Khanoon Jeen Chiang Rai 7, kleine Garküche 50 m von der Einfahrt des Legend Riverside Resort and Spa entfernt. 6 einfache Holztische mit Hockern, sehr nette Garküche mit englischer Speisekarte. Besonders zu empfehlen Khanun Jeen, weiße Nudeln mit Fischcurry. Kohloy Rd. **€**

Papa Uno 17, gemütliche Bäckerei neben dem Sooknirund Hotel. Auch am Abend geöffnet, sehr gute Weinauswahl, Pizza, Baguette und Salate. Banpaprakarn Rd. **€€**

Dinner Late 26, eine kleine Rooftop Bar gegenüber von Accha Authentic Indian Cuisine. Rooftop ist hier lediglich der dritte Stock, aber man hat eine schöne Sicht auf den Sonnenuntergang. Happy Hour von 17–20 Uhr. Phaholyothin Rd. **€€**

Food Court auf dem Nachtmarkt in Chiang Rai

Kwan Phayao – mehr Riviera geht nicht in Thailands Norden

Phayao und Umgebung

Die Provinzhauptstadt Phayao ist weitestgehend unbekannt, aber durchaus einen Besuch wert. Der See in der Stadtmitte sorgt für Riviera-Feeling und die Restaurants bieten eine große Auswahl lokaler Spezialiäten. Man kann einen Wassertempel besuchen und ins bergige Hinterland der Provinz fahren.

Der Highway 1 führt von Chiang Rai nach Phayao. Die vierspurige Straße bietet keine großartigen Highlights, doch lassen sich die Kilometer auf der gut ausgebauten Straße schnell zurücklegen.

In Phayao schimmert der See **Kwan Phayao,** im Hintergrund erheben sich die Berge. Der Phayao-See ist Thailands viertgrößter Süßwassersee und erstreckt sich auf einer Fläche von 2,3 km². 18 kleinere Flüsse speisen den See. Durch den Bau einer Staumauer kann er auch in der Trockenzeit Wasser halten und bietet Lebensraum für über 40 Fischarten, unter anderem werden hier Welse und Tilapia-Fische gefangen, Karpfen und Aale kommen ebenso vor, um nur die bekanntesten Arten zu nennen.

An der Uferpromenade stehen Angler. Fischer rudern mit kleinen Booten über den flachen See und holen den Ertrag der Austern- und Fischfarmen ein, während sich Einheimische und Besucher an der Uferpromenade das Essen schmecken lassen. Phayao ist ein beliebtes Ziel für Ausflügler und bei Motorradfahrern, die besonders an den Wochenenden zahlreich anzutreffen sind. Am See entlang hat sich eine richtige Promenade entwickelt - mehr Riviera geht nicht in Thailand. Restaurants reihen sich aneinander, alle haben ein reichhaltiges Angebot an frischen Fischen und Süßwasser-Garnelen (Gung Maenam), natürlich fehlt auch der Som Tam, der scharfe Papayasalat, auf keiner Speisekarte. Zum Sonnenuntergang geht es hoch her auf der Promenade, dann treffen sich Einheimische zum Picknick auf dem Rasen, mobile Garküchen rollen vorbei und lassen keine Wünsche offen, junge Buben auf ihren aufgemotzten Scootern knattern vorbei und geben an, was das Zeug hält.

Am östlichen Rand der Promenade findet am Wochenende der **Night Bazaar** statt – jede Menge Essensstände, Livemusik und viel Spaß garantiert. Am entgegengesetzten Ende sieht man schon von Weitem das Pho Khun Ngam Mueang Memorial. Gleich gegenüber liegen zwei Naga-Schlangen im See mit einer Pagode in ihrer Mitte, dahinter das Bergpanorama mit blauem Himmel – unbedingt ein Foto wert.

Das Städtchen ist eine typische Kleinstadt mit den aus keiner Stadt wegzudenkenen Markthallen im Zentrum, um die herum sich die Läden des alltäglichen Bedarfs angesiedelt haben. Kleine Restaurants und Garküchen fehlen auch nicht. Das Schöne an Phayao ist, dass noch viele Holzhäuser vorhanden sind. Ein gemütlicher Ort zum Verweilen und um Ausflüge in die Umgebung zu unternehmen.

Sehenswertes

Pho Khun Ngam Mueang Memorial: Diese hochverehrte Statue zeigt Phu Kamyao, den einstigen Herrscher Phayaos, während dessen Herrschaft das kleine Königreich wuchs. Er und die Könige von Chiang Rai/Mai, König Mengrai und König Ramkhamhaeng von Sukhothai, versprachen sich damals, gemeinsam in Harmonie zu regieren und verkörperten ein loyales und friedliches Regime. Heute werden dem ehemaligen Herrscher Blumen, Räucherstäbchen und Essen dargebracht.

- Chai Kwan Rd.

Tan-Tong-Wasserfall bei Phayao

Wat Pa Daeng Bun Nak: An der Straße 1202 ca. 3 km stadtauswärts liegt einer der ältsten Tempel Phayaos, wahrscheinlich Ende des 15. Jh. errichtet. Heute sieht man einige alte Buddhastatuen, die in dem Wald, der den Tempel umgibt, verstreut sind, und den alten Chedi, mit safranfarbenen Bändern geschmückt. Die große goldene Stupa und der Viharn sind neueren Datums, sie wurden 2017 fertiggestellt.

- An der Straße 1202.

Wat Sri Khom Kham: Der Tempel ca. 1 km außerhalb, immer an der Seepromenade entlang, stammt aus dem 14. Jh. Davon zeugen die Buddhaköpfe, die die Gebetshalle umgeben. Im Inneren sitzt eine 16 Meter hohe Buddhastatue. In dem kleinen Pavillon auf dem Wasser kann man zeitgenössische Tempelmalereien von lokalen Künstlern besichtigen. Besuchenswert ist auch der Skulpturengarten, der Szenen aus der Hölle präsentiert – etwa Menschen im Kochtopf, die für ihre Sünden schmoren müssen, Wesen mit abgeschnittener Zunge oder Tierköpfen – ein schauriger Anblick

- Phahon Yotin Rd.

Wat Phra That Chong Tom: Unweit der Provincial Hall (Rathaus) an der Ausfallstraße Highway 1, liegt der Chedi aus dem 10. Jh. auf einem Hügel. Im damaligen Stil Chiang Saens gebaut mit viereckigem Fundament, kann man ihn über eine von Naga-Schlangen gesäumte Treppe erreichen oder die Straße auf die kleine Anhöhe hochfahren. Bei klarem Wetter sieht man den See und das Städtchen.

Provincial Hall Rd.

Wat Tilok Aram: Der Tempel auf dem Wasser ist eigentlich nur eine kleine Insel und ein Schrein, doch stand an dieser Stelle, archäologischen Funden zufolge, vor 500 Jahren ein Tempel, der mit dem See längst geflutet wurde. Man lässt sich von der Uferstraße hinüberrudern, nimmt Blumen und Räucherwerk mit und kann jede Menge schöne Fotos machen. An hohen Buddhafeiertagen, dem Makha Bucha Day im Februar, dem Visakha Bucha Day im Mai und dem Asana Bucha Day im Juli finden Bootsprozessionen statt. Dann fahren Boote mit Gläubigen zum Tempel und umrunden ihn dreimal, alle halten Kerzen in den Händen, deren Schein sich im Wasser spiegelt.

Boote ab Chai Kwan Rd. THB 40 pro Pers. bei 3 Pers., wer alleine oder zu zweit ist und nicht warten will, zahlt THB 120.

Wat Si Umong Kham: Der mitten in der Stadt gelegene Tempel hat einen sehr gut erhaltenen Chedi aus der Chiang-Saen-Periode, der in hellem Gold strahlt. Die Buddhastatue wird in der Provinz hoch verehrt. Das Hauptgebäude ist aus Beton gebaut mit heruntergezogenem Dach und im Lanna-Stil verziert.

Thakwan Rd. 8–18 Uhr.

Phayao Cultural Exhibition Hall: Die Ausstellung zeigt die Geschichte der Provinz und das Museum beherbergt archäologische Funde. Die Ausstellung ist auch auf Englisch kommentiert, wer sich für Geschichte interessiert, ist hier bestens aufgehoben.

Chai Kwan Rd. Tägl. 8.30–17 Uhr. Eintritt THB 40.

Der hohe Norden → Karte S. 117

In der Umgebung

Tan Tong Waterfall: 20 km vor Phayao auf dem Highway 120 sieht man schon den Wasserfall. In der Regenzeit führt er genug Wasser, um den Pool zu füllen und man kann baden. In der Trockenzeit ist er ein kleines Rinnsal, dann haben auch die Essensstände am Pool geschlossen.

Viewpoint Phayao: 5 km hinter dem Wasserfall in Richtung Phayao sieht man große Beton-Saurier in einer Rabatte mit Bougainvillea stehen. Hier liegt ein Aussichtspunkt, von dem sich ein schöner Blick über Phayao, den See und die Ebene mit ihren Reisfeldern bietet. Im Coffeeshop gibt es Kaffee aus der Region.

Wat Analayo: Ein schönes Ziel für einen Ausflug mit dem eigenen Fahrzeug (→ Kasten, S. 62).

Phayao Provincial Fisheries Office: Der Park mit Aquarium liegt im Osten des Sees an der Schleuse. Die einst königlichen Villen, in den 1970er-Jahren erbaut, beherbergen heute das Fischerei-Department der Provinz Phayao. Man kann das Museum besichtigen, es zeigt die Fischarten des Sees sowie Angelausrüstungen von früher und heute. Weit über seine Provinzgrenze hinaus bekannt wurde das Fisheries Office, da es Forschern gelungen ist, den vom Aussterben bedrohten Giant Mekong Catfish (Mekong-Riesenwels) zu züchten. Er ist der größte schuppenlose Fisch der Welt. Er kann bei einer Länge von drei Metern bis zu 250 kg Gewicht erreichen. Man kann die Station besichtigen.

✆ 054/431251. Tägl. 8.30–16.30 Uhr.

Basis-Infos

Immigration **Phayao Immigration,** 188 Moo 8, Mae Puem, ✆ 090/3299010, www.phayao.immigration.go.th. Mo–Fr 8.30–16.30 Uhr.

Hin & weg Mit dem **eigenen Fahrzeug** über den Highway 1 von Lampang oder Chiang Mai, über die 118 und 120 von Chiang Mai.

Zugverbindungen gibt es nicht. Von Chiang Mai fahren regelmäßig **Busse** ab Arcadia Bus Station. www.greenbusthailand.com.

Der nächste **Flughafen** ist Chiang Rai (CEI), von hier dann mit dem Bus nach Phayao.

Fahrzeugvermietung In Chiang Rai am **Flughafen** sind alle gängigen Verleiher präsent.

Scooter und Fahrräder kann man im **Baan Arunothai Guest House** 15 an der Promenade mieten. ✆ 099/2919916.

Gesundheit Phayao verfügt über 2 Krankenhäuser: **Phayao Hospital,** 269 Phahonyothin

Rd., Tambon Ban Tom, ✆ 054/409300, und **Phayao Ram Hospital,** 660 Tambon Tha Wang, ✆ 054/411111.

Einkaufen **Thalad Phayao 6**, der Markt liegt gleich gegenüber der Kreuzung zwischen Seestraße und Promenade am Win Hotel. Es lohnt sich, am frühen Morgen zu gehen, dann sind die Frauen der Bergvölker da und verkaufen frisches Obst und Gemüse und die Straße ist bis 9 Uhr für den Verkehr gesperrt. Die Markthallen haben ganztätig geöffnet bis ca. 19 Uhr, auch hier frisches Obst, Gemüse, Fleisch, Fisch und Essensstände.

Charoenpan Store 3, kleine Shoppingmall, die auch ein Kino (Major Cineplex) beherbergt. Viele Fastfoodrestaurants, gute IT-Geschäfte. Tha Wang Thong Rd.

In der Chaikwan Road liegt am Eck neben dem Chaykwan-Hotel ein **kleiner Laden 20**, in dem man günstig T-Shirts und Blusen kaufen kann, nette Ware, die freundliche Besitzerin spricht Englisch.

Übernachten

Kwan Phayao Villa 21, großzügige Zimmer in einer kleinen Gasse (Soi) gleich hinter der Promenade. 20/1 Chaikwan Rd., Muang, ✆ 054/481585, kwanphayao.villa@gmail.com. **€**

Huanpak JumJai Phayao 14, in einer Seitengasse bietet dieses moderne Guesthouse alles, was der Reisende braucht, Zimmer mit AC, Kühlschrank und Privatbad. 37/5-6, Soi 2, Chaikwan Rd., Muang, ✆ 054/482659. **€**

Ruernchomkwan Homestay 19, in einem traditionellen Holzhaus mit Seeblick und Café. 39 Chaikwan Rd., Muang, ✆ 054/480933. **€**

Phuglong Hotel 16, direkt an der Promenade mit modernen Zimmern und Pool. Chaikwan Rd., ✆ 097/0757484, www.phuglong.com. **€€**

Buakaew Place 17, ein weiteres Holzhaus an der Uferpromenade, saubere Zimmer, kleines Restaurant/Café. Chaikwan Rd., Muang, ✆ 054/480933. **€**

Chaykwan Hotel 11, moderne große Zimmer und ein gutes Frühstücksbuffet bietet das charmante Guesthouse/Hotel. Für Lärmempfindliche jedoch nicht unbedingt empfehlenswert, denn zwei der besten Pub-Discos der Stadt liegen gleich vor dem Hotel. 53/9 Chaikwan Rd., Soi 2, ✆ 054/073991, www.chaykwan hotel.com. **€**

The Cozy Nest 12, moderne Zimmer in ruhiger Straße. 59 Rachawong Rd., Muang, ✆ 054/071232. DZ ab THB 900, am Wochenende THB 200 Aufschlag. **€**

Baan Arunothai 15, Guesthouse an der Uferpromenade. Motorbikes und Fahrräder zu vermieten. Chaikwan Rd., ✆ 099/2919916. **€**

Green Hill Hotel 13, modernes sechsstöckiges Hotel an der östlichen Seite des Sees. Geräumige Zimmer, großer Pool mit Blick auf den See. Beim Frühstück haperts ein bisschen. 356, Phaholyothin Rd., Muang, ✆ 054/482277, www.greenhillphayao.com. **€**

Welcome Win Hotel 5, nur etwa 400 Meter vom See in der Stadt gelegen, bietet das relativ einfache Hotel Kühlschrank, Warmwasserdusche und Minibar. 38/7 Radchasamphan Rd. **€**

Essen & Trinken/Nachtleben

An der Uferpromenade reihen sich die Lokale aneinander. Überall steht frischer Fisch auf der Karte, ob mit Limone gedünstet oder mit Kräutern gebraten, bleibt dem Gast überlassen. Für diejenigen, die lieber etwas von der Weide haben, ist, wie überall in Thailand, auch gesorgt. Die Restaurants sind alle in Thai-Schrift ausgeschildert und gleich gut – in dem Lokal hinter dem Kilometerstein 1 ist der gebratene Fisch mit Mangosalat sehr zu empfehlen, dazu Reis mit Krabbenfleisch.

Aurora Restaurant 2, gepflegtes Lokal etwas außerhalb, moderne Möbel und gutes Essen, die nordthailändische Vorspeisenplatte kombiniert mit Hühnchen Cashewnut ist sehr zu empfehlen. Vom Highway 1 auf der linken Seite. **€€**

Phu Thaya Coffee 7, schönes Kaffeehaus an der Hauptstraße, AC-Bereich. Gute Auswahl an Kuchen. Chaikwan Rd., Muang, ✆ 054/431466. **€€**

Cup Cake @ Phayao 18, schönes Café mit selbst gemachter Eiscreme und großer Kuchenauswahl. An der westlichen Uferpromenade in einem großen, schön angelegten Garten. Chaikwan Rd., Muang, ✆ 086/4468885. **€€**

Der hohe Norden → Karte S. 117

Al Forno 9, East meets West – in der von Thais geführten Pizzeria gibt es Pasta und Pizza vom Feinsten – außerdem sehr guten Kaffee und Tee. 80/3 Thakwan, ✆ 085/5553628. **€€**

Hug Phayao 1, am östlichen Ende liegt das Hug Phayao, außen angeschrieben mit Phayao Farmstay. Coole Live-Bands, mal Karaoke, mal Geburstagsfeiern, ein schöner Geheimtipp in einem alten Holzhaus. Sehr gut die Tom Yum Gung. Paahoronhin, Ecke Rob Wiang. **€€**

Am Abend stehen viele mobile **Garküchen** an der Uferpromenade und man kann gemütlich im Gras snacken und den Sonnenuntergang bewundern. Der **Essensmarkt 4** ist am östlichen Ende der Uferpromenade auf dem großen Platz hinter dem D Day. Ein Stückchen dahinter findet am Samstag die **Walking Street** statt, dann werden Buden, Essensstände und Marktzelte aufgebaut und die Provinz trifft sich zu einem shoppenden Stelldichein.

Die vielen **Bars an der Uferpromenade** laden besonders am Wochenende zum Feiern ein, wie der **BM Pub 8** und das **Ware House No 9 10**. Laute Livemusik spielt zu Fingerfood.

Ausflug zum Wat Analayo

Ein schöner Ausflug mit dem eigenen Fahrzeug ist die Tour zum Wat Analayo. Die Tempelanlage mit einer ganzen Ansammlung an Schreinen, Buddhastatuen und anderen Figuren, denen Opfer dargebracht werden, liegt verteilt auf einem Hügel, dem Doi Busaratkham. Eine gut ausgebaute Straße schlängelt sich durch dicht bewaldete Berglandschaft nach oben. Der eigentliche Tempel weist typische Lanna-Elemente auf, etwa die heruntergezogenen Dächer und Schnitzereien an den Fensterrahmen, die florale Motive darstellen. Ein großer Chedi, der an die Architektur der Khmer erinnert mit seinem viereckigen Bau und den Nischen, in denen sich Buddhastatuen befinden, baut sich gegenüber dem Viharn auf. Strahlend weiß aus Marmor hebt er sich vom tiefblauen Himmel ab. An einer Stelle mit schönem Blick über den See fällt ein Opfertisch auf. Ein kleiner buddhistischer Engel liegt hier und ihm werden nebst roten Fanta-Flaschen auch jede Menge Spielzeug und Babykleider dargeboten – man betet um Fruchtbarkeit. Buddhastatuen fehlen auf den Hügelspitzen auch nicht.

Weiter geht es dann auf der Straße 1193 nach Norden, dann biegt man nach links zur 1197 ab zum **Champatong Waterfall (auch Champa Thong Waterfall).** Man kann den Naturpfad bis oben erklimmen, gutes Schuhwerk ist auf den glitschigen Felsen ein Muss. Den 30-minütigen Aufstieg machen wenige Besucher und man ist hier meist für sich mit den Dschungelgeräuschen des dicht bewaldeten Hanges.

▪ Soi 6, Doi Busarakham, Ban San Pan Muang. Eintritt Wasserfall THB 100.

Baan-Dam-Freilichtmuseum,
Chiang Rai

Vom Goldenen Dreieck nach Nan

Schöne Bergstraßen entlang der laotischen Grenze am Mekong, bizarre Karstformationen und nicht zuletzt freundliche Menschen charakterisieren Thailands abgelegene Provinzen im Norden.

Der Verkehr ist in dieser Gegend gering und die Straßen sind gut – eine ideale Strecke für Selbstfahrer, egal ob auf zwei oder vier Rädern.

Das Goldene Dreieck – einst berühmt-berüchtigt durch seinen Opiumanbau und Schmuggel – ist heute ein Touristenmagnet für Reisende aus aller Welt, die den Mekong, die Mutter aller Flüsse, sehen möchten und nach dem Guerilla-Feeling von einst suchen. Das historische Chiang Saen ist bei Touristen wenig bekannt. Das Städtchen am Mekong ist eine ehemalige Festung, die eng mit dem Königreich Sukhothai verbunden war, bevor sie von den Burmesen gebrandschatzt wurde. Die Region entlang der laotischen Grenze ist geprägt von hohen Bergen, Passstraßen, Landwirtschaft und bizarren Felsformationen, einer von ihnen der Phu Chi Fa, der Finger, der in den Himmel zeigt, und den man auch als ungeübter schwindelfreier Laie besteigen kann. In Phu Sang lassen wir uns von einem warmen Wasserfall berieseln, bevor es nach Chiang Kham geht. Dann wird es einsam – es geht in die abgelegenste Provinz des Nordens nach Nan. Ein Nationalpark reiht sich an den nächsten, Karstformationen wechseln sich mit landwirtschaftlich genutzten Flächen und Dschungellandschaften ab.

Was anschauen?

Hall of Opium: Das Museum in Sop Ruak im Goldenen Dreieck erklärt anschaulich die Situation der Region früher und heute; ein Besuch gehört zum Pflichtprogramm. → S. 168

Wat Phumin: Im abgelegenen Städtchen Nan in der gleichnamigen Provinz stößt man auf sehr sehenswerte Tempelarchitektur, die von den Tai Lue beeinflusst ist. → S. 190

Nan Riverside Art Gallery: ein ungewöhnliches Anwesen im Nirgendwo, in dem junge Künstler ihre Werke malen und ausstellen können. Schönes Areal mit Coffeeshop zum Verweilen. → S. 190

Doi Phu Kha National Park: In diesem Nationalpark kann man im Februar die Blüte der Bretschneidera-Bäume bewundern, leider die letzten ihrer Art in Südostasien. → S. 185

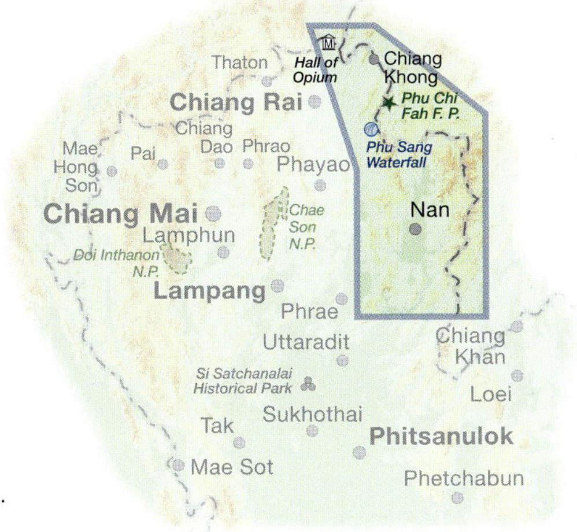

Was unternehmen?

Bootsfahrt auf dem Mekong: Eine Bootstour auf der Mutter aller Flüsse ist ein unvergessliches Erlebnis. → S. 171

Fahrradtour durch Chiang Saen: Der gemütliche Ort lässt sich hervorragend mit dem Fahrrad erkunden. Mitten in der Stadt sind Ruinen am Mekong zu besichtigen. → S. 171

Sonnenaufgang auf dem Phu Chi Fa: Vom Berggipfel hoch oben über Laos hat man einen fantastischen Ausblick. → S. 180

Nan: In der Provinzhauptstadt sollte man die Nachtmärkte am Tempel besuchen, durch die gemütlichen Gassen schlendern und sich von dem Gesang der Mönche und den vielen Tempeln einfach bezaubern lassen. → S. 188

Picknick am Phu Sang Waterfall: Den Besuch eines Tai-Lue-Dorfs kann man verbinden mit dem Erlebnis unberührter Natur in den Nationalparks oder einem Picknick mit Bad im Wasserfall. → S. 182

Wo übernachten?

Gin's Maekhong View: Übernachtung direkt am Fluss, die Sonnenuntergänge von der Terrasse oder dem Swimmingpool sind traumhaft. → S. 175

Bansaeo Garden: Ein modernes Resort mit gutem Service, ebenfalls am Mekong gelegen. → S. 178

Noble House: ein Geheimtipp in Nan, an der Umgehungsstraße in einem großen Garten mit Pool. Hier erwartet den Gast ein üppiges Frühstück mitten im Garten. → S. 194

Was und wo essen?

Khao Soy im Tastes from my Travel: Auch in Nan gibt es sie, die nordthailändische Currysuppe mit gelben Nudeln – hier schmeckt sie am besten. → S. 194

Schwimmendes Restaurant am Sirikit-Staudamm: Man verständigt sich am besten mit Händen und Füßen und genießt gebratenen Fisch mit Knoblauch und gemischtes Gemüse. → S. 195

Insel Don Sao: Wer einmal Schnaps mit eingelegter Schlange probieren möchte, ist auf der kleinen Insel im Mekong richtig. Zu erreichen ist sie auf einer Longtailboat-Tour. → S. 168

Rai Saeng Arun Resort: Hier schlemmt man auf der Terrasse mit tollem Blick auf den Mekong, das Gemüse stammt aus dem üppig bestückten eigenen Garten. Mit Übernachtungsmöglichkeit. → S. 176

Blick auf den Mekong zwischen Chiang Saen und Chiang Khong

Die Mekong-Region

Ein wahrer Magnet ist das Goldene Dreieck für Nordthailandreisende. In der Region, die sich über die Länder Laos, Thailand und Myanmar erstreckt, wurde bis ins 20. Jh. Opium angebaut und sie machte Schlagzeilen durch Mord und Totschlag. Heute werden Touristen aus aller Herren Länder in das kleine Dorf Sop Ruak gebracht, das als Zentrum des Goldenen Dreiecks vermarktet wird.

Die Touristen betrachten den erhabenen Mekong, machen Fahrten auf dem Fluss und besuchen die Museen, in denen die Geschichte der Region erzählt wird. Auch die thailändischen Orte Chiang Saen und Chiang Khong gehörten der Region an, doch ist Sop Ruak der Ort, der genau an der Grenze der drei Länder liegt und somit stellvertretend für die Region steht.

Sop Ruak

Das kleine Örtchen am Dreiländereck am Mekong hat nicht wirklich viel zu bieten und doch ist es in der Hauptsaison mit Touristen überschwemmt. Highlight sind die Hall of Opium und für gut Betuchte das Anantara Resort mit Elfefantencamp. Das Dörfchen Sop Ruak ist eigentlich ein ganz normales kleines Thai-Dorf, eine Hauptstraße, ein paar Nebenstraßen, ein 7/11 und kleinere Thai-Geschäfte. Doch dieses kleine Dorf steht für das berühmt-berüchtigte „Goldene Dreieck", das Dreiländereck zwischen Thailand, Laos und Myanmar. Hier fließt der kleine Fluss Ruak in den mächtigen Mekong, die

Vom Goldenen Dreieck nach Nan
15 km
LAOS
Mae Sai
Hall of Opium
Sop Ruak
Don Sao Island
Ang Kep Nam
Chiang Saen
Poeng
Pa Sak
Rim Khong
Muang Kan
Paung
Pangsalao
Chiang Khong
Houayxay
Saeo
Sathan
Tha Khao Plueak
Mae Chan
Had Tcha
Tha
Si Don Chai
Pak Tha
Namkha
Chok Chai
Kiang
Bun Ruang
Kwak Nuea
Doi Pha Tang
Phiang
Mokphang
Pak Beng
Mekong
Chiang Rai
Phaya Mengrai
Pang Bo Tai
Phu Chi Fa Forest Park
Tha Sai
Pha Ngam
Ta
Huai Sak
Huai Khrai
Doi Yao
Pang Hai
Mae Ao
Doi Lan
Thoeng
Phu Sang
Phu Sang Waterfall
Chiang Khian
Plong
Bouk
Muang Ngeun
Muang Han
Pang Hok
Phu Sang N.P.
Xianghon
Huai Kon
Pa Ngae
Wat Nantaram
Chiang Kham
Pa Daet
Phuang Phayom
Wat Phra Nang Din
Pang Tham
Khun Nan
Ngop
Mae Puem N.P.
Huai Ngiu
Doi Phu Langka
Chai Daen
Thung Chang
Hae
Pang Pak Hom
Pha Lak
Song Khwae
Chiang Klang
Doi Phou Khe
Mae Chai
Chun
Huai Bong
Pa Sang
Nam Mong
Oi
Phayao
Wat Tilok Aram
Dok Khamatai
Pong
Haen Song
Nam Yo
Pua
Bo Kluea
Pha Tang
Pa Tong
Tham
Doi Phu Nang
Nong Bua
Khun Nan N.P.
Mae Ka
Huai Sing
Nam Mao
Doi Phu Nang N.P.
Tha Fa Tai
Pha Khwang
Sop Mang
Tham Pha Thai N.P.
Thung Nong
Nunthaburi N.P.
Riverside Art Gallery
Pa Laeo
Doi Phu Kha N.P.
Chiang Muan
Tham Pha Tub F. P.
Phong
Rong
Bo Bia
Luang
Huai Yuak
Mueang Chang Tai
Tong
Nong Bua
Wat Phumin
Nan
Nam Tuang
Ngao
Mae Yom N.P.
Na Ka
Pong
Huat
Yom
Nam Pai
Mae Tip
Pa Lao
Wiang Sa
Huai Son
Mos N.P.
Tao Pun
Pang Mon
Mae Song Reservoir
Chom Phu
Nam Muap
Pha Wiang
Daen Chumphon
Huai Kaet
Wat Sali
Bo Bia
Sop Chang
Wang Pueng
Rong Kwang
Santha
Na Noi
Lao Si Phum
Tha Kham
Nan
Si Nan N.P.
Doi Phu Klong N.P.
Si Phum
Pak Huai Oi
Wat Bo Kaeo
Na Muen
Pang Hai
Phrae
Phae Muang Phi F. P.
Vongburi House
Wat Phra That Cho Hae
Khun Sathan N.P.
Long
Sung Mien
Paknai
Den Chai
Lam Nam Nan N.P.
Pang Kho
Uttaradit
Nang Phaya
Sirikit
Lampang
Chiang Mai
1
1290
3
1063
1016
1174
1098
1155
1173
1020
1093
1020
1126
1202
1202
1021
1092
1091
1148
1097
1148
2W
4A
101
1081
1256
1081
1333
1251
1091
1154
1168
1225
1168
1243
101
1162
103
1026
1083
1023
1022

„Mutter aller Flüsse", wie der Fluss in Asien genannt wird. Er ist der längste Fluss Südostasiens, der siebtlängste in Asien und weltweit der zwölftlängste. Er entspringt in Südostchina, in der Provinz Qinhai, fließt durch Ost-Tibet, die Yunnan-Provinz und Laos und bildet hier die Grenze zu Thailand. Um wohl keine andere Region Thailands ranken sich so viele Mythen und Geschichten wie um das Goldene Dreieck. Heute eine touristisch gut erschlossene Region mit Reisanbau, Anbau von Obst und Gemüse, war sie einst die Nummer eins im Opiumhandel, immerhin wurde in der Region ein Drittel des Weltverbrauchs an Opium angebaut. Das „Golden" bezog sich auf den Reichtum der Region, der durch den Opiumanbau erzielt wurde. Seit der illegale Opiumanbau zumindest in Thailand versiegt ist, ist Sop Ruak ein friedliches Örtchen, in dem es tagsüber von Selfie schießenden Touristen wimmelt. Am Abend nach dem Dunkelwerden allerdings werden die Bürgersteige hochgeklappt. Einige Hotels und Gästehäuser haben sich angesiedelt, auch das mondäne Anantara Resort mit seinem Elefantenzeltcamp liegt hier. Die Hall of Opium hat eine sehr informative Ausstellung und jede Menge Hintergrundwissen zum Thema Opium und kann sich mit seiner Darbietung mit anderen Top-Museen des Landes messen.

Boote am Mekong warten auf Passagiere

Die Hauptstraße verläuft entlang des Mekong, dessen Flussbett auf laotischer Seite extrem begradigt wurde, sodass man nicht mehr viel von dem fruchtbaren Delta sieht. Dafür aber jede Menge Casinos, die von Thais frequentiert werden, denn im Königreich ist das Glücksspiel verboten. Erhaben sitzt ein **goldener Buddha** am Bug eines nachempfundenen Longtail-Boots und wacht über den Fluss. Gegenüber haben sich Verkaufsstände und Massagesalons, die Fußmassagen anbieten, angesiedelt. Alles auf den Tagestouristen, insbesondere den Pauschaltouristen ausgerichtet. Entlang des Ufers warten Snackbuden und Kaffeestände auf Kunden. Ein Schild mit der Aufschrift „Golden Triangle" lädt zum Selfie ein. Man kann auf zwei stählerne Elefanten steigen, ebenfalls ein beliebtes Fotomotiv. Verkaufstüchtige Kapitäne rufen **„Boat to Laos"** und mit Schwimmweste ausgerüstet besteigt man eines der schnellen Longtail-Boote und rauscht über den Fluss zur kleinen **Insel Don Sao** in Laos. Für THB 50 Eintritt darf man das Land betreten. Verkaufsstände bieten allerlei Handwerksarbeiten, Taschen, Schals und T-Shirts an, ebenso Lebensmittel wie Honig und Früchte der Saison. Besonders beliebtes Mitbringsel bei Touristen ist der lokale Reisschnaps, in dem nicht der Wurm, sondern die Kobra drin ist. Man sollte unbedingt an einem der Essensstände etwas probieren, die laotische Küche ähnelt der Thai-Küche, doch sind viele Würzpasten anders aromatisiert – lassen Sie sich überraschen (Bootscharter ca. THB 350 pro Person).

Sehenswertes

Hall of Opium: Das Museum wurde von der Großmutter des Königs ins Leben gerufen und zeigt anschaulich die Geschichte des Opiums und der Region. Nach einem Einführungsvideo auf

bernachten

- Rai Saeng Arun (S. 179)
- Anantara Golden Triangle Resort (S. 171)
- The Imperial Golden Triangle (S. 171)
- The Serene at Chiang Rai (S. 171)
- De River Boutique Resort (S. 175)
- Sabai@Chiang Saen Hotel (S. 175)
- Gin's Maekhong View (S. 175)
- Pak Ping Rim Khong (S. 175)
- Athita The Hidden Court (S. 175)
- De Wiangrat Hostel (S. 175)
- A Hotel (S. 175)
- Siam Triangle Hotel (S. 176)
- 18 Viang Yonok (S. 176)
- 19 Bansaeo Garden and Resort (S. 178)
- 20 Chiang Saen Goldenland Resort (S. 176)
- 22 Teak Garden Riverfront Hotel (S. 178)
- 23 Baan Tammila Guesthouse (S. 179)
- 24 Funky Hostel (S. 178)
- 25 Green Inn Resident (S. 178)
- 26 The River House Hotel (S. 178)

Essen & Trinken (S.176 u. 179)

- 6 Baan Mai Nai Suan
- 8 Kong View Station
- 12 Night Market
- 21 Rider's Coffee
- 24 The Hub Pub And Funky Box Hostel

Einkaufen (S. 175)

- 12 Night Market (S. 176)
- 14 Tesco Lotus Express
- 15 Daily Market
- 27 Tesco Lotus Chiang Khong (S. 177)

Englisch geht man durch einen schmalen, dunklen Gang, der rechts und links von Reliefs schreiender menschlicher Gesichter gesäumt ist – ein beklemmendes Gefühl. In der Halle angekommen, steht man unter einer Kuppel, auf der eine Weltkarte abgebildet ist. Mit Hilfe von Lasertechnik und Beleuchtung wird die Geschichte des Opiums von der Antike bis in die Moderne per Computerstimme erzählt. Von hier geht es unter Deck – eine nachgebaute Kabine eines Frachters zeigt, wie das Opium verschifft wurde und welche Bedingungen an Bord herrschten. Ein weiterer Teil ist eine Ausstellung der verschiedenen Utensilien, die man zum Opiumrauchen benötigt: Pfeifen, Verdampfer und Aufbewahrungsbehältnisse aus verschiedenen Epochen. Ebenso sieht man den Nachbau einer Opiumhöhle. Gelungen ist auch die Ausstellung, die die Vergangenheit mit der Gegenwart verbindet und auf aktuelle Todesfälle von Prominenten und unbekannten Menschen weltweit durch Suchtverhalten aufmerksam macht. Ein MUST, wenn man in der Region ist.

▪ Hall of Opium Park, Di–So 9–17 Uhr.

212 Museum of Opium: Das kleine Privatmuseum hat einige Schmuckstücke an Opiumpfeifen und anderen Gegenständen zusammengetragen, die Kommentare sind in Englisch und erklären den Opiumhandel auf der einen Seite und die Situation der Bergvölker auf der anderen.

▪ Gegenüber 7/11 am Fuß des Wat Phra That Doi Phu Khao. Tägl. 7–19 Uhr. Eintritt THB 50.

Wat Phra That Doi Phu Khao: Hinter dem Museum of Opium führt eine Steintreppe, gesäumt von vier Naga–Schlangen, bergauf zum Wat Phra That Doi Phu Khao. Hier oben erwartet den Besucher eine schöne Aussicht über den Fluss auf die laotische Seite.

The Golden Triangle Asian Elephant Foundation: Sie befindet sich auf dem weitläufigen Anwesen des Anantara Resorts und ist eine der wichtigsten Stiftungen, die sich für den Erhalt der Rasse einsetzt. Die private Stiftung finanziert sich durch Spenden und durch die Anantara-Resort-Gruppe. Sie arbeitet eng mit dem Lampang Elephant Hospital zusammen. Ziel ist es, Elefanten aus unwürdigen Umständen von

Relief in der Hall of Opium

der Straße zu holen und ihre Zukunft zu sichern. Mahout-Kurse werden angeboten, Elefantenbaden und Elefantenbeobachtungen.

▪ 222 Golden Triangle, Chiang Saen www.anantara.com/golden-triangle-asian-elephant-foundation. Besuch auf Anfrage am besten per Internet.

Praktische Infos

Hin & weg **Mit dem eigenen Fahrzeug** ist die Region leicht zu erkunden. Die Straßen sind gut ausgebaut. Von Chiang Rai kommend, biegt man vom Highway 1 auf die Straße 1016 und folgt ihr, man hält sich in östlicher Richtung bis Sop Ruak. Dann führt diese entlang des Mekong nach Chiang Saen und weiter nach Chiang Khong. **Songhtaews** fahren von hier nach Chiang Saen und auch nach Mae Sai (die blauen).

Aktivitäten **Bootsfahrten auf dem Mekong** bieten die Kapitäne am Ufer an. Man fährt pro Person für ca. THB 350 mit schnellen Longtail-Booten über den Mekong auf die laotische Insel Don Sao. Weiter Schiffsfahrten, etwa nach Chiang Khong, sind momentan eingestellt, einfach die Kapitäne am Ufer fragen.

Übernachten → Karte S. 169 **Anantara Golden Triangle Resort 2**, das Fünf-Sterne-Resort mit Blick auf den Fluss lässt keine Wünsche offen. Angeschlossen ist das **Elephant Camp**, sodass man seinen Aufenthalt mit einem Lodge-Besuch kombinieren kann. Die Lobby ist ein Eyecatcher mit Teakmöbeln und lokalen Kunstwerken. Das Restaurant bietet europäische und Thai-Gerichte an. Die Zimmer haben alle einen unverbauten Flussblick. Das Resort hat einen Spa sowie ein Gym und sogar einen Squash Court. Vom Pool aus hat man einen schönen Blick auf den Mekong. 222 Golden Triangle, Chiang Saen, ✆ 053/7840015, www.anantara.com/en/golden-triangle-chiang-rai. **€€€€**

The Serene at Chiang Rai 4, das moderne Hotel liegt direkt am Fluss am Ortsausgang Richtung Chiang Saen, die Zimmer mit Flussblick sind etwas teurer. Der Pool mit Blick auf den Mekong ist schön zum Relaxen. 569 Moo 1, Wiang Chiangsaen, ✆ 053/784500, www.sereneatchiangrai.com. **€€**

The Imperial Golden Triangle 3, eine Anlage der Imperial-Gruppe. Saubere Zimmer, gepflegter Garten und schöner Pool. Es liegt mitten in Sop Ruak in Laufweite zum goldenen Buddha und den Museen. 22 Golden Triangle, Chiang Saen, ✆ 053/784001, www.imperialgoldentriangleresort.com. **€€**

Essen & Trinken Wer in Sop Ruak übernachtet, findet am Abend fast keine offenen Restaurants oder Garküchen, das ist dann den **Resorts** vorbehalten. Entlang des Flusses gibt es jede Menge Restaurants und Cafés, allerdings haben wir festgestellt, dass viele von ihnen sehr schnell wieder schließen, von daher ist es schwierig ein Restaurant außerhalb der Resorts zu empfehlen. Tagsüber gibt es zwischen der Hall of Opium und dem Ortszentrum linker Hand mit Blick auf den Fluss eine Ansammlung von **Garküchen** mit gutem Streetfood.

Chiang Saen

Weiter den Mekong hinunter, nach nur etwa 6 km, gelangt man zur weitestgehend unbekannten Stadt Chiang Saen. Sie ist allerdings das eigentliche Highlight der Region. Eine geschichtsträchtige Stadt, die während der Sukhothai-Periode eine der glanzvollsten des Königreichs war. Ruinen mitten in der Stadt, die man auf historischen Pfaden mit dem Fahrrad erkunden kann, ein spannendes Geschichtsmuseum, ein See für Vogelliebhaber und schöne Unterkünfte laden zum Verweilen ein.

Stadtgeschichte

Chiang Saen wurde vermutlich schon vor 2000 Jahre gegründet, hierfür konnte aber bislang kein Beweis gefunden werden, die Annahme basiert auf Sagen und Überlieferungen. Die Geschichtsbücher belegen aber eine Gründung der Stadt durch den Enkel des Königs Mengrai im Jahr 1325. Die Stadt war Teil des Lanna-Reiches. Zur damaligen Zeit erstreckte sie sich auf beiden Seiten des Mekong und war eine florierende Handelsstadt.

Gut gelaunte Geister spuken nicht

Im Theravada-Buddhismus haben sich viele animistische Glaubenselemente erhalten, so auch der Glaube an die Phis, die kleinen Hausgeister. Für sie muss man unbedingt ein Häuschen aufstellen und den Geist pflegen. Sie gehören zu Thailand wie das Weißbier zu Bayern, die Geisterhäuschen. Fast in jedem Garten, auf Balkonen und auf Hausdächern sind die kleinen Tempelchen zu sehen. Vor Hotels und öffentlichen Gebäuden nehmen sie riesige Ausmaße an. Der Glaube an Geister ist in Thailand, besonders in der ländlichen Bevölkerung, allgegenwärtig.

Errichtet man beispielsweise ein Haus, muss man auch ein Haus für den Geist, der auf dem Grundstück lebt, bauen, das sog. **San Phra Phun.** Diese auf Sockeln stehenden Häuser sind aus Gips und manchmal auch aus Holz gefertigt. Sie sind Heimat der Hausgeister, der **Phi Ruan.** Vor der Errichtungszeremonie der Häuschen wird zunächst ein buddhistischer Mönch befragt, der den richtigen Platz bestimmt, denn die Geisterhäuser dürfen nicht im Schatten des Hauses stehen und auch links der Eingangtür ist kein guter Platz dafür. Am besten baut man es in der Nähe des Hofeingangs oder der Mauer, sodass der Geist das Haus auch vor Eindringlingen beschützen kann. In einer komplizierten Rechnung wird der passende Zeitpunkt der Errichtung festgelegt. Steht der Termin fest, werden Nachbarn, Freunde und Verwandte eingeladen. Die Mönche sprechen Gebete und den Haussegen, Räucherstäbchen werden angezündet. Das Haus der Geister muss auch eingerichtet werden. Damit sie zufrieden sind, setzt man kleine Püppchen in ihre neue Behausung, auch Tierfigürchen, Spielsachen oder Mini-Fernseher findet man. Der Geist braucht Unterhaltung und Gesellschaft.

Natürlich müssen die Geister auch kulinarisch bei Laune gehalten werden, und so bringt man ihnen regelmäßig süße Getränke, Früchte, Wasser und auch Reis. Man zündet Räucherstäbchen an und stellt Blumen in die Vase. An manchen Tagen bekommen sie auch Wein oder Schnaps. Girlanden dürfen auch nicht fehlen. Wenn die Geister rundum glücklich sind, beschützen sie im Gegenzug das Haus. So sieht man auch in Resorts und an öffentlichen Gebäuden immer wieder Angestellte mit Schalen, in denen sie den Phis Gaben bringen.

Aber wehe, man pflegt das Haus der Phis nicht, das kann verheerende Folgen haben. Es können Schäden am eigenen Haus auftreten und die Geister wachen nicht mehr über ihre Bewohner oder verschwinden gar aus ihrem Haus, dann müssen sie mittels einer weiteren Zeremonie zurückgerufen werden.

Die Farbe des Geisterhäuschens hat oft die Geburtstagsfarbe des Hausherrn oder der Hausherrin. Schon in der Ayutthaya-Periode ordnete man jedem Wochentag eine Farbe zu. Montag Gelb, die Farbe des Königshauses, Dienstag Rosa, Mittwoch die Farbe Grün, Donnerstag Orange, Freitag die Farbe Blau, Samstag Purpur und Sonntag die Farbe Rot.

Auch der Abriss eines Geisterhauses darf nicht einfach so geschehen, denn auch das bringt Unglück. Daher wird bei einem Umzug meist ein Geisterhaus des neuen Besitzers zusätzlich aufgestellt. Muss ein Geisterhaus wirklich weichen, muss auch wieder ein Brahmane oder Mönch den richtigen Zeitpunkt bestimmen und es wird dann in einer weiteren Zeremonie abgebaut und auf den Geisterhausfriedhof gebracht, das kann irgendwo an einem Tempel oder einem heiligen Baum sein.

Auch an unfallträchtigen Straßen findet man Geisterhäuschen, die positiven Einfluss auf das Verkehrsgeschehen nehmen sollen.

Ein typisches Geisterhäuschen eines Privathauses

Der beste Beweis, wie Geisterhäuschen wirken, ist in Bangkok zu finden. Das größte Geisterhaus Thailands ist der Erawan-Schrein. Mitte der 1950er-Jahre begann der Bau des Erawan-Hotels, dabei ereigneten sich zahlreiche Unfälle unter den Bauarbeitern. Niemand wollte mehr dort arbeiten, bald schon verdichteten sich Unfälle, deren Ursachen nie genau geklärt werden konnten. Für die beunruhigten Bauarbeiter, die die Arbeit niederlegen wollten, wurden ein Astrologe und ein Mo Phi zu Rate gezogen. Schon bald diagnostizierte der Mo Phi, der Geister-Arzt, dass die Geister im Ort aufgebracht seien, weil auf dem Grundstück Bäume gefällt worden waren, in denen sie zu ruhen pflegten. Um die Geister zu versöhnen, wurde 1956 der Erawan-Schrein errichtet. Seitdem gab es keine Unfälle mehr und die Geister waren besänftigt.

Die mächtige Festungsmauer, die die Stadt umgab, hatte elf Tore. Heute zeugen noch die vielen Tempelruinen vom einstigen Glanz der Stadt. Als das Lanna-Reich von den Burmesen eingenommen wurde, fiel auch Chiang Saen und stand von da an unter der Knechtschaft Burmas. Nachdem Chao Kawila, der damalige Herrscher Chiang Mais, 1804 Chiang Saen zurückerobert hatte, nutzte er die Stadt als Festung und siedelte seine Bewohner um. Erst Anfang des 20. Jh. ließen sich wieder Menschen in Chiang Saen nieder. Heute ist die Stadt ein lebhafter Marktflecken und bietet die beste Infrastruktur der Mekong-Region.

Die heutige Stadt wurde sozusagen zwischen Ruinen wieder neu aufgebaut. Ein Spaziergang oder eine kleine Radtour – die meisten Gästehäuser bieten kostenlose Fahrräder an – oder eine Fahrt mit dem Roller durch die Innenstadt lohnen sich. Die Ruinen der Tempel sind mit Tafeln in englischer Sprache versehen und man bekommt einen Überblick, wie groß die Stadt früher war. Auch Teile der Stadtmauer sind erhalten.

Sehenswertes

Chiang Saen National Museum: Das Museum neben dem Chedi Luang vermittelt einen guten Eindruck vom einstigen Chiang Saen, es zeigt bei Ausgrabungen gefundene Alltagsgegenstände wie Teller und Scherben von Geschirr, Buddha-Amulette und Armbänder, außerdem Steine mit Inschriften und Buddhastatuen aus der Sukhothai-Periode.

▪ Mi–So 8.30–16.30 Uhr. Eintritt THB 30.

Wat Phra That Chedi Luang: Dieser Tempel mit der höchsten Stupa der Stadt wurde 1291 errichtet. Der Tempel ist auch heute wieder „in Betrieb" und es wurden verschiedene moderne Gebäude hinzugefügt. Die hohe Stupa aus der Gründerzeit des Tempels ist aus Stein, in den Fugen wächst Gras – sie erinnert irgendwie an die Vergänglichkeit, vielleicht ist sie ein Symbol hierfür und wird deshalb nicht besser gepflegt. Vor dem Chedi steht ein zu allen Seiten offener Viharn mit einem heruntergezogenen Dach. Er ist der Versammlungsort der Mönche und Gläubigen. Die Buddhastatue ist aus jüngerer Zeit.

Sonnenaufgang über dem Mekong

Überall auf dem Tempelareal findet man noch Überbleibsel aus längst vergangenen Zeiten: hier eine Buddhastatue, der die Arme fehlen, dort die Grundfeste eines Chedis und hier und da sind noch Stücke der alten Mauern erhalten. Das Areal ist von hohen Bäumen umgeben und der Wind lässt die Tempelglöckchen klingeln – ein verwunschener Ort.

Wat Pa Sak: Die am Nong Mod Gate gelegene Ruine hat einen der schönsten erhaltenen Chedis, ein Stein-Chedi im burmesischen Stil, auf einem viereckigen Fundament errichtet. Die Buddhastatuen in den Nischen sind zum Teil sehr gut erhalten. Sie zeigen alle den für die Sukhothai-Periode typischen stehenden Buddha. Auf dem weitläufigen Areal kann man alte Mauern und Überreste der ehemaligen Tempelgebäude sehen. Einst wurden um den Tempel herum 30 Teakbäume gepflanzt, die ihm seinen Namen „Teakwald" gaben.

Chiang Saen Lake: Etwas außerhalb liegt der See, ein Paradies für Vogelbeobachter. Mit dem Roller kann man auf unbefestigeter Straße den See umrunden.

Praktische Infos

Hin & weg Der Busbahnhof befindet sich in Chiang Saen. Zwischen Chiang Saen und Chiang Rai fahren lokale **Busse,** die schon fast auseinanderzufallen scheinen, mit und ohne AC. Die Fahrt dauert zwischen 2,5 und 3 Std. Von Chiang Mai aus steuert die **Greenbus** Company Chiang Saen an (www.greenbus thailand.com). Nach Bangkok gibt es 1-mal täglich einen Nachtbus nach Mo Chit (Sombat Ltd. – neben der Kasikorn Bank in Chiang Saen, www.sombattour.com).

Zwischen Chiang Saen und Sop Ruak verkehren tagsüber **Songthaews.**

Achtung bei der Ausreise: Wer ein Casino auf der laotischen Seite besuchen will, kann mit einem Shuttle Boat gratis hinüberfahren. Allerdings wird bei der Einreise das 30-Tage-Visum on Arrival für Thailand ungültig. Reist man dann wieder nach Thailand zurück, hat man nur noch 15 Tage Aufenthaltsrecht im Königreich, da man über den Landweg eingereist ist.

Gesundheit Chiang Saen verfügt über ein **Krankenhaus,** ✆ 053/777314. Eine **Apotheke** mit einer Apothekerin, die gut Englisch spricht, liegt direkt neben dem De Wiangrat Hostel.

Einkaufen → Karte S. 169 Ein **Tesco Lotus Express** **14** befindet sich gegenüber dem Markt beim Busbahnhof, ebenso ein **7/11,** weitere 7/11 Läden sind im Ort verstreut. Die **Geschäfte an der Uferstraße** bieten Haushaltswaren, Kleider und Waren für den täglichen Gebrauch. Der **Markt** **15** befindet sich hinter dem Lotus's Fresh.

Übernachten → Karte S. 169 **Sabai@ Chiang Saen** **7**, modernes vierstöckiges Hotel mit Zimmern mit Mekong-Blick und Coffeeshop. 182 Moo 8, Wiang 1, Chiang Saen, ✆ 053/650650, www.sabaihotel.co.th. **€€**

De River Boutique Resort **5**, am Ortsausgang Richtung Chiang Kham gelegen, bietet das Hotel moderne Zimmer mit Balkonen zum Fluss. 455 Moo 1, Wiang, Chiang Saen, ✆ 053/784466, www.deriverresort.com. **€€**

meinTipp **Gin's Maekhong View** **9**, das wohl schönste Resort vor Ort. Eine Handvoll einzelner Bungalows mit Blick auf den Fluss und ein kleines Gebäude mit 14 Zimmern direkt am Ufer des Mekong. Schöner Garten und Swimmingpool mit Flussblick. 225 Moo 8, Rimkhong Rd., ✆ 064/2298875, www.ginmaekhong view.com. **€€**

meinTipp **Athita The Hidden Court Chiang Saen** **11**, das Resort liegt mitten im Ort und ist zu 90 % aus Teakholz gebaut. Sehr schöne Zimmer, mit Abstand das beste Haus am Platz. 984 Moo 2, Wiang, Chiang Saen, Chiang Rai, 57150, ✆ 063/4269464, www.athita hotel.com. **€€€**

Pak Ping Rim Khong **10**, schönes Guesthouse gegenüber von Gin's an der Straße. Freundlicher Besitzer mit gutem Englisch. Fahrräder zu mieten. 484 Moo 2, Rimkhong Rd., ✆ 053/650151, pakpingrimkhong@hot mail.com. **€**

De Wiangrat Hostel **13**, kleines Guesthouse unweit vom Markt. Saubere Zimmer, freundlicher Service. 42 Moo 2, Rabrong Rd., ✆ 053/650997, www.dewiangrat@hotmail.com. **€**

A Hotel **16**, kleines Hotel mit Bungalows und Guesthouse, saubere Zimmer, geräumige Familiensuiten mit bis zu 3 Zimmern (THB 4500). Fahrräder gratis. 714 Moo 9, ✆ 082/79010742, www.ahotel.in.th. **€**

Chiang Saen Goldenland Resort 20, Bungalowanlage mit Holz- und Steinbungalows sowie 10 Zimmern auf zwei Stockwerken verteilt. Die meisten Zimmer sind allerdings etwas in die Jahre gekommen, am besten nimmt man die direkt hinter der Rezeption. Die Steinbungalows sind neu gebaut und gut ausgestattet. Neuerdings verfügt die Anlage über einen Pool. 663 Moo 2, ✆ 053/777123, www.chiangsaengoldenland.com. **€**

Siam Triangle Hotel 17, ein neues, modernes Resort am Ufer des Mekong. Swimmingpool mit Blick über den Fluss, schöne Zimmer mit Balkon – ein toller Platz für den Sonnenaufgang über dem Mekong. 267 Moo 9, ✆ 053/651115, www.siamtriangle.com. **€€**

Mein Tipp **Viang Yonok Resort 18**, das Resort unter englischer Leitung legt großen Wert auf familiäre Atmosphäre. Es liegt idyllisch am Chiang-Saen-See außerhalb des Ortes. Eine Mauer mit Festungstürmchen umgibt das lauschige Resort. Mit nur 6 freistehenden Bungalows ist man unter sich. Der Fitness-Raum und der Swimmingpool genügen, um gerne auch mal einen ganzen Tag abzuhängen. 201 Moo 3, Tumbon Yonok, Chiang Saen Lake, ✆ 053/650444 oder 0818628727, www.viangyonok.com. Bungalow ab THB 2800. **€€€**

Eine Übernachtung in einem der **Casinos in Laos** lohnt sich nicht wirklich, die Zimmer sind nicht besonders sauber und das Preis-Leistungs-Verhältnis stimmt nicht.

Essen & Trinken → Karte S. 169 **Baan Mai Nai Suan 6**, 2 km nach Gin's Maekhong View Richtung Sop Ruak auf der linken Seite. Mit Holztischen und Bänken gemütlich eingerichteter Garten, große Brunnen und Blumen überall. Sehr gutes Essen, unbedingt den Mangosalat mit dem getrockneten Fisch probieren, auch der Yam Hua Phli, der Bananenblütensalat, ist empfehlenswert, gefolgt von einem grünen Curry. **€**

Kong View Station 8, nördlich von Gin's gibt es ein schönes Bar-Restaurant. Man sitzt entweder im Freien oder in einem Zugabteil, in dem sogar die Gepäckstücke in der Ablage nicht fehlen. Einfache Thai-Gerichte, aber auch Steaks bietet das gut besuchte Restaurant am Fluss. **€**

Am Flussufer in Chiang Saen an der großen Treppe findet allabendlich ein Auflaufen von mobilen **Garküchen** statt. Einfach etwas aussuchen und am Fluss essen.

Gegenüber vom Lotus's Fresh baut jeden Abend ein **Markt 12** auf mit diversen Essensständen – wer es gerne einfach und gut mag.

Nach Chiang Khong

Weiter entlang des Mekong hält man sich in Ban Saeo links Richtung Fluss, ein Schild mit der Aufschrift „Rai Saeng Arun" weist den Weg. Man folgt nicht der mit Chiang Khong ausgeschilderten Straße 1290, sondern fährt durch kleine Dörfchen entlang der Mutter der Flüsse. Man sieht, wie das fruchtbare Flussdelta für die Landwirtschaft beackert wird: Bohnen, Mais, Auberginen und auch Tabakpflanzen gedeihen hier. Allgegenwärtig die Geisterhäuschen auf den Feldern, mal aus Holz, mal bunt und aus Zement. Der Blick auf den Fluss, der hier seicht riesige Steinquader umspült, ist immer wieder schön.

Blick von der Terrasse des Arun

Nach ca. 70 km gelangt man zum **Rai Saeng Arun Resort** am Ufer des Mekong. Über Holzplanken durch einen blühenden Garten, dessen Beete mit Gemüse durchzogen sind, gelangt man auf die Terrasse, die einen herrlichen Blick über den Mekong und die gegenüberliegenden Berge von Laos bietet. Das Essen ist gut, die Salate werden gleich neben den Tischen geerntet und die Tom Kha Gai, eine Kokossuppe mit

Der Mekong bildet die natürliche Grenze zwischen Thailand und Laos

Hühnchen, ist sehr schmackhaft, besonders im Winter, wenn eine steife Brise vom Fluss weht. Und übernachten kann man hier auch – ein bisschen „in the middle of nowhere", aber schön.

Chiang Khong

Nach weiteren 20 km gelangt man in das Grenzörtchen Chiang Khong. Hier ist nicht wirklich was geboten – keine Ruinen, keine spektakulären Tempel, keine spannenden Geschichten – gar nichts –, aber das macht nichts, denn so kann man das Hier und Jetzt des thailändischen Lebens genießen. Der Ort mit den günstigen Übernachtungsmöglichkeiten ist der Gateway nach Laos, Durchgangsort für Traveller und ein wahres Backpacker-Paradies, in den urigen Unterkünften wird Travellergarn gesponnen und die Uhren ticken langsamer. Chiang Khong besteht aus einer Hauptstraße und ein paar Nebenstraßen. Ein Fußweg führt entlang des Flusses und man schlendert vorbei an gemütlichen Guesthouses und alten windschiefen Fischerkaten. Die meisten Unterkünfte stellen Fahrräder zur Verfügung – eine gute Art, sich in den engen Gassen fortzubewegen.

Chiang Khong ist der Ausgangsort, um die Reise nach Laos fortzusetzen. Hier gehen die **Boote** für Fußgänger ab, man kommt nicht mit dem Mietwagen oder dem Roller über die Grenze. Auf der laotischen Seite passiert man die Einwanderungsbehörde, legt seinen Pass vor und kauft das Visum on arrival. Ein Visum kostet USD 30 und berechtigt zum Aufenthalt von 30 Tagen.

Auch die Slow Boats entlang des Mekong legen hier ab.

Praktische Infos

Hin & weg Die **Shuttle-Boote nach Laos** legen am Pier ab. Sie setzen zum Grenzposten über und man reist nach Laos ein – oder von Laos nach Thailand. Nur für Fußgänger.

Hier starten auch die **Slowboat-Touren auf dem Mekong** (s. u.).

Aktivitäten **Funky Hostel** **24** (→ S. 169) bietet tolle Touren an: Trekking, Wandern zu Wasserfällen, Radtouren, Besuch bei den Hilltribes. Absolut authentisch und ohne Massentourismus, kleine Gruppen mit max. 6 Pers. Soi 2 Thessaban Rd., ✆ 093/2782928.

Einkaufen **Tesco Lotus Chiang Khong** **27** (→ S. 169), Supermarkt der Lotus's-Kette, Lebensmittel und Haushaltswaren.

Mein Tipp **Cruises,** mit dem Slowboat kann man den Mekong hinunterfahren bis Luang Phrabang. Buchen kann man die Touren im Internet, www.cruisemekong.com oder auch www.laosmekongcruise.com. Auch **Asian Oasis** bietet spannende Touren kombiniert mit Lodges, www.asian-oasis.com. Vor Ort in Chiang

Khong kann man bei **Chiang Khong Thai – Laos Travel** vorstellig werden, 68, Sai Klang Rd.

Wer sich für Touren auf der laotischen Seite interessiert, dem empfehlen wir **Orla Tours,** www.orlatours.com.

Übernachten **→ Karte S. 169** **Teak Garden Riverfront Hotel 22**, modernes Resort am Ufer des Mekong mit Balkonen zum Fluss, Swimmingpool, der den Fluss überschaut, und die modernen Zimmer sind neu restauriert– momentan das beste Haus im Ort. 666 Moo 8, ✆ 053/792008, www.accor.com. **€€**

MeinTipp **Bansaeo Garden and Resort 19**, neu eröffnetes Resort mit Charme. Außerhalb am Mekong gelegen, bietet das Resort alles, was man sich als Urlauber wünschen kann: geräumige Zimmer, modern eingerichtet, Blick auf den Mekong, schöner Pool, Gym und gutes Frühstücksbuffet. **€€€**

Funky Hostel 24, gepflegtes Hostel mit gutem belgischen Pub. Mehrstockbetten, Schlafsaal. Soi 2, Thessaban Rd., ✆ 093/2782928. **€**

Green Inn Resident 25, an der Hauptstraße gelegen, saubere Zimmer mit AC und privatem Bad. 89/4 Moo 2, Wiang, ✆ 0853/791009, Greeninn_ck@hotmail.com. **€**

The River House 26, schönes Guesthouse am River Walk. Zimmer mit und ohne Flussblick. Alle Zimmer verfügen über ein privates Bad. 419 M. 12 T. Wiang, the riverhouse_chiang khong@hotmail.com. Mit AC ab THB 900, ohne AC bereits ab THB 450. **€**

Opium: Wie die Mohnkapsel die Welt eroberte

Opium war bereits in der Antike als Rausch- und Betäubungsmittel bekannt. Der Saft der Mohnkapseln wurde im Mittelalter von Persien nach Asien eingeführt. Bereits vor 8000 Jahren wurde Schlafmohn von den Menschen angebaut.

Als die Briten Mitte des 18. Jh. Nordost-Indien eroberten, ein Gebiet, in dem damals massiv Opium angebaut wurde, erschufen sie ein perfides System, um China und die asiatische Welt mit Opium zu versorgen. Die British East India Company schaffte es, das Marktmonopol aufzubrechen und der führende Importeur von Opium in Asien zu werden. China wollte den Handel und Anbau von Opium verbieten, was dann 1839 zum ersten Opium-Krieg führte, den die Engländer gewannen. China musste ihnen bei der Kapitulation die Kolonie Hongkong abtreten und die Opium-Einfuhr sowie den Anbau bewilligen. Auch den zweiten Opium-Krieg verlor China und der Handel mit Opium florierte. Gleichzeitig nutzten die Briten die Gunst der Stunde und rangen China politische Zugeständnisse ab. So wurde die christliche Religion legalisiert, Ausländer durften Eigentum besitzen und die ersten Botschaften wurden in Peking zugelassen. Während dieser Zeit war Opium bereits ein beliebtes Rauschmittel in der chinesischen Kultur, das in allen Gesellschaftsschichten konsumiert wurde, meist mittels Opiumpfeifen geraucht. Dazu legte sich der Rauchende auf ein Kissen in einem abgedunkelten Raum und ließ liegend den berauschenden Rauch des Opiums auf sich wirken. Durch die Zuwanderung chinesischer Arbeiter in die USA und nach Europa wurden auch dort mehr und mehr Opiumhöhlen eröffnet und so eroberte die Droge Europa und die neue Welt.

Baan Tammila 23, seit 1990 in Betrieb, gepflegtes Guesthouse mit Holzbungalows, die auf einem großen Areal am Fluss stehen. 113, Soi 1, Wiang, ✆ 053/721934, www.baantammila.com. **€**

Rai Saeng Arun Resort 1, wer es abgeschieden mag, ist hier richtig. Die in die Natur einge- betteten Bungalows am Mekong sind mit allen Annehmlichkeiten ausgestattet. Die großen, aus Naturmaterialien gebauten Häuser laden zum Verweilen ein, was leider bei dem Preis fehlt, ist ein Swimmingpool. Tambon Rim Khong, ✆ 096/5659495, www.raisaengarun.com. **€€€**

Essen & Trinken → Karte S. 169 **The Hub Pub 24**, der gemütliche Pub des Funky Hostels ist bei Alt und Jung beliebt. Klassiker wie „fish and chips" stehen ebenso auf der Karte wie mundwässernde Burger. Einfach mal ausprobieren, neue Leute kennenlernen – ein Restaurant mit Wohlfühlcharakter. Adresse → Übernachten. **€€**

Rider's Coffee 21, an der Hauptstraße, leicht zu erkennen an dem großen Gorilla auf dem Vorplatz. Meist von Bikern frequentiert. Kaffee und Snacks, Burger, aber auch Pizzen. Chiang Saen – Chiang Khan Rd. **€**

Essenstände und **Garküchen** findet man jede Menge und die Guesthouses und Hotels kochen ebenfalls authentische Thai-Gerichte, ab und an wird auch mal ein Sandwich oder Spaghetti auf der Karte stehen, ein bei Thais allzeit beliebter Snack.

Im Europa der Belle Epoque gehörte Laudanum, in Alkohol gelöstes Opium, zum guten Ton, während in Deutschland bereits eine weitere Droge aus dem Saft von Mohnkapseln gewonnen wurde: Heroin, zunächst als Hustensaft verschrieben, entwickelte sich zu einer der verheerendsten Drogen der Neuzeit.

Durch das Verbot von nicht-kontrolliertem Anbau von Opium Ende der 1920er-Jahre und der gleichzeitigen Entwicklung von Heroin wuchs der Schwarzhandel mit dem Schlafmohn und besonders in der Region um das Dreiländereck, dem Goldenen Dreieck, entwickelten sich wahre Kriege um die Pflanze. In dem riesigen Dschungel der Mekong-Region wurde Jahrzehnte lang Opium angebaut, es war das Lebenselixier der Hilltribes, der Bergstämme des Nordens. Kontrolliert von Thais, Laoten und Burmesen, wurde diese Region zu einer wahren „Outlaw Zone". In den 1980er-Jahren konnte der Handel und Anbau von Opium in Thailand weitestgehend unter Kontrolle gebracht werden. Eine große Rolle spielte hierbei die königliche Familie, die durch ihre Royal Projects den Farmern die Möglichkeit gab, andere Produkte zu kultivieren. Heute findet man in der Region Kaffee- und Teeplantagen, Mais, auch Erdbeeren, Passionsfrüchte und Avocados werden angebaut. Außerdem erschlossen sich durch den wachsenden Tourismus andere Einnahmequellen.

Hat man dem Opium weitestgehend den Garaus gemacht, schwappt jetzt eine neue Drogenwelle über Thailand. Crystal Meth, genannt Ya-ba, erobert das südostasiatische Land. Die Droge wird meist in Tablettenform genommen, wird in Laos und in abgelegenen Gebieten von Chiang Rai produziert und überschwemmt das ganze Land. Auch wenn in Thailand noch immer die Todesstrafe auf Drogenhehlerei und Drogenkonsum steht, scheint der Profit höher zu sein als die Angst vor Strafe.

Entlang der Grenze nach Nan

Die Fahrt ist von Lokalkolorit geprägt, nur wenige Langnasen verirren sich in die Region. Dabei hat sie einiges zu bieten: den Sonnenaufgang auf dem Phu Chi Fa mit Blick auf Laos, ein Bad in einem warmen Wasserfall, den Besuch des Tempels des auf dem Boden sitzenden Buddhas. Man fährt über die wohl schönste Straße der Region nach Nan, eine abgelegene Provinzhauptstadt mit Charme.

Nach Chiang Khong wird die Straße schmaler und steigt stetig an. Links hohe Berge, rechts schaut man hinunter auf die Gemüseanbauflächen. Durch kleine Weiler und Dörfer, in denen sich Fuchs und Hase gute Nacht sagen, geht es weiter, bis die Straße sich den Berg hinabschlängelt und in der Ebene um Chiang Kham wieder öffnet. Hier sind sie wieder, die Reisfelder. Doch schon bald geht es wieder hoch hinaus auf die wohl schönste Straße der Provinz, die 1148, mit wenig Verkehr, gut ausgebaut und wunderbaren Ausblicken. Nehmen Sie es gemütlich, bis Sie im schönen Nan angekommen sind.

Der Phu Chi Fa

Phu Chi Fa, der Finger, der in den Himmel zeigt, heißt der Berg an der laotischen Grenze, ein beliebter Ausflugsort für Thais, die in den frühen Morgenstunden bereits zum flachen Gipfel laufen, um den Sonnenaufgang mit dem darunter liegenden Nebel zu betrachten.

Kommt man von Chiang Khong, fährt man auf der 1055 an Thailands grüner Grenze entlang (anstatt auf der Straße 1020 wieder zurück nach Chiang Rai zu fahren). Die schmale Straße schraubt sich zwischen Baumriesen entlang in die Höhe, es bieten sich schöne Ausblicke auf die Täler, in denen Gemüse angebaut wird. Hier und da sieht man einen überladenen Pick-Up mit Mais, dann wieder einen mit Kohlköpfen, und auf den Feldern blitzen zur Erntezeit die farbenfrohen Gewänder der Hilltribe-Frauen auf. Hinter einer Biegung taucht eine Ansammlung von Häuschen auf, bei näherem Hinsehen stellt man fest, dass es sich um Bungalow-Anlagen handelt. Hier auf dem Berg in dem kleinen Dörfchen gibt es jede Menge Platz zum Schlafen in sehr einfachen Bungalows, die allerdings die besten Tage gesehen haben. An den Wochenenden kann es in den Wintermonaten schon mal voll werden, unter der Woche ist meist tote Hose. Umso besser.

Auf dem Gipfel

Das Dörfchen selber hat nicht wirklich etwas zu bieten. Entlang der Straße gibt es einige Garküchen, die ihre Pforten abends bereits gegen 20 Uhr schließen.

Aufstieg auf den Phu Chi Fa

Der Berg ruft: Man kann entweder dem Schild am Dorfeingang folgen, biegt links ab und parkt auf dem weitläufigen Gelände. Der Weg verläuft über leicht ansteigende Wiesen bis zum relativ flachen Berggrat. Der Aufstieg dauert ca. 30 Minuten ohne große Schwierigkeiten. Dann geht es zu Fuß über den flachen Bergrücken bis zum **Aussichtspunkt.**

Alternativ fährt man weiter bis ins Dorf, dann die steile Straße an den Bungalows nach oben, auch hier weist ein Holzschild den Weg. Am Parkplatz folgt man der Treppe, überwindet anschließend noch zwei kleine Steigungen und gelangt so auf den **Grat.**

Das letzte Stück ist jedoch nichts für Leute mit Höhenangst, hier geht es ungesichert über einen schmalen Grat bis zum Felsvorsprung. Von dem Felsvorsprung hat man einen tollen Ausblick über das Tal und den Nachbarstaat Laos, unten in der Ferne glitzernd erahnt man den Mekong. Am eindrucksvollsten

Der Finger, der in den Himmel zeigt

ist es, früh am Morgen zum Sonnenaufgang auf den Aussichtspunkt zu wandern. Im Winter liegt das Nebelmeer unten im Tal und man wartet, bis es wärmer wird, die Sonne ihre Kraft entfaltet und dann liegt das Mekong-Delta glitzernd unter dem Besucher.

Praktische Infos

Hin & weg Es fahren keine öffentlichen Verkehrsmittel nach Phu Chi Fa. Entweder fährt man selber oder chartert ein **Taxi** oder **Songthaew** ab Chiang Khong oder Chiang Rai.

Übernachten → Karte S. 181 **Phu Mok Dok Mai Resort 2**, große Bungalows in einem schönen Garten am Hang. Ban Romfa, ✆ 089/5056461. €

Phufa Saree 1, mitten im Ort an der Straße, geräumige Zimmer mit AC, Kühlschrank, Warmwasserdusche. ✆ 093/2588401. €

Phu Fah Tawan Resort 3, am Hang gebaut, saubere geräumige Zimmer mit AC und Warmwasserdusche sowie Kühlschrank. Die Restaurant-Terrasse und die Zimmer mit Talblick bieten eine schöne Aussicht, Spielecke für Kinder und Café. €

Nach Chiang Kham

Weiter auf der 1095 fährt man immer entlang der laotischen Grenze Richtung Süden, die Staße ist gut, die letzten 10 km vor Phu Sang etwas holperig, aber durchaus mit einem normalen Pkw befahrbar.

Phu Sang Waterfall

Gelangt man auf die Ebene, ist man wieder von Reisfeldern umgeben, nach ein paar Kurven sieht man links den eindrucksvollen Wasserfall Phu Sang, in dessen Pool am Wochenende Thais baden und am Ufer picknicken. Garküchen stellen Essen und Matten zum Draufsitzen zur Verfügung, Kinder spielen in dem warmen Pool und von oben plätschert das Wasser, darüber ein grünes Dach aus tropischer Vegetation. Geht man über die kleine Brücke links vom Wasserfall, gelangt man zum Kassenhäuschen. Nachdem man als Ausländer THB 100 bezahlt hat, läuft man die Treppen hinauf und gelangt zu einem 900 Meter langen Naturpfad, der durch den Dschungel führt und zu zwei heißen Badebecken. Der Wasserfall wird von einer warmen Quelle gespeist und das natürliche Becken ist ca. 35 °C warm.

Chiang Kham

20 km weiter erreicht man den Verwaltungsbezirk Chiang Kham mit seiner gleichnamigen Stadt, umgeben von Reisfeldern und Obstplantagen. Im Ort herrscht provinzielles Treiben. Auf den Märkten werden die landwirtschaftlichen Produkte des Umlands verkauft und unter der Woche, wenn die Geschäfte geöffnet sind, wuselt es in den schmalen Gassen. Der Ort hat zwei hochverehrte Tempel zu bieten, die man bequem mit dem Auto erreicht.

Der **Wat Nantaram** liegt direkt im Zentrum. Der Tempel gilt unter Historikern als alt, doch ist leider nicht überliefert, wie alt er wirklich ist. Die Teakhäuser sind im Shan-Stil gebaut, der Stil einer ethnischen Gruppe, die ursprünglich aus Burma stammt. Auf das Hauptdach des Gebäudes ist noch einmal ein Dach gesetzt, das wie ein eigenständiges Gebäudedach wirkt und dreifach überhängt. Die Giebel sind mit Holzschnitzereien versehen, Blumenmuster herrschen vor. Betritt man das Innere des Viharn, steht man auf uralten langen Teakholzplanken und auch die Wände und Decken sind aus Holz. An den Decken sind Wandgemälde, mit glitzernden Steinchen ausgeschmückt, und es baumeln Öllampen herunter. Neben dem großen goldenen Buddha, der auf dem Altar gegenüber dem Eingang steht, sind noch mehrere hölzerne und marmorne Buddhafiguren in diversen Nischen des großen Viharn zu sehen. Im Tempelareal gibt es noch mehrere Steingebäude, u. a. den glockenförmigen Chedi, der strahlend weiß getüncht und umgeben ist von Geisterhäuschen und Schreinen. Auch das Eingangsportal ist sehr aufwendig gestaltet. Über dem Tor baut sich ein turmartiges Gebilde auf, das mit Elefanten, Yaks und Naga-Schlangen verziert ist.

- Tägl. 8–18 Uhr.

Der **Wat Phra Nang Din** liegt an der Straße 1148 nach Nan. Schenkt man der Legende Glauben, ist der Tempel des Buddhas, der auf dem Boden sitzt, schon zur Zeit der Erleuchtung Buddhas, also vor 2500 Jahren errichtet worden. Der goldene Buddha im Tempel wurde vor langer Zeit gegossen. Da

Phu Sang Waterfall

Wat Nantaram

man zum damaligen Zeitpunkt keinen Sockel für die Figur hatte, stellte man sie auf den Boden. Später wollte man die Figur auf einen Sockel stellen, doch niemand schaffte es, die Statue vom Boden zu heben – so heißt der Tempel heute wörtlich übersetzt „Tempel des Buddha, der auf dem Boden sitzt".

Tägl. 8–18 Uhr. Gegenüber gibt es einen guten Coffeeshop mit Nudelsuppe.

Praktische Infos

Hin & weg Die Straßen sind gut ausgebaut und leicht zu befahren, die Straßenbeschilderung ist auch in Englisch. Nach Chiang Kham fahren **Busse** von Phayao, von Bangkok ein Nachtbus ebenfalls über Phayao.

Gesundheit In Chiang Kham gibt es ein **Krankenhaus,** allerdings fast keine Englisch sprechenden Ärzte, aber zur Erstversorgung oder bei kleinen Unfällen kann man dort hingehen, bevor man dann ins internationale Spital nach Chiang Rai oder Chiang Mai geht. 244 Sitthipracharat 1, Yuan, ✆ 054/409000.

Einkaufen 7/11 und Tesco Stores sowie Geschäfte des täglichen Gebrauchs befinden sich in der Innenstadt.

meinTipp **Übernachten** **The Grand Villa** **5** (→ S. 181), modernes Hotel am Stadtrand. Saubere Zimmer mit AC und Kühlschrank. Freundlicher Besitzer mit indischen Wurzeln mit sehr gutem Englisch. 325 Moo 10 T. Chiang Baan, Chiang Kham, ✆ 054/415899, www.chiangkham-grandvilla.webs.com. €

Essen & Trinken → **Karte S. 181** **Malangpor Smart Farm** **4**, fährt man beim Grand Villa Hotel nach links, gelangt man nach ca. 2 km zu einem Tempel auf der rechten Seite, hier abbiegen und links halten, nach 1,5 km erreicht man eine außergewöhnliche Bio-Farm. Ein künstlich angelegter See, ein großer Garten, drumherum Felder und Treibhäuser – mittendrin ein kleines hübsches Restaurant. Nam Phrik mit Gemüse und Schweinekrusten sehr zu empfehlen, ebenso die Currys. ✆ 064/3364745. €€

Rom Mai Sang Chan **6**, gleich hinter der Grand Villa liegt dieses Restaurant mit Livemusik. Sehr gut der frittierte Wasserspinat mit scharfer Sauce, dazu sonnengetrocknetes Rindfleisch. €€

Vor den 7/11 Stores gibt es jede Menge **Garküchen** und **Roti-Stände.**

Ausblicke von der Straße 1148

Durch die Berge in die Provinz Nan

Beeindruckende Aussichten, kurvige Bergstraßen und kleine Bergdörfer zeigen sich von ihrer schönsten Seite auf dem Weg in die Provinz Nan. Die Aussicht zu beschreiben trifft es wohl am besten, wenn man sagt, es ist, als fliege man über das Land. Hier ist man weit oben und die Täler und Berge türmen sich unter uns auf.

Von Chiang Kham nimmt man die Straße 1148 am Wat Phra Nang Din (→ oben) vorbei. Es wird einsam, kleine Dörfer, hier und da ein paar Weiler und wenig Verkehr. Wir schrauben uns immer höher, auf dem höchsten Punkt der Straße 1148 haben sich einige Cafés und Restaurants angesiedelt. Das Magic Mountain Café fällt ebenso ins Auge wie das Route 1148 Café. Beide am Hang gebaut, mit traumhafter Aussicht auf den Doi Phu Kha National Park (→ unten) – ein Nationalpark, der durch seine vereinzelten Karstfelsen hervorsticht, einige von ihnen sind miteinander durch Wanderwege verbunden. Die Felsen sehen wie hingeworfene Steinchen aus von hier oben.

Die Straße schraubt sich dann wieder hinunter ins nächste Dorf, auch das eher dünn besiedelt. Dann gelangt man in das Dorf Pua (auch BUA).

Pua

Der geschäftige Ort ist Ausgangspunkt für die Fahrt in den Doi Phu Kha National Park. Einen schönen Blick auf die Berge hat man hinter der Kasikorn-Bank. Es gibt einige Übernachtungsmöglichkeiten und an den Samstagen eine Walking Street mit Handwerkskunst und Essensmärkten, unter der Woche findet ein Farmers Market statt. Wer Dorfleben mag, kann durchaus auch eine Nacht hier verbringen, schönstes Haus am Ort ist das „Pua de View“ mit schönem Ausblick.

Doi Phu Kha National Park

Auf der Straße 1256 erreicht man das Headquarter des Nationalparks. Er wurde 2000 zum Nationalpark erklärt und ist der größte des Nordens. Namensgeber für den Park und den fast 2000 Meter hohen Berg ist der endemische

Chompoo-Puka-Baum (Bretschneidera), der in Asien schon fast ausgestorben ist. In Thailand gibt es diese Bäume nur noch in diesem Park. Die Blütezeit ist Februar/März, dann strömen an den Wochenenden die Thais aus den verschiedensten Provinzen in den Park und machen Selfies vor dem pinkfarbenen Blütenmeer. Vom Park Headquarter aus führt ein 4 km langer Rundwanderweg durch tropischen Regenwald, ein kürzerer Weg vom Campingplatz zu einem Aussichtspunkt. Wer will, kann sich auch einen Guide nehmen. Im Nationalpark befinden sich Dörfer verschiedener Bergvölker. Hmong, Tai Lue und Mien machen sich die gerodeten Flächen zunutze und üben traditionellen Ackerbau und Viehzucht aus.

▪ ✆ 054/731362, phukha_np@hotmail.com, www.nps.dnp.go.th/. Eintritt THB 200.

Bo Kluea

Die gut ausgebaute Straße 1256 führt weiter duch den Nationalpark bis ins Dorf Bo Kluea. Es lohnt sich, immer mal wieder anzuhalten und die Aussicht zu genießen. Die Straße schraubt sich bis auf 1735 Meter hoch – oben kann es in den Wintermonaten empfindlich kalt sein und oft liegt Nebel in den Tälern.

In Bo Kluea – übersetzt „Salzbrunnen" – wird seit Jahrhunderten Salz gewonnen. Entlang der Straße gibt es ein paar Shops und Restaurants. Gut essen und übernachten kann man im Bo Kluea View.

Bleibt man auf der Straße 1081 in Richtung Süden, führt sie nach Nan. Die Schleife durch den Nationalpark ist auf jeden Fall einen Ausflug wert, egal ob man übernachtet oder lediglich von Nan aus einen Tagesauflug macht. Im Nationalpark gibt es mehrere Wasserfälle, die man von den entspechenden Parkplätzen aus erlaufen kann.

Huai Kon – Grenze zu Laos

Von Bo Kluea oder auch von Nan kann man einen Ausflug an die laotische Grenze machen. Anstatt die 1081 nach Süden zu fahren, biegt man nach Norden ab und auf der schmalen, bergigen und mit vielen Schlaglöchern versehenen Straße 1081 gelangt man an die Grenze zu Laos. In Huai Kon kann man passieren, der Grenzübergang ist von 8 bis 20 Uhr geöffnet. Minibusse stehen auf beiden Seiten der Grenze.

Praktische Infos

Hin & weg Zwischen Pua und Bo Kluea verkehren **Songthaews,** am besten ist man hier als **Selbstfahrer** unterwegs.

Straße 1148, Magic Mountain

Zu Besuch bei den Tai Lue in Nong Bua

Etwa 40 km vor Nan auf der Straße 1080 biegt man nach rechts ab und gelangt in das kleine Tai-Lue-Dorf Nong Bua. Idyllisch liegt es mitten in den Reisfeldern. Die Tai Lue stammen aus der Region Yunnan in China und immigrierten schon vor 100 Jahren nach Thailand. Sie leben überwiegend in der Provinz Nan und haben diese besonders durch ihre Architektur geprägt. Das sieht man an den ungewöhnlichen Malereien, die denen im Wat Phumin sehr ähneln. Sie sind Anhänger des Theravada-Budhismus und ihre Sprache ist sehr stark mit der Thai-Sprache verwandt. Ihre Webwaren zählen zu den besten des Landes, sie verwenden oftmals selbst angebaute Baumwolle, was sie von anderen Bergvölkern unterscheidet, sie betreiben traditionell keine Brandrodung und bauen neben Reis Baumwolle und Tabak an. Die Muster sind meist dreifarbig, blau und rot mit grau oder beige. Es herrschen Blumenmotive vor.

Im Dorf kann man ein traditionelles Tai-Lue-Haus besichtigen. Das Haus ist aus Holz auf Stelzen gebaut und bietet Platz für eine vier- bis sechsköpfige Familie. Der Bereich unter dem Haus dient der Viehhaltung oder als Lager, während sich der Wohnbereich im ersten Stock befindet. Im Außenbereich zwischen den Zimmern spielt sich das Leben ab, hier ist die Küche und hier wird auf dem Boden auf Matten gegessen.

Hinter dem riesigen Fikus-Baum in der Dorfmitte liegt der **Wat Nong Bua,** ein schönes Beispiel der Tai-Lue-Architektur aus dem ausgehenden 20. Jh. Der weiß getünchte Tempel mit dem heruntergezogenen Holzschindel-Dach weist ebenso wie der Wat Phumin in Nan (→ S. 190) die für die Tai Lue so speziellen Wandmalereien auf. Die Figuren sind wie in der naiven Malerei gezeichnet. Die Proportionen der Körperteile stimmen oft nicht überein. Doch sind die Figuren sehr real und präzise gemalt.

Am Fluss gibt es ein Restaurant, das „King Po", direkt unter dem großen Bodhi-Baum, gut von Weitem zu sehen. Einige Webereien liegen im Dorf verstreut und an den Essensständen werden als lokale Spezialität getrocknete Flussalgen mit Zwiebeln frittiert – ein feiner Snack.

Von/nach Pua und Nan gehen **Minibusse** an die laotische Grenze, will man hier überqueren, wechselt man den Minibus und steigt in einen laotschischen ein. Wer die Grenze überquert, verliert auch sein thailändisches Visum und muss in Laos das Visumsgeld von aktuell USD 30 zahlen.

Übernachten **Pua de View 7** (→ S. 181), in Pua, schöner Ausblick, nett eingerichtete Zimmer mit AC, Warmwasserdusche und Kühlschrank. 222 Moo 5, Baan Baan-gam, ✆ 064/1594563 Woranakorn, www.puadeview.com. **€**

Bo Kluea View 8, in Bo Kluea, 11 gemütliche Bungalows mitten in den Bergen und ein sehr gutes Restaurant. 209 Bo Kluea, ✆ 054/778140, www.bokluaview.com. **€€**

Vom Goldenen Dreieck nach Nan → Karte S. 167

Stadtrundfahrten in Nan

Nan (Stadt)

Weiter geht es an Maisfeldern und Obstplantagen entlang Richtung Nan. Die gemütliche Provinzhauptstadt ist von Bergen umgeben und wartet darauf entdeckt zu werden. Während der Thai-Tourismus sich bereits seit den 1990er-Jahren etabliert hat, finden nur wenige Ausländer den Weg in die abgelegene Provinz an der Grenze zu Laos.

Stadtgeschichte

Im 13. Jh. war Nan ein eigenständiges Königreich unter der Phuka-Dynastie und eng mit der damaligen Hauptstadt Sukhothai verbunden. Durch seine Grenze zu Laos war es von jeher ein bedeutender Handelsstützpunkt. Im 14. Jh. wurde es als autonomes Königreich Teil des Lanna-Reiches. Wie auch die übrigen Städte des Lanna-Reiches wurde Nan 1585 von den Burmesen besetzt und die Bewohner als Sklaven verkauft. Die Stadt verwaiste, bis das Lanna-Reich 1786 zurückerobert wurde. Die Provinz Nan hatte riesige Teakwaldbestände und das Städtchen florierte Ende des 19. Jh., als der Teakhandel in Burma boomte. Erst 1931, nach dem Tod des letzten Herrschers, gliederte sich Nan in das Königreich Thailand ein.

Auch heute noch spürt man, dass Nan anders ist als die anderen Städte des Lanna-Reiches. Die Bevölkerung ist sehr vielfältig – es leben viele Bergstämme und ethnische Minderheiten in der Provinz. Die Bergvölker der Mien und Hmong machen einen Großteil der Bevölkerung aus und zusammen mit den Tai Lue auch den Charme Nans. Besonders der Einfluss der Tai Lue wird deutlich. Das Volk stammte ursprünglich aus China und praktizierte dort als einziges Volk den Theravada-Buddhismus (→ Kasten S. 187). In Nan werden verschiedene Dialekte gesprochen und viele Menschen ähneln vom Aussehen den Malereien an den Tempelwänden im Wat Phumin – mit runderen Augen, weniger platten Nasen und einem helleren Hautbild.

Sehenswertes

Man findet sich sehr leicht zurecht in Nan. Zum einen gibt es das historische Zentrum, dessen Mittelpunkt der Wat Phumin ist sowie das Nationalmuseum. Fährt man stadteinwärts, geht es ins geschäftige Viertel der Innenstadt mit den Märkten und dem wuseligen Viertel rund um die Sumondevaraj Road. Am besten erkundet man die Stadt zu Fuß oder mit einem der Fahräder, die in den Gästehäusern gratis zu leihen sind.

Nan Noble House (auch Chao Fongkham Mansion): Das Haus eines der Herrscher der Provinz wurde vor über 150 Jahren gebaut. Teakhäuser waren damals dem Adel oder den Königen vorbehalten. Das Noble House ist sehr gut erhalten und beherbergt heute ein Museum. Möbel aus der Zeit um die Jahrhundertwende, Fotos und Einrichtungsgegenstände aus der Teak-Ära werden ausgestellt.

▪ Sumon Thewarat Rd. Tägl. 10–17 Uhr. Eintritt frei, um Spende wird gebeten (THB 40 pro Pers. sind angemessen).

King of Nan's House: Gebaut im Jahr 1866, beherbergt es heute eine Sammlung von Waffen und Antiquitäten.

▪ Mahapron Rd. Besuche bitte anfragen unter ✆ 054/710605.

Nan National Museum: Das große zweistöckige Gebäude des Nationalmuseums, das **Khum Muang Nan,** wurde 1903 erbaut und beherbergte den letzten Herrscher von Nan. Als dieser 1931 starb, ging das Haus in den Besitz der Stadt über und das Museum wurde eröffnet. Das Gebäude liegt in einem parkähnlichen Garten mitten im historischen Zentrum. Die Ausstellung im Erdgeschoss widmet sich der Geschichte Nans, zu sehen sind alte Waffen, Ausgrabungsfunde und Alltagsgegenstände. Der erste Stock widmet sich den Bergvölkern und den Tai Lue. Es werden traditionelle Kleidung und Silberarbeiten gezeigt, außerdem wird auf die Unterschiede in der Kultur der Stämme eingegangen.

▪ Pha Khong Rd. Mi–So 9–16 Uhr (an Feiertagen geschlossen). THB 100.

Riverside Art Gallery, Nan

Vom Goldenen Dreieck nach Nan → Karte S. 167

Nan Riverside Art Gallery: Die Galerie ist ein besonderer Tipp, sie wurde vom Künstler Winai Prabripoo, Jahrgang 1954, gegründet und gibt talentierten Künstlern die Möglichkeit zu malen und auszustellen. Das Anwesen liegt ca. 10 km vor Nan an der Straße 1080. Beim Einfahren in den Parkplatz passiert man Baumstämme, die in den Fellmustern der Tiere Afrikas bemalt sind: Giraffen-, Zebra- oder Leopardenoptik. Im Eingangsbereich des zweistöckigen Haupthauses steht eine große Skulptur, die nur aus roten Händen besteht. Sie greifen in alle Richtungen, Finger überall, ein großes Gewusel. Die Ausstellung erstreckt sich auf zwei Etagen. Der obere Stock stellt Bilder der Prinzessin Maha Chakri Sirindhorn aus, die auch bei der Einweihung der Galerie dabei war. Das Haus selber mutet wie ein schweizerisches Chalet an, auch der Schornstein fehlt nicht. Die anderen Gebäude sind im Lanna-Stil gehalten, Holzgebäude und heruntergezogene Dächer. Auf dem riesigen Areal gibt es mit Blick auf den Fluss ein gemütliches Café und unter dem geschmackvollen Souvenirshop zeigt eine Fotogalerie Bilder des Wat Phumin.

■ Rd. 1080. Do–Di 10–16 Uhr. Eintritt THB 20.

Wat Phumin: Wahrscheinlich wurde der Tempel 1856 erbaut. Er hat eine ungewöhnliche Architektur, die im ganzen Land einzigartig ist. Er ist in Form eines Kreuzes gebaut und Treppen, gerahmt von Naga-Schlangen, führen an allen vier Seiten nach oben. Das lässt den Eindruck entstehen, als würde der Tempel von den Schlangen getragen. Die Eingangstüren sind ein schönes Beispiel nordthailändischer Holzschnitzkunst, Blumenmotive sind in den Türen vorranging. Auch das Innere des Tempels ist thailandweit berühmt aufgrund seiner abweichenden Gestaltung. Normalerweise sind die Buddhastatuen der Tempel auf die Eingangstür ausgerichtet und es ist ein Haupt-Buddha, der verehrt wird – im Wat Phumin hingegen sind es vier sitzende Buddhastatuen, die jeweils auf die vier Eingangtore ausgerichtet sind. Sie sind von riesigen Teaksäulen umgeben und bieten einen sehr eindrucksvollen Anblick. Weiterhin bekannt ist der Tempel wegen seiner Wandmalereien. Ganze Bücher gibt es in Thailand über diese Wandmalereien, erstellt um 1800 von einem Tai-Lue-Künstler. Am bekanntesten ist das als „Flüsterer" benannte Gemälde. Man sieht einen Mann mit tätowiertem Oberkörper mit kurzer Pluderhose, der seiner Angebeteten etwas ins Ohr flüstert, sie ist mit einem langen Sarong bekleidet und einer taillenlangen Jacke. Auf den meisten Bildern sieht man Szenen des Alltags. Die Männer sind tätowiert und tragen keine Oberbekleidung, während die Frauen auf einigen Bildern barbusig sind und lediglich Jacken tragen. Man sieht Männer mit selbst gedrehten Zigaretten, Kinder beim Spielen, Menschen auf dem Feld.

Vor dem kleinen Laden auf dem Gelände sitzen Künstler und malen die Szenen nach, ein schönes Souvenir. Auch auf Stofftaschen und T-Shirts werden die Bilder vermarktet. Gegenüber vor der Touristen-Information sind Figuren-Standbilder – hier kann man seinen Kopf hineinstrecken und Fotos machen.

■ Pha Kong Rd., Muang. Tägl. 6–18 Uhr.

Wat Phra That Chang Kham: Gleich gegenüber vom Nationalmuseum steht einer der ältesten Tempel Nans, unschwer an seinem glitzernd goldenen Chedi zu erkennen. Der Tempel wurde bereits im 15. Jh. errichtet und zählt auch heute zu den wichtigsten Tempeln Nans. Die älteste Buddhastatue im Inneren des Viharn stammt aus dem Jahr 1462. Einige Schriftrollen aus Palmblättern aus dem 14. Jh. sind hinter Glas ausgestellt. Neben dem Viharn befindet sich die Hor Trai, die Bibliothek des Tempels, sehr eindrucksvoll mit dem heruntergezogenen Dach und dem Garuda-Vogel aus der thailändischen Mythologie, der über das Gebäude wacht. Der Chedi von 1406 wird von 24 Elefanten-Statuen getragen und ist vom Baustil her ein Mix aus Sukhothai und Lanna mit seiner viereckigen Basis, auf die dann die glockenförmige Stupa gebaut wurde.

▪ Suriyaphong Rd. Tägl. 8–18 Uhr.

Wat Hua Khuang: Der Tempel auf der anderen Seite des Nationalmuseums datiert ins Jahr 1860. Das Hauptgebäude ist eine Kombination aus Ordinationshalle (Ubosot) und Versammlungshalle (Viharn). Die Holztüren am Eingang und auch die Fensterrahmen weisen schön geschnitzte Blumenmotive im Tai-Lue-Stil auf. Im Inneren ist, typisch für Tempel des Lanna-Reiches, die rote Farbe mit den goldenen Verzierungen allgegenwärtig. Die Hor Trai (Bibliothek) im hinteren Bereich des Tempels ist ein wunderschöner Holzbau mit Intarsien, auf einem Steinsockel erbaut.

Wat Ming Muang: Der weiße Tempel von Nan ist neueren Datums, 1857 erbaut. Die strahlend weißen Gebäude heben sich vom stahlblauen Himmel ab. An den Außenwänden der Gebetshalle sind wunderschöne Reliefs: Tempelwächter, Naga-Schlangen, Garudas und Buddhastatuen. Im Inneren befinden sich Wandmalereien von zeitgenössischen lokalen Künstlern. Sie zeigen Szenen aus dem Alltag in Nan. Der **City Pillar Shrine** befindet sich auf dem Tempelgelände, er wird bewacht von einem vierköpfigen Brahma.

▪ Suriyaphong Rd. Tägl. 6–18 Uhr.

Wat Sri Panthon: Schräg gegenüber vom weißen Tempel steht der goldene Tempel, ein sehr traditioneller Tempelbau aus dem vorigen Jahrhundert. Auf dem Vorplatz sind einige der Boote gelagert, die beim traditionellen

Schöne Bibliothek im Wat Hua Khuang

Bootsrennen auf dem Nan River benutzt werden.

▪ Tägl. 6–17 Uhr.

Wat Phra That Khao Noi: Der Tempel liegt etwa 4 km außerhalb an der Straße 1025. Auf einem Hügel steht der goldfarbene Buddha im Sukhothai-Stil, eine unscheinbare Gebetshalle und die Quartiere der Mönche bilden zusammen mit dem Viharn aus Beton den Rest des Tempels. Von hier oben hat man eine schöne Aussicht auf Nan und die umliegenden Berge.

Tham Pha Tub Forest Park: 20 km außerhalb, nördlich an der Straße 101, liegt ein spannender Park für Wanderer. Karstfelsen mit Höhlen erheben sich über der Ebene. Ein System aus Treppen und Wegen macht es dem Besucher leicht, den Park zu erkunden. Park Ranger geben Auskunft und es gibt sogar eine Karte mit teilweise englischer Schrift.

▪ Eintritt frei.

Vom Goldenen Dreieck nach Nan → Karte S. 167

Fähre nach Uttaradit

Praktische Infos

Information **Tourist Information Nan,** gegenüber vom Wat Phumin, mit Coffeeshop. 46/1 Phakong Rd.

Hin & Weg **Flüge** gehen von Bangkok nach Nan, von allen anderen Destinationen muss man in Bangkok umsteigen. Nan Nakhon Airport.

Am besten ist Nan mit dem **eigenen Fahrzeug** zu erreichen oder mit dem Bus.

Busse fahren von Bangkoks Busterminal Mo Chit, die Fahrt dauert 10–12 Std. Von Chiang Mai ab Arcade Bus Station, die Fahrt dauert ca. 6 Std. Von Chiang Rai über Chiang Kham nach Nan. Die Busse von Phrae brauchen ca. 4 Std., von Lampang 6 Std.

Bus nach Laos mit der 999 Transport Company Ltd., ✆ 053/774369, ab Nan Bus Terminal 2. Tägl. 10 und 16.30 Uhr nach Huay Yai; nach Luang Phrabang So, Mo, Mi, Fr 12 Uhr, Ankunft am nächsten Tag um 6 Uhr.

Nan hat einen offiziellen **Taxi-Service:** Nan Taxi ✆ 087/1800625.

Fahrzeugverleih **Tono Car and Motorbike Rental,** auf der Straße 101 kurz hinter dem Flughafen befindet sich der Motorrad- und Auto-Verleiher, ✆ 086/1956300. Im Flughafengebäude befindet sich **Thai Rent a Car,** über Internetportale buchbar, z. B. www.flexicar.com.

Gesundheit Nan verfügt über ein **Krankenhaus,** in dem allerdings nicht wirklich Englisch gesprochen wird. 24 Std. Emergency Service. 1 Worawichai Nai Wiang, ✆ 054/790000.

Einkaufen Banken, 7/11 Shops, Lotus's und **Big C** **9** findet man an den Ausfallstraßen und im Stadtzentrum. Entlang der Hauptstraße, der Sumondevaraj Road, befinden sich zahlreiche Geschäfte mit Kleidung und Haushaltswaren sowie Apotheken.

Der **Morgenmarkt** ist in der Nähe des Busbahnhofs und findet täglich ab 5 Uhr statt. Überwiegend Lebensmittel und Haushaltswaren. Die **Walking Street** **17** mit Handwerkskunst und Essensständen findet Mi und Do ab 17 Uhr statt, vis-à-vis vom Wat Phumin. Auf der Straße 101 ca. 22 km nördlich von Nan findet der sog. **Jungle Market** statt – Bergvölker verkaufen saisonale Waren „direkt ab Feld".

Nan Spaces **18**, gleich neben der Touristeninformation, bietet schönes Kunsthandwerk, gewebte Stoffe aus der Region und geschmackvolle Souvenirs.

Phuka Silver **7**, ein sehr schöner Silberladen liegt an der Ausfallstraße 101. Der Schmuck wird von lokalen Silberschmieden hergestellt und man kann dabei zusehen. Ausgefallenes Geschmeide zu günstigen Preisen. Neben dem Laden gibt es noch ein Café und ein kleines Museum. Nan-Phayao Rd., ✆ 083/1543363, www.phukhasilvers.com.

bernachten (S. 194)
2 Nan Noble House
3 De Nan Hotel
8 Nam Rim Nam Resort
0 Nan Panwa Hotel
1 Srinual Lodge
2 Pukha Nanfa Hotel
4 Nan Lanna Hotel
9 Phumin Place Hotel
0 Khum Muang Min Resort
Essen & Trinken (S. 194)
1 Nan Vintage
4 Suriya Restaurant
6 Khao Tha At Nan
13 Krua Kra Tean Nan
15 Tastes from My Travel
16 Hot Bread Restaurant
17 Night Market Nan (S. 192)
Einkaufen (S. 192)
7 Phuka Silver
9 Big C Supercenter
17 Night Market Nan
18 Nan Spaces
Sonstiges (S. 194)
5 Risasinee Spa & Resort
Riverside Art Gallery, Chiang Klang
Mahaprom 2 Alley
Monthian Alley
Wat Hua Khuang
Mahaprom
Wat Phra That Chang Kham Voravihara
Nan National Museum
Phakong
101
Wat Ming Muang
Wat Phumin
Phakong 1 Alley
Nan Nakhon Airport
Woranakhon
Thanon Mahayot
Worawichai
Nan Hospital
The Noble House
Sumon Thewarat
Mano
1169
Mahawong Rd
King of Nan's House
1091
Wat Sri Panthon
Nan Bus Terminal
Wat Phra That Khao Noi
1025
1168
Nam Wa Rafting
400 m
Nan
Phrae

Massage **Risasinee Spa & Resort 5**, gute Massage im Spa des gleichnamigen Hotels. Mahayot Rd., ☎ 054/751611, nansparesort@hotmail.com.

Rafting Der Wa River ist in der Regenzeit zwischen Juli und September bekannt für seine Stromschnellen und es lässt sich hier sehr gut raften. Ausgangspunkt ist der Mae Charim National Park. Es gibt einige Anbieter, uns wurden folgende empfohlen: **Siam Rivers,** www.siamrivers.com, in Nan **Namwa Rafting,** ☎ 080/6755835 und auf Facebook.

MeinTipp **Veranstaltungen** **Langbootrennen,** jedes Jahr im Oktober am Ende der Regenzeit auf dem Nan River. Die Boote aus Baumstämmen fassen Dutzende Ruderer, ein farbenfrohes Spektakel.

Übernachten **Phumin Place 19**, ein gelungenes City Hotel gegenüber vom Wat Phumin. Phakong Rd., ☎ 054/7108767, www.phumin-place-hotel.business.site/. Das Nan Spaces liegt gleich nebenan. **€**

MeinTipp **Nan Noble House 2**, an der Umgehungsstraße liegt dieses Kleinod in einem großen Garten mit altem Baumbestand. Die Häuschen sind im Garten verteilt, runde Steinhäuser mit jeweils 2 Zimmern und größere Häuschen für Familien. Am Pool kann man wunderbar entspannen. 71 Moo 6 T. Parsing, ☎ 081/7969029, www.nannoblehouse.com. **€**

De Nan Hotel 3, gegenüber vom Krankenhaus bietet das saubere Haus schöne Gästezimmer. ☎ 054/775789, www.de-nan-hotel.com. **€**

Srinual Lodge 11, Guesthouse mit Flair in einer ruhigen Seitenstraße beim Fluss. 40 Norikhon Rd., ☎ 0900151692. **€**

Nan Panwa Hotel 10, mehrstöckiges Stadthotel mit sauberen Zimmern. 21/5 Norkham Rd., Soi 1, ☎ 061/7949787. **€**

Nam Rim Nam Resort 8, gemütliches Resort am Fluss mit hübsch eingerichteten Zimmern. 190/1 Mano Rd., ☎ 082/4654996. **€€**

Khum Muang Min Resort 20, zwischen Wat Phumin und dem Nan River gelegen. Gemütliche Zimmer in einem Holzhaus. 6 Achitawong Rd., Muang, ☎ 054/777164. **€**

Nan Lanna Hotel 14, direkt in der Stadt hinter dem Museum liegt dieses gemütliche Guesthouse. Fahrräder sind gratis für Gäste. Große saubere Zimmer mit AC, Warmwasserdusche und Kühlschrank. 54/55 Trok Monthian Rd. THB 690 im EG, 790 im 1. Stock, an den Wochenenden THB 100 Aufpreis. **€**

Phuka Nanfa Hotel 12, die „Grand Dame" der Hotels in Nan hat vor 80 Jahren ihre Tore aufgemacht. Untergebracht in einem dreistöckigen Holzhaus mitten in der Stadt hat sich das Hotel den Charme vergangener Jahre erhalten. Die Zimmer sind liebevoll dekoriert und das Personal ist freundlich und spricht gut Englisch. 369 Sumondevaraj Rd., ☎ 054/771111, www.pukhananfahotel.co.th. **€€€**

Essen & Trinken **Hot Bread 16**, gleich neben dem 7/11 beim weißen Tempel liegt das beliebte Frühstückslokal. Suryiaphong Rd. **€€**

Tastes from my Travel 15, eine urige Suppenküche mit Khao Soy und verschiedenen Currys aus dem Süden (täglich wechselnd). Originell serviert in Holzschalen. Der Besitzer spricht gut Englisch. **€**

MeinTipp **Nan Vintage 1**, gemütliches Restaurant mit exzellentem Essen an der Umgehungsstraße. Livemusik zur Untermalung, der Chef Khun Chamnan spricht gut Englisch. Sehr gut hier sind das grüne Curry und der Bananenblütensalat mit Garnelen. 436 Moo 5 Pha Sing, ☎ 054/050119, nanvintage.nan@gmail.com. **€€**

Krua Kra Tean Nan 13, das Restaurant an der 1091 ist beliebt für seine Currys und scharfen Salate (Yam), ebenso für die Karaoke-Veranstaltungen. **€€**

Suryia Restaurant 4, modernes Thai-Restaurant direkt am Fluss, gute Fischgerichte. ☎ 054/710687. **€€**

Khao Tha at Nan 6, nettes Restaurant am Fluss mit einer großen Auswahl an Isan-Gerichten, so dem Larb Gai, gehacktem Hühnchen mit geröstetem Reis, Zitrone und Gewürzen, sonnengetrocknetes Fleisch und kleine, in Salz eingelegte frittierte Fische. 36/1 Soi Mano, ☎ 082/5040819. **€€**

Am 7/11 neben dem Weißen Tempel gibt es jeden Abend **Essensstände** mit lokalen Köstlichkeiten. Auf kleinen Hockern kann man hier Streetfood genießen. Gleich gegenüber gibt es noch eine **Garküche,** die bis 21 Uhr geöffnet hat.

Erlebnisreiche Abkürzung nach Phrae – von Nan nach Süden über den Sirikit-See

Fährt man von Nan aus nach Süden auf der Straße 101, führt sie durch Wälder und unberührte Landschaften, hier und da ein Dorf, ansonsten eher spärlich besiedelt. An der Kreuzung mit der Straße 1026 in Ban Yuan fährt man nach links. Weiter geht es durch die Einöde. Mal sieht man Störche in den Reisfeldern, mal einfach nur das satte Grün der Wälder. In dem kleinen Dorf **Nong** gibt es sogar einen 7/11 und mehrere Garküchen, außerdem kann man sehr schön in der Abgeschiedenheit übernachten. Häuser auf Stelzen stehen im **Haarn Phoriphatchai Resort** (✆ 081/9332384) und im **Sai Nan Resort** (✆ 082/8237799). 20 km weiter südlich im Dorf Na Muen gibt es sogar ein kleines Hotel: die **Sinn Lodge** (sinnlodge@gmail.com, ✆ 085/5671623, THB 800). Gleich daneben steht inmitten von Reisfeldern der **Wat Bo Kaeo,** ein schöner Tempel, der innen wie außen beeindruckende weiße Reliefs hat. Das Innere des Tempels wirkt kalt, fast bläulich schimmern die Wandreliefs, die Blumenmotive und Buddhafiguren zeigen, im Halbdunkel. Ein lohnenswerter Stopp auf der Weiterfahrt ins Fischerdorf **Ban Paknai.** Hier endet die Straße. Schwimmende Häuser liegen friedlich auf dem Wasser des Aufläufers des **Sirirkit-Stausees.** Weiter draußen erkennt man Fischzucht-Becken, dazwischen kurven kleine Bötchen mit lauten Motoren. Zwei **schwimmende Restaurants** sind besonders am Wochenende Ausflugsziel für Thais. Die Fähre, eher ein Ponton mit zugstarkem Außenborder, mutet abenteuerlich an. Es passen maximal zwei Autos drauf und sie fährt nach Bedarf. Das Auto kostet THB 300, Big Bikes 150 und Scooter 100, Personen THB 50. Nach 10-minütiger Überfahrt erreicht man die Anlegestelle **Na Thanung,** auch hier ein Restaurant, wenn auch nicht schwimmend. Anschließend fährt man durch Einöde auf der Straße 1039 weiter, bis man nach 30 km auf die Straße 1047 trifft, die dann über Uttaradit weiter Richtung Phrae und Lampang bzw. in anderer Richtung nach Loei/Pu Rua führt.

Lamphun, Lampang und Phrae

In den drei Provinzen unweit von Chiang Mai ist der Tourismus noch nicht so richtig angekommen – das macht sie besonders attraktiv für Entdeckernaturen.

- Der größte **Teakbaum** der Welt, über 1500 Jahre alt, steht im Sak-Yai-Nationalpark.
- Schöne **Golfplätze** gibt es in Lamphun und Lampang.

Zwischen Chiang Mai und Lamphun liegt das größte Industrieviertel des Nordens entlang des Highway 11. Das Städtchen Lamphun, eingebettet zwischen Reisfeldern, ist davon weit entfernt. Besonders schön ist die Anreise von Chiang Mai über Saraphi, über die Straße der heiligen Bäume. Lamphun ist eine verschlafene Provinzhauptstadt mit bewegter Geschichte, sie wurde bereits im Königreich Hariphunchai von der sagenumwobenen Herrscherin Chamadewi gegründet. Heute ist der Wat Phra That Hariphunchai beliebtes Ausflugsziel für Thais. Die Innenstadt von Lamphun ist fast eine Miniaturausgabe der großen Schwester Chiang Mai. In Lampang, Teil des ehemaligen Hariphunchai-Reiches, wandelt man auf den Spuren der Briten und des Teakhandels mit Myanmar. Die Stadt bzw. Provinz gewann, ebenso wie die Nachbarprovinz Phrae, durch die strategische Lage an den Flüssen Yom und Kuang an Bedeutung, als der Teakhandel in Burma blühte. Im ausgehenden 19. Jh. ließen sich Geschäftsmänner und Arbeiter nieder und trugen so zum Reichtum bei. Heute kann man in Lampang in der Kong Ta Road noch einige sehr schön erhaltene Häuser aus jener Zeit sehen. Auch in Phrae, einer bei Touristen sehr wenig bekannten Provinzhauptstadt, kann man einige der im Zuckerbäckerstil gebauten Häuser bewundern und durch die Altstadt schlendern, während man weitere Teakhäuser und Tempel entdeckt. Auf unbefestigten Wegen fährt man in die Provinz Uttaradit und stattet der ehemaligen Kronprinzenstadt Si Satchanalai einen Besuch ab.

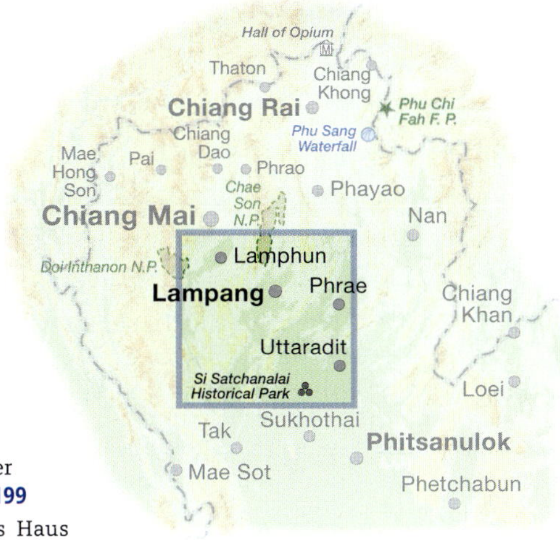

Was anschauen?

Wat Phra That Hariphunchai in Lamphun: Der Besuch dieser Tempelanlage mit vielen verschiedenen Gebäuden aus diversen Epochen ist Pflicht. → S. 199

Kolonialer Bahnhof in Lamphun: Ein Besuch des Bahnhofs mit seinem manuellen Stellwerk ist lohnenswert, ebenso der des unweit dahinter liegenden Wat Ku Wat Ma. → S. 199

Baan Sao Nak in Lampang: Das Haus mit den 116 Teakholzsäulen ist ein wahres Denkmal der Teakholzgeschichte. → S. 208

Elephant Hospital vor Lampang (Friends of the Asian Elephant Foundation): Eine gemeinnützige Organisation hat sich dem Wohlergehen der Elefanten verschrieben. Hier lebt Mosha, ein dreibeiniger Elefant, der von der Elephant Parade unterstützt wird. → S. 217

Vongburi House in Phrae: eines der schönsten noch erhaltenen Teakhäuser. → S. 219

Phae Muang Phi Forest Park in Phrae: Wind, Wasser und Witterung haben diese ungewöhnlichen Felsformationen geschaffen. → S. 220

Was unternehmen?

Lampang erkunden: Durch Lampangs Altstadt kann man mit der Pferdekutsche zuckeln. Samstags spaziert man auf der Kong Ta Road über den Markt. → S. 207

Töpfern lernen: In Lampang lässt sich die Kunst des Töpferns erlernen (www.dhanabadee.com). → S. 211

Radtour durch Si Satchanalai: Mit dem Rad lässt sich hervorragend die Stadt aus der Sukhothai-Ära erkunden, heute UNESCO-Weltkulturerbe. → S. 224

Wanderung auf den Doi Khun Tan: Vom Gipfel lässt sich die Aussicht in die Bergwelt genießen. → S. 204

Fahrt zum Sirikit-Staudamm: Auf unbefestigten Wegen durch die Berge von Phrae nach Uttaradit – Bauernleben und Natur pur. → S. 222

Wo übernachten?

Inselresort Wang Kaew: Von Klippen springen, angeln oder einfach die Stille genießen kann man auf dem Kee Lom Dam, wenn man hier übernachtet. → S. 215 u. 217

Paan Yong Villa: ein Geheimtipp! Man übernachtet auf dem Land bei einer Thai-Familie. Die Gastgeberin begleitet ihre Gäste in kleine Dörfer, wo man Weberinnen und Korbflechtern über die Schulter schauen kann. → S. 206

Was und wo essen?

Essensmarkt am Uhrenturm in Phrae: Hier schlagen die Herzen von Streetfood-Liebhabern höher, das Angebot lässt keine Wünsche offen. → S. 220

The Terracotta Garden at Lamphun: Mehr als nur ein Restaurant. Hier kann man durch einen riesigen Park zwischen Terracottatürmen, Skulpturen und über Brücken spazieren. → S. 202

Madame Musur: Man sitzt gemütlich wie in einem Wohnzimmer und genießt Thai-Küche. → S. 214

Die Provinz Lamphun

Von Chiang Mai nach Lamphun ist es ein Katzensprung und während sich in Chiang Mai die Touristen tummeln und die Stadt sich gerne schick und kosmopolitisch gibt, geht es in Lamphun bodenständig und ländlich zu.

Die kleine Provinz hat schöne Golfplätze zu bieten, der Doi-Khun-Tan-Nationalpark eignet sich für eine Wanderung und mit Thailands längstem Eisenbahntunnel wurde in der Provinz Geschichte geschrieben. Die Provinzhauptstadt hat einen gemütlichen Stadtkern mit alter Befestigungsmauer und schönen Tempeln.

Lamphun (Stadt)

Lamphuns Innenstadt erscheint wie eine Miniaturausgabe von Chiang Mai mit ihrem Stadtgraben und der teilweise erhaltenen Stadtmauer auf der einen und dem Fluss Mae Kuang auf der anderen Seite. Es herrscht eine sehr beschauliche Atmosphäre. Viele Buddhisten kommen hierher, um den Wat Phra That Hariphunchai zu besuchen, einen der wichtigsten Tempel in Thailands Norden. Gegenüber ist eine überdachte Brücke, auf der sich kleine Läden niedergelassen haben, es werden Souvenirs aus Brokatseide verkauft, handgefertigte Seifen und frisches Obst. Das Museum der Provinz und eine Webmanufaktur, die die bekannte Brokatseide herstellt, können besichtigt werden.

Stadtgeschichte

Hariphunchai war einst eine Mon-Siedlung, die bereits in der Dvaravati-Periode (6.–11. Jh.) erwähnt wurde. Angeblich wurde das Reich unter Chamadewi (auch Jamdevi oder Chama Thewi) um 650 gegründet. Ein selbstständiges Reich blieb es, bis König Mengrai es 1281 unterwarf und zu einem Teil seines Lanna-Königreichs machte. Im 16. Jh. ebenso von Burma besetzt wie die restlichen Teile des Nordens, wurde es im 18. Jh. befreit und stand unter dem Schutz Bangkoks. Im späten 19. Jh. wurde es dann zu einer eigenständigen Provinz Thailands.

Sehenswertes

Ku Chang-Ku Ma: Vor den Toren der Stadt liegen die zwei Stein-Chedis. In dem einen soll der Rüssel des mächtigen Kampfelefanten von Chamadewi begraben sein, daher die Form des Chedis, die an einen Rüssel erinnert. Im hinteren Chedi soll das mutige Pferd des Sohnes der Herrscherin begraben sein. Täglich kommen viele Gläubige und opfern Schweineköpfe, Girlanden und Bananen.

▪ Ku Chang Alley.

Lamphun Railway Station: Der schöne Bahnhof wurde 1904 erbaut. Die Züge der nördlichen Passage der State Railway of Thailand in Chiang Mai machen hier Halt auf dem Weg nach Lampang und Bangkok. Im Wärterhaus kann man immer noch sehen, wie die Weichen per Hand gestellt werden.

▪ Yotathikan Lamphun Rd.

Wat Phra That Hariphunchai: Der Tempel aus dem 11. Jh. vereinigt Lanna-Architektur mit burmesischem Einfluss. Erbaut wurde er von König Arthitayarat, einem Nachfahren von Chamadewi. Die große goldene Stupa aus dem 15. Jh. ist hochverehrt und wird von vielen Pilgern aus der Region besucht. Es bringt Glück, dreimal um sie herumzulaufen. Die Bibliothek zeigt Merkmale der Lanna-Architektur. Das Gebäude aus Teakholz mit überhängendem Holzdach ist mit goldenen Malereien versehen. Es steht auf einem Zementsockel, sodass die wertvollen Schriften vor Insekten und Hochwasser geschützt sind. Der pyramidenförmige, aus Stein gebaute Suwanna Chedi erinnert an die

Ein Mönch im Wat Phra That Hariphunchai

Lamphun, Lampang und Phrae → Karte S. 198

Mon-Architektur, ähnlich wie der Chedi im Ku Chang-Ku Ma.

▪ Intha Yongyot Rd. Tägl. 6–18 Uhr. Eintritt THB 20.

Wat Chamadewi: Hier liegt die Asche der Herrscherin Chamadewi begraben. Der Stein-Chedi ist einer der ältesten erhaltenen aus der Mon-Zeit und weist die typische Steinbauweise des Dvaravati-Stils auf. Das Gebilde steht auf einem viereckigen Sockel und wird nach oben pyramidenförmig immer schmaler. Es sind insgesamt acht Etagen, der Sockel mitgerechnet. Von der dritten bis fünften Ebene sind stehende Buddhas als Reliefs in Nischen zu sehen, ganze 60 an der Zahl, alle in unterschiedlichen Posen. Die Wandmalereien im Inneren der Ordinationshalle zeigen den Aufstieg der Chamadewi und ihres Hariphunchai-Reichs.

▪ Chamadewi Rd. Tägl. 6–17.30 Uhr.

Wat Phra Yuen: Ein eher unbekannter Tempel, der bereits im 12. Jh. erwähnt wurde. Er liegt in einem schattigen Park umgeben von Wasser. Die vier Buddhastatuen um den Chedi sind mit Gold verziert.

Wat Mahawan Woramahiwan: Der Tempel wurde während der Herrschaft von Chamadewi gebaut. Die Buddhastatue im Inneren soll von der Herrscherin selbst gestiftet worden sein. In seinem heutigen Erscheinungsbild ist der Wat in den 1940er-Jahren entstanden. Die Gebäude sind aus weißem Beton und reich verzierte Statuen und glitzernde Ornamente lassen den Tempel nur so funkeln.

▪ 52 Chamadewi Rd.

Hariphunchai National Museum: Das kleine Museum beherbergt archäologische Funde, die bis ins 5. Jh. zurückreichen. Neben Büsten, Buddhafiguren und Steinplatten sind auch Werkzeuge und Amulette ausgestellt. Auf mehreren Tafeln auch in englischer Sprache wird die Geschichte der Provinz und Stadt erklärt.

▪ Intha Yongyot Rd. Mi–So 9–16 Uhr. Eintritt THB 100.

Chamadewi Monument: Das Monument zu Ehren von Chamadewi wurde am südlichen Ende der Stadtumfriedung am Kanal errichtet. Auf einer Erhöhung steht die Statue Chamadewis, flankiert von Elefanten. Jeden Tag sieht man hier Einheimische Girlanden und Blumen spenden. Sie erhoffen sich Kraft und Geld von der großen Herrscherin.

Im Wat Chamadewi, errichtet im Dvaravati-Stil, ruht die Asche der Herrscherin von Hariphunchai

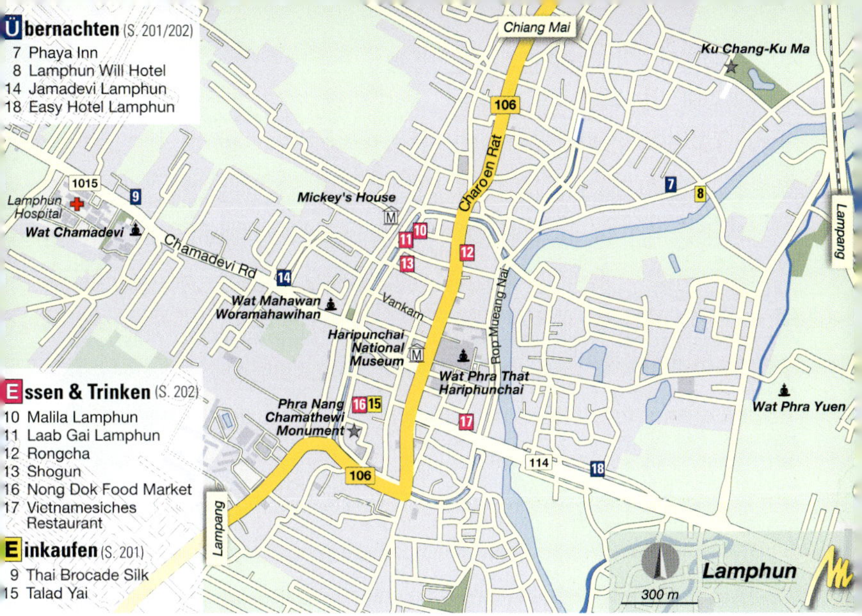

Mickey's House: Angefangen hat es mit einer Spardose – dann hat der Sammler Oak mehr und mehr Mickey-Mäuse aus aller Herren Länder dazugekauft, ersteigert und immer wieder aus seiner Mickey-Maus-Spardose geschöpft und auf die nächste Gelegenheit gewartet. Irgendwann wurden es so viele, dass er seine Sammlung in Vitrinen ausstellte und ein kleines privates Museum eröffnete. Mittlerweile sind es an die 4000 Maus-Exemplare aus allen möglichen Materialien, mit allen erdenklichen Funktionen. Besonders stolz ist Khun Oak auf das Foto, das Walt Disney mit König Bhumibol Adulyadej in Los Angeles zeigt.

▪ 101/10 Sanmueang Rd., Muang Lamphun, ✆ 084/6112250. Eintritt frei, eine kleine Spende für die Erweiterung der Sammlung wird gerne entgegengenommen.

Praktische Infos

Hin & weg Mit dem **Songhtaew** von Chiang Mai – die blauen ab Warorot Market. Mit dem **Zug** ab Chiang Mai Bahnhof. Mit dem **eigenen Fahrzeug** über den Highway 11.

Gesundheit Lamphun hat drei Krankenhäuser, am besten Englisch wird im **Sirivej Lamphun Hospital** gesprochen. 7 Soi 7, Wiang Yong.

Einkaufen Thai Brocade Silk 9, bekannt ist Lamphun für seine Brokatseide. In die Stoffe werden Gold- oder Silberfäden eingewebt und so entstehen kunstvolle Muster. Gefertigt wird gegenüber vom Phaya Inn. Chitwongpanrangsan Rd.

Chuanlhong Ceramics 6 (→ S. 205), getöpferte Kunstwerke findet man in der Keramikfabrik an der Ausfallstraße. Man kann den Töpfern bei der Arbeit zuschauen und im Shop schöne Vasen, Skulpturen und Deko-Gegenstände kaufen. Mo–Sa 8–17 Uhr. 10 Moo 110, Rimoing, www.chuanlhong.com.

Talad Yai 15, der Markt in der Stadt findet jeden Tag statt. Pradsawihi Rd.

BM & O Outlet 2 (→ S. 205), am Highway 11 befindet sich das Wäscheoutlet, BHs, Unterwäsche und Bademoden zu günstigen Preisen. Chiang Mai – Lampang Rd., Superhighway 11, ✆ 095/0370830.

Übernachten Phaya Inn 7, saubere Zimmer in einem zweistöckigen Gebäude, AC und Kühlschrank, Warmwasserdusche und Frühstück. Sehr freundliche Besitzer mit gutem Englisch. Chitwongpanrangsan Rd., ✆ 053/511777, www.phayainn.com. €

Easy Hotel 18, modernes Hotel an der Ausfallstraße. 2/7 Lamphun – Doiti Rd., ✆ 097/9118117, www.easyhotel.co.th. €

Lamphun Will Hotel 8, einfaches Hotel mit sauberen Zimmern und Swimmingpool. 204 Chamadewi Rd., ✆ 053/534865, www.lamphun willhotel.com. €

Jamadevi Lamphun 14, 2018 neu eröffnet, hübsch aufgemacht. Preislich liegt es höher als die anderen vor Ort. 365 Moo 10, ✆ 055/ 536642. €€

Essen & Trinken **Nong Dok Food Market 16**, der kleine Nachtmarkt befindet sich hinter dem Chama Dewi Monument, Essensstände und Garküchen von ca. 17–21 Uhr.

The Terracotta Garden at Lamphun 5 (→ S. 205), in einem riesigen Park befindet sich gleich beim Parkplatz auf der linken Seite das Café, modern innen, gemütlich außen, umgeben von Ziegelmauern und Terracotta-Skulpturen, Fischteich und Garten fehlen auch nicht. Gegenüber führt eine Brücke in ein Areal, in dem Chedis und Stupas aus der Sukhothai-Periode nachgebaut wurden. Das Living-Art-Projekt verändert sich ständig, Neues kommt hinzu. Im Café gibt es neben Kuchen Tee und Kaffee auch einige herzhafte Gerichte. 95 Moo 3, Rim Ping, ✆ 095/6754015. Tägl. 9–18 Uhr. €

Natea Time Restaurant 4 (→ S. 205), gemütliches Restaurant am Ping River in Lamphun. Es wird Thai-Fusion-Küche angeboten, Klassiker der Thai-Küche mit westlichen Gerichten kombiniert. Sehr gute Pasta, z. B. Spaghetti Phad Ki Mau mit Curry und grünen Pfefferkörnern. Gut auch der Fisch. 117 Rim Ping, ✆ 053/000006. Mi–So 10–20 Uhr. €

Malila Lamphun 10, man sitzt wie in einem Wohnzimmer in dem Café-Restaurant. Thai-europäische Fusion-Küche. Gebratener Reis mit frischen Früchten, Cheese-Poppers, Frühlingsrollen, Schnitzel auf Salat an Cocktailsauce findet man hier auf der Speisekarte, ebenso Desserts und Eiscreme. Rop Muang Nai Rd. €

Laab Gai Lamphun 11, nur in Thai angeschrieben, neben dem Malila, eine richtig urige Kneipe mit sehr gutem Thai-Essen. Die scharfen Laabs, Salate aus gehacktem Rind oder Schwein, sind ebenso zu empfehlen wie der Papayasalat. Rop Muang Nai Rd. €

Shogun 13, japanisches Fastfood-Restaurant mit Sushi, Ramen und Sashimi. Rop Muang Nai Rd. €

Rongcha 12, modernes Café mit einer großen Auswahl an Kaffee, Tee und Kuchen. Thai-Gerichte auf Reis werden auch serviert, z. B. Phad King Mu – gebratenes Schweinefleisch mit Ingwer. Don Kaeo Rd. €

Vietnamesisches Restaurant 17, leider nur in Thai angeschrieben. Es liegt gegenüber vom Stadtverwaltungsgebäude. Gute Wiang – rohe Frühlingsrollen mit diversen Füllungen. Wang Kwa Rd. €

Hier ist der Kampfelefant der Herrscherin von Hariphunchai begraben

Die weiße Brücke von Khun Tan ist ein beliebter Selfie-Spot

In der Umgebung von Lamphun

Die Umgebung von Lamphun ist in Richtung Chiang Mai stark besiedelt und es gibt einen großen Industriepark entlang des Highway 11. Der Rest der Provinz ist ländlich geprägt, Reisfelder, Gemüseanbau, dazwischen in der hügeligen Landschaft ein paar schöne Golfplätze und der Doi-Khun-Tan-Nationalpark, der Lamphun von der Provinz Lampang trennt.

Sehenswertes

Doi Khun Tan National Park: Er erstreckt sich über die Bergkette zwischen Lamphun und Lampang. Mit seinem 1350 Meter hohen Gipfel ist er nicht der spektakulärste Park, aber dafür einer der ältesten. Bereits in den 1970er-Jahren wurde das Gebiet unter Naturschutz gestellt. In den tieferen Lagen herrscht Bambuswald unterbrochen von Teakbäumen vor, in den höheren Regionen findet man Pinien und Eichen. Wie in so vielen anderen Nationalparks des Landes beschränkt sich die Fauna auf Tiere wie den Sikahirsch oder das Wildschwein, Vogelbeobachter können interessantes Federvieh sehen, etwa die Erddrossel oder Spechte. Ebenso wie der Park selber sind auch die Wasserfälle nicht grandios, bieten aber eine schöne Erfrischung an heißen Tagen. Man kann hier eine Wanderung unternehmen (→ Kasten) oder auch mit dem Auto bis fast auf den Gipfel fahren.

Khun Tan Tunnel: Der Tunnel liegt im nördlichsten Abschnitt der Eisenbahnstrecke Bangkok – Chiang Mai. Der Bahnhof Khun Tan ist mit 573 Metern der höchstgelegene Bahnhof des Landes und die Züge tauchen hier in den längsten Tunnel der thailändischen Bahn ein. Der Tunnel führt durch das Massiv der gleichnamigen Bergkette und verbindet die Provinzen Lamphun und Lampang. Verglichen mit europäischen Längen ist der Tunnel ein Winzling mit seinen 1,35 km Länge. Doch dauerte es fast elf Jahre, bis die Arbeiten 1918 beendet wurden. Maßgeblich beteiligt am Bau und dessen Überwachung war der Deutsche Eisenbahnfachmann Emil Eisenhofer. Was sich niemand vorstellte, waren die enormen menschlichen Verluste, die der Tunnelbau mit sich brachte, es starben um die 1000 Arbeiter, meist aus China, Laos und dem

Gassan Khuntan Golf Course

Wanderung auf den Doi Khun Tan

Vom Parkeingang kann man noch etwa 3 km fahren, dann beginnt der Wanderweg (Hin- und Rückweg ca. 12 km), gut ausgebaut, allerdings an manchen Stellen steil. Bei der Parkverwaltung gibt es meist einen Flyer, der den Weg zeigt, ansonsten einfach die Karte am Eingang abfotografieren. Nach etwa einem Kilometer erreicht man den als Yaw One eingezeichneten Stopp der Karte (Yaw 1). Hier hat die Thai State Railway ein Haus für Emil Eisenhofer gebaut, das heute als VIP-Unterkunft genutzt wird. Dann geht es tiefer in den Bambuswald und man gelangt an den zweiten Punkt der Wanderung (Yaw 2) – hier hat sich Dr. Kukrit, ein Manager der British Bombay Teak Company, während des Teakholzabbaus ein Haus erbauen lassen. Weiter geht es nach oben, der Weg steigt an und man merkt, dass die Luft frischer wird, Pinienwälder tun sich auf. Ein idealer Platz, um Rast zu machen. Dann gelangt man zum dritten Punkt (Yaw 3), hier hat ein Missionarscamp existiert, von dem man heute nichts mehr sieht. Die Aussicht hingegen ist prächtig. Zwischen Yaw 2 und Yaw 3 ist der Weg zum Tad Moey Waterfall ausgeschildert. Anschließend begibt man sich zum letzten Punkt der Wanderung, Yaw 4 ist der Gipfel des Doi Khun Tan – von 1373 Metern hat man eine tolle 360°-Aussicht in die Umgebung.

Eine kürzere Wanderung führt über einen 3 km langen Pfad zum Tad Moey, dem kleinen Wasserfall. Von hier gelangt man dann zum Yaw 2 und kann entweder den Aufstieg beginnen oder wieder zum Headquarter zurücklaufen.

Fährt man eine Station mit dem Zug nach Mae Tan Noi, kann man von dort zum Mae-Long-Wasserfall laufen. 3 km geht es auf dem ausgetretenen, gut ausgeschilderten Pfad zum Wasserfall. Er ist umgeben von Bambuswald und der Pool lädt zum Baden ein.

Unbedingt genug Wasser mitnehmen und auch etwas zu essen. Ganz wichtig ist es, den Parkwächtern Bescheid zu geben.

- Doi Khun Tan National Park. Tägl. 8–18 Uhr. Eintritt THB 100, Kinder THB 50.

Nordosten des Landes, sie wurden durch Krankheiten wie Malaria und Typhus dahingerafft, auch Tiger stellten eine große Gefahr dar. Emil Eisenhofer sammelte seine Erfahrungen in der deutschen Eisenbahnindustrie und kam aus Abenteuerlust und wegen der guten Verdienstmöglichkeiten 1903 nach Siam, um den Tunnelbau zu leiten. Nachdem er während des Ersten Weltkriegs, wie auch andere Deutsche, interniert wurde, wurde er vom König reichlich entschädigt, kehrte nach Deutschland zurück und kam 1930 mit seiner Frau Irmgard an den Hof nach Bangkok zurück. Irmgard war Lehrerin und brachte dem König Bhumibol Adulyadej und seinem Bruder Mahidol das Schwimmen bei. 1962 starb Emil Eisenhofer, später wurden seine und Irmgards Asche am Nordportal beigesetzt, eine Tafel weist darauf hin. Im Bahnhofsgebäude von Khun Tan kann man Bilder des Tunnelbaus sehen. Vor dem Bahnhof sind Essensstände und Getränkeverkäufer angesiedelt, auch kleine Garküchen sorgen für das leibliche Wohl.

White Bridge: Passiert man den Nationalpark und fährt über den Fluss, liegt linker Hand das Gassan Khun Tan Golf Resort und 2 km weiter leuchten auf der linken Seite die Bögen der White Bridge. Die Eisenbahnbrücke auf dem Weg zum Khun-Tan-Bahnhof über den Tha River ist ein beliebtes Fotomotiv. Im Café nebenan kann man Magneten und Postkarten erstehen und vor dem Kilometerstein für Fotos posieren.

Praktische Infos

Golf Zwei sehr schöne Golfplätze der Gassan-Gruppe liegen in Lamphun:

Gassan Panorama 3, 18-Loch-Golfplatz zwischen Lamphun und Doi Saket. Gepflegtes Green. Mit den vielen goldenen Kuppeln, die quer über den Platz verteilt sind, und dem Kuppeldach des Resorts erinnert es an eine Moschee. Die Hotelzimmer sind ein bisschen abgewohnt. 99 Moo 17, Makua Jae, www.gassangolf.com. **€€**

Gassan Khuntan 19, mit Blick auf den Nationalpark und den Doi Khun Tan schmiegt sich der 18-Loch-Platz in die Landschaft. Die Zimmer des Resorts sind hübsch eingerichtet und das Essen im Clubhaus mit schönem Blick auch für Nicht-Golfer ein Genuss. 222 Moo 3, Thapladuk, Mae Tha, www.gassangolf.com. **€€€**

mein Tipp **Übernachten** **Paan Yong Villa 1**, Tipp für Individualisten: 6 große Steinbungalows im Nirgendwo. Drumherum Reisfelder, Obstplantagen, ein kleiner See und Ruhe. Die Häuser sind nett eingerichtet und verfügen über Kühlschrank und AC. In der Mitte ein schöner Pool mit Liegen, die zum Relaxen einladen. Khun Nithra, die Englisch sprechende Thai, bietet ihren Gästen individuelle Touren an und führt sie in das lokale Leben ein. Hier ist es von Vorteil, mobil zu sein, denn ansonsten ist man schon weit ab vom Schuss. Im Ort Banthi gibt es Garküchen. ✆ 087/5531991, www.paanyong.com. **€**

Die Legende um die Königin Chamadewi

Nichts lieben Thais so sehr wie Legenden, so rankt sich auch um die Gründerin und Herrscherin des Hariphunchai-Reichs so manche Legende, am weitesten verbreitet ist folgende: Sie sei als Neugeborenes von einem Einsiedler in einer Lotosblüte gefunden worden, er zog das Kind auf. Aufgrund seiner guten Beziehungen zum Herrscherhaus des damaligen Mon-Regenten schickte er sie nach Lopburi, wo sie eine Ausbildung erhielt. Im Auftrag des Königs wurde sie nach Norden geschickt, um den Buddhismus zu verbreiten. Angeblich hatte ihr Ziehvater, der Einsiedler, derweil die Stadt Hariphunchai für sie aufgebaut. Sie zog dorthin und baute vom heutigen Lamphun ihr Reich aus. Nach ihrer Ankunft in Hariphunchai gebar sie Zwillinge, Buben, denen übernatürliche Kräfte nachgesagt wurden und die ihr halfen, das Reich zu vergrößern. Einige Quellen vermuten, dass die ehelose Schwangerschaft der Grund war, weswegen man sie gen Norden schickte.

Büste der Chamadewi

In anderen Geschichtsbüchern findet man die Legende, dass sie verflucht war und einen extremen Körpergeruch ausgeschieden haben soll. Dieser soll so stark gewesen sein, dass sich die Geier am Ufer niederließen, wenn sie in den Fluss zum Baden ging, da es gestunken habe, als wäre ein Elefant verendet.

Fakt ist, sie wird auch heute noch hoch verehrt und als Gründerin von Lamphun werden ihr täglich Blumen, Schweineköpfe und andere Leckereien dargebracht. Denn wenn man sie nicht ehrt, wird es mit der Stadt zu Ende gehen – so eine weitere Legende.

Pferdedroschken gehören in Lampang zum Stadtbild

Lamphun, Lampang und Phrae → Karte S. 198

Die Provinz Lampang

Folgt man dem Highway 11, überwindet man die Khun-Tan-Bergkette und gelangt in die Provinz Lampang. Lampang erlebte eine Blütezeit während der goldenen Teak-Ära, fiel danach aber wieder in einen Dornröschenschlaf und ist heute quirlige Provinzhauptstadt mit renommierter Universität.

Besonders schön ist die Anreise über die Straße von Lamphun, eine alte Allee, die früher die einzige Verbindung zwischen den Städten war. Die 200 Jahre alten Bäume sind durchnummeriert und stehen unter Naturschutz, an die 500 sind erhalten. Die Provinz erstreckt sich im Hinterland bis zum Chae-Son-Nationalpark (→ Kasten, S. 115) und dem Wat Chalermprakiat und weiter bis zur Provinz Phrae (→ S. 218). Die Provinzhauptstadt ist bekannt für ihre Keramikarbeiten und die Pferdekutschen, die heute noch Besucher durch die Straßen der Stadt ziehen. In der Kong Ta Road sind gut erhaltene Häuser im Kolonialstil zu sehen, die meisten von ihnen schön restauriert. Am Wochenende findet hier die Walking Street statt und man kann den Charme der alten Hauptstraße bei einem Bummel durch die Marktstände genießen. Weit über die Provinzgrenzen hinaus bekannt ist das Elephant Hospital am Highway 11 zwischen Chiang Mai und Lampang. In Mae Mo in den Bergen liegt nicht nur ein schöner Golfplatz mit botanischem Garten, auch hat Thailands größter Stromkonzern EGAT hier seinen Braunkohleabbau.

Lampang (Stadt)

Die Provinzhauptstadt birgt den Charme vergangener Tage. Noch heute sieht man die Spuren des florierenden Holzhandels des ausgehenden 19. Jh. Im Innenstadtbereich am Wang River kann man einige prachtvolle Teakhäuser bewundern. Reist man von Chiang Mai über den Highway 11 an, sieht man die Keramikauslagen rechts und links des Highways, eine Porzellanmanufaktur jagt förmlich die nächste. Töpfereien mit Essgeschirr, Vasen und Deko-Artikeln sowie Fliesenmanufakturen haben sich hier niedergelassen.

In der Innenstadt herrscht wuseliges Treiben um die Märkte und am Wochenende findet die Kat Kong Ta Walking Street in schönster Teakhaus-Kulisse am Fluss statt. Auffallend sind die Pferdekutschen, die auch heute nicht nur Besucher durch die Altstadt fahren.

Stadtgeschichte

Die Stadt wurde wahrscheinlich durch Chamadewi im 7. Jh. gegründet. Sie war bekannt als Kukut Tha Nakorn – Stadt der Hähne. Der Legende nach kam Buddha in die Stadt. Um ihm zu huldigen, sollten die Menschen nicht verschlafen, denn er sollte die morgendlichen Almosen erhalten. So erschuf die Göttin Indra einen weißen Hahn, der die Leute am Morgen durch sein Krähen wecken sollte. Auch heute noch ist der Hahn das Wahrzeichen der Stadt und typisches Dekoelement auf dem hier hergestellten Porzellan.

Lampang stand immer im Schatten von Lamphun. Diese Tatsache basiert ebenfalls auf einer Legende. Ein König soll versehentlich eine Gottheit getötet haben, dieses übermenschliche Wesen habe die Stadt daraufhin verflucht. Der Fluch schien anzuhalten. Im 13. Jh. wurde Lampang unter König Mengrai von Lanna annektiert, dann wie die anderen Städte des Nordens von den Burmesen besetzt, danach von Ayutthaya regiert. Ihre Blüte erlebte die Stadt Ende des 19. bzw. Anfang des 20. Jh. nach dem Bowring Treaty. Als der Handel mit Teakholz florierte, ließen sich Engländer, Franzosen, Amerikaner, Chinesen und Burmesen in der Stadt nieder, Lampang entging seinem Fluch für kurze Zeit und wurde zum wichtigen Holzhandelszentrum des Nordens. Sogar die erste Universität im Norden Thailands wurde hier gegründet. In den 1960er-Jahren allerdings geriet sie wieder ins Hintertreffen, als die Holzindustrie versiegte und Chiang Mai als Rose des Nordens bekannt wurde. Heute gilt Lampang als Geheimtipp unter Thailandurlaubern und sie hat auch einiges zu bieten mit ihrem Flair, den Pferdedroschken und den vielen Sehenswürdigkeiten.

Sehenswertes

Der Fluss war früher der einzige Transportweg für die riesigen Stämme. So errichteten die Firmen ihre Niederlassungen in Flussnähe und die Händler aus aller Welt ließen sich hier ihre Häuser bauen. Einige dieser Gebäude stehen heute noch. Sie sind im kolonialchinesischen Stil erbaut, unten aus Stein, oben mit Holz. Eines der schönsten Häuser in diesem Stil ist das **Moung-Ngwe-Zin-Haus** mit schönem Café. Auch das **Yian Chee Ti Lee Kee**, das ehemalige Kaufhaus, erbaut 1918, kann sich sehen lassen. Im **Prik Café** und Hostel kann man übernachten und fühlt sich in die Vergangenheit versetzt. Auf dem **Rassada-Markt** **2** (→ Karte S. 212/213) an der Rassadapisek-Brücke werden Lebensmittel verkauft und das Viertel um den Bahnhof ist auch heute noch ein wuseliger Warenumschlagplatz.

Baan Sao Nak: Das Haus der vielen Säulen ist auf 116 Teakholzstämmen gebaut und zeugt noch heute von dem einstigen Holzreichtum der Provinz. Heute ist es ein Museum, man kann im Inneren eine Sammlung von Lackware und Keramiken sehen sowie Möbel aus der Zeit des ausgehenden 19. Jh. In dem hübsch angelegten Garten finden sich viele Fotomotive.

▪ 6 Ratwattana Rd., Muang, ✆ 054/227653. Eintritt THB 50.

Bhumi Lakhon Museum: Lampangs neuestes Museum beherbergt eine gut dokumentierte Ausstellung zur Ge-

Das Wohn- und Geschäftshaus von Louis Leonowens in Lampang

schichte der Stadt und zeigt Fotos aus längst vergangenen Tagen. Die Exponate sind in Englisch beschriftet.

▪ Chatchai Rd., ✆ 053/237237. Mo–Fr 8–16.30 Uhr. Eintritt frei.

Kong Ta Road: Auf der Straße, die einst die Hauptader des chinesische Handelsviertels war, sind einige der Kolonialstilhäuser restauriert, sie sind in etwa 150 Jahre alt. Es stehen Tafeln auch in englischer Schrift davor, die das genaue Baudatum verraten. Ein Bummel durch die Gassen ist besonders am Wochenende lohnenswert, denn dann findet hier die **Walking Street** statt mit vielen Fressbuden, Ständen mit Handwerkskunst und Sachen des täglichen Gebrauchs.

▪ Jeden Sa und So ca. 16–22 Uhr.

Wat Pong Sanuk: Der Tempel wurde von einem burmesischen Teakhändler Ende des 19. Jh. gebaut und hat einen wunderschönen Viharn aus Teakholz. Der wurde zwischen 2004 und 2008 komplett restauriert und erhielt eine Auszeichnung der UNESCO-Weltkulturerbe-Kommission. Der Viharn ist zu allen Seiten offen, in seinem Inneren sind rote, mit Gold bemalte Holzvertäfelungen angebracht. Der kupferne Chedi auf dem Grundstück funkelt in der Sonne. Das Museum zeigt eine beträchtliche Anzahl an Buddhastatuen und Amulette.

▪ 60 Pongsanuk Rd. 6–19 Uhr.

Baan Louis: Der ehemalige Wohnsitz von Louis T. Leonowens war zugleich Firmensitz. Das Haus befindet sich unweit vom Wang-Fluss und der berühmten Rassadapisek-Brücke. Louis (1856–1919) war der Sohn von Anna Leonowens, der britischen Lehrerin der Kinder von König Mongkut (Rama IV.). Anna wurde bekannt durch ihre Biografie „Die englische Gouvernante am Siamesischen Hof" und den daraus entstandenen Musical-Film „Anna und der König von Siam" („The King and I"), der in Thailand sehr umstritten und nach wie vor verboten ist. Ab 1884 engagierte sich Louis im Teakholzhandel für die britische Borneo Company, bis er im Jahr 1905 sein eigenes Unternehmen gründete. Neben dem Teakholz-Abbau wurde das Unternehmen zu einem Vertreter für importierten Whisky, Champagner, Zement, Schreib-

Lamphun, Lampang und Phrae → Karte S. 198

maschinen, Maschinenbauprodukte und mehr. Louis lebte in diesem Haus, bis er die Firma verkaufte. Die Leonowens Company ist heute noch als Handelsunternehmen tätig, sie hat noch ein Büro in Bangkok. Louis sprach fließend Thai und benahm sich wie ein Thai. Er war ein Freund von König Chulalongkorn, Rama V. Louis war auch Gründungsmitglied des Gymkhana Sports Club in Chiang Mai. In dem verwunschenen Garten unter den riesigen Schatten spendenden Bäumen sind Baufahrzeuge und Skulpturen ausgestellt, die veranschaulichen, wie die Holzstämme damals transportiert wurden.

▪ Das Haus wurde erst kürzlich renoviert und ist für Besucher Sa/So 9–15 Uhr zugänglich.

Lampang Governor's Residency: Das gut erhaltene Haus im Kolonialstil diente einst den Gouverneuren der Provinz als Wohn- und Amtssitz. Heute kann man in dem Garten moderne Keramikskulpturen betrachten und auf Anfrage auch einen Raum besichtigen, in dem die Ahnentafel der Gouverneure und deren Porträts ausgestellt sind.

▪ Mo–So 10–17 Uhr. Eintritt frei.

Wat Phra Kaeo Don Tao: Der Tempel selbst wurde wahrscheinlich auf einem älteren Mon-Tempel aus dem 14. Jh. errichtet. Der Chedi ist 50 Meter hoch und enthält eine Haarsträhne Buddhas. Auf dem Gelände befindet sich auch der im burmesischen Stil gebaute Mondop, das viereckige Bauwerk ist mit Säulen umgeben und das Dach gipfelt in einer Spitze. Im Inneren sind schöne Glasmosaiken zu sehen. Der Tempel beherbergte 34 Jahre lang den berühmten Phra Kaeo, den Smaragd-Buddha (→ Kasten, S. 216). Eine Statue des störrischen Elefanten, der partout nicht nach Chiang Mai gehen wollte, kann man im Tempelgarten begutachten. Das kleine Museum, das dem Tempel angehört, zeigt Amulette und Gebrauchsgegenstände aus den letzten 50 Jahren.

▪ Phra Kaeo Rd. Tägl. 6–19 Uhr.

Wat Suchadaram: Der Tempel befindet sich neben dem Wat Phra Kaeo Don Tao und ist zu Ehren Mae Suchas errichtet worden. Der Legende nach hat Mae Sucha, eine Farmerin, einem Mönch während einer Hungersnot eine Wassermelone gegeben. Als dieser sie öffnete, verwandelte sich einer der Kerne in eine wertvolle Buddhastatue und die Hungersnot endete. Das war der Bevölkerung unheimlich und Mae Sucha wurde hingerichtet. Als daraufhin eine weitere Hungersnot ausbrach, erkannten die Menschen ihren schrecklichen Fehler und errichteten ihr zu Ehren den Tempel. Die hübsch restaurierte Ordinationshalle weist gleichwohl Lanna- wie burmesische Stilelemente auf.

▪ Phra Kaeo Rd. Tägl. 6–19 Uhr.

Wat Ko Walukaram: Der Tempel am Fluss in der Kong Ta Road besteht aus mehreren Viharnen, die mit Glasornamenten versehen sind und wunderbar glitzern. Der goldene Chedi ist ebenfalls neueren Datums. Läuft man durch die Anlage, sieht man ein sehr ramponiertes Teakgebäude, dessen Dach schon ganz durchgebogen ist. Man kann die steile Holztreppe hinaufsteigen und befindet sich im Inneren der ehemaligen Gebetshalle des Tempels aus dem ausgehenden 19. Jh. Schmucklos, aber dafür ganz in Holz. Hoffentlich finden sich genug Spender, um das alte Gebäude zu restaurieren.

▪ Kad Kong Rd. Tägl. 6–20 Uhr.

Lampang Arts Center: Das Holzhaus im Herzen der Kong Ta Road ist ein typisches Beispiel der Lanna-Architektur. Das Teakhaus steht auf Säulen, die steinerne Treppe führt in einen Vorhof mit Sitzgelegenheiten, von dem aus man dann in das Innere des Gebäudes gelangt. Die Stiftung gibt jungen Künstlern die Möglichkeit, ihre Werke auszustellen.

▪ Die Galerie ist Fr–So geöffnet. Mehr über die Kunststiftung unter www.pattamasaevi.org.

Am Wochenende geht es auf der Lampang Walking Street hoch her

Lamphun, Lampang und Phrae → Karte S. 198

Wat Chiang Rai: Der weiße Tempel im Zentrum glitzert in Weiß mit funkelnden Spiegeln, im Inneren finden sich Wandmalereien und ein großer, ebenfalls weißer sitzender Buddha. Die Ordinationshalle zur Linken ist im burmesischen Stil errichtet. Im vorderen Bereich sitzen meist ältere Damen und halten einen Schwatz, geht man ins Innere der Halle, sitzt oft ein Mönch auf seinem Platz und man kann sich seinen Segen abholen.

▪ Suan Dok Cheinraei Rd.

Dhanabadee Ceramic Museum: Das Museum erzählt die Geschichte der Keramik von Lampang und präsentiert eine schöne Ausstellung. Es werden mehrmals am Tag Führungen angeboten, nach Anmeldung auch Workshops im Töpfern und Bemalen.

▪ Soi Pharinya, Phrabat, ✆ 054/821558, www.dhanabadee.com. Di–So 9–17 Uhr. Eintritt THB 100, Kinder THB 60.

Thai Bank Museum: Das schöne Haus mitten in der Stadt auf einer großen Rasenfläche, das schon von Weitem sichtbar ist, beherbergte 1930 die erste Bank des Nordens, eine Filiale der Siam Commercial Bank. Durch die Entfernung zu Bangkok wurde im Norden zur damaligen Zeit meist in burmesischen Rupien gehandelt und dafür bekam man 95 Satang. Um die thailändische Währung zu stärken, ließ sich die SCB hier nieder, am 2. Juni 1930 wurde die damals dritte Filiale feierlich eröffnet. Heute kann man alte Bilder, Antiquitäten und die Statue von Rama V. bewundern, außerdem eine stattliche Sammlung alter Münzen. Auch die alten Schalterhallen sind erhalten.

▪ Chatchai Rd., ✆ 054/221976573. Mo–Fr 9–12 und 14–16 Uhr, an Feiertagen geschlossen.

Praktische Infos

Information **Tourist Info,** TAT Lampang, aufgeschlossene Mitarbeiter mit gutem Englisch – hier bekommt man auch Infos über Lamphun. 358/3–4 Banchiangrai Rd., Sob Tui, ✆ 054/222214.

Hin & weg Mit dem **Zug** von Chiang Mai und Bangkok (Nachtzug empfehlenswert). **Busse** der Linie Nahkhonchai Air fahren, ebenso Greenbus. Mit dem **eigenen Fahrzeug** von Chiang Mai über den Super Highway 11 und von Bangkok über Tak nach Lampang. Von Bangkok gehen täglich mehrere **Flüge** nach Lampang. Lampang Airport, www.lampangairport.com.

Fahrzeugvermietung Am **Airport** gibt es internationale Autovermietungen, in der Stadt zwei Moped-Vermieter:

Bike for rent, 73/75 Jant Surin, Amphoe Mueang, ✆ 090/673 8919.

Lampang Perm Sub 12, 375–375/1–2 Thipchang Rd., Suan Dok.

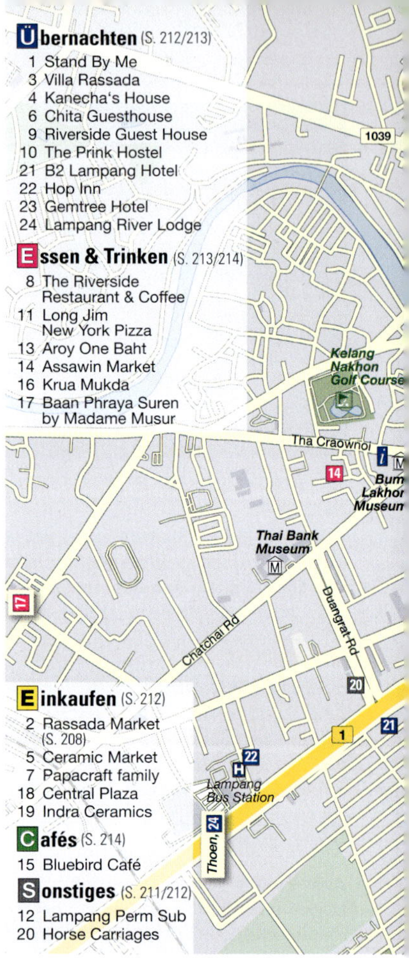

Gesundheit Lampang verfügt über ein **Krankenhaus,** man findet auch Englisch sprechende Ärzte. 280 Phahonyothin Rd., Hua Wiang, Amphoe Muang, ✆ 054/237400.

Einkaufen **Ceramic Market 5,** an der Rassadapisek-Brücke liegt der kleine Töpfermarkt. Ein paar Stände verkaufen ihre Waren. Nett für Souvenirs.

Indra Ceramics 19, eines der größten Outlets mit Geschirr, Porzellan und Deko-Artikeln. Die Fabrik verschifft auch ins Ausland. 382 Vajiravudh Damnoen Rd., ✆ 054/315083, www.indraceramic.com. Mo–Sa 8–17 Uhr.

Papacraft family 7, Schönes aus Leder gibt es bei Papacraft. Der gemütliche Shop mit Café befindet sich gleich beim Riverside Guest House. Tangchang und Thonphon fabrizieren Schmuck und Accessoires aus Leder, sehr ausgefallen. 268 Talad Kao Rd., Suan Dok, ✆ 065/5073699. Do–So 9–17 Uhr, am Wochenende bis 20 Uhr.

Kat Kong Ta, jedes Wochenende findet in der Kong Ta Road die Walking Street statt. Selbstgebasteltes, Souvenirs und jede Menge Essensstände sammeln sich hier.

Central Plaza 18, Shoppingmall am Highway 1. Moderne Läden und Restaurantketten sowie ein Foodcourt. Highway 1.

Talad Kao Chao, Lebensmittelmarkt und Haushaltswaren, gleich bei der Railway Station, besonders morgens ist hier viel los, es gibt gute Essensstände.

Aktivitäten **Droschkenfahrten durch die Altstadt 20,** das historische Viertel kann man mit der Pferdedroschke abklappern (1 Std. ca. THB 400). Sie warten schräg gegenüber dem Bhumi Lakhon Museum unter den Schatten spendenden Bäumen. Die Thai-Ponys gelten als besonders trittfest auch in unwegsamem Gelände und als freundliche, gelehrige Rasse.

Übernachten **Villa Rassada 3,** modernes Stadthotel am Fluss mit Blick auf die Kong Ta Walking Street, Fahrräder kann man benutzen, um die Stadt zu erkunden. Die Zimmer sind liebevoll eingerichtet, gute Matratzen. 27 Charoen Phrathet Rd., ✆ 094/9872286, villarassada@hotmail.com. €

MeinTipp **Riverside Guest House 9,** das Guesthouse von Lorenza und ihrem Mann liegt direkt am Fluss und mitten im Geschehen. Die Zimmer sind gemütlich eingerichtet und verfügen über AC oder Ventilator. Im Restaurant bietet sie sehr gutes Frühstück an und es ist ein schöner Ort zum Verweilen direkt am Fluss. Ausserdem bietet sie interessante Touren in die Umgebung an. 286 Talad Kao Rd., Suan Dok, ✆ 054/227005, www.theriverside-lampang.com. **€€**

Kanecha's Home 4, gleich neben Villa Rassada liegt der hübsche Homestay mit Restaurant und Coffeeshop direkt am Fluss, nette Bungalows und Zimmer. 29 Charoen Phrathet Rd., ✆ 098/7933416, www.kanechahome.com. **€**

Stand by Me Hostel 1, direkt an der Rassadapisek-Brücke. Saubere Zimmer mit Gemeinschaftsbad. 50 Charoen Phrathet Rd., ✆ 081/487 8437, Standbymehostel.lampang@gmail.com. **€**

Prink Hostel 10, direkt im Zentrum an der Kong Ta Walking Street, in einem alten Kolo-

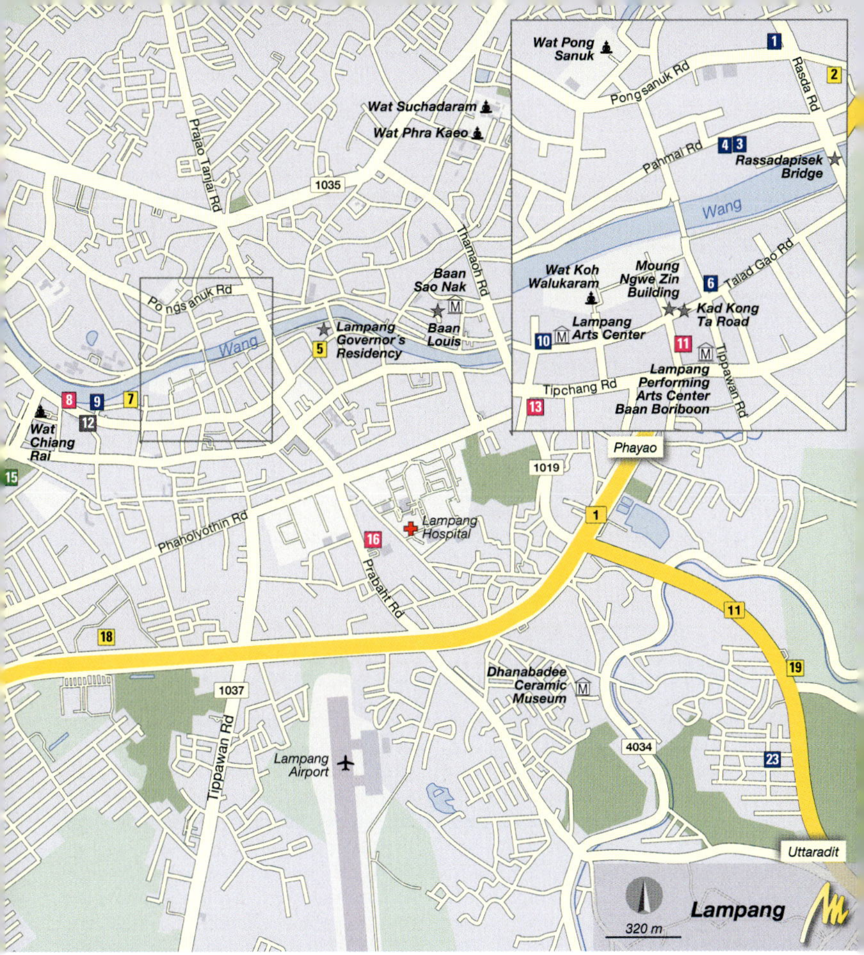

nialhaus untergebracht. Urige Zimmer mit Kolonialflair. Sehr schönes Café mit Jazzmusikuntermalung, lädt zum längeren Sitzen ein. ✆ 095/6644561. €

Gemtree Lampang 23, modernes Hostel an der Ausfallstraße. 572 Moo 1, Phrabat, Muang, ✆ 054/011188, www.gemtreehotel.com. €

Chita Coffee and Guesthouse 6, gemütliches Guesthouse mit Café, das schöne Hilltribe-Taschen und Kleider verkauft. 143 Talad Kao Rd., Muang, ✆ 093/2956557. €

MeinTipp **Lampang River Lodge 24**, hübsches Resort am Ufer des Flusses mit Zimmern im Lanna-Stil in einem alten Teakhaus. Swimmingpool und gutes Restaurant. 330 Moo 11, Chompoo, ✆ 054/336641, www.lampangriverlodge.com. €€

Hop Inn 22, Budgethotel der Hop-Inn-Gruppe, die man überall im Land findet. Neues Hotel, moderne Zimmer, guter Preis. 79/31 Phaholyothin Rd., Suan Dok, ✆ 026/292899, www.hopinnhotel.com. €

B2 Lampang 21, in der Nähe vom Nakhonping Air Bus Office gelegen, am Highway 1. Gutes neues Budget-Hotel der B 2-Gruppe. Reservierung unter der Hotline ✆ 1328, www.b2hotel.com. €

Essen & Trinken **Krua Mukda 16**, tolles Garküchen-Restaurant, bekannt für seine gegrillten Hühnchen, halb oder ganz, Somtums und sehr zu empfehlen die Khanon Jeen, die weißen Reisnudeln mit Curry. 49 Sanambin Rd., ☎ 054/315696. €

Mein Tipp **Baan Phraya Suren by Madame Musur 17**, hier sitzt man wie im Wohnzimmer eines europäischen Hauses unter einem großen Kronleuchter. Das Restaurant bietet feine Thai-Küche, wie z. B. einen Pomelosalat mit Garnelen oder ein sehr gutes Entencurry, aber auch Tee und Kaffeespezialitäten. Auch im Garten kann man sitzen, besonders schön in den Wintermonaten. Das große zweistöckige Haus nebenan kann man für Anlässe mieten und auf Anfrage kann hier auch übernachtet werden. 20 Thanon Surane, Tambon Sop Tui, ☎ 061/5708324. Mi–So 10–21 Uhr. €€

Long Jim New York Pizza 11, richtig gute Pizzen gibt es mitten in der Altstadt, auch Pasta und Salate. Das Ambiente ist weniger gemütlich. Am Wochenende am besten reservieren, das Restaurant wird von Thais und Ausländern gleichermaßen gut besucht. Charoen Muang Alley, Suan Dok, ☎ 082/8925009. Di–So 17–21.30 Uhr. €€

Bluebird Café 15, kleines Café im Stadtpark beim Uhrenturm. Kaffee, Tee und Kuchen sowie Sandwiches. Kinderspielplatz ist direkt nebenan. Ha Yaek Clock Tower Park, Suan Dok. Di–So 8.30–15 Uhr. €

The Riverside 8, am Fluss gelegen, auf mehreren Terrassen kann man den Sundowner genießen, am Wochenende Livemusik und Pizza, ansonsten gute Thai-Küche. 328 Thanon Thipchang. €€

Aroy One Baht 13, einen Block vom Art Center entfernt ist in einem alten Holzhaus das rustikale Restaurant. Thai-Tellergerichte und Nudelsuppen, ab 16 Uhr geöffnet. Tipchan Rd., Muang. €

Assawin Market 14, täglich ab spätem Nachmittag geöffneter Essensmarkt, gut und günstig, hinter der Post gegenüber vom Kela Nakorn Park. €

In der Umgebung von Lampang

Fährt man auf der Straße 1037 nach Süden, gelangt man zum **Wat Doi Pra**, einem relativ neuen Tempel mit einer traumhaften Aussicht. Schon von Weitem sieht man einen blaugrünen Buddha hoch oben auf dem Berg. An den Wochenenden und an Feiertagen lässt man das Auto auf dem Parkplatz am Fuße des Hügels stehen und nimmt den Shuttle Service, der gratis ist, aber THB 20 als Spende finden wir angemessen. Oben angekommen, kann man eine Treppe zur blauen Buddhaskulptur hinaufgehen. Dort befindet sich auch der Coffeeshop. Auf der gegenüberliegenden Seite ist der Eingang zum eigentlichen Tempel. Man schreitet durch das Tor und gelangt auf einen Vorplatz, der mit den für Lampang typischen Fliesen ausgelegt ist, rechts und links säumen goldene Buddhastatuen den Platz. Dann geht man am Viharn vorbei und steht auf einem Aussichtsplateau, von dem man einen wunderschönen Blick auf die Umgebung und die umliegenden Reisfelder hat. Ein toller Ort, um Fotos zu schießen.

Das Reich des EGAT-Stromkonzerns in den Bergen von Mae Mo

Restaurantboot auf dem Kee-Lom-See

Fährt man den Highway 11 in südlicher Richtung, biegt man auf die Straße 1348 ab und folgt den Schildern „Mae Mo". In diesem Gebiet befindet sich der einzige Braunkohletagebau Thailands. Der Energiekonzern EGAT hat hier seine Kraftwerke. Immer wieder gab es Kontroversen und Proteste, doch der Abbau und die Stromproduktion gehen munter weiter. EGAT hat einen großen 18-Loch-Golfplatz errichtet und im Restaurant essen auch Nicht-Golfer sehr gut mit Blick auf die riesigen Bagger und das Abbaugebiet. Außerdem ist hier noch der **Botanic Garden,** ebenfalls von EGAT finanziert. Eine hübsche Anlage, die besonders in der heißen Jahreszeit ein bisschen Abkühlung verschafft. Fährt man die Straße weiter, gelangt man zu einem kleinen See und dann an dem Kraftwerk vorbei wieder zum Highway 1, der dann entweder zurück nach Lampang führt oder aber weiter nach Phayao.

In Richtung Chiang Mai liegt am Super Highway 11 das **Elephant Conservation Center.** Hier werden die Elefanten geritten und man kann verschiedene Programme absolvieren, vom Ein-Tages-Programm mit Elefanten füttern und pflegen sowie baden mit den Dickhäutern bis zu 30-tägigen Mahout-Kursen. Es werden antrainierte Kunststücke gezeigt, wie das Malen von Bildern durch die Elefanten u. Ä.

Der **Kee Lom Dam** (auch Kiew Lom oder Kiu Lom) zwischen Lampang und dem Chae-Son-Nationalpark liegt hübsch eingebettet zwischen Karstfelsen, deren Hänge dicht bewaldet sind. Auf einer der Inseln in dem weit verzweigten See befindet sich das **Wang Kaew Resort** – ein echter Ruhepol mitten in der Natur. Ein kleines Motorboot holt die Gäste am vereinbarten Punkt des Ufers ab und schon tuckert es durch Seegras entlang der Felsen bis zur Insel Koh Wang. Die Häuser sind aus Holz gebaut, verfügen über Terrassen mit Seeblick und im Restaurant schmeckt das Thai-Essen hervorragend. Man kann auf der Insel wunderbar chillen, sei es beim Fischen oder Sonnenbaden in den Liegenetzen über dem See oder einfach bei einem kühlen Drink zum Sonnenuntergang. Für mutige Wasserratten empfehlen wir den Sprung von den Karstfelsen in den See. Unbedingt vorher anrufen, sodass man den Abholort genau vereinbaren kann. Am Bootsanleger in **Ban Sa,** an der Straße 1035 am westlichen Ufer, liegen schwimmende Restaurants und warten auf Kundschaft. Die Restaurantboote sind voll ausgestattet und werden dann zum Essen auf den See hinausgefahren – sehr beliebt auch zum Karaoke-Singen! Man mietet ein ganzes Boot samt Personal und Soft Drinks für THB 5000, das Essen kostet THB 300 zusätzlich und alkoholische Getränke kann man entweder vorbestellen oder mitbringen (Nui spricht gut Englisch, ✆ 087/1739607).

Der Smaragd-Buddha – Thailands Nationalheiligtum

Die Buddhastatue soll von den Hindu-Göttern Indra und Vishnu erschaffen worden sein und war zunächst Teil eines Tempels in Sri Lanka. Von dort wurde sie nach Java, Burma und Angkor verschleppt, irgendwann gelangte sie unter mysteriösen Umständen nach Thailand. Im Jahr 1434, als in Chiang Rai während eines Gewitters ein Chedi von einem Blitz in Trümmer gelegt wurde, kam darunter dieser weitgereiste Smaragd-Buddha, der eigentlich aus Jade ist, zum Vorschein. Die kleine Statue erfreute sich großer Beliebtheit und der Tempel in Chiang Rai wurde nach ihr benannt: **Wat Phra Kaeo.** Doch auch hier sollte sie nicht bleiben, denn König Sam Fang Kaen von Chiang Mai hörte von der Statue und befahl, diese nach Chiang Mai zu bringen. Also wurde die Statue auf einen Elefanten geladen und sollte so nach Chiang Mai gelangen. Allerdings bogen drei Elefanten des Konvois in Richtung Lampang ab und waren nicht dazu zu bewegen, den Weg nach Chiang Mai einzuschlagen, also nahm man den Eigenwillen des Dickhäuters als Zeichen und der Smaragd-Buddha durfte im Wat Phra Kaeo Don Thao die nächsten Jahre verbringen. Im Jahr 1468 unter König Tilokarat wurde er dann aber schließlich nach Chiang Mai gebracht und fand im Wat Phra That Chedi Luang sein neues Zuhause. 1551 wurde die Statue nach Laos exportiert, vom damaligen König Chaiyachet, der laotischer Herkunft war. Doch auch dort musste sie wieder umziehen, denn die Burmesen fielen ein und der König wollte den Buddha in Sicherheit bringen und nahm ihn mit in die neue Hauptstadt Vientiane. Hier fanden die Reisen erstmal ein Ende. Als Rama I. 1778 Vientiane einnahm, wenn auch nur für kurze Zeit, holte er die Buddhastatue zurück nach Thailand und sie wurde in den Wat Arun in Thonburis damaligen Haupttempel gebracht. Als der König 1784 die Hauptstadt nach Bangkok verlegte, ließ er den Wat Phra Kaeo bauen, in dem der Smaragd-Buddha auch heute noch zu bewundern ist. Sich ihm zu nähern und zu berühren bleibt dem König vorbehalten. Dieser wechselt dreimal im Jahr die Gewänder des Buddhas, es gibt eines für die Trockenzeit, eines für die Regenzeit und eines für die kühle Jahreszeit.

Ca. 15 km südwestlich von Lampang in Richtung Tak liegt der **Wat Phra That Lampang Luang** auf einem kleinen Hügel vor der Stadt. Der Viharn aus dem Jahr 1486 ist einer der ältesten Holzbauten des Landes. Damals stand er auf Teakstelzen, diese sind mittlerweile durch Betonpfeiler ersetzt worden, doch das tut der Pracht keinen Abbruch. Die beiden Buddhastatuen sind hoch verehrt und stammen aus dem 16. Jh. Der Chedi aus Kupfer und Bronze ist 45 Meter hoch und wahrscheinlich das älteste Gebäude des Tempelkomplexes. In den Ordinationshallen finden sich schöne Elemente der Lanna-Architektur: mit Gold verziert, heruntergezogene Dächer und aufwendige Schnitzereien.

■ Pahanyotid Rd., Highway 1, 15 km außerhalb der Stadt Richtung Lamphun.

Praktische Infos

Aktivitäten **Elephant Conservation Center – Elephant Home,** das Camp ist eines der bekanntesten im Norden. Das Homestay bietet hübsche, komfortable Bungalows. Mehr Infos unter www.thaielephant.org. Highway 11, ✆ 054/829329.

Elephant Hospital, liegt gleich nebenan und hebt sich ganz klar vom staatlichen Elephant Conservation Center ab. Die Elefanten werden nicht geritten, vorsichtige Berührungen mit den Besuchern werden ermöglicht. Es finden weniger häufig am Tag Führungen statt. Die Stiftung kümmert sich um das Wohl der Elefanten, kranke Tiere, verunfallte Tiere und auch ein Artenschutzprogramm ist Teil des Plans. Unbedingt einen Besuch wert. Hier kann man auch Mosha, den Elefanten, den die Elephant Parade unterstützt, besuchen. www.friendsoftheasianelephant.org.

Mae Mo Golf Course, 18-Loch-Golfkurs mit Blick auf den Braunkohletagebau. Mae Hoh, ✆ 054/254095.

Kelang Nakhon Golf Club, Golfkurs für Sparfüchse, sehr günstige Greenfees. Am Highway 1 in der Militärbasis, Surasakmontri Camp Ban Pichai.

Mae Mo Botanic Garden, gleich neben dem Golfplatz ist dieser schöne terrassenförmig angelegte Botanische Garten mit Orchideenhaus, Sukkulenten-Sammlung und tropischen Pflanzen. Mae Mot District.

Übernachten **Wang Kaew Resort,** das schwimmende Resort auf dem weit verzweigten Stausee hat ein rustikales Ambiente. www.wangkaewresort.com, ✆ 056/4919194. Package-Preise, mit Abholung, Dinner-Karaoke, Angeln, Kayaken und Nachtessen ab THB 1900 pro Pers. **€**

Lamphun, Lampang und Phrae → Karte S. 198

Von Phrae nach Uttaradit und Si Satchanalai

Die Provinz Phrae steckt touristisch in den Kinderschuhen. Schade, denn Provinz und Hauptstadt sind definitiv einen Besuch wert. Durch immergrüne Vegetation geht es von Phrae durch die Berge zum Sirikit-Staudamm, dann in die tiefste Provinz nach Uttaradit. Von dort kann man bequem einen Abstecher nach Si Satchanalai machen.

Schöne „Gingerbread"-Häuser vom Ende des 19. Jh., eine schöne Innenstadt mit malerischen Gassen und freundliche Menschen findet der Besucher in Phrae vor. Die Provinz ist ländlich geprägt, Reisfelder, so weit das Auge

Blick auf den Sirikit-Stausee

reicht. In der Umgebung lockt das Schreinerdorf Den Chai mit Möbeln zu Schnäppchenpreisen (auch international verschiffbar) und der Phae Muang Phi Forest Park macht mit erodierten Felsformationen auf sich aufmerksam. Noch tiefer in die Provinz geht es auf unbefestigter Straße zum Sirikit-Staudamm – hier zeigt sich das ländliche Thailand von seiner schönsten Seite. Auf dem Stausee kann man nicht nur eine abenteuerliche Fährfahrt unternehmen, sondern erreicht auch schnell die UNESCO-Weltkulturerbestätte Si Satchanalai.

Phrae (Stadt) und Umgebung

Von Lampang geht es auf dem Highway 11 nach Phrae. In **Den Chai,** einem Dorf bekannt für seine zahlreichen Möbel-Hersteller, das im Übrigen auch den Bahnhof beherbergt, biegt man auf die Straße 101 ab und gelangt nach 25 km in das hübsche Städtchen Phrae, eine Kleinstadt, die sich sehen lassen kann. Phrae hat einen gemütlichen Stadtkern, umrundet von den Resten der ehemaligen Stadtmauer. Es finden sich sehr schöne Häuser, allen voran das Vongburi House, und da kaum Verkehr in den kleinen Gassen herrscht, kann man gut unter Schatten spendenen Bäumen die Stadt zu Fuß erkunden.

Stadtgeschichte

Phrae wurde wahrscheinlich während der Mon-Herrschaft besiedelt und Teil des Hariphunchai-Reichs. Später dann, als König Tilokarat 1443 Nan eroberte, fiel auch Phrae in seine Hände und wurde Teil des Lanna-Reiches. Phrae, die Stadt am Yom-Fluss, hat ähnlich wie Lampang und Chiang Mai ebenfalls von der Blüte der Teakholz-Ära profitiert, davon zeugen die gut renovierten Teakhäuser.

Handgemachte Laternen im Wat Phong Sunan

Sehenswertes

Phrae hat sich seine schöne Innenstadt mit den Teakhäusern, Tempeln und einem Teil der alten Stadtmauern erhalten. Das hübsche **Rathaus** ist in einem imposanten Gebäude untergebracht, der Eintritt ist frei, es gibt eine Ausstellung zu König Rama IX. Gegenüber der **City Pillar Shrine,** umgeben von großen Bäumen. Dann schlendert man durch die kleinen Gassen und hier und da erhascht man einen Blick auf alte Holzhäuser und gepflegte Gärten – eine friedliche Atmosphäre mitten in der Stadt. Man kann die Stadt prima zu Fuß erkunden oder sich ein Fahrrad im Hotel ausleihen. Wer so richtig „Thainess" erleben möchte, ist hier goldrichtig.

Khum Chao Luang: Das stattliche Haus wurde 1892 erbaut und steht im Zentrum der Stadt, umgeben von einem parkähnlichen Garten. Das Innere des Hauses ist mit Originalmobiliar ausgestattet, außerdem gibt es jede Menge Fotografien aus dem ausgehenden 19. Jh.

■ Khum Derm Rd. Tägl. 8–16.30 Uhr. Eintritt frei.

Vongburi House: Das stattliche Haus inmitten des Zentrums ist ein tolles Fotomotiv. Die Fassaden in dem für Asien typischen „Gingerbread-Style", zu erkennen an den verschnörkelten Holzdekorationen über den Fenstern und Türstöcken, sind sehr schön restauriert. Im Inneren kann man die Wohnräume und die Küche besichtigen, ausgestattet mit Möbeln aus der Zeit des ausgehenden 19. Jh. und Fotos der letzten Bewohner an den Wänden.

■ Kamlue Rd. Tägl. 8.30–17 Uhr. Eintritt THB 30.

Wat Phong Sunan: Der hübsche Tempel war wohl früher einmal der Haustempel der Vongburis, die ihn ab 1929 restaurieren ließen. Die große goldene Schildkröte ist ein Symbol für langes Leben. Der Viharn mit seinen Spitzen ist auffällig und hebt sich glänzend weiß vom stahlblauen Himmel ab.

■ Khum Lue Rd. Tägl. 6–18 Uhr.

Phae Muang Phi Forest Park

Saturday Night Market 2 (→ Karte S. 221): Der Markt geht quer durch die Altstadt, entlang der Khum Lue Road, vorbei am Vongburi-Haus. Schön ist es nach dem Dunkelwerden, wenn das Vongburi-Haus erleuchtet, die Straße für den Autoverkehr gesperrt ist und es aus den fahrbaren Garküchen duftet und dampft, während Händler ihre Waren anbieten. Textilien und Handwerkskunst gibt es hier ebenso wie Obst und Gemüse.

Wat Luang: Die wohl älteste Tempelanlage der Stadt aus dem 9. Jh. liegt in der Altstadt. Der achteckige Chedi ist noch aus der Mon-Zeit, die restlichen Gebäude sind moderneren Ursprungs. Das Buddhabildnis stammt aus der Chiang-Saen-Ära. Man erkennt es daran, dass die Haarlocken nicht so fein gearbeitet sind wie in der darauffolgenden Sukhothai-Periode und alles in allem wirken die Statuen plumper, runder, mit dickeren Gesichtern, so auch das gold glänzende Exemplar im Haupt-Viharn. Auf dem Tempelgelände kann man noch Überreste des ehemaligen Eingangstores sehen, heute steht hier eine Buddhafigur und es werden Kerzen und Räucherstäbchen abgelegt. Auf dem Gelände gibt es noch ein kleines Museum, es sind Waffen und Amulette ausgestellt.

Lamphun, Lampang und Phrae → Karte S. 198

In der Umgebung

Phae Muang Phi Forest Park: 20 km außerhalb der Stadt liegen die erodierten Felsen, die Wind und Wetter zu bizarren Formationen verformt haben. Am Parkeingang gibt es ein Café und Essensstände. Eintritt frei.

Wat Phra That Cho Hae: 8 km außerhalb der Stadt an der Straße 1022 liegt der wichtigste Tempel der Provinz auf einem Hügel. Der 33 Meter hohe goldene Chedi ist schon von Weitem zu sehen. Der Tempel wurde wahrscheinlich 1337 gebaut. Die Buddhastatue im Viharn ist hoch verehrt, die Wandmalereien zeigen Szenen aus dem Leben Buddhas. Beim jährlichen Phra That Cho Hae Festival im Februar oder März umrunden Gläubige den Chedi im Uhrzeigersinn und halten Kerzen in den Händen. Dann gibt es Musik, Tanz und Essensstände.

▪ Straße 1022.

Den Chai: Der Ort beherbergt den Bahnhof von Phrae, wer also mit dem Zug kommt, muss hier aussteigen. Ansonsten hat der Ort nicht viel zu bieten, einen Tesco Lotus Express, 7/11 und das war's dann auch schon. An der Ausfallstraße jedoch befinden sich jede Menge Möbelschreinereien. Eine Werkstatt drängt sich an die nächste. Egal ob ab Geschäft oder auf Bestellung, man findet hier alles. Die Möbel sind auch noch etwas billiger als etwa in Ban Tawai. Mit einem Thai-Dolmetscher kann man auch übers Verschiffen und Versenden reden.

Praktische Infos

Hin & weg Mit dem **Bus** von Chiang Mai ab der Arcade Bus Station nach Phrae. Mit dem **Zug** bis Den Chai und dann per **Songthaew** nach Phrae.

Fahrzeugvermietung Mopeds und Autos kann man in Phrae bei **Be Bike** **7** mieten. Yantarakin Koson Rd., ✆ 061/6814477 oder 054/534438, pbp-group@hotmail.com.

Gesundheit Phrae verfügt über ein **Krankenhaus,** allerdings spricht hier niemand wirklich Englisch. Aber im Notfall ist man hier gut versorgt. 144 Chor Hae Rd., Nai Wiang, ✆ 054/533500.

Übernachten **Phoomthai Garden Hotel** **9**, eines der besten Häuser am Ort mit Swimmingpool, gepflegten Zimmern, sehr gutem Frühstücksbuffet. Zentral gelegen. 31 Sasibutr Rd., Nai Wiang, ✆ 0541/627359, www.phoomthaigarden.com. €

MeinTipp **Baan Inspire** **8**, modernes Stadthotel mit sauberen Zimmern, einem sehr gut Englisch sprechenden Besitzer, der seinen Gästen seine Stadt näherbringen möchte. 60/1 Rat Uthit Rd., Nai Wiang, ✆ 054062353, baaninspire@gmail.com. €

Come Moon Loft Hotel **3**, modernes Hotel in einer ruhigen Seitengasse. Saubere Zimmer in einem dreistöckigen Gebäude mit Wischoptik-Fassade. ✆ 096/6982294. €

Rim Muang Home Stay **6**, gelungenes Guesthouse mit Wohlfühl-Atmosphäre. Untergebracht in einem dreistöckigen Teakhouse, kann man zwischen Zimmern mit Gemeinschaftsbad und privatem Bad sowie einem Schlafsaal wählen. Chettawan Rd. €

Baanthep Antique Homestay **1**, man übernachtet im Museum in großen Zimmern, umgeben von Antiquitäten und Schnitzereien. Zimmer mir AC und Bad. Die Thai-Familie ist sehr freundlich und der Sohn spricht gut Englisch. Rob Muang Rd., Nai Wiang. €

Essen & Trinken **Gingerbread House Gallery** **5**, gemütliches Restaurant im gleichnamigen Guesthouse. Besonders gutes Frühstück für europäische Gaumen. 94/1 Charoen Muang Rd., ✆ 054/523671. €€

Rom Mai Yai **10**, an der Ausfallstraße 4030 gelegen – hippes Bar-Restaurant, das überwiegend junge Leute anzieht. €€

Baan Du View **11**, uriges Lokal mit Livemusik und gutem Essen, schräg gegenüber vom Rom Mai Yai. Karte nur auf Thai – sehr gut sind hier die Tom Yum Gung und außerdem diverse Thai-Salate. Straße 4030. €€

Der **Essensmarkt** **4** rund um den Uhrenturm am chinesischen Schrein öffnet jeden Abend gegen 17.30 Uhr. Gute **Garküchen** und schmackhaftes Essen. Rob Muang Rd.

Nan
Phae Muang Phi Forest Park
Thung Hong
1023
Phrae
Thin
Suan Khuean
1024
Doi Phu Klong N.P.
Wiang Thong
Na Chak
Rong Kat
1101
Pa Daeng
Wat Phra That Cho Hae
101
1022
Sung Men
Pong Pa Wai
Huai Fai
Den Chai Railway Station
4001
Den Chai
Mae Chua
11
Lampang
Yom
Phrae Bus Terminal
Kham Saen
Wat Luang
Wat Phong Sunan
Phrae City Hall
Khum Chao Luang
Vongburi House
The City Pillar Shrine Phrae
Khum Doem A
Phra Ruang Rd
Charoen Mueang
Rop Mueang Rd
Chor Hae Rd
Yantrakit Kosol Rd
Mueang Hit Rd
Phrae Hospital
Phaya Phon Rd
Übernachten (S. 220)
1 Baan Thep Antique Homestay
3 Come Moon Loft Hotel
6 Rim Muang Home Stay
8 Baan Inspire
9 Phoomthai Garden Hotel
2 Ban Pujadkam Bungalows (S. 225)
3 Uttaradit Home (S. 225)
Essen & Trinken (S. 220)
4 Night Market
5 Gingerbread House Gallery
0 Rom Mai Yai
1 Baan du View
Einkaufen (S. 219)
2 Saturday Night Market
Sonstiges (S. 220)
7 Be Bike Car and Bike Rental
Na Nok Nok
Khun Fang
1105
Mae Phun
Dan Na Kham
Ruam Chit
11
1045
Hat Ngio
Ngio Ngam
1045
Dan
1106
Laplae
Tha Sao
Pha Chuk
1041
Uttaradit
1047
Thung Yang
102
Phitsanulok
3,8 km
Phrae

Durch die Berge schlängelt sich der Weg in die kleine Provinz Uttaradit

Nach Uttaradit und Si Satchanalai

Fährt man am Wat Phra That Cho Hae vorbei, wird die Straße immer schmaler, bis sie irgendwann nach 10 km unbefestigt ist. Dann schlängelt sie sich als Road 4001 durch dichten Dschungel immer weiter bergauf und man passiert hier und da ein kleines Dörfchen. Schweine liegen auf der Straße, Kühe stehen im Weg und in den Dörfern kläffen Hunde und kündigen den Verkehr an. Man fährt vorbei an Holzhäusern, Mopeds biegen knatternd um die Ecke, es gibt fast keine Autos, der einzige Gegenverkehr sind Kuhherden! So geht es immer höher hinauf. Auf der Passhöhe des Phu Paya Poo findet sich ein Schrein, an dem man Kerzen und Räucherwerk anzünden kann.

Der Sirikit-Staudamm

Dann führt die Straße wieder hinab, bis man den ersten Blick auf den Sirikit-Staudamm erhascht. Dort angekommen, passiert man die Schranke und kann entweder einen Spaziergang auf der Staumauer machen oder aber in einem der kleinen Restaurants mit Blick auf den See etwas essen.

Durch den Nationalpark Sak Yai

Dann geht es zurück zur Hauptstraße und man folgt ihr nach Uttaradit oder biegt in die entgegengesetzte Richtung ab und fährt die Schleife über den **Sak Yai National Park.** Hier steht der älteste Teakbaum der Welt, er soll 1500 Jahre alt sein, misst knapp 10 Meter im Durchmesser und ist etwa 37 Meter hoch. Auch auf diesem Weg gelangt man nach Uttaradit.

Uttaradit

Uttaradit ist eine winzige Provinz, die stark ländlich geprägt ist. Reisfelder über Reisfelder und dazwischen Durian-Plantagen. Der Anbau der Frucht der Götter ist wichtigstes Standbein der Region. Es werden mehr als 20.000

Tonnen der stinkenden stacheligen Frucht im Jahr geerntet. Sie ist die wohl teuerste Frucht im asiatischen Raum, ein kleines Stück kostet schnell 10 Euro. In der kleinen Provinzhauptstadt Uttaradit am Ping River gibt es nicht wirklich viel zu sehen, man kann am Fluss übernachten und in den lokalen Garküchen essen. Von Uttaradit geht es zurück Richtung Phrae zum Si Satchanalai Historical Park.

Si Satchanalai Historical Park

Die ehemalige Stadt Chaliang am Yom-Fluss war bereits im 3. und 4. Jh. besiedelt und vor der Sukhothai-Periode ein Außenposten des Khmer-Reiches von Angkor Wat. 1239 wurde es von Sukhothai einverleibt und das ehemalige Chaliang wurde ausgebaut und Si Satchanalai genannt. Bevor König Ramkhamhaeng den Thron Sukhothais 1279 bestieg, regierte er als Kronprinz zunächst Si Satchanalai. In dieser Zeit erlebte die Stadt eine Blüte, Buddhismus wurde gelehrt, Künstler aus dem ganzen Reich zog es hierher und die Stadt wuchs stetig. Es soll mehr als 20 Tempelanlagen gegeben haben, Wohnhäuser, den Palast, und ein ausgeklügeltes Bewässerungssystem stellte den Reisanbau sicher. Si Satchanalai, die „Stadt der guten Leute", wie der Name übersetzt heißt, wurde so zum zweiten Standbein des Sukhothai-Reiches. Im 13. und 14. Jh. war die Stadt Sitz der Kronprinzen. 1451 wurde die Stadt von König Tilokarat aus Chiang Mai annektiert und 1474 im Krieg zwischen Lanna und Ayutthaya vom Ayutthaya-Reich zurückerobert. Sie war in einem Rechteck angelegt und wurde im 16. Jh. mit einem Stadtgraben gesichert, um sich vor den Attacken der Burmesen zu schützen. 1766 wurde Si Satchanalai trotzdem von den Burmesen besetzt und zerstört. Die alte Siedlung wurde nie mehr aufgebaut. Heute kann man die Ruinen der alten Stadt besichtigen. Wie auch bei Ayutthaya und Sukhothai sind nur noch die Tempelruinen erhalten, da die Häuser und der Palast wahrscheinlich aus Holz gebaut waren. Seit 1991 steht die ehemalige Kronprinzenstadt unter dem Schutz des UNESCO-Weltkulturerbes.

Der Geschichtspark ist nicht so sehr frequentiert wie der von Sukhothai. An manchen Tagen kann es sein, dass man die historische Stätte ganz für sich

Lamphun, Lampang und Phrae → Karte S. 198

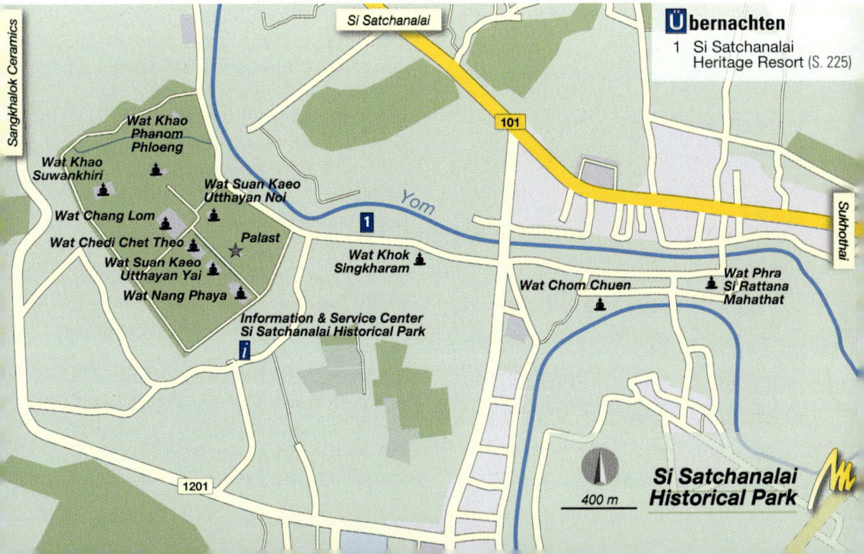

alleine hat. Die ehemalige Stadt am Fluss Yom liegt auf einem Hügel und ist von altem Baumbestand durchzogen. Am besten lässt sich der Park mit dem Rad erkunden, Fahrradvermietung gibt es am Eingang. Im Schatten der mächtigen Bäume radelt man entlang der Ruinen der Stadt. Hier und da sieht man mitten auf einer Wiese oder versteckt hinter einem Mauervorsprung einzelne Buddhastatuen, Köpfe oder Reliefs aus Ausgrabungen, die kreuz und quer im Gelände ausgestellt sind. Sie bieten schöne Fotomotive. Die wichtigsten Tempelreste im Überblick:

Wat Nang Phaya: In diesem Tempel sind Teile der Wand-Fresken sehr gut erhalten, es war ursprünglich der Tempel der Königin. Das erklärt die ehemalige Größe der Anlage. Auch der Viharn war verhältnismäßig groß und bestand aus sieben Räumen, heute sieht man nur mehr die Mauerreste des einstigen Bauwerks.

Wat Chedi Chet Thaeo: übersetzt Tempel der Sieben-Reihen-Stupas. 32 Stupas in verschiedenen Größen und Formen sind Teil des Tempelareals, die riesigen Ausmaße der Anlage deuten auf einen königlichen Tempel hin. Wahrscheinlich war er die letzte Ruhestätte der Herrscher, daher auch die imposanten Stupas. Um die Tempelmauer herum war wahrscheinlich ein Wassergraben. Es ist eine der schönsten Tempelruinen des Parks.

Die Ruinen der alten Königsstadt

Wat Chang Lom: Die Tempelanlage wurde 1286 von König Ramkhamhaeng erbaut, nachdem eine Buddha-Reliquie auf dem Gelände gefunden wurde. Auf dem Tempelareal gibt es eine zwei-stufige Stupa, die mit ihrem eckigen Fundament und der glockenförmigen Spitze an den Tempelbaustil Sri Lankas erinnert. Sie ist umgeben von 39 Elefanten, die auf der ersten Ebene des Heiligtums angebracht sind. Auf der zweiten Ebene sind 20 Nischen, in denen einen Meter hohe Buddhastatuen einst ihren Platz hatten.

Wat Khok Singkharam: Der Tempel wurde in der späten Sukhothai-Periode gebaut, er hat einen rechteckigen Grundriss. Die Südwand des Bauwerks war einst die alte Stadtmauer von Chaliang. Hinter dem Viharn sind zwei Stupas gut erhalten.

Wat Khao Phanom Phloeng und Wat Khao Suwankhiri: Schon von Weitem sieht man die Zwillingstempel, die über einen kleinen Weg miteinander verbunden sind. Sie liegen auf einer Anhöhe. Von hier oben hat man eine schöne Aussicht über den historischen Park. Im Wat Khao Suwankhiri stehen die Überreste zweier Tempelwächter.

Zwei weitere sehr schöne Ruinen befinden sich ca. 1,5 km vom Historial Park entfernt am Yom River:

Wat Phra Si Rattana Maha That: Der Tempel ist der größte und historisch bedeutsamste. Er wurde bereits von den Khmer gebaut, das erkennt man am Phrang, dem Tempelturm, der nach Vorbildern Angkor Wats errichtet wurde, er ist noch relativ bullig, erst in der Sukhothai-Periode wurde diese Form verschlankt. Der Tempel ist von einer

UNESCO-Weltkulturerbe im Park von Si Satchanalai

starken Mauer aus Laterit umgeben. Neben dem Phrang kann man einen schreitenden Buddha, typisch für die Sukhothai-Periode, sehen.

Wat Chom Chuen: Mit seinem Mondop, dem Viharn und der Stupa, die alle aus Laterit gebaut sind, ist er nicht ganz so fotogen wie die anderen Ruinen, doch archäologisch wertvoll, denn hier wurden bei Ausgrabungen menschliche Skelette aus dem 4. Jh. entdeckt. Der Komplex beherbergt ein kleines Museum, das die Funde ausstellt (Eintritt THB 100).

Center for Study and Preservation of Sangalok Kiln: Im Jahr 1282 besuchte König Ramkhamhaeng China und brachte 300 chinesische Handwerker und Künstler mit, die die Siamesen schulen sollten. So brachten sie auch ihre neue Technik mit, die Brennöfen (Kiln), die auf hohe Temperaturen ausgerichtet waren. In Si Satchanalai wurden bis zu 200 Exemplare nachgebaut und das Örtchen begann die sogenannte Sawankhalok-Keramik zu produzieren und zu exportieren (auch Celadon genannt, → Kasten S. 349). In dem kleinen Museum kann man 20 restaurierte Brennöfen sehen. Diese sind ca. 6 Meter lang und 3 Meter breit.

- 9–13 Uhr. Eintritt THB 50.

> Die Besichtigung von Si Satchanalai kann man auch sehr gut mit einem Besuch von Sukhothai verbinden (→ S. 276).

Praktische Infos

Hin & weg Nach Uttaradit per **Bus** ab Chiang Mai und Lampang.

Gesundheit Auch Uttaradit verfügt über ein **Krankenhaus**, das ist allerdings sehr klein und nicht sehr komfortabel, nur für Notfälle.

Übernachten **Ban Pujadkam Bunglows** **12** (→ S. 221), in einer ruhigen Seitenstraße kurz vor dem Fluss gelegen. Einfache, saubere Zimmer mit AC, Kühlschrank und Warmwasserdusche. ✆ 081/5966234, banpujadkam.resort@gmail.com. **€**

Uttaradit Home **13** (→ S. 221), direkt am Fluss. Bungalows und Häuser unterschiedlicher Kategorien, auch mit Küche für den längeren Aufenthalt. Geschmackvoll, kleines Restaurant. ✆ 055/412900, www.uttaradithome.com. **€**

Si Satchanalai Heritage Resort **1** (→ S. 223), kleines Hotel, nur etwa 3 km von der Ruinenstadt entfernt. 99 Moo 6, Swankhalok 101 Rd. **€**

Lamphun, Lampang und Phrae → Karte S. 198

Vom Doi Inthanon nach Mae Hong Son

Vom höchsten Berg Thailands in den Wilden Westen und ins Hängematten-Mekka nach Pai: Mehr als 1860 Kurven sind zu meistern, während man die Bergwelt genießt.

Folgende Attraktionen erwarten Sie:

- **Reggae-Festival** im Februar in Pai
- Blühende **Sonnenblumenfelder** im November und Dezember
- Tausend Jahre alte Ruinen zwischen Wohngebäuden in **San PaTong**

Ein beliebtes Ausflugsziel der Thais und von Chiang Mai aus schnell zu erreichen ist die Region Mae Wang/Doi Inthanon. Der Doi Inthanon mit seinen 2565 Metern ist der höchste Berg des Königreiches und ein erhabener Ausläufer des Himalaya. In der Regenzeit birgt er schöne Wasserfälle, in der kalten Jahreszeit blühen in dem Park, der die Königspagoden umgibt, hübsche Blumen, und in der heißen Jahreszeit sind die Temperaturen in den höheren Regionen angenehmer als in der Stadt. Von dem Bergriesen aus geht es in die sanfteren Bergregionen des Westens. Sie sind geprägt von Landwirtschaft, Bergvölkern und Natur. Mae Hong Son, das verschlafene Städtchen mit Zuckerbäcker-Architektur, steckt touristisch noch in den Kinderschuhen, trotzdem gibt es vieles zu entdecken. Dagegen ist der groovige Bergort Pai für westliche Touristen der Backpacker-/Flashpacker-Ort schlechthin mit urigen Bars und jeder Menge guter Restaurants, Festivals und Partys. Für Thais ist er im Winter Flaniermeile und Ausflugsort der Stars und Starlets. Motorradfahrer brüsten sich gerne mit den 1864 Kurven, die man auf der Panorama-Bergstraße zwischen Chiang Mai und Mae Hong Son bewältigt.

Was anschauen?

Königliche Pagoden auf dem Doi Inthanon: Von dort hat man einen herrlichen Rundblick auf die Bergwelt des Nordens. → S. 235

Tempel in Mae Hong Son: Ein Besuch der Tempel lässt sich gut kombinieren mit einem Gang über die schönste Wal-

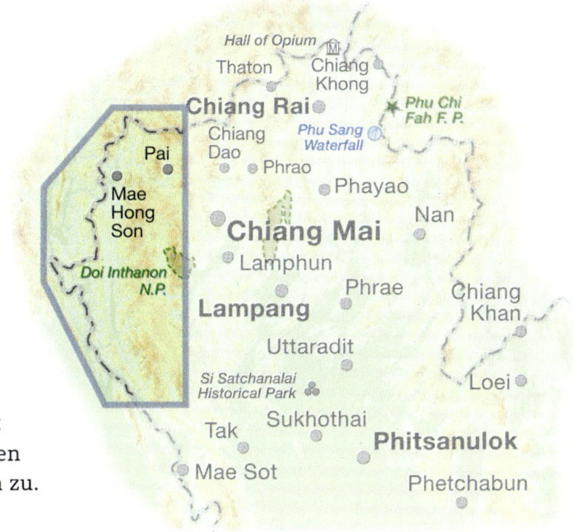

king Street des Nordens. **→ S. 246 f.**

Ban Meo Microwave: Hier genießt man eine großartige Aussicht. **→ S. 243**

Sonnenblumenfelder in Khun Yuam: Im Winter stehen die riesigen Felder vor schöner Bergkulisse in voller Blüte. **→ S. 243**

Buffalo Market in San Pa Tong: Wer keinen Wasserbüffel kaufen will, schaut dem bunten Treiben zu. **→ S. 230**

Was unternehmen?

Shoppen in Ban Santichon: In dem chinesischen Dorf mitten in Pai kann man chinesische Kleidung kaufen und einen Esel mieten für die besten Urlaubsfotos. **→ S. 256**

Teeplantage in Baan Rak Thai: Der Besuch lohnt sich, hier kann man auch gleich übernachten. **→ S. 250**

Elefantencamps im Mae-Wang-Tal: Auf Du und Du mit Elefanten – hier erlebt man die sanften Dickhäuter hautnah. **→ S. 232 f.**

Mae Wang Zipline Adventure: Wie ein Affe durch die Baumwipfel zu fliegen, ist ein Erlebnis für Alt und Jung. **→ S. 232**

Bootsfahrt auf dem Salawin River: Äußerst reizvoll ist eine Fahrt auf dem Grenzfluss zu Myanmar. **→ S. 239**

Floßfahrt auf dem Pang-Oung-See: Auf dem ungewohnten Gefährt geht es über ruhige Gewässer. **→ S. 249**

Wo übernachten?

Kaomai Lanna Resort in San Pa Tong: In umgebauten Reisspeichern wird übernachtet, mit schönem Pool und gutem Restaurant. **→ S. 230 u. 233**

Fern Resort in Mae Hong Son: Hier wird in hübschen Bungalows in einem dschungelähnlichen Garten genächtigt, mit Wanderpfad vor der Tür. **→ S. 252**

Was und wo essen?

Lee Winery in Baan Rak Thai: Das Restaurant hat einen leckeren Teeblatt-Salat, angemacht mit Chili, Zwiebeln, Zitronengras und Limone ein herber Genuss. **→ S. 250 u. 252**

Blue Ox im Baan Thai Resort Restaurant in Pai: Das Mekka für Fleischliebhaber bietet saftige Steaks in Western-Ambiente. **→ S. 263**

Silhouette Wine Bar in Pai: In stilvollem Ambiente genießt man Wein und Tapas. **→ S. 263**

Walking Street in Mae Hong Son: Auf Matten am Boden lässt man sich mit Streetfood verwöhnen. Saté-Spieße, Papayasalat, gegrillte Tintenfische, auch Suppen und Pfannengerührtes gibt es an den Ständen, die täglich am See aufgebaut werden. **→ S. 244**

Rotis: Die hauchdünnen, crêpeartigen Fladen, gefüllt mit Mango, Banane, Nutella oder Konfitüre, sind bei den mobilen Garküchen in Mae Hong Son nicht wegzudenken. Meist steht eine Muslima hinter der großen Platte, und das Halal-Zeichen prangt an den Wagen.

Von San Pa Tong in den wilden Westen

Von den Außenbezirken Chiang Mais geht es auf Thailands höchsten Berg Doi Inthanon mit den erhabenen Pagoden. Man erkundet den König der Berge, seine Ausläufer und Täler.

Schon von weitem sieht man den Gipfel des höchsten Berges des Königreiches, den Doi Inthanon. Gut ausgebaute Straßen führen um den Berg und hinauf zum Gipfel, der in den Wintermonaten auch schon mal ein paar Flocken Schnee abbekommt. Weiter geht es dann in den Westen auf zwar noch immer gut ausgebauten Straßen, aber in bergigem Gelände. Die Teak- und Bambuswälder weichen Eichen und gerodeten landwirtschaftlich genutzten Flächen. Obstplantagen mit Mangos und Litschis fallen ebenso ins Auge wie Baumwolle, die in den höheren Regionen gut zu gedeihen scheint. Eine abwechslungsreiche Fahrt erwartet uns.

San Pa Tong und Umgebung

Fährt man auf der Straße 108 von Chiang Mai über Hang Dong und Ban Tawai weiter in Richtung Hot, gelangt man nach 30 km nach San Pa Tong.

Sehenswertes im Ort

In dem auf den ersten Blick unscheinbaren Dorf gibt es 1000-jährige Ruinen, die noch aus der Hariphunchai-Ära stammen, Überbleibsel der ehemaligen Stadt **Wiang Tha Kan**, einer wichtigen Festung in der damaligen Zeit. Über 20 verschiedene Tempelruinen sind in der alten Stadt erhalten. Die Ruinen sind über das ganze Ortsgebiet verstreut, neben modernen Häusern ragt jahrhundertealte

Vom Doi Inthanon nach Mae Hong Son
10 km
Pang Kham
Na Pu Pom
Piang Luang
Rin Luang
Baan Rak Thai
Huai Haeng
Mae La Na
Mae La Na Cave
Muang Pok
Na Wai
Mueang Phaem
Wiang Haeng
Mae Hong Son Bamboo Complex
Wat Pa Tam Wua
Tham Lot
Lod Cave
Napa Moon
Mae Cha
Pang Oung
Rom
Pha Suea W.F.
Nam Khong
Mae Suya
Pang Mapha
Sop Pong
Wiang Noi
1322
1095
Thop Sok
Wat Pa Kham
Pang Tong Palace
Nong Pa Jam
Nam Dang N.P.
Taeng
Wat Tham Pha Plong & Chiang Dao
Tham Pla-Phasua Waterfall
Tham Pla Fish Cave
Khong
Ket Sam Sip
Huai Pha
Mo Paeng Waterfall
Pai
Mae Yen Waterfall
Wang Mario
Chiang Dao
Ban Nai Soi
Su Tong Pae Bridge
Doi Chik Chang
Chiang Dao W. S.
Doi Chiang Dao
Tham Pla-Jamtok Pha Suea N.P.
Pang Mu
Pai
Ban Santichon
Thoms Elephant Camp
Doi Chang
Mae I-Laep
Pai Land Split
Pam Bok W.F.
Huai Nam Dang
Thung Yao
Tha Pai H.S.
Doi Khun Mae Mae
Huai Suea Thao
Mae Hong Son
Pai Canyon
Hist. Bridge
Kuet Chang
Yang Mak Phrik
Sop Sa
Sop Kai
Nam Phiang Din
Huay Pu Keng
Pha Bong
Ban Muang Rae Hot Spring
Elephant Nature Park
Elephant EcoValley
Mueang Paeng
Mae Lao
Pha Bong Waterfall
Huai Mai Dam
1095
Watchan Royal Project
Mae Taeng
Ban Meo Microwave
Ban Huai Rai
Pa Pae
Pa Lan
Huai Tong
Mork Fa Waterfall
Sop Poeng
Watchan
Doi Mon Ang-Ket
108
San Pa Yang
Huai Phong
Nong Khiao
Mae Muang Noi
Pang Kwao
Erotic Garden
Doi Khum Huai Ya
Muang Kah
Namtok Mae Surin N.P.
Sao Daeng
Yang Moen
Mae Daet Noi
Mae Pa
Mae Rim
Mae-Surin-Wasserfall
Mae Tala
Om Long
Khun Khan N.P.
Doi Mae U-Kho
Doi Mae U-Kho Sunflower Fields
Mae Khan
Khun Yuam
Samoeng
Bo Kaeo
Hmong Village
Kham Suk
Mae Sa
Chiang Mai
Mae Hae
Hua Pon
Mae Nachon
Huai Rai
Ob Khan N.P.
Mueang Pon
Thung Luang
Doi Khun Bang
1263
Chiang Mai Grand Canyon
Hang Pon
Chiang Mai Elephant Home
Huai Cho
Huai Yuak
Tha Hin Som
Doi Luang
Nong Haeng
Mae Wang
Sop Wak
1264
San Pa Tong
Mae Ki
Doi Inthanon 2565
Pong Noi Mai
Mae Wang Pha Pun
Lamphun
Mae Tho
Khun Mae La
1088
1013
Royal Pagodas
Wachirathan Waterfall
Mae Wang N.P.
Wat Si Nawarat
Wiang Tha Kan
Pui
Mae Pan Waterfall
Mae La Luang
Mae Klang W.F.
108
Koko Noi
Mae Chaem
Doi Inthanon N.P.
Mae Su
1009
Doi Pha Khao
Chom Thong
Mae Hae
106
Kaei Komon Cave
Om Meng
Ban Khun Ya
Mae Ya Waterfall
Mae La Noi
Mae Sakua
Huai Hom
Mae Tho N.P.
1010
1184
108
Kong Khaek
Pha Pum
Chang Mo
Bon Na
Santi Tham
1088
Ban Hong
Om Kut
Mae Top Nuea
Mae Aep
Thep Phanom Hot Spring
Ob Luang N.P.
106
Ping
Mae Sariang
Mae Sawan Noi
Bo Kaeo Pine Tree Garden
Doi Pui Luang 1496
Wang Luang
Salawin
N.P.
Huai Kung
108
Hot
Doi Chang
Kong Loi
Bo Luang
1012
1103
Khwae Makok
Thoen
Kong Pae Tai
Tha Fai
Doi Pha Daeng 1407
Mae Sam Laep
1194
Mae Phae Luang
Mae Sot
1099

Geschichte auf. Während der Zeit König Tilokarats (reg. 1442–1487) wurden hier Shan-Gefangene als Zwangsarbeiter verdingt, während der Ausgrabungen fand man ihre Skelette unter einem Tempel.

Der Tempel **Wat Si Nawarat** weist enge Verbindungen zur Königsfamilie von Chiang Mai auf. 1602 erbaut, geriet er während der burmesischen Besetzung in Vergessenheit, bis der letzte König Chiang Mais Naovarat ihn 1918 restaurieren ließ. Er ließ sich auch ein Teakhaus auf dem Gelände des Tempels errichten, um die Bauarbeiten zu überwachen.

In San Pa Tong wartet zudem ein ausgefallenes Resort auf Gäste: Das **Kaomai Lanna Resort** hat alte Reis- und Tabakspeicher in Zimmer mit Vintage-Flair umgewandelt – ein Pool rundet die gemütliche Anlage ab. Ein idealer Ort, um Ausflüge ins Mae-Wang-Tal zu machen oder auch, um das Gebiet des Doi Inthanon näher zu erkunden.

Samstags findet hier der **Buffalo Market** statt, Farmer aus der Region handeln ihre Tiere und die Menschen der umliegenden Dörfer kommen in den Ort. Der Markt erstreckt sich zu beiden Seiten der Straße 108 und ist riesig. Es werden Lebensmittel, Kleider, Haushaltswaren, aber auch Elektrogeräte und Dinge für den landwirtschaflichen Betrieb gehandelt wie Dünger, Mistgabeln und Ähnliches.

Das Mae Wang Valley

In Richtung Hot gelangt man dann an die Abzweigung nach **Mae Wang.** Das liebliche, unspektakuläre Mae Wang Valley ist Heimat einiger Elefantencamps und eines Zipline-Parks. In der Regenzeit kann man im Fluss auch raften. Ein kleiner Weiler, Mae Win, liegt eingebettet in Reisfeldern am Fuß des Bergs.

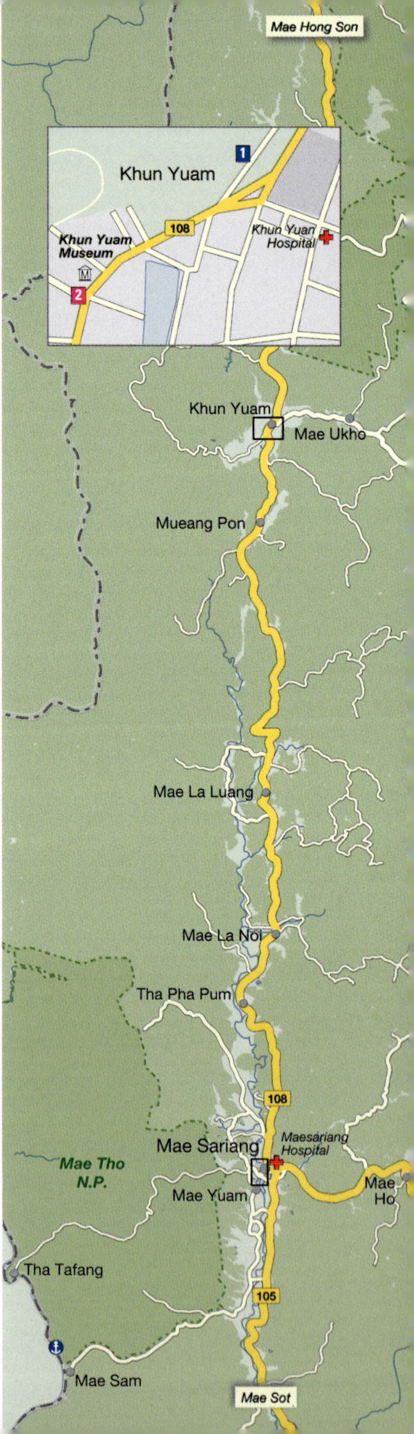

Übernachten
1 Ban Farang Guesthouse (S. 243)
3 Hot Coffee Bed and Breakfast (S. 237)
4 Mae Win Guest House and Resort (S. 233)
7 Kad Sala (S. 233)
8 Swiss Ticino Guesthouse (S. 233)
10 Kaomai Lanna Resort Chiang Mai (S. 233)
11 Pongsara Resort (S. 237)
12 Nok Chan Mee Na (S. 237)
13 Chom Thong Boutique House (S. 237)
15 BB Coffee and Resort (S. 239)
16 Riverbank Resort (S. 239)
17 The Good View House (S. 239)
18 Chok Wasana Guesthouse (S. 239)
19 Huen Kham Kong Guest House (S. 239)
22 Above the Sea Guesthouse (S. 239)
23 Riverhouse Resort (S. 239)
25 Mitaree Hotel Mae Sariang (S. 240)
Essen & Trinken
2 Shabu Sushi Restaurant (S. 243)
6 Coffee with Elephants (S. 233)
14 Chom Thong Food Market (S. 236)
20 Ching Ching Cafe (S. 240)
21 Sawaddee Restaurant & Bar (S. 240)
24 Coriander in Redwood (S. 240)
Einkaufen (S. 232)
5 OTOP Center
9 Buffalo Market
Namtok Mae Surin N.P.
Doi Mae U-Kho Sunflower Fields
1349
Mae Suek
1263
Mae Na Chon
Elephant Special Tours
1013
Elephant Jungle Sanctuary Camp
Mae Wang Zipline Adventure
Mae Win
Chiang Mai Elephant Home
Mae Win
1013
San Pa Tong
Mae Wang
1284
Ang Ka Nature Trail
Kew Mae Pan Nature Trail
Royal Pagodas
Wachirathan Waterfall
Boonsomfarm
Doi Suthep-Pui N.P.
Wat Si Nawarat (Wat Thung Siao)
Wiang Tha Kan
Chiangmai Inthanon Golf and Natural Resort
1009
Mae Chem
1192
Tha Pha
Doi Inthanon N.P.
Mae Klang Waterfall
Mae Ya Waterfall
116
108
Chiang Mai, Lamphun
Chom Tong
Nam Dip
Kong Khaek
Ban Khun Ya
Chomthong Hospital
Wat Phra That Si Chom Tong Woravihan
Wat Phrathat Doi Noi
1088
Hong
Yuam
Mae Sariang Rd
Mae Sariang
1194
1194
Sarit Phon Rd
Wat Kittiwong
Student Rd
Thep Phanom Hot Spring
Mae Soi
106
1270
Ob Luang N.P.
Pae
Hot
Pa Pong
108
Bo Sali
Bo Luang
Bo Kaeo Pine Tree Garden
1012
Tan
1103
1099
Thoen
8 km
San Pa Tong

▲ Buffalo Market in San Pa Tong
▼ Chang Sanctuary

Praktische Infos

Hin & weg Von Chiang Mai aus fahren **Songthaews** und die **Busse** nach Hot und Mae Sariang halten am Orsteingang. Mit dem **eigenen Fahrzeug** ist es am einfachsten. Hier von der Umgehung auf der 107 die Abfahrt San Pa Tong nehmen.

Einkaufen **OTOP Center 5** (One Tamboon one Product), in Mae Wang, hier werden Dinge, die in der Gemeinde hergestellt werden, verkauft. Der kleine Laden bietet Seifen und Kleider.

meinTipp **Buffalo Market 9**, auch wer keinen Büffel kaufen will, wird sicher Spaß haben an dem Thai-Markt, der jeden Samstag am Morgen in San Pa Tong stattfindet. Neben dem traditionellen Viehmarkt hat sich ein typischer Lebensmittelmarkt angesiedelt.

Aktivitäten **Chang Sanctuary** (auch Chiang Mai Elephant Home), ein schönes Elefantencamp gleich gegenüber vom OTOP Center in Mae Wang (→ Kasten zum weiteren Elefantencamp in der Nähe, S. 368). Die kleine sechsköpfige Herde von Khun Pimmy liebt es, mit den Menschen zu interagieren, sie läuft auf dem großen Areal frei herum und kommt auch schon mal ins Lokal spaziert. Ein Tag im Camp beinhaltet das Zubereiten von Vitaminbällchen für die Dickhäuter, ein vorsichtiges Annähern, ein Schlammbad und das gemeinsame Baden im Fluss – ein tolles Erlebnis für Groß und Klein. Wer in Chiang Mai, San Pa Tong oder Mae Chan übernachtet, wird abgeholt. www.elephanthome.org.

Mae Wang Zipline Adventure, am OTOP Center ist auch das Headquarter des Zipline-Parks. Mit 28 Plattformen, einer Strecke zum Abseilen und einer Wendeltreppe ein tolles Erlebnis für Zipline-Fans. Guten Kaffee gibt's im hübschen Coffeeshop nebenan und gleich gegenüber ist ein Suppenstand. 1 Moo 6, Baan Mood, ✆ 061/3709689, www.maewangzipline.com.

Boonsom Farm, die größte Spirulina-Farm Thailands liegt im Mae Wang Valley. Die Farm baut diese Algen an und exportiert sie vornehmlich nach Europa. Man kann die Farm besuchen und weitere spannende Sachen über die Alge erfahren. Bitte einen Tag vorher anmelden, dann führen die Angestellten Sie durch die Farm. Spirulina ist eine Gattung der Cyanobakterien, auch Blaualgen genannt. Sie gedeihen am besten in 37 °C warmem Salz- oder Süßwasser. Schon die Azteken nutzten sie als Nahrungsmittel, heute sind sie sehr wichtig in Nahrungsergänzungsmitteln und für die Alternativmedizin. 86–87 Moo 6, Mae Wang, ☏ 053/383601, www.boonsomfarm.com.

Übernachten **Kaomai Lanna Resort 10**, das Resort besteht aus alten Reis- bzw. Tabakspeichern, die zu Gästezimmern umfunktioniert wurden. 1 Moo 6, San Pa Tong – Chiang Mai Rd., www.kaomailanna.com. €€

Kad Sala The Museum Bed 7, mehr als nur ein Homestay in San Pa Tong. Man schläft in einem typischen Lanna-Haus mit Familienanschluss, kann Fahrräder mieten und es werden Kochkurse angeboten. 8/2 Leaklongchonpathan Rd., Yuwa, http://kadsala.org. €

Mae Win Guest House and Resort 4, gegenüber dem Elefantencamp von Bodo ist ein nettes Guesthouse. Die Anlage steht unter Schweizer Leitung. Die Bungalows haben Kühlschrank, AC und Warmwasserdusche. 47 Moo 5, Maesapol, Mae Win, ☏ 093/1407120, www.maewinguesthouseandresort.com. €

Swiss Ticino Guesthouse 8, im Mae Wang Valley angesiedelt ist das Guesthouse von Frank und Mam mit Familienanschluss. Als begeisterte Radfahrer bieten sie Touren in die Umgebung an, im Restaurant gibt es Thai-Essen und einige Schweizer Spezialitäten. Rd. 1013, Maesapol, ☏ 081/5413695, www.swissticino.com. €

Essen & Trinken **Coffee with Elephants 6** (→ Kasten unten), bei Bodo sitzt man im ersten Stock eines Holz-Salas und unten grasen die Elefanten friedlich vor sich hin, klar freuen sie sich über eine Banane, mit denen man sie auch füttern darf. Der kleine Bulle Henry spielt gerne mit den Besuchern. Der Kaffee ist aus dem Anbau im Tal, die Einnahmen kommen den Elefanten zugute. Im Café gibt es einfache Thai-Gerichte. €

Vom Doi Inthanon nach Mae Hong Son → Karte S. 229

Elephant-Special-Tours – ein faszinierendes Projekt aus Liebe zu den Elefanten

Der ehemalige Elefantenpfleger Bodo Jens Förster gründete 1994 die Organisation Elephant-Special-Tours zum Schutz von Elefanten. Er bietet wunderschöne Touren an und führt die Gäste langsam in die Welt der Dickhäuter ein. Es sind Mehrtagestouren, auf denen man sich den Tieren nähert, eine Beziehung zu ihnen aufbauen kann und viel über die sanften Riesen erfährt. Beispielsweise, dass ein Elefant 200 kg Futter pro Tag benötigt, 18 Stunden am Tag frisst und bis zu 80 Jahre alt wird. Elephant-Special-Tours ist auch ein generationenübergreifendes Projekt, das das ganze Dorf einbindet: die Mahouts, die ihr Wissen an die nächste Generation weitergeben, die Landwirte, die für das Futter sorgen. Bodo füttert sogar Heu, was sehr unüblich für das feuchte Klima Thailands ist, aber sehr gut für die Elefanten. Sein Sohn Roger wird das Camp weiterführen und als neuestes Projekt ist sogar eine Krankenstation für Dickhäuter entstanden. Der asiatische Elefant steht auf der Liste der bedrohten Tierarten und droht in drei Generationen auszusterben, wenn er nicht geschützt und weiter gezüchtet wird. Das Projekt von Bodo, aber auch andere verantwortungsvolle Elefantencamps, leisten dazu einen wichtigen Beitrag. Als einziger uns bekannter Anbieter offeriert Bodo sogar Elefanten-Treks: 7 Tage durch den Dschungel mit Elefant, Kochgeschirr und Zelt – Naturliebhaber vor!

Mehr Informationen erhält man in dem 2019 von Bodo Förster veröffentlichten Buch: „Ein Leben für die Elefanten: Wie ich mir in Thailand meinen Traum erfüllte“, erschienen im Rowohlt Verlag.

▪ Coffee with Elephants, Mae Saopit 47/3 Moo 5, Mae Win, ☏ 086/1930377, www.elephant-tours.de.

Der Doi Inthanon, Thailands höchster Berg

Der Doi Inthanon

Durch das Mae-Wang-Tal geht es entlang der östlichen Flanke zum Doi Inthanon. Hat man das Tal passiert, wird die Besiedlung spärlich und die Straße führt entlang tropischer Vegetation zum Headquarter des Doi Inthanon National Park.

Doi Inthanon National Park

Das 1972 zum Nationalpark ernannte Gebiet erstreckt sich über 482 km², der höchste Berg des Königreichs ist Teil des Parks. Hier entspringt auch der Fluss Ping, der sich durch Chiang Mai zieht, dann weiter in den Süden fließt und in Bangkok den mächtigen Chao Phraya speist, der sich dann in den Golf von Thailand ergießt. Es gibt in den höheren Regionen des Parks Flächen, die von immergrünem Regenwald bedeckt sind, aber auch Eichen- und Pinienwälder. Orchideen fühlen sich in dem feuchten Klima sehr wohl und auch Rhododenren sieht man in großen Rabatten entlang der Straße. Die Chance, Großwild zu sehen ist, wie in den meisten Parks des Landes, verschwindend gering, doch angeblich gibt es immer wieder Sichtungen von Schwarzbären. Auch Rehe, Makaken-Affen und Gibbons gehören zu den Bewohnern der Parks. Über 30 Fledermausarten sind hier heimisch, ebenso fliegende Eichhörnchen. In den Wipfeln der Bäume zwitschert und tschilpt es – die Vögel fühlen sich in den Baumkronen wohl.

Nachdem man das Eintrittsgeld von THB 300 entrichtet hat, kann man sich im Visitor Center über den Park informieren, eine Ausstellung über die Pflanzen und Tiere des Parks besichtigen, auch Wanderführer und Kartenmaterial kann man hier erwerben. Wer den Park mit einem Guide erkunden will, fragt hier nach. Wanderer können über gut ausgeschilderte Wege den Gipfel ab dem Headquarter zu Fuß besteigen – Infos gibt es im Headquarter, hier sollte man auch unbedingt Bescheid geben und eine Telefonnummer für den Notfall hinterlegen. Ausreichend Wasser mitnehmen.

Dann fährt man bis zum Gipfel des höchsten Berges Thailands. Vorbei an Wasserfällen, üppiger Vegetation und blütenreichen Rabatten geht es höher und höher hinauf.

Man folgt den Schildern zum **Mae Ya Waterfall,** stellt das Auto ab und geht ca. 400 Meter zu Fuß zum Wasserfall, der sich über mehrere Kaskaden in die Tiefe stürzt. Ein weiterer, der **Mae Klang Waterfall,** befindet sich ca. 7 km hinter dem Parkeingang, auch hier kann man den Schildern folgen und muss vom Parkplatz noch etwa 700 Meter zu Fuß gehen. Die **Wachirathan Falls** auf halber Höhe zum Gipfel bieten sogar Bademöglichkeiten. Mutige vor, das Wasser ist mit unter 20 °C frisch. Man folgt den Schildern am KM 22.

Etwa 200 Meter unterhalb des Gipfels des 2565 Metern hohen Riesen stehen zwei moderne Pagoden, die einen Besuch mit Aussicht bieten. Die **Naphamethinidon-Pagode,** in dunklen Brauntönen gehalten, wurde 1987 zum 60. Geburtstag des Königs Bhumipol Adulyadej (König Rama IX.) errichtet. Ihr gegenüber steht die **Naphaphonphumisiri-Pagode,** 1992 zu Ehren der Königin Sirikit eingeweiht. Sie ähnelt der spitz zulaufenden Pagode des Königs und ist in verschiedenen Lilatönen gehalten. Die Pagoden stehen ca. 100 Meter auseinander und sind von schönen Gärten umgeben, im Winter ein wahres Blumenmeer. Es blühen Weihnachtssterne, Chrysanthemen, Rhododendren, Tagetes und jede Menge anderer Pflanzen in den Rabatten. Ins Innere der Pagoden führen Rolltreppen und Treppen, in jeder Pagode steht ein Jadebuddha und die Wände zieren Kacheln mit Szenen aus dem Leben Buddhas. Von den Außenbalustraden hat man einen schönen Blick ins Tal und auf die umliegenden Berge. Der Sonnenuntergang ist von hier ein beeindruckendes Schauspiel. Der angrenzende **Coffeeshop** wirbt mit dem Slogan, der höchstgelegene seiner Art zu sein.

Fährt man weiter bis zum Km 42, folgt ein Parkplatz. Hier beginnt der **Kew Mae Pan Nature Trail** (geschlossen während der Regenzeit von Juni bis Oktober). Hmong Guides warten an der Holzbude neben dem Essensstand, sie müssen für die ca. 2- bis 3-stündige Wanderung gebucht werden (ca. THB 250). Es ist ein einfacher Trail, für jeden Wanderer geeignet, allerdings muss man mancherorts Treppen steigen, sodass eine gewisse Fitness Voraussetzung ist, zumal man sich auf 2000 Metern Höhe befindet. Es geht durch Wälder, deren Boden mit riesigen Farnen bewachsen ist. Durch immergrüne Vegetation wandert man zum **Mae Pan Waterfall.** Anschließend öffnet sich der Wald und man läuft über Grasflächen bis zum Aussichtspunkt. Hier sieht man von hoch oben auf die umliegenden kleineren Berge und die Täler – ein Traum zum Sonnenaufgang. Man hat einen schönen Blick auf die beiden Pagoden und die sie umgebenden Gärten. Entlang des Pfades sind 20 Stationen markiert, die Auskunft über Flora und Fauna des Parks geben.

Die Straße führt weiter zum **Gipfel.** Hier oben steht ein kleiner Schrein mit

Königliche Pagode auf dem Doi Inthanon

Das Dach Thailands: Doi Inthanon

einem typischen Geisterhäuschen. Das Schild, auf dem vermerkt ist, dass man nun am höchsten Punkt des Königreichs angekommen ist, wird von Besuchern gerne fotografiert. Die Aussichtsplattform mit Blick nach Osten ist ein toller Spot für den Sonnenaufgang. Kurz vor dem Gipfel gibt es nochmals einen kleinen Spazierweg. Der 340 Meter lange **Ang Ka Luang Nature Trail** führt auf Holzstegen durch den immergrünen Wald, vorbei an Rhododendren, Farnen, großen Moosflächen. Durch das Dach des Waldes gibt es hier das ganze Jahr Feuchtigkeit, die das Wachstum der Pflanzen fördert.

Grundsätzlich sollte man den Doi Inthanon unter der Woche besuchen. Am Wochenende wimmelt es von Besuchern, die das kühle Klima genießen wollen.

Bergdörfer am Doi Inthanon

In den unteren Regionen des Nationalparks finden sich einige Bergdörfer. In **Ban Khun Ya** lebt der Stamm der Hmong, sie bewirtschaften, unterstützt durch ein Royal Project, ihre Felder. Wo früher Opium angebaut wurde, wachsen heute Avocados, Erdbeeren und Kohl. Ein weiteres Bergdorf ist **Ban Mae Ab Nai,** hier verkaufen die Karen ihre hübsch gewebten Stoffe.

Zurück am Headquarter des Nationalparks, nimmt man die Straße 1192 in Richtung **Mae Chaem.** Der kleine Weiler in den Bergen des Doi Inthanon bietet ein paar Unterkünfte und Geschäfte, ein idealer Ort zum Übernachten, wenn man Aktivitäten rund um den Doi Inthanon unternehmen möchte. Die Straße 1192 mündet in die Straße 1088 und kürzt über die Straße 1263 die Strecke nach Khun Yuam und Mae Hong Son ab. An der Straße 1088 passiert man die Bungalowanlage **Hot Coffee Bed and Breakfast** (→ Kasten, S. 237).

Kurz vor Khun Yuam (→ S. 242) liegen die Sonnenblumenfelder (Thung Bua Tong Fields) in **Doi Mae U-Kho.** Von November bis Dezember sind die Hänge vor dem hübschen Bergpanorama in tiefes Gelb getaucht und Thai-Touristen tummeln sich hier an den Wochenenden, machen Selfies und bevölkern die Coffeeshops.

Fährt man stattdessen vom Doi Inthanon Headquarter in die andere Richtung, führt die Straße 1009 nach **Chom Thong** und zurück zum Highway 108. Der kleine Ort am Fuße des Bergriesen bietet ebenfalls Übernachtungsmöglichkeiten und einen **Essensmarkt** **14** (→ Karte S. 230/231) am Abend, außerdem zwei interessante Tempel. Im **Wat Phra That Si Chom Thong Wora-**

wihan kann man Meditationskurse in englischer Sprache besuchen und im Tempel wohnen.

▪ Chiang Mai – Hot Rd. Tägl. 6–18 Uhr.

Auf dem Hügel an der Ausfallstraße nach Hot liegt der **Wat Phra That Doi Noi.** Den großen liegenden Buddha sieht man schon von weitem auf dem Hügel. Das Tempelareal ist mit vielen Buddhastatuen und Tierbüsten ausgestattet, die sich an Teichen und Springbrunnen finden. Auf halber Höhe auf dem Weg zum liegenden Buddha wird die Hölle anschaulich dargestellt mit den blutigen Figuren und den Statuen mit Tierköpfen.

▪ Chiang Mai – Hot Rd. Tägl. 6–17 Uhr.

Praktische Infos

Hin & weg Es fahren von Chiang Mai **Songthaews** bis nach Chom Thong. Doch dann müsste man sich ein Taxi nehmen, einfacher ist es, den Transport direkt von Chiang Mai aus zu organisieren. Auch geführte Touren werden angeboten.

Einkaufen/Märkte In den Orten gibt es überall 7/11-Märkte und natürlich die lokalen Märkte, spezielle Geschäfte für den europäischen Gusto eher nicht.

Aktivitäten **Chiang Mai Inthanon Golf Natural Resort,** 18-Loch-Golfplatz mit dazugehörigem Resort am Fuß des Doi Inthanon. 99 Moo 13, Khunpao, ✆ 053/267115, www.chiangmaiinthanongolfresort.com.

Geführte Touren durch den Nationalpark bietet Green Trails an, www.green-trails.com.

Übernachten → Karte S. 230/231 **Nok Chan Mee Na Resort 12,** in Chom Thong, hübsche Bungalows mitten im Reisfeld, dahinter die Bergkulisse. Nette Besitzer, die alles dafür tun, den Aufenthalt zu einem Erlebnis zu machen. Swimmingpool. 184 Moo 11, Baan Muang Klang, ✆ 088/7623627. €

Chom Thong Boutique House 13, an der Straße 1009, neues Guesthouse mit sauberen Zimmern für THB 500. ✆ 081/5829889. €

Pongsara Resort 11, hübsche Holzbungalows in großem Garten, gleich am Ortsausgang von Mae Chaem. Mae Chaem, ✆ 081/3864792. €

Hot Coffee Bed and Breakfast 3 (→ Kasten). €

Essen & Trinken In den Dörfern rund um den Doi Inthanon finden sich **Garküchen.** Die **Suppenküche** neben dem 7/11 in Mae Chaem hat neben Suppen auch Nudelgerichte und Papayasalat. €

Hot Coffee Bed and Breakfast

Mitten in den Bergen am Fuß des Doi Inthanon liegt die idyllische Bungalowanlage. In der Tat kann man in dem Restaurant mit Flussblick sehr gut Kaffee trinken, aber auch frühstücken, zu Mittag und zu Abend essen. Der Kaffee kommt aus einem kleinen Bergdorf des Karen-Stammes in der Nähe, mit dem Erlös werden soziale Projekte der Bergvölker unterstützt. Die Bungalows sind aus Stein gebaut und gemütlich eingerichtet, mit Kühlschrank, AC und Warmwasserduschen. Mit einer Übernachtung im Hot Coffee Guesthouse tut man zudem noch etwas Gutes, denn das Resort arbeitet mit der Rain Tree Foundation (2010 in Deutschland gegründet) zusammen. Eine Hilfsorganisation, die Waisenhäuser unterstützt, Kindern ein Zuhause gibt und Schulbildung und Gesundheitsvorsorge für Benachteiligte fördert. Es gibt die Möglichkeit für die Gäste, die Waisenhäuser zu besuchen, gemeinsam mit den Kindern Essen zuzubereiten und den Tag mit ihnen zu verbringen. Ein tolles Erlebnis abseits der Touristenströme.

▪ Hot Coffee Bed and Breakfast, 64/1 Moo 5, Mae Na Chorn, ✆ 081/1632525, www.hotcoffee-th.org/.

Durch den Ob Luang National Park nach Mae Sariang

Die Straße 108 führt weiter nach **Hot,** dem Hauptort des Verwaltungsbezirks, der außer ein paar Läden und einem Markt sowie dem Dorftempel für Touristen nicht viel zu bieten hat. Im weiteren Verlauf führt die 108 entlang des **Ob-Luang-Nationalparks** durch bewaldete Landschaften. Die Hauptattraktion des Parks sind erodierte Karstfelsen, durch die sich der **Mae Chaem River** im Laufe der Jahrhunderte in einer tiefen Schlucht seinen Weg gebahnt hat. Einen guten Blick auf die Schlucht hat man von der Straße ca. 1 km vor dem Parkeingang. Ansonsten lohnt der Eintritt nicht wirklich.

Etwas weiter auf der Straße 108 biegt man rechts ab in Richtung Mae Chaem/Om Kut. An der Straße 1088 liegen linker Hand die **Thep Phanom Hot Springs,** eine sehr gepflegte Anlage mit Badebecken und Massage-Möglichkeiten – besonders schön im Winter am frühen Morgen, wenn der Dampf aus den Becken aufsteigt. Der Eintritt mit THB 300 ist allerdings zu hoch.

Fährt man wieder zurück auf die Straße 108 Richtung Mae Sariang, kommt nach etwa 20 km das Schild zum **Bo Kaeo Pine Tree Garden,** eine Ansammlung unzähliger Pinien, die in den 1970er-Jahren gepflanzt wurden. Man fühlt sich fast wie in einem europäischen Nadelwald. Dann erreicht man Mae Sariang.

Mae Sariang

Das kleine Dörfchen am Yuam River ist auf Übernachtungsgäste eingestellt. Es liegt am Rande des Salawin-Nationalparks und ist Ausgangspunkt für Raftingtouren oder Longtailbootfahrten auf dem Fluss Salween, der die Grenze zu Myanmar bildet. Ebenso ist der Ort willkommene Raststation auf dem Weg nach Mae Sot oder Mae Hong Son. Die Guesthouses liegen entlang des Flusses, die Straße stellt den Mittelpunkt des Ortes dar.

Mae Sariang war bereits unter den Herrschern Chiang Mais ein Außenposten an der burmesischen Grenze. Der Ort wurde dann im ausgehenden 19. Jh. für den Teakholzabbau bedeutend, von hier aus brachte man die Stämme über den Yuam River nach Chiang Mai. Auch heute merkt man noch den Einfluss des Nachbarlandes Burma, viele Shan und Karen haben sich im Ort niedergelassen.

Sehenswert ist der **Wat Kittiwong,** im Stil der Shan gebaut. Man erkennt ihn an seiner auffälligen Dachkonstruktion. Vier übereinander liegende Holzdächer sind über dem Eingang der Ordinationshalle angebracht, sodass es aussieht wie ein Dach auf dem Dach. Die Türen sind mit Blumenreliefs reich verziert. Silberne Glöckchen an den Giebeln klingeln im Wind. Sonntags findet eine Walking Street mit Essensständen und Dingen des täglichen Bedarfs statt.

Das Visitor Center des **Salaween National Park** liegt ca. 8 km von Mae Sariang entfernt in **Huai Wai.** Der Nationalpark erstreckt sich entlang der burmesischen Grenze auf einem Areal von 752 km². Die Dawna-Bergkette verläuft entlang des Flusses und ist Teil des Parks, die Berge ragen zwischen 800 und 1000 Meter auf. Am Eingang wird der Betrag von THB 100 fällig, es gibt einen 2 km langen Trail, der durch den Wald führt, mit dichtem Moosbewuchs an den Bäumen. Kaum ein Besucher verirrt sich unter der Woche hierher und man ist meist alleine auf dem Nature Trail.

Mae Sam Laep

Von Mae Sariang führt die Straße 1194 durch Teak- und Bambuswälder in das kleine Örtchen Mae Sam Laep. Hier ist der Pier für **Bootsfahrten auf dem Salween** (Thai: Maenam Salawin) mit seinem steinigen Ufer entlang der burmesischen Dschungellandschaft. Der Fluss kommt aus dem tibetischen Hochland und fließt durch China und Myanmar, bis er nach Thailand gelangt. Wer will, kann hier eine Fahrt nach Tha Ta Fang machen, einem Karen-Dorf nördlich der Ablegestelle. Auch legen hier Boote nach Myanmar ab, da es aber bislang kein offizieller Grenzübergang ist, bleibt es Burmesen und Thais vorbehalten, den Fluss zu überqueren und einen Fuß an Land zu setzen. Am Anleger gibt es ein paar Garküchen und Nudelsuppenstände, Mönche warten auf die Abfahrt eines Longtailbootes, hier werden Waren für Myanmar geladen und Frauen in bunten Sarongs besteigen die Boote, die ans andere Ufer führen. Entlang des Flusses flicken Fischer ihre Netze am Ufer, Kinder spielen im Wasser und Frauen bereiten das Essen in den wenigen Garküchen zu. Im Dorf wohnt ein bunter Mix aus Shan, Tai Yai und Menschen des Akha-Stammes. Meist in traditioneller Kleidung ihres Stammes angezogen, bieten sie farbenfrohe Kontraste zu dem sonst eher tristen Bild des Dorfes mit seinen Holzhäusern, die auf Stelzen in die Hügel gebaut sind.

Praktische Infos

Hin & weg Am besten erkundet man die Region mit dem **eigenen Fahrzeug.** Von Chiang Mai fahren **Busse** der Prempracha-Linie (www.premprachatransports.com) täglich nach Mae Sariang. Zwischen Mae Sariang und Mae Sam Laep fahren in den Tagesstunden stündlich **Songthaews.**

Gesundheit Mae Sariang verfügt über ein **Krankenhaus** direkt an der Straße 108. ✆ 053/681032.

Aktivitäten **Flussfahrten auf dem Salween** am Anleger im Mae Sam Laeb, es gibt Touren in das Dorf Tha Ta Fang nordwärts oder auch nach Soeb Moi im Süden. Preise verhandelbar ab THB 1400 pro Boot. Oder bei www.maehongsonholidays.com anfragen.

River Rafting auf dem Salween, die Boote legen ebenfalls in Mae Sam Laeb ab. Entweder direkt vor Ort ein Boot chartern oder auch über www.maehongsonholidays.com. Ab THB 500.

Thep Phanom Hotsprings, an der Straße 1188 nach Mae Chan gelegen, bietet einen schönen Pool zum Baden, Massage und Badehäuser. 7–17 Uhr. Eintritt THB 300.

Einkaufen **Mae Sariang Walking Street,** jeden Samstag kann man hier schlemmen und flanieren.

Übernachten in Mae Sariang → Karte S. 230/231 **The Good View House 17,** Holzhaus am Fluss. Einfache Zimmer mit Bad. 54 Rangpanich Rd. €

Mein Tipp **Chok Wasana 18,** an der Straße gegenüber vom Fluss. 4 gepflegte Bungalows und 2 sehr saubere Zimmer. Chang Panich Rd., ✆ 053/682132, www.chok-wasana.com. €

Huen Kham Kong 19, Bungalows gleich neben dem Chok Wasana, eng aneinander stehend, mit AC und Kühlschrank. 102 Langpanit Rd., ✆ 086/9203745. €

Above the Sea 22, von der Straße zurückversetzt, mit modernem Restaurant unter einem Blechdach, liegen die Zimmer hinter dem kleinen Swimmingpool. Langpanit Rd., ✆ 053/632264, www.aboavetheseamaesariang.com. DZ ab THB 1000, Family Room THB 1500. €

BB Coffee and Resort 15, Zimmer im Garten, über einen Holzsteg mit der Straße verbunden. 113/1 Langpanit Rd., ✆ 053/282123, Blackantcoffee01@gmail.com. €

Riverhouse Resort 23, größtes Haus am Platz mit 42 modern eingerichteten Zimmern und einem schönen Swimmingpool, am Fluss gelegen. 6/1 Moo 2 Langpanit Rd., Mae Sariang, ✆ 053/683066, www.riverhousehotelgroup.com. €€

Riverbank Resort & Hotel 16, am Fluss mit schönen Zimmern im Holzdekor, großen

Terrassen und Balkonen. 488 Langpanit Rd., ✆ 053/683100, thauserong@gmail.com. €

Mitaree Hotel 25, wenn es gar kein anderes Zimmer mehr gibt, eine gute Ausweichadresse. An der Straße zum Highway, ✆ 053/681110. €

Essen & Trinken in Mae Sariang → **Karte S. 230/231** Entlang der Hauptstraße gibt es Garküchen und Suppenstände. Am Fluss an der **Langpanit Road** liegen einige Lokale:

Coriander In Redwood 24, das Restaurant ist Teil des Riverhouse Resorts und liegt direkt am Fluss. Eine große Auswahl an Thai-Gerichten und eine kleine Auswahl europäischer Gerichte, z. B. Steaks und Salate sowie Burger und Club Sandwich stehen auf der Speisekarte. €€

Sawaddee Restaurant 21, Holzhaus am Fluss mit Billiardtisch und Bar. Thai-Gerichte und am Wochenende auch BBQ. €€

Ching Ching Cafe 20, zusammengeschustertes Bar-Restaurant in einem alten Holzhaus. Das Innere ist ein Sammelsurium an alten Möbeln und Trödelkram. Man sitzt am Fluss auf wackeligen Hockern und trinkt Bier oder lokalen Schnaps mit viel Soda, dazu Gung Jae Nam Pla, rohe Garnelen mit Knoblauch-Chili-Dressing und Koriander – oder scharfer Papayasalat mit Saté-Spießen. €

Hilfe für die burmesischen Nachbarn

Der Schweizer Fritz Herzog und seine Frau Pran, eine Karen, haben ihr Leben als Bauern in Mae Sariang aufgegeben und widmen sich ganz der Flüchtlingshilfe für Myanmar. Am 1. Februar 2021 kam das Militär von Myanmar durch einen Putsch an die Macht. Proteste wurden mit Gewalt unterdrückt. Tausende oft gut gebildete Leute (Lehrer, Ärzte usw.) wurden verfolgt und mussten fliehen. Die meisten von ihnen flohen in die Bergregionen an der Grenze zu Thailand, die mittlerweile ebenfalls vom Militär beschossen und geplündert werden. Pran, die früher schon in der Flüchtlingshilfe gearbeitet hat, sah sofort die Notwendigkeit der Hilfe und hat ein Netzwerk aufgebaut, das die Vertriebenen in Myanmar unterstützt. Die beiden gründeten den Verein Karen & Switzerland help IDP's & refugees. In Eigenregie brachten Fritz und Pran Lebensmittel und Hilfsgüter in das benachbarte Land und schufen gute Beziehungen zur Grenzpolizei, sodass die Waren, wenn auch über sehr beschwerliche Wege, zu den Notleidenden gelangen. Durchschnittlich einmal pro Woche liefert die Organisation nun Reis, Öl, Salz, medizinische Produkte, Kleider und Schuhe über die grüne Grenze, meist mit einem Konvoy von drei Pick-Ups, schwierige und gefährliche Transporte, Tagesreisen von 14 Stunden, hin und zurück, wenn es keine Zwischenfälle gibt. Die Übergabe der Hilfsgüter an der Grenze gestaltet sich oftmals schwierig, da die Kommunikation (Internetlöcher) nicht funktioniert. Während der letzten Regenzeit mussten die über 40 kg schweren Reissäcke oftmals bis zu 10 km weit zu den Familien getragen werden. Wer helfen möchte, kann sich mit Fritz über E-Mail in Verbindung setzen (herzog_f@bluewin.ch).

In den Bergen von Mae Hong Son kann man Elefanten reiten

Nach Mae Hong Son und Pai

Blütenweiße Pagoden, Berge und chinesische Dörfer finden sich an der grünen Grenze zu Myanmar. Die nordwestliche Provinzhauptstadt Mae Hong Son präsentiert sich vielseitig mit jeder Menge Ausflugszielen in der Umgebung. Über 800 Kurven führen von dort ins Bergdorf Pai, das bei Flash- und Backpackern bekannt ist und zeigt, dass boomender Tourismus auch sanft vonstatten gehen kann.

Kommt man von Mae Sariang, geht die Fahrt entlang des Flusses Mae Yuam durch Reisfelder und landwirtschaftliche Anbaugebiete. Im Hintergrund sieht man die Berge Myanmars, man passiert Dörfer und durchfährt ein sehr idyllisches Thailand. In Khun Yuam lohnt ein Zwischenstopp, bevor es kurvig auf einer gut ausgebauten Straße durch bewaldete Gegenden und die Berge nach Mae Hong Son geht. Nimmt man die Abkürzung über Mae Chaem nach Khun Yuam, kommt man durch den Namtok Mae Surin National Park mit riesigem Wasserfall und kann im Winter einen Abstecher nach Doi Mae U-Kho machen und die Sonnenblumenfelder bewundern. Wie weit ab vom Schuss Mae Hong Son eigentlich liegt, merkt man erst, wenn man die gebirgige Straße 1095 in Richtung Osten fährt. Entlang von Bergriesen und Wäldern geht es vorbei an kleinen Dörfern, hier und da lugen Dächer durch das dichte Dach des Waldes. Zwischenzeitlich wird es dunkel, so sehr ragen die Bäume in die Straße, dann folgen wieder Ausblicke auf die unten liegende Landschaft, als würde man fliegen. Schließlich gelangt man über Sop Pong nach Pai.

Über Khun Yuam nach Mae Hong Son

Fährt man von Mae Sariang in den Norden, verläuft die Straße 108 entlang der burmesischen Grenze bis in den Ort Khun Yuam. Auf dem Weg dorthin biegt man rechts auf die 1266 (hinter KM-Stein 132) und fährt weitere 30 km bergauf und bergab durch dichten Wald, der immer wieder von landwirtschaftlich genutzten Hängen durchbrochen wird.

Huai Hom

Dann gelangt man in das Karen-Dorf Huai Hom, es ist Teil eines Royal Projects. Die Häuser sind auf Stelzen an die Hänge gebaut und die Bevölkerung pflanzt und röstet Kaffee. In den 1960er-Jahren kamen christliche Missionare und haben den Menschen die Schafzucht nahegelegt. So werden hier heute Schafe gezüchtet und die Wolle zu Schals, Handschuhen und Pullovern verarbeitet. Es verirren sich wenige Touristen hierher und man hat auch nicht das Gefühl, dass hier, wie in Longneck–Dörfern, die Menschen zur Schau gestellt werden. Es ist eher so, dass die Bevölkerung sich über den Besuch freut und bereitwillig Auskunft über ihr Leben und ihr Kunsthandwerk gibt. Die Damen des Dorfes stellen schöne Webwaren her. Man kann auch die Kaffeeplantage und die Rösterei besichtigen. Es empfiehlt sich, einen Guide zu nehmen, denn hier sprechen wenige Menschen Englisch. Gute Touren bietet My Chiang Mai Tour (www.mychiangmaitour.com) an.

Mae La Noi

Wieder zurück auf der Hauptstraße 108 geht es weiter bis Mae La Noi, ein kleines Dorf mit Markt, Dorftempel, Schule und Geschäften. Von hier ist der Weg zur **Kaeo Komon Cave** ausgeschildert. Etwa 6 km vom Ort entfernt liegt diese einzige Calcit-Höhle Thailands. Die Höhle kann nur mit einem Guide besichtigt werden. Sie besteht aus fünf Kammern, besonders schön die beiden letzten, in denen der weiße Calcit sich wie ein Meer aus Schaumkronen über die Felsen ergießt.

Auf dem Weiterweg nach Khun Yuam kann man noch am **Viewpoint La Luang** Halt machen und einen schönen Blick auf die Bergwelt des Nordwestens bis in die Berge nach Myanmar genießen.

Khun Yuam

Der Hauptort zwischen Mae Sariang und Mae Hong Son ist ein geschäftiger Marktflecken. Hier leben viele Shan. Es gibt ein Guesthouse für diejenigen, die ein bisschen „Thainess" wünschen, das Ban Farang hat einen Coffeeshop und ein Restaurant, das auch ein paar europäische Speisen anbietet.

Während des Zweiten Weltkriegs war die Provinz Mae Hong Son ein wichtiger Stützpunkt der japanischen Armee auf ihrem Burma-Feldzug. Die Japaner haben Schneisen durch den Dschungel geschlagen und ihren Weg ausgebaut. Daraus entstanden die heutigen Straßen und Wege zu den entlegenen Dörfern. Das **Khun Yuam Museum** (auch: Thai-Japan Friendship Memorial Hall) wird von den Japanern finanziell mitgetragen. Das Museum wurde 1995 eröffnet und stellt jede Menge Artefakte aus dem Zweiten Weltkrieg aus. Auch regionale Kultur und die Geschichte der Bergvölker sind Teil der Ausstellung. Die Exponate sind in Englisch beschriftet.

▪ Rd 108, Khun Yuam. Tägl. 8.30–16.30 Uhr. Eintritt THB 100, Kinder 50.

Doi Mae U-Kho

In Khun Yuam biegt man rechts ab auf die Straße 1263. Malerisch führt die Bergstraße zu den **Thung Bua Tong Fields** in Doi Mae U-Kho, wo zwischen November und Dezember die Hänge quietschgelb leuchten, wenn die zahlreichen Sonnenblumen, die hier gepflanzt werden, in voller Blüte stehen. Dann kommen die Thais aus den umliegenden Regionen und stehen mit Telefonen bewaffnet vor den gelben fröhlichen Köpfen der Blumen und schießen Selfies. Ein schöner Anblick mit der Bergkulisse im Hintergrund, den man in einem der ortsansässigen Lokale und Coffeeshops genießen kann.

Namtok Mae Surin National Park

Im weiteren Verlauf führt die Straße zum Nationalpark Namtok Mae Surin (seit 1981). Die Hauptattraktion ist der 180 Meter tief fallende Wasserfall **Mae Surin.** Ein weiterer Wasserfall des Parks ist der **Pha Bong,** der allerdings schon seit Jahren kaum Wasser führt (Eintritt Nationalpark THB 200).

Der höchste Berg des Parks ist der **Doi Pui** mit seinem abgeflachten, fast runden Gipfel. Er ist 1700 Meter hoch. Im Park kann man Vögel beobachten und es gibt schöne Teak- und Pinienwälder, ansonsten lohnt er sich nicht wirklich.

Praktische Infos

Hin & weg Am besten ist die Region mit dem **eigenen Fahrzeug** zu erkunden, da man dann auch vor Ort mobil ist, denn nichts ist hier wirklich fußläufig zu erreichen. Ansonsten fahren ab Mae Hong Son kleine **Überlandbusse** und ab Chiang Mai kann man mit dem **Bus** ab Arcade Bus Station fahren.

Gesundheit Wie überall in der Provinz gilt auch hier, die Krankenhäuser leisten eine Grundversorgung, oft sprechen die Ärzte kein Englisch und bei ernsten Sachen geht man besser in eines der Spitäler in Chiang Mai (→ S. 71). Khun Yuam verfügt über ein **Krankenhaus,** die anderen Dörfer nur über **Health Centre.**

Übernachten in Khun Yuam **Ban Farang Guesthouse** **1** (→ S. 230/231), unter Thai-deutscher Leitung, zentral in einer ruhigen Seitengasse mitten im Dorf. 499 Moo 1, ✆ 053/622086 oder 095/6836497, macvassilis@gmail.com. Zimmer mit AC THB 500, mit Ventilator THB 400. €

Essen & Trinken in Khun Yuam **Shabu-Restaurant** **2** (→ S. 230/231), gleich neben dem Thai Japanese Memorial, es werden Sushi und japanische Gerichte angeboten. €€

Neben dem 7/11 gibt es einen **Coffeeshop** mit guter Küche. Ansonsten **Garküchen** und **Nudelsuppenstände** entlang der Straße. €

Vom Doi Inthanon nach Mae Hong Son → Karte S. 229

Mae Hong Son und Umgebung

Wieder zurück auf der Straße 108 geht es durch die Berge. Bevor man Mae Hong Son erreicht, sollte man den Schildern nach **Ban Meo Microwave** folgen, einem „verstrahlten" Dorf. Allein der Name macht neugierig. Biegt man ab, schlängelt sich die schmale Straße den Berg hinauf. Oben angekommen, stehen jede Menge Funktürme, die dem Ort seinen Namen gegeben haben. Das Dorf wird von den Hmong, einem Bergvolk, das ursprünglich aus der tibetischen Steppe kommt, bewohnt. Sie bauen auf den steilen Hängen Gemüse an. Geht man ein Stück durch die Felder, bieten sich schöne Ausblicke in die Bergwelt Mae Hong Sons.

Wieder zurück auf der Hauptstraße 108, sollte man noch einmal einen Stopp am **View Point** einlegen. Im Café gibt es feine Dumplings mit süßer oder herzhafter Füllung, dazu Kaffee oder Tee. In **Pha Bong** fährt man an den gleichnamigen Hot Springs vorbei, einer heißen Quelle, deren Wasserbecken leider nicht sehr gut gewartet wird, man hat das Gefühl, sie ist dem Verfall preisgegeben. 10 km weiter gelangt man nach Mae Hong Son.

Stadtgeschichte

Mae Hong Son wird auch „Stadt der drei Nebel" genannt. Umgeben von der Shan-Bergkette, die den südlichen Ausläufer des Himalaya bildet, liegt das malerische Städtchen in der gleichnamigen bergreichen Provinz. Früher gehörte es zum Shan-Staat Burmas, wurde aber 1892 an Siam angegliedert. Damit beginnt auch die neuere Geschichte der Stadt, die vom Teakhandel profitierte, dadurch aufblühte und dann schnell wieder in Vergessenheit geriet. Während des Zweiten Weltkrieges nutzten Japaner die strategisch gute Lage auf ihrem Weg nach Burma. Anschließend verfiel Mae Hong Son wieder in seinen Dornröschenschlaf.

Sehenswertes

Die Provinzhauptstadt hat Charme, gemütlich geht es hier zu. Größere Geschäfte wie etwa Tesco Lotus oder Big C – Fehlanzeige. Hier kauft man auf den Märkten oder in den lokalen Geschäften ein. Lediglich einige 7/11-Märkte verteilen sich über das Städtchen, dessen Herz um den kleinen See im Stadtzentrum mit dem Zwillingstempel schlägt. Am Ufer werden Matten ausgerollt und kleine Tische darauf gestellt, sodass man auf dem Boden essen kann. Es brutzelt, dampft und gart aus den mobilen Ständen. Schmackhafte Saté-Spieße kombiniert mit scharfem Papayasalat, Würstchen und Tintenfisch-Spieße, Garnelen und ganze Fische, in der Salzkruste gebacken – hier kommt jeder Gourmet auf seine Kosten. Abgerundet wird das Ganze durch „Roti", süße, hauchdünne Pfannkuchen mit Bananen-, Mango- oder Nutella-Füllung. Auch fehlen die Stände mit frischen Früchten nicht – Mangos, Ananas, Guaven, je nach Jahreszeit, leuchten schon von Weitem. Wer sich durch die Fressmeile gearbeitet hat, kann nun in Richtung Hauptstraße gehen, hier werden Kleider, Haushaltswaren und jede Menge Krimskrams angeboten. So kann man beispielsweise T-Shirts und Fischerhosen mit dem Aufdruck erstehen, der sagt, dass man die berüchtigten 1096 Kurven überlebt hat. Wer dem ganzen Treiben einfach nur zuschauen möchte, der sollte sich in eines der Restaurants am See setzen und den schönen Ausblick auf den hell erleuchteten Tempel genießen, der sich im Wasser spiegelt.

Allabendlicher Essensmarkt in Mae Hong Son

Übernachten (S. 252)
1 Baan Viewnam Resort
2 Sang Tong Huts
3 B2 Mae Hong Son
10 The Like View Guesthouse
12 Ngamta Hotel
15 Piya Guesthouse
17 Palm House Normal Loft
19 Green Mountain Resort
22 Jeerang Countryside Resort
23 The Imperial Mae Hong Son Resort
24 Fern Resort
Essen & Trinken (S. 252/253)
9 Kai Mook
1 Ban Bo Ran
3 Son and Mom
4 Sunflower Cafe
6 Fern Restaurant and Bar
0 Pizza Primavera
1 Krua Kamtara
Einkaufen (S. 251)
5 Morning Market (Talat Chao)
6 Mae Hong Son Food Market
8 Kadkam Plaza - Maehongson
Sonstiges (S. 251)
4 Pa Tours
7 Rose Garden Tours
8 KTY Motorbike For Rent
Pha Nith Watana Rd
Wat Hua Wiang
Makkha Santi
Ni-wet Pi-sarn Road
Singha-nat Barm Rung Rd
Living Museum
Pa-Dung Muay Tor Rd
1095
Pradit Chong Kham Alley
Ni-Thet Rd
Udom Chao
Post Office
Samphanthawong Rd
Khunlum Praphat 3 Alley
Chong Kham
Wat Chong Klang
Wat Chong Kham
Pai
Tham Pla-Namtok Pha Suea N.P.
Sop Soi
Soi
128
Pang Mu
Chan Mueang
Khun Klang
Mae Hong Son
Mae Hong Son Airport
Wat Phrathat Doi Kongmu
Wat Phra Non
Prempracha Transport Mae Hongson Bus Station
108
Sop Pong
Chong Kham
Guan Yin Shrine Mae Hong Son
Namtok Mae Surin N.P.
Mae Hong Son
Mai Ngae
Mon Ta Laeng
1250
Mae Hong Son
680 m
Mae Sariang

Im weiteren Radius des Sees befinden sich Holzhäuser und kleine Läden und Garküchen, und das war es auch schon mit dem Innenstadtbereich – man hat ihn schnell abgeschritten.

Wat Chong Klang und Wat Chong Kham: Der Zwillingstempel am See erinnert mit seinen achtstöckigen Pagoden und reich verzierten Dächern an einen burmesischen Tempel. Der Wat Chong Klang wurde 1867 von einem burmesischen Mönch gestiftet. Die bunten Glasmalereien stellen Szenen aus den Leben Buddhas dar und die schönen Schnitzereien sind erlesene Handwerkskunst aus dem nahen Burma. Der große, weiß-goldene Chedi spiegelt sich erhaben im Wasser des Sees. Der Wat Chong Kham ist der ältere der beiden und wurde 1827 gebaut, aber leider bei einem Feuer in den 1970er-Jahren zerstört, man sieht heute aus der damaligen Zeit lediglich die Metallarbeiten an Dächern und Figuren auf dem Tempelgelände. Im Wat Chang Klang findet Ende März/Anfang April das **Poy Sang Long Festival** statt. Das Fest erinnert an den Sohn Buddhas, Prinz Rahula, der der erste Novize Buddhas war. Am Festtag werden den jungen Novizen die Haare geschoren und sie werden in farbige Roben gehüllt und von männlichen Familienangehörigen auf den Schulter in einer Parade durch den Ort getragen, sie halten goldene Schirme in der Hand – eine schöne Prozession. Am zweiten Tag gibt es ein großes Fest daheim, bevor am dritten Tag erneut eine Parade stattfindet und die Kinder dann den Sommer im Wat Chang Klang verbringen.

Mae Hong Son Living Museum: In einem alten Teakhaus zeigt die Ausstellung Fotos aus der Geschichte der Stadt. Außerdem bietet das kleine Museum einen Überblick über die Tai Yai, die Shan, die die Region von Burma aus bevölkert haben. Auch die Angestellten tragen die Tracht der Tai Yai.

▪ Singhanat Bamrung Rd., Mae Hong Son. Mo–Sa 8.30–16.30 Uhr. Eintritt THB 30.

Wat Phra That Doi Kong Mu: Den Tempel auf dem höchsten Berg der Stadt sieht man schon von weitem. Er ist leicht mit dem Fahrzeug zu erreichen.

Fish Cave

Der strahlend weiße Chedi hebt sich vom blauen Himmel ab, das leise Zirpen der Windspiele und der monotone Gesang der Mönche lassen den Besucher kurzfristig das Hier und Jetzt vergessen. Von hier oben hat man eine schöne Aussicht auf den See und die Innenstadt. Am besten genießt man einen Kaffee in dem zum Tempel gehörenden Coffeeshop. Besonders zum Sonnenuntergang bietet sich ein schönes Bild der Stadt der drei Nebel.

Wat Phra Non: Am Fuße des Wat Phra That Doi Kong Mu liegt der Tempel des liegenden Buddhas, der Wat Phra Non. Die Skulptur ist 12 Meter lang und nicht sehr spektakulär. Sie liegt unter einem offenen Dach. Im hinteren Bereich des Tempels führt die Treppe auf den Doi Khong Mu, sie ist von großen Singha-Löwen flankiert.

Guan Yin Shrine: An der Straße zum Wat Phra That Doi Kong Mu, dem Bergtempel, der die Provinzhauptstadt überwacht, befindet sich ein chinesischer Tempel. Auf drei Etagen erstreckt sich das bunte Heiligtum. Farbenfrohe Drachen, rote Dächer und dicke goldene Buddhas sind zu sehen – man fühlt sich fast geblendet bei solch einer Farbenpracht.

Wat Hua Wiang: Der Tempel liegt gleich beim Morgenmarkt (→ Karte S. 245) und ist ein schönes Beispiel der Shan-Architektur aus dem 19. Jh. Der große Viharn hat die typische burmesische Dachkonstruktion mit überhängenden Dächern und ist silber angestrichen. Die bronzene Buddhafigur im Inneren wurde in Myanmar gefertigt und in den 1930er-Jahren aus Mandalay hierher gebracht. Der weiß-goldene Chedi wird von vier großen Löwen umringt. Der kleinere Ubosot hat ebenfalls ein hölzernes Dach mit einem goldenen Hti – der achtstufige Schirm, der die heilige Zahl 8 repräsentiert.

■ Kreuzung Pha Nith Watana Rd. und Khunlum Praphat Rd.

In der Umgebung

Die Ausflugsziele in der Umgebung der Provinzhauptstadt sind vielseitg. Wer will, kann im Schlamm baden, über ein Reisfeld laufen, eine Fischhöhle besuchen, in der Nähe des chinesischen Teedorfs Baan Rak Thai an der burmesischen Grenze mit dem Floß über den See fahren, ein Royal Project besuchen oder durch einen Bambuswald marschieren.

Oberhalb des Fern Resorts (→ Übernachten) beginnt der **Mae Sakut Nature Trail.** Der Wanderweg ist Teil des Namtok Mae Surin National Park (Eintritt THB 200). Er ist 7 km lang und führt durch dichten Wald, über Lichtungen und durch Flussbetten. Das Fern Resort bietet Führer an und die Resort-Hunde begleiten gerne die Gäste.

Verlässt man die Stadt auf der 1095 Richtung Norden, gelangt man zur **Su Tong Pae Bridge.** Die „Brücke der erhörten Gebete" (aus dem Shan übersetzt) ist eine Bambusbrücke, die durch Reisfelder zu einem Tempel führt, der inmitten dieser Felder auf einem Hügel liegt. 2012 wurde die Brücke von der lokalen Bevölkerung erbaut, um so den morgendlichen Almosengang zu vereinfachen. Und wirklich ist es ein Erlebnis, in den Wintermonaten gegen 5.30 Uhr auf die Brücke zu gehen, dann löst sich der Nebel, der in den Reisfeldern hängt, langsam auf und die Mönche wandern in ihren safranfarbenen Roben über die Brücke zum morgendlichen Almosengang. Besonders wenn der Reis steht, ergeben sich tolle Fotomotive mit den sich im Hintergrund auftürmenden Bergen der Shan Mountains.

Etwas weiter die Straße 1095 entlang, liegt in einem Park die **Tham Pla,** die Fischhöhle (Tham = Höhle, Pla = Fisch). Man spaziert durch Bambuswald, kann eine Reismühle besichtigen und gelangt dann zur eigentlichen Attraktion, einer kleinen Höhle, in der eine Quelle entspringt. Jede Menge Fische tummeln sich im Wasser und Fischfutter kann für THB 10 pro Beutel erworben werden. In der Höhle sieht man einen Schrein und die angezündeten Kerzen brennen mit dem Räucherwerk um die Wette. Beim Eingang gibt es einen Coffeeshop und wer sich ein

Bamboo Complex

Floßfahrt auf dem Phang Oung Lake

Picknick mitnehmen will, kann sich auf dem Parkplatz bei den mobilen Händlern eindecken.

Weiter geht es zum **Pang Tong Palace.** Der Name ist ein wenig irreführend, denn es handelt sich hier nicht etwa um einen Palast, sondern um ein Royal Project. Man fährt durch schön angelegte Gärten, vorbei an Schafen, die friedlich im Schatten der Bäume grasen, hier und da huscht ein Huhn über die Straße und Kühe liegen wiederkauend im Gras – Landidylle pur und ein Muss für Pflanzen- und Gartenliebhaber. Hier wird der Anbau von Gemüse und Pflanzen in einer Höhe von über 800 Metern erforscht. Die Gewächshäuser stehen abseits und dürfen nicht besichtigt werden.

Wieder zurück auf der Hauptstraße nach Baan Rak Thai, ist linker Hand ein Parkplatz mit dem Schild **Bamboo Complex,** dahinter verbrigt sich ein Pfad durch einen Bambuswald. Dem Besucher werden zunächst die unterschiedlichen Bambusarten auf Tafeln und in Natura vorgestellt, bevor man eintaucht in das Dickicht dieser aus Asien nicht wegzudenkenden Pflanzen. Man läuft etwa eine Dreiviertelstunde durch das dichte Grün – eine schöne Miniwanderung. Der Pfad ist sehr gepflegt und leicht zugänglich.

Weiter Richtung Norden gelangt man an eine T-Kreuzung – links geht es in das kleine Dorf **Pang Oung Rom.** Wie in einer Zeitmaschine wird man um mindestens 50 Jahre zurückkatapultiert. Staubige Straßen, Holzhäuser rechts und links der schmalen Gasse, ein paar Hütten zum Übernachten, ein Dorfladen und eine Handvoll Garküchen, dazwischen gackernde Hühner, Hunde und Katzen, die träge in der Mittagshitze schlummern. Zur Abkühlung kann man eine Floßfahrt auf dem schönen See am Ende des Dorfes machen. Dazu chartert man eines der Bambusflöße. Vorne sitzt der Fahrer und schlägt das Paddel gleichmäßig ins Wasser, während die Gäste (zwei pro Floß maximal) gemütlich auf dem hinteren Ende sitzen können. Der See liegt am gefühlten Ende der Welt, ist idyllisch und erinnert an kanadische Bergseen mit seinem Nadelwaldbestand am gegenüberliegenden Ufer. Viele Thais kommen am Wochenende und campieren oder übernachten in einer der billigen, sehr einfachen Unterkünfte.

Als nächster Stopp bietet sich das thai-chinesiche Dorf **Baan Rak Thai** an, ein Yunnan-Dorf an der Grenze zu Myanmar. Das früher als Mae Aw bekannte Dorf im Niemandsland schaut auf eine bewegte Geschichte. Nach der

Machtergreifung der Kommunisten in China im Jahr 1949 flüchteten die Anhänger der damals in China regierenden Partei KMT nach Taiwan und auch nach Burma. In den 1960er-Jahren nahm Thailand die mittlerweile in Burma verfolgten Yunnan-Chinesen als Flüchtlinge auf und siedelte sie in Mae Aw an. Noch heute leben die Nachfahren der einstigen Flüchtlinge hier. Das kleine Dörfchen liegt an einem kleinen See, umgeben von Teeplantagen, schnuckelige chinesische Häuser an den Hängen runden das Idyll ab. Tee gibt es in jedem Laden zum Verkosten und zu kaufen. Das Dorf wird untertags von Touristen bevölkert, die nebst Tee auch die chinesisch beeinflusste Küche des Ortes probieren wollen, so etwa den Teeblattsalat. Die **Lee Winery** macht Weine aus lokalen Früchten, z. B. Erdbeer- oder Ananaswein, der für den europäischen Gaumen einfach nur pappsüß ist. Die Winery hat außerdem die schönsten Bungalows im Ort. Inmitten der Teeplantage liegen die Häuschen mit Blick auf den See und die Berge. Der Ort beherbergt auch ein kleines Museum, dazu folgt man den Schildern im Ortszentrum.

Auf dem Rückweg nach Mae Hong Son liegt rechterhand das **Camp Coffee** **2** (→ Karte S. 247) – ein gemütliches Kaffeehaus mit Campingmöglichkeiten.

Menschenzoo – Longneck Villages

Wer hat nicht schon von ihnen gehört, den Longnecks, den Langhalsfrauen, im französischen Raum auch Giraffenfrauen genannt. Die Frauen gehören dem Stamm der Karen an und bilden die Untergruppe Padaung. Sie stammen ursprünglich aus Burma. Durch die ethnische Säuberung und Verfolgung der Karen in Myanmar leben heute viele Flüchtlinge in Thailand. Die Padaung tragen von Kindheit an schweren Halsschmuck, der die Schultern deformiert und so den Hals optisch länger macht. Dieser Schmuck besteht aus spiralförmigen Gebilden, die von Schamanen angelegt werden, das Rohmaterial ist Messing. Die ersten Spiralen werden bereits im Kindesalter angelegt, die endgültigen dann spätestens mit der Heirat, sie können bis zu 30 Windungen haben und über 10 kg schwer sein. Die Padaung werden leider von den thailändischen Touristenbehörden ausgebeutet. Es gibt in der Provinz Mae Hong Son Schaudörfer wie **Ban Nai Soi** und **Huai Suea Thao** sowie **Huay Pu Keng.** Den Besuchern wird eine Eintrittsgebühr abgenommen und die Langhalsfrauen werden zur Schau gestellt. Wie in einem Zoo kann der Besucher den Halsschmuck der Frauen bewundern und in die Häuser hineinschauen. Natürlich sollte er dann noch unbedingt Souvenirs kaufen, die als selbstgemacht ausgegeben werden. Die Karen-Frauen bzw. das Dorf bekommen nur einen sehr geringen Anteil des Eintritts und es gibt wenig Unterstützung für die Minderheit, von daher raten wir von dem Besuch solcher Dörfer ab. Wer auf den lokalen Märkten in Mae Hong Son und Umgebung die Augen aufhält, der wird sicher hier und da eine Padaung-Frau sehen und dann ist es auch völlig in Ordnung diese anzusprechen und auch ggf. ein Foto zu machen, mit deren Einverständnis!

Lees Resort in den Teebergen

Praktische Infos

Touristeninformation **Rose Garden Tours 7** (→ S. 245), kleine Reiseagentur, die neben den üblichen Flug-, Bus- und Hotelbuchungen auch Reisen anbietet. Trekking, Touren ins Karen Village, Halb- und Ganztagesausflüge. 86/4 Kunlumprapad Rd., ✆ 053/616181, www.rosegarden-tours.com.

Hin & weg Von Chiang Mai fahren **Busse** ab der Arcadia Bus Station und auch Minibusse der **Prempracha-Linie** (www.prempracha transports.com). Diese verbindet auch Pai mit Mae Hong Son.

Mae Hong Son hat auch einen **Flughafen,** Bangkok Airways fliegt von Bangkok und Chiang Mai nach Mae Hong Son. http://minisite.airports.go.th/maehongson/.

Mae Hong Son ist ein Reiseziel für Individualreisende und es lohnt sich mobil zu sein. Deshalb ist es sinnvoll ein **eigenes Fahrzeug** nutzen zu können.

Fahrzeugvermietung **Hertz** und **Avis** am Flughafen.

Pa Tours 4 (→ S. 245) vermietet Mopeds und Pick-Up-Trucks sowie kleinere Autos. Airport Rd., ✆ 053/611647, 086/1807031, www.pamotor carrent.com.

KTY Motorbike For Rent 18 (→ S. 245), an der Ausfallstraße gibt es gepflegte Scooter zu mieten. Auch die ein oder andere 250er Enduro hat der sehr gut Englisch sprechende Besitzer im Angebot. ✆ 089/9998521.

Einkaufen → Karte S. 245 **Morning Market (Talat Chao) 5**, der frühe Vogel fängt den Wurm auf dem Mae Hong Son Morgenmarkt. Frisches Gemüse, Obst und Fleisch werden angeboten, natürlich fehlen auch die Essensstände nicht.

Mae Hong Son Food Market 6, in den Markthallen des Morgenmarkts finden sich neben frischem Gemüse, Fleisch und Obst auch Stände mit Haushaltswaren und getrocknete Früchte, farbenfroh und abwechslungsreich macht auch dieser Markt etwas her.

Kadkam Plaza 8, dieses Mini-Kaufhaus hat von Kleidern über Schuluniformen, Papeterie-Bedarf, Lingerie und Mercerie alles zu bieten, was man im Alltag braucht.

Aktivitäten **Pu Klon Mineral Mud Pit 6** (→ S. 247), kurz Mud Spa, ist bei Thais sehr beliebt. Man kann sich Schlammpackungen machen lassen, Gesicht oder Ganzkörper, in einer heißen Quelle baden und sich ganz den Heilwirkungen des Schlamms hingeben. Ein kleiner Shop verkauft die Schlammprodukte und eine Bilderwand klärt über die Vorteile des Schlamms und die entschlackende Wirkung auf. Mok Cham Pae, ✆ 053/282579.

Bamboo Complex, Bambuswald mit Lehrpfad. Eintritt frei. Mok Cham Pae.

Paeng Ouan See, Bambusfloßfahrt auf dem See. 2 Pers. pro Floß – THB 350 pro Boot.

Übernachten in Mae Hong Son → Karte S. 245 **Fern Resort 24,** 4 km außerhalb, schöne Bungalows in einem tropischen Garten mit Swimmingpool. 64 Moo 10, ✆ 053/686110, www.fernresort.com. **€€€**

Piya Guesthouse 15, direkt am See bei den Tempeln gelegen. Eines der ersten Gästehäuser. Zimmer in Holzbungalows. 1/1 Soi 3, Khunlumpraphas Rd., Jongkum, ✆ 053/611260. **€**

meinTipp **Sang Tong Huts 2,** individuelle Bungalows auf Stelzen, ein wenig außerhalb gelegen. Hübsch eingerichtet sind die Bungalows aus Naturmaterialien. Das Frühstück ist reichhaltig und am Abend werden oft Kochkurse angeboten oder auch gemeinsames Pizzabacken. Ein kleiner Pool ist vorhanden und für kalte Tage auch eine Sauna. 250 Moo 11, Pang Moo, ✆ 053/611680 oder 094/2299543, www.sangtonghuts.org. Einfache Bungalows ab THB 1200. **€€**

Imperial Mae Hong Son 23, ein typisches 3-Sterne-Hotel der Imperial-Gruppe. Es liegt ca. 1 km außerhalb des Zentrums. Saubere Zimmer verschiedenster Kategorien. Die großflächige Anlage verfügt über einen schönen Pool. 149 Moo 8, Pang Moo, ✆ 053/6844449, www.imperialhotels.com. **€€**

Green Mountain Resort 19, an der Ausfallstraße Richtung Flughafen, saubere Zimmer mit Balkon. 45/1 Charmnaan Satit Rd., Jong Kham, ✆ 053/615967. **€**

The Like View Guest House 10, Café und Restaurant, Backpackerunterkunft, kleine Zimmer in einem Holzhaus. 9 Udomchawnithet Rd., Jongkum, ✆ 083/5684752. **€**

Ngamta Hotel 12, neben der Post an der Hauptstraße, typisches Thai-Hotel. Saubere Zimmer. 5/9 Khunloomprapad Rd., ✆ 053/6127934, www.ngamta.com. **€**

B2 Mae Hong Son 3, neues Hotel der B2-Gruppe an der Umgehungsstraße mit Swimmingpool. Hotline ✆ 1328, www.b2hotel.com. **€**

Baan Viewnam Camping & Resort 1, am Fluss gelegenes Resort mit nur 6 hübschen Holzbungalows. 197 Moo 5, Ban Tha Pongdaeng, ✆ 053/684188, www.banviewnam.com. **€€**

Jeerang Countryside Resort 22, das Resort liegt in den Reisfeldern in der Nähe des Sees. Die 8 Bunglaows sind sauber und haben Warmwasserdusche, Kühlschrank und Wasserkocher. Frühstück kann man für THB 100 bekommen. 19 Boriang Rd., Muang. ✆ 064/6630351. **€**

Palm House Normal Loft 17, saubere Zimmer in der Nähe des Sees mit nettem Coffeeshop. 22/1 Charnaan Sathit Rd., Jongkham, ✆ 053/614022. **€**

... in Baan Rak Thai **Lee Wine Ruk Thai Resort 1** (→ S. 247), mitten in den Teeplantagen stehen die Bungalows des Resorts. Hübsch im chinesischen Stil erbaut, innen sauber, aber spartanisch eingerichtet. Der Sonnenuntergang von der Terrasse über den Teefeldern ist wunderbar. Gleich gegenüber kann man am See in einem chinesichen Restaurant speisen – unbedingt den Teeblattsalat probieren. 3 Moo 6, Morkjumpaeng, ✆ 089/9500955, www.leewinerukthai.com. **€**

Essen & Trinken → Karte S. 245 Besonders interessant ist der **Nachtmarkt** am See. Essensstände und Matten mit kleinen Tischen – man sitzt zum Essen auf dem Boden.

Krua Kamtara 21, einfache Garküche an der Ecke beim Green Mountain Resort, ausgezeichnetes Essen und Besitzer mit gutem Englisch. Sehr zu empfehlen die scharfen Papayasalate, das grüne Curry ist sehr schmackhaft und ansonsten alles Pfannengerührte. Charnaan Sathit Rd. **€**

Fern Restaurant 16, das Restaurants im Holzhaus mit seinen Lämpchen am Tisch und den Tischdecken erinnert an ein österreichisches Alpenrestaurant. Gutes Thai-Essen in schönem Ambiente. Probieren Sie das Hanglay Curry. Khunlumprapas Rd., Jong Kham, ✆ 053/611374. **€€**

Primavera 20, ein italienisches Restaurant unter Thai-österreichischer Leitung. Gute Pizzen und Nudelgerichte, Ambiente wie in Bella Italia. Mae Hongson Plaza, ✆ 053/612820. **€€**

Sunflower Cafe 14, am See in einem zweistöckigen Holzhaus, ein idealer Ort, um dem Treiben am Abend zu folgen. Pradit Jong Kham Rd., Jong Kham, ✆ 053/699385. Mo–So 8–23 Uhr. **€€**

Kai Mook 9, in einer ruhigen Seitengasse gelegenes modernes Restaurant mit sehr guten Thai-Gerichten. Frischer Fisch mit gebratenen Kräutern, Glasnudelsalat mit Meeresfrüchten oder gebratenes Fleisch mit Ingwer – um nur ein paar Gaumenfreuden zu nennen. **€€**

Ban Bo Ran 11, das Café-Restaurant ist in einem schönen Teakhaus untergebracht. Es hat auf zwei Etagen eine große Ansammlung von Antiquitäten, die freundliche Besitzerin erzählt gerne dazu passende Geschichten. Ratchatham Phithak Rd., ✆ 081/881653. **€€**

Son and Mom 13, gemütliche Garküche schräg gegenüber vom Post Office. Currys, gebratene Nudeln, gebratener Reis zu guten Preisen. **€**

Nach Sop Pong

Von Mae Hong Son fährt man auf der Straße 1096 in Richtung Chiang Mai. Kurven über Kurven, schöne Ausblicke in die Bergwelt tun sich auf, hier und da ein Dorf mit Holzhäusern auf Stelzen, ein Tempel im Niemandsland, in dem man meditieren kann, tolle Höhlen, eine Lodge der Lisu oder Karen, in der man übernachten kann und – Natur pur.

Tham Pla – Namtok Pha Suea National Park

Erster Stopp ist der Nationalpark. Er erstreckt sich über ein Areal von 488 km². Der Park hat viele Berge, die 1200 bis 1900 Meter hoch sind, der höchste Gipfel ist der Doi Lan mit 1918 Metern. Hier entspringen mehrere Flüsse und die Vegetation reicht von immergrünem Regenwald bis zu Eichen- und Pinienwäldern. Die Fischhöhle im Park, **Tham Pla,** führt ganzjährig Wasser und es schwimmen große Karpfenschulen in der Höhle. Futter kann man für THB 10 erwerben, Fische füttern bringt Glück! Die Wasserfälle im Park besucht man am besten direkt nach der Regenzeit, also im Oktober/November. Der **Pha Suea Waterfall** ist zehn Meter hoch und 15 Meter breit und während der Regenzeit plätschert das Wasser über die vielen Steine in einen großen Pool. Das ganze Jahr über führt der **Namtok Huay Pong-on Waterfall** Wasser, in seinem Becken kann man auch schwimmen, er stürzt sieben Meter in die Tiefe. Der **Mae Sang a Klang Waterfall** liegt oberhalb des gleichnamigen Staudamms, der Teil des Parks ist und fällt 15 Meter tief, in der Regenzeit schön anzusehen.

Wat Pa Tam Wua

Weiter die Straße 1095 kann man an der Kirche im Dorf Ran Rung Arun nach rechts abbiegen und folgt den Schildern zum Wat Pa Tam Wua. Ganz versteckt liegt der Tempel, der auch Westlern die Möglichkeit bietet, an Meditationskursen teilzunehmen oder eine längere Zeit hier zu verbringen. Umgeben von Natur am Fuße von Karstfelsen gelegen, kann man in dieser Ruheoase genau diese finden.

- www.wattamwua.com.

Mae La Na Cave

Man folgt der Staße in den Phang-Mapha-Distrikt. Dann biegt man links auf die Straße 1226 ab, die zur Mae La

Chedi im Wat Phra That Doi Kong Mu

Vom Doi Inthanon nach Mae Hong Son → Karte S. 229

Na Cave führt. Die Höhle ist mit ca. 12 km die längste Höhle Thailands. Überall fließt Wasser von den Wänden und Decken, Stalagmiten und Stalaktiten in Hülle und Fülle. Man kann die verschiedenen Kammern der Höhle auf einer vierstündigen Tour besuchen. Am besten mietet man sich einen Guide, mit dem man das Innere der Höhle erkunden kann.

▪ Eintritt THB 200, Guide THB 500–1000.

Wieder zurück auf der 1095, gelangt man nach Sop Pong (angeschrieben als Pang Mapha).

Sop Pong

Der kleine Marktflecken kurz vor Pai ist Anlaufpunkt für Höhlen- und Trekking-Liebhaber, in dem friedlichen Weiler haben sich einige Gästehäuser niedergelassen und vom Trubel des nahen Pai ist hier nichts zu spüren. Das **Little Eden Resort** organisiert Trekkingtouren, die freundliche Thai-Besitzerin Khun Phen spricht fließend Deutsch.

In dem kleinen Dorf am Pai River gibt es eine der schönsten Tropfsteinhöhlen Thailands, die **Tham Lod.** Sie besteht, wie die anderen Höhlen auch, aus Karst und verfügt über schöne Stalagmiten und Stalaktiten. Das Höhlensystem hat eine Länge von 1,6 km. Die Karstsäulen an den Wänden sind zum Teil über 20 Meter hoch. Ein Fluss durchfließt die Höhle und man kann mit einem Bambusfloß an den erhabenen Felsformationen entlang gleiten – auf der anderen Seite der Höhle öffnet sich die Decke und helles Sonnenlicht strömt herein. Die Höhle ist Heimat Tausender Fledermäuse und Schwalben. Bei der Entdeckung der Höhle hat man festgestellt, dass hier bereits in der prähistorischen Zeit um 9000 v. Chr. Menschen gelebt haben.

▪ Guide THB 200, Bamboo Raft THB 400, Eintritt THB 200. 9–18 Uhr.

Unweit von Sop Pong liegt das urige Guesthouse **Lisu Lodge** von Rudi und Ame im Nirgendwo in einem kleinen Lisu-Dorf. Rudi ist Deutscher und kümmert sich reizend um seine Gäste, Ame, eine Lisu, steuert den thailändischen Charme bei.

15 km vor Pai gelangt man an den **Highest Mountain View Point** mit Kaffeehäuschen und Souvenirs der Bergstämme. An manchen Tagen werden auch Obst und Gemüse zum Verkauf angeboten. Dann macht man die gut 800 Kurven voll und gelangt ins Hängematten-Mekka Pai.

Praktische Infos

Hin & weg Von Pai fahren **Songthaews** nach Sop Pong, unklimatisierte **Busse** von Mae Hong Son.

Übernachten → Karte S. 247 **The Rock Garden Resort 3**, Steinbungalows in einem großen hügeligen Garten am Fluss inmitten von großen Steinquadern, die dem Resort den Namen gaben. 215 Moo 1, Sop Pong, ✆ 089/9528870, www.therockresort.com. €€

Little Eden 4, hübsches Bungalow-Resort auf der gegenüberliegenden Straßenseite. Vintage-Zimmer. Trekkingtouren, Deutsch sprechende Besitzerin. 295 Moo 1, Sop Pong, Pangmapa, ✆ 089/9528870, www.littleedenguesthouse.com. €

Lisu Lodge 5, Ame und Rudi – inmitten der Natur in einem kleinen Lisu-Dorf. Einfache Bungalows ohne Komfort. Ban Nam Tin, Pang Ma Pha, ✆ 083/5824496, lisulodge@gmail.com. €

Pai und Umgebung

Das idyllische Bergdorf liegt auf einem Hochplateau, durchzogen vom Fluss Pai. Im Winter ist der Ort wegen seines kühlen Klimas ein beliebtes Reiseziel. Man gibt sich hier gerne sehr entspannt, die meisten Gäste bleiben länger als geplant, denn irgendwie ticken hier die Uhren langsamer. Als das verschlafene Örtchen sich Anfang dieses Jahrhunderts zu einem beliebten Filmdrehort mauserte, erlebte das Dorf einen Touristenansturm. Mit dem Slogan „Pai in Love" verstand sich der Ort gut zu vermarkten. Auch heute schmückt der Schriftzug „Pai in Love" den Garten des gleichnamigen Cafés und lädt zum Selfiemachen ein. Auch ist das Dorf Gastgeber von diversen Musikfestivals, wie etwa dem **Pai Reggae Festival,** das im Februar stattfindet.

Hochsaison herrscht in Pai an den Wochenenden während der Wintermonate. Dann fällt die Thai-Hi-So, vorwiegend aus Bangkok und Chiang Mai, mit Mützen und Pelzstiefelchen bekleidet ein, um das Sehen und Gesehenwerden zu zelebrieren. Hinzu kommen immer mehr westliche und asiatische Touristen. Allabendlich findet die **Walking Street** statt und man kann sich mit lokalen kulinarischen Häppchen den Bauch vollschlagen und trifft auf jede Menge Reisende, die in den Bars und Cafés entlang der Straße sitzen. Thais flanieren mit warm angezogenen Hündchen in Kinderwägen und tragen ihre Wintermode zur Schau. Pudelmützen und Handschuhe sind am Abend keine Seltenheit. In den Wintermonaten werden auch schon mal Lagerfeuer in den Gärten der Restaurants und Bars entfacht, denn es kann mit 6 C nachts empfindlich kalt werden.

Wer weniger Trubel möchte, ist in Pai und Umgebung auch gut aufgehoben, denn sobald man sich außerhalb des Zentrums bewegt, ist das Leben entschleunigt und man kann die Seele baumeln lassen, etwa beim Yoga, im Spa oder einfach in der Hängematte, und die Bergkulisse, die sich hinter den Reisfeldern auftürmt, genießen. Pai wird unter Backpackern auch Hängematten-Mekka genannt, denn es ist einer der Rückzugsorte, den sich junge Reisende sehr gut leisten können und wo sie dann auch länger abhängen.

Pai scheint anders zu wachsen als die sonstigen Touristenorte Thailands. Es entstehen keine mehrstöckigen Apartmenthäuser, keine großen Hotelanlagen, nein, Pai setzt auf Individualität und Gemütlichkeit, kleine Bungalowanlagen, feine Boutique-Resorts,

 → Karte S. 229

Walking Street in Pai

schnuckelige Restaurants und urige Bars – allesamt passend in die Landschaft gebaut, schön dekoriert und mit viel Liebe ausgestattet. Im Dorfkern wurden die Holzhäuser erhalten und nicht durch Betonbauten ersetzt. Pai hat seinen Charme trotz des Touristenbooms bewahrt. Auch das Preis-Leistungs-Verhältnis ist unschlagbar. Man bekommt schöne Bungalows zu fairen Preisen und für die Backpacker-Szene gibt es noch einfache Unterkünfte und Dorms sowie jede Menge günstige Lokale. Pai hat etwas für jeden und alle sind sich einig – egal ob alt oder jung, Flashpacker oder Backpacker – Pai ist groovy.

Sehenswertes im Zentrum

Der Innenstadtbereich mit seinen zweistöckigen Holzhäusern wartet mit ein paar schmucken Tempeln auf. Im **Wat Pa Kham** an der Walking Street findet man fast zu jeder Zeit Mönche, die die Gläubigen segnen. Auf den Holzbohlen im Innenraum des Viharn sitzen sie vor der Buddhastatue und man kniet sich vor sie hin, wird gesegnet und danach wird man mit einem kleinen Besen, der in Wasser getränkt ist, benetzt und bekommt ein Armbändchen um das Handgelenk. Das sollte man so lange dran lassen, bis es von alleine abgeht. Man gibt eine Spende in die Donation Box.

▪ Pa Kam Rd. 6–18 Uhr.

Ban Santichon bei Pai

Der **Wat Klang,** ebenfalls im Zentrum gelegen, ist ein weiteres Beispiel der Shan-Architektur des ausgehenden 19. Jh. Auf Stelzen gebaute Holzhäuser werden von überhängenden Dächern geziert, an deren Giebeln Blumenornamente angebracht sind. In all dem Trubel der geschäftigen Hauptstraße eine Oase der Ruhe mit seinen großen Bäumen auf dem Areal.

Der **Wat Luang** hat einen viereckigen weiß-goldenen Chedi, der Viharn ist ganz in Gold gehalten und aus Stein gebaut. Auf dem Gelände befindet sich auch eine Schule. Der Tempel ist am Abend beleuchtet.

▪ Khetkelang Rd. 6–18 Uhr.

Auf der Khetkelang Road befindet sich auch der Markt, jeden Nachmittag ab 14 Uhr findet der **Talad Ban Doi** statt, der Nachmittagsmarkt. Hier sind die Bauern und Bergvölker der Umgebung und bieten ihre Waren an oder decken sich mit Dingen des täglichen Bedarfs ein. Der Morgenmarkt liegt an der Einfallstraße 1095 und findet in den frühen Morgenstunden statt.

Ban Santichon/Chinatown

Vom Zentrum aus fährt man auf der Umgehungsstraße und folgt dem Schild nach Chinatown. Und wirklich, wenn man nach Ban Santichon gelangt, fühlt man sich ins Land der aufgehenden Sonne versetzt: chinesische Lehmhäuser mit roten Lampions an den Giebeln, chinesische Schriftzeichen und runde Türen. In den 1950er-Jahren kamen Einwanderer aus Yunnan, die dem Kommunismus entflohen waren, und wurden hier ansässig. Heute Thais in der dritten Generation, sprechen sie noch immer ihren sehr eigenen Mandarin-Dialekt. Es wird Tee verkauft und ausgeschenkt, es gibt geröstete Kastanien direkt aus dem Feuer, chinesische Süßigkeiten und in den Restaurants wird chinesisch gekocht. Mittelpunkt des malerischen Dörfchens ist der klei-

Pam Bok Waterfall

ne See mit fotogener Brücke. Es finden sich Geschäfte, in denen man typische chinesische Gewänder ausleihen kann, um so das perfekte Urlaubsfoto zu machen. Als Highlight kann man das Pferd noch dazu mieten und wird mit diesem über den Anger geführt. Auf einer Anhöhe sind typische chinesische Tempelbauten nachgebildet und die chinesische Mauer en-miniature. Gleich daneben ein Coffeeshop, von dem aus man einen guten Ausblick über das bunte Treiben hat. Fährt man die Straße weiter hinauf in die Berge, gelangt man zu einem weiteren chinesischen Haus mit großer Aussichtsterrasse. Man kann Tee kosten und erwerben und hat einen schönen Blick auf Pai (Eintritt THB 20).

Die südliche Umgebung von Pai

Folgt man der Straße 1095 Richtung Süden, biegt man zunächst rechts zum **Pam Bok Waterfall** ab. Der Wasserfall führt im Oktober/November am meisten Wasser, dann prasselt er über die Felsen in einen kleinen Teich, in dem man auch baden kann. Den Rest des Jahres sieht dieses Wasserloch eher braun aus und lädt keinesfalls zum Baden ein. Auf dem Weg zum Wasserfall passiert man die Farm **Pai Land Split** (→ Kasten).

Wieder auf der Hauptstraße in Richtung Memorial Bridge, weist auf der rechten Seite ein Schild zum **Pai Canyon.** Hier hat der Fluss eine tolle Landschaft erschaffen. Man läuft die rund 70 Stufen bis auf das Aussichtsplateau hinauf. Von hier oben gehen einige Wege in den kargen Canyon, der auch schnell umrundet ist, und schöne Ausblicke in die umliegende Berglandschaft bieten (Eintritt frei).

Dann passiert man die **World War II Memorial Bridge,** sie ist ein beliebter Ort für Selfies bei den Thais, zu beiden Seiten der Brücke haben sich einige Händler mit T-Shirts und Souvenirs niedergelassen. Die Brücke, die 1942 von den Japanern errichtet wurde, wurde nach deren Niederlage im Asienfeldzug wieder vernichtet, was den Warenverkehr über den River Pai erschwerte. Eine neu erbaute Brücke fiel in den 1970er-Jahren einer Flut zum Opfer und 1976 ließ die Regierung auf Bitten der Bürger Pais die alte Stahlbrücke

Vom Doi Inthanon nach Mae Hong Son → Karte S. 229

über den Ping River in Chiang Mai abbauen und in dem kleinen Städtchen Pai wieder aufbauen. Die Brücke ist heute nur für Fußgänger und Radfahrer passierbar, der Verkehr läuft auf einer modernen Betonbrücke nebenan.

Nach der Brücke biegt man nach ca. 1 km links ab und gelangt zunächst zu den **Tha Pai Hot Springs** mit Bademöglichkeiten.

Anschließend passiert man rechter Hand **Thoms Elephant Camp.** Die Angestellten sprechen sehr gut Englisch und führen die Gäste in die Welt der Dickhäuter ein.

Wer jetzt entspannen und gleichzeitig in heißen Quellen baden will, kann das sehr gut im **Pai Aroma Spa,** dessen Pool ebenfalls von heißen Quellen gespeist wird.

Fährt man die Straße weiter und hält sich rechts wieder in Richtung Pai-Zentrum, gelangt man gegenüber vom Sunshine Resort auf die steile Straße zum **Wat Phra That Mae Yen.** Oben angekommen, kann man die Stufen zu der riesigen weißen Buddhastatue erklimmen, die hoch über Pai das Tal bewacht. Ein schöner Platz zum Sundowner ist das **Sunset@Pai Restaurant** kurz vor dem Tempel. Ein Wanderweg führt zum **Mae Yen Waterfall.** Man benötigt ca. 3 Std. für den Aufstieg und 2,5 Std. für den Rückweg. Es empfiehlt sich schnell trocknendes Schuhwerk, denn man muss den Fluss einige Male kreuzen. Am besten macht man die Tour mit Guide, entweder im Sunshine Pai nachfragen oder bei Pai Adventures (www.paiadventures.com).

Westlich von Pai

Vor der Brücke im Ortszentrum biegt man am Fluss rechts ab und hält sich entlang des Flusses. Nach ein paar Kilometern gelangt man in ein ganz ursprüngliches Thailand, ein Dorf reiht sich ans nächste, Bauern trocknen Chilis, pflanzen Reis, Kinder spielen auf der Straße, hier und da erheben sich goldene Chedis und leuchten mit den grün schimmernden Reisfeldern um die Wette. Dahinter die erhabene Bergkette, Ausläufer des Himalaya. Hier merkt man nichts vom Pai-Boom, hier scheinen die Uhren langsamer zu gehen und es haben sich sehr geschmackvolle Resorts angesiedelt. Man scheint meilenweit entfernt von der Party- und Backpacker-Meile des Dorfkerns.

Die Straße führt wieder zurück auf die Straße 1095, hier weist linker Hand ein Schild zum **Mo Paeng Waterfall.** Wir folgen der kleinen holperigen Straße zum Parkplatz und nach ein paar Metern Fußmarsch steht man im Getöse des Wasserfalls, der von hier auf die verschiedenen Ebenen hinunter prasselt.

Chinesisches Dorf in Ban Santichon bei Pai

Ein Krater mitten in Pai

Auf dem Weg zum **Pam Bok Waterfall** steht ein Schild mit der Aufschrift „Pai Land Split“. Hierbei handelt es sich um eine kleine organische Farm mit Erdbebengeschichte. Geht man durch das kleine Portal aus Bäumen, wird man mit eisgekühltem Rosellensaft begrüßt und gebeten, Platz zu nehmen, dann kommen gleich weitere Leckereien: frisch geröstete Erdnüsse, Süßkartoffeln, Tamarindenpaste und hausgemachte Bananenchips. Hängematten und Tische laden zum Verweilen unter den Schatten spendenden Bäumen ein. All das für ein kleines Trinkgeld, man kann auch das ein oder andere Produkt käuflich erwerben. Man läuft durch die Rosellenbüsche und Mango- und Papayabäume zum eigentlichen Landsplit. Hier steht man am Rand des elf Meter tiefen und zwei Meter breiten Kraters, den das Erdbeben 2008 in die Landschaft gerissen hat. Er entzweit das Land und so kam die Farm zu ihrem Namen. Vom Rand des Krates hat man einen schönen Blick über das Pai-Tal.

Kostproben von der Farm

Praktische Infos

Hin & weg **Mit dem eigenen Fahrzeug** von Mae Hong Son oder Chiang Mai über die Straße 1096.

Mit dem **Minibus** **11** über Premprachatours von Chiang Mai oder Mae Hong Son (premprachatransports.com).

Taxi/Fahrer: Auch kann man sich im Hotel nach Fahrern erkundigen, die sich für einen Tag buchen lassen. Gute Erfahrungen haben wir mit dem Taxi-Unternehmen gegenüber der Minibushaltestelle von Prempracha, dem offiziellen Busbahnhof an der Walking Street, gemacht.

Aya Service **13** aus Chiang Mai sind auch interessant, hier kann man in Chiang Mai den Roller buchen und in Pai zurückgeben oder auch umgekehrt, das Gepäck fährt separat mit dem Minibus und kann dann wieder abgeholt werden in Pai oder Chaing Mai. Aya Pai, ✆ 053/699888, www.ayaservice.com.

Zum Zeitpunkt der Drucklegung gab es keine **Flugverbindung** mehr von Chiang Mai und Bangkok, es ist möglich, dass Bangkok Air diese wieder aufnimmt. http://minisite.airports.go.th/pai.

Fahrzeugvermietungen **Scooter** gibt es in Pai jede Menge zu mieten. Autovermietung ist **North Wheels,** die ein Büro in Pai hat. http://www.northwheels.com. **Kumipai** hat ebenfalls gut gewartete Scooter sowie Taxi- und Limousinenservice, ✆ 092/9593539.

Wer mit einem Fahrer die Gegend erkunden, in Eigenregie oder aber auch geführte Touren machen will, ist hier gut beraten: **Pai Traveller,** ✆ 0801249744, www.paitraveler.com; und **Pai Let's Go Tour** **18**, ✆ 086/4551567, www.pailetsgotour.

Gesundheit Das **Pai Hospital** hat Englisch sprechende Ärzte und ist für kleine Wehwehchen durchaus geeignet. Bei ernsteren Sachen wird man aber sofort nach Chiang Mai geschickt oder per Ambulanz dorthin gebracht. Wiang Thai, Chaisongkran Rd., ✆ 053/699031.

Einkaufen Auf der allabendlichen **Walking Street** **19** gibt es viele Stände mit Souvenirs, Fischerhosen, Kleidern etc., auch einige Geschäfte entlang der Straße haben hübsche

Vom Doi Inthanon nach Mae Hong Son → Karte S. 229

Hippie-Sachen und Dekoartikel. **7/11** Shops sind über den Ort verteilt, ansonsten lokale Shops.

Aktivitäten Die Gegend um Pai und Sop Pong lädt zum Tubing und Raften ein, außerdem kann man hier prima trekken. Die besten Erfahrungen haben wir bei **Pai Adventures** **20** gemacht. 28 Moo 3, Chaisongkran Rd., ✆ 053/699326, www.paiadventures.com.

Thom's Elephant Camp **42**, es werden verschiedene Programme angeboten, Trekking, Baden mit Elefanten. ✆ 089/8519066, www.thomelephant.com.

Savoei – A Taste of Pai **17**, bietet 2-mal täglich Kochkurse an: Lunch zwischen 9 und 13 Uhr oder Dinner zwischen 16 und 20 Uhr. Zunächst gibt es ein Rezeptbuch, man geht gemeinsam auf den Markt und anschließend kocht man unter Anleitung. Man bereitet die Currypasten selbst zu, röstet das Gemüse und kocht insgesamt 4 Gerichte, die man im Anschluss gemeinsam verspeist. Chaisongkran Rd., ✆ 085/620 9918. Kurse THB 750.

Wellness **Tha Pai Hot Springs**, eine 80 °C heiße Quelle wird in mehreren Becken heruntergekühlt, sodass man in Pools mit angenehmen 30–40 °C warmem Wasser baden kann. Natürlich fehlen in dem Park die Verkaufsstände mit Papayasalat und Eiern, die in der Quelle gekocht werden können, nicht. Eintritt THB 200. Im angrenzenden **Pai Hot Spring Resort** läuft das schwefelhaltige Wasser direkt in die Badewannen der geräumigen Bungalows.

Pai Aroma Spa **43**, kleiner feiner Spa mit Guesthouse. Die Planschpools werden mit Wasser der heißen Quelle gespeist und man kann, wenn man Anwendungen bucht, auch gratis darin baden. Auch Zimmer zu vermieten. 110 Moo 2, Mae Hee, ✆ 053/065745.

Spa by Treehouse, gleich neben dem Treehouse in einem neuen Gebäude liegt der Verwöhnspa. Am besten sind die Kombi-Anwendungen, etwa Sauna, dann Body Scrub und dann Massage. 2:30 Std. für THB 1000. 90 Moo 2, Mae Hee, ✆ 083/3239095.

Sapaiya Spa **34**, der kleine Day Spa bietet die üblichen Massagen in Wohlfühlambiente: Thaimassagen, Ölmassagen Body Scrubs oder Fußmassagen. ✆ 081/2366644, www.sapaiya.com. Tägl. 10–19 Uhr.

Open Mind Centre **45**, Yoga, Detox und Meditation. Das Open Mind Centre bietet Kurse und auch Übernachtungen an. ✆ 053/063733, www.OpenmindCentre.asia.

Übernachten Am Wochenende ist es ratsam im Voraus zu buchen, auch kann es sein, dass die Zimmer teurer sind.

MeinTipp **Pai Cabana** **1**, etwas außerhalb an der Straße Richtung Mae Hong Son, einzeln stehende Bungalows zwischen Lotosteich und Reisfeldern. 14 Moo 5, ✆ 053/699190. **€**

MeinTipp **Pai Island** **6**, liegt zentral zwischen Innenstadt und Airport und bietet 10 exklusive Villen in einem tropischen Garten. 333 Moo 1, Wiang Thai, ✆ 053/699999, www.paiisland resort.com. **€€€€**

Pai Cherkaew **23**, mitten im Ort liegt das Hotel mit gemütlichen Zimmern. 148 Moo 3, Chaisongkran Rd., ✆ 053/699050. **€**

Soi One **16**, Hotel mit sehr schön eingerichteten Zimmern im Vintage-Stil. Mitten in der Walking Street. Die nette Bar bietet am Abend oft Live-Jazz. Chaisongkran Rd., Ecke Tesaban Rd., ✆ 088/2526105. **€**

Sunshine Pai **35**, hier schlafen Sparfüchse. Komfortable Bungalows schon ab THB 400. Teng ist außerdem ein guter Trekking-Guide. Mae Yen Rd., gleich unterhalb des weißen Buddhas, ✆ 086/9195067. **€**

Pai Treehouse Resort **41**, die Holzbungalows liegen weit verstreut in dem großen Areal am Fluss. Das Restaurant ist mit viel Liebe zum Detail gestaltet: ein rundes Sala mit Reet gedeckt, lange Holzbänke und Tische sowie Sitzmöglichkeiten in dem bunt blühenden Garten. Den Sundowner kann man im Baumhaus mit Blick auf den Fluss nehmen. 95 Moo 2, Mae Hee, www.paitreehouse.com. **€€**

Baantawan Pai **28**, gleich bei der Memorial Bridge. Gemütliches Guesthouse mit Holzbungalows. Restaurant am Fluss. 117 Moo 4, Wiang Thai, ✆ 053/698116, www.baantawan pai.com. **€**

Family House @ Pai **10**, einzeln stehende Bungalows in Wischoptik mit Flachdächern gruppieren sich um einen Salzwasserpool. Relaxte Atmosphäre und freundlicher Besitzer. Das Restaurant liegt am Fluss. 55 Moo 3, Wiang Thai, ✆ 053/064337, www.familyhousepai.com. **€€€**

Ban Pasuk Pai **44**, einzeln stehende Bungalows mit Terrasse in der Nähe der Memorial Bridge. 112 Moo 10, Thong Yao, ✆ 087/0123070, www.basukhome.com. **€€**

Reverie Siam Resort **37**, schönes Resort mit großem Swimmingpool. 476 Moo 8, Wiang Thai, ✆ 053/699870, www.reveriesiam.com. **€€€**

Sonstiges (S. 259/260)
1 Prempracha
3 Aya Service PAI
7 Savoei (A Taste of Pai) Restaurant & Cookery School
8 Pai Let's Go Tour
9 Pai Walking Street
0 Pai Adventures
4 Sapaiya Spa
2 Thom's Pai Elephant Camp
3 Pai Aroma Spa
5 Open Mind Centre
Nachtleben (S. 263)
2 Why Not Bar
6 Yellow Sun
9 Don't Cry
Übernachten (S. 260–262)
1 Pai Cabana
2 Belle Villa Resort
3 Yoma Pai Resort
4 Baan Mai Khon Muang
5 Kirina Retro House
6 Pai Island Resort
7 The Quarter
8 Ai Pai Resort
9 B 2 Premier Resort
10 Family House @ Pai
14 Rim Pai Cottages
16 Soi One
21 Pai Village Boutique Resort
23 Pai Cherkaew Boutique
27 Pai Vieng Fah Resort
28 Baantawan Pai Guesthouse
30 Pai Chan Cottage and Cuisine
31 Brick House Hostel Pai
33 The Oia Pai
35 Sunshine Pai Resort
37 Reverie Siam Resort
38 Bueng Pai Farm
39 Mari Pai Resort
40 Pai Park Cottage
41 Pai Treehouse Resort
44 Ban Pasuk Pai Resort
Essen & Trinken (S. 262/263)
5 Cafe des Artistes
2 Witching Well Restaurant
4 Blue Ox Restaurant
5 Cheese Madness
2 Mae Wan Bia
6 Silhouette Wine Bar
6 Coffee Tea Sapan
Pai Night Market
Wat Klang
Pai Bus Station
Wat Pa Kham
Pai
4024
Khong
Mae Hong Son
Mae Na Toeng Nok
View Point Pai
1095
Mo Paeng Waterfall
Santichon Village
Mai Saha Samphan
Pai Airport
Huai Pu
Nam Hu
Pai Hospital
Wat Luang
Hua Na
Chao Mo
Chedi Phra That Mae Yen
Kung Kaeng
Thung Pong
Saikhao
4080
Pang Tong
Pai Land Split
Chedi Phra That Mae Yen
Phaem Klang
Phaem
Thung Yao
Rong Yaeng
Tha Pai Hot Spring
Mae Hi
Pai Canyon
Sop Phaem
Pai und Umgebung
750 m
Ban Muang Rae Hot Spring
Pai Historical Bridge
Mae Rim, Chiang Mai

Pai Park Cottage 40, die kleine Bungalowanlage hat schöne Holzbungalows mit Terrassen. 142, Moo 2, T. Vieng Nua, ✆ 082/2212141. €

Baan Mai Khon Muang 4, etwas außerhalb am Fluss gelegen, hübsches Guesthouse mit Restaurant und sauberen Zimmern mit AC. 117 Moo 1, Wiang Thai, ✆ 053/699499. €

Pai Chan Cottage and Cuisine 30, hübsche Holzbungalows, liebevoll eingerichtet. Einzelbungalows und Familienbungalows im Angebot. 191 Moo 1, Mae Hi, ✆ 081/1803064, www.paichan.com. €

MeinTipp **Bueng Pai Farm 38**, mitten in den Reisfeldern gelegen, ist diese Farm ein echter Geheimtipp. Die Bungalows liegen an einem Fischteich, man kann direkt von der Bungalow-Terrasse angeln, während man gemütlich in der Hängematte schaukelt. Die freundlichen Besitzer sprechen gut Englisch. 185 Moo 5, Mae Hee, ✆ 089/2654768, www.paifarm.com. €

Kirina Retro House 5, urige Anlage im Retro-Stil. Die Zimmer sind alle in unterschiedlichen Designs bemalt und gestaltet. Comicheftthemen, Blumenthemen, Hello Kitty ist auch dabei – Terrasse, schöner Garten und Coffeeshop. 148 Moo 6, Vieng Tai, ✆ 053/699418, www.kirinaretrohouse.com. €€

Mari Pai Resort 39, Bungalows und Zelte, die am Hang liegen und einen schönen Blick auf Pai und die Bergwelt haben. 97 Moo 11, Toongyao, ✆ 053/699658, www.maripairesort.info. €€

Brick House Hostel Pai 31, Hostel mit sauberen Zimmern, Gemeinschaftsbad und Schlafsaal. 223 Moo 1, Mae Hee, ✆ 053/699752. Zimmer ab THB 400, Dorm ab THB 250. €

Pai Vieng Fah Resort 27, das etwas außerhalb gelegene Resort inmitten von Reisfeldern bietet komfortable Zimmer mit schöner Aussicht. Auch ein Pool ist vorhanden und hier lässt es sich herrlich relaxen. 239 Moo 1, Mae Hi, ✆ 057/2932457, www.paiviengfah.com. €

Belle Villa Resort 2, hübsches Resort mit Swimmingpool. Einzeln stehende Bungalows im Lanna-Stil oder Hotelzimmer kann man hier mieten. 113 Moo 6, Huaypoo Wiang Nua Rd., ✆ 053/698226, www.bellevillaresort.com. €€

The Oia Pai 33, in Laufweite zur Walking Street liegt dieses außergewöhnliche Resort mitten in den Reisfeldern. Man kommt sich vor wie in Port Grimaud in Frankreich, die Hotelzimmer des Erdgeschosses sind alle an einem großen See gruppiert und Kanus liegen vor den Zimmern. Natürlich sind alle Räume über Wege zu erreichen. Schöner großer Swimmingpool und cooles Restaurant mit Thai- und internationalen Gerichten. 254 Moo 1, Mae Hi, ✆ 052/080092, www.theoiaresort.com. €€€

MeinTipp **The Quarter 7**, sehr gepflegte Anlage gleich hinter dem Spital. Die Zimmer sind in zweistöckigen Bungalows untergebracht, jeweils 2 oben und 2 unten. Schöner Swimmingpool, gratis Fahrrad-Verleih und sehr gutes Frühstück. 245 Moo 1, Chaisongkran Rd., ✆ 053/699423, www.thequarterhotel.com. €€€

Ai Pai 8, Hotel mitten im Zentrum von Pai. Saubere Zimmer, Swimmingpool. 288 Moo 1, Wiang Thai, ✆ 053/699952, www.aipaihotels.com. €€

B2 Premier Resort 9, ein Resort der thailändischen B2-Gruppe. Neu eingerichtete Zimmer und Swimmingpool. 76 Moo 2, Wiang Thai, ✆ 0582/040201, www.b2hotel.com. €€

Yoma Pai Resort 3, modernes Resort am Ortseingang mit einer weitläufigen Anlage und einem schönen Pool. Hier gibt es allmorgendlich ein gutes Frühstücksbuffet. 59 Moo 6, Wiang Thai, ✆ 053/699423, www.yomahotel.com. €€€

Rim Pai Cottages 14, direkt am Fluss liegen die schön gestalteten Bungalows in einem gepflegten Garten. Mitten im Zentrum ist man hier. 99/1 Moo 3, Rim Thai, ✆ 053/699133, www.rimpaicottage.com. €€€

Pai Village Boutique Resort 21, the Place to be in Pai. Mitten im Zentrum bietet diese hübsche Bungalowanlage Zimmer aus Naturmaterialien und hat neuerdings auch einen Pool. Das Kult-Restaurant Blue Ox ist Teil des Resorts. 88 Moo 3, Wiang Thai, ✆ 053/698152, www.paivillage.com. €€€

Essen & Trinken Die Auswahl an Restaurants in Pai ist groß, von Thai über Garküchen, italienisch, vegetarisch, vegan – Pai orientiert sich am Gechmack jeden Backpackers, hier ein paar Tipps:

Essenstände und Garküchen bauen jeden Abend ab 18 Uhr ihre Tische in der **Walking Street** auf. Ein Fest für Streetfood Lover.

Coffee Tea Sapan 46, in dem liebevollen Künstler-Café-Restaurant gibt es brühfrischen Kaffee und frische Kuchen, gutes Thai-Essen und einige europäische Gerichte. An der Memorial Bridge. €€

Witching Well 22, Marco hat das Restaurant in eine sehr gediegene italienische Trattoria umgewandelt und man isst hervorragend: Pizza und Pasta, eine gute Auswahl an Antipasti, Fisch und Fleischgerichte. Sehr gute Weine. **€€€.** Das neue, angeschlossene Otium Boutiqe Room vermietet auch Zimmer ab THB 1500 **(€),** 97 Moo 3, Wiang Thai, ✆ 093/9872836, www.witchingwellrestaurant.com.

Blue Ox Restaurant 24, hier wird Steak groß geschrieben und die Cowboys und Cowgirls servieren es im Western Look in allen Varianten. Gute Cocktails und Weinauswahl. **€€**

Silhouette Wine Bar 36, Teil des Reverie Siam Resorts, mit Live-Jazzmusik und einer schönen Auswahl an Weinen und Tapas. ✆ 053/699870, www.reveriesiam.com. **€€€**

Cafe des Artistes 15, sehr guten Kaffee macht der Laden im gleichnamigen Hotel, noch ein Croissant dazu und der Tag kann beginnen. 99 Moo 3, Chaisongkran Rd., Wiang Thai. **€**

Cheese Madness 25, das kleine Lokal hinter dem Blue Ox hat nur etwa 8 Sitzplätze drinnen sowie draußen. Im Restaurant kann man feine Sandwiches, aber auch Käse- und Aufschnittplatten bestellen und dazu einen guten Tropfen Wein trinken. Natürlich kann man auch alle Weine und Gerichte mitnehmen. 79/2 Wiang Thai, Pai District, ✆ 099/2306599. Di–So 11–23 Uhr. **€€**

Mae Wan Bia 32, das urige Lokal an der Ausfallstraße bietet bestes Issan Food an. Schweinenacken vom Grill mit scharfer Sauce, Som Tam in allen Variationen und Wasserfall-Salate, die so scharf sind, dass einem schon mal die Augen tränen können. Die Speisekarte ist zwar auch in Englisch, allerdings reden die Besitzer wenig Englisch, aber mit Händen und Füßen ergeben sich lustige Episoden. Thaon 1095, Muang, Pai. Tägl. geöffnet. **€**

Nachtleben Das Nachtleben spielt sich entlang der Hauptstraße ab, auf der auch die Walking Street stattfindet. Die Bars in Pai strahlen chillige Atmosphäre aus, den einen oder anderen Abend gibt es Livemusik oder DJs legen auf, Themenabende und jede Menge Spaß. Die schönsten Bars sind die **Yellow Sun Bar 26** (Tesaban Rd.) und die **Don't Cry Bar 29** (Raddamrong Rd.), die auch Bungalows hat, gleich hinter der Brücke, ebenso **Why Not 12** (Chaisongkran Rd.). In den Wintermonaten brennen oft die Lagerfeuer und tragen zum gemütlichen Chillen bei.

Vom Doi Inthanon nach Mae Hong Son → Karte S. 229

Von Pai zurück nach Chiang Mai

In Pai biegt man auf die Straße 1265 ab und gelangt zunächst zu einer heißen Quelle, der **Ban Muang Rae Hot Spring.** Die Dame in der kleinen Garküche assistiert beim Eierkochen und macht einen scharfen Papayasalat, die beste Wegzehrung für die Fahrt zurück nach Chiang Mai.

Dann geht es durch landwirtschaftliches Gebiet und tiefen Dschungel bergauf und bergab Richtung Wat Chan. Man passiert Pinienwälder und hat tolle Aussichten in die Bergwelt. Vor Wat Chan liegt das **Watchan Royal Project.** In dem kleinen Café kann man gut eine Pause einlegen und wer will, kann hier übernachten. Es gibt Häuser mit Koch- und Grillgelegenheiten zu mieten, auch zelten kann man hier.

▪ Bungalow ab THB 2500/Nacht. Watchan Royal Project, ✆ 053/215981, Ban Chan, Kalayaniwattana District. **€€**

Im Dorf **Wat Chan** selber sagen sich Hase und Igel gute Nacht, es gibt noch eine Nudelsuppenküche, eine Garküche und einen Teeshop. Etwas außerhalb liegt die **Karen Lodge.** Auch hier kann man übernachten, allerdings ist die Straße unbefestigt und nur für Crossmaschinen oder Allradfahrzeuge befahrbar.

▪ karenhilltribelodge.com. **€€**

Hinter Wat Chan kurvt sich die Straße mit ein paar schönen Aussichtspunkten talwärts. Rechts und links sieht man Erdbeerfarmen an den Hängen. Dann trifft die Straße auf die 1096, die nach Mae Rim und wieder zurück nach Pai führt. Die 1096 ist weitaus stärker befahren, hier geht der Hauptverkehr durch und auch die Busse und Minibusse fahren hier entlang.

Von Mae Sot nach Chiang Khan

UNESCO-Weltkulturerbe in Kontrast zum Niemandsland am Mekong – einsame Gefilde und vielseitige Orte wechseln sich auf dieser Tour ab.

Festivals in der Region:

- Das **Loi Krathong Festival** in Sukhothai findet alljährlich im November statt und zählt zu den Highlights des Landes.
- Beim **Phi Ta Khon Festival** in Dan Sai werden mit bunten Masken böse Geister vertrieben.

Eine Fahrt durch die Provinzen von Mae Sot in Tak bis nach Chiang Khan in Loei ist vielseitig. Die Straßen sind gut ausgebaut, man fährt durch abwechslungsreiche Landschaften, überquert hohe Pässe, schaut hinab in tiefe Täler. Vorbei an Nationalparks, Obstplantagen und Reisfeldern gelangt man in die Wiege Thailands – das Sukhothai-Reich. Weiter geht die Fahrt zur geschichtsträchtigen Stadt Phitsanulok, einst Hauptstadt des Ayutthaya-Reiches. Durch noch mehr Berge und immergrüne Wälder gelangt man schließlich zur Mutter aller Flüsse, dem Mekong. Wer abseits der Touristenpfade reisen will, Naturparks, beschauliches Landleben und gutes Essen genießen möchte, der ist auf dieser Strecke goldrichtig.

Was anschauen?

Sukhothai Historical Park: Touristen-Magnet der Region, UNESCO-Weltkulturerbe und die Wiege Thailands – diesen Park erkundet man am besten auf dem Fahrrad und folgt den Spuren der ehemaligen Könige Siams. → **S. 277**

Chiang Khan: Mit seiner Holzhaus-Romantik und der Flaniermeile entlang des Mekong ist der Ort eine traumhafte Fotokulisse für Sonnenuntergangsanbeter. → **S. 301**

Wat Phra That Pha Son Kaeo: Die Architektur erinnert an Salvador Dalí. Mit den fünf hintereinandersitzenden Buddhas thront der Tempel vor erhabener Bergkulisse auf einem Hügel bei Khao Koh. → **S. 293**

Wang Chan Palace in Phitsanulok: eine frei zugängliche Ausgrabungsstätte, die

erst Ende des letzten Jahrhunderts per Zufall ans Licht kam. → **S. 287**

Taksin Maharat National Park: Hier gibt es den größten Krabak-Baum (Mersawa) des Landes zu bewundern. Mit 50 Metern Höhe und 16 Metern Umfang ist er ein wirklich erhabenes Exemplar. → **S. 271**

Maha-Dharmracha-Skulptur in Phetchabun: Ein weiterer Superlativ ist im Buddha-Park vor den Toren der Stadt zu sehen, eine gigantische Statue aus Bronze mit 35 Metern Höhe und 45 Tonnen Gewicht. → **S. 298**

Was unternehmen?

Phu Ruea National Park in Loei: Bei Tiefsttemperaturen ein Selfie am Riesen-Thermometer schießen – im Winter ein Muss. → **S. 300**

Mae Sot: In dem Grenzort zu Myanmar ist der Einfluss des Nachbarlandes deutlich spürbar. Es herrscht buntes Treiben auf den Märkten der Stadt, und auch die Handwerkermärkte an der Grenze sind einen Besuch wert. → **S. 267**

Wo übernachten?

Shinnabhura Historic Boutique Hotel in Phitsanulok: bezahlbarer Luxus im Ayutthaya-Stil. → **S. 291**

Sawasdee Resort in Old Sukhothai: Umgeben von Reisfeldern übernachtet man in geräumigen Bungalows. Wer vom Besuch der alten Stadt müde ist, kann am Pool entspannen. → **S. 282**

The Old Chiang Khan: altes Gouverneurshaus aus dem Jahr 1852. → **S. 305**

Was und wo essen?

Streetfood gibt es auf den Walking Streets in Phetchabun, Phitsanulok oder in Lom Sak: von gegrillten Saté-Spießen über gebratene Nudeln bis hin zu Sushis und Sashimis. In Chiang Khan befinden sich urige Lokale entlang des Mekong. Man merkt deutlich, dass man im Isan angekommen ist, denn der **Som Tum** – scharfer Papayasalat – fehlt nirgends auf der Speisekarte, und die **Laabs**, scharfe Hackfleisch-Salate, stehen ebenfalls hoch im Kurs.

In Phetchabun hat sich die Gasse um den Uhrenturm zu einer Ausgehmeile herausgeputzt. Sehr beliebt: **Moo Gata,** ein mit Gas oder Holzkohle geheizter Tischgrill, Fleisch, Fisch und Garnelen zum Drauflegen, Nudeln und Gemüse werden in die Suppe am Rand des Grills gelegt, so erhält man eine gehaltvolle Bouillon.

Khaomao-Khaofang in Mae Sot: das wohl schönste Restaurant in Thailands Norden. Man isst in einem traumhaften, künstlich angelegten Urwald. Selbst die Toiletten – mit künstlichem Wasserfall und Orchideenwänden – sind paradiesisch. → **S. 270**

Dream Café in New Sukhothai: Hier isst man wie in einem Wohnzimmer aus dem letzten Jahrhundert. Das Restaurant hat eine schöne Sammlung antiker Möbel aus aller Herren Länder und bietet gutes Essen. → **S. 284**

Von Mae Sot nach Sukhothai

Die Route von Mae Sot über Tak in die UNESCO-Weltkulturerbestätte Sukhothai ist nicht nur landschaftlich sehr schön, sondern auch sehr geschichtsträchtig, man fährt sozusagen durch die Kinderstube des heutigen Thailand.

Kurz hinter Mae Sot geht es bereits steil bergauf, es liegen eine Menge Kurven und eine stetige Berg- und Talfahrt vor uns. Gesäumt ist die kürzlich ausgebaute Straße von Baumriesen und wie überall von jeder Menge Marktständen mit Gemüse und Obst der Saison. Man passiert den Taksin Maharat National Park und erreicht Tak. Von dort führt der Highway vorbei an Reisfeldern geradewegs durch New Sukhothai, bis man dann im Historical Park von Sukhothai landet.

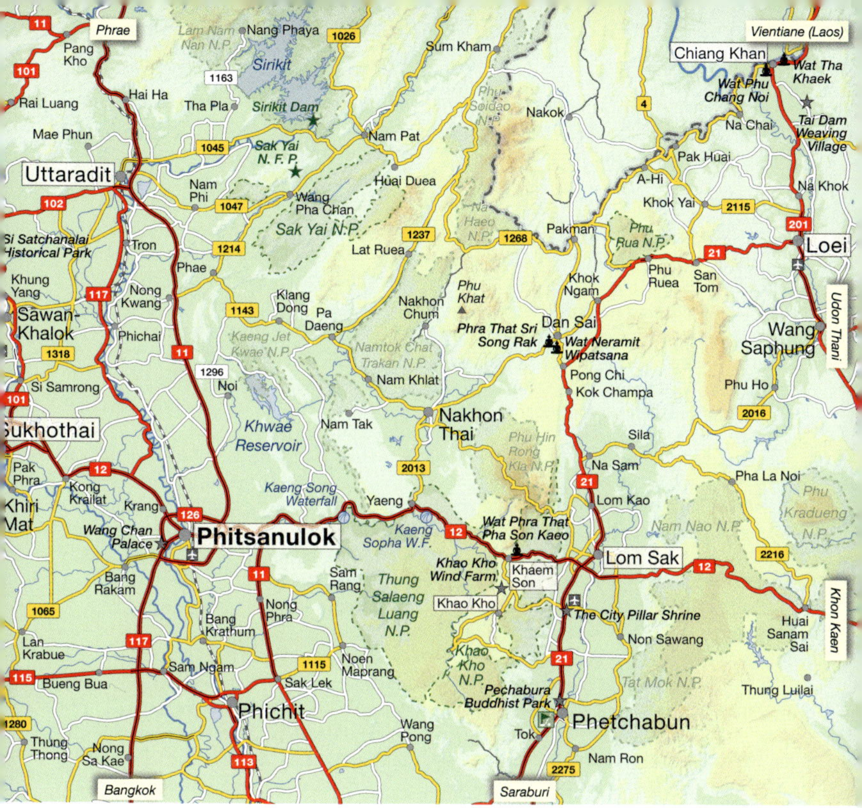

Mae Sot und Umgebung

Der kleine Grenzort Mae Sot hat sich in den letzten fünf Jahren zu einem Verkehrsknotenpunkt zwischen Myawaddy in Myanmar und Thailand gemausert. Mae Sot gehört zur Provinz Tak und ist eher beschaulich. Tagsüber allerdings, wenn die Geschäfte geöffnet sind, streifen bunt verschleierte Muslime, mit Talg gepuderte Burmesen, Bergvölker in ihren Trachten, dazwischen Mönche in safranfarbenen Roben und Imame mit langen Bärten durch die Gassen. Der Lebensmittelmarkt mit seinen Ständen ist vor den Geschäften der engen Sträßchen aufgebaut. Dazwischen laufen Verkäufer mit Wagen, die Obst und Gemüse, aber auch Getränke und Snacks anbieten. In Mae Sot leben und arbeiten viele Burmesen und die Läden der Stadt haben sich an deren Bedürfnisse angepasst: Man sieht bunte Saris, Blusen im typischen Myanmar-Stil und Dinge wie Kosmetika, die im Nachbarland teuer und schwer zu erhalten sind. Hier auf dem großen Markt, dem Talad Yai, offenbart sich der Schmelztiegel der Kulturen.

Mae Sot hat einige sehr nette Unterkünfte und gute Restaurants, sodass man hier auf jeden Fall verweilen kann, um noch ein paar Ausflüge in die Umgebung zu machen: Heiße Quellen, schöne Straßen durch unberührte Natur und freundliche Bewohner machen den Aufenthalt zu einem Erlebnis.

Sehenswertes

Talad Rim Moei **32** (→ Karte S. 275): Der Grenzmarkt findet täglich in den Hallen vor der Grenze statt und ist ein beliebtes Ausflugsziel für Thais. Hier findet man so ziemlich alles, was man braucht oder auch nicht. Holzgeschnitzte Figuren, Dekorationsartikel und auch Schmuck und Halbedelsteine wechseln den Besitzer.

- Am Highway 1 nach Tak.

Wat Thai Watthanaram: Kurz vor der burmesischen Grenze liegt der Mayahana-Tempel, der erst 1850 gebaut wurde. Der Tempel der Tai Yai, ein burmesischer Volksstamm, hat eine schöne Pagode im burmesischen Stil: Auf einem weißen viereckigen Fundament sitzen acht mit Gold überzogene Dächer, die sich nach oben hin verschmälern. Am Eingang des Tempels wird man von riesigen bronzenen Vögeln empfangen, auch die Löwen, die Tempelwächter, sind aus Bronze und mindestens 3,50 Meter hoch. Der Fußweg zum Viharn ist mit bronzenen Laternen gesäumt, von den Masten hängen Garuda-Vögel. Die bronzenen Verzierungen an den Dächern des Viharn geben dem Backsteingebäude etwas Pompöses. Im Inneren befindet sich ein Jade-Buddha. Auf dem Gelände kann man außerdem, geschützt von einem Dach, den liegenden Buddha bewundern, er misst 45 Meter und ist sehr imposant. In einem weiteren Gebäude befindet sich ein Wandbild, das eine Predigt Buddhas darstellt, im Vordergrund ist ein künstlicher Teich angelegt, an dessen Ufern sich verschiedene Buddhastatuen befinden. Im Wasser ist ein kleines Fließband, das Opferschalen durch das Wasser fahren lässt und man kann seine Spende hineinwerfen.

- Am Highway 1. 6–17 Uhr.

Wat Manee Praison: Der 200 Jahre alte Tempel steht in der Stadtmitte. Die Wandmalereien sind im Lanna-Stil: gold auf rotem Untergrund. Sie zeigen Szenen aus dem Leben Buddhas, wie er

Mae Ka Sa Hotsprings

als Kind über Lotosblüten wandelt oder seine erste Rede hält. Mit den rot-goldenen Säulen im Inneren ist auch der Viharn ein Beispiel der Lanna-Architektur. Neben einem Sarg steht ein künstliches Skelett mit Sonnenbrille und bittet um eine Spende für die Armen, denen das Geld für eine Bestattung fehlt.

▪ Inthakhiri Rd. 6–17 Uhr.

In der Umgebung

Tararak Waterfall: Der Wasserfall liegt idyllisch etwa 25 km südlich von Mae Sot, das Wasser plätschert über Karstformationen in den grün schimmernden Teich, in dem man baden kann. Essensstände sorgen für das leibliche Wohl.

Mae Ka Sa Hotsprings: 25 km nördlich an der Straße 4016 liegt das warme Nass im gleichnamigen Dorf. Die heiße Quelle wird abgekühlt auf 42 C und man kann in den Becken baden oder in den Wassergassen die Füße hineinstrecken, das schwefelhaltige Wasser soll ja heilende Wirkung haben. Wer will, kann handgemachte Seifen kaufen und beim Baden im privaten Badehaus auch gleich ausprobieren. An den Garküchen gibt es gutes Essen. In unmittelbarer Nähe auch der **Mae Ka Sa Waterfall,** im türkisfarbenen Pool kann man baden.

▪ Am Highway 105.

Praktische Infos

Hin & weg **Busse** fahren von Bangkok ab Mo Chit Station nach Mae Sot. Von Chiang Mai fahren ebenfalls Busse ab der Arcade Bus Station. Mae Sot hat einen **Flughafen,** www.minisite.airports.go.th. Nok Air fliegt von Bangkok Don Muang Airport.

Fahrzeugverleih → Karte S. 275 Der **Honda-Händler 28** neben der Bangkok Bank vermietet auch Scooter (Prasartwiti Rd.). **Bravery** hat 3 Fahrräder, die man sich mieten kann, um den Innenstadtbereich abzufahren. **Thai Rent a car 31** befindet sich am Flughafen von Mae Sot (www.thairentacar.com).

Aktivitäten → Karte S. 275 **Borderline Cooking Classes 24,** hier kann man die ethnischen Küchen der Region ausprobieren: Shan, Karen oder Burmesisch. Die Kochschule unterstützt soziale Hilfsprojekte. 674/14 Inthakhiri Rd., ✆ 055/546584, borderlineshop@yahoo.com.

Rafting, auf dem Mae Lamao River, Teil des gleichnamigen Nationalparks, kann man in der Regenzeit in Schlauchbooten raften. Highway 105, ca. 25 km nördlich von Mae Sot. Wer interessiert ist, bucht die Tour am besten bei einem Anbieter vorab, z. B. bei www.thailandtriptour.com.

Einkaufen → Karte S. 275 **Robinson Plaza 20,** Shoppingmall mit internationalen Geschäften und dem Tops Supermarkt. 99/1 Asia Rd.

Hong Long Minimart 25, ein großer Drogeriemarkt, in dem Burmesen en gros einkaufen. Prasatwithi Rd.

Landfair Shopping Mall 26, typische Mall für eine thailändische Kleinstadt mit dem nicht wegzudenkenden Dunkin' Donuts, Telefonläden, Beauty- und Massage-Shops. Prasatwithi Rd.

Walking Street, jeden Samstag auf der Soi San Chao Cheen.

Talad Yai 21, der Markt in der Stadt findet jeden Tag statt. Phrasat Rd.

Übernachten → Karte S. 275 **B2 Premier Hotel 16,** ein 2018 neu eröffnetes Hotel der beliebten Kette. Fünfstöckiges Gebäude, saubere Zimmer, Lobby und Frühstück. 200 Moo 1, ✆ 055/532888, www.B2Hotel.com. €

T. House Mae Sot 22, Guesthouse/Hotel mit großen Zimmern in der Innenstadt. Thanon Intikiri Soi 25, ✆ 097/9118117. €

mein Tipp **PS Mae Sot Hotel 15,** der Geheimtipp. Neues, modernes siebenstöckiges Gebäude mit farbenfrohen Zimmern und Ausblick. An der Ausfallstraße zum Airport gelegen. Frühstück inbegriffen. 365 Moo 10, ✆ 055/536642. €

Baan Maesot Boutique Hotel 17, ruhig gelegen innerhalb der Shoppingmall Robinson Plaza. Saubere Zimmer mit AC und Kühlschrank. Schräg gegenüber auch Bungalows. €

Huen Kam Fah Resort 12, ehemaliges Golf-Resort, aufgrund der zu lange andauernden Trockenperioden ist der Golfplatz geschlossen worden. Das Resort knabbert noch ein bisschen an dem Glanz der vergangenen Tage und wird sukzessive renoviert. Schöne Zimmer mit Holzböden und Himmelbett, Swimmingpool und Frühstück. 843 Moo 2, Mae Sot Rd., Km 6. €

Centra by Centara Resort 18, das frühere Centara Hill Resort liegt an der Einfallstraße und war eines der ersten Hotels in Mae Sot. Generalüberholt erstrahlen die Zimmer in neuem Glanz. Das dreistöckige Gebäude liegt in einem großen Garten und hat einen schönen Swimmingpool. 100 Asia Rd., ✆ 055/532601, www.centarahotelsresorts.com. **€€**

Essen & Trinken → Karte S. 275 Neben dem B2-Hotel gibt es eine gute **Garküche,** die am Abend um die 20 Tische auf die Straße stellt. Sehr gutes Thai-chinesisches Essen. **€€**

The Passport Restaurant 19, nur Fr und Sa geöffnet von 18.30–21 Uhr, wechselnde Gerichte ohne feste Speisekarte. Ein Projekt der HCTC Mae Sot, einer Stiftung zur Ausbildung von jungen Menschen im Gastgewerbe. Den Schülern soll der Umgang mit dem Gast nahegebracht werden. Außerdem vermietet die HCTC 5 saubere Zimmer mit AC, Warmwasserkocher und Kühlschrank. 507 Moo 10, Maepa, www.hctcmaesot.org. **€€€**

Pizzeria Angelo 13, italienisches Restaurant in der Stadt. Gute Pizzen und Pasta. 674/15 Inthakhiri Rd. **€€**

Braverly 29, Café und Bäckerei, die sich als gemeinnützige Hilfsorganisation um missbrauchte Frauen kümmert. Im Laden gibt es neben Bagels, einem ausgezeichneten Frühstück und gutem Kaffee auch handgefertigte Souvenirs des Frauenhauses. Inthakhiri Rd., www.braverly.com. **€€**

Krua Canadian 23, Dave und seine Frau Chelly führen das Restaurant bereits seit 19 Jahren. Dave kann gute Tipps geben, die Gerichte sind Thai, Tex-Mex und Pizza. 3 Sripanich Rd., www.krua-canadian.business.site/website/krua-canadian. **€**

MeinTipp **Khaomao-Khaofang 14**, das schönste Restaurant der Stadt und wahrscheinlich auch eines der ältesten. Das Motto des Restaurants lautet „Dine in an imaginary Jungle", und das wird hier perfekt umgesetzt mit Wasserfällen, einem See, den vielen Orchideen, blühenden Pflanzen, hohen Bäumen und Palmen. 382 Moo 9, Mae Sot – Mae Ramat Rd., ✆ 055/532483, www.khaomaokhaofang.com. **€€**

Night Market 27, der große Essensmarkt öffnet ab 16.30 Uhr.

Von Mae Sot in Richtung Norden

Folgt man ab Mae Sot der Straße 105 in den Norden, wird die Besiedlung spärlicher, die Natur ist intakt, Reisfelder und die Berge Myanmars begleiten den Reisenden. Die Straße schlängelt sich am Flusslauf entlang.

In **Baan Mae Lao** passiert man ein riesiges Flüchtlingscamp. Kinder drücken ihre Nasen an den Zaun und rufen dem Vorbeifahrenden zu: „give me money". Bei den Flüchtlingen handelt es sich um Karen aus Myanmar, die seit 1994 in ihrem Land verfolgt werden. Unbestätigten Zahlen zufolge leben mittlerweile mehr als 20.000 Menschen in dem Camp, es ist das größte Thailands. Durch elf Nachbarländer unterstützt, werden die Menschen erfolgreich in Drittländer ausgeflogen, allen voran USA, Kanada, Australien, Norwegen und Finnland.

Nach etwa 95 km kann man die **Mae U Su Cave** besichtigen. Die Höhle ist gut ausgeschildert. Man passiert das kleine Pförtnerhäuschen, nimmt einen der Guides (THB 100) und los geht's. Der gesamte Weg ist ca. 2 km lang, man überquert zunächst den Fluss, der durch die Höhle fließt, gelangt dann in eine Kammer, in der es vor Fledermäusen nur so wimmelt, und kann die Stalagmiten und Stalaktiten bewundern. Eine Kammer weiter geht es auch schon wieder nach draußen und man umrundet den Höhlenkomplex und ist wieder am Ausgangsort – ein kurzweiliger Zwischenstopp. Vor dem Eingang der Höhle stehen oft die Kinder des Nachbarortes und bestaunen uns Langnasen. Viele Touristen verirren sich nicht in die abgelegene Region.

Weiter nach Norden führt die Straße nach Sop Moei und bis nach Mae Sariang (→ S. 238).

Von Mae Sot nach Tak

Das quirlige Mae Sot ist Teil der Provinz Tak. Um in die verschlafene Hauptstadt Tak zu gelangen, kann man entweder den schnellen Weg nehmen, der über den mittlerweile gut ausgebauten Highway 105 führt, oder den langsamen Weg durch Dschungel und Dörfer bergauf und bergab.

Durch den Dschungel nach Tak – der Weg ist das Ziel

Die Straße 105 in Richtung Norden führt durch das Hinterland der Provinz und wartet mit versteckten Tempeln und jeder Menge Natur auf. Man passiert die **Mae Ka Sa Hot Springs** (→ S. 269) und gelangt nach **Mae Ramat.** Versteckt in dem ursprünglichen Dorf liegt der **Wat Don Kaeo,** ein kleiner Tempel, der einen Marmor-Buddha beherbergt. Dieser wurde vor 200 Jahren in Yangon hergestellt, insgesamt waren es drei – die anderen beiden stehen in Indien und Pakistan.

Biegt man dann auf die Straße 1175 ab, fährt man durch den dichten Urwald des **Khun Phawo National Park** und gelangt bergauf, bergab sehr kurvig über eine eher schlechte Straße nach **Ban Tak.** Die Pagode des hübschen **Wat Phra Borommathat** im Ort ist der Shwedagon-Pagode in Myanmar nachempfunden.

Außerdem passiert man auf dem Weg nach Tak den **Petrified Forest Park.** Gut ausgeschildert folgt man den Pfeilen etwa 3 km bis zum Parkplatz. Von hier führt ein Weg zum Baum Nr. 1. Unter einem großen Dach liegt der 70 Meter lange versteinerte Baumkoloss. Laut den Tafeln ist er über 120.000 Jahre alt. Ein Holzsteg führt von hier zu den Bäumen Nr. 2 und 3, diese sind über 30 Meter lang und liegen durch ein Blätterdach geschützt im Wald.

Biegt man links ab auf der Straße 1107, gelangt man nach **Sam Ngao.** Das Dorf bietet ein paar Guesthouses, einen Golfplatz und Restaurants. Schöne Parks und Wiesen laden zum Picknicken ein und am Wochenende wimmelt es hier von Thai-Touristen.

Fährt man durch das Dorf, erreicht man die **Bhumibol-Talsperre** mit der höchsten Staumauer des Landes mit 169 Metern. Man kann ein Stück den Damm entlanglaufen und in die Tiefe schauen, eine Absicherung gibt es nicht. Fährt man an der Mauer vorbei, gelangt man zum Seeufer. Hier warten schwimmende Restaurants auf Gäste und Boote können gechartert werden (pro Boot muss mit THB 700 gerechnet werden).

Wieder zurück auf dem Highway 1 führt die Straße durch dichten Wald nach Tak. Unterwegs passiert man einen hübschen Coffeeshop/Bed Bar, hier kann man auch übernachten (DZ THB 500, €). Anschließend fährt man auf dem gut ausgebauten Highway 1 nach Tak.

Von Mae Sot Richtung Osten nach Tak

Fährt man auf dem Highway 105, der dann zum Highway 12 wird, von Mae Sot in östliche Richtung, gelangt man durch die Berge und den **Taksin Maharat National Park** ebenfalls nach Tak. Folgt man einem Schild linker Hand, gelangt man nach 5 km zum Eingang des Parks. Hier kann man den größten **Krabak-Baum** Thailands sehen. Der Riese ist 50 Meter hoch und hat einen Umfang von 16 Metern. Ab dem Headquarter führt ein Wanderweg zu dem Giant Tree. Man läuft ca. 2,5 km auf einem gut ausgetretenen Pfad. 2 km östlich vom Baum fällt der **Pang A Noi Waterfall** aus 20 Metern in die Tiefe.

Mutige können die Natursteinbrücke überqueren, die sich in 30 Metern Höhe 25 Meter lang über den Fluss spannt. Eine Karte mit weiteren Wanderwegen ist ebenfalls im Headquarter erhältlich.

■ Highway 12. 8–17.30 Uhr. Eintritt THB 200.

Tak (Stadt)

Tak (ausgesprochen DAAG) ist ein wirklich verschlafenes Nest, wenngleich Provinzhauptstadt. Die Stadt liegt am Fluss Ping, der von der Rattanakosin Bridge überspannt wird, einer 200 Jahre alten Brücke, die ein beliebtes Fotomotiv darstellt. Auf dem Nachtmarkt am Fluss tummeln sich Garküchen und kleine Restaurants. Im Park kann man joggen und unter Schatten spendenden Bäumen picknicken. Die ganze Stadt strahlt Ruhe aus – einzig am Morgen, wenn in den Markthallen Hochbetrieb herrscht, geht es zumindest hier etwas schneller zu.

Stadtgeschichte

Bereits vor 1000 Jahren von den Mon besiedelt, war Tak im 12. Jh. das Tor nach Sukhothai. Nach der Besetzung durch die Burmesen ist wenig bekannt, im 17. Jh. gelangte Tak zu Reichtum durch den Holzhandel mit Myanmar. Das lockte viele chinesische Migranten an, die die Stadt nachhaltig beeinflussten. Heute kann man noch einige schöne Kaufmannshäuser aus der Zeit in der Trok Ban Jin Road (auch Chin Road) sehen. Der ehemalige Gouverneur von Tak schrieb Thai-Geschichte und ging als Taksin der Große in die Geschichte ein. Er wurde am 17. April 1734 in Ayutthaya geboren als Sohn chinesischer Einwanderer mit dem bürgerlichen Namen Sin. Nachdem er am Hofe Ayutthayas als Diplomat Karriere gemacht hatte, wurde er Gouverneur der Provinz Tak. Als die Burmesen Ayutthaya 1766 einnahmen, verließ er mit einer 1000 Mann starken Truppe die gefallene Stadt und nahm nur sechs Monate später im Oktober 1767 die Festung Thonburi bei Bangkok ein. Anschließend befreite er Ayutthaya aus burmesischer Hand, ließ die Stadt aber nicht wieder aufbauen, da sie zu stark zerstört war. Stattdessen erklärte er Thonburi zur zukünftigen Hauptstadt und wurde dort vom Volk zum König gekrönt. Während seiner Herrschaft stellte sich das Lanna-Reich unter seinen Schutz, das sich von Burma befreit hatte, und immer mehr Fürstentümer schlossen sich ihm und seiner starken Armee an. Allerdings wurde der König über die Jahre immer paranoider und sah sich als einen Nachfolger

Buddhas. Sein Größenwahn ließ ihn die friedliche Lehre als Instrument des Hasses und der Verfolgung auslegen und trieb ihn zu vielen brutalen Handlungen. Man setzte ihn ab und verbannte ihn zunächst in den Tempel Wat Arun. Die Zustände in seinem Land ließen den im Exil lebenden Chaophraya Chakri aus Kambodscha zurückkommen, dieser ordnete die Hinrichtung Taksins an und am 6. April 1782 wurde der Befehl ausgeführt. Mit der Hinrichtung begann die Ära der Chakri-Dynastie, dessen heutiger König Rama X. im Mai 2019 offiziell gekrönt wurde.

Die Provinz Tak gewann durch die Grenzöffnung zu Burma immer mehr an Bedeutung, wie man am quirligen Grenzort Mae Sot sieht. Tak hingegen scheint weiterhin seinem Dornröschenschlaf zu frönen.

Sehenswertes

Rattanakosin Bridge: Die ca. 400 Meter lange Hängebrücke über den Ping River ist im Jahr 1982 für Fußgänger und Radfahrer zum 200-jährigen Bestehen Bangkoks als Hauptstadt Thailands errichtet worden. Am Abend erleuchtet, bietet sie ein schönes Fotomotiv.

Trok Ban Jin Road: In dieser Gasse befinden sich noch sehr gut erhaltene bzw. restaurierte Teakhäuser, die alle etwa 150 Jahre alt sind.

▪ Trok Ban Jin Rd.

Taksin the Great Shrine: Die vergoldete lebensgroße Statue des Herrschers im Schrein steht auf einem Podest. Rund um den Schrein sind einhundert Pferdestatuen in allen Größen und Designs aufgestellt, da der König im Jahr des Pferdes geboren wurde. Der Schrein gilt als Glücksbringer für alle, die im Jahr des Pferdes geboren sind. Der Opfertisch ist überladen mit Girlanden, Kerzen und Räucherwerk. Die Bevölkerung erhofft sich Hilfe und Wohlstand.

Wat Sitalaram: Der Tempel fällt durch seinen Viharn auf, der im klassizistischen Stil gebaut wurde. Das strahlend weiße Gebäude beherbergt im Inneren die für die Tempel typischen Gemälde: In grellen Farben sind Szenen aus dem Leben Buddhas dargestellt, modern, sie passen so gar nicht zum nüchternen Äußeren.

▪ Thaichana Alley.

Wat Bot Mani Si Bunrueang: Der Tempel schräg gegenüber vom Taksin-Schrein ist aus Teakholz und es befindet sich eine Bronze-Buddhafigur aus dem 13. Jh. in seinem Inneren.

Von Tak ist es nicht weit nach Sukhothai, unterwegs passiert man den **Doi Muser Market 11**. Auf der Passhöhe zwischen Mae Sot und Sukhothai verkaufen Bergvölker ihre Waren. Dann geht die Straße bergab und mündet in die Ebene Sukhothais.

Praktische Infos

Tourist Information **TAT,** an der Straße nach Mae Sot, ✆ 055/514341.

Hin & weg Mit dem **Bus** von Sukhothai oder Mae Sot. Nach Chiang Rai/Chiang Mai mit dem **Greenbus.**

Gesundheit Tak verfügt über ein **Krankenhaus** mit z. T. Englisch sprechenden Ärzten. 16/2 Phahonyothin Rd., ✆ 053/513982.

Einkaufen → Karte S. 272/273 **Big C Supercenter 2**, verschiedene kleine Kleiderläden, günstige Schnäppchen.

Kat Nang Yang Khlong Nam 10, jedes Wochenende findet an der Fluss-Straße der Wochenendmarkt statt: Kleider, Haushaltswaren, Souvenirs und jede Menge Essensstände.

Übernachten → Karte S. 272/273 **Rommanee Garden 9**, gepflegtes Hotel auf der gegenüberliegenden Flussseite. Saubere Zimmer mit AC, Kühlschrank und Frühstück. ✆ 055/516888, romanegarden@gmail.com. €

Staumauer der imposanten Bhumibol-Talsperre

The Viang Tak Riverside Hotel 6, das erste Haus am Platz, mit kleinem Swimmingpool. Zehnstöckiges Hotel mit geräumigen Zimmern, AC und Kühlschrank, Teekocher. 236 Jompol Rd., ✆ 055/512507, viangtakriverside@gmail.com. €

Soho Boutique Hotel 5, direkt in der Innenstadt, gepflegtes Hotel mit Coffeeshop und Restaurant. 31 Mahadthibamrung Rd., Nong Luang, ✆ 055/513123, www.sohohotel-tak.com. €

The White House Hotel 1, an der Ausfallstraße nach Norden gelegen, ca. 5 km vor der Stadt. Großes Haus mit sauberen Zimmern, die sich um den Pool in der Mitte gruppieren. 333/3 Moo 7, Muang Tak, ✆ 055/513444, white_house_tak_hotel@hotmail.com. €

Essen & Trinken → Karte S. 272/273

Gegen 17 Uhr öffnen die Stände entlang des **Nachtmarkts 4** am Fluss. Thai-Essen, Suppen, Som Tam – alles, was das Herz begehrt.

Krokdaeng Banmai 3, auf Thai angeschrieben, gut zu erkennen an dem Mörser, der auf der Restaurantwerbetafel abgebildet ist. Das Restaurant ist in einem Holzhaus untergebracht und bietet Essen aus dem Nordosten des Landes – Som Tam (Papayasalat) in verschiedenen Variationen, dazu Sai-ua krob – gegrillte Würstel, gegrilltes Huhn, Wasserfallsalat (Moo Nam Tok), der so scharf ist, dass die Augen laufen wie ein Wasserfall. Taksin Rd., ✆ 081/8342450. €

Ban Khiang Nam 7, auf der gegenüberliegenden Flussseite, ein schönes Thai-Lokal mit Blick auf die Stadt und den Fluss. Fangfrischer Fisch, Süßwassergarnelen und dazu feine Salate machen Lust auf mehr. Rd. 1070, ✆ 055/894069. **€€**

The Livingroom 8, moderner Coffeeshop gleich vor dem Ban Khiang Nam Restaurant. Neben Kaffee und Tee auch gute selbst gebackene Kuchen. **€€**

Sukhothai

Wer von Sukhothai redet, meint meist den Historischen Park, Old Sukhothai, das UNESCO-Weltkulturerbe mit seinen Tempeln und Ruinen aus dem 12. Jh. Aber auch New Sukhothai ist eine nette Provinzhauptstadt, in der eine relaxte Thai-Atmosphäre herrscht. Außerdem hat die Provinz einen schönen Nationalpark zu bieten.

Bei der Anfahrt von Tak auf dem Highway 12 geht es durch endlose Reisfelder, ein paar Hügel ragen im Hinterland auf, ansonsten ist es sehr ländlich in Sukhothai und Umgebung. New Sukhothai, das quirlige Provinzhauptstädtchen, liegt 12 km von der alten Ruinenstadt entfernt. Hier findet das alltägliche Leben statt. Wuselige Märkte, Garküchen und Thai-Way-of-Life charakterisieren das Städtchen am Fluss. New Sukhothai hat sehr nette Guesthouses, die Restaurants sind nicht dem Farang-Gaumen angepasst – wer unter Einheimischen sein will, dem empfehlen wir, in New Sukhothai zu übernachten.

In Old Sukhothai südlich davon treffen sich geschichtsinteressierte Touristen aus allen Ländern. Hier befinden sich jede Menge Unterkünfte und Restaurants, die ihre Speisen an westliche Gaumen angepasst haben. Einzig der Essensmarkt am 7/11 in der Ortsmitte bietet authentische Thai-Gerichte.

Beeindruckende Ruinen im Sukhothai Historical Park

Geschichte

Das Sukhothai-Reich wurde von König Si Inthrathit (reg. 1238–1270) gegründet. Seine Blütezeit hatte das Reich von 1248 bis 1438. Heute gelten das Sukhothai-Reich und seine Hauptstadt als Wiege Thailands – Sukhothai bedeutet „Anbruch der Glückseeligkeit" (Dawn of happiness) – und König Si Inthrathit als Vater Thailands. Ursprünglich lag in dem Gebiet eine kleine Khmer-Stadt mit Hindutempeln, die an Angkor Wat erinnerten. Einige der Ruinen sind heute noch zu erahnen. Einer der Söhne von Si Inthrathit, König Ramkhamhaeng, hat das Reich massiv erweitert und den Theravada-Buddhismus als Staatsreligion eingeführt. Auch hat er die ersten Schriftzeichen der thailändischen Sprache entwickelt. Der Inscription Stone, der die ersten Inschriften zeigt, steht heute im National Museum in Bangkok, im Museum in Sukhothai steht eine Replik. Unter König Ramkhamhaeng gab es auch eine erste Verfassung und er schloss einen Friedenspakt mit dem König des Lanna-Reiches und dem Herrscher von Phayao.

Ende des 13. Jh. war Sukhothai eines der größten buddhistischen Zentren der Welt. In den nächsten 150 Jahren florierte das Sukhothai-Reich. Der Handel mit China wuchs und auch die benachbarte Stadt Si Satchanalai war Teil des Reiches. Die beiden Städte waren bekannt für ihre kunstvollen Töpferarbeiten. Als das Königreich Ayutthaya im Zentrum des Landes stärker wurde, schwächte dies das Sukhothai-Reich und 1438 wurde es vom Ayutthaya-Reich einverleibt und verlor an Bedeutung. Unter den Khmer wurde Sukhothai, wie auch die anderen Städte Siams, im 16. Jh. zerstört und gebrandschatzt. Erst nach dem Fall Ayutthayas und mit Aufstieg Bangkoks zur Hauptstadt Siams 1782 gewann Sukhothai an geschichtlicher Bedeutung und Archäologen begannen mit der Erforschung der Ruinenstadt.

Man fand den Wassergraben, der die Stadt umgab. In ihrem Inneren gab es mindestens 20 Tempel mit Stilelementen aus Burma und Indien. Die Bewohner Sukhothais nutzten die Kraft der Hydraulik, um Wasser zu pumpen und so ihre Felder zu bewirtschaften. Das alte Sukhothai war reich an landwirtschaftlichen Produkten, allen voran Reis.

Sukhothai Historical Park

Der Geschichtspark Sukhothai ist seit 1991 Teil des UNESCO-Weltkulturerbes. Das ca. 70 km² große Areal gilt als eine der Hauptattraktionen einer Thailandreise. Für das zentrale Gebiet innerhalb des Wassergrabens mit den bekanntesten Ruinen muss man Eintritt zahlen. Es ist in drei Bereiche gegliedert, Zentrum, nördlicher Bereich und westlicher Bereich. Wer also alles innerhalb des alten Stadtgrabens sehen möchte, zahlt THB 300 plus die Durchfahrgebühr von THB 30 pro Fahrrad. Man sollte ca. drei Stunden einplanen. Die Ruinen außerhalb der Stadtmauern können auch mit dem Auto oder dem Roller angefahren werden, hier sollte man dann je nach Verkehrsmittel noch mal eine bis drei Stunden einplanen. Man sollte auch nicht Vollständigkeit anstreben, sondern einfach die Atmosphäre auf sich wirken lassen. Diese ist besonders beeindruckend beim Lichterfest (→ Kasten, S. 281).

Am besten erkundet man Sukhothai mit dem Rad oder dem Moped. Wer

Von Mae Sot nach Chiang Khan → Karte S. 266/267

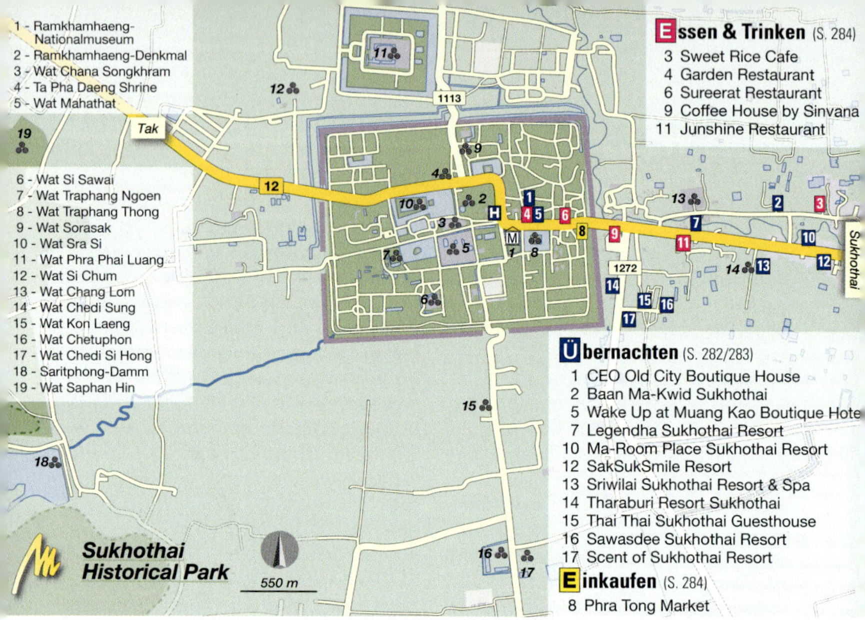

will, kann auch ein Tuk Tuk mieten. Radverleihe gibt es an jeder Hausecke, auch E-Bikes sind vorhanden. Es lohnt sich in jedem Fall, auch die Ruinen außerhalb des eingezäunten Bereichs zu besuchen, hier erschließen sich tolle Fotomotive. Entlang des Stadtgrabens verläuft eine schöne Fahrrad-Route und man kann hier schon ein paar Tage verweilen. Laufende Ausgrabungen kann der interessierte Besucher während seines Aufenthalts an vielen Ecken der Ruinenstadt sehen.

Die folgenden Anlagen liegen im ehemaligen Zentrum der Stadt. Die alte Innenstadt Sukhothais war 2000 Meter lang und 1600 Meter breit, sie war umschlossen von hohen Mauern und dem Wassergraben.

Innerhalb der Stadtmauern

Ramkhamhaeng Nationalmuseum 1: Das Museum gibt eine gute Übersicht über die Geschichte und die Ausgrabungen des Geschichtsparks. Wir empfehlen, es zuerst zu besuchen. Nebst der Replik des Inscription Stone (s. o.) ist hier auch die Glocke ausgestellt, die einst vor den Toren des Palastes stand. Jeder Bürger, der ein Anliegen hatte, durfte sie läuten und der König kam daraufhin und schlichtete Streitigkeiten, sprach Recht oder half dem Bittsteller.

King Ramkhamhaeng Monument 2: Das Denkmal wurde zu Ehren des Königs in den 1960er-Jahren errichtet. Auf einem viereckigen Sockel thront die Statue, aus Bronze gegossen. Der König sitzt auf einem Thron, in der Hand ein Buch, das die Gesetzestexte symbolisiert. Davor ein Tisch mit Opfergaben und Räucherstäbchen und Blumen, die hier abgelegt werden. Das Monument wird von Htis umgeben, den achtstöckigen Schirmen, die Tempeln und dem Könighaus vorbehalten sind. Schräg gegenüber in südöstlicher Richtung liegt das Ramkamhaeng Museum.

Wat Chana Songkhram 3: neben dem Wasserreservoir unweit des Tempels im goldenen See. Er hat einen großen glockenförmigen Chedi sowie mehrere kleine Chedis, außerdem kann man das Fundament des Viharn erkennen.

Ta Pha Daeng Shrine 4: Der im Khmer-Stil erbaute Laterit-Schrein steht auf einem Fundament, das mit Lotosblättern verziert ist.

Wat Mahathat 5: im Herzen der Stadt. Es wird vermutet, dass er ein königlicher Tempel war und es ist zweifelsohne die größte Tempelanlage auf dem Gebiet. Der Haupt-Chedi ruht auf einem quadratischen Fundament. An den Mauern kann man noch Reliefs von Figuren sehen, die die Hände zum „Wai", der typischen Begrüßung, erhoben haben. Es haben ihn einst 200 Chedis umgeben, deren Ruinen zum Teil noch erhalten sind. Eindrucksvoll sind die Buddhafiguren, die restauriert und rekonstruiert worden sind, sie ragen mit ihrem gelockten Haar aus den Ruinen hervor. Sehr gut erkennt man die lotosknospenförmigen Chedis, die so typisch für die Sukhothai-Periode sind. Schräg gegenüber sieht man auf einer Anhöhe, die Noen Phrasat genannt wird, die Überreste des Throns, von dem aus der Herrscher regiert haben soll. Es wird vermutet, dass neben dem Museum der Palast der Könige stand. Da aber die meisten Wohngebäude aus Holz waren, ist von dem Palast leider außer den Grundsteinen nicht mehr viel übrig.

Wat Si Sawai 6 südlich vom Wat Mahathat. Man kann heute noch drei Phrangs sehen, was darauf hindeutet, dass er zur Zeit der Khmer oder in der frühen Sukhothai-Periode erbaut wurde. Auch sind die Außenmauern ein Stück weit hochgezogen, sodass man einen guten Einblick erhält, wie die Tempel einmal ausgesehen haben könnten. Ausgrabungen lassen darauf schließen, dass er einst ein hinduistischer Tempel war, man fand Fragmente von Hindu-Heiligtümern und in einem der Türrahmen sieht man einen liegenden Vishnu. Diesen kann man im Museum besichtigen, hier sieht man eine Replik.

Wat Traphang Ngoen 7: etwa 300 Meter westlich vom Wat Mahathat auf einer kleinen Insel in einem künstlichen See. Übersetzt heißt er „Tempel im Silbersee". Der Chedi auf einem fünfstöckigen Fundament lässt wieder die Lotosblüten-Knospen erkennen. Die Säulen des Viharn sind gut zu sehen. Auf dem Areal steht ein schreitender Buddha, der typisch für die Sukhothai-Ära ist.

Wat Traphang Thong 8: Der Tempel liegt östlich vom Ramkhamhaeng-Museum und wurde ebenfalls auf einer Insel im Wasserreservoir erbaut – sein Name bedeutet „Tempel im Goldsee". Der Haupt-Chedi ist glockenförmig und aus Laterit gebaut, ihn umgeben acht weitere kleinere Chedis. Die Ordinationshalle ist gut erhalten, denn sie wurde vor 100 Jahren erneuert, zum Andenken an den Gouverneur von Sukhothai, der an diesem historischen Ort seine Novizenzeit als Mönch begann. Man kann außerdem einen Fußabdruck Buddhas von 1359 sehen.

Wat Sorasak 9: an der nördlichen Mauer. Der Chedi wird von Elefanten getragen, er ist gut restauriert und bietet ein schönes Fotomotiv.

Wat Sra Si 10: Mit seiner glockenförmigen Stupa liegt er von Wasser umgeben und liefert tolle Fotomotive zum Sonnenuntergang.

Außerhalb der Mauern

Wat Phra Phai Luang 11: Von den meisten Gebäuden sind nur noch die Fundamente zu sehen, ein Phrang jedoch sticht hervor, er erinnert an die Überreste von Angkor Wat mit seinen Stuckreliefs, die die Geschichte Buddhas erzählen. Der Tempel war einst auch von einem Wassergraben umgeben. Unweit des Tempels hat man Brennöfen gefunden, Sukhothai war damals über seine Grenzen hinaus bekannt für die Herstellung von Keramik.

Wat Si Chum 12: Innerhalb der drei Meter dicken Mauern befindet sich einer der größten sitzenden Buddhas des Landes. Er nimmt fast den ganzen Raum des Gebäudes ein. Das rechteckige Heiligtum weist einen schmal gewölbten Eingang auf, durch den die Figur

Von Mae Sot nach Chiang Khan → Karte S. 266/267

Ruinen lassen die Erhabenheit der früheren Stadt Sukhothai erahnen

des fast 15 Meter hohen Buddha sichtbar ist. Die Statue heißt „Phra Achana", was übersetzt soviel heißt wie „der nichts fürchtet". Sie wurde bereits in den Inschriften König Ramkhamhaengs erwähnt. Hier fand man auch Steintafeln mit gut erhaltenen Malereien. Die Hand mit den schlanken Fingern und goldenen Nägeln, die die Statue über das Knie hängen lässt, ist ein beliebtes Fotomotiv.

Wat Chang Lom 13: Hier kann man einen Chedi sehen, der von 32 Elefanten getragen wird, das Gelände wird von einem Graben eingefriedet.

Wat Chedi Sung 14: ein einzeln stehender Chedi, der auf einem ungewöhnlich hohen Fundament erbaut wurde.

Wat Kon Laeng 15: eine Laterit-Pyramide, die wahrscheinlich der Stadtschrein war, der Lak Muang.

Wat Chetuphon 16: Die Anlage ist von einer Mauer umgeben, in ihrer Mitte steht ein Mondop mit Stuckfiguren an den Seiten. Es sind Buddhas, die in verschiedenen Haltungen den Sockel zieren.

Wat Chedi Si Hong 17: übersetzt „der Chedi mit den vier Zimmern". Ein großer glockenförmiger Chedi dominiert das Bild. Er trägt sehr schöne Reliefs, darauf zu sehen sind Gottheiten, die Blumenschmuck tragen. Die Laterit-Säulen, die einst das Dach getragen haben, stehen wie Zahnstocher um den Chedi herum. Auf den Fundamenten des Viharn sieht man die Beine einer Buddhastatue.

Saritphong-Damm 18: Der kleine Stausee regelte bereits im 14. Jh. die Wasserversorgung.

Wat Saphan Hin 19: 2 km außerhalb. Hier steht eine acht Meter hohe Buddhastatue und blickt auf die alte Stadt hinunter, sie wurde bereits in der Inschrift des Königs Ramkhamhaeng erwähnt, hierher ritt er auf seinem Elefanten, um sich Glück und Segen zu erbeten.

■ Öffnungszeiten für Park und Museum: tägl. 8–17.30 Uhr. Eintritt für alle Bereiche THB 300 plus THB 30 pro Fahrrad.

New Sukhothai

Die Stadt Sukhothai liegt inmitten von Reisfeldern auf landwirtschaftlichem Gebiet. Sie ist eine gemütliche Kleinstadt und unterscheidet sich kaum von anderen thailändischen Städten. Nach dem letzten Hochwasser 2011 hat man hohe Mauern am Flussufer errichtet, um so einer neuen Flutkatastrophe gewachsen zu sein Der wuselige Markt hinter dem bunt mit Fahnen geschmückten Uhrenturm fängt bereits früh morgens an. Am Abend wird aus einer der Markthallen eine kleine Fressmeile und es dampft und duftet aus den Woks und Suppenkesseln. Gegessen wird an wackeligen Metalltischen auf Plastikhockern in grellem Neonlicht – gemütlich ist's nicht, aber sehr gut und eben Thai-Style. In der Neustadt finden sich auch einige schöne Unterkünfte. An Sehenswertem hat die neue Stadt nicht viel zu bieten, einzig den **Phra Mae Ya Shrine.** Er beherbergt eine ein Meter hohe Buddhastatue, die von den Einheimischen hoch verehrt wird. Sie stammt von König Ramkhamhaeng, der sie zu Ehren seiner Mutter schaffen ließ. Die weißen Phrangs sieht man schon von Weitem.

Loi Krathong – das Lichterfest in Sukhothai

Im November bei Vollmond findet alljährlich das Loi Krathong Festival oder auch Lichterfestival in Thailand statt. Das Fest, wahrscheinlich brahmanischen Ursprungs, wurde von den Buddhisten übernommen und ehrt zum einen Buddha und zum anderen die Hindu-Wassergöttin Phra Mae Khonkha. Zu diesem Anlass werden Krathongs, kleine Blumenschiffchen, ins Wasser gesetzt, auf ihnen brennt eine Kerze für Buddha. Mit den Krathongs schickt man Ärger und Hass auf die Reise. Die Schiffchen sind handgefertigt.

Entlang der Straße um den historischen Park steht Tisch an Tisch und man kann die Schiffchen erstehen. Die Wahl fällt schwer, denn eines ist schöner als das andere. Nach Einbruch der Dunkelheit werden sie dann zu Wasser gelassen, ein wahres Lichtermeer breitet sich auf den Wassergräben der alten Hauptstadt aus. Man kann sich vorstellen, wie erhaben die Stadt zu ihrer Blütezeit gewesen sein muss. Das Rahmenprogramm sieht noch ein großes Feuerwerk und einen Schönheitswettbewerb vor. Wer das Loi Krathong Festival erleben möchte, sollte sein Hotel unbedingt weit im Voraus buchen.

In der Umgebung von Sukhothai

Ramkhamhaeng National Park: Wer genug von Ruinen hat, kann sich in den Nationalpark Ramkhamhaeng begeben, etwa 15 km von Old Sukhothai entfernt. Die **Khao-Luang-Bergkette** erreicht bis zu 1200 Meter Höhe. Die

Berge wurden zu Zeiten des Sukhothai-Reiches als Heimat des Phra Kaphung Phi angesehen, einer Gottheit, die wohlgestimmt werden musste, war sie doch für Erfolg oder Niedergang des Reiches verantwortlich. Vom Parkeingang führt ein 4 km langer Wanderweg vorbei an Viewpoints zum Gipfel auf 1200 Metern, man passiert Fledermaushöhlen, Bambuswälder und Baumriesen, bis man nach ca. 4 Std. den Gipfel erreicht – festes Schuhwerk ist erforderlich. Vor dem Aufstieg muss man sich beim Ranger melden und nach 13 Uhr werden keine Aufstiege mehr erlaubt. Wer nicht so weit wandern will, kann vom Eingang aus auf einem leicht zugänglichen Pfad zum **Sai Rung Waterfall** laufen.

Übernachtungsmöglichkeiten im Park vorhanden, Government Bungalows für THB 1200, Zelte zu mieten für THB 250. **€**

Basis-Infos

Hin & weg **Bangkok Airways** (PG) fliegt von Bangkok nach Phitsanulok.

Mit dem **Bus** von Bangkok oder Chiang Rai/Chiang Mai und Phitsanlulok ebenfalls gut zu erreichen, der Busbahnhof ist in New Sukhothai.

Der **Zug** von Bangkok hält in Phitsanulok, dann weiter mit Minibus oder **Bus.** Von New Sukhothai mit einem **Songthaew** in die alte Stadt.

Fahrzeugvermietung Ansonsten kann man im ganzen Gebiet um die Old City **Räder und E-Bikes** mieten. In dem Shop neben dem Wake Up@Muangkao gibt es **Segways** und wer einmal selber mit dem Tuk Tuk fahren will, kann auch **E-Tuk-Tuks** mieten. Und in New Sukhothai kann man über das Mango House bei Noi **Mopeds** mieten. Motorbike for Rent, NOI, ✆ 081/8882681.

Gesundheit New Sukhothai verfügt über zwei Krankenhäuser, das **Sukhothai Hospital,** Highway 12, ✆ 056/11199, und das **Ruam Phaet Sukhothai** mit z. T Englisch sprechenden Ärzten, 151, Jarodvithi Thong Rd., ✆ 055/612211.

Radfahren Es macht in der kühlen Jahreszeit richtig Spaß, mit dem Rad durch die Ruinenstadt zu fahren. Sehr zu empfehlen ist eine geführte Tour.

Sukhothai Bicycle Tour, Jib and Miao führen durch die Ruinenstadt oder auch abends entlang der Reisfelder, eine tolle Erfahrung. 34/1 Moo 2 Jarodvithi Thong Rd., ✆ 086/9316242, www.sukhothaibicycletour.com.

Übernachten

Old Sukhothai → **Karte S. 278** **The Legendha Sukhothai 7,** gelungene 4-Sterne-Anlage im Lanna-Stil mit Pool. Geht man durch die Hintertür, ist man direkt in den Reisfeldern und hautnah an den Tempelruinen der alten Stadt. 214 Moo 3, Muang Kao, ✆ 02/6426361, www.legendhasukhothai.com. **€€€**

Baan Ma-Kwid 2, kleines, schnuckeliges Resort inmitten der Reisfelder mit nur 6 Zimmern. Handgewebte Stoffe gibt es im geschmackvollen Laden des Boutique-Hotels. 214/5 Moo 2, Muang, ✆ 089/5079490. **€**

MeinTipp **Sawasdee Sukhothai Resort 16,** ein wahrer Geheimtipp, direkt an den Reisfeldern gelegen. 10 einzeln stehende Bungalows, gepflegter Garten mit Wohlfühlpool und Sonnenliegen, kleines Restaurant. Es gibt ein reichhaltiges Frühstücksbuffet, die Bungalows verfügen über AC, Kühlschrank und Wasserkocher. 95/10 Moo 3, Muang Kao, www.sawasdeesukhothai.com. **€€**

CEO Old City Boutique House 1, gleich beim Eingang des Parks. Sauberes City Hotel mit geräumigen Zimmern, ausgestattet mit AC und Kühlschrank. 326 Moo 3, Muang Kao, ✆ 055/013788. **€**

Thai Thai Sukhothai Guesthouse 15, in einer ruhigen Seitengasse gelegen – schöne Zimmer, umgeben von einem gut gepflegten Garten. 95/8 Napho Kirimas Rd., Muang Kao, ✆ 084/6740505, www.thaithaisukhothai.com. **€**

Wake Up at Muang Kao 5, direkt an den Toren des historischen Parks liegt das geschmackvolle Hotel. Saubere Zimmer mit AC und Kühlschrank. ✆ 062/4196924, patiroops@hotmail.com. **€**

Scent of Sukhothai 17, gegenüber vom Thai Thai Sukhothai Guest House liegt das familiäre Guesthouse mit Swimmingpool. 95/14 Moo 3, Muang Khao, ✆ 083/2118898, scentofsukhothai@gmail.com. €

Sriwilai Sukhothai Resort & Spa 13, sehr gediegene 4-Sterne-Anlage am Rande der Reisfelder. Der Pool lädt zum Relaxen ein, der Spa zur Tiefenentspannung, das Frühstücksbuffet zum Schlemmen und Räder kann man gratis nutzen. 214/4 Moo 2, Muang Khao, ✆ 055/697445, www.sriwilaisukhothai.com. €€€

Tharaburi Resort Sukhothai 14, sehr schönes Resort mit viel Liebe zum Detail. 32/3 Moo 3, Muang Khao, ✆ 055/697132, www.tharaburiresort.com. €€€

Zwischen dem Kreisverkehr und der Historical Town liegen zwei günstige Hotels an der Einfallstraße. Das **Ma-Room Place Sukhothai 10** hat günstige Zimmer in einem vierstöckigen Gebäude. 195 Moo 2, Muang Khao, ✆ 055/013339. €

SakSukSmile Resort 12, schräg gegenüber gelegen, bietet das neue Haus saubere Zimmer auf 4 Stockwerken. 235/6 Moo 2, Muang Khao, ✆ 055/697336. €

New Sukhothai → Karte S. 283 **TR Guesthouse 10**, sauberes Hotel/Guesthouse. Zimmer mit AC, Kühlschrank, Doppel- oder Einzelbetten. 27/5 Praventakirn Rd., Muang, ✆ 055/611663, guesthouse_tr@yahoo.com. €

Jitra Resort Hotel 8, saubere Zimmer, freundlicher Besitzer – nettes Hotel in der Stadt am Fluss. 12/2 Praventakirn Rd., Muang, ✆ 099/2932045. €

Foresto Guesthome 9, am Fluss gelegen. Große Zimmer mit AC, Kühlschrank und Wasserkocher. Terrasse zum Draußensitzen, kleiner Pool. 16/2 Praventakirn Rd., Muang, ✆ 095/6259681, www.forestosukkothai.com. €

MeinTipp **Mango House 12**, ein gelungenes Guesthouse am Fluss, im November 2018 eröffnet. Sehr freundlicher Besitzer mit Geschmack und gutem Englisch – hilfsbereit. Liebevoll gestaltete Bungalows in frischen Farben auf Stelzen, über einen Holzsteg miteinander verbunden. 4 Zimmer im Haus. Alle mit AC, Kühlschrank und Wasserkocher ausgestattet. 60/10 Praventakirn Rd., Muang, ✆ 081/9263748, www.mangohousesukkothai.com. Zimmer THB 550–800, Bungalows THB 1500, großer Bungalow THB 1900. €€

Ruean Thai Hotel 1, fußläufig zur Innenstadt gelegen. Die Zimmer sind in einem im Lanna-Stil gebauten Haus auf Stelzen untergebracht, in der Mitte ein Pool mit Sonnenliegen. **€**

Essen & Trinken

Old Sukhothai → **Karte S. 278** Entlang der Straße sind mehrere Restaurants, die alle so ziemlich die gleichen Backpacker-Essen auf dem Programm haben: gebratenen Reis, Phad Thai, Sticky Rice und Mango. Gut schmeckt es im **Junshine 11**. Vor dem **Phra Thong Market 8** beim 7/11 werden am Abend Essensstände aufgebaut. **€**

Sweet Rice Cafe 3, herziges Café-Restaurant in den Reisfeldern. Weiß und Pink sind die vorherrschenden Farben in dem schön dekorierten Open-Air-Café im verwunschenen Garten. Hier gibt es die guten Sukhothai-Nudeln und das Backwerk kommt direkt aus der Backstube dahinter. 91/4 Moo 2, ✆ 081/337 8071. **€€**

Coffee House by Sinvana 9, großes Restaurant schräg gegenüber vom Legendha Sukhothai Resort. Thai-Gerichte und Pizza, Pasta und Sandwiches. Frühstückskarte. **€€**

Sureerat 6, uriges Restaurant/Garküche gegenüber vom Markt. Thaigerichte – besonders gut das grüne Curry und auch der Namtok Salat – Wasserfallsalat, der so scharf ist, dass das Wasser aus den Augen läuft. **€**

Garden Restaurant 4, gegenüber vom Ramkhamhaeng Museum bietet das Lokal Sukhothai-Nudeln, Pizza, Pasta und einfache Thai-Gerichte. **€€**

Auch die Restaurants daneben haben eine sehr ähnliche Speisekarte.

New Sukhothai → **Karte S. 283** **Nachtmarkt 2**, auch bis in die späten Abendstunden verkaufen Händler Obst und Gemüse – am Nachtmarkt haben sich einige Garküchen in den großen Hallen niedergelassen –, zugegeben, gemütlich ist es nicht, aber da hier überwiegend Einheimische essen, schmeckt es sehr authentisch und die Speisekarte ist auf Englisch.

Mein Tipp **Dream Cafe 5**, der Name Café ist eigentlich irreführend. Das Restaurant öffnet ab 17 Uhr, man sitzt wie im Wohnzimmer, umgeben von Holzmöbeln aus aller Herren Länder. Chaba, die Besitzerin mit ausgezeichnetem Englisch, ist Kunst- und Antiquitätensammlerin. Das Essen wird schön präsentiert und schmeckt hervorragend. Reisschnaps, mit jeweils verschiedenen Kräutern angesetzt, soll gegen Magenbeschwerden, Bluthochdruck, Appetitlosigkeit und allerhand andere Malaisen helfen,

Uhrenturm in New Sukhothai

hier werden elf unterschiedliche Flaschen auf einem Beistelltisch präsentiert und auf den Schildchen steht, wofür er angewendet wird. 86/1 Singhawat Rd., Muang, ✆ 055/612081. €€

Pimmy's House 3, Coffeeshop mit Restaurant, erinnert an ein kleines American Diner mit seiner pinkfarbenen Dekoration. Guter Segafredo-Kaffee und Tees. Im Restaurant gibt es neben einfachen Thai-Gerichten auch Sandwiches und Pommes Frites. 110 Singhawat Rd., Muang. €€

Mai Pra Dit 4, modern und nüchtern eingerichtet, bietet das Restaurant Kaffee, Tee und Spaghettigerichte sowie eine große Auswahl an Sandwiches und Pizza. 84/1 Singhawat Rd., Muang. €

Chopper Bar 6, am Fluss direkt an der Ecke zur Hauptstraße, ein Anlaufpunkt für viele Traveller. Bei eiskaltem Bier und Cocktails kann man Erfahrungen austauschen. Tani, Muang. €€

Pizza House by Somprasong 11, ein Stück weiter den Fluss entlang liegt die Pizzeria im Sompratong Guesthouse. Netter Innenhof, Spaghetti, Pizza und Steak stehen auf der Speisekarte. Praventakirn Rd., Tani, Muang. €€

Poo Restaurant 7, an der Hauptstraße neben dem 7/11. Thai-Gerichte für den kleinen Geldbeutel. €

Kulinarisches aus Sukhothai

Wohlbekannt sind unter Thais die **Sukhothai-Nudeln**, eine Reisnudelvariante, die mit Schweinefleisch in einer süß-sauren Suppe serviert wird. Nach Belieben Bohnen, Leber und Gehacktes hinzufügen und mit Erdnüssen bestreuen.

Eine weitere Spezialität sind die **Khanom Kliao Kru Aceo**, ein Snack, der aus Weizenmehl, Eiern, Salz und Pfeffer hergestellt wird. Der Teig wird in Streifen geschnitten und dann zu Zöpfchen geflochten, die dann ausgebraten und mit Zucker bestreut werden.

Der **Lon Sin Fried Peanut Cake** basiert auf einem 200 Jahre alten Rezept: Erdnüsse, Mehl, Eier, Kokosmilch – wird wie ein Pfannkuchen serviert.

Von Sukhothai nach Chiang Khan

In Phitsanulok hat man Ruinen eines alten Palastes aus der Ayutthaya-Periode ausgegraben, ein mystischer Ort. Phetchabun lockt mit seinem Ausgehviertel, während man bei Lom Sak auf einen an Dalí erinnernden Tempel trifft und in die Alpen Thailands fährt. In Loei und Phu Ruea, eigentlich Region Isan, werden Kälterekorde gemessen und in Chiang Khan gibt es Holzhausromantik am Mekong.

Von Phitsanulok führt der vierspurige Highway 12 durch die Berge nach Lom Sak, dem Tor zum Nordosten, der Isan-Region. Über dem Highway sind Klettergerüste für Affen angebracht – wo bei uns Wildzäune stehen, reichen hier Stangen. Auf dem Weg gen Osten führt die Straße durch den Phu Ruea Nationalpark auf kurvigem Gelände nach Loei und dann weiter in die Ebene des Mekong nach Chiang Khan.

Von Mae Sot nach Chiang Khan → Karte S. 266/267

Schwimmende Restaurants auf dem Nan-Fluss

Phitsanulok

Von Sukhothai nimmt man die Straße 12 und gelangt nach Phitsanulok. Man besucht die hochverehrte Buddhastatue im Wat Yai, geht zwischen den jüngst ausgegrabenen Ruinen des alten Königspalastes unter altem Baumbestand spazieren, besucht trendige Lokale und schwimmende Restaurants. Wer auf der Durchreise ist, sollte unbedingt einen Stopp einlegen.

Die Provinz Phitsanulok ist landwirtschaftlich geprägt und Teil der Kornkammer Thailands. Reisfelder, so weit das Auge reicht. Der **Thung Salaeng Luang National Park** bildet die Grenze zu Phetchabun und sorgt für ein wildes Landschaftsbild mit zerklüfteten Hügeln, grün bewachsenen Bergen und zahlreichen Wasserfällen.

Die Provinzhauptstadt ist ein wuseliges Städtchen mit einer Geschichte, die in die Sukhothai-Periode zurückgeht und deren bekanntester Sohn König Naresuan der Große auch heute noch von den Einwohnern hoch verehrt wird. Mitten in der Stadt liegt der Wat Phra Sri Rattana Mahathat, auch Wat Yai genannt, einer der wichtigsten Tempel des Königreiches.

An den Ufern des Nan-Flusses haben sich Restaurants und Bars niedergelassen, auch schwimmende Restaurants liegen neben Hausbooten auf dem Wasser. Kulinarische Highlights gibt es an der Wan Chang Road – tolle Lokale, Livebands und gute Stimmung. Allen voran das Nannum Restaurant im italienischen Stil, hier gibt es neben Thai-Köstlichkeiten auch indisches Essen. Kulinarisch hat die Stadt die Nase vorn. Auf der anderen Flussseite, entlang der Phettabucha Road, findet allabendlich der Night Bazaar statt, Stände mit Textilien, Taschen und lokalen Produkten, gleich daneben ein Essensmarkt, hier dampft es aus den mobilen Garküchen. Ein Treffpunkt der Jugend ist gegenüber vom Wat Yai in der Phra Ong Dam Road, hier öffnen Milchbars und Coffeeshops am Nachmittag.

Geschichte

Die heutige Provinz Phitsanulok wurde bereits in der Steinzeit von Menschen bewohnt, wahrscheinlich von einem burmesischen Stamm. Während der Sukhothai-Periode (13. Jh.) gewann Phitsanulok an Bedeutung, zu dieser

Zeit wurde auch der berühmte Wat Phra Sri Rattana Mahathat gebaut (1357). Während der Ayutthaya-Periode ab ca. 1430 war die Blütezeit der Stadt, sie wurde in dem Jahr zur Hauptstadt des Königreiches Ayutthaya, nicht lange, denn 1488 wurde Ayutthaya selbst wieder Hauptstadt. 1562 wurde das Königreich von den Burmesen eingenommen. 1555 wurde König Naresuan der Große in Phitsanulok geboren. Er musste zunächst in Burma im Exil leben, bis sein Vater als König von Ayutthaya nach dem Fall der Burmesen 1571 wieder zurück in sein Land zog. 1590 folgte Naresuan seinem Vater auf den Thron. Als 1591 Burma das Königreich wieder attackierte, tötete König Naresuan auf seinem Elefanten den Thronfolger der Burmesen und wehrte eine erneute Übernahme durch das feindliche Nachbarland Burma ab. Allerdings fiel 1756 das Lanna-Reich erneut unter die Herrschaft der Burmesen. Phitsanulok wie auch andere Städte wurden gebrandschatzt. Nach der Rückeroberung Lannas durch die Thais erholte sich Phitsanulok schnell und entwickelte sich weiter zu einer aufstrebenden Stadt. Auch heute ist sie Dreh- und Angelpunkt des Reisanbaus, sie ist Verkehrsknotenpunkt zwischen dem Norden und Bangkok sowie für den Osten des Landes. Die Eisenbahn kam 1908 in die Stadt und auch heute noch hält der Zug von Bangkok hier.

Sehenswertes

Wat Phra Sri Rattana Mahathat (Wat Yai): einer der wichtigsten Tempel Thailands. Die Buddhastatue Phra Buddha Chinnarat von 1420 gilt vielen Thais als die schönste Figur ihrer Art. Auf dem weitläufigen Tempelareal sticht der Phrang besonders hervor. Majestätisch erhebt er sich über die grün-roten Ziegel der Tempeldächer. Er weist reiches Stuckwerk auf. In den vier Nischen im unteren Bereich stehen Buddhastatuen, nach oben verjüngt sich das Bauwerk und man kann mehr Buddhafiguren sehen.

Wang Chan Palace und King Naresuan Shrine: Erst 2002 hat man den ehemaligen Palast, in dem schon König Naresuan wohnte, ausgegraben. Nach dem Abriss einer Schule kamen die Ruinen zu Tage. Der Palast wurde vermutlich 1347 erbaut. Auch zwei Tempel waren Teil des Palastes, der Wat Wihan Thong und der Wat Sri Sukot, auf dessen Ruine ein weißer Buddha in sitzender Haltung zu sehen ist sowie drei Buddhafiguren, die einen „Wai" machen. Heute kann man die Ruinen besichtigen. Buddhastatuen neueren Datums zeigen an, wo einst Tempel standen. Auf dem Areal liegt auch der Schrein für König Naresuan – eine lebensgroße Statue ist hier errichtet worden und Bewohner der Stadt bringen regelmäßig Opfergaben und Girlanden und zünden Räucherstäbchen an. Dadurch erhofft man sich Reichtum und gutes Gelingen der Geschäfte.

Sgt. Maj. Thawee Folk Museum: Das kleine Museum in einem Holzhaus aus dem vorletzten Jahrhundert zeigt Gegenstände aus dem alltäglichen Leben der Thais. Wenn man genügend Zeit hat, ist es durchaus einen Besuch wert.

▪ Wisutkaset Rd., ✆ 055/212749. Di–So 8.30–16 Uhr. Eintritt THB 50.

Wat Ratchaburana: An der Kreuzung vor dem Wat Yai ragt der Backstein-Chedi in den Himmel. Der glockenförmige Chedi ist vermutlich aus der Ayutthaya-Periode und die 150 Jahre alte Ordinationshalle weist schöne Wandgemälde aus dem Ramakien-Epos auf (→ Kasten, S. 288). Leider steht der Tempel im Schatten des Wat Yai, ihm werden lange nicht die Aufmerksamkeit und die Spendengelder zuteil wie dem großen Bruder, so sind die Gebäude weniger gepflegt, aber vielleicht macht die Anlage das ja so attraktiv.

Von Mae Sot nach Chiang Khan → Karte S. 266/267

Das Ramakien-Epos

Das Epos ist fester Bestandteil der thailändischen Kultur, es wird an Schulen und Universitäten gelehrt, Bilder, in denen es um Rhra Rama geht, zieren Tempelwände und auch mit Hilfe von Comics und Theateraufführungen wird das Epos am Leben gehalten. Das ursprünglich aus Indien stammende Ramayana-Epos wurde laut Überlieferung von einem Eremiten in Indien im 3. Jh. v. Chr. verfasst. Reisende und Gelehrte brachten die Geschichte nach Südostasien – nicht nur nach Thailand, auch Laos und Kambodscha haben ähnliche Heldensagen. Das Ramayana wurde landesspezifisch angepasst. Das Werk umfasste in seiner ursprünglichen Version rund 24.000 Doppelverse. Bereits im 13. Jh. war das Epos in Sukhothai bekannt. Es wurde stetig erweitert und an den Königshöfen in Form von Puppenspielen oder Theater aufgeführt.

Als die Burmesen Ayutthaya in Schutt und Asche legten, verbrannten leider auch alle Aufzeichnungen des damals gängigen Epos. Erst König Taksin I. begann aus den mündlichen Überlieferungen und dem, was man vom indischen Ramayana wusste, erneut ein schriftliches Dokument zu erstellen, fertig geschrieben wurde es von König Rama I. im Jahr 1785. Das Gesamtwerk umfasst nun 44.000 Verse. Der König hat vieles auf die damalige Situation des Landes umgeschrieben, so wurden Namen verändert, aus der legendären indischen Stadt Ayodhya wurde Ayutthaya, somit verlegte er den Ort der Handlung. Rama ist im Epos Phra Ram, Sita Nang ist Sida. Außerdem fügte er dem Werk ein Happy End hinzu, das es in der indischen Fassung nicht gibt. Aber worum geht es nun eigentlich in dem Werk?

In groben Zügen geht es um den unbescholtenen König Rama, der von seinem Vater Dacaratha aus der Stadt Ayutthaya fortgetrieben wird. Sein Bruder Laskhamna und seine Gattin Sida begleiten ihn in die Verbannung. Hier erleben sie viele Abenteuer mit Dämonen und guten Magiern. Eines Tages wird Sida vom Dämonenkönig Lanka entführt und Rama versucht mit Hilfe des Affenkönigs Hanumans seine Angetraute zurückzubekommen. Es wird mit göttlichen und dämonischen Kräften gekämpft. Natürlich siegt Rama, also das Gute, und er schließt seine Sida in die Arme, bevor er als Held nach Ayutthaya zurückkehrt.

Das Epos wird u. a. in Form von Puppenspielen bzw. Schattentheater weitererzählt. Dabei sind die Charaktere aus Leder gefertigte, flache Puppen, die an Holzstäben von Puppenspielern vor einem beleuchteten Tuch ihre Schatten werfen. Die Zuschauer sitzen jenseits des Tuches und können so die Spieler nicht sehen.

Eine weitere Form der Darstellung ist das Puppenspiel mit genähten Handpuppen, die Spieler sind ganz in schwarz gekleidet und tanzen mit den Puppen, die mit glitzernden Gewändern und Masken oder Kopfschmuck kunstvoll gearbeitet sind.

Highlight ist das Ramakien-Epos als Theater-Aufführung – dem sog. **„Khon Dance"**. Die Darsteller tragen sehr aufwendige Kostüme, glitzernde Roben und reich verzierte Dolche und Schwerter schauen aus den

Gewändern hervor. Die Mitglieder der königlichen Familie des Hofes Ayutthaya tragen dazu aufwendigen Kopfschmuck, wie er zu der Zeit Ayutthayas für Könige üblich war, und ihre Gesichter sind gefärbt. Die anderen Akteure, die Götter und Dämonen darstellen, tragen Masken, die sog. Khons. Zunächst ist man wie erschlagen von den vielen Darstellern, es sind über 20, da helfen die Masken bei der Unterscheidung. Ganz klar auszumachen ist Hanuman, der Affenkönig mit magischen Kräften, er ist der beste Soldat Phra Rams. Er trägt eine Affenmaske und ein helles Kostüm, seine zu Affen verwandelten Brüder tragen grüne Kostüme und ebenfalls Affenmasken. Phra Satrut, ein Halbbruder Phra Rams, hat eine purpurne Gesichtsfarbe. Während der getanzten pantomimischen Aufführung bewegen sich die Darsteller anmutig, jede Bewegung ist genau einstudiert bis in die Fingerspitzen, die auf bestimmte Art und Weise gebeugt und gestreckt werden. Die Darsteller sind sehr gute Tänzer und einige Szenen setzen ein gewisses akrobatisches Können voraus. Begleitet wird das Schauspiel durch das klassische Pi Phat, ein Ensemble aus den klassischen Thai-Instrumenten: Oboe, Holzxylophons, Gong, Zimbeln und Fasstrommeln. Die Vorbereitungen für die Aufführungen dauern lange.

Die Ramakien-Aufführungen waren früher Königen vorbehalten, heute sind sie jedem zugänglich. Sie sind sogar auf der UNESCO-Weltkulturerbeliste gelandet.

- In Chiang Mai gibt es keine regelmäßigen Aufführungen, die University of Fine Arts zeigt gelegentlich ihr Können. Wer an den Puppenspielen interessiert ist, erhält hier Informationen: www.cmaipuppet.com/current/Welcome.html. Sehr schöne Aufführungen gibt es in Bangkok im Asiatique oder im Staatstheater. Auch zu bestimmten Festen gibt es Darbietungen. 25-minütige Aufführungen gibt es im Royal Palace in Bangkok (Mo–Fr 10.30, 13, 14.30, 16 und 17.30 Uhr). Auch in der Künstlerkolonie Silapin in Thonburi kann man einer Aufführung beiwohnen.
- Intanu Chiangmai Khonmask in Chiang Mai stellt die aufwendigen Masken her und verkauft sie, wer interessiert ist, kann gerne vorbeischauen: 214/1 Prapokkloa Rd., Si Phum, ✆ 088/2604088.

Ausstellung diverser Rüstungen im Shinnabhura Historic Hotel

Praktische Infos

Touristeninformation Das offizielle Büro der **TAT** hat, wenn besetzt, Englisch sprechende Angestellte, die gerne bei der Hotelsuche behilflich sind und auch Stadtpläne verteilen. Kohnrak Suphapak Rd., direkt am Fluss, schräg gegenüber vom Chan Palace.

Hin & weg Mehrere **Züge** fahren täglich von Bangkok nach Phitsanulok.

Mit dem **eigenen Fahrzeug** über den Highway 12.

Thai Air Asia und **Nok Air** fliegen Phitsanulok von Bangkok aus an. http://minisite.airports.go.th/phitsanulok/.

Grab Services und **Taxis** fahren in der Stadt.

Fahrzeugvermietung Vor dem Wat Yai kann man **Tuk Tuks** für eine Stadtrundfahrt mieten.

Autovermietungen gibt es am Flughafen.

Gesundheit Die Stadt verfügt über mehrere Krankenhäuser. Das **Universitätskrankenhaus** der Naresuan-Universität befindet sich auf dem Unigelände und hat Englisch sprechende Ärzte. 99 Moo 9, Nakhon Sawan Rd., Tha Pho, ✆ 055/261080. Im **Ruamphat Hospital** wird auch Englisch gesprochen. 224/30 Boromatrailokanat Rd., ✆ 055/219307, www.ruamphat.com. Außerdem **Bangkok Hospital,** 138 Pra Ong Dam Rd., Nai Mueang, ✆ 055/212222, www.bangkokhospitalphitsanulok.com.

Einkaufen Die großen Supermarktketten **Big C** und **Tesco Lotus** liegen am Highway 12, in der Innenstadt gibt es **Tesco Lotus Express** und jede Menge **7/11** Stores.

Central Plaza, die moderne Shoppingmall wurde 2011 eröffnet und bietet einen Supermarkt der Tops Kette sowie Kleidergeschäfte und ein Warenhaus. 99/9 Highway 12, Phlai Chumphon.

Street Corner 13, Jeans und T-Shirts, Hemden und Sweatshirts, z. T. Second-Hand-Ware. Uriger Laden in amerikanischem Retro-Stil. Der freundliche Besitzer spricht gut Englisch.

Night Bazaar 8, nach Sonnenuntergang öffnen die Stände des Nachtbasars, Kleidung und Accessoires, vom Billigsten. Phettabucha Rd.

Walking Street 21, jeden Samstag mit jeder Menge Essensständen und Haushaltswaren sowie Produkten aus der Umgebung.

Übernachten **Pattara Resort 5**, ein modernes Stadthotel fußläufig zum Fluss. Garten, Swimmingpool, große Zimmer. 349/40 Chiyanuparp Rd., ✆ 055/282966, www.pattararesort.com. **€€€**

MeinTipp **Shinnabhura Historic Boutique Hotel 6**, sehr gelungenes Hotel an der Ausfallstraße nach Sukhothai, ein richtiger Hingucker. Bauelemente des Ayutthaya-Stils sind mit Lanna-Elementen gemischt, entstanden ist ein elegantes Hotel mit Zimmern, die viel Wert auf Details legen. So sind die Armaturen auf alt getrimmt, Badewannen auf Füßen stehen in den Junior Suiten und in den „Ricebarn"-Zimmern sieht es wirklich aus wie in einer Reisscheune, es fehlt nur das Stroh. Im ersten Stock erzählt ein kleines Museum die Geschichte des Ayutthaya- und des Lanna-Reiches, Figuren mit Kleidern aus der Zeit stehen entlang der Treppe und in den Kästen an den Wänden sind Repliken der damaligen Waffen zu sehen. Der Pool ist ein wenig klein ausgefallen, bietet aber trotzdem eine angenehme Erfrischung an heißen Tagen. Der Spa hat angemessene Preise und verwöhnt seine Gäste. Das Restaurant bietet nebst thailändischen Köstlichkeiten auch „Western Delights" an. Besonders gut ist das Restaurant zur Straße, hier isst man Khanun Jeen, weiße Nudeln mit Currys, dazu eingelegten Kohl und Zwiebeln, Kräuter und Bambussprossen. 59/59 Moo 10, Wat Chan, ✆ 055/219888, www.shinnabhura.com. **€€€**

HOP INN 9, das Hotel der Kette ist mit dem gleichen Standard wie überall ausgestattet, AC, Kühlschrank und Warmwasserdusche, saubere, aber nüchterne Zimmer für den Durchreisenden. 66/6 Siharat Rd., ✆ 055/334699, www.hopinnhotel.com. **€**

B2 Phitsanulok 11, das Hotel der B2-Kette ist an der Ausfallstraße nach Sukhothai gelegen und hat einen gleichbleibend guten Standard wie überall im Land, praktisch, günstig, gut. 66, Soi Mu Ban Wana Town Home, Wat Chan, ✆ 055/000566. **€**

Hansanan Hotel 4, Stadthotel mit geräumigen Zimmern und großem Frühstücksbuffet. 351/207 Chayanuphap Rd., Muang, ✆ 055/320 600, www.hansananhotel.com. **€**

The Grand Riverside Hotel 7, Stadthotel am Fluss mit modern eingerichteten Zimmern. 59 Paroung Rd., ✆ 055/248333, www.tgrhotel.com. **€€**

Yodia Heritage 2, am Fluss gelegen in einer ruhigen Straße, ist dieses 4-Sterne-Hotel eines der besten und auch teuersten der Stadt. Geräumige Zimmer, Swimmingpool. 89/1 Phettabucha Rd., Naimuang, ✆ 055/214677, www.yodiaheritage.com. **€€€**

Dragon River Avenue 1, modernes Hotel am Fluss mit Bar und Restaurant. Große Zimmer mit Flussblick. 27/54 Ekatossarot Rd., Muang, ✆ 055/242242, www.dragonriver-avenue.com. **€€**

The View Point 16, super sauber, super günstig. Direkt in der Ausgehmeile befindet sich das schmucke Hotelchen. Geräumige Zimmer mit Kühlschrank, AC und privatem Bad. ✆ 087/2073939. **€**

Baan Sithepaban Guesthouse 3, Zimmer in einem hundert Jahre alten Holzhaus mit Kolonialambiente. Schöne Fliesen und antike Möbel zieren die Eingangshalle, ein Nail-Spa ist auch dabei. Akatossaroth Rd., Muang, ✆ 055/004249. **€**

The Bed 22, Budget-Guesthouse mit sauberen Zimmer, AC und Kühlschrank. 83/50 Sritammatripidok, Muang, ✆ 055/252225. **€**

Hotel Morage 23, sechsstöckiges Stadthotel mit gutem Preis-Leistungs-Verhältnis und großem Frühstücksbuffet. 59/70 Muang Rd., Muang, ✆ 055/218333. **€**

Essen & Trinken Beidseitig des Flusses haben sich Restaurants angesiedelt. Auf der Phettabucha Road hinter dem Night Bazaar stehen allabendlich mobile **Garküchen** und ein **Essensmarkt 12** öffnet seine Pforten gleich neben dem Bahnhof jeden Nachmittag ab 15 Uhr.

Hinter den Kleiderständen am Nachtmarkt in der Phettabucha Road liegt das **Kaw Tom Rung Chai 10**, ein einfaches Lokal mit Sitzplätzen mit Flussblick. Einfache Thai-Küche, sehr gut das gebratene Huhn mit Ingwer (Gai Phad King) und gemischtes Gemüse mit Schweinekrusten (Phad Phad Ruam Mu Khrob). **€**

Wake Up 20, Kaffee, Kuchen und Gebäckspezialitäten in modernem Setting – das Café hat 24 Stunden geöffnet. Phettabucha Rd. **€€**

Von Mae Sot nach Chiang Khan → Karte S. 266/267

Mao Say, hausgemachtes Thaifood in nettem Ambiente. Phettabucha Rd. €

Sit down Please 19, Café mit gutem Thai-Essen gegenüber vom Night Bazar. Phettabucha Rd. €€

Exotic Café 14, sehr guten Kaffee gibt es neben dem Street Corner Shop. Nur drei kleine Tische, etwas gewöhnungsbedürftig sind die Schlangen im Regal, die sich in ihren Terrarien räkeln. €€

Rasta Raft 18, das schwimmende Restaurant überzeugt durch Gemütlichkeit. Große Sitzkissen auf dem Deck, Rattanstühle und Tische auf dem überdachten Teil. Hier gibt es lokale Spezialitäten und einfache Thai-Gerichte. €€

Die Wan Chang Road auf der gegenüberliegenden Seite des Nan ist bekannt für ihre stylishen und guten Restaurants:

Krua Nan Nam Restaurant 15, das Gebäude mit der Landhausoptik ist das angesagteste Restaurant der Stadt. Im schön angelegten Garten kommen viele europäische Elemente zum Tragen, hier ein weißer Brunnen, dort ein Engelskopf. Das Innere ist eingerichtet wie ein toskanisches Landhaus – ein wirklich tolles Ambiente und das Essen schmeckt auch. Klassiker der Thai-Küche wie gebratener Fisch mit scharfem Mangosalat oder Grünes Curry. Indische Gerichte werden auch angeboten, z. B. sämiges Chicken Tikka Massala. €€

Bucktown 17, das kleine Restaurant vis-à-vis vom Viewpoint Hotel hat einen AC- und einen Gartenbereich und bietet Sushis und Sashimis und andere japanische Schmankerl an. €€

Die anderen Restaurants in der Straße entlang des Flusses haben keine Namen in Englisch angeschrieben, wohl aber zweisprachige Speisekarten und sind allesamt zu empfehlen, es ist für jeden Geschmack etwas dabei. Das minimalistisch eingerichtete **Boat Noodle** bietet Süßwasserriesengarnelen mit scharfer Sauce und tolle Isan-Gerichte, sehr zu empfehlen das Laab Gai. Nebenan gibt es Livemusik und jede Menge Thaifood. €

In der Phra Ong Dam Road haben sich entlang des Kanals Buden niedergelassen, hier findet man überwiegend Studenten in den Milchbars und an den Kaffee-Ständen, aber auch einige Garküchen gibt es. Weiter stadteinwärts befindet sich der Nachtmarkt mit einigen guten Garküchen.

Durch die thailändischen Alpen nach Lom Sak

Stromschnellen, grandiose Aussichten, urige Unterkünfte, unberührte Natur und eine schöne Bergwelt, ein Tempelkunstwerk und jede Menge „Thainess" erwarten den Reisenden auf dieser Strecke. Die Provinz Phetchabun liegt im Norden Zentralthailands oder auch im Süden Nordthailands – niemand ist sich da so sicher, einig ist man sich aber, dass die Provinz das Tor zum Isan, dem Nordosten, der ärmsten Region des Landes bildet. Die Region ist geprägt von Landwirtschaft und Reisanbau, Obstplantagen dominieren in den fruchtbaren Tälern und Ebenen. Tamarinde ist die Frucht der Provinz, aber auch Avocados, Physalis und Erdbeeren werden gezüchtet. Viele ausländische Urlauber gibt es hier nicht, aber bei Thais ist die Region ein beliebtes Reiseziel.

Entlang des Thung Salaeng Luang National Park

Fährt man von Phitsanulok auf dem sehr gut ausgebauten Highway 12 Richtung Lom Sak, verläuft die Straße immer entlang der Grenze des Thung-Salaeng-Luang-Nationalparks und des Flusses durch immergrüne Bergwälder – ein Paradies für Motorradfahrer. Oft sieht man Affen, die sich über die Straße hangeln an den eigens dafür gebauten Kletterhilfen, die sie sicher über den Highway bringen sollen. Am Km 41 weist ein Schild auf den **Kaeng Song Waterfall,** der eigentlich kein Wasserfall ist, sondern eher eine An-

Wat Phra That Pha Son Kaeo

sammlung von Stromschnellen. In der Regenzeit kann man hier raften, während der trockenen Monate auf schwimmenden Bambusfloßen im Fluss picknicken und in pinkfarbenen Schwan-Tretbooten fahren. Gleich daneben am Fluss liegen zwei schöne Resorts, das Rainforest sowie das Wanatara Resort. Am Km 80 weist ein Schild zum **Kaeng Sopha Waterfall,** ein großer Fall, der über riesige Steinquader in einen tiefen Pool fällt. Allerdings sind THB 500 als Eintritt hoch gegriffen.

Khaem Son

Weiter schlängelt sich der Highway durch die Berge bis Khaem Son. Mehr als eine Ansammlung von Läden und Geschäften entlang des Highways hat das eigentliche Dorf nicht zu bieten. Allerdings befindet sich gleich dahinter ein echtes Tempelhighlight. Schon von Weitem sieht man den **Wat Phra That Pha Son Kaeo,** dessen weiße Buddhaköpfe sich vom grünen Bergpanorama abheben. Biegt man in die schmale Straße ein, die zum Tempel und zu einigen Resorts führt, erkennt man aus der Nähe, dass die Buddhas nicht etwa fünf einzelne Köpfe sind, sondern in einer Statue miteinander verschmelzen. Der strahlend weiße Buddha in der Meditationshaltung mit Kopfschmuck wird durch vier immer kleiner werdende Buddhafiguren ohne Kopfschmuck wiederholt, umgeben von strahlend weißen stilisierten Lotosblüten. Ein ungewöhnliches Design. Ungewöhnlich ist auch die Pagode, sie erinnert an die Form einer Lotosblüte, die fünf Etagen sind mit einer Glaskonstruktion verbunden. Sehenswert ist das Mosaik, das an Decken und Wänden funkelt, auch der Vorplatz ist mit Mosaiken in leuchtenden Farben übersät. Es sollen mehr als 5 Mio. einzelne Stücke sein. Die Quartiere der Mönche und das Meditationszentrum erinnern an ein mehrstöckiges Alpenchalet, was ja auch ausnehmend gut in die Landschaft passt. In seiner jetzigen Form wurde der Tempel 2004 fertiggestellt, aber auch heute noch wird an allen Ecken und Enden angebaut. Der Wat erinnert an ein Kunstwerk von Dalí und ist sicher eine der Hauptattraktionen der Provinz.

Von Mae Sot nach Chiang Khan → Karte S. 266/267

Khao Kho – die Alpen Thailands

Von Phitsanulok kommend, biegt man rechts ab nach Khao Kho, den Alpen Thailands, wie die Thais die Region gerne nennen. Die Straße 2196 schlängelt sich durch bergige Landschaft, rechter Hand stehen **Großwindanlagen,** ein erster Versuch, Windenergie zu nutzen im Norden des Königreiches – für die Thais ein Highlight. Parkt man auf dem großen Platz vor den Windrädern, bieten Bauern ihre Ware an: frischen Ingwer, Avocados, natürlich auch Tamarinden. Händler mit T-Shirts und Baseballcaps, auf denen die Großwindanlagen abgebildet sind, fehlen natürlich auch nicht – bei Thais ein beliebtes Souvenir. Mobile Garküchen laden zum Picknicken im Schatten ein und die Kinder können sich auf dem Spielplatz austoben oder mit Holzkarren den Berg hinunter fahren.

Mönche auf dem Weg zum Morgengebet im Wat Phra That Pha Son Kaeo

Weiter Richtung Khao Kho wird die Straße von Unterkünften gesäumt, liebevoll gestaltete Coffeeshops und Restaurants reihen sich in das Bild ein – an den Wochenenden kann es hier richtig voll werden. Eine Straße zweigt zum Gipfel des **Khao Kho National Park** ab, auf schmaler Straße erreicht man ein Aussichtsplateau. Der **Than Thip Waterfall** ist von der Straße 2025 zu erreichen, vom Parkplatz muss man etwa 400 Meter laufen, eine Eintrittsgebühr von THB 100 wird fällig. Der Wasserfall fällt in Kaskaden in einen Teich, Steinbänke am Ufer laden zum Relaxen ein.

Die Straße führt vorbei am **Sacrifice Monument,** das zu Ehren der thailändischen Veteranen und Kriegsgefallenen aufgestellt wurde. Nicht wirklich interessant, aber es bietet sich eine tolle Aussicht. Ein Panzer, Hubschrauber und ein Waffenmuseum können hier noch besichtigt werden.

- Mo–So 7–17 Uhr, Museum Mo geschlossen.

Am Monument führt eine weitere Abzweigung zum sogenannten **Royal Palace,** der für die Öffentlichkeit nicht zugänglich ist, da er wohl immer noch von der königlichen Familie besucht wird. Schön ist der Weg dorthin, es bieten sich schöne Aussichten und in der kalten Jahreszeit werden Erdbeeren angebaut – Früchteliebhaber vor.

Wieder auf der Hauptstraße 2258, gelangt man zu einem **Markt** **22** (→ Karte S. 296/297), der typisch thailändische Souvenirs verkauft – bunte Mützen, T-Shirts, Socken, Handschuhe, Mützen. Kinder in traditioneller Lisu-Kleidung preisen Waren an: frisches Gemüse gemischt mit Hilltribe-Kleidung. Ein wuseliger Ort. Von hier hat man einen Blick über einen kleinen See und sieht die chaletähnlichen Gebäude an den Hängen liegen.

Weiter Richtung Phetchabun wiederholt sich die Szenerie – grün, so weit das Auge reicht, Berge bis zu 1700 Metern Höhe, Hotels, Cafés, Restaurants, ab und an eine goldene Tempelspitze – bis man zum Highway 21 gelangt, der von Phetchabun nach Lom Sak führt.

Lom Sak

Fährt man von Khaem Son kommend auf dem Highway 12 weiter, geht es steil den Berg hinab und nach 25 km gelangt man in die Kleinstadt Lom Sak. Sie wird gerne das Tor zum Isan genannt, denn von hier führt die Strecke in den Nordosten, nach Loei und weiter nach Khon Kaen und zur Grenze ins Nachbarland Laos.

Überquert man die Kreuzung am Uhrenturm geradeaus, landet man mitten im geschäftigen Zentrum. Hier stehen noch einige Holzhäuser, der Markt bietet Gemüse und Obst aus der Region feil, Garküchen säumen die Straßen. Jeden Samstag findet die Walking Street am Flussufer statt von 17 bis 22 Uhr. Nette Essensstände, Kunsthandwerk und jede Menge Lokalkolorit – oftmals steht eine Dame samt ihrem Webstuhl auf dem Markt und bringt Menschen ihr Handwerk näher.

Sogar ein kleines hübsches **Museum** hat Lom Sak aufzuweisen, untergebracht in einem restaurierten Haus aus dem ausgehenden 19. Jh. Es werden Fotos über das Leben in der Region in früheren Zeiten gezeigt, Werkzeuge, die Geschichte des Reisanbaus, auch Modelle der ehemaligen Siedlung.

▪ Ronnakij Rd., Tan Diao, ✆ 056/703333. Di–Fr 9–16 Uhr.

Praktische Infos

Gesundheit Im Lom Sak Hospital, dem kleinen **Krankenhaus,** gibt es Englisch sprechende Ärzte. 15 Samakkhichai, Wat Pa, ✆ 056/702001. 24-Stunden-Notfall-Ambulanz.

Einkaufen In Lom Sak gibt es Banken und Geschäfte aller Art. Der Wochenmarkt ist täglich geöffnet. Ein **Big C** 16 und mehrere 7/11 Stores sind vorhanden.

Übernachten in Khaem Son → Karte S. 296/297 **Prince Hotel** 9, am Highway 12, saubere Zimmer mit Kühlschrank und AC. Kleines Frühstücksrestaurant. Phitsanulok – Lom Sak Rd., Highway 12, ✆ 056/713864. €

Kiri Pura 7, ausgefallene Bungalows mit Blick ins Tal, gleich beim Wat Phra That Pha Son Kaeo. Die Bungalows erinnern an Ufos, sind aber allesamt aus Naturmaterialien gebaut. ✆ 064/9786563. €€€€

Imperial Phukaew Hill Resort 5, oberhalb vom Wat Phra That Pha Son Kaeo auf dem Berg gelegen. Dreigeschossiges Haupthaus mit Pool und Bungalows auf einem großen Areal. 99 Moo 14, Highway 12 Phitsanulok – Lom Sak Rd., ✆ 056/750065, www.imperialphukaewresort.com. €€

... in Khao Kho Für alle Unterkünfte macht es Sinn, über booking.com oder agoda zu buchen, denn die Walk-In-Preise sind um ein Vielfaches höher.

Blue Sky Resort 6, auf einem großen Areal verstreut liegen die Bungalows im europäischen Zuckerbäckerstil, ganz in Weiß, schmucke englische Gärten, die Zimmer sind im Laura-Ashley-Stil eingerichtet. 96 Moo 5, T. Campson, ✆ 081/3550500, www.theblueskyresort.com. €€€€

Uncle Tom's Cabin 18, Wohnwagen und Zimmer mitten in der Natur. €€

Phufasai Resort 8, Bungalows und Zimmer unterschiedlicher Kategorien, eine eher neue Anlage. Zimmer mit AC und Kühlschrank. www.phufasairesort.com. €€

Sirinati Khao Kho 19, Adults only. Modernes Resort – schöne Zimmer mit Ausblick über das Tal. 155 Moo 12, Khao Kho, ✆ 086/343786. €€€€

The Sense 20, schöne Bungalows und Villen mit traumhaftem Blick, hübsch eingerichtet mit Naturmaterialien. 180 Village No. 12, ✆ 081/8806142, www.thesensekhaokho.com. €€€€

180 All Day All Season 21, trendige Bungalowanlage mit Café und schöner Aussicht. 67 Moo 1, Khao Kho, ✆ 056/728180. €€

MeinTipp **... in Lom Sak** → Karte S. 296/297 Wer nicht die teuren Zimmerpreise in der Region Khao Kho zahlen möchte, kann günstig in Lom Sak übernachten.

The Indigo Boutique Hotel 12, in einer kleinen Seitengasse mit stylish eingerichteten Zimmern, sauber und freundlich, AC und Kühlschrank. ✆ 088/2822611. €

Von Mae Sot nach Chiang Khan → Karte S. 266/267

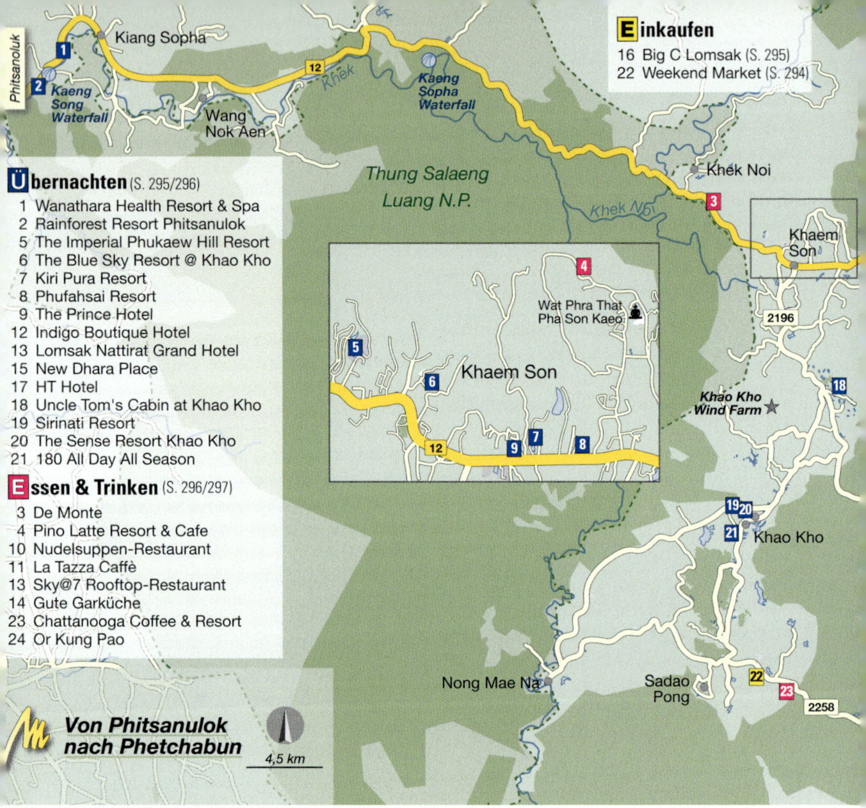

HT Hotel 17, einfaches Thai-Hotel in einer Seitenstraße gegenüber vom Big C. Saubere Zimmer, gute Matratzen. Kühlschrank, AC. €

New Dhara Place 15, gegenüber vom Big C. Saubere, große Zimmer mit AC und Kühlschrank. ✆ 056/702112. €

Lomsak Nattirat Grand Hotel 13, siebenstöckiges Stadthotel mit Skybar auf dem Dach. Ein Swimmingpool gehört ebenfalls zur Anlage. 163/10 Kotchaseni Rd., Soi 8, Muang, ✆ 056/745021, www.natirathotel.com. €

... am Kaeng Song Waterfall **Rainforest Resort 2**, liegt am Fluss in einem eingewachsenen Garten, fast schon ein Dschungel. Man wird von den Papageien in der großen Voliere begrüßt. Bis hinunter am Fluss stehen die wenigen Bungalows. Im Haupthaus gibt es Zimmer. Schon seit 1996 gibt es das Rainforest Resort. Das Restaurant ist liebevoll mit Naturelementen gestaltet. Oft sind hier Reisegruppen. Der Kaeng-Song-Wasserfall ist nur 300 Meter entfernt. Kayaks gratis für Resort-Gäste, in der Regenzeit wird River Rafting angeboten. 42 Moo 9, Mittaphap Rd., Kangsopa, Wangthong, ✆ 055/293085, www.rainforestthailand.com. €€

Wanathara Resort 1, etwas oberhalb des Rainforest gelegen, ebenfalls direkt am Fluss, besticht durch seine Weitläufigkeit, der Garten ist riesig. Die Zimmer sind geräumig und das Restaurant bietet gutes Thai-Essen an – Vorteil: Ein Pool ist vor Ort. 56 Moo 9, Mittaphap Rd., Kangsopa, Wangthong, ✆ 055/293411, www.wanathara.com. €€

Essen & Trinken in Lom Sak **La Tazza 11**, guter Kaffee und hausgemachte Kuchen. Kleiner Shop mit Taschen und Accessoires. Wajee Rd., Ban Diao. €

Or Kung Pao 24, am Uhrenturm in einem Eckhaus, kleines Thai-chinesisches Restaurant. Gute Auswahl an vegetarischen Gerichten. Karte auch auf Englisch. Muang Rd. €

Sky@7 Rooftop-Restaurant 13, auf dem Dach des Nattirat Grand Hotel. Livemusik, angenehme Atmosphäre und gutes Essen, allen

voran der Bananenblütensalat und das Fingerfood, vietnamesische Frühlingsrollen und Saté-Spieße. **€€**

Die meisten Restaurants und Garküchen sind nur auf Thai angeschrieben. Gegenüber vom Big C liegt eine gute **Garküche 14**, mit allem was die Thai-Küche zu bieten hat, von Nudelsuppen bis Huhn und Enten, sogar Currys und Tom Yums zaubert das ältere Ehepaar.

Im Big C befinden sich **MK** (die beliebte Restaurantkette mit knusprigen Enten und Hot Pans) und **KFC. €–€€**

Biegt man am Uhrturm links ab und fährt die Straße ca. 2 km weiter, kommt linker Hand ein sehr gutes **Nudelsuppen-Restaurant 10**, der Chef spricht gutes Englisch und die Suppe schmeckt nach mehr. **€**

... in Khaem Son **De Monte 3**, toskanisch anmutendes Gebäude am Highway 12. Italienisches Ambiente, sehr gute Pizzen. Es gibt auch kleine Zimmer zu mieten (THB 1200). ✆ 093/2465454. **€€**

Pino Latte 4, stylishes Lokal mit Fusion Food, guter Kaffee und Teespezialitäten. Leider nur bis 18 Uhr geöffnet. ✆ 062/18444974497. **€€**

... in Khao Kho **Chattanooga 23**, Café mit Ausblick neben dem Gemüsemarkt, leicht zu erkennen an dem großen Metallturm. Auch gute einfache Thai-Gerichte, z. B. gebratener Reis mit Huhn oder Spaghetti Ki Mau, Nudeln mit Curry und Zitronenblättern. **€€**

Phetchabun und Umgebung

Von Khao Kho fährt man durch dichten Wald, vorbei an schmucken kleinen Resorts, wieder zurück auf den Highway 12, der dann in die Tamarindenhauptstadt Phetchabun führt. In der gemütlichen Provinzhauptstadt sieht man die Tamarinde auf jedem Straßenschild, sie ist das Wahrzeichen der Stadt. Während der Ayutthaya-Periode war diese kleine Stadt kurzfristig sogar Hauptstadt des Reiches, heute glänzt sie mit einem großen Angebot an Restaurants und Ausgehmöglichkeiten. Sie ist Universitätsstadt und damit geprägt durch überwiegend junges Publikum. Am Abend steppt der Bär am Kanal in der Nähe des Uhrturms, samstags findet die Walking Street statt und Sportliche können im Buddha-Park joggen und abends zu lauter Musik Tai Chi oder Aerobics machen.

Bei Touristen ist die Stadt fast gänzlich unbekannt, nur wenige Thai-Touristen trifft man an. Sie hat auch wenig Sehenswertes, doch genau dieses Unspektakuläre macht den Charme der Kleinstadt aus. Hier ist alles sehr thailändisch und ruhig.

Sehenswertes

Das frei zugängliche **Phet Bura Museum** in der Stadtmitte zeigt anschaulich die Geschichte der Lopburi- und Ayutthaya-Ära.

▪ Tägl. 9–16 Uhr. Eintritt frei.

Wat Mahatat Worawihan Phetchaburi: Der Tempel wurde während der Sukhothai-Periode erbaut, davon ist heute nur noch der steinerne Chedi übrig. Die restlichen Gebäude sind im 20. Jh. entstanden.

▪ Nikhon Bamrung Rd.

City Pillar Shrine: Der Lak Muang von Phetchabhun ist im Lanna-Stil erbaut, goldene Dächer und gold-schwarze Verzierungen auf Teakholz. Man opfert für seine Wünsche: Räucherstäbchen, Obst, Schweinsköpfe – was auch immer. Gehen die Wünsche dann in Erfüllung, bestellt man Tempeltänzer, diese treten in den Salas auf.

Pechabura Buddhist Park: Am Highway nach Lom Sak ca. 2 km außerhalb der Stadt befindet sich der Park, unschwer zu erkennen an dem großen schwarzen Buddha, der dort in sitzender Haltung wacht. Im Park kann man prima joggen und picknicken. Die Statue des Maha Dharmracha soll die größte ihrer Art auf der Welt sein. Sie wurde zu Ehren des Königs Bhumibol Adulyadej an seinem 84. Geburtstag erbaut. Dies drückt sich auch in der Proportion der Figur aus: Sie misst 11,984 Meter von Knie zu Knie – das entspricht der Zahlenfolge 1 für den König, die weitere 1 für Buddha, die 9 steht für die Chakri-Dynastie, König Rama den IX., und die 84 ist das Lebensalter des Königs, zu dessen Ehren die Buddhastatue errichtet wurde. Im unteren Bereich führt ein Gang in einen Raum mit einer interessanten Ausstellung zu Rama IX.

▪ Highway Lom Sak – Phetchabun Rd. 21. 7–19 Uhr.

Praktische Infos

Hin & weg Am mobilsten ist man mit dem **eigenen Fahrzeug.** Phetchabun hat einen **Busbahnhof** und wird von Bangkok ebenso angefahren wie von Chiang Mai.

Aktivitäten **Walking Street,** Streetfood und Handwerkskunst entlang des Kanals. Jeden Freitag von ca. 17–22.30 Uhr.

Chomdee Massage 5, gleich hinter dem Khlong Muang River Resort und vor dem A Day in Phetchabun. Einige der Masseusen sprechen gut Englisch. Thai-Massage 1 Std. THB 200.

Buddha-Park vor den Toren von Phetchabun

Einkaufen **Big C Phetchabun 12**, Supermarkt an der Hauptstraße.

Übernachten **Khlong Muang River Resort 4**, zurückgesetzt von der Hauptstraße. Ruhige Zimmer mit Kühlschrank und AC, sauber, die Matratzen sind etwas hart. Nette Besitzer und Thai-Frühstück im angrenzenden Häuschen im Garten. ✆ 056/712456. €

A Day In Phetchabun 8, Boutique Bed & Breakfast. Sehr nettes kleines Stadthotel unweit des Flusses mit gemütlichen Zimmern, einem schönen Garten und dem besten Frühstück der Stadt. ✆ 095/7904686. €

Dusita Residence 11, in einer ruhigen Seitenstraße gelegen, fußläufig zur Partymeile am Fluss. Dieses günstige Hotel bietet saubere Zimmer mit guten Matratzen, AC und Kühlschrank. ✆ 056/713479. €

Belleville 10, modernes, vierstöckiges Gebäude mit Standardzimmern. Tang Chai Phatthana, Nai Mueang, ✆ 087/658333. €

The One 2, Stadthotel mit sauberen Zimmern, günstigstes Haus am Platz. Phet Phatthana, Soi 2, Nai Mueang, ✆ 081/3040400. €

Essen & Trinken Entlang der Klang Muang Phatthana Road am Kanal hat sich eine Ausgehmeile etabliert mit jeder Menge guten Restaurants und Bars.

Rabieng Ban 6, Livemusik-Restaurant, unbedingt probieren sollte man die Garnelen mit Tamarindensauce. €€

Thonglor 7, direkt an der Ecke zum Khlong Muang River Hotel. Restaurant mit Hot Pan und sehr guten Thai-Gerichten, sehr lecker das Nüa Nam Man Hoi – Rindfleisch in Austernsauce. €€

Shabu Shabu 9, Restaurant mit AC-Bereich. Sushi und Sashimi, japanische Nudelsuppen – In-Lokal der jungen Bevölkerung. €€

The Plaza 3, man bestellt an den Ständen und kann auf dem Platz vor der Bühne für Livemusik sein Essen verzehren, für Getränke sorgt die Bierbude. €

Der Hua Nam Man mit seinen schwimmenden Restaurants

Über Loei nach Chiang Khan

Grüne Baumriesen säumen die gut ausgebaute Straße, die durch die Bergwelt zur Mutter aller Flüsse, zum Mekong führt. Man fährt durch den Phu-Rua-Nationalpark, der zu den Orten zählt, die im Winter die niedrigsten Temperaturen des Landes aufweisen, was ihn zu einem magischen Anziehungspunkt für Thais macht. Witzig sind die schwimmenden oder besser fahrenden Restaurants auf dem Hua Nam Man, einem See in Loei. Ein weiteres Highlight auf dieser Strecke ist das Dorf Chiang Kham mit seinen Holzhäusern und dem kolonialen Ambiente.

Loei und der Phu Ruea National Park

Von Phetchabun geht es durch die Berge der Provinz Loei, immer entlang der Ausläufer verschiedener Nationalparks. Bevor man in das geschäftige Städtchen Loei kommt, sollte man am Schild „Hua Nam Man" links abbiegen. Die Straße führt in etwa 2 km zum See **Hua Nam Man,** auf dem sich gefühlt 50 schwimmende Bambushütten breit gemacht haben – ein sehr beliebtes Ausflugsziel bei Thais. Am Ufer entscheidet man sich für ein schwimmendes Restaurant-Floß, man bekommt die Speisekarte in die Hand gedrückt, dann begibt man sich auf eines dieser schwimmenden Restaurants und wird dann mitsamt diesem per Longtail-Boot auf den See geschoben … Der Kellner nimmt die Bestellung auf, das Longtail-Boot knattert zurück zum Ufer, lädt die Speisen und tuckert wieder zurück zum Restaurant-Boot.

Wieder zurück auf der Hauptstraße, gelangt man in das geschäftige Provinzstädtchen **Loei,** dessen Charme wir auch auf den zweiten oder dritten Blick nicht entdeckt haben, daher direkt weiter in die Berge nach **Phu Ruea.**

Der gleichnamige Nationalpark ist bei Thais ein beliebtes Ausflugsziel und ein Platz zum Zelten. Man folgt den Schildern zum Headquarter, die Straße schlängelt sich den Berg hinauf, man zahlt THB 200 und holt sich erste Informationen im Visitor Centre. Außerdem gibt es hier ein großes digitales Thermometer, auf der Tafel daneben kann man die Kälterekorde nachlesen. In den Monaten Januar und Februar fällt hier das Quecksilber auch schon mal auf -4 C. Und genau das macht den Ort bei Thais so beliebt – man kann frieren! Man kann Songthaews mieten, um zum Gipfel zu fahren, ansonsten sind Selbstfahrer auch willkommen. Von hier geht es dann weiter auf den Gipfel des Phu Ruea. Vorbei an verschiedenen Aussichtspunkten fährt man bis zum Parkplatz, dann noch 400 Meter Fußmarsch und man ist oben angekommen. Besonders am Morgen erwartet den Besucher ein schönes Naturschauspiel, wenn der Nebel über den Tälern liegt und man vom 1365 Meter hohen Gipfel in die Tiefe schaut. Der Park ist Heimat von Rehen, Affen und Wildschweinen. Unter dem grünen Walddach wachsen viele Orchideenarten. Im Park gibt es noch einen Wasserfall, der nur in der Regenzeit Wasser führt.

Zurück auf der Hauptraße 21, geht es weiter nach Norden, die Straße schlängelt sich die Berge hinauf, rechter Hand fällt ein großes Betonthermometer auf, hier posieren Durchreisende gerne für Fotos. Fertig gefroren, fährt man die kurvenreiche Straße hinunter bis an die Auen des Mekong.

Chiang Khan

Am Mekong liegt das gemütliche Städtchen Chiang Khan mit Charme und Holzhausromantik. Die Tankstelle am Ortseingang ist mit Holz verkleidet, der **Amazon Coffeeshop 1** sieht aus wie aus einem Wildwestfilm, man legt Wert auf Tradition. Der 7/11 Store im Dorf ist ebenfalls verkleidet und strahlt in

hölzerner Ummantelung. Der Ortskern zieht sich entlang des Flusses und hat eine Promenade mit Restaurants und Hotels, jeder möchte hier ein Zimmer mit Flussblick ergattern. Die Häuser sind liebevoll restauriert und mit hübschem Dekor ausgestattet. Ein besonders schönes Exemplar ist das **White House.** Chiang Khans Geschichte ist eng mit der des Lan-Xiang-Königreiches (1334–1707) in Laos verwoben. Damals war Chiang Khan Teil dieses Königreiches und eine florierende Grenzstadt am Mekong. Nach der Zerstörung der Stadt durch die Chinesen wurde sie erst im Zuge der Kolonialisierung von Laos durch die Franzosen (Indochine) wieder aufgebaut. Das war im späten 19. Jh. und so findet man die Stadt heute noch vor: schöne Teakhäuser entlang des Mekong mit malerischen Sonnenuntergängen.

Das Städtchen hat zwei Hauptstraßen, die Chai Khong Road, die am Fluss entlang verläuft und rechts und links von Teakhäusern gesäumt ist – ab dem Nachmittag herrscht hier Fahrverbot für Autos, und die Sri Chai Khong Road, diese läuft parallel und ist die Haupt- und Durchgangsstraße. Durchzogen von einigen Querstraßen, den nummerierten Sois, fällt die Orientierung nicht schwer.

Viele Unterkünfte, Läden und Restaurants befinden sich in den Häusern

PTT-Tankstelle in Chiang Khan

entlang der Chai Khong Road. Ab ca. 16 Uhr mutiert die Gasse zu einem Nachtmarkt, dann sind nicht nur die Restaurants geöffnet, sondern auch mobile Garküchen und Grills postieren sich in der historischen Gasse. Ausgefallene Stücke gibt es an den zahlreichen Ständen und in den Geschäften zu kaufen, z. B. Lampen, Vasen und Kunstobjekte aus recyceltem Kunststoff, bunt bemalt – ein echter Hingucker. Natürlich fehlen auch die obligatorischen T-Shirts und Baseballkappen nicht und in den Wintermonaten auch dicke Mützen, Schals und Handschuhe. Die zahlreichen Restaurants haben fast alle Thai-Speisekarten, diese allerdings meist bebildert, sodass man sich mit Fingerzeigen das köstliche Essen bestellen kann. Eine beschauliche Atmosphäre liegt über dem Dorf. An den Wochenenden im Winter kann es voll werden, daher sollte man dann entweder reservieren oder Wochenenden meiden, zumal dann auch die Zimmerpreise nach oben gehen.

Mitten in der Stadt liegt der **Wat Si Khun Muang,** ein ca. 350 Jahre alter Tempel im Lan-Xiang-Stil mit herunterhängendem Dach und vielen Glitzersteinen. Die Yaks am Eingang sehen ausnahmsweise freundlich drein und der Tempel hat eine angenehme Atmosphäre. (Tipp: hier kann man sein Auto parken, die Tore machen nicht vor Mitternacht zu.)

Sehenswert ist auch der **Wat Tha Khaek** am Ufer des Mekong ca. 1 km von der Altstadt entfernt. In der relativ großen Tempelanlage sind eine Schule, Gebetshallen und viel Leben, hier kann man Kinder bei der Einübung thailändischer Tänze beobachten, ihnen in den Pausen beim Spielen zuschauen oder einfach ein bisschen umherwandeln. Der Wat Tha Khaek birgt alte Steine und Fresken, schätzungsweise 700 Jahre alt. Auf dem Gelände, von einer hohen alten Mauer umgeben, befinden sich auch noch ein antikes Holzhaus sowie ein mindestens 350 Jahre alter Chedi. Mit seinem großen Baumbestand direkt am Fluss ist der Tempel eine Oase der Ruhe, um die Seele baumeln zu lassen oder den Sonnenuntergang zu genießen.

Schon von weitem sieht man die Stupa des **Wat Phu Chang Noi** auf dem Hügel stehen und weiß-gold in der Sonne glitzern. Nimmt man die Straße hinter dem Big C, erreicht man nach einigen Kurven auf der von Schlaglöchern übersäten Straße den Tempel. Von hier oben hat man eine schöne Aussicht auf das Mekong-Delta. Der kleine Berg-Tempel verfügt über einen „schreitenden Buddha" im Sukhothai-Stil, der in die Tiefe blickt. Der kleine Viharn ist unspektakulär, allerdings trifft man hier immer auf Mönche, die die Besucher gerne segnen.

Etwa 10 km außerhalb von Chiang Khan, in **Ban Pa Nat,** lohnt das Tai Dam Village einen Besuch (→ Kasten unten).

Ausflug zu den schwarzen Thais – Tai Dam Weaving Village

Im frühen 20. Jh. kamen die Tai Dam (die Schwarzthais) aus Vietnam nach Thailand. Ihr Name rührt von der überwiegend schwarzen Kleidung her, die sie tragen. Der Volksstamm der Tai Dam war Gegner des Kommunismus und wurde aufgrund seiner politischen Gesinnung in Vietnam unterdrückt. Thailand war zu der Zeit bereits ein aufstrebendes Land und nahm die Menschen auf. Die Tai Dam ließen sich in und um Loei nieder und brachten ihre fabelhaften Fähigkeiten des Webens mit. Etwa 10 km außerhalb von Chiang Khan liegt das kleine Dorf, in dem man den Weberinnen bei der Arbeit zusehen kann. Hier hält man sich an Traditionen und webt überwiegend traditionelle Muster in Blau oder Rot. Wer möchte, kann auch mal selber einen Webstuhl bedienen. Auch kultivieren die Tai Dam ihre eigene Baumwolle auf den Feldern, in den Wintermonaten sieht man die weißen Puschel schon von Weitem. Der kleine Shop in einem Holzverschlag bietet Schals, Röcke und allerlei andere kleine handgemachte Souvenirs an. Meist spielen Kinder in traditioneller schwarzer Kleidung Korbball auf dem Gelände – einfach mitmachen.

Praktische Infos

Hin & weg **Nok Air** und **Air Asia** fliegen Loei von Bangkok aus an. Loei Airport, minisite.airports.go.th/loei.

Überlandbusse fahren ab Bangkok mehrmals am Tag nach Loei, von dort geht es mit dem **Songthaew** nach Chiang Khan, die Fahrt dauert ca. 45 Min.

Am besten ist die Anreise mit dem **eigenen Fahrzeug.**

Tuk-Tuks und **Taxis** findet man vor Ort.

Fahrzeugvermietung In Chiang Khan bei **Motorbike for Rent** gleich neben dem Look Restaurant auf der Chai Khong Road werden Mopeds vermietet.

Die meisten Unterkünfte bieten **Fahrräder** gratis zur Benutzung an. Sonst gibt es auf der Sri Chai Khong Road einige Verleiher (ab THB 100 pro Tag).

Gesundheit Chiang Khan verfügt über ein Krankenhaus. Folgt man der Sri Chai Khong Road etwa 2 km nach Osten, gelangt man zum **Chiang Khan Hospital,** ✆ 042/822181.

Im **Muang Loei Ram Hospital** gibt es Englisch sprechende Ärzte, es ist gut ausgestattet. 546 Naan Rd., ✆ 042/870000 (24-Std.-Hotline).

Von Mae Sot nach Chiang Khan → Karte S. 266/267

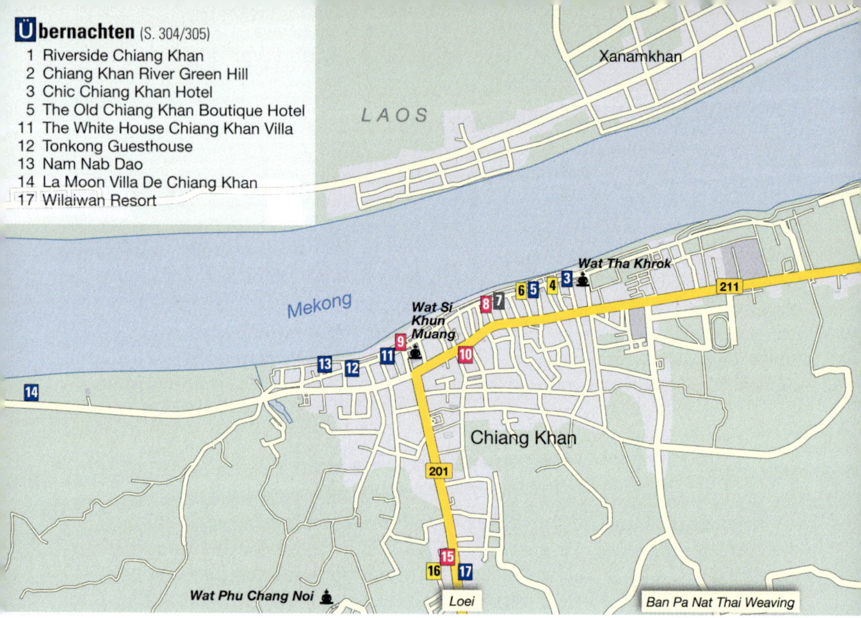

Einkaufen In Loei und Chiang Khan sind **Tesco** und **7/11** Stores überall vertreten. Entlang der Sri Chai Khong Road in Chiang Khan findet allabendlich die **Walking Street 4** statt, hier befinden sich auch die meisten Läden mit Souvenirs, Handwerkskunst, Kleidung und jede Menge Essensstände.

Art of Living 6, gegenüber des White House in Chiang Khan auf der Chai Khong Road liegt der schnuckelige Laden, der sowohl ausgefallene Kleidung als auch Dekoartikel führt.

Big C 16, an der Einfallstraße von Chiang Khan, dieses kleinere Exemplar der Supermarktkette bietet trotzdem alles für den täglichen Bedarf.

Aktivitäten **Rim Khong Massage 7**, auf der Mitte der Chai Khong Road in Chiang Khan, Massage in einem Holzhaus, hier werden besondere Techniken angewandt, sagen die Einheimischen. Es wird nach Herzenslust geknetet und gebogen. Angemerkt sei, es ist kein Spa, keine intime Atmosphäre, man liegt auf den Matratzen am Boden nebeneinander und während der Massage unterhalten sich die Therapeuten lautstark – das scheint aber niemanden zu stören. Muskelkater kann vorkommen am nächsten Tag.

Übernachten in Phu Ruea → Karte S. 301 **Phurua View 3**, Zimmer und Bungalows auf einem großen Areal. Entspannte Atmosphäre. ✆ 096/9213866. €

Villa de Panta 2, nettes sauberes Hotel mit Zimmern und Bungalows. ✆ 083/2428294. €

Phurua Sanctuary Resort & Spa 4, das 2019 eröffnete Resort befindet sich auf einem weitläufigen Areal. Die Zimmer im Haupthaus sind modern eingerichtet und verfügen über alle Annehmlichkeiten eines 4-Sterne-Resorts. Die Häuser auf dem Gelände haben Privatpool, eine Küche und bis zu drei Schlafzimmern. 216 Moo 8, Phu Ruea, ✆ 098-289-3796, www.phuruasanctuary.com. €€€€

... in Chiang Khan **The White House Chiang Khan Villa 11**, am Fluss gelegen. Schönes Holzhaus, mit vielen Antiquitäten ausgestattet. Restaurant und Bar dabei. Sri Chai Khong Rd., ✆ 089/5292698. €€

Tonkong Guesthouse & Restaurant 12, hübsche Unterkunft an der Promenade. Saubere Zimmer mit privatem Bad. Sri Chai Khong Rd., ✆ 089/3940839. €

Chic Chiang Khan 3, das hippste Boutique-Hotel am Fluss. Moderne Wischoptik kombiniert mit altem Holzcharme. 290, Soi 20, Sri Chai Khong Rd., ✆ 089/9009788, www.chicchiangkhan.com. €€€

Nam Nab Dao 13, ziemlich am Ende der Uferpromenade, Hotel/Guesthouse mit schönem Innenhof, in dem sich das Restaurant mit Flussblick befindet. ✆ 086/7920215, www.nomnab-dao.com. €

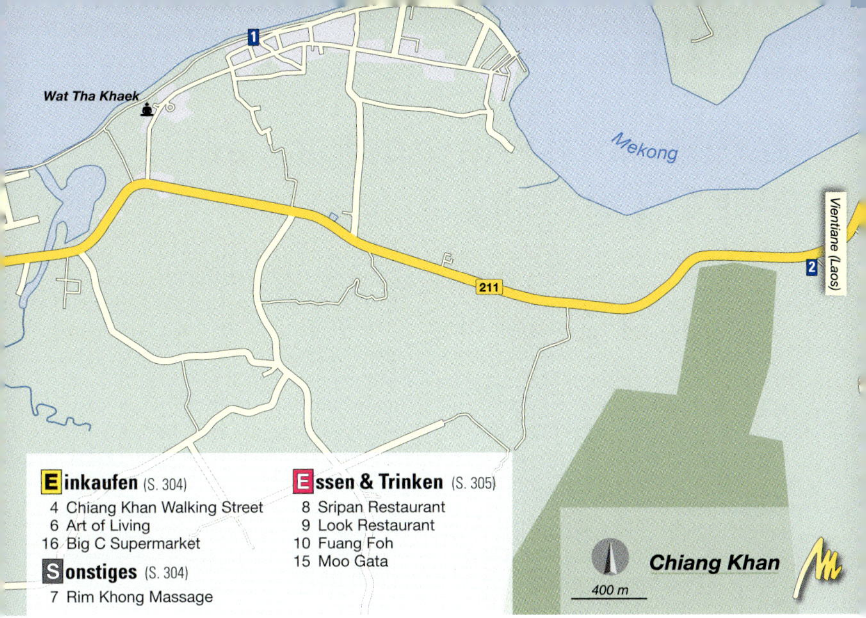

La Moon Villa De Chiang Khan 14, sehr gelungene kleine Anlage etwa 2 km vom Zentrum entfernt am Fluss. Holzbungalows zum Innenhof oder Zimmer mit Flussblick. 444/29 Chiang Khan – Tali Rd., ✆ 083/6710884. **€€**

Chiang Khan Riverside Resort 1, 8 auf Stelzen gebaute Bungalows ca. 3 km außerhalb am Fluss. Schönes Ambiente, hier muss man mobil sein. 222/2 Mo 3, ✆ 098/2528938, chawienghong@hotmail.com. **€€**

Chiang Khan River Green Hill Resort 2, ausgefallen! Luxuszelte auf einem riesigen Areal mit tollem Mekong-Blick. ✆ 061/0196660, www.chiangkhanrivergreenhill.com. **€€**

The Old Chiang Khan 5, 1852 wohnte hier der Gouverneur des Ortes, heute ist das historische Gebäude zu einem Hotel umfunktioniert worden. 288 Moo 2, Chiang Khan Rd., ✆ 044/822119, www.theoldchiangkhan.com. **€€**

Wilaiwan Resort 17, Geheimtipp für Sparfüchse! Das Hotel liegt links hinter dem Big C. Sehr saubere Zimmer im modernen Hotelkomplex. Schöne Holzbungalows mit Spitzdach und Balkon liegen dahinter in einem großen Garten, gleich gegenüber die modernen Doppelbungalows mit Flachdach und Wischoptik. 410 Moo 6, Muang. ✆ 080/7544043. **€**

Essen & Trinken in Chiang Khan In Chiang Khan gibt es viele Restaurants entlang der Uferstraße. Einfach reingehen und probieren, die Schilder sind in Thai-Schrift. Die Auswahl ist groß, gut schmeckt es überall, wir haben einige hervorgehoben.

Look Restaurant 9, Dim Sum mit Mekong-Blick. Mitten in der Walking Street, Chai Khong Rd. **€**

Sripan Restaurant 8, neben einfachen Thai-Gerichten auf Reis, z. B. Phad Krapao (Hackfleisch mit Basilikum) oder auch Phad Khing (gebratenes Fleisch mit Ingwer), auch guter Kaffee und Kuchen. Chai Khong Rd. **€**

The White House 11, sehr schönes Ambiente in dem Teakhaus am Fluss. Man speist wie in Omas Wohnzimmer. Gediegene Einrichtung und gutes Essen. Unbedingt den gebratenen Fisch probieren. **€€**

Fuang Foh 10, gute Nudelsuppe gleich neben dem 7/11 auf der Sri Chai Khong Road – mit witzigem Logo: „Don't look for Love Look for Food". **€**

Moo Gata 15, besonders im Winter das Lieblingsessen des Nordens. Ein Holzkohle-Tischgrill, den man im „All you can eat-Modus" bestücken kann, Seafood, Fleisch und Gemüse. Den Som Tam, den Papayasalat, kann man selber stampfen, Saucen und Zutaten stehen parat. Ein vergnügliches Essen, das an Fondue erinnert. Gleich vor dem Big C liegt der kleine Stand mit den Plastikstühlen und dampfenden Grills. **€€**

Zurück nach Phitsanulok – am Mekong entlang

Selbstfahrer nehmen jetzt die Straße 2195. Sie führt entlang des Mekong durch dichten Baumbestand und tiefstes Niemandsland. Man folgt dem Flusslauf, passiert ein paar Grenzorte zu Laos, aber auch hier begegnet man nur wenigen Menschen. Ansonsten ist der Weg gesäumt von hohen Bäumen und unberührter Natur. An der Kreuzung mit der Straße 2294 biegen wir links ab und gelangen durch den Phu-Rua-Nationalpark wieder an Loei vorbei in den Ort **Dan Sai.** Auf den ersten Blick ein Durchgangsort wie viele andere, doch hat der kleine Ort mehr zu bieten, als man meint. Schaut man auf den Hügel, sieht man hoch oben den **Wat Neramit Wipatsana,** einen neuzeitlichen Tempel aus roten Lateritsteinen. Er wacht erhaben über die Stadt, schön anzusehen in seiner klaren Bauweise, ganz ohne Schnörkel und Pomp. Die Gebetshalle strahlt in roten und goldenen Tönen und zieht viele Gläubige an. Der Gründer des Tempels, der Abt Phro Pha Maha Pan Sila Wisuttho, ist am Eingang als Wachsfigur nachgebildet. Am Flussufer des Nan steht noch eine wichtige Pagode, die ein Tempel umgibt, die **Phra That Sri Song Rak,** die Pagode der zwei Freunde. Das 32 Meter hohe Bauwerk wurde während der Ayutthaya-Periode im Jahr 1560 geschaffen und ist ein Symbol der Freundschaft zwischen Ayutthaya und Vientiane. Achtung: Beim Besuch keine rote Kleidung anlegen oder rote Blumen mitbringen, die Pagode wurde als Zeichen der Freundschaft gebaut und Rot ist die Farbe des Krieges und der Unruhen. Im Ort findet alljährlich ein Maskenfestival statt (→ Kasten unten).

Auf der gut ausgebauten Straße 21 geht es dann auf der bekannten Route zurück nach Phitsanulok.

Phi Ta Khon Festival – buntes Treiben in Dan Sai

Am ersten Wochenende nach dem 6. Vollmond (also meist im Mai oder Juni) findet das Geisterfestival statt. Freitags gehen die Menschen in einer großen Prozession mit handgemachten Masken verkleidet durch das Dorf. Die Masken bestehen aus geschnitztem Holz und die Kleider sind aus bunten Stoffbahnen zusammengenäht. Die Masken sind bunt bemalt und je schrecklicher sie aussehen, desto besser die Wirkung. Denn sie sollen mit viel Lärm und ihrem bösen Aussehen Geister vertreiben – böse Geister, die Unglück über Land und Leute bringen. An den Tempeln werden Opfergaben in Form von Wachsfiguren dargeboten und viel Feuerwerk wird verschossen, auch das vertreibt die bösen Luftgeister. Tanzaufführungen und Tempelmärkte runden das Wochenende ab. Das kleine Museum im Ortskern stellt schöne Masken aus und man kann Fotos der Prozessionen bewundern.

Shinnabura Historic
Boutique Hotel in Phitsanulok

Handgemachte Schirme im Schirmemacherdorf Bo Sang bei Chiang Mai

Nachlesen

& Nachschlagen

Pick-up-Trucks können viele Menschen transportieren

Thailand – Fakten

Das Königreich Thailand liegt auf der südostasiatischen Halbinsel und erstreckt sich über 513.120 km². Damit hat es in etwa die Größe Frankreichs. Die Nord-Süd-Ausdehnung beträgt ca. 1800 km, die West-Ost-Ausdehnung ca 800 km. Auf der Landkarte erinnert die Form des Königreiches an einen Elefantenkopf, dessen Rüssel von der südlichen Halbinsel gebildet wird. Thailand grenzt an Myanmar im Nordwesten, an Laos im Nordosten, an Kambodscha im Südosten und an Malaysia im äußersten Süden. Die Küsten des Landes liegen am Golf von Siam, am chinesischen Meer im Osten und an der Andamanensee im Westen. Traumhafte Strände, Überreste tropischen Regenwalds und viel Tourismus findet man im Süden. Im Norden ragen die Gebirgsausläufer des Himalaya ins Land und bilden mit dem Doi Inthanon mit 2565 Metern in der Nähe Chiang Mais den höchsten Berg Thailands.

Während der Süden des Landes schon seit Jahrzehnten Tourismus betreibt, wird die nördliche Region gerade mehr und mehr entwickelt und bringt äußerst Interessantes zum Vorschein. Der Nordosten – in der Landessprache Isan –, den wir mit der Provinz Loei und Chiang Khan nur streifen, ist die ärmste Region des Königreiches. Zentralthailand mit der Metropole Bangkok ist die am dichtesten besiedelte und auch reichste Region. Die Regierungshauptstadt ist Bangkok, eine Primatstadt mit mehr als 15 Mio. offiziellen Einwohnern, sie steht somit an 17. Stelle der weltgrößten Städte. Thailand hat ca. 70 Mio. Einwohner (Stand 2017).

Thailand ist in 77 Provinzen unterteilt, die sogenannten Changwats, diese sind weiter in Amphoe, bei uns wären es Verbandsgemeinden, unterteilt, aus denen sich dann die Tamboons, die Ortsgemeinden herausbilden. Bangkok wird ein Sonderstatus eingeräumt und es zählt als eigene Provinz. Jede Provinz verfügt über eine Provinzhauptstadt. Zu den Nordprovinzen gehören Chiang Mai, Chiang Rai, Lampang,

Lamphun, Mae Hong Son, Nan, Phayao, Phetchabun, Phitsanulok, Phrae, Sukhothai, Tak, Uttaradit und die Provinz Loei (eigentlich zur Nordost-Region Isan). Die Provinzhauptstädte tragen den gleichen Namen wie die Provinzen und sind Dreh- und Angelpunkt des Changwats. Hier gibt es die größeren Geschäfte, Ärzte, Krankenhäuser und öffentliche Einrichtungen. Die Städte entwickeln sich schnell und es gibt eine immer bessere Infrastruktur. Leider wird der öffentliche Nahverkehr nicht wirklich ausgebaut, man muss sich auch in den Städten noch immer mit Taxi, Moped-Taxi oder Tuk Tuk bewegen. Einzig Chiang Mai hat mehrere Buslinien eingeführt, leider fahren diese meist als Geisterbusse durch die Stadt ohne einen einzigen Passagier.

Die Provinzen des Nordens im Überblick

Das Zentrum

Provinz Chiang Mai: Das Herzstück des Nordens ist die Provinz Chiang Mai und die gleichnamige Hauptstadt. Sie ist die größte Stadt im Norden mit ca. 130.000 Einwohnern (2017). Wie Bangkok ist sie eine Metropolregion und dehnt sich mittlerweile fast bis nach Doi Saket im Norden, nach San Pa Tong im Süden und nach Mae Rim im Westen aus. Die Einwohner der Provinz werden auf ca 1,6 Mio. (2017) geschätzt. Im Osten zwischen Lamphun und Chiang Mai sind die Übergänge jetzt schon fließend. Chiang-Mai-Stadt ist kulturelles und historisches Zentrum und hat nach Bangkok die renommiertesten Universitäten. Hier ist man am Puls der Zeit. Hier kommen die meisten Touristen an und die Infrastruktur, u. a. Fahrzeugvermietung und auch öffentlicher Verkehr mit Bus, Bahn und Flughafen, ist gegeben. In der Provinz Chiang Mai liegen die drei höchsten Berge des Königreichs und sie ist, wie die Nachbarprovinzen auch, stark vom Reisanbau geprägt.

Im Südosten von Chiang Mai

Provinz Lamphun: Die kleine Provinz ist eine historisch wertvolle Stätte, hier war hier bereits im 9. Jh. ein Mon-Reich angesiedelt. Die Provinzhauptstadt hat einige schöne Tempel zu bieten und ist wie eine Mini-Ausgabe Chiang Mais mit Stadtmauern, Graben und Tempelruinen. Lamphun hat einen großen Industriepark, der sehr zum Reichtum der Region beiträgt. Hier werden u. a. Halbleiter gefertigt, internationale Firmen wie Kyocera haben hier ihren Sitz, doch verlässt man den Highway, der Lamphun mit Chiang Mai verbindet, ist man genauso in den Reisfeldern wie überall sonst auf dem Land.

Provinz Lampang: Die größere Schwesterprovinz grenzt an Lamphun und Chiang Mai und ist bekannt für ihr Porzellan. Die Hauptstadt stand schon immer im Schatten Chiang Mais, doch ist sie eine quirlige Provinzhauptstadt mit Kolonialcharakter geworden.

Provinz Phrae: Sie grenzt an Lampang. Hervorzuheben ist die Holzmöbelherstellung im Dorf Den Chai. Die Provinz ist auch ans Eisenbahnnetz angeschlossen. Phrae besticht durch seine schöne Kolonialarchitektur. In der Provinz liegt eine der UNESCO-Weltkulturerbestätten, die alte Prinzenstadt Si Satchanalai aus der Sukhothai-Ära.

Provinz Uttaradit: Gleich neben Phrae liegt in dieser Provinz der zweitgrößte Stausee des Königreiches, der Sirikit-Stausee. Ansonsten ist sie landwirtschaftlich geprägt, neben Reisanbau stehen hier auch Früchte hoch im Kurs, etwa Longan und Rambutans.

Der Norden

Provinz Phayao: Hier liegt der größte See in Thailands Norden. Die aufstrebende Provinzhauptstadt profitiert vom Tourismus der Thais. Sie liegt strategisch günstig zwischen dem Norden und dem Nordosten des Landes und ist so auch Durchfahrtsort für Reisende auf dem Weg nach Myanmar oder nach Laos.

Provinz Nan: Phayao fungiert als Verbindungsglied in die abgelegene Provinz Nan, die einst ein eigenständiges Königreich war. Sie ist mit Nationalparks durchzogen. Die Stadt Nan ist sehr eng mit der Volksgruppe der Tai Lue verbunden.

Provinz Chiang Rai: Noch weiter nördlich liegt die Provinz Chiang Rai. Sie grenzt an Chiang Mai und an das benachbarte Myanmar. In Tachilek bei Mae Sai ist ein Grenzübergang und in Chiang Khong am Mekong kann man mit dem Boot ins Nachbarland einreisen. Chiang-Rai-Stadt ist eine aufstrebende Provinzhauptstadt und für die Region wichtiger Dreh- und Angelpunkt, der Flughafen Mae Fah Luang hat sich zu einem internationalen Airport entwickelt. Die touristische Faszination besteht seit jeher im Goldenen Dreieck, in dem der Opiumhandel seine größte Verbreitung hatte. In den letzten Jahren hat sich Chiang Rai zu einer kunstorientierten Provinz gemausert, hier befinden sich gleich mehrere wichtige Museen, aber auch Royal Projects und die berühmte Hall of Opium.

Der Westen

Provinz Mae Hong Son: Im Westen grenzt Chiang Mai an die Bergprovinz Mae Hong Son mit ca. 280.000 Menschen (2017), die Stadt hat ca. 6400 Einwohner. Die Provinz ist landwirtschaftlich geprägt und wird von zahlreichen Bergvölkern besiedelt, die an den gerodeten Steilhängen Ackerbau betreiben. Touristenmagnet der Provinz ist das Dorf Pai mit einer sehr guten touristischen Infrastruktur und sehr gut von Chiang Mai aus zu erreichen. Mae-Hong-Son-Stadt hat einen Flughafen zu bieten.

Im Süden

Provinz Tak: Im Süden grenzt Mae Hong Son an die Provinz Tak. Sie verläuft entlang der burmesischen Grenze und ist ebenfalls von Reisanbau und Feldwirtschaft geprägt. Die Grenzstadt Mae Sot ist die größte Stadt der Provinz, hier kann man auch über den Landweg nach Myanmar einreisen und das Stadtleben ist stark von den Burmesen geprägt. Die Provinzhauptstadt Tak liegt nur ca. 80 km entfernt und ist ein ruhiges Provinznest, eingebettet in schöne Nationalparks.

Provinz Sukhothai: Tak grenzt im Osten an die Provinz Sukhothai, wohlbekannt durch das UNESCO-Weltkulturerbe Sukhothai Historical Park. Die eigentliche Provinzhauptstadt Neu-Sukhothai ist für Touristen insofern interessant, als man dort gediegen außerhalb der historischen Mauern übernachten und essen kann.

Provinz Phitsanulok: Die Provinz ist Verkehrsknotenpunkt zwischen Bangkok, dem Norden und dem Nordosten. Die Hauptstadt Phitsanulok ist Universitätsstadt und geistiges Zentrum der Provinz. Von Bangkok und Chiang Mai ist sie gut per Eisenbahn zu erreichen und einen Flughafen gibt es auch. Die Provinz punktet mit vielen Nationalparks.

Das Tor zum Isan – der Osten

Provinz Phetchabun: Die Provinz ist Anziehungspunkt für Thais, die in den Wintermonaten das kühle Klima der bergigen Landschaft genießen. Auf gerodeten Flächen wird Landwirtschaft betrieben, während man in den Nationalparks immergrünen Baumbestand

Der See Ang Kep Nam bei Mae Sai

sieht. Lom Sak ist ein geschäftiger Ort, der bei Einheimischen das Tor zum Isan genannt wird, denn schon kurz dahinter beginnt die Provinz Loei.

Provinz Loei: Sie gehört zum Nordosten, dem Isan. Das Dörfchen Chiang Khan am Mekong wirbt mit seiner Holzhaus-Romantik für die gesamte Provinz.

Geografie und Landschaft

Der Norden Thailands wird von mehreren Gebirgsketten geprägt. Sie sind Ausläufer des Himalaya und zehn der **Berge** erreichen immerhin eine Höhe von über 2000 Metern. Der Doi Inthanon, nur 40 km von Chiang Mai entfernt, überragt mit 2565 Metern Höhe den Doi Pha Hom Pok (2285 m) an der laotischen Grenze. Gefolgt werden die Riesen vom Doi Chiang Dao (2175 m), der mit seiner Nadelform ins Auge sticht, und dem Khau Kacheu La (2152 m) in der Provinz Tak. Auch Nan wartet mit zwei 2000ern auf, ebenso Mae Hong Son.

Karstgebirge und schroffe Felsformationen gehören zum Landschaftsbild des Nordens, sie sind von Flüssen ausgespült worden, sodass sich eine Unmenge an **Höhlen** gebildet haben. Einige „Tham" (thail. Höhle) sind zu besichtigen und Höhlenbegeisterte schwärmen von den Stalagmiten und Stalaktiten. Die Tham Luang in Chiang Rai kam 2018 zu trauriger Berühmtheit, als hier eine Jugend-Fußballmannschaft tagelang eingesperrt war (→ S. 144).

Die Region wartet zudem mit vielen **Wasserfällen** auf, einige sieht man hoch oben aus dem Gebirge sturzbachartig in die Tiefe fallen, andere rauschen tosend über Felsen und waschen sie, wie schon seit Ewigkeiten, weiter aus. Manche bilden natürliche Schwimmbecken und bieten eine Erfrischung an heißen Tagen. Am besten besucht man die Wasserfälle in bzw. kurz nach den Regenmonaten, denn aufgrund des Klimawandels und der steigenden Hitze und längeren Dürren führen viele von ihnen in der Trockenzeit kaum noch Wasser.

Im Norden entspringen wichtige **Flüsse,** „Mae Nam", die während des Teakholzabbaus im ausgehenden 19. Jh. von großer Bedeutung waren. So der **Yom,** der in der Provinz Phayao entspringt und durch Lampang, Phrae Sukhothai und Phitsanulok fließt, bis er dann in Nakhon Sawan in den Nan mündet. Der **Ping** River mit 569 km Länge entspringt im Pha Daeng National Park in der Nähe von Chiang Dao. Er fließt duch Chiang Mai, Lamphun und Tak. Der Ping ist es auch, der im Bhumibol-Staudamm gestaut wird, mit 300 km^2 ist er der größte Stausee des Landes. Der **Nan** entspringt in der Provinz Nan und durchfließt über 600 km die nördlichen Provinzen Uttaradit sowie Phitsanulok. Alle drei Flüsse speisen den Chao Phraya, der bei Bangkok in den Golf von Thailand mündet. Der Mekong, zwölftlängster Strom der Erde, bildet die Grenze zwischen Thailand und Laos. Vorbei an Chiang Saen und Chiang Khong fließt er nach Luang Prabang in Laos, um dann nach einer Schleife in den Nordosten Thailands zurückzukehren, von wo aus er seinen Weg nach Kambodscha nimmt.

Unter königlicher Patronage wurden die **Stauseen** des Landes gebaut. Nicht nur der Bhumibol-Damm liegt im Norden Thailands, auch der Sirikit-Damm zwischen Nan und Uttaradit. Weitere gibt es in der Provinz Lampang, in Doi Saket und Mae Suai.

Klima und Reisezeit

Das Klima in Thailand ist generell tropisch. Während der Norden ein wechselfeuchtes Savannen-Klima mit drei unterschiedlichen Jahreszeiten hat, ist es im Süden tropisch feucht. An der Andamanenküste spielt der Monsum zwischen Mai und Oktober eine große Rolle, während Regenfälle und Sturm im Dezember und Januar am Golf von Thailand das Wetter beeinflussen. Die beste Reisezeit im Süden sind die Monate November bis Ende April an der Andamanenküste und an der Ostküste sollte man die Monate Dezember bis Februar mit Vorsicht genießen. Im Norden hingegen dauert die kühlere Trockenzeit von November bis Ende Februar, dann können es in den Hochregionen schon mal um die 0 °C nachts werden, untertags bei Sonnenschein angenehme 28 °C.

Die **besten Reisemonate für den Norden** sind Oktober bis Ende Februar. Die Monate März und April sind im Norden und Nordosten unerträglich heiß und das Quecksilber zeigt gerne Temperaturen über die 40 °C im Schatten an. Dann ist das Land fast gelähmt, die Schulen machen Ferien und es zieht viele Menschen an die Küsten, man lässt sich dann gerne die warme Meeresbrise um die Nase wehen, zumal der Norden und Nordosten dann auch unter einer extrem schlechten Luftqualität leiden, denn es ist „Burning Season". Die Berge stehen dann wortwörtlich in Flammen, die Maisernte ist eingefahren und die vertrockneten Pflanzen werden per Hand im bergigen Gelände geschnitten und gehäckselt. Dann werden die riesigen Haufen angezündet und brennen Tage vor sich hin. Andere Bergflächen werden aufgrund von bestimmten Pilzen angezündet, die dann angeblich besser wachsen. Da diese Praktiken des Verbrennens auch in den Nachbarländern angewandt werden, kann die Luft extrem dick werden. Jeder freut sich auf die Monate Mai und Juni, in denen erste Regenschauer ein wenig Abkühlung bringen. Dann fallen auch die Temperaturen wieder auf um die 30 °C und das Land atmet auf. Bis in den Oktober regnet es regelmäßig. In Bangkok und Zentralthailand ist es während der Wintermonate wärmer als im Norden und die Regenzeit ist kürzer.

Flora und Fauna

Bäume und Wälder

Auch wenn die Waldflächen durch Brandrodung auch im Norden sehr stark abgenommen haben, gibt es in den höheren Lagen noch immer **Monsunwald,** immergrünen Wald durchsetzt mit Teakbäumen und anderen Bäumen, die in der Trockenzeit ihr Laub abwerfen, was dann dem Boden Nährstoffe gibt. Farne und Rhododendren ebenso wie wilde Orchideen wachsen unter dem Baumdach. Sehr schön zu beobachten entlang der Straße nach Tak (→ S. 264) und bei Fahrten durch die Nationalparks, etwa bei Bo Kluea (→ S. 186).

Im ganzen Land findet man dichte **Bambuswälder.** In Thailand wachsen über 40 der 1200 Arten weltweit. Bambus ist die am schnellsten wachsende Pflanze der Welt und so vermehren sich die Hölzer im ganzen Land. Das Holz ist vielseitig verwendbar. Es werden Brücken, ja ganze Baugerüste aus dem extrem belastbaren Material gefertigt. Auch Möbel werden daraus hergestellt, aus Bambus gefertigte Becher und Tassen sind mittlerweile auch sehr beliebt.

Während im Norden viel Waldgebiet der landwirtschaftlichen Nutzung weichen musste, sind heute zum Glück einige Wälder als Nationalparks geschützt und es wird fleißig aufgeforstet. **Kiefern, Pinien, Eichen und Kastanien** kommen in den höheren Bergregionen vor. Viele Bäume werfen in der Trockenzeit ihre Blätter ab, sodass es im März in manchen Landstrichen aussieht, als wäre Agent Orange zum Einsatz gekommen.

Auch der **Teakbaum,** der in den Berggebieten des Nordens heimisch ist, wirft sein Laub ab. Er wird zur Holzproduktion auch in Plantagen gepflanzt, die Umschlagzeit ist ca. 18 Jahre. Teakholz ist sehr gut geeignet für die Möbelherstellung, den Hausbau und den Schiffsbau, Teakholz wird nämlich bei Nässe nicht rutschig. Die riesigen **Krabak-Bäume,** auch Mersawa genannt, sind eine Gattung der Flügelfruchtgewächse. Sie werden im Schnitt 45 Meter hoch und ihr Holz wird ebenso für den Möbelbau genutzt und weltweit exportiert. Den größten seiner Art kann man im Nationalpark Taksin Maharat bewundern (→ S. 271).

Mächtige Wurzeln des Krabak-Baums

Und wie in jedem tropischen Land fehlen auch die **Palmen** nicht. Es gibt unzählige Palmenarten wie die Kokospalme, die Schraubpalme, die Nipapalme oder auch die farbenfrohe Lipstick Palme, sie werden ebenso als Baumaterial verwendet, etwa zum Dachdecken und natürlich kann man die Früchte der Kokospalme essen und es wird Palmzucker und Öl aus dem Saft des biegsamen Baumes gewonnen.

▲ Blüte der Passionsfrucht
▼ Orchideen-Vielfalt

Auch **Banyan-Bäume** sind weit verbreitet, in fast jedem Tempel, auf jedem Dorfplatz begegnet man den Ein-Baum-Wäldern der Würgefeige.

Auch der **Goldene Duschbaum,** die Nationalpflanze des Landes mit ihren grell-gelben Blüten, ist überall zu sehen. Ebenso die **Frangipani-Bäume,** die wie Unkraut aus dem Boden schießen. Kahl sehen sie während der heißen Zeit aus wie aus einer anderen Welt, als würde nie mehr ein Blatt an ihre trockenen Äste kommen. Doch mit Beginn der Regenzeit tragen sie wieder ein grünes Blätterkleid und die nachts duftenden Blüten erstrahlen in Weiß oder Rot.

Obstplantagen sieht man viele entlang der Straßen, Durian, Rambutan, Litschi und Mangos über Mangos. Auch in Gärten und Innenhöfen fehlt ein Mangobäumchen nicht. Wie Unkraut wachsen, auch oft tagelang ohne Wasser und der prallen Sonne ausgesetzt, Papayabäume.

Blumen

Die vielen Blumenausstellungen und Blumenparaden im Norden zeugen von der Liebe der Thais zu Blumen. Bekannt ist Thailand für seine vielen **Orchideenarten,** die hier wie Unkraut wachsen, sie gedeihen an Bäume angebunden, im Topf auf der Terrasse oder wild im Wald. Auch viele uns bekannte Blumen wachsen im Norden. Die Bougainvillea schmückt die Mittelstreifen der Highways und blüht in der Trockenzeit, Helikonien (Paradiesvogelblumen) und Bromelien geben sich ein Stelldichein neben Passionsfrüchten, Hibisken, Engelstrompeten, Rosen, Sufinien und Adenien, oder auch die Wüstenrose. Nicht zu vergessen die Lotosblüten und Seerosen, die in den Straßengräben ebenso gedeihen, wie in den Seen und Tümpeln der Tempel oder in den Schalen vor den Häusern. Kurzum – im Norden gedeiht fast alles.

Was die Kulturpflanzen betrifft, wuchs in den 1970er-Jahren noch Opium im hohen Norden, heute sind Avocado, Physalis und Erdbeeren an dessen Stelle getreten (→ Landwirtschaft, S. 320).

Säugetiere

Die Tierwelt ist vielseitig, in den Nationalparks und Naturschutzgebieten trifft man auf Banteng-, Samba- und den Sikahirsch sowie viele Affenarten, u. a. Gibbons und Makaken. Der Luchs, der Ozelot und der asiatische Panther sind ebenso heimisch wie der siamesische Tiger und der Leopard, allerdings ist ihr Bestand sehr dezimiert und sie sind vom Aussterben bedroht, sodass man sie erst gar nicht zu Gesicht bekommen wird. In den Wäldern sind Flughörnchen beheimatet, gute Chancen, sie zu Gesicht zu bekommen, hat man am Canopy Walkway im Sirikit Botanical Garden bei Mae Rim (→ S. 68) Die Höhlensysteme des Nordens sind außerdem ein idealer Lebensraum für Fledermäuse, es gibt die verschiedensten Arten, u. a. auch die Hummelfledermaus, die mit 1,5 bis 2 Gramm das kleinste Säugetier der Welt ist.

Elefanten

Elefanten gibt es in wilder Natur nur noch im Kui-Buri-Nationalpark in der Provinz Prachuap Khiri Khan. Die Elefantencamps im Norden (→ S. 369) setzen alles daran, die Art zu erhalten. Die meisten Camps, anders als im Süden, verzichten auf Elefantenreiten und quälerische Programme für die sanften Riesen, dem Besucher soll die Natur dieser faszinierenden Kreaturen nahe gebracht werden und ganz klar im Vordergrund steht die Rettung der Art.

Reptilien und Amphibien

In Thailand sind einige **Froscharten** heimisch, etwa der grüne Baumfrosch oder der Harlekin-Baumfrosch. Der Ochsenfrosch ist ein häufiger Bewohner der Wälder, er wird aber auch ge-

Junge Fledermaus

züchtet und verspeist. **Skorpione** kommen häufig vor, nicht selten dringen sie auch in Wohnungen oder Hotelzimmer ein. Sie sind nicht giftig und ihr Stich ist etwa so schmerzhaft wie der einer Wespe oder Biene. Die Vielzahl an Reptilien beziffert über 100 **Schlangenarten,** nur wenige lebensgefährlich wie die Monokel-Kobra, die Grubennatter und die Krait. Man begegnet Schlangen selten, hier und da sieht man mal ein Reptil eine Palme hochgleiten oder über die Wiese huschen. Die Schlangen haben aber viel mehr Angst vor dem Menschen und flüchten im Normalfall.

> Sollte es zu einem Schlangenbiss kommen, die betroffene Person unbedingt ruhig stellen, die Notfall-Nummer 1719 des Bangkok Hospital wählen und einen Krankenwagen bestellen. Ist man in zu abgelegenen Gegenden unterwegs, sollte man das Gliedmaß mit dem Biss nach unten halten, ruhig stellen und sofort ins nächste Krankenhaus fahren.

Die Bambusotter, die Natter und die Rattenschlange sind eher defensiv und völlig ungefährlich für den Menschen, auch wenn der Biss schmerzt. Allgegenwärtig und hilfreich bei Mücken sind die **Geckos,** auf Thai „chinschuck“. Geckos gibt es schon seit 50 Millionen Jahren und sie sind im tropischen

Raum stark verbreitet. Eine besonders hübsche Art ist der Tokeh (Gekko gecko), ein nachtaktiver, der eine Länge von bis zu 35 cm erreichen kann. Er ist blaugrau mit zahlreichen roten und blauen Flecken. Namensgebend ist der Klang der Rufe des männlichen Tieres. Er gilt als Glücksbringer und genießt Respekt in Thailand.

Insekten

Die Insektenvielfalt ist groß, neben lästigen Mücken, beißenden Ameisen und dem giftigen Tausendfüßler, dessen Biss, ebenso wie der des Skorpions, schmerzhaft, aber nicht tödlich ist, gibt es auch eine Vielfalt schöner Schmetterlinge und Käfer. So sind die Edelfalter in ihren schimmernen Farben ebenso vorhanden wie die Ritterfalter, je nach Sorte schimmern ihre Flügel in bunten Farben. Weißlinge und Bläulinge geben sich genauso ein Stelldichein wie der Dickkopffalter. Am besten sieht man die Insekten beim Besuch einer Butterfly Farm (→ S. 68). Die roten Riesenameisen, auf Thai „Mot Daeng", sind ganz schön bissig und überall zugegen. Die Nashornkäfer tragen ein Horn auf dem Kopf und finden sich in jedem Garten. Natürlich fehlen auch Zikaden nicht und lassen den Besucher am nächtlichen Gesang gern teilhaben.

Vögel

Hobby-Ornithologen kommen im Norden Thailands voll auf ihre Kosten. In den Bergen kann man die Kielralle und den Riesenkleiber ebenso beobachten wie die Graukopfmeise und die Königsmeise. In den Monaten Marz und April fliegen Störche auf dem Weg nach Russland durch den Norden des Landes, sogar mitten in der Stadt Chiang Mai kann man die schwarzweißen Vögel beobachten. Allgegenwärtig sind die Myna-Stare, sie können eine echte Plage sein mir ihrer frechen Art alles vom Teller picken zu wollen. Der Rotohrbülbül, der im ganzen Land heimisch ist, wird wegen seines schönen Gesangs auch gerne in Käfigen gehalten und nimmt an Vogelsingwettbewerben teil. Der Nashornvogel schnarrt, die Pirole singen und die Störche klappern, Beos plappern mit Papageien und Sittichen um die Wette, um nur ein paar der etwa 1000 Vogelarten zu nen-

Baby-Elefant im Mae-Wang-Tal

nen. Erwähnenswert ist auch der Eisvogel, der in der Nähe von Gewässern gesichtet werden kann.

Fische

In den Flüssen des Nordens findet man überwiegend Karpfen und gründelnde Fische. Im Kwan Phayao, dem größten natürlichen See des Nordens in der Provinzhauptstadt Phayao, hat man es sogar geschafft, den vom Aussterben bedrohten Mekong-Wels zu züchten. Tilapia wird ebenso gezüchtet wie Süßwassergarnelen, die Gung Mae Nam.

Wirtschaft

Thailand ist noch immer ein **Schwellenland,** d. h., es befindet sich auf dem Weg der Industrialisierung. Das Bildungssystem spielt dabei genauso eine Rolle wie die ärztliche Versorgung, Sozialversicherungen und Arbeitsbedingungen.

2018 erreichte Thailand ein **BIP** von 504,9 Milliarden USD, es ist somit die achtgrößte Volkswirtschaft in Asien und nach Indonesien die zweitgrößte in Südostasien. Industrie und Dienstleistungen sind die Hauptstützen der Wirtschaft, zwei Drittel des BIP (39,2 %) macht der Export aus, 8,4 % der Agrarsektor, Logistik- und Kommunikationssektor zusammen 23,2 %, Bergbau 4,3 % und der Dienstleistungshandel 24,9 %. Die Tourismusbranche ist ein bedeutender Wirtschaftsfaktor. Westliche Besucher machen etwa 35 bis 40 % aus, den Rest stellen asiatische Touristen, überwiegend aus China, Malaysia und Singapur. Im Jahr 2016 kamen 32,5 Mio. Urlauber ins Land des Lächelns, die Einnahmen aus dem internationalen Tourismus betrugen 52,5 Milliarden US-Dollar (Zahlen aus Encyclopedia Britannica, Wikipedia).

Thailand ist führend im **Export** von Reis und Kautschuk (zu 90 % im Süden angebaut). Auch Garnelen und Fisch sind ein Exportschlager. Die Braunkohleminen des Landes decken gerade mal ein Viertel des Verbrauchs und es müssen Rohstoffe importiert werden.

Die **Mindestlöhne** sind angepasst worden auf 300 Baht am Tag, doch noch immer gibt es Schwarzarbeiter aus Laos und Myanmar, die unter dem Mindestsatz arbeiten.

Die **Baubranche** boomt. Der Immobilien-Hype hat durch die Öffnung Chinas zu einem Bauboom in Chiang Mai und Chiang Rai geführt. Eigentumswohnungen und Wohnsiedlungen werden in die aufgeschütteten Reisfelder gebaut. Das bringt auch der ärmeren Bevölkerung Reichtum und kurbelt die Wirtschaft an. Es entwickelt sich eine neue Upper Middle Class, die Generation, die dank der Ländereien ihrer Eltern zu Geld gekommen ist. Sah man vor sechs Jahren noch überwiegend Pick Ups und alte Karossen im Straßenbild Chiang Mais, haben sie jetzt Platz gemacht für Kleinwagen und Luxuskarossen wie BMW und Mercedes. Shoppingmalls wachsen wie Pilze aus dem Boden, die neue Mittelschicht will Geld ausgeben. Das führt oft zu starker Verschuldung der Haushalte, ein Phänomen, das der Staat längst nicht mehr ignorieren kann.

Durch die Öffnung der Nachbarländer Myanmar, Laos, Vietnam und Kambodscha und dem sehr starken Baht bleibt abzuwarten, welches Land künftig die Nummer 1 im **Tourismussektor** wird. Die Tourismusbranche im Norden Thailands ist auf Individualreisende ausgerichtet und besonders auf den Thai-Tourismus. Da ja auch die thailändische Mittelschicht immer größer wird, ist mehr Geld zum Reisen vorhanden, die Flüge sind billig. In den letzten Jahren sind viele neue Resorts und Guesthouses gebaut worden, das Internet, booking.com und andere Portale helfen bei der Kundenfindung. Die TAT (Thai Authority of Tourism) macht Werbung und kurbelt damit die Industrie an. Mit Slogans wie „Amazing Thailand" oder „Unseen Thailand" will sie den Reisenden das Land schmackhaft machen. So ist auch der erste Slogan zu einem geflügelten Wort geworden – irgendwas geht schief, ist komisch oder haut so gar nicht hin – AMAZING THAILAND.

Der Norden ist trotz seiner großen Städte Chiang Mai und Chiang Rai von **Landwirtschaft** geprägt. Schier endlose Reisfelder, in den höher gelegenen Regionen auch Teakbaumplantagen, ebenfalls viele Obstplantagen, allen voran Mango, Litschi, Longan, Orangen und Durian, bestimmen das Bild. Die Früchte werden vom Norden in alle Landesteile und ins Ausland exportiert. Phetchabun hat sich den Beinamen Tamarinden-Hauptstadt gegeben. Im Gebiet um Chiang Rai, im hohen Norden, sind es Orangen- und Ananasplantagen, die im Vordergrund stehen. In Thaton kann man eine Orangenplantage besichtigen. Um Chiang Mai kommen Mangos und Litschis häufig vor und auch Gemüse wie Zwiebeln, Knoblauch und Kartoffeln werden auf den Feldern angebaut. Der Reisanbau spielt im Norden eine große Rolle, König Mengrai nannte sein Reich auch das Land der Millionen Reisfelder. Auch heute erstrecken sich die Reisfelder entlang der Straßen in schier endloser Weite.

Eine wichtige Rolle in der Landwirtschaft spielen die **Royal Projects,** ins Leben gerufen von König Bhumibol Adulyadej, um die Lebensqualität der Bewohner des Berglands zu verbessern und mit ihnen bzw. für sie neue Anbaumethoden und/oder Sorten zu finden (→ Kasten, S. 110). Heute sind die Royal Projects beliebte Ausflugsziele. Auf dem Doi Ang Khang bei Fang werden Obst- und Gemüsewachstum in höheren Lagen erforscht (→ S. 134). In den Bergen um Doi Saket gibt es Kaffeeanbau und Macadamia-Nüsse, die man dort auch kaufen kann. Ein sehr schönes Café mit Restaurant ist Teil des Projektes, das auch Orchideen

Reisbauern bei der Arbeit

züchtet (→ S. 110). In Doi Saket im Huai Hong Krai Royal Development Study Centre geht es um die Bewässerungssysteme und die Erforschung von Pilzen (→ S. 109). Auf dem Doi Pui wird ein Hmong-Dorf unterstützt (→ S. 59) und es wird Kaffee angebaut und die weitere Züchtung der Pflanzen erforscht. Auch in Mae Hong Son in Pang Oung hilft ein Royal Project den Bergvölkern, es werden Gemüse und Blumen angebaut (→ S. 249). Ein sehr schönes Beispiel ist das von der Mutter des Königs ins Leben gerufene Doi Thung Royal Project in Chiang Rai (→ S. 141). An allen Orten dieser Projekte gibt es Coffeeshops und Souvenirläden, die Produkte können gekauft werden und an jedem Eingang steht eine Tafel mit dem Abbild des Monarchen, die reich mit Blumen geschmückt ist, und auf den Altarbänkchen werden Kerzen und Räucherstäbchen angezündet. In Chiang Mai am Flughafen gibt es einen Royal Project Shop, der frisches Obst und Gemüse verkauft, ebenso findet man auf den zahlreichen Wochenmärkten der Region immer wieder Händler, die Royal-Project-Ware anbieten.

Umwelt

Mit zunehmender Industrialisierung, wachsender Bevölkerung und steigendem Reichtum nehmen die Umweltprobleme zu, allen voran der **Plastikmüll.** Das Land ist eines der Länder mit dem höchsten Plastiktütenverbrauch. Alles, aber auch wirklich alles wird eingetütet – sei es eine Dose Cola oder ein Päckchen Taschentücher, eine Tüte Chips, alles wird in Tüten gesteckt. Private Supermärkte wie der Rimping Supermarkt in Chiang Mai haben mittlerweile am Mittwoch einen tütenfreien Tag eingeführt, bei Tops-Supermarkt ist es der Dienstag, aber das sind Supermärkte, in denen die obere Mittelschicht einkauft. Auf den Märkten wird fleißig weiter in Tüten verpackt, auch Lebensmittel. Selbst der Eiskaffee vom mobilen Kaffeestand wird in Plastiktüten verpackt, dann in eine Papiertüte gesteckt und dann wird der Strohhalm, aus Plastik versteht sich, durch das Plastik gestoßen und die Papiertüte dient als Becher. Es wird einem Angst und Bange, wenn man sieht, wie unachtsam Müll, allen voran Plastik, aus dem Auto geworfen wird und sich am Straßenrand sammelt. Mülltrennung ist meist Fehlanzeige, die Müllmänner klauben aus den stinkenden Säcken die recyclebaren Elemente, um sich so ihr Gehalt ein wenig aufzubessern. Grundsätzlich gibt es eine Müllabfuhr, aber viele Haushalte verbrennen ihren Müll vor der Haustüre, was zu erheblicher Geruchsbelästigung führt, denn auch Plastik, Gummi und Autoreifen werden gleich mit verbrannt.

Durch die zunehmende **Abholzung** der Wälder kam es zu Erdrutschen und Flutkatastrophen, sodass per königlichem Dekret 1989 der illegale Holzeinschlag verboten und mit der Wiederaufforstung begonnen wurde. Heute sind angeblich 20 % der Fläche wieder mit Wald bedeckt, die größte Dichte findet man in den Nationalparks. Wenn man Teakmöbel kauft, erhält man ein Zertifikat, dass es Holz aus Plantagen ist und somit nicht illegal geschlagen wurde.

Die **Erderwärmung** und der Klimawandel sind auch in Thailand zu spüren. So werden die Temperaturen in den heißen Monaten immer höher und es gibt längere Dürreperioden, die vor allem den eh schon armen Nordosten des Landes treffen. 2011 hingegen litten der Norden und Bangkok unter einer Jahrhundertflut, die das Land für mehrere Wochen lahmlegte.

Ein anderes Umweltproblem hat der Norden während der sog. „Burning Season", die **Brandrodung.** In den Monaten März und April wird auf den Feldern und in den Bergen an den Hängen gefackelt, was das Zeug hält. Es werden die abgeernteten Maisfelder angezündet, die Reisfelder und die Wälder. Dann legt sich eine Dunstglocke über den Norden und nachts sieht man die Hänge brennen, oft wird auch vor Nationalparks nicht Halt gemacht. Auch wenn die Regierung eine hohe Geldstrafe ausgesetzt hat, sollte man beim Zündeln erwischt werden, bleibt der Thai eher gelassen und brennt fröhlich weiter.

Mittlerweile werden Stimmen im Land laut, die mehr **Umweltschutz** fordern, u. a. ein rauch- und plastikfreies Königreich bis 2023. Dass das ein eher utopisches Ziel ist, ist auch der Regierung klar, aber es ist ein Anfang. Man befasst sich mittlerweile mit Windenergie, Großwindanlagen, Projekte werden durch das Königshaus gefördert. Im Norden beginnen erste Projekte in Khao Kho Gestalt anzunehmen. Auch die landwirtschaftlichen Versuchsfarmen, oftmals finanziert als Royal Project, tragen zum Umweltschutz bei, indem Anbaumethoden und Pflanzen erforscht werden, die mit den Gegebenheiten am besten klarkommen, dadurch weniger Wasser, Dünger und Pestizide benötigen.

Geschichte

Frühgeschichte

Archäologische Funde aus Ban Chiang in der heutigen Provinz Udon Thani geben Anlass zu der Vermutung, dass ein unbekanntes Volk im 7. bis 3. Jh. v. Chr. bereits Reis anbaute, Nutztiere hielt und Keramik herstellte. Im 3. Jh. v. Chr. siedelten Völker Indiens auf thailändischem Gebiet und der Buddhismus wurde vom indischen Herrscher eingeführt. Um die Zeit soll es auch schon regen Seehandel zwischen Südthailand und Indien gegeben haben, davon zeugen hinduistische Statuen.

Die ersten Jahrhunderte

Vom 7. bis 11. Jh. wanderten die Thais von Südchina her in das heutige Thailand ein. Die **Shan,** auch T(h)ai Yai genannt, die großen Thais, ließen sich zunächst im heutigen Myanmar nieder und die Tai Noi, die kleinen Thais, siedelten in der Gegend um Chiang Saen. Zu dem Zeitpunkt besiedelten bereits erste Mon-Stämme das Gebiet des heutigen Thailand, dessen Fürstentümer unter dem Namen Siam zusammengefasst wurden. Die sagenhafte Königin **Chamadewi** regierte das kleine Königreich **Hariphunchai,** das heutige Lamphun (→ S. 198). Aus den ersten Fürstentümern, die von den Khmer aus Angkor Wat bis ins 13. Jh. regiert wurden, entstanden später ganze Reiche.

Das Königreich Sukhothai

Im 13. bis 14. Jh. schlossen sich mehrere Fürstentümer des Nordens zusammen, besiegten die Khmer und gründeten im Jahr 1238 in Sukhothai das erste (historisch belegte) Thai-Königreich. Sukhothai gilt als Geburtsstätte der thailändischen Künste und Wiege der Thai-Kultur. Sukhothai bedeutet „Dämmerung des Glücks", im Königreich soll das ideale Staatswesen praktiziert worden sein: gerechte Könige, friedliche Bürger und wirtschaftlicher Aufschwung. Hier hat **König Ramkhamhaeng** (reg. 1279–1298), Rama der Tapfere, die ersten Gesetzesschriften in Stein meißeln lassen. Der sog. „Inscription Stone" kann heute im Nationalmuseum in Bangkok besichtigt werden. Der König entwickelte das Thai-Alphabet und war ein geschickter Diplomat. Er stellte sich gut mit den chinesischen Herrschern und wurde so vor den Khmer des Nachbarlandes beschützt. Ramkhamhaeng baute sein Reich mit diplomatischem Geschick aus und so war es bei seinem Tod fast zehnmal größer als bei seiner Machtübernahme. Es reichte von Luang Prabang über die Shan-Staaten Burmas bis zur malaysischen Halbinsel.

Das Lanna-Reich

Etwas zeitversetzt gründete **König Mengrai** 1259 das Lanna-Reich im Norden und rief Chiang Rai als Hauptstadt aus. 1262 ließ er die Hauptstadt nach Chiang Mai (übersetzt „neue Stadt") umziehen und regierte von hier sein Land der Millionen Reisfelder. Gemeinsam mit den Fürsten von Phayao und Nan schworen sie sich Gerechtigkeit und Frieden untereinander und das Lanna-Reich erlebte seine Blütezeit. Doch das Land der tausend Reisfelder wurde nach Mengrais Tod schwächer, das Königreich Ayutthaya hingegen erstarkte.

Das Königreich Ayutthaya

Vor 1350 regierte König U Thong (Thibodi I.) in Suphan Buri. Eine Choleraepidemie veranlasste ihn sein Volk zu evakuieren und er gründetete die Stadt Ayutthaya am Zusammenfluss von Chao Phraya und Pasak unweit des Golfes von Thailand und machte Ayutthaya zur Hauptstadt. Er lehnte sich gegen Sukhothai auf und annektierte das Reich. Seine Macht erstreckte sich von Ayutthaya bis auf die malaysische Halbinsel. Er legte den Grundstein für ein Reich, das 417 Jahre bestehen sollte und in der 33 Könige aus fünf Dynastien regierten. Anders als die Könige Sukhothais waren die Herrscher Ayutthayas selbstverherrlichende Könige, sie ließen sich wie Götter verehren. U

Skulptur aus dem 14. Jahrhundert im Chiang Mai National Museum

Thong starb 1369, seinem Sohn Ramesuan gelang 1431 die Eroberung Angkors, Zentrum des Khmer-Reichs, und Angkor Wat wurde Teil des Ayutthaya-Reiches. Unter **König Trailok** (reg. 1448–1488) erlebte Ayutthaya eine neue Blütezeit. Nach über 200 Jahren andauernden Kämpfen mit dem Lanna-Reich entstand eine Patt–Situation. Trailok hat das Lanna-Reich dann annektiert und erließ ein Palastgesetz, dessen Etikette der heutige Königshof noch pflegt. Ein Strafgesetzbuch wurde unter seinem Regime ebenfalls erstellt. Die nachfolgenden Könige öffneten das Land gegenüber Europa und so kamen Portugiesen, Briten und Franzosen in das aufstrebende Königreich. Zur gleichen Zeit wurde Burma immer stärker und setzte dem Königreich zu, bis es 1569 das Ayutthaya-Reich brandschatzte und die Königsfamilie nach

Burma umsiedelte. König Maha Thammaraja verstarb auf der Reise und sein Sohn Naresuan musste bis zu seinem 15. Lebensjahr in Burma leben. Dann kehrte er zurück nach Siam. Er mobilisierte bewaffnete Kräfte und bildete sie für einen Guerillakrieg gegen Burma aus. 1581 begann der Unabhängigkeitskampf, er dauerte neun Jahre, bis er den burmesischen Kronprinzen im Kampf tötete und Siam an ihn zurückfiel. Es begann die Blütezeit **Naresuan** des Großen (reg. 1590-1605). Auch unter der Herrschaft seines Bruders Ekathotsarot wurde die wirtschaftliche Entwicklung weiter angekurbelt. Die Holländer eröffneten ihre Handelskolonie, es folgten Briten, die Portugiesen. Der Handel mit China blühte und Luxusgüter wie Porzellan und Seide erreichten auch Siam. Japaner kamen und bezahlten in Silber für siamesische Waren wie Holz, Zinn und Zucker. Auch die ersten Christen kamen an den Hof Ayutthayas. Ayutthaya pflegte auch enge Beziehungen zu Frankreich. Nach dem Tod von König Narai 1688 verschloss sich Ayutthaya wieder gegenüber der westlichen Welt und besann sich auf religiöse und traditionelle Pflichten. Unter König Boromakot (reg. 1733–1758) erlebte das Reich erneut ein goldenes Zeitalter und Literatur und Kunst blühten auf. Unter seinem Sohn Ekhathat (reg. 1758–1767) wurde Ayutthaya 1767 schließlich von den Burmesen eingenommen.

Der Wat Ched Yot in Chiang Mai erinnert an einen indischen Tempel

Burmesische Übernahme und König Taksin

1767/68 zerstörten burmesische Truppen Ayutthaya und führten dadurch den Untergang des Ayutthaya-Reichs herbei. Kunstschätze und wichtige historische Dokumente wurden gebrandschatzt, nichts blieb erhalten, 400 Jahre Geschichte einfach ausgelöscht, auch waren viele wichtige Dokumente aus dem Sukhothai-Reich mit verbrannt. Auch Tempelanlagen wurden geplündert und goldene Buddhastatuen eingeschmolzen. Über 100.000 Gefangene wurden nach Burma verschleppt. Doch die Herrschaft der Burmesen war nicht von langer Dauer. Nur sieben Monate später segelte der General Phraya Tak, **Taksin** (→ S. 272), zurück nach Ayutthaya und vertrieb die Burmesen. In Thonburi am Chao Phraya ließ er die neue Hauptstadt ausrufen. Anschließend befreite er auch das Lanna-Reich von der burmesischen Herrschaft und brachte auch Kambodscha und Laos unter seine Herrschaft. Er ließ sich 1767 zum König Thonburis ausrufen.

Die Chakri-Dynastie

1782 stürzte **General Chao Phraya Chakri** König Taksin und ließ ihn wegen Größenwahns hinrichten. Er verlegte den Sitz der neuen Königsstadt nach Bangkok-Rattanakosin und begründete als **Rama I.** (reg. 1782–1809) die bis heute herrschende Chakri-Dynastie (→ Kasten, S. 326). Unter seinem

Sohn Rama II. (reg. 1809–1824) wurde viel Wert auf die schönen Künste, allen voran die Literatur gelegt, und er fing an, das Reich Siam nach Europa zu öffnen. Unter Rama III. (reg. 1824–51) ließen sich viele europäische Händler in Bangkok nieder und bekleideten leitende Funktionen in der Wirtschaft.

Rama IV., auch König Mongkut genannt (reg. 1851–1868), reformierte das Reich Siam mit Hilfe von westlichen Beratern und Wissenschaftlern. Dank seines diplomatischen Geschicks und seiner Auslandskontakte konnte der engagierte Buddhist sein Reich vor der Kolonialisierung bewahren – als einziges Land in Südostasien! Besonders im Hinblick auf Bildung, den Handel und die Medizin ließ er sich vom Westen beeinflussen. Er ließ das westliche Schulsystem einführen, Missionare durften unterrichten und er erlaubte auch die Lehre des Kopernikus zu verbreiten. Der König führte mehr Rechte für Frauen ein, so durften keine Zwangsehen mehr geschlossen werden, auch durften Frauen nicht mehr verkauft werden, beispielsweise zum Erlass von Schulden. Selbst das Militär ließ er von Europäern ausbilden und an seinem Hof wurde Englisch unterrichtet. Während seiner Regierungszeit unterrichtete Anna Leonowens als amerikanische Missionarin von 1862 bis 1867 Englisch an seinem Hof. Das Buch darüber, „Anna und der König von Siam" von Margret Landon, wurde zu einem Bestseller und 1944 zum ersten Mal verfilmt. Weltberühmt wurde der Film mit Yul Brunner und Deborah Kerr aus den 50er-Jahren unter dem Titel „Anna und der König". Rama IV. unterzeichnete 1854 auch den **Bowring Treaty,** der Europäern das Recht gab, in Thailand Handel zu treiben. Das führte viele Engländer aus dem britisch kolonialisierten Burma nach Thailand, denn jetzt stand auch in Thailand dem goldenen Holz nichts mehr im Weg. Auch gründeten mehr und mehr Holzfirmen aus Burma in Thailand Niederlassungen und im Norden florierte der Handel mit dem Edelholz.

Phae Muang Phi Forest, Phrae

Auch der folgende **König Rama V., Chulalongkorn** (reg. 1868–1910), setzte wichtige Reformen durch, z. B. die Abschaffung der Sklaverei und die Einführung eines Steuersystems nach englischem Vorbild. Deutsche Ingenieure waren maßgeblich am Bau der Eisenbahnstrecke nach Norden beteiligt.

Ihm folgte sein Sohn **Rama VI.,** König Vajiravudh (reg. 1910–1925). Er hatte in Oxford studiert und ordnete an, dass fortan alle Thais Familiennamen annehmen mussten. Unter seiner Herrschaft wurde die erste Hochschule des Landes gegründet, die Chulalongkorn University. Er war ein begeisterter Schriftsteller und führte ein ausschweifendes Leben. Im Ersten Weltkrieg blieb Thailand zunächst neutral, unterstützte dann England, Frankreich und Russland und erklärte Deutschland den Krieg. Damit gehörte Thailand zu den Siegermächten. In der Folge reiste Rama der VI. nach Europa und Siam wurde in den Völkerbund aufgenommen. Die Flagge Siams, damals ein weißer Elefant auf rotem Hintergrund, wurde von den Anwesenden der Versailler Friedenskonferenz belächelt, da man den Elefanten für ein kleines Haustier hielt. Daraufhin änderte der König die Flagge in die heutige Trikolore, in der die Farben für Monarchie, das Volk und die Religion stehen.

Der frühe Tod des Monarchen ließ seinen Bruder Prajadhipok, **Rama VII.** (reg. 1925–1935), den Thron besteigen. Auch er studierte in England, in Eton. Er erwies sich als sparsamer Monarch, der die Löcher stopfte, die sein verschwenderischer Bruder in den Staatsetat gerissen hatte. Er kürzte Gehälter, entließ Beamte und sanierte den Außenhandel. In seine Amtszeit fällt der Bau des Flughafens Don Muang und des Nationalmuseums. Er erkannte die Bedeutung der Bildung für die Einführung der Demokratie. Die Weltwirtschaftskrise führte erneut zu Kürzungen im Militäretat und bei Beamten, was 1932 zum Putsch führte und zur Einführung der **konstitutionellen Monarchie.** Beteiligt war der Rechtsanwalt **Pridi Phanomyong,** der in Frankreich studiert hatte und radikale demokratische Veränderungen durchsetzen wollte. Zum stärksten Mann der Nation stieg aber bald **Phibun Songkhram** auf, Führer des konservativen Flügels.

Rama VII. dankte 1935 ab und ging ins Exil nach England. Sein Nachfolger wurde Ananda Mahidol, **Rama der VIII.** (reg. 1935–1946).

Die Chakri-Dynastie bis heute

1782–1809 Rama I., General Chao Phraya Chakri
1909–1924 Rama II., Phra Phutthaloetia Naphalai
1824–1851 Rama III., Phra Nang Klao
1851–1868 Rama IV., Mongkut
1868–1910 Rama V., Chulalongkorn
1910–1925 Rama VI., Vajiravudh
1925–1935 Rama VII., Prajadhipok
1935–1946 Rama VIII., Ananda Mahidol
1946–2016 Rama IX., Bhumibol Adulyadej
Seit 2016 Rama X., Maha Vajiralongkorn

Die Zeit des Zweiten Weltkriegs

1938 wurde Leutnant **Phibun Songkhram** Premierminister. Seine Vorbilder waren Mussolini und Hitler. Er war es, der 1939 Siam in Thailand umbenennen ließ, er führte anti-chinesiche Kampagnen durch und wollte die Zuwanderung beschränken, gar verbieten. Einbürgerungen wurden verweigert. Burma wurde damals von den Briten regiert und Indochina von Frankreich, Teile dieser Kolonien hatten früher zu Thailand gehört und eben diese wollte Phibun Songkhram zurückerobern. Er marschierte ohne viel Wiederstand 1941 in Laos ein, für kurze Zeit gehörte dann auch Angkor Wat wieder zu Thailand, jedoch verlor er die Seeschlacht von Ko Chang gegen die französische Marine. Als enger Verbündeter Japans musste Phibun sich deren Plänen anpassen, die weit über Thailand hinausgingen. So räumte Thailand den Japanern Durchzugsrechte ein und gewährte ihnen Zugriff auf Eisenbahn, Straßen und Flugplätze des Landes. Im Gegenzug erhielt Thailand die Gebiete, die es 1893 und 1909 an England und Frankreich verloren hatte, zurück. Die Japaner stationierten 150.000 Soldaten in Bangkok und in der westlichen Provinz Kanchanaburi, zu dieser Zeit wurde auch die Eisenbahnlinie über den River Kwai gebaut, dabei verloren über 90.000 Menschen ihr Leben. Japan gingen gegen Ende des Krieges die Ressourcen aus und die somit überlegenen Alliierten bombardierten Bangkok. Nach der Niederlage Japans zwangen die Briten und die Franzosen Thailand die zurückeroberten Gebiete wieder aufzugeben und so war die Situation wieder wie vor dem Krieg. Phibun hatte nicht zuletzt durch seine Kriegstaktiken, aber auch durch seine anti-chinesische Einstellung an Macht und Ansehen verloren und die Staatskassen waren leer. Er musste 1944 zurücktreten.

Nachkriegszeit und Vietnamkrieg

1944 kam Pridi aus dem französichen Exil zurück, es bildeten sich drei Hauptparteien, die das Land fortan unter einer Zivilregierung leiteten. 1946 bekam das Land eine **demokratische Verfassung.** Am 9. Juni 1946 starb der nur 20-jährige König Rama VIII. beim Hantieren mit Schusswaffen unter ungeklärten Umständen. So wurde 1946 sein Bruder **Bhumibol Adulyadej** als **Rama IX.** (reg. 1946–2016) inthronisiert. Er wurde der am längsten regierende Monarch der Welt (→ Kasten, S. 328). 1947 putschte **Phibun** erneut, es waren blutige Auseinandersetzungen, aber die Zivilisten verloren den Kampf und das Militär war wieder an der Macht. Und wieder orientierte sich General Phibun an westlichen Vorbildern, diesmal an den USA, die eine strenge anti-kommunistische Politik verfolgten. Ganz nach amerikanischem Vorbild bei der Jagd nach Kommunisten, schränkte auch Phibun die Pressefreiheit ein, er ließ Oppositionelle verschwinden, ging gegen die Kommunisten vor und fuhr mit seinen anti-chinesischen Maßnahmen fort. 1957 wurde er von seinem Kameraden Marschall **Sarit Thanarat** gestürzt, der 1959 Premierminister wurde. Bei den darauffolgenden Wahlen verlor Sarit allerdings, doch hinderte es ihn nicht daran sich dann doch an die Macht zu putschen und er regierte bis zu seinem Tod 1963, er setzte die Verfassung außer Kraft und hatte so die Macht über das Land. Unter seiner Regierung wurden marktwirtschaftliche Prinzipien eingeführt und die Wirtschaft Thailands wuchs.

Nach seinem Tod herrschten von 1964 bis 1973 die Feldmarschalle Thanom Kittikachorn und Praphat Charusathien. Unter ihnen ging die Verfolgung der Kommunisten weiter. So unterstützte Thailand die Amerikaner auch im **Vietnamkrieg** und stellte ihnen Flughäfen, Ländereien, Bordelle, Schulen und Krankenhäuser zur Verfügung, auch eigene Truppen, wodurch enorme Summen in den Staatshaushalt flossen. Insbesondere an der Grenze zu Laos im Norden Thailands wurden viele Menschen umgebracht, weil sie verdächtigt wurden, die Kommunisten zu unterstützen. Als klar wurde, dass die Amerikaner den Krieg verlieren würden und Friedensbewegungen in der ganzen Welt erstarkten, machten diese auch vor Thailand nicht Halt. Gleichzeitig wurde von Studenten und Intellektuellen des Landes Demokratie gefordert.

Demokratiebewegungen seit 1973

1973 begannen Massendemonstrationen, die von den Studenten ausgingen. Am 14. Oktober 1973 waren es fast eine halbe Million Demonstranten und das Militär griff ein, es gab Tote und Verletzte. Rama IX. setzte sich über seine Befugnisse als konstutioneller Monarch hinweg, ließ die Palasttore öffnen und gewährte den Protestlern gegen die

Militärdiktatur Unterschlupf. In einer Fernsehansprache am gleichen Abend ernannte er den Direktor der Thammasat-Universität Sanya Dharmasakti zum Premierminister und beendete damit 15 Jahre Militärdiktatur. Am 10. Dezember des gleichen Jahres wurde eine neue Verfassung verabschiedet und es fanden Wahlen statt (heute ist der 10. Dezember immer noch Feiertag – Constitution Day). Die Diktatoren flohen in die USA.

Die neu gebildete 17-Parteien-Koalition scheiterte allerdings und 1976 kam **Thanom Kittikachorn** aus dem Exil zurück und riss die Macht an sich. Mit großer Gewalt und vielen Toten beendete er Protestmärsche, ging weiter gegen Intellektuelle und kommunistische Gruppen vor, die sich in die Dschungelgebiete des Nordens zurückgezogen hatten und von China und Laos unterstützt wurden. Erst 1980, als der Armeechef **Prem Tinusulanonda** die Regierung übernahm, bildete er ein Kabinett, verhandelte mit den Parteien, gewann ausländische Investoren und konnte sich auch mit den Kommunisten einigen.

1988 zog Prem sich aus der Politik zurück und das Volk wählte **Chatichai Choonhavan,** der die Massen mit Geld und Reichtum köderte. Unter ihm wuchs die Korruption und er wurde 1991 erneut durch einen Militärputsch abgesetzt, dennoch wurde ein Zivilist Interimsminister. **Anand Panyarachun** leitete das Amt sehr professionell, lei-

Die Stellung des Königshauses im 20. und 21. Jahrhundert

König Bhumibol Adulyadej (1927–2016) und seine Frau Königin Sirikit (*12. August 1932) werden im Königreich Thailand hoch verehrt. Am 5. Mai 1950 wurde der in den USA geborene und in Lausanne ausgebildete Monarch zum König gekrönt. Am 28. April machte er Sirikit, eine entfernte Verwandte von König Chulalongkorn (Rama V.), zu seiner Ehefrau. Bis zu seinem Tod 2016 war er der am längsten amtierende Monarch der Welt, gefolgt von Queen Elizabeth II. von England, die 1952 den Thron bestiegen hat. Sein Ansehen zog sich durch alle Bevölkerungsschichten, egal welcher Religion und Gesellschaftsschicht die Menschen angehörten, alle priesen den König. Auch heute noch haben die Menschen Tränen in den Augen, wenn sie von ihrem „Vater-König" sprechen. Ertönt um 8 Uhr morgens die von ihm komponierte Hymne in den Schulen, wird strammgestanden, auch das alltägliche Leben steht für eine Minute still, wenn um 18 Uhr die Hymne noch einmal ertönt. Vor jeder Kinovorstellung erhebt man sich und gedenkt des Königs, ebenso im Theater. Es gibt kaum einen Haushalt, in dem sein Bild nicht irgendwo hängt. Große Plakate und Tafeln im ganzen Land zeigen den Monarchen und seine Frau bei verschiedenen Anlässen der letzten 60 Jahre. Er hat viele Projekte ins Leben gerufen, besonders dem armen Norden und Nordosten des Landes half er durch seine „Royal Projects" im landwirtschaftlichen Bereich. Bergvölker wurden vom Opiumanbau weggeführt hin zu legalem Ackerbau, Studien der Wasserversorgung des Landes und der allgemeinen Landwirtschaft wurden vom Königshaus in Auftrag gegeben, die Staudämme des Landes wurden unter seiner Regentschaft gebaut. Die Musikstücke für Orchester, die der König komponierte, werden bis heute voll

der aber für kurze Zeit, denn General Suchinda wollte sich selbst als Premierminister einsetzen. Diesmal begehrte das Volk erneut auf. Armee und Polizei feuerten auf mehr als 200.000 Demonstranten, angeführt von Ex-General Chamlong. Wieder griff der König ein und beendete das Blutvergießen.

Zwischen 1992 und 1996 scheiterte die Regierung der demokratischen Parteien unter **Chuan Leekpai.** 1996 gewann **General Chavalit** die Wahlen. 1997 wurden Skandale auf dem Finanzmarkt aufgedeckt und das Vertrauen der Investoren in das Land schwand, der Baht fiel um mehr als die Hälfte, der Premier musste abtreten und Chuan Leepkai kam erneut an die Macht.

2001 löste der Multimillionär **Thaksin Shinawatra** Leekpai ab, er wurde 2005 der erste demokratisch gewählte Regierungschef in der Geschichte Thailands. Er setzte viele Wahlversprechen seiner Partei **Thai Rak Thai** (Thais lieben Thais) um. Er unterstützte die Bauern im Norden und Nordosten mit Mikrokrediten, sorgte für Zugang zum Gesundheitssystem, Schulen etc. Er führte einen Krieg gegen Drogen, es starben mehr als 2000 Menschen, unter ihm flammte leider auch der bis dahin weitestgehend ruhig verlaufende Konflikt im tiefen Süden zwischen seperatistischen Muslimen und Buddhisten auf. Die Partei **PAD,** Volksallianz für Demokratie, warf Thaskin Bereicherung auf Staatskosten und Behinderung

Stolz von den Orchestern aufgeführt. Im Königreich herrscht das **Lèse-Majesté-Gesetz,** für die Beleidigung des Königs oder eines Mitgliedes der königlichen Familie gibt es bis zu 15 Jahren Gefängnisstrafe.

Nach dem Tod des Königs Bhumibol Adulyadej 2016 versank das Land in tiefe Trauer. Unmittelbar nach seinem Ableben wurden im ganzen Land die Schaufenster schwarz-weiß dekoriert, es legte sich eine unheimliche Stille über das Land. Bars blieben geschlossen, Veranstaltungen, Konzerte und Festivals wurden abgesagt, ja sogar das Loy-Krathong-Fest (Lichterfest) und das Songkran-Fest (thailändisches Neujahrsfest) wurden nur mit halber Kraft gefeiert. Die Staatsdiener wurden angewiesen, für ein Jahr nur mehr Schwarz zu tragen und das tat ein Jahr lang die gesamte Bevölkerung in der Öffentlichkeit als Ausdruck ihrer Trauer. Der Monarch wurde ein Jahr nach seinem Tod in dem eigens dafür errichteten Krematorium in Bangkok verbrannt. Die Zeremonie dauerte mehrere Tage und internationale Politiker und Staatsoberhäupter wurden geladen. Ein wahrlich schwarzes Jahr in der thailändischen Geschichte.

Der Thronfolger, sein Sohn Maha Vajiralongkorn, Rama X., trat die erblich vorgesehene Nachfolge an. Er lebte bis zum Tod seines Vaters mit seinen Kindern am Starnberger See und sorgte in den deutschen Medien immer mal wieder für Schlagzeilen. Im Mai 2019 ließ er sich nach der langen Trauerphase um seinen Vater zum König krönen und nach und nach werden die Bilder von König Bhumibol in den Straßenzügen und in den öffentlichen Gebäuden und Websites durch die des neuen Monarchen ersetzt. Anders als sein Vater, der als Vater der Nation angesehen wurde, fehlt ihm das Ansehen in der Bevölkerung, doch noch immer gilt in Thailand das Lèse-Majesté-Gesetz und niemand wagt es, öffentlich Kritik zu üben.

Das Three Kings Monument in Chiang Mai zeigt die Fürsten von Chiang Rai, Chiang Mai und Phayao

der Presse vor, sie protestierte monatelang in gelben T-Shirts auf den Straßen Bangkoks.

2006 gab es daraufhin Neuwahlen und wieder gewann die Thai-Rak-Thai-Partei von Thaksin. Am 19. September kam es dann zu einem unblutigen Putsch, Thaksin, der sich zu dem Zeitpunkt in New York befand, wurde seines Amtes enthoben. **General Surayud Chulanont** wurde vorübergehend als Staatschef vom König vereidigt. 2007 wurden aber wieder Proteste an der Übergangsregierung laut und es wurde neu gewählt. Die Nachfolgepartei Thaksins, die PPP, trug erneut den Sieg davon. 2008 begannen die Gelbhemden, die zweitstärkste Partei unter Abhisit Vejjajiva, mit weiteren Protesten, sie besetzten den Regierungssitz in Bangkok, legten den Flughafen lahm, bestreikten den Bahnverkehr. Die Proteste weiteten sich aus, auch die Flughäfen Phuket, Krabi und Hat Yai waren von Gelbhemden still gelegt worden. Es kam zu Kämpfen zwischen Gelbhemden und den regierungsnahen Rothemden und am 25. November gipfelten dann die Demonstrationen und Straßenschlachten in der Auflösung des Parlaments durch das Verfassungsgericht. Die Mitglieder der PPP durften fünf Jahre keine Politik mehr ausüben und formierten sich neu als Partei Pheu Thai. Am 15. Dezember 2008 wurde **Abhisit Vejjajiva** zum Premierminister gewählt. 2009 stürmten die Rothemden den ASEAN-Gipfel in Pattaya und neue Unruhen entflammten in Bangkoks Straßen. 2010 wurde es nicht ruhiger und Verhandlungen scheiterten. Vorgezogene Neuwahlen 2011, die von externen Wahlbeobachtern gebilligt wurden, verhalfen der Pheu-Thai-Partei zum

Erfolg. Thaskins Schwester **Yingluck Shinawatra** bekam die absolute Mehrheit. Während der schwersten Flutkatastrophe des Landes 2011 sicherte sie Steuernachlässe und Hilfsmaßnahmen zu, die dem Staatshaushalt extrem zu schaffen machten. Aber die Gegenproteste der Gelbhemden hörten nicht auf. Zwischen November 2013 und Mai 2014 starben 28 Menschen bei erneuten Protesten. Am 7. Mai 2014 wurde Yinluck ihres Amtes enthoben und **General Prayut Chan-o-Cha** rief das Kriegsrecht aus und erließ eine Übergangsverfassung. Die Junta versprach Ruhe und Stabilität.

2016 starb König Bhumibol Adulyadej, sein Sohn wurde zum Nachfolger, **Maha Vajiralongkorn, Rama X.** Er ließ sich 2019 zum König krönen.

Die Neuwahlen, die für 2017 anberaumt waren, fanden dann erst 2019 statt. Die Partei **Prayuts** mit ihm als Staatsoberhaupt ging als Sieger hervor und er wurde als Ministerpräsident im Amt bestätigt.

Bevölkerung und Lebensart

Thailand hat ca. 70 Mio. Einwohner, davon leben über 15 Mio. in Bangkok, die Dunkelziffer nicht eingerechnet. Der Norden und Zentralthailand sind die Reiskammern des Landes, auch Gemüseproduktion und Obstanbau spielen eine wichtige Rolle, hier leben die meisten Menschen von der Landwirtschaft. Es ist eine ländlich geprägte Region.

In der Zeit nach dem Zweiten Weltkrieg war das Reisen zwischen den Provinzen beschwerlich und man blieb unter sich, es gab wenig ausgebaute Straßen und auch die finanziellen Mittel fehlten. Erst in den 1980er-Jahren wurde Bangkok zum Schmelztiegel von Wanderarbeitern aus allen Regionen auf der Suche nach Arbeit und Wohlstand. Erste Fernseher berichteten aus dem ganzen Land und die weit abgelegenen Gegenden wurden für die Bevölkerung greifbarer. Heute mit Internet und Billig-Airlines bereisen auch die Thais sehr gerne ihr eigenes Land und lernen ihre Landsleute aus den anderen Landesteilen kennen.

Die Zentralthais

Die Khon Klang sind die größte Regionalgruppe. Sie stammen aus den Familien Ayutthayas und sehen sich selbst als wahre Thais an. Ihr Dialekt wird in den Schulen gelehrt und ihre Kultur mit z. B. dem Ramakien-Epos (→ Kasten, S. 288) bildet heute die Grundlage der Thai-Kultur.

Die Südthais

Die Südthais (Khon Thai) auf der malaysischen Halbinsel verlassen den Süden eher selten. Sie sind mit zwei Ozeanen, schönen Stränden und fruchtbaren Böden auch sehr zufrieden. Die Nähe zu Malaysia ist deutlich, es gibt mehr und mehr muslimische Dörfer, die Moscheen häufen sich, Tempel werden weniger. Je weiter südlich man kommt, desto brenzliger wird es, in den Provinzen Yala, Narathiwat und Phattani schwelt schon seit Jahrzehnten ein blutiger Konflikt zwischen Moslems und Buddhisten. Der Dialekt des Südens lehnt sich ans Hoch-Thai an, allerdings wird sehr schnell gesprochen und der Klang der Wörter ist härter, abgehackter. Im tiefen Süden wird ein arabischer Dialekt aus dem Malaiischen gesprochen.

Die Isanthais

Die zweitgrößte Bevölkerungsgruppe der Thais nennt sich selber Thai Lao (laotische Thais) und war früher Teil des laotischen Reiches. Die Region ist die ärmste im Land und viele Menschen gehen nach Bangkok und in die Städte des Nordens, um Arbeit zu finden. Der Landesteil ist von starken klimatischen Ausschlägen betroffen, im Winter kalt und Dürre, in der heißen Zeit einfach zu heiß mit Temperaturen über 40 °C und in der Regenzeit kommt es oft zu sintflutartigen Regenfällen und Überschwemmungen. Die Menschen im Nordosten sprechen einen laotischen Dialekt mit einer eigenen Grammatik, die dem Thai zwar ähnlich ist, aber eher zum Laotischen gehört.

Die Nordthais

Die Khon Neua sind stolz auf ihre Vorfahren: Während König Mengrai bereits Paläste baute, gab es andernorts lediglich Bambushütten. Sie verfügten schon immer über handwerkliches Geschick und schon im 13. Jh. waren sie bekannt für Töpferware und die Herstellung von Tempelfiguren und Holzschnitzereien. Auch heute gelten sie als die besten Kunsthandwerker des Königreichs. Ihre Vorfahren waren die Tai Yai, ein Shan-Volk, das von Burma aus die Gegend besiedelte. Ihr Dialekt ist das Kham und lehnt sich an das Shan an, das früher die Handelssprache der Region war. Sprechen sie Hoch-Thai, ist die Sprache weich und lang gezogen und statt des üblichen „kha/kraps", das den Satz beendet, benutzt man hier das freundlichere „jaaa". Und das beweist sich dann auch im friedlichen Zusammenleben der vielen Ethnien des Nordens. Sprachliche Barrieren gibt es heute kaum mehr. Einzig im tiefsten Nordosten oder versteckten Dörfern des Nordens mag man Verständigungsprobleme mit den Älteren haben, die nur Dialekt sprechen.

Chinesischer Einfluss

Bereits bei der Gründung Bangkoks gab es ein Händlerviertel chinesischer Kaufleute an der Yaowarat Road, auch

Das chinesische Dorf Baan Santichon bei Pai

heute noch die Hauptader Chinatowns. Die Chinesen heirateten strategisch in die regiernde Gesellschaft ein und beherrschten so den Finanz- und Handelsmarkt. Anders als in anderen Teilen Asiens wurden die Chinesen zwar auch schikaniert und man versuchte ihre Macht zu schwächen, allerdings wurden sie nie deportiert oder wie in Indonesien massenweise umgebracht. Stattdessen integrierten sich die Chinesen schnell in die Gesellschaft, nahmen den Theravada-Buddhismus an und schlossen Mischehen. Heute fühlen sie sich als Thais, die Verbindungen zu China sind längst abgerissen, auch wenn untereinander noch chinesische Dialekte gesprochen werden. Und doch ist der chinesische Einfluss so allgegenwärtig, dass er gar nicht auffällt. So finden wir in den Städten überall die chinesischen Stadthäuser: zwei- oder dreistöckig, unten ein großer Raum mit Rolltor zum Geschäfte machen, oben schläft man und hat gegebenenfalls ein Warenlager. So reihen sich die gesichtslosen, schlauchförmigen Häuser im ganzen Königreich aneinander. Über dem Eingang chinesische Spruchbänder, auch der Haustempel trägt oft chinesische Zeichen. Diese typischen Häuser kann man in Chiang Mai, Lampang, Lamphun, Phrae, Chiang Rai noch sehen, sie sind auf Stelzen gebaut, meist viereckig und stehen einzeln im Garten. In den Dörfern auf dem Land sieht man sie häufig, gepaart mit modernen Beton-Bauten, die dann schon an europäische Häuser erinnern.

Bergvölker

Nicht alle Bergvölker und alle Stämme sind anerkannt. Es gibt über 1 Mio. staatenlose Menschen in Thailand, sie sind entweder illegal im Land geboren oder eingewandert, es sind Bergvölker oder aber auch Seenomaden, Burmesen und Laoten. Sie haben keine Rechte und werden lediglich geduldet, sie bekommen Aufenthaltsbewilligungen, sie dürfen die Provinz nicht verlassen ohne Sondergenehmigung, sie können nicht an Wahlen teilnehmen, sie haben oft keine medizinische Versorgung, sie arbeiten illegal und sind schlichtweg Menschen dritter Klasse. Hier verspricht die Regierung schon seit Jahren eine Verbesserung der Lebensbedingungen. Burmesische Flüchtlinge sind in Camps zwischen Mae Hong Son und Mae Sot eingepfercht und warten auf ihr Schicksal. Hier wird mit Hilfe internationaler Flüchtlingsorganisationen nach Lösungen gesucht.

Die sechs anerkannten ethnischen Minderheiten der Bergvölker haben ihren festen Platz in der Gesellschaft, wenn sie doch auch meist unter sich bleiben (→ Kasten, S. 334).

Wanderarbeiter

Thailand, das lange Zeit wirtschaftlich weit besser gestellt war als seine unmittelbaren Nachbarn Myanmar, Laos und Kambodscha, zog schon vor Jahren Wanderarbeiter aus den Nachbarstaaten an. Einige wurden in die Thai-Gesellschaft integriert, haben es geschafft in zweiter Generation auch zu einem thailändischen Pass zu kommen, andere leben in einer Grauzone der Legalität. Auch heute noch kommen besonders Bauarbeiter aus den Nachbarstaaten, allen voran aus Myanmar. Sie werden mit Arbeitsbewilligungen ausgestattet und wenn sie für große Baufirmen arbeiten, erhalten sie auch den Mindestlohn, meistens arbeiten sie jedoch für kleinere Betriebe weit unter dem Minimum, finden aber doch noch genug Anreize in Thailand zu bleiben. Die Wanderarbeiter werden auf ca. 2,5 Mio. geschätzt und werden im aufstrebenden Thailand auch dringend gebraucht. Mittlerweile erleben die Heimatländer ebenfalls einen Aufschwung und brauchen Arbeitskräfte.

Bergvölker in Thailand

Heute leben ca. 30 verschiedene Bergvölker in Thailand, aber nur sechs von ihnen sind als ethnische Minderheiten anerkannt: die Karen, Hmong, Akha, Yao, Lisu und Lahu. Sie sind Ende des 19. Jh. aus Tibet, China, Laos und Myanmar eingewandert. In ihrer Heimat Nomaden, wurden sie von der thailändischen Regierung gezwungen, sesshaft zu werden. Zwischen schroffen Klippen und steilen Berghängen sind sie überwiegend in der Landwirtschaft tätig, stellen Schmuck her und sind wahre Künstler am Webstuhl. Zur Zeit des Opiumanbaus wurden sie verfolgt und eingesperrt, wie auch zur Zeit des Kommunismus in den 1980er-Jahren. Erst nach und nach gestand man ihnen Rechte zu und nach 1990 bekamen viele die thailändische Staatsbürgerschaft und offzielle Papiere.

Die **Akha** sind wohl diejenigen, die am meisten an ihren Traditionen festhalten. Sie sind daher auch die ärmste der Minderheiten. Sie weisen moderne Instrumente der Landwirtschaft zurück und bauen überwiegend Gemüse an. Man findet sie in den Regionen um Phrae, Lampang, Chiang Rai und Chiang Mai. Sie haben sich in Dörfern auf ca. 1000 Metern Höhe niedergelassen. Die Akha waren sehr stark im Opiumhandel involviert und es gab und gibt viele Abhängige unter ihnen. Sie wurden besonders stark in den Royal Projects unterstützt, um ihnen neue Lebensgrundlagen zu bieten. Heute findet man vielerorts Akha-Kaffee, sie haben das Opium gegen den Anbau von Kaffee getauscht – gezwungenermaßen. Ihre Trachten sind schwarz und bunt bestickt. Am Auffälligsten ist bei den Frauen der Kopfschmuck. Der sagt je nach Üppigkeit viel über das Alter und den Status aus. Die Akha folgen ihrer eigenen animistischen Religion. Versuche sie zu christianisieren sind größtenteils gescheitert.

Etwa 30 % der **Karen** sind Christen, der Rest Buddhisten. Sie machen die größte Anzahl der Bevölkerung unter den Bergstämmen aus. Auch sie leben überwiegend von Landwirtschaft und der Herstellung von Stoffen. Karen sind natur- und familienverbunden. Sie bestellen die Felder und betreiben die Viehzucht in erster Linie für den Eigenbedarf. Ihre Trachten sind farbenfroh und besonders ein Stamm der Karen, die Padaung, sind sehr bekannt, sie sind die sogenannten Longnecks. Schon in frühen Jahren legen sie goldene Reifen um den Hals, mit den Jahren werden es immer mehr, so werden die Schultern nach unten gedrückt und der Hals der Frauen wird giraffenähnlich. Woher dieser Brauch kommt, hat unterschiedliche Erklärungen. Manche Überlieferungen besagen, dass die Ringe zum Schutz vor Tigern dienten, denn die Raubkatzen packen ihre Beute am Hals, andere behaupten, dass es die Frauen unattraktiv macht und so rivalisierende Stämme die Frauen nicht begehrten. Heute tragen die Frauen den Schmuck aus Stolz auf ihre Stammeszugehörigkeit und es gilt: je länger desto schöner. Allerdings werden es immer weniger, die den Schmuck tragen. Ein trauriges Karen-Kapitel ist deren Vertreibung aus Burma. Die illegal über die Grenze kommenden Flüchtlinge sind in Camps entlang der Grenze zur Provinz Mae Hong Son zwischen Mae Sariang und Mae Sot untergebracht. Thailand versucht gemeinsam mit der UN, für

Lisu-Dorf in der Nähe von Wiang Haeng

diese Menschen in den USA und anderen Ländern eine neue Heimat zu finden. Momentan leben ca. 50.000 Menschen dort.

Die **Lisu** stammen ursprünglich aus Osttibet und leben überall im Norden Thailands verstreut. Sie sind Animisten, glauben also an die Seelen aller Lebewesen, an ein höheres Wesen. Ahnenverehrung und Schamanen, die mit dem Jenseits Kontakt aufnehmen, sind Teil ihrer Religion. Das neue Jahr begehen sie gemeinsam mit den Chinesen. Die Kleidung der Lisu wird aus bunten Patchwork-Streifen zusammengenäht, die Taschen, die ein unabdingbarer Teil ihrer Kleidung sind, werden aus bestickten Baumwollbahnen genäht, und die Ohren, die seitlich überlappen, unterscheidet sie von den Taschen der anderen Bergvölker.

Die **Lahu,** auch Musur genannt, kommen aus dem Tibet und dem Südwesten Chinas, sie werden noch einmal in sechs Gruppen unterteilt. Sie verteilen sich auf Chiang Mai, Chiang Rai und Mae Hong Son. Lahu bedeutet übersetzt Jäger und tatsächlich sind sie bekannt für ihre Kunst in der Jagd und im Fallenstellen. Heute stellen sie Musikinstrumente aus Holz her und arbeiten viel mit Rattan, außerdem sind sie kunstvolle Korbflechter. Sie sind meist Buddhisten und ihre Kleidung ist nicht ganz so bunt wie die der anderen Bergvölker.

Die **Hmong** kommen ursprünglich aus China, sie sind überwiegend animistisch und glauben an Geister, Schamanen und Rituale. Sie werden in drei Gruppen unterteilt. Die Hmong, auch Mieo genannt, sind bekannt für ihre Stoffe, sie stellen die Fasern selbst her und färben sie. Ihre Trachten sind bunt und die Kragen und Armaufschläge werden reich mit Mustern bestickt.

Die **Yao,** sie nennen sich selber allerdings **Mien,** leben im Nordosten rund um Chiang Rai, Nan und Phayao. Sie sind das einzige Bergvolk des Nordens, das eine eigene Schrift hat, diese lehnt sich an das Chinesische an. Viele von ihnen sind Anhänger des Taoismus. Auch sie leben von der Landwirtschaft, fertigen aber auch aufwendige Stickereien und Schmuck an. Sie gelten als das Bergvolk, das sich am besten in die Thai-Gesellschaft eingegliedert hat. Ihre Trachten sind sehr farbenfroh und je nach Status haben die Frauen goldüberzogene Zähne.

Das Leben für die Bergvölker, die einst in der Abgeschiedenheit lebten und mit ihren eigenen Traditionen beschäftigt waren, hat sich heute sehr stark gewandelt. Zum einen haben sich durch die Verbannung von Opium die Anbausorten geändert. Maßgeblich durch die Patronage der Royal Projects ist das auch sehr gut gelungen, es werden vor allem Kaffee, Mais, Erdbeeren, Tee und Avocados angebaut und den meisten Menschen ist ein, wenn auch geringes Grundeinkommen gewährt. Auch sorgten die Projekte dafür, dass in vielen Dörfern die Wasser- und Stromversorgung gewährleistet ist. Schulen wurden gebaut und die Kinder werden neben ihrer Stammessprache auch in Thai, manchmal sogar in Englisch unterrichtet. Auch der Tourismus ist eine Einnahmequelle, zum einen durch die Produkte, die verkauft werden, zum anderen auch durch die Besuche in den Dörfern der Bergvölker – aber nicht jeder freut sich, von Fremden beobachtet und bestaunt zu werden und so kommt es oft vor, dass Geld verlangt wird, wenn man fotografieren möchte.

Das heutige Zeitalter des Internets macht auch vor der jungen Generation der Bergstämme nicht Halt. Internetverbindungen gibt es in den entlegensten Winkeln des Landes. Und so findet eine Landflucht statt, die Jungen versuchen in den Städten Arbeit zu finden und kehren ihren Traditionen und Familien den Rücken. Auch hier greifen wieder Hilfsorganisationen, die versuchen, die jungen Menschen auf ein Leben mit ihrer Kultur in zwei Welten vorzubereiten.

Wer mehr über die Bergstämme erfahren will, sollte unbedingt das Highland People Discovery Museum in Chiang Mai (→ S. 62) oder das Hilltribe Museum in Chiang Rai (→ S. 150) besuchen. Interessant sind auch die Lanjia Lodge in den Bergen Chiang Rais sowie die Lisu Lodge (→ S. 120), eine kleine Lodge von Lisus bewirtschaftet, die mit sanftem Tourismus auf sich, ihr Volk und ihre Traditionen aufmerksam macht (beide buchbar über Asian Oasis: www.asian-oasis.com). Auch die Hmong Hilltribe Lodge in den Bergen zwischen Mae Rim und Chiang Dao bietet Begegnungsmöglichkeiten mit den Bergstämmen (→ S. 121).

Das Land des Lächelns – die Mentalität der Thais

Man mag sich fragen wie so ein Schmelztiegel der Kulturen funktioniert, wieso es nicht mehr Konflikte im alltäglichen Leben gibt, bei den vielen unterschiedlichen Facetten der Bevölkerung. Das liegt nicht zuletzt daran, dass die Thais schon mit der Muttermilch aufsaugen, dass Konfllikte unbedingt zu vermeiden sind und die Wahrung des Gesichts unabdingbar ist. Das fängt schon in der Schule an. Was der Lehrer sagt, zählt, Fragen sind unerwünscht, denn was, wenn der Lehrer die Antwort nicht weiß? Dann verliert er sein Gesicht, was aber, wenn er mit seiner Antwort den Schüler überfordert, nicht auszudenken, dann wäre der Schüler ja in einer misslichen Situation. Also lieber stillschweigen, lernen und tun, was die Obrigkeit sagt. Auch im weiteren Alltag ist es oberes Gebot Konflikte zu vermeiden, was es im Beruf nicht unbedingt einfach macht, aber für das restliche öffentliche Leben sehr angenehm ist. Man gibt sich in jeder Situation höflich, man quittiert Dinge mit einem Lächeln. Leider kann es auch passieren, dass man bei der Frage nach dem Weg in eine falsche Richtung gewiesen wird, denn es wird nicht zugegeben, dass man eigentlich keine Ahnung hat, wo es langgeht. Auch beim Einkaufen kann es leicht passieren, dass es heißt „no have", einfach, weil die Frage nicht verstanden wurde. Solche Situationen können manchmal nervig sein, aber man ist im Land des Lächelns, also Konfrontation vermeiden und lächeln – ein freundliches „Mai Pen Rai" (macht nix) und die Alltagsordnung ist wieder hergestellt. Wer herumschreit, Szenen macht und unfreundlich ist, verliert sehr schnell an Ansehen. Denn es gehört nicht zum guten Ton der Thai-Gesellschaft, man gibt sich höflich, freundlich, lächelnd – nur nicht auffallen.

Wichtig ist auch der Respekt gegenüber Älteren, höheren Angestellten und auch der Ausländer steht in der Rangordnung eher oben, solange er sich den Gepflogenheiten anzupassen weiß. Um die Stellung einer Person in der Gesellschaft auch direkt zuordnen zu können, werden Fragen gestellt. So ist es völlig normal, dass man nach seinem Alter, seinem Beruf, Anzahl der Kinder, ja sogar nach seinem Einkommen gefragt wird. So wird ausgelotet, wo das Gegenüber in der Hierachie der Gesellschaft steht und wie es um sein Ansehen steht. Aber es gibt noch andere Dinge, die man beachten sollte, will man sein Gesicht wahren.

Die Thais mögen gepflegte Kleidung und eine gepflegte Erscheinung. Der Farang (s. u.), der diesem Schema nicht entspricht, verliert sein Gesicht.

Ganz verpönt und für den Gesichtsverlust prädestinierte Leute sind Geizhälse. Geiz ist nicht angesagt in der Bevölkerung, man teilt alles miteinander, oftmals für westliche Verhältnisse sogar zu viel. Die Grenze zwischen Privateigentum und Eigentum der Allgemeinheit ist in den Thai-Familien weit weniger ausgeprägt als in der westlichen Gesellschaft. Großherzigkeit und Freigebigkeit sind angesehene Tugenden, mit Knauserigkeit punktet man nicht. Wer beispielsweise nur ein paar Baht Trinkgeld gibt, verliert schnell sein Gesicht, denn es wird als Beleidigung gewertet. Im Restaurant kann man sich an die 10 %-Regel halten. In Garküchen und auf Essensmärkten auf keinen Fall Trinkgeld geben! Das wird wiederum als beleidigend aufgefasst. Und wenn es im Restaurant mal nicht schmeckt, nie die Wahrheit sagen, ein freundliches „ihm läau" (ich bin satt) reicht völlig aus und jeder denkt sich seinen Teil. Wer in der Öffentlichkeit kritisiert, stellt andere ins Abseits und verliert dadurch ebenfalls sein Gesicht.

Westliche Ausländer, oder vielmehr Ausländer mit heller Hautfarbe, werden

Schamkultur vs. Schuldkultur – ein kleiner Exkurs

Um jeden Preis das Gesicht zu wahren kollidiert oft mit dem westlichen Verständnis von Verantwortung. Die vielfach mangelnde Eigeninitiative der asiatischen Völker erklärt sich zum Teil aus der Angst vor dem Gesichtsverlust, die die Menschen lieber nur auf Anweisung handeln lässt. Denn es ist nicht auszudenken, was passiert, wenn man ohne Anweisung von oben einen Fehler macht, der das eigene Ansehen gefährdet. So erklärt sich auch die geringe Kritikfähigkeit der Thais. In der westlichen Kultur hingegen werden Individualität und verantwortungsbewusstes eigenständiges Handeln gefördert.

Den Unterschied zwischen den Kulturen hat der Oxforder Altphilologe Eric Robertson Dodds (1893–1979) mit den Begriffen „Schamkultur" und „Schuldkultur" bezeichnet. Im Westen sind Ansehen und Status wichtig, die vorherrschende Schuldkultur ist vom Gewissen und den vorgegebenen Maßstäben geprägt, in der christlichen Kultur allen voran den zehn Geboten. Wichtig sind ein ruhiges Gewissen, Anstand, Recht, Sühne, auch Rechtfertigung und Moral spielen eine große Rolle. Das Denken ist sehr vom Recht abhängig und die Taten werden vom Gewissen geleitet.

In der Schamkultur Asiens ist die Wertschätzung aus der Sicht anderer höher gestellt und das Gewissen spielt eine untergeordnete Rolle. Die öffentliche Wertschätzung ist oberstes Gut, alles geht um Ehre und nicht um Sühnung der Schuld, das führt eben auch manchmal zu einer sehr weit ausgelegten Definition von Recht und Unrecht. Anpassung ist weitaus höher gestellt als Eigenständigkeit. Ein gutes Beispiel hierfür ist ein kleiner Verkehrsunfall. Ein Fußgänger wird von einem Rollerfahrer touchiert. In der westlichen Kultur stellt sich direkt die Frage, wer ist schuld, und derjenige, der den Unfall verusacht hat, wird sich erstmal entschuldigen, seinen Fehler eingestehen und sich für die Wiedergutmachung einsetzen. Er ist von seinem Gewissen geleitet. Im asiatischen Raum ist das unter Umständen anders, denn hier geht es erstmal um das Verhältnis der Unfallbeteiligten. Stehen sie eventuell in einem Verhältnis zueinander, ist der eine beim anderen in der Schuld oder sind es einfach zwei Fremde, die hier kollidiert sind? Aus der Beziehung heraus wird dann die eigentliche Tat verhandelt. Wer steht bei wem in der Schuld und wer hat bei wem noch etwas gut.

Kurzum: In der Schamkultur geht es nicht um die Einzelperson, sondern immer ums Kollektiv, man handelt im Hinblick darauf, was es für Konsequenzen für die Gruppe oder Familie hat, während in der Schuldkultur das individuelle Verhalten toleriert wird und im Vordergrund steht. Somit zeigt sich auch, dass Schamkulturen viel leichter zu manipulieren sind und es weitaus mehr Mut erfordert zu demonstrieren, zu hinterfragen oder sich gegen Obrigkeiten aufzulehnen.

umgangssprachlich als **Farang** (oder Falang) bezeichnet. In Indien heißt der Westler Farangi, in Kambodscha Barang und in Laos Falang. Es wird vermutet, dass der Ursprung des Wortes in den Kreuzzügen zu finden ist, als Muslime alle Christen „Franken" nannten, von dort breitete es sich über den asiatischen Kontinent aus und wurde über die Jahre angepasst. Farang heißt übrigens auch die Guave, also nicht wundern, wenn der Thai am Obststand Sie anlächelt und sagt „haha farang sü farang" (sü = kaufen).

Sextourimus und Ladyboys

Während des Vietnamkriegs (1955–1977) genossen viele amerikanische Soldaten ihren Erholungsurlaub in Thailand. Zu dieser Zeit entwickelte sich auch das „horizontale Gewerbe" in Thailand, das von den amerikanischen Soldaten angekurbelt wurde. Prostitution war ein sehr einträgliches Geschäft, das vielen Familien das Überleben sicherte. Auch heute noch gilt Thailand als eine Hochburg des bezahlten Sex. Obwohl ein eher prüdes Land, wird mit dem Thema Prostitution sehr leichtfüßig umgegangen. Vor dem Gesetz illegal, arbeiten die Damen dann eben als Serviertöchter oder Zimmermädchen, das wahrt den Schein. Die bekanntesten Rotlichtviertel liegen in Bangkok, aber auch in Chiang Mai wird der Suchende fündig. Auch wenn Prostitution illegal ist, wird sie nicht unbedingt geahndet.

Interessant ist, dass Thailand ein sehr entspanntes Verhältnis zu Homosexualität und Transsexualität hat, obwohl Küsse und Umarmungen unter heterosexuellen Paaren in der Öffentlichkeit eher verpönt sind. Merken Eltern, dass ihr Kind zum anderen Geschlecht tendiert, wird es von der Gesellschaft unterstützt, dann wird er zum Khatoey, also einem Ladyboy, dem Mann, der Frau sein will, das kann bis zur Geschlechtsumwandlung gehen. In der Gesellschaft sind sie genauso anerkannt wie jeder andere. Viele Ladyboys treten in Cabaret Shows auf. Die bekannteste des Nordens ist im Viertel des Night Bazaar in Chiang Mai (www.chiangmaicabaret.com).

Die Religionen

Es gibt zwar keine offizielle Staatsreligion in Thailand, doch ist es per Verfassung festgelegt, dass der König ein Theravada-Buddhist sein muss. Es herrscht Religionsfreiheit für die Bürger. Trotzdem bilden die Buddhisten mit 93,5 % die größte religiöse Gruppe, 4,3 % bekennen sich zum Islam, 1,2 % sind Christen, Hindus, Sikhs und andere Religionen machen das verbleibende 1 % aus (Stand: 2015).

Christentum

Christliche Kirchen sind im Norden häufig anzutreffen. Der Anteil an Christen ist im Norden höher als in den anderen Landesteilen. Missionare bekehrten im ausgehenden 19. Jh. überwiegend Bergvölker zum christlichen Glauben. Aber auch Christen aus China erreichten Thailand und bauten ihre Gotteshäuser. Die ersten katholischen Missionare waren die Dominikaner. Sie kamen 1555 aus Portugal in Ayutthaya an und wurden herzlich willkommen geheißen. Die Franziskaner folgten im Jahr 1580 und die ersten Jesuiten im Jahr 1607. Bis 1662 gab es eine christliche Gemeinde von 200 Menschen in Ayutthaya, geführt von einem spanischen und zehn portugiesischen Priestern. Im Laufe der Jahre wurde es Christen ermöglicht, ihren Glauben zu leben und heute gibt es zwei Erzbischöfe in Thailand und die Gemeinde wächst.

Der Islam

Die Muslime Thailands haben ihre Wurzeln in China, Myanmar und in Malaysia. Der Hauptteil der malaysischen Muslime lebt im Süden, hier machen sie in einigen Provinzen bis zu 30 % der Gesamtbevölkerung aus. Im Norden sind es Yunnan und Shan, die ihren Glauben praktizieren, in den Flüchtlingslagern an der Grenze zu Myanmar Rohingya. In den größeren Städten des Nordens findet man Moscheen und kleine islamische Viertel, die sich um die Moscheen angesiedelt haben. Die Garküchen und Restaurants sind „halal" (unbedingt probieren sollte man gelben Reis mit Huhn). In Chiang Mai und Chiang Rai stehen in der Innenstadt jeweils große Moscheen, die wie aus 1001 Nacht die Viertel überragen. In den kleineren Städten und Dörfern sind die Moscheen ganz einfach meist weiß getüncht mit grünem Kuppeldach, auf dessen Spitze der islamische Halbmond thront.

Wat Ched Yot, Chiang Mai

Der Buddhismus

Der Buddhismus, wörtlich „die Lehre des Erwachten", ist heute nach dem Christentum, Islam und Hinduismus die viertgrößte Religion der Welt. Von Nordindien aus verbreitete sich die Glaubensrichtung im 3. Jh. v. Chr. zunächst quer durch Indien und nach Sri Lanka und Zentralasien, dann weiter über Japan und China in die Himalaya-Regionen, bis sie erst im 13. Jh. n. Chr. nach Thailand gelangte.

Die Lehre Buddhas besagt, dass das Leben ein einziger Ablauf in sich verketteter Umstände ist. Das „Dhama", die unverrückbare Wahrheit über das Menschsein, findet in der täglichen Erfahrung seinen Beweis. Demnach ist das Leben leidvoll, weil es trotz seiner schönen Momente mit Verlust, Schmerz und Krankheit behaftet ist, und am Ende stehen der Tod und die Wiedergeburt. So dreht sich das Rad des Lebens der Unerleuchteten von Generation zu Generation. Die darin liegende Energie, das „Karma", wird von Generation zu Generation wiedergeboren. Das höchste Ziel ist das Loslassen von allen irdischen Verführungen. Den völlig losgelösten Zustand, das wunschlose Glücklichsein, erreicht man im „Nirwana" durch strenge Regeln des Fastens, des Meditierens und der inneren Stärke. Auch gute Taten und die Ausprägung des Mitgefühls für alle Lebewesen stehen im Vordergrund. Derjenige, der ins Nirwana geht, ist von den wiederkehrenden Geburten und dem Leid frei gesprochen und erlangt Glückseligkeit.

Der Theravada-Buddhismus

Der praktizierte Buddhismus ist der Theravada-Buddhismus, eine der ältesten Lehren der buddhistischen Schule.

In Thailand ist der Buddhismus mit Aberglauben durchsetzt, auch Elemente des Hinduismus sind Teil der Religion. So glaubt man an den hinduistischen Kosmos, den Berg Neru und die Hölle, in der man schmort, wenn man schlechte Taten begeht und schlechtes Karma ansammelt. Elemente der chinesischen Lehre sind ebenso integriert. Die Lehre des Theravada-Buddhismus führt ins 5. Jh. v. Chr. zurück. Im heutigen Nepal wurde der Prinz Siddharta Gautama geboren und als Herrschersohn großgezogen. Doch konnte er dem adligen Leben nichts abgewinnen und zog mittellos in die Welt. Zum damaligen Zeitpunkt war der Hinduismus in weiten Teilen Indiens die Hauptreligion und die Welt war im Aufbruch, suchte neue Werte. Siddharta lehnte sich gegen die Lehre des Kastensystems und der Fremdbestimmung des Karmas auf und verkündete, dass die Menschen ihr Schicksal selber in die Hand nehmen könnten, er trat ein für die grundsätzliche Gleichheit aller Menschen und die freie Willensentscheidung. Siddharta entwickelte Modelle zur Verbannung allen Leidens auf der Welt und war, als er mit 45 Jahren starb, ein anerkannter Philosoph mit einer Schar bestens geschulter Nachfolger, die die Welle des Buddhismus über den ganzen asiatischen Kontinent verbreiteten. So viel zum Begründer des Buddhismus, aber das ist natürlich viel zu trocken und wenig legendenreich. Also erfand man die Geschichte, dass Buddha nicht durch Studien, sondern durch Visionen bei der Meditation unter einem Bodhi-Baum zu diesen Erkenntnissen und Lehren gelangt war und er war fortan der Erleuchtete.

Aberglaube und Geisterglaube

Wie weit der Aberglaube auch ins alltägliche Leben übergreift, sieht man zum einen an den **Geisterhäuschen** (→ Kasten, S. 172), zum anderen auch am Umgang mit Toten und bei allgemeinen Verrichtungen des Alltags und dem Glauben an den Wahrheitsgehalt von Legenden.

Der Buddhismus wurde erst in der Sukhothai-Periode, also im 13. Jh. aus Ceylon nach Thailand an den Hof gebracht und von hier aus innerhalb des Landes verbreitet. Vorher gab es den Hinduismus von den Khmer, die ihre Könige wie Götter verehrten, und den **Animismus** der Naturvölker, die in jedem Teil der Natur eine Seele sahen. Den Glauben an die Seelen in der Natur kann man wohl am einfachsten als Glauben an Geister oder Naturgeister beschreiben. So bedeuten auch heute noch um Bäume geschlungene Tücher beispielsweise, dass in dem Baum ein besonders mächtiger Geist wohnt und man ihm Ehre erweisen muss. In Geschäften werden im Schrein gegenüber vom Eingang dem Geist der Mutter Erde Opfer gebracht, damit die Geschäfte florieren.

Auch der **Ahnenglaube** ist weit verbreitet. Es kann durchaus passieren, dass Verwandte von Verstorbenen den Toten im Haus oder auf dem Grundstück sehen, was bedeutet, dass er seine letzte Reise nicht antreten konnte. Dann müssen Tänzer her, die in Trance mit dem Verstorbenen Kontakt aufnehmen und ihn auf seine letzte Reise schicken. Auch die Mönche beten während einer Beerdigungszeremonie für eine gute Reise für den Toten.

Der Glaube an **Wahrsager** ist in Thailand bis in die obersten Schichten verbreitet. Das Königshaus hatte und hat schon immer einen Astrologen und Wahrsager am Hofe, bei dem sich der König in wichtigen Entscheidungsphasen Rat holt. Auch der heutige Regierungschef Prayut Chan-o-cha gibt offen zu, dass er sich Rat bei Wahrsagern holt. Die Wahrsager für Otto-Normal-Thai finden sich in oder vor den Tempeln, hier fragt man um Rat, wenn man die Qual der Wahl hat, z. B. vor einer Hochzeit, wenn man sich zwischen zwei Partnern entscheiden muss, bei einem Jobwechsel etc. Wahrsagen ist in Thailand fester Bestandteil des Alltags.

Ebenfalls im Tempel kann man das **Zahlenorakel** befragen. Ein Zahlenorakel liegt oft bei wichtigen Buddhastatuen aus. Ein Becher mit nummerierten Bambusstäbchen wird gekonnt mit einer raschen Handbewegung geschüttelt, ein Stäbchen fällt heraus, hierauf befindet sich eine Zahl. Die Beschreibung zur Zahl findet man auf ausliegenden Zetteln, so weiß man, wie es in einer bestimmten Situation weitergeht und wie einem die Sterne gesinnt sind.

Bedeutsam sind auch die **Tierkreiszeichen.** Ist man beispielsweise im Jahr der Ratte geboren und dazu noch in einem Monat der Trockenzeit, steht einem ein eher hartes Leben bevor, denn die Ratte findet im Mai nicht viel zu fressen. Ist man hingegen in einem Monat mit ausreichend Nahrung aus Rattensicht geboren, deutet das auf ein vielversprechendes Leben hin.

Aberglauben findet man in verschiedenen Bereichen des Alltags. Das Schneiden der Haare kann nicht an jedem beliebigen Wochentag erfolgen, lässt man die Haare am Montag schneiden, kommt Geld ins Haus, an einem Mittwoch bringt es Unglück und am Sonntag führt es zu einem langen Leben. So sollte am Montag ein Hausbau begonnen werden, nie aber an einem Dienstag, der Mittwoch ist wieder dafür geeignet, außerdem ist der Mittwoch auch der Tag für Hauseinweihungen; am Mittwoch sollte man die Bettwäsche wechseln, wehe dem, der am Donnerstag einen Waldspaziergang macht – so geht die Litanei der Verhaltensweisen weiter, man könnte ganze Bücher füllen. Dieses Wissen ist von Generation zu Generation übermittelt worden und man hält sich einfach daran, denn man weiß ja nie!

Auch im **Umgang mit dem Tod** gibt es gewisse Regeln zu beachten. So finden Beerdigungen nicht freitags statt, denn dieser Tag ist fröhlichen Festen zugeordnet. Schwangere sollten nicht zu Beerdigungen gehen, die Geister könnten das Baby stören. Tote kommen nach der Beerdigung zurück, daher

Die buddhistische Hölle anschaulich dargestellt

müssen die Türen an den Tagen nach der Verbrennung geöffnet bleiben. Außerdem wird den Toten eine Münze in den Mund gelegt, damit sie Reichtum im neuen Leben erwartet.

Buddhismus im modernen Alltag

Auch heute ist der Tempel Teil des Alltags der Menschen, hier trifft man sich zum Schwatz, zündet Räucherstäbchen an und spendet Almosen, natürlich kommen viele auch hierher zum Beten oder einfach um die Stille zu genießen. Auch wenn man ein Anliegen hat, wenn man die Zukunft vorausgesagt haben möchte und wenn man etwas feiern will, etwa vor einer Flugreise oder nach einer langen Autofahrt, die man unbeschadet überstanden hat, nimmt man den Weg zum Tempel.

Im Norden ist es besonders in den ländlichen Regionen auch noch üblich, dass **junge Männer** für drei Monate ins Kloster gehen, das symbolisiert den Übergang vom Jugend- ins Erwachsenenalter. Jederzeit ist es gut für einen Buddhisten in regelmäßigen Abständen eine gewisse Zeit im Kloster zu leben, denn so kann gutes Karma gesammelt werden.

Ein typisches Ritual ist das **Binthabat** (→ Kasten, S. 131), die Almosengabe an die Mönche am Morgen, ebenfalls ein Karmasammler. Zur Hauseinweihung und zur Geisterhaus-Platzierung bedarf es des Wissens der Mönche, die dann ins Haus kommen und es segnen, anschließend erhalten sie ein Mittagessen.

Leben im Kloster

Dorfklöster sind nicht nur religiöse Zentren, sondern auch kostenlose Herberge für Alte, Waisen und Reisende. Sie helfen den Armen und versorgen herrenlose Tiere. Die Klöster haben heute noch einen gewissen Einfluss auf das Dorfleben, sie helfen dabei Streitigkeiten zu schlichten und natürlich bei der Verbreitung von Dorfklatsch. Der Abt (Luang Thera) stellt das Oberhaupt des Klosters dar. Er muss mindestens zehn Jahre als Mönch gedient haben, bevor er Klostervorsteher werden kann. Die Ernennung erfolgt durch einen Ältestenrat. Wer Mönch werden will, unterzieht sich nach einer zweijährigen Novizenzeit der Ordination und bleibt entweder im Heimatkloster oder wird in einem anderen Wat aufgenommen.

Der Alltag der Mönche hält sich an strenge Zeitvorgaben. Bereits um 4 Uhr morgens wird der Gong geschlagen und man rüstet sich für den Almosengang. Man wäscht sich, verrichtet sein Morgengebet und zieht gegen 6 Uhr los in die Dörfer. Besonders sehenswert ist der Almosenritt der Mönche im Wat Tham Pa Archa Thong (→ S. 136) und auf der Bambusbrücke in Mae Hong Son (→ S. 248). Gegen 9 Uhr sind sie wieder zurück im Tempel und die Speisen werden geteilt und gemeinsam gegessen. Dann steht Zeit für Arbeiten im Tempel, religiöse Rituale oder Meditation zur Verfügung. Vor 12 Uhr mittags wird zum letzten Mal gegessen, dann bleibt Zeit fürs Studium und die Meditation, einige Mönche sitzen im Viharn und betreuen bei Bedarf die Gläubigen. Um 16 Uhr findet das Abendgebet statt und gegen 18 Uhr schließen die meisten Wats ihre Tore.

Interessante Anekdote: Das Gesundheitsministerium appelliert an Almosengeber den Mönchen weniger Süßspeisen zu reichen und keine kalorienreichen Getränke. Durch Fertigprodukte und zu viel Zucker findet in den Tempeln eine beängstigende Gewichtszunahme statt.

Frauenklöster

Es gibt in Thailand buddhistische Nonnenklöster, die allerdings im Theravada-Buddhismus nicht anerkannt sind. Heute finden Reformen statt, um reinen Nonnenklöstern ein Überleben zu ermöglichen. Kämpferin und Vorreiterin ist Dhammananda Bhikkhuni (* 1944), eine Religionswissenschaftlerin und die erste voll ordinierte Nonne des Theravada-Buddhismus. Sie hatte eine Professur an der Thammasat-Universität inne und ging nach ihrer Emeritierung im Jahr 2000 nach Sri Lanka, um sich dort ordinieren zu lassen, da dies der thailändische Theravada-Buddhismus nicht vorsieht. Im Jahr 2003 erhielt sie ihre Vollordination und leitet seitdem das Nonnenkloster in Nakhon Pathom bei Bangkok. Bereits ihre Mutter und Großmutter waren Mae Chis, Nonnen, die das bürgerliche Leben aufgegeben hatten. Obwohl Frauenklöster bis ins Ayutthaya-Reich zurückzuverfolgen sind, will die Mönchsgemeinschaft sie nicht akzeptieren. Dhammananda Bhikkhuni findet aber unter fortschrittlichen Vertretern des engagierten Buddhismus große Zustimmung und kämpft weiter für mehr Rechte der Nonnen in Thailand.

Klosteraufenthalt für Touristen

Für viele Thailandreisende ist ein Klosteraufenthalt ein Herzenswunsch. Chiang Mai bietet gute Möglichkeiten für Tourist/innen das Leben in einem Wat kennenzulernen. Es gibt die Möglichkeit Meditationskurse zu besuchen oder aber auch im Tempel zu übernachten, z. B. im Wat Umong (→ S. 56) oder im Wat Phra That Doi Suthep (→ S. 58). Verschiedene Tempel in der Stadt bieten auch sog. **Monk Chats** an, bei denen man den Möchen Fragen stellen kann zu ihrem Alltag, ihren Einstellungen und der Lehre Buddhas, wie z. B. im Wat Chedi Luang (→ S. 33).

Tempelarchitektur

Im Norden Thailands gibt es Tausende Tempel, die sog. Wats findet man in jedem Dorf, in den Städten gibt es gleich mehrere, einer ist schöner als der andere und sie sind nicht wegzudenken aus dem thailändischen Alltag. Sie unterscheiden sich in Größe und Lage, doch sind ihnen viele Strukturen gemein.

Stilepochen

Die unterschiedlichen Stilepochen erkennt man an der Tempelarchitekur oder aber auch an Ausgrabungsstücken der verschiedenen Epochen. Oft unterscheiden sich der Chedi, bestimmte Dekorationen oder die Buddhadarstellungen und lassen so auf die Epoche schließen.

Srividjaya (8.–12. Jh.): Eine unter vielfältigen Einflüssen stehende Kunst verschiedener Stadtstaaten, dominiert vom Königreich Srividjaya auf Sumatra. Die Ausläufer berühren Thailand bis in die Gegend von Nakhon Si Thammarat.

Dvaravati (6.–11. Jh.): grundlegender Stil um den Verband der Stadtstaaten um Nakhon Phatom, indisch beeinflusst, er wurde durch die Mon verbreitet. Laterit und Ziegel werden mit Stuckelementen verziert. Besonders eindrücklich im heutigen Lamphun, dem ehemaligen Hariphunchai-Reich zu sehen.

Khmer-Stil (9.–13. Jh.): Das Machtgebiet des Khmer-Reiches mit seiner Hauptstadt Angkor (Kambodscha) reicht weit ins nordöstliche und zentrale Thailand hinein. Bis ins 12. Jh. werden die Hindu-Götter verehrt, danach wird der Hinduismus vom Buddhismus verdrängt. Aus der Khmer-Kunst werden die Elemente des Phrang und des Prasats in die thailändische Tempelarchitektur übernommen.

Lop Buri (13.–14. Jh.): Übergangsperiode vom echten Khmer-Stil zum reinen Ayutthaya-Stil. Die Architektur zeichnet sich durch Phrangs, reich verzierte Türstürze und Fenster aus. Neben Buddhastatuen werden auch Wesen aus der Mythologie dargestellt.

Sammelschalen im Tempel

Kleines Tempel-Einmaleins

Der Wat und seine Gebäude

Wat (Tempelanlage): Die Wats sind nicht nur religiöse Stätten, sondern nehmen vielerlei Funktionen ein. Die Tempelanlagen sind Versammlungsorte der Dorfbevölkerung, sie dienen den Gläubigen für Meditationen, für religiöse Zeremonien, Feierlichkeiten, Gebete, den Mönchen als Wohnbereich und Bibliothek, Ruhestätte, oft auch Übernachtungsmöglichkeit. Sie stehen Frauen und Männern gleichermaßen offen, auch Nichtgläubigen. Die Wats bestehen aus mehreren Gebäuden, die von einer Mauer umschlossen und meist durch ein oder mehrere reich verzierte Tore zugänglich sind.

Ubosot/Bot (Ordinationshalle): Er ist das wichtigste Gebäude einer Tempelanlage, das religiöses Zentrum, hier meditieren die Mönche und Zeremonien werden abgehalten – für Laien meist kein Zutritt. Er beherbergt meist eine wichtige Buddhastatue. Beim Bau eines Bot werden acht „Bai Sema", heilige Steine, verbaut, sie grenzen den heiligen Bereich vom weltlichen Teil ab. Es werden neun Löcher gegraben, vier Kardinalpunkte und die Punkte dazwischen, sowie ein Loch, an dem die Hauptbuddhastatue stehen soll. Hier werden dann die „Lug Nimit" versenkt, kanonenkugelförmige Steine, auf ihnen werden die „Bai Sema", die an die flachen Blätter des Bodhi-Baums erinnern, daraufgesetzt. Sie schützen das Heiligtum. Bei jeder Erweiterung eines Tempels werden wieder neue „Lug Nimit" versenkt und entsprechende „Bai Sema" eingelassen.

Viharn (Versammlungshalle): Auf dem Tempelgelände gibt es meist einen oder mehrere Viharne, diese sind meist größer als der Bot, denn sie sind die Gebetshallen der Gläubigen, die Versammlungshallen, der Veranstaltungsort bei Tempelfesten. Hier stehen eine oder mehrere Buddhafiguren und ein Altar, außerdem sind morgens Mönche anwesend, die die Gläubigen segnen.

Chedi/Stupa (Tempelturm): Der meist glockenförmige, nach oben spitz zulaufende Bau dient meist der Aufbewahrung von Urnen bedeutender Persönlichkeiten oder auch Reliquien. Je nach Bedeutung des Aufbewahrten sind sie entsprechend groß. Die Anzahl der Chedis in einer Tempelanlage ist unbegrenzt. Ihr Aufbau basiert immer auf der gleichen Struktur, die auf hinduistische Vorstellungen gegründet ist: eine dreiteilige Basis, die Himmel, Hölle und Erde symbolisiert, ganz an der Spitze der Meditationssitz Buddhas, der reich mit Gold und Edelsteinen verziert und von einem Schirm getoppt wird. Die Chedis, die im Khmer-Stil erbaut sind, heißen **Phrangs.** Die Bezeichnung **Pagode** steht ebenfalls für mehrstöckige turmartige Bauwerke, die meist eine Reliquie Buddhas enthalten oder die Asche eines wichtigen Mönches.

Mondop (Pavillon): Hierbei handelt es sich um ein quadratisches Gebäude, oft mit umgebenden Säulenreihen und einem vierstufigen, pyramidenförmig zulaufenden Dach. Er beherbergt oftmals kostbare Heiligtümer wie Fußabdrücke oder Reliquien Buddhas oder wertvolle religiöse Schriften.

Ob der Wächter auch böse Internetviren fernhält?

Hor Rakhang (Glockenturm): Der Glockenturm ist besonders in den Tempelanlagen auf dem Land auch heute noch zu sehen. Früher diente er der Brand- oder Kriegswarnung, heute werden damit Mönche zum Gebet gerufen oder zu Mahlzeiten, auch religiöse Festlichkeiten werden dadurch angekündigt.

Kuti/Sanghawat (Wohnbereich der Mönche): Die Quartiere der Mönche liegen am Rande des Klosters und sind in einfachen, oft zweistöckigen Gebäuden untergebracht. Die jungen Mönche schlafen meist in Schlafsälen, während die älteren in Kutis untergebracht sind, die Schlafzellen dienen gleichzeitg als Rückzugsort für Meditationen. Die Wohnquartiere sind schmucklos, außer das Haus des Abtes, das meist reich verziert ist, dient es doch auch als Konferenzort.

Hor Trai (Bibliothek): Der Hor Trai wird auf einem Steinfundament erhöht gebaut, um so die kostbaren Schriften vor Wasser zu schützen.

Sala (Pavillon): Meist befinden sich mehrere Salas, also in alle Richtungen offene Pavillions, auf dem Tempelgelände, sie sind Raum der Begegnung, man kann sich hier entspannen und auch schon mal ein Nickerchen machen.

Typische Deckenverzierung in Lanna-Tempeln

Mythologische Figuren: Naga-Schlangen säumen Treppen, die zu den Ordinationshallen führen, sie fungieren als Wächter. **Yakshas** (kurz Yak) sind die Tempelwächter, die böse dreinschauenden Hühnen, die den Tempel beschützen. **Kinnaras** sind Vogelmenschen, die im Torso einer Frau stecken und das Hinterteil eines Schwans haben, sie stehen für Anmut. Übergroße Löwen, die **Singhs,** bewachen die Tempel, sie stehen zähnefletschend an den Tempeltoren oder rahmen Chedis ein. Sie sind burmesischen Ursprungs, mittlerweile aber fester Bestandteil der thailändischen Sakralarchitektur. Der dreiköpfige Elefant **Erawan,** das Reittier von Gott Indra und hinduistischer Gott der Wissenschaft, ist ebenfalls in vielen Tempeln dargestellt. Außerdem sieht man **Garudas,** halb Mensch, halb Vogel, die das Fortbewegungsmittel Vishnus, der indischen Göttin der Erhaltung sind. Weitere Beispiele hinduistischer Elemente sind der vierköpfigen **Brahma** und **Shiva,** die Göttin der Zerstörung. Auch **Khuan Yin** aus der chinesichen Mythologie, Göttin der Gnade, trifft man in Tempeln an.

Weitere Einrichtungen in der Tempelanlage

Meist befindet sich noch eine **Schule** auf dem Tempelgelände, zudem **Verkaufsstände** mit Amuletten, die gegen die Irrungen und Wirrungen des Lebens schützen, mit Souvenirs oder sogar Marktstände und Cafés.

Verhaltensregeln für Besucher

Wer einen Tempel betritt, muss Knie und Schultern bedeckt haben. Trägershirt, Spaghetti-Top und Hot Pants sind No-Gos! Betritt man das Innere eines Gebäudes, werden die Schuhe ausgezogen. Die Füße dürfen nie auf eine heilige Statue oder den Mönch zeigen.

Lanna (13.-16. Jh.): Aus kleinen Fürstentümern am Mekong und Chiang Mai entsteht das Königreich Lanna, es war während der Sukhothai-Periode das Machtzentrum des Nordens. Prächtige Staffeldächer mir reich verzierten Schnitzereien an den Giebeln sind ein Hauptmerkmal der Lanna-Architektur. Wächterlöwen an den Eingängen sind Ausdruck des burmesischen Einflusses. Ebenso sind die Chedis weniger glockenförmig als nach oben spitz zulaufend. Leider wurde viel mit Holz gebaut, daher sind nur noch wenige Originalbauten erhalten.

Sukhothai (Mitte 13. bis 15. Jh.): Hier findet der Übergang zum Theravada-Buddhismus statt. Eine wahre Umkehrung des Khmer-Stils findet statt. Eckige Gesichter weichen sanften Zügen, gerade Augenbrauen wölben sich, die Darstellungen werden insgesamt weiblicher, sanfter. Auch die Roben werden leichter, fast beschwingt. Die Buddhastatuen zeigen oft gebogene Nasen und lange Ohrläppchen, sie scheinen sogar zu lächeln. Der schreitende Buddha und die Lotosknospen-Chedis sind typisch für die Zeit.

Ayutthaya (14.–18. Jh.): Die Strenge der Khmer wird von der Sanftheit Sukhothais abgemildert. Die Skulpturen sind reich verziert, Intarsien, Mosaike und ein überladener Stil kennzeichnen die Blütezeit des Reiches. Die Fresken werden detailreicher, aber noch nicht perspektivisch. Durch die Übernahme Burmas stagniert die Kunst.

Rattanakosin Periode (ab 19. Jh.): auch Bangkok–Ära genannt. Nach der Befreiung von Burma knüpft der Stil an die Blütezeit Ayutthayas an und wird durch europäische Elemente bereichert. Die Fresken bekommen jetzt Perspektive.

Buddhastatuen

Sie sind allgegenwärtig, aus Stein gemeißelt, aus Beton gegossen, aus Holz geschnitzt oder noch viel edler aus Gold gegossen oder aus Jade und Marmor hergestellt. Es gibt eine schier unzählbare Anzahl und Unterschiede im Aussehen der Figuren. In der frühbuddhistischen Epoche gab es keine Buddha-Abbildungen, es schien verboten zu sein, den Erleuchteten darzustellen. Das änderte sich im 1. Jh. n. Chr., wie man bei Ausgrabungen in Indien herausfand. Auch die verschiedenen Epochen lassen sich an den Statuen erkennen (→ Stilepochen).

Buddhastatuen werden in ihren Proportionen immer gleich dargestellt, dabei gibt es 80 Regeln zu beachten. So müssen z. B. die Arme proportional bis ans Knie reichen, die Finger und Zehen müssen gleich lang ausfallen. Bei Gesichtern und Kopfschmuck wird dem Künstler freie Hand gelassen. Der Kopfschmuck „Ushinisha" gilt als das Symbol der Allwissenheit und ist in Thailand in spitzer Form ausgearbeitet, bei den Khmer hingegen konisch. Die Locke zwischen den Augenbrauen ist ebenso wie das Haupthaar oft mit Edelsteinen verziert. Die Fußsohlen sind oft mit Intarsien versehen, die die 108 positiven Handlungen und Symbole darstellen, die Buddha zur Perfektion verhalfen, auch das Rad der Lehre ist gängig auf den Fußsohlen der liegenden Statuen. Die Statuen tragen Mönchsroben, die die rechte Schulter frei lassen. Die langen Ohrläppchen deuten auf die adelige Herkunft hin, denn nur Fürsten konnten sich Ohrschmuck erlauben, der die Läppchen länger werden ließ.

Die Positionen, in denen der Erleuchtete dargestellt ist, sind entweder sitzend, liegend, stehend oder schreitend.

Wichtig ist die Geste der Hände, die „Mudra", sie drückt verschiedene Botschaften aus. Gerade nach oben zeigende Finger und die vollständig geöffnete Handfläche, die auf den Betrachter weist, symbolisieren Freiheit von Furcht und Schutz. Die Erde ist Zeuge der Wahrheit der Worte, hier liegt die linke Hand nach oben geöffnet im

Schoß, während die rechte mit den Fingerspitzen den Boden berührt. Wenn beide Hände locker auf dem Schoß liegen, mit den Handflächen nach oben, ist es die Meditationsgeste. Sind Daumen und Zeigefinger der rechten Hand zu einem Kreis geformt, symbolisiert das den lehrenden Buddha. Wenn Daumen und Zeigefinger beider Hände einen Kreis vor der Brust formen, handelt es sich um die Predigergeste, das Rad der Lehre wird angedreht. Anbetung und Verehrung wird durch zusammengelegte Handflächen symbolisiert.

Kunsthandwerk

Lackarbeiten: Aus Chiang Mai stammen die Lackarbeiten, ein zeitaufwendiges Verfahren von Lackieren, Gravieren und Polieren. Die Gewinnung gelingt ähnlich wie beim Kautschuk durch das Einschneiden der Rinde des Lackbaums, die eine dickflüssige, klebrige Masse ausscheidet. Zunächst wird eine Form aus Holz hergestellt, diese wird mit dem Lack überzogen, der trocknen muss. Ist dies geschehen, wird der Lack mit Holzkohle poliert, dann wieder getrocknet, und wieder poliert. Anschließend wird der Lack stark eingekocht, sodass er eine tiefschwarze Farbe bekommt. Anschließend wird der Lack mit Holzkohle poliert, dann muss er wieder trocknen, danach werden farbige Lackschichten aufgebracht. Durch das wiederholte Abschleifen und das immer wieder neue Auftragen von Lack und Gravur entstehen Unikate. Allerdings bekommt man auf den Nachtbasaren und in den Souvenirläden meist nur minderwertige Massenware, die aber trotzdem schön anzusehen ist.

Silberarbeiten: Chiang Mai ist Hochburg der Silberschmiede. Neben Reisschalen, Trinkgefäßen, Gürteln und Schmuck zählt die Reliefdarstellung zu den beliebten Silberarbeiten der Stadt. Silberbleche werden hierbei über geschnitzte Holzvorlagen gelegt und anschließend mit Hämmern bearbeitet, bis sich die Reliefs im Silber wiederfinden. Schöne Beispiele sieht man in den Tempeln im Silberviertel (→ S. 49) und im Louis Silver an der Straße 121, hier kann man den Künstlern auch über die Schulter schauen (→ S. 95).

Celadon-Keramik (auch Sawankhalok-Keramik): Die Tradition des grünen Steinguts ist bereits seit 2000 Jahren bekannt, es wurde zunächst in China gefertigt. König Ramkhamhaeng brachte 1294 Töpfer von seinem Besuch in China mit und sie weihten die Thais in die Kunst des Töpferns ein, das Geheimnis liegt in den extrem heißen Öfen. In Doi Saket und in San Kamphaeng gibt es Celadon-Manufakturen (→ S. 103). Auch heute verwendet man für die Lasur keine chemischen Zusätze und sie schimmert immer noch so grün wie schon vor 2000 Jahren.

Stoffe: Auch heute noch gibt es Seidenraupen-Farmen im ganzen Land. Die Seidenspinnerei jedoch konzentriert sich auf den Norden Thailands. Heute wird zwar fast nicht mehr von Hand eingefärbt, aber die dünnen Fäden werden von Hand gesponnen. Schöne Stoffe kann man bei Jolie Femme und anderen Manufakturen kaufen (→ S. 94). Weiter verbreitet sind Baumwollstoffe, insbesondere die Bergvölker des Nordens haben ein Faible für das Weben von Stoffen und die Kombination von Farben (→ S. 94).

Korbwaren: In den Dörfern werden auch heute noch Korbwaren zum täglichen Gebrauch hergestellt. Beliebtester Rohstoff ist Bambus. Sehr schöne Exemplare kann man in der Chang Moi Road in Chiang Mais Chinatown erstehen.

Reisebusse sind ein bequemes Verkehrsmittel für längere Strecken

Anreise

Die Anreise erfolgt meist über Bangkok und kann auch bei einer Reise in den Norden Thailands mit einem Kurzaufenthalt in der Hauptstadt verbunden werden (→ Kasten, S. 352/353).

Mit dem Flugzeug

Internationale Flüge gehen ab den wichtigsten deutschen Flughäfen nach Bangkok. Lufthansa und Thai Airways fliegen ab/über Frankfurt oder München direkt nach Bangkok, Eurowings ab Düsseldorf, während die Fluglinien des Nahen Ostens, etwa Emirates, Etihad oder Qatar Airways über ihre Heimatflughäfen am Golf gehen und dort einen Zwischenstopp machen. KLM fliegt über Amsterdam direkt nach Bangkok, ebenso Finair über Helsinki. Ab Wien gibt es Flüge mit Austrian Airlines über Bangkok und ab Zürich entweder mit Thai direkt oder über Hongkong oder Singapur mit Cathay Pacific bzw. Singapore Airlines.

Wer direkt von Europa aus **Chiang Mai** anfliegen will, hat die Möglichkeit, mit Cathay Pacific von Frankfurt oder Zürich über Hongkong zu fliegen oder mit Singapore Airlines über Singapur.

Bei den **Flugpreisen** gilt grundsätzlich: Die direkten Verbindungen sind die teuersten. Ein Hin- und Rückflug mit der Lufthansa von Frankfurt nach Bangkok kostet in der Hauptsaison gut und gerne um die 1000 €. Etihad oder Qatar Airways liegen eher um die 700–800 €.

Die **Inlandsflüge** sind zahlreich und günstig, da sich auch auf dem asiatischen Markt viele billige Airlines breit machen. Die bekannteste ist Thai Air Asia. Aber auch Nok Air, Viet Jet und Thai Smile bieten gute und günstige Verbindungen im ganzen Land an.

▪ www.airasia.com, www.vietjetair.com, www.nokair.com, www.thaismileair.com.

Thai Airways und Bangkok Airways, die beiden Linienfluggesellschaften, steuern ebenfalls flächendeckend die thailändischen Flughäfen an. Hier muss man mit ca. 50 € bis 80 € one way rechnen. Bangkok Airways fliegt von Bangkok nach Mae Hong Son, Sukhothai, Lampang, Chiang Mai und Chiang Rai. Von Chiang Mai und Chiang Rai gehen die Flugverbindungen in den Süden in die Strandzielorte Phuket, Krabi, Surat Thani, Koh Samui.

▪ www.thaiairways.com, www.bangkokair.com.

Mit dem Zug ab Bangkok

Von Bangkok kann man mit dem Zug nach Chiang Mai reisen. Die Züge der

Northern Line fahren von Bangkok über Phitsanulok (von hier Busverbindung nach Sukhothai), Den Chai, Uttaradit, Khun Tan, Lampang und Lamphun nach Chiang Mai. Die Fahrt dauert lange, es empfiehlt sich der Nachtzug und man sollte vorzugsweise Erste Klasse buchen, sodass man ein Abteil und ein Bett hat (2-Personen-Abteil). Preise ca. THB 1800 Erste Klasse, um die THB 1300 Zweite Klasse. In den Nachtzügen gibt es einen Speisewagen und es fahren Wagen mit Snacks durch die Gänge. Alkohol ist neuerdings in allen Zügen verboten. Alle Infos zu den Tickets und Fahrpläne gibt es unter railway.co.th. Sind die Online-Tickets ausgebucht, kann man versuchen, an den Bahnhöfen noch eines zu lösen. Die Züge fahren vom Bahnhof Hua Lamphong in Bangkok ab (Ruang Muang Rd., Pathum Wan) TIPP: Es ist nicht unbedingt empfehlenswert, Zug und Flug zu kombinieren, da die Züge grundsätzlich verspätet sind.

Mit dem Bus ab Bangkok

Jede Stadt hat einen Busbahnhof. Der Bus ist gängiges Verkehrsmittel für Langstrecken, und kleinere Busse verbinden auch abgelegene Orte miteinander.

Von Bangkok fahren **Nachtbusse** in den Norden, auch hier muss man mit einer Fahrtzeit von ca. 12 bis 13 Stunden rechnen. Die Busse der Nakhonchai Air Gesellschaft gelten als komfortabel und sicher. Der Preis für den VIP-Bus liegt bei ca. THB 600 one way nach Chiang Mai, Chiang Rai, Nan, Phrae oder Lampang (www.nakhonchaiair.com). Auch andere VIP-Busse fahren in alle Teile des Landes. Alle Busse in den Norden und Nordosten fahren ab Bangkok Mo Chit Bus Terminal in Chatuchak. Einen guten Überblick und Online-Tickets bietet www.12go.asia. Im Norden verkehren die VIP-Busse der Greenline zwischen den einzelnen Städten (www.greenbusthailand.com). Diese VIP-Reisebusse sind oft doppelstöckig und verfügen über komfortable Sitze mit viel Beinfreiheit sowie eine Toilette. Es gibt Snacks an Bord, bei längeren Fahrten wird auch unterwegs eine Mahlzeit eingenommen.

Kleine, nicht klimatisierte **Busse** fahren auch in die kleinsten Dörfer. Tickets gibt es an den Busbahnhöfen.

Auf dem Landweg in die/aus den Nachbarstaaten

Die Einreise nach **Myanmar** ist vom Grenzübergang Tachilek aus möglich. Für die Einreise sollte man sich vorab ein e-Visum holen, die Bearbeitung dauert ca. 3 Tage und kostet USD 67. Mit dem Visum darf man sich 28 Tage im Land aufhalten. Jeder weitere Tag kostet USD 3, zahlbar bei der Ausreise. Der Pass muss noch mindestens 6 Monate gültig sein.

- Die wichtigsten Infos gibt es hier: www.myanmarvisacorp.com.

Von Chiang Khong kann man mit dem Boot nach **Laos** einreisen oder aber über die Thai-Laos-Friendship-Bridge laufen. Man kann entweder ein e-Visum machen (www.evisalaos.asia) oder den Einreiseantrag an der Grenze ausfüllen, dann muss man auch zwei Passfotos mitbringen. Der Pass muss 6 Monate über die Einreise hinaus gültig sein.

Grundsätzlich gilt, mit dem Ausreisestempel wird ein Visum für Thailand, wenn es nicht Multiple Entry ist, ungültig. Es ist nicht erlaubt, sein 30-Tage-Visum immer wieder durch Grenzüberschreitungen zu verlängern. Natürlich wird demjenigen, der nachweislich für eine Woche nach Laos oder in eines der Nachbarländer geht, erneut ein 30-Tage-Aufenthalt gewährt bei der Wiedereinreise. Vorsichtshalber aber Buchungen oder Flug-Zug- oder Weiterreise-Tickets parat haben.

Wer über den Landweg nach Thailand einreist, bekommt automatisch ein 30-Tage-Visum, Schweizer 15 Tage.

Zwischenstopp in Bangkok – Ideen für drei Tage

Das historische Zentrum liegt auf der Rattanakosin-Halbinsel, der Name stammt von der Stilepoche, deren Abbild die Architektur des historischen Bangkok ist. Der imposante **Königspalast** mit dem **Wat Phra Kaeo,** in dem heute der hochverehrte Smaragd-Buddha (→ S. 35) steht, ist der Touristenmagnet schlechthin. Gleich gegenüber kann man dem **National Museum** einen Besuch abstatten, es gibt Führungen in deutscher Sprache. Unter anderem kann man hier den berühmten „Inscription Stone" aus Sukhothai bewundern, in den König Ramkhamhaeng seine ersten Gesetzestexte meißeln ließ (→ S. 277). Auch stehen hier die Trauerkutschen, mit denen die Könige zu Grabe getragen werden, zuletzt König Rama IX. Schräg gegenüber besucht man den **Wat Pho.** Die vier imposanten Chedis, verziert mit bunten Mosaiken, sind über 40 Meter hoch und wurden von König Rama I. erbaut. Hier im Wat Pho fand die Thai-Massage ihren Ursprung, die Lehrtafeln aus längst vergangener Zeit kann man auf dem Tempelgelände begutachten. Besonders berühmt ist der liegende Buddha mit einer Länge von 46 Metern und den kunstvoll mit Perlmutt-Intharsien gestalteten Fußsohlen. Der **Wat Rachabophit** wurde unter Rama V. erbaut und zeugt von seiner Affinität zu Europa. Die Chedis erinnern an Kathedralen und Kapellen, das Mosaik an Kirchen aus der Renaissance. Einen schönen Ausblick über die alte Stadt hat man vom **Golden Mount,** Teil des Wat Saket.

Natürlich darf bei einem Bangkok-Besuch der Bummel über die **Khaosan Road** nicht fehlen, Magnet für Backpacker und Schnäppchenjäger. Händler bauen am Nachmittag ihre Stände auf und am Abend ist hier ein großer Open-Air-Markt mit Restaurants und Bars, die die Straße säumen. Die angrenzende **Soi Rambuttri** ist ruhiger und man kann entspannt in einem der vielen Restaurants sitzen und dem bunten Treiben zuschauen. Ein besonderes Erlebnis ist die nächtliche Fahrradtour durch Bangkok mit **Bangkok Vanguards,** auch auf Deutsch (www.bangkokvanguards.com).

Lebensader Bangkoks ist der mächtige Fluss **Chao Phraya,** er und seine unzähligen Kanäle durchziehen die Stadt. Hier liegen die Viertel Little India, Chinatown und auch die alten Kolonialviertel. Chinatown ist ein Erlebnis, tagsüber schängelt man sich durch die engen Gassen und Verkaufsstände, nachts entpuppt sich das Viertel als riesige Freiluftgarküche. Das angrenzende indische Viertel mit dem Kaufhaus IndiaEmporium ist wieder eine Welt für sich.

Auch Thonburi mit dem **Wat Arun** auf der gegenüberliegenden Flussseite sollte man einen Besuch abstatten, man kann sich das **Jim-Thompson-Haus** und das gegenüberliegende Seidenspinner-Viertel **Baan Krua** anschauen. Shopper finden alles, was das Herz begehrt, in den futuristischen Malls rund um die Sukhumvit Road: Emporium, Central World und Em Quartier – hier steht der berühmte **Erawan Shrine** – oder man bummelt über die Thonglor Road, Bangkoks hippste Straße.

Wer am Wochenende in Bangkok ist, sollte sich den **Chatuchak Market** nicht entgehen lassen, den größten Markt seiner Art in Südostasien mit über 8000 Verkaufsständen. Eine Fahrt auf den Kanälen der Stadt ist ein tolles Erlebnis ebenso wie ein nächtlicher Bummel durch das Nana-Viertel – das Rotlichtviertel mit Little Arabia daneben – nirgends zeigt sich der Schmelztiegel so deutlich. Das **Museum of Floral Culture** und der Besuch des **Kwan Riam Floating Market** runden einen Kurzbesuch in Bangkok ab.

Rumkommen:

Eine Leserzuschrift empfahl einen deutschsprachigen Tourguide mit dem Spitznamen „Max“. Dieser bietet Ausflüge zu bekannten und unbekannteren Sehenswürdigkeiten in und um Bangkok zu guten Konditionen an, die mit seinem Toyota SUV angefahren werden. „Max“ Sayan Nakongkaew, ✆ 080/2569626, sayannakongkaeo5@gmail.com. ▪ Lesertipp

Übernachtungstipps:

Sala Arun, nur 6 Zimmer mit fantastischer Aussicht am Fluss (www.salaarun.com, ab THB 3900). **Shanghai Mansion,** mitten in Chinatown (www.shanghaimansion.com, THB 3500). In Rattanakosin **Chillax Heritage** (www.chillaxheritage.com, ab THB 2800), in Sukhumvit **Hotel Salil Thonglor** (www.salilhotel.com, ab THB 1800).

Essen und Trinken:

Chakrabongse Villa Dining, Dinieren in königlichem Ambiente (2 Tage vorher reservieren, www.chakrabongsedining.com). High Tea im legendären **Mandarin Oriental – Author's Lounge** (www.mandarinoriental.com). Sonntagsbrunch mit Aussicht im **Hilton** (www.3hilton.com). Authentische Thai-Küche im **Mallika Restaurant** (www.ruenmallika.com) oder eine **Dinner-Kreuzfahrt** auf dem Chao Phraya (www.manohracruises.com).

Ausgehen:

Die Themenbars von Ashley Sutton sind einen Besuch wert: **Maggie Choos** oder auch das **Sing Sing Theatre** (www.singsing-bangkok.com). Ein Geheimtipp ist die **Speakeasy Rooftop Bar** im Hotel Muse (hotelmusebangkok.com). Die bekannteste Rooftop Bar ist seit dem Film „Hangover“ der **State Tower** (www.lebua.com/skybar). An der **Asiatique Riverfront** auf dem Gelände der ehemaligen East India Company am Fluss hat sich ein schönes Ausgehviertel etabliert. Eine der besten Cabaret Shows in Bangkok bietet das **Calypso** (www.calypsocabaret.com), hier gibt es zudem das berühmte Puppentheater **Joe Louis** (www.joelouistheatre.com).

Verkehrsmittel vor Ort

Mit dem Auto/ Motorrad unterwegs

Der Verkehr in Thailand ist gewöhnungsbedürftig und es herrscht Linksverkehr.

Geschwindigkeit: Grundsätzlich gilt auf allen Landstraßen und Autobahnen eine Geschwindigkeitsbegrenzung von 90 km/h, im Dorf 80 km/h, wenn nicht anders beschildert (über eine Anpassung dieser fragwürdigen Geschwindigkeitsbegrenzung wird gerade diskutiert).

Orientierung: Die Straßen sind nummeriert und mit einem Smartphone und Google Maps kann man hervorragend navigieren, zusätzliches **Kartenmaterial** gibt es bei Frey & Berndt. Die Straßenbeschilderung an den Hauptstraßen ist in Englisch und Thai gut ersichtlich, auf kleinen Nebenstraßen und in den Orten oft nur in Thai ausgeschildert, daher ist Google Maps sehr sinnvoll.

Straßenzustand: Die Hauptstraßen und Autobahnen sind meist in gutem bis sehr gutem Zustand, die Nebenstraßen sind schon mal schlaglochdurchsetzt, aber für normale Pkws gut befahrbar.

Checkpoints: Überall im Norden sind sog. Checkpoints an den Ausfallstraßen. Die Straße verschmälert sich, Pylone grenzen die Fahrspur ab und Polizisten stehen am Straßenrand, um entweder durchzuwinken oder Fahrzeuge anzuhalten und rauszuwinken. Es geht vorwiegend um Schmuggel, Drogen- und Menschenhandel, die die Polizei zu kontrollieren versucht. Von Touristen wollen sie, wenn überhaupt, den Führerschein oder den Pass sehen, meist winken sie aber mit einem freundlichen „sawadi khrap" und einem Griff an die Mütze durch.

Mietfahrzeuge: An allen Flughäfen gibt es **Mietwagen**, hier sind die internationalen Firmen wie Avis, Hertz, Budget und National Car Rental vertreten. Bei den internationalen Anbietern kann man das Fahrzeug auch „one way" anmieten und in einer anderen Stadt abgeben. Lokale Anbieter gibt es in Chiang Mai, Chiang Rai und Phitsanulok (nähere Informationen im Reiseteil). Zum Anmieten eines Autos benötigt man einen Pass und eine gültige Kreditkarte, zum Fahren einen nationalen und internationalen Führerschein. Reisende, die länger als drei Monate im Land sind, müssen einen Thai-Fahrausweis beantragen. Immer günstige Angebote für Mietwagen gibt es bei www.flexi-car.com. Der lokale Anbieter Jaran von JR Car Rental aus Mae Rim bringt die Autos an den Flughafen von Chiang Mai oder ins Hotel (jrcarrentcnx@gmail.com).

Wer nur kurze Strecken fährt, der kann sich einen **Roller** mieten, auch hier wird meist der Pass als Pfand verlangt oder eine Kaution in Höhe von THB 5000–10.000. Es gilt **Helmpflicht** in Thailand. Die Vermieter geben Helme dazu, man kann auch einen guten Fahrradhelm von daheim mitbringen, der ist luftig und sitzt besser (Infos zu Verleihern im Reiseteil).

Wer ein **Motorrad** mieten möchte, macht das in Chiang Mai, Chiang Rai und in Bangkok (nähere Infos im Reiseteil). Auch hier gleiche Bedingungen wie beim Auto. CP Bike in Chiang Mai bietet auch die passende Motorradkleidung und Vollintegral-Helme an. Gerade für Motorradfahrer gibt es besonders schöne Strecken im Norden Thailands, auch Touren werden angeboten (→ S. 71).

Auto mit Fahrer: Wer super flexibel bleiben will, aber nicht selber fahren

Lost in Translation – skurriles Straßenschild auf dem Weg nach Phrao

möchte, hat die Möglichkeit, ein Auto mit Fahrer zu mieten, Hertz bietet das beispielsweise an.

Tanken: Auf den Hauptstraßen und in den größeren Ortschaften gibt es Tankstellen. Die Fillialen der PTT haben meist einen 7/11 Shop und einen Amazon Coffeeshop mit auf dem Areal. Auch Garküchen oder kleine Restaurants findet man an den großen Tankstellen. Bezahlen kann man bar oder mit Kreditkarte. LPG-Tankstellen sind Gas-Tankstellen und haben meist keine Shops oder Cafés dabei. In abgelegenen Dörfern gibt es Benzin in Flaschen im Dorfmarkt zu kaufen, falls es mal eng wird mit dem Roller in der Einöde.

Gefahren/Verhalten im Straßenverkehr: In Thailand herrscht Linksverkehr, bitte auch darauf achten, dass man in umgekehrter Richtung bei der Überquerung der Straße schauen muss – also zuerst nach rechts, dann nach links!

Grundsätzlich fahren Thais eher defensiv. Was den Straßenverkehr in den großen Städten zu einer Herausforderung macht, sind zum einen die vielen Mopeds, die rechts, links, vorne und hinten an einem vorbeischießen, und auch die mangelnde Übersicht der meisten Verkehrsteilnehmer, die den Sinn der Spiegel darin sehen, ihren Lippenstift nachzuziehen. Wichtig ist es, jederzeit bremsbereit zu sein und bei einer unvorhergesehenen Situation lieber ein bisschen kräftiger auf die Hupe zu drücken. Streunende Hunde entlang der Highways stellen ebenso ein Risiko dar. In der Nähe von größeren Ortschaften werden die Märkte meist am Highway abgehalten, hier gilt es, besondere Vorsicht walten zu lassen. Die linke Spur des Highway wird dann zu einem Parkplatz, Menschen laufen über die Straße, Autos bremsen unvermittelt, wenn der Fahrer etwas sieht, das er gerne kaufen würde.

Öffentlicher Nah- und Fernverkehr

Innerhalb der Städte bewegt man sich mit Tuk Tuk, Taxi, Motorradtaxi oder Songthaew fort. Die Tuk Tuks gehören zu Thailand wie das Oktoberfest zu Deutschland. Die motorisierten Rikschas auf der Basis eines dreirädrigen Motorrollers bieten im hinteren Bereich Platz für zwei Passagiere, im vorderen Bereich sitzt der Fahrer, das Gefährt ist überdacht und kann sich, ebenso wie Roller, einfach schneller durch den Verkehr schlängeln. In den großen Städten sind sie gängiges Transportmittel. Sie stehen am Straßenrand oder knattern herum auf der Suche nach Passagieren. Preis vorher aushandeln.

Ein **Songthaew** ist ein Pick-up-Truck, dessen Ladefläche überdacht ist, darauf sind zwei Bänke (song thaew) angebracht, auf denen die Passagiere sitzen. Manche Songthaews legen größere Routen zurück und sind Transportmittel zwischen zwei Städten oder Dörfern. Sie dienen als Zubringer in die Städte oder auch als „Buslinie" in der Stadt.

In **Taxis** weigern sich die Fahrer oft, den Taxameter anzumachen, sie haben aber zumindest in Chiang Mai eine kräftige Konkurrenz bekommen, denn Grab (ehemals Uber) hat sich rasend schnell ausgebreitet und deckt die Verbindungen innerhalb der Stadt und der Randbezirke sehr gut ab. In kleinen und großen Dörfern fahren auch Motorradtaxis.

In Chiang Mai gibt es seit 2018 außerdem drei **Buslinien,** die die Ziele der Stadt miteinander verbinden. Tagsüber verkehrt die Linie **B1** von der Arcade Bus Station über den Bahnhof zur Nawarat-Brücke, dann weiter zum Thapae Gate bis zum Zoo und deckt so den Innenstadtbereich weitestgehend ab. Die Linie **B2** fährt von der Arcade Bus Station über das McCormick Hospital zum Warorot Market und zum Wat Phra Singh, folgt dann dem Stadtgraben bis zum Buak Haad Park und weiter durchs Silberviertel zum Flughafen. Die Linie **B3** verkehrt von der Arcade Bus Station zum Central Festival, dann über den Khamtiang Flower Market weiter bis zum 700 Years Stadium und zum Convention Center. Den Plan mit englisch bezeichneten Haltestellen kann man auf der Seite des Chiang Mai City Life Magazin anschauen, die Seite des Busunternehmens ist leider auf Thai. Die Fahrt kostet THB 20.

- www.chiangmaicitylife.com/citynews/features/chiang-mai-bus-routes-in-english.

Tuk Tuks, typisch für Thailand, finden sich u. a. in Chiang Mai

▪ **Zwischen den großen Städten des Nordens** verkehren Busse der **Greenline** http://www.greenbusthailand.com/website/en/.

Im Norden gibt es auch eine Bahnstrecke. Der **Zug** verbindet Chiang Mai, Lamphun, Lampang, Den Chai und Phitsanulok, bevor es dann südlich nach Bangkok geht.

Bootsfahrten

Von Thaton kann man nach der Regenzeit auf dem Kok River entlang der Grenze zu Myanmar nach Chiang Rai fahren. Die Boote legen am Morgen in Thaton ab und sind mittags in Chiang Rai, hier fahren sie um ca. 12:30 Uhr zurück. Man kann auch privat ein Boot chartern, hier liegt der Preis bei ca. THB 4000 pro Boot (→ S. 135). In Thailand und Südostasien gibt es überall die typischen Longtailboote, egal ob auf dem Meer oder auf Flüssen. Auf Thai heißen sie „Rüa Hong Yao", Lang-Heck-Boot oder Lang-Schwanz-Boot. Die Boote zeichnen sich durch ihre Form aus. Sie sind schmal und lang, meist kann man nur zu zweit nebeneinander sitzen. Charakteristisch ist, dass der Verbrennungsmotor am Heck beweglich ist und sich die daran befestigte Propellerwelle, die bis zu drei Meter lang sein kann, bis zu 180 Grad schwenken lässt und der Steuerung dient, sie ersetzt quasi das Ruder. Die Propeller können auch nah an der Oberfläche gesteuert werden, sodass die Boote in extrem flachen Gewässern fahren können. Das laute Knattern des Motors vertreibt böse Geister. Die High-Speed-Longtailboote z. B. auf dem Mekong sind relativ kurz und bis zu 50 km/h schnell.

Mit dem Fahrrad

Obwohl viele Hotels in Chiang Mai Fahrräder zur Verfügung stellen, sollte man sich wirklich mit dem Fahren auf die kleinen Gassen der Altstadt beschränken. Man sollte nicht auf der Hauptverkehrsader um den Stadtgraben fahren und sich mit Autos und Mopeds messen. In Chiang Saen, Nan, Phayao dagegen gibt es viel weniger Verkehr und man kann durchaus mit einem Fahrrad die Stadt erkunden. Sukhothai und Si Satchanalai Historical Parks sind prädestiniert dafür, per Rad erkundet zu werden, hier gibt es auch **geführte Radtouren** durch den historischen Park sowie durch die Reisfelder und entlang der Wasserkanäle der Umgebung. In und um Chiang Mai werden geführte Radtouren durch die Natur und hoch bis zum Doi Inthanon angeboten, hier kommen sportliche Fahrer ebenso auf ihre Kosten wie Familien (Touranbieter und Verleihe im Reiseteil).

Übernachten

Unterkünfte sind besonders in den Städten sehr vielfältig. Die Palette reicht von 5-Sterne-Resorts bis zu Guesthouses und Hostels mit Schlafsälen. Grundsätzlich hat Thailands Norden einen guten Standard, auch billige Guesthouses und Hostels sind in der Regel sauber. Viele Unterkünfte/Resorts besitzen keine Website, aber einen Facebook-Account, über den Reservierungen vorgenommen werden können.

Resorts: Großzügig angelegte Resorts reichen vom 3- bis 5-Sterne-Bereich. Sie verfügen über einen Swimmingpool und haben verschiedene Zimmerkategorien, meist auch Familienzimmer oder frei stehende Bungalows. Ein oder mehrere Restaurants befinden sich auf dem Gelände und meist ist auch ein Gym mit dabei. Zimmer werden täglich gereinigt und Frühstück ist inbegriffen. Safety Box und Wasserkocher gehören meistens zur Ausstattung, definitv aber ein Kühlschrank.

Hotels: Die Hotels in den Städten reichen von 2 Sterne bis 5 Sterne. Die einfachsten verfügen über Klimaanlage

(AC), Kühlschrank und Warmwasserdusche und sind meist spärlich eingerichtet, die Betten mit harten Matratzen ausstaffiert. Im 3-Sterne-Bereich findet man oft schon einen Swimmingpool und auch den Beinamen Boutique Hotel. Diese haben dann besonders schöne Dekorations-Elemente oder extra breite Betten. Meist ist das Frühstück auch mit dabei. In den 4-Sterne-Hotels der Städte ist der Pool nicht wegzudenken, die Anlagen haben einen Fitnessraum und normalerweise üppige Frühstücksbuffets. Die Rezeption ist 24 Std. besetzt und es wird Englisch gesprochen.

Guesthouses/Bungalow-Anlagen: Auch der Standard von Gästehäusern und Bungalow-Anlagen reicht von einfach bis gehoben. Während die einfachen meist Zimmer mit Ventilator ohne Kühlschrank haben, sind die teureren mit diesen Annehmlichkeiten ebenso ausgestattet wie mit AC.

Hostels: Es gibt sie besonders in Chiang Mai und Pai, den letzten Backpacker-Oasen. Sie bieten meist Schlafsäle oder Zimmer mit Gemeinschaftsbad. Schließfächer dienen der Aufbewahrung von Wertgegenständen.

Camping: beliebt bei Thais. Besonders am Wochenende während der kühlen Jahreszeit sind die Campingplätze in den Nationalparks voll. Hier kann man Zelte aufstellen, einige haben sogar Wohnwagen zu vermieten. Duschen und Toiletten stehen gratis zur Verfügung.

Preise: Es wird immer der Preis fürs Doppelzimmer gerechnet, Einzelzimmer sind nicht üblich, Extra-Betten sind gegen Aufpreis in den meisten Resorts möglich. Für einfache Zimmer mit Gemeinschaftsbad muss man in Chiang Mai mit ca. THB 600 rechnen, für ein mittleres Guesthouse mit Privatbad um die THB 1300–1500. Resorts mit Swimmingpool beginnen bei THB 2000. Die gehobene Mittelklasse liegt zwischen THB 3500 und 6000, dann fängt das Luxussegment an. Richtiger Luxus, wie z. B. im Anantara Resort in Chiang Mai, liegt bei THB 12.000. In Chiang Rai sind die Preise etwas niedriger, in Städten wie Nan und Phitsanulok sogar günstig, da hier überwiegend Thai-Touristen unterwegs sind und das Luxus-Segment nicht vorhanden ist. In den einfachen Gästehäusern ist normalerweise kein Frühstück dabei.

Die Walk-in-Preise sind grundsätzlich verhandelbar, so wird es günstiger, wenn man kein Frühstück nimmt, auch die Länge des Aufenthalts schlägt sich günstig auf den Preis nieder, und in der Nebensaison hat man eine gute Verhandlungsbasis. Falls Frühstück inbegriffen ist, ist dies bei den einzelnen Adressen im Buch vermerkt (ÜF). Zu den Preiskategorien siehe unten.

Reservierungen: Reservierungen sind nur für bestimmte Regionen zu bestimmten Zeiten ratsam, ansonsten findet man immer etwas zum Schlafen und hat vor Ort die Möglichkeit, das Beste auszusuchen. Am Wochenende während der Wintermonate sollte man allerdings reservieren, ebenfalls zu Festen wie Loy Krathong, Silvester und Songkran. Hier bieten sich die Seiten der Hotels oder Internetseiten an:

- www.agoda.com, www.booking.com, www.hotels.com, auch www.airbnb.com ist langsam im Kommen, nachdem es zunächst in Thailand verboten war.

Tamarind Resort, Chiang Mai

Preiskategorien Übernachten

€	bis THB 1500
€€	THB 1600–2500
€€€	THB 2600–4000
€€€€	über THB 4000

Yam Hua Phli, Bananenblütensalat

Essen und Trinken

Thailands Küche gilt zu Recht als eine der besten der Welt. Sie ist vielfältig und besteht fast immer aus frischen Zutaten, Gemüse, Kräuter, Fisch und Fleisch. Auch Innereien und Insekten, Schalentiere roh oder gekocht stehen auf dem Speiseplan. Vegetarier gibt es hierzulande besonders in der chinesischen Glaubensgemeinschaft und so ist es den Köchen nicht fremd. In größeren Städten gibt es vegetarische Restaurants, sie sind mit gelben Wimpeln gekennzeichnet, auf denen rote chinesische Schriftzeichen prangen. Auch die vegane Welle rollt mit den Touristen so langsam nach Thailand, hier steckt das Land noch in den Kinderschuhen. Man sollte einfach beim Bestellen so ordern, dass man im Vorfeld sagt, was man möchte und was nicht. In Chiang Mai gibt es vegane Restaurants.

Die Küche der Landesteile

Grundsätzlich gliedert sich die Thaiküche in vier Gebiete: die südthailändische Küche, die Küche des Nordens, die Gerichte Zentralthailands und die Küche des Nordostens, des Isan. Die Thais lieben es zu essen und sind sehr probierfreudig, so sind auch alle vier Küchen der Landesteile im ganzen Land vertreten und man kann in der tiefsten Provinz des Nordens ebenso Currys essen wie in Bangkok. Auch ist die Isan-Küche im ganzen Land verbreitet, ebenso die scharfen Würzpasten des Nordens.

Die Thai-Küche gilt grundsätzlich als eine sehr scharfe Küche, das bezieht sich aber nicht auf alle Gerichte. So sind die Speisen des Isan überwiegend scharf, weil dort Chili einfach hineingehört. Gerichte wie gebratenes Gemüse oder Frittiertes, Pfannengerührtes mit Ingwer oder süß-sauer kommen nicht scharf auf den Tisch, man würzt nach. Und wenn man sich nicht sicher ist, einfach „mai phet" (nicht scharf) bestellen.

In den **südlichen Provinzen** ist die Küche geprägt von malaysischen und chinesischen Einflüssen. Bekannt ist das Massaman-Curry, das muslimische Khao Mok Gai sowie alle Arten von

Khanom Chin, Curry-Gerichten, serviert auf weißen Nudeln, dazu werden eingelegter Kohl, Zwiebeln und Gewürze gereicht. Auch Meeresfrüchte und frischer Fisch schmecken im Süden besonders gut.

Aus der **Zentralregion** kommen die klassischen Currys, die sich durch den großzügigen Gebrauch von Kokosmilch auszeichnen, so das Gaeng Kiew Wan Gai oder das Gaeng Luang. Gaeng Phet ist ebenfalls ein sehr typisches Gericht. Landesweit beliebt ist auch das Phad Khapao. Die weltweit bekannte Tom Yum hat ihren Ursprung in Zentralthailand und steht auf der Welterbe-Liste der UNESCO.

Aus dem **Isan,** der nordöstlichen Region Thailands, beeinflusst von Laos und Kambodscha, stammt der Som Tam, der beliebte, überall erhältliche Papayasalat. Außerdem ist das Laab bekannt für die Region des Isan.

Die **Küche des Nordens** ist weniger scharf, aber trotzdem schmackhaft. Hier herrscht der laotische und burmesische Einfluss vor. Ein traditionelles Currygericht ist das Gaeng Hanglay. Beim Nam Prik handelt es sich um diverse Pasten, die mit gekochtem Gemüse gegessen werden. Und besonders die Khao Soy, eine Nudel-Curry Suppe mit gelben Nudeln serviert mit Zitrone, rohen Zwiebeln, eingelegtem Kohl und gerösteter Chili-Paste ist allseits beliebt bei Einheimischen und Touristen.

In allen Landesteilen gehören auch Insekten zu den Snacks. Heuschrecken, Maden und Käfer werden gerne frittiert gegessen und sind sicherlich einen Versuch wert.

Lokalitäten

Viele Thais essen auswärts oder holen sich ihr Essen, das dann meist gemeinsam mit Freunden und der Familie daheim verspeist wird. In den meisten Haushalten arbeiten beide Personen und der Aufwand, für eine oder zwei Personen zu kochen, ist zu groß, wenn man doch pro Essen nur zwischen THB 30 und 50 in einer Garküche bezahlt. Hausgekochtes oder BBQ gibt es an Wochenenden oder wenn Besuch kommt. Auf dem Land wird mehr zuhause gekocht, dort lebt man oft noch in der Großfamilie und einer kocht. Außerdem sind dort die Garküchen nicht so zahlreich wie in dichter besiedelten Gebieten.

Die **Garküchen** und **Suppenstände** sind einfache Restaurants, man sitzt auf kleinen Hockern entlang der Straße, im Garten oder im Wohnzimmer des Hauses. Man bestellt, setzt sich, das Essen wird frisch gemacht und ist schnell auf dem Tisch. Einige sind auf die Zubereitung von Nudelsuppen spezialisiert, andere bieten Pfannengerührtes an, wieder andere haben das Essen bereits vorgekocht in Aluschalen hinter einer Glasvitrine und es wird auf den dampfenden Reis geschöpft. Die meisten Gerichte werden lauwarm gegessen, nicht heiß, wie bei uns.

Neben den Grills der Garküchen ist in der Regel auch ein **Som-Tam-Stand** zu finden, denn Gegrilltes und Papayasalat sind unzertrennlich, dazu noch Sticky Rice und das Isan-Menü ist perfekt.

Die **mobilen Garküchen** auf den Märkten und entlang der Straßen, um 16 Uhr vor den Schulen und auch sonst bei Festen, bestehen aus Mopeds mit Beiwagen. Eingebaut sind kleine Schaukästen, ggf. ein Grill oder die Kochstelle. Dann werden noch Plastiktische und Hocker aufgeladen und nichts fehlt in der fahrbaren Küche.

In den Shoppingmalls und auch im Tesco oder Big C gibt es die sog. **Foodcourts** – viele Essensstände bieten ihre Speisen an, meist ist ein Kinderspielplatz in der Nähe und man hat Garkitchen Feeling in Aircon.

Die **Thai-Restaurants** haben meist einen großen Außenbereich, einige auch Räume mit AC. Zum Teil in schön angelegten Gärten, mancherorts in kleinen Innenhöfen oder auch in gro-

Mobile Garküche mit Grill und Som Tam

ßen überdachten Arealen sind die nicht immer liebevoll eingerichteten Lokale untergebracht. Besonders in den Städten findet man hübsch eingerichtete AC-Restaurants, wobei momentan der Vintage-Stil auf dem Vormarsch ist.

Neben den Thai-Restaurants gibt es in den größeren Städten Chiang Mai und Chiang Rai auch **internationale Restaurants.** Bei den Thais sehr beliebt sind die japanischen. Sushi, Salate, Gyozo, Sashimi, Teriyaki und Ramen lassen das Herz der Japan-Küchenliebhaber höher schlagen. In einigen Restaurants gibt es „All you can eat" und die Speisen rattern auf einem Mini-Fließband an den Tischen vorbei. Pizza ist ebenfalls sehr beliebt und man findet sie in vielen kleineren Orten. Im Hofbräuhaus in Chiang Mai bringen die Serviertöchter Schweinshaxe und Maß im Dirndl. Es gibt eine gute Auswahl an indischen Restaurants, französische Bistros stehen ebenso auf dem Plan wie italienische Trattorien und mexikanische Lokale. In den kleineren Städten und Dörfern ist die Auswahl an Restaurants begrenzter. Es herrschen Thai-Lokale, Karaoke-Bars und Garküchen vor. In den Shoppingzentren Big C oder Tesco Lotus sind Mc Donald's und Pizza Company, Fuji Restaurants sowie Dunkin'Donuts vertreten.

In den letzten Jahren sind Coffeeshops und Bäckereien wie Pilze aus dem Boden geschossen. Es ist hip, in schicken Cafés, egal ob Vintage oder modern, Kaffee und Tee zu trinken. In jedem kleinen Dorf gibt es sie. Auch pappsüße Kuchen fehlen nicht. Natürlich gibt es auch deutsche, französische und amerikanische Bäckereien in Chiang Mai. So bekommt man im Tops gutes Sauerteigbrot, frisch aus dem Ofen, auch Semmeln stehen auf dem Programm, während man in der „Nana Bakery" elsässisches Brot, Baguette und Gipfeli bekommt und im „Butter is Better" gibt es aufwendige Torten, ganz in amerikanischer Machart.

In den Garküchen liegen die **Preise** für Tellergerichte bei THB 40 bis 60 „rad khau", also auf Reis. Nudelsuppen kosten zwischen THB 40 und 70, Khao Soy zwischen THB 50 und 80. Wer im Restaurant isst, zahlt mehr, hier liegen die

Preise pro Gericht um die THB 100, Seafood ist vergleichsweise teurer, es geht oft nach Gewicht. Eine Pizza beim Italiener liegt um die THB 300, Pasta bei THB 180. In japanischen Restaurants zahlt man für Sushi und Sashimi zwischen THB 200 und 300 pro Teller. Bei französischer und deutscher Küche kann man von europäischen Preisen ausgehen.

Preiskategorien Essen

€	bis THB 100
€€	THB 110–250
€€€	THB 260–400
€€€€	über THB 400

Essenszeiten

Zum **Frühstück** isst man entweder eine Khao Tom, eine Reissuppe mit Hackfleischeinlage, die an sich sehr geschmacklos ist, gewürzt wird sie dann mit frisch geraspeltem Ingwer, Koriandergrün, Fischsauce, Chilis und Lauchzwiebeln. Auch beliebt sind gebratener Reis, gebratene Nudeln oder einfach ein Omelett auf Reis.

Mittags geht man eher in die Garküchen für einen schnellen Snack, hier bieten sich pfannengerührte Gerichte wie das Phad Khapao oder das Phad King an. Auch die Nudelsuppe ist ein köstlicher Mittags- oder Mitternachtssnack.

Die Hauptmahlzeit des Tages ist das gesellige **Abendessen.** Zu bestimmten Anlässen geht man gerne ins Restaurant. Hier wird bestellt, was das Herz begehrt. Eine typische Kombination wären diverse pfannengerührte Gerichte mit Fleisch, z. B. Schweinefleisch in schwarzer Pfeffersauce oder Hühnchen mit Cashewnüssen, ein gebratener oder gedünsteter Fisch, Meeresfrüchte, evtl. eine Suppe oder ein Curry, frisches Gemüse wie Morning Glory und verschiedene Yams. Alle Gerichte werden gleichzeitig auf den Tisch gebracht und der Kellner schöpft aus einer großen Schale den Reis auf die Teller, dann bedient man sich an den Köstlichkeiten, die auf dem Tisch stehen. Wer noch nicht satt ist, bestellt einfach nach. Die Kellner sind allzeit bereit und legen Reis nach, auch die Getränke werden permanent unaufgefordert nachgeschenkt.

Currys

Massaman Curry: ein indisch anmutendes Curry mit Kartoffeln und Erdnüssen.

Khao Mok Gai: muslimisches Gericht, Huhn gegart mit gelbem Reis, Kardamom und Zimt.

Gaeng Kiew Wan Gai: grünes Curry mit scharfem Basilikum, Auberginen und Limonenblättern.

Gaeng Luang: gelbes Curry mit cremiger, nicht so scharfer Sauce.

Gaeng Phet: Curry mit grünen Bohnen und roter Currypaste sowie Fleisch.

Gaeng Phanaeng: rotes Curry mit wenig Kokosmilch, kleinen Auberginen und Limonenblättern.

Hanglay Curry: die burmesische Variante, auf Thai verfeinert. Meist mit Rind oder Schwein mit einer dunklen Sauce, eher indisch anmutend mit Kardamom, Nelken und Ingwer.

Pfannengerührte Gerichte

Phad Khapao: ein Gericht aus gehacktem Fleisch mit grünen Bohnen und Basilikumblättern.

Phad Prik (Mu/Gai/Gung): Pfannengerührtes mit großen roten und grünen Chilis oder Paprika.

Mu Krop Phak Khanaa: Schweinekrusten mit Thai–Brokkoli.

Phad King (Mu/Gai): Schwein/Hühnchen mit Ingwer und Chili.

Phad Prio Wan (Mu/Gai/Gung): süßsaure Gerichte.

Laab: bekannt für die Region Isan. Ein Gericht aus gehacktem Fleisch, zerstoßenem Reis, Koriander und Minze, manchmal roh, meist jedoch gebraten. Dazu werden rohes Gemüse, Kohl und Basilikumblätter serviert. Laab Gai mit

Großes Essensangebot auf der Walking Street (Chiang Mai)

Huhn, Laab Mu mit Schwein und Laab Pla mit Fisch.

Gaeng Hanglay: Currygericht mit Nelken und Kardamom, Zimt und Kartoffeln.

Nam Prik: diverse Pasten, die mit gekochtem Gemüse gegessen werden.

Mu Prik Thai Dam: Schweinefleisch in schwarzer Pfeffersauce.

Gai Phad Med Mamuang: Hühnchen mit Cashewnüssen.

Fisch/Meeresfrüchte

Von Bangkok geht täglich frisches Seafood in die großen Städte des Nordens, daher kann man, besonders in Chiang Mai, bedenkenlos sehr gutes, frisches Seafood essen. Auch in anderen Orten wird tiefgefrorenes Seafood zur Zubereitung von z. B. Omelette hergenommen und auch Garnelen und Tintenfische sind aus der Thai-Küche des Nordens nicht wegzudenken. Frittiert werden Tintenfische als „Pla Muek Tschup Baeng Thod", auch Pfannengerührtes kann man anstatt mit Fleisch mit „Pla Muek" (Tintenfisch) oder „Gung" (Garnelen) bestellen. „Phu Dam", schwarze Krabben, sind eine Delikatesse und machen sich hervorragend in Currysauce (Phoo Dam ob Ganeg Gari). Süßwassergarnelen oder Meeresgarnelen sind gebraten mit Knoblauch und schwarzem Pfeffer sehr fein, dazu wird eine scharfe Sauce gereicht (Gung Phad Lratiam Phrik Thai). „Gung Chae Nam Pla" ist ein beliebtes Gericht, hier werden kleine rohe Garnelen auf einem Teller drapiert, dazu Chili und Knoblauch und Nam Jim Talay, die scharfe Meeresfrüchtesauce aus Koriander, Chili, Limone und Fischsauce. Austern werden auch roh verspeist mit Röstzwiebeln, Chili, Knoblauch und Zitrone – alles auf die Auster träufeln und die Geschmacksexplosion genießen.

Meeresfische sind in Restaurants des Nordens oft sehr teuer, daher kann man sich mit dem „Pla Tubtim" behelfen, der Tilapia wird auf Farmen gezüchtet und hat festes weißes Fleisch. Am besten schmeckt er gebraten mit frittierten Kräutern (Pla Tubtim Thod Samun Prai). Wer ihn lieber gedünstet möchte, bestellt „Pla Tubtim Nüng Manao" und bekommt ihn in Zitronensauce und Kräutern.

Suppen

Ghau Thiew: Bei der normalen Nudelsuppe entscheidet man sich für die Art der Nudeln, „mi-khau" sind dünne Reisnudeln, „sen lek" sind dünne Glasnudeln und „sen yai" sind dickere Glasnudeln, „bami" gelbe Eiernudeln. Dann trifft man die Wahl der Fleischeinlage, üblich ist „mu daeng", gekochtes Schwein, „mu sap", Schweinehackfleisch, oder „chin", Klößchen, dann werden die Zutaten in Sieben in dem riesigen Topf warm gemacht, anschließend mit der Suppe in eine Schale gefüllt. Gewürzt wird mit Zutaten, die auf dem Tisch stehen: Chilipaste, Jalapenos in Essig eingelegt, Chilipulver, gemahlenen Erdnüssen und Zucker.

Khao Soy: unbedingt probieren, die Spezialität des Nordens, eine Nudelsuppe mit gelben Nudeln.

Tom Yum Gung/Gait: scharf-saure Suppe mit Zitronengras, Limonenblättern, Chilis und Garnelen oder Huhn.

Nudeln und Reis

Weißer Reis, „Khau Niau", ist die Beilage zu jedem Gericht. In seiner gebratenen Form „Khau Phad" schmeckt er besonders gut mit Krabbenfleisch (pho), ansonsten mit Phak (Gemüse), Gai (Huhn), Mu (Schwein).

Phad Thai: gebratene Nudeln mit Sojasprossen und leicht süßer Note, entweder in ein Omelett eingewickelt oder mit Eistich und Tofu.

Phad Wunsen: gebratene Glasnudeln mit Gemüse.

Gung ob Wunsen: im Ofen geschmorte Glasnudeln mit Speck und Ingwer am Boden, dann folgen Glasnudeln in Sojasauce getoppt von Garnelen.

Salate und Gemüse

Som Tam: der beliebte, überall erhältliche Papayasalat. Der Som Tam, auch Bok Bok genannt, hat verschiedene Zubereitungsarten. Grundbestandteil ist die unreife Papaya, sie wird in feine Streifen geschnitten, fürs Auge kommen meist auch noch ein paar Streifen Karotten dazu. Bei einem „Som Tam Thai" werden dann Knoblauch, Chilis, Limone, Tomate und Palmzucker sowie Chilipaste in einem Mörser zerstoßen, dann kommt die Papaya hinzu, gut gestampft wird der Salat mit Fischsauce abgeschmeckt, getrocknete Krabben und Erdnüsse kommen oben drauf, dann ist der Salat fertig zum Servieren. Bei der Variante „Som Tam Tahi Phu Dam" wird eine schwarze Krabbe roh mit zerstoßen. Bestellt man „Som Tam Pala", kommt ein ordentlicher Schuss

Frittierte Maden, ein gesunder Snack

dunkelbraune Fischsauce dazu und ebenfalls eine schwarze Krabbe.

Tam Mamuang: Sehr gut schmecken die frischen scharfen Salate auch mit unreifen grünen Mangos. Die Zubereitung ist identisch mit der des Papayasalats.

Yam: die scharfen Salate, die die Thai-Küche so gut wie keine andere Küche Südostasiens hinbringt, z. B. Yam Hua Phli, Bananenblütensalat, oder Yam Wunsen, der beliebte Glasnudelsalat. Ein Highlight ist der Pomelosalat Yam Som-O.

Phad Phak Boon Fai Daeng (Morning glory): Wasserspinat an Austernsauce.

Phad Phak Ruam Nam Man Hoi: gemischtes Gemüse an Austernsauce.

Snacks

Maden, Heuschrecken und frittierte Käfer (Malaeng Thod) sind proteinreiche Snacks und werden gerne zum Bier geknabbert. Die frittierte Schweinehaut (Moo Kep) wird gerne zu den Nam-Phrik-Pasten gereicht. Saté-Spieße (Sate Mu, Gai) werden zu jeder Zeit gesnackt, eintauchen in die Erdnuss-Kokos-Sauce, Chili und Gurken in Essig eingelegt dazu und vom Stäbchen abziehen – ein schneller Genuss. Auch Frühlingsrollen (Pho Pia Thod) und vietnamesiche Frühlingsrollen (nem) werden gerne zwischendurch gegessen, ebenso frittierte Bananen (Gluai Thod) und Kürbisscheiben (Fakthong Thod).

Kuchen/Süßes

Die Thais haben einen sehr süßen Gaumen, sodass die Kuchen, die in den Bäckereien und Supermärkten angeboten werden, für den europäischen Gaumen einfach nur pappsüß sind. Es werden europäische Rezepte nachgebacken, etwa Schokoladenkuchen oder Schwarzwälder Kirschtorte, aber auch Macha-Grüntee-Kuchen und Passionsfruchtschnitten kann man in den Auslagen finden.

Oft werden nach dem Essen sehr süße, in Kokosmilch schwimmende Geleefrüchte gereicht – auch nur etwas für ganz Süße.

Früchteerlebnis

Früchte sind ein erfrischender Snack über den Tag hinweg, besonders an heißen Tagen eine willkommene Abkühlung. Man kann sie auf den Märkten kaufen oder auch schon frisch geschnitten bei den Straßenhändlern, hier liegen die Tüten mit den portionierten Früchten auf Eis. Oft werden sie auch an den roten Ampelphasen verkauft und man kann beim Weiterfahren herrlich naschen. Wassermelonen (daeng mo), Passionsfrüchte (sawarot), Papaya (malagor), Ananas (sapparot) und Mangos (mamuang) sind ja mittlerweile in Europa auch nicht mehr aus den Supermärkten weg zu denken. Es kommen aber noch einige tropische Früchte hinzu, die die Vielfalt abrunden. Etwa die Durian (turien), die Königin der Früchte, die Jackfruit (khanun), die schwerste Frucht der Welt mit ihrem sehr süßen, stark riechenden Fruchtfleisch. Hübsch anzusehen sind die rot behaarten puscheligen Rambutans (ngaa), deren festes Fruchtfleisch in der Mitte einen Stein hat. Es gibt Litschis (linchi) und Mangostan (mangkhut) – die lila-farbenen mit der dicken Schale, die innen fast ein bisschen wie Rhabarber schmecken, sind aufgrund der Färbung, die die Schale zurücklässt, in vielen Hotels verboten. Guaven (farang) werden gerne mit Chili und Zucker gegessen. Für grüne Mangos gibt es scharfe Fischsaucen zum Dippen und Drachenfrüchte (gaew mangon) kommen in der dunkelroten und weißen Variante auf die Märkte. Longan (lay), die aussehen wie kleine Marzipankartoffeln, schmecken süß-bitter und lassen sich wie Litschis handhaben.

Während der Mango-Zeit von Mai bis Juli sprießen Stände aus dem Boden, die Sticky rice mit Mango (Khau Niau Mamuang), Klebreis mit Kokossauce und süßen reifen Mangos verkaufen. Ein reichhaltiger süßer Snack.

Kochschulen

Bei solch einer mundwässernden lokalen Küche will man einfach wissen, wie das denn nun geht und was man denn dazu braucht – und das kann am besten bei einem Kochkurs herausgefunden werden. Es gibt die klassischen Kochkurse, die in einer Gruppe stattfinden. Man wird am Hotel abgeholt, geht anschließend gemeinsam auf den Markt. Es macht Spaß, mit Einheimischen gemeinsam die Lebensmittel zu kaufen, erklärt der Lehrer doch auch noch Besonderheiten und Gemüse und Früchte, von denen man vorher keine Ahnung hatte. Mit allem ausgestattet geht man zur Kochschule und beginnt gemeinsam unter Anleitung die Speisen zuzubereiten. Meist beginnt man mit einer selbstgemachen Currypaste, macht weiter mit einer Vorspeise, einem pfannengerührten Gericht und einer Suppe. Man isst gemeinsam mit den Kursteilnehmern, bekommt ein Rezeptbuch mit nach Hause und nimmt sich fest vor, daheim in den Asia-Laden zu gehen, um das Urlaubsgefühl wieder aufleben zu lassen.

Kochschulen mit Homestay sind das **Khum Lanna** in Phrao und das **Golden Teakhouse** in Saraphi bei Chiang Mai. Auch in der Stadt gibt es Kochschulen (→ S. 75). In Pai und Chiang Rai sind es Mitglieder der Bergvölker, die Kochkurse geben (→ S. 153).

meinTipp Wer öfter Thai kochen möchte, kann sich folgenden Kochbuchklassiker mit Gerichten, die wirklich schmecken wie in Thailand, anschaffen: **The Elegant Taste of Thailand: Cha Am Cuisine,** 1989, Sisamo Kongpan und Pinyo Srisawat.

Kaffee und Tee

Auf guten **Kaffee** (Gafä) muss man in Thailands Norden nirgends verzichten. Coffeeshops sind in den kleinsten Dörfern zu finden. Viele Orte haben eigene Röstereien, der Kaffee wird im Hochland von Chiang Mai angebaut und die kleinen Shops bieten von Americano über Espresso bis hin zu Latte und Cappuccino alles an, wahlweise warm, geeist oder als Frappé. Café-Ketten sind in den letzten Jahren auch wie Pilze aus dem Boden geschossen, allen voran Amazon Cafe mit einem unschlagbaren Preis-Leistungs-Verhältnis. Doi Wawee und Doi Thung sind thailändische Ketten und auch Starbucks fehlt nicht im Repertoire.

Für Nicht-Kaffee-Trinker gibt es den typischen **Thai-Tee (Cha),** ein schwarzer Tee versetzt mit Kardamom, Vanille und Tamarinde. Er wird wahlweise mit Zitrone, „Cha Manao", oder Milch, „Cha Nom", serviert und schmeckt kalt (jen) oder warm (rohn). Auch der **grüne Thai-Tee Cha Khiau** ist sehr erfrischend.

Wasser/Erfrischungsgetränke

In Garküchen bedient man sich selber mit Eis und **Trinkwasser,** es ist gratis. Trinkwasser kann man auch in Flaschen in den Läden kaufen, in Restaurants ist es oft in Glaspfandflaschen abgefüllt und in Garküchen sind es 20-Liter-Kanister, die in Kannen abgefüllt werden. In Restaurants werden Getränke grundsätzlich mit Eis serviert. Ein

Kellner schenkt immer fleißig nach, füllt das Glas mit Eis und gießt die Getränke ein. Biertrinker aufgepasst! Auch Bier wird mit Eis getrunken, der Zaubersatz „mai sai nam kheng" (ohne Eis) hilft. Man kassiert ein unverständliches Lächeln des Kellners, der das Bier nachschenkt, meistens dann ohne Eis.

Softdrinks wie Cola, Pepsi, Sprite und Fanta bekommt man überall zu kaufen. Wer Energydrinks mag, findet eine große Auswahl.

Milch und Milchgetränke wie Kakao oder Erdbeermilch findet man auch in den lokalen Supermärkten auf dem Land.

Eiswürfel kann man in jedem kleinen Thai-Shop erstehen, der Preis richtet sich nach Größe der Tüte, THB 5, 10 oder 20. Eis wird ausschließlich aus Trinkwasser hergestellt und kann bedenkenlos getrunken werden.

Beliebt bei Touristen und Thais sind **Fruchtshakes.** Thais trinken die Shakes sehr süß, wer mehr Frucht und weniger Zucker will, sollte sie „mai sai namtan" bestellen.

Bier und Spirituosen

Thailand hat eigene Brauereien, mit, wie sie sich brüsten, deutschen Braumeistern. Die gängigsten **Biersorten** sind Chang, Singha und Leo. Cheers Beer gibt es nur in wenigen Restaurants, wohl aber in Supermärkten, ebenso das Archa. Craft-Biere kommen immer mehr auf den Markt, sie sind in den Bars der Städte zu finden und einige Kreationen der Brauereien wie Erdbeerbier von Cheers oder Weizenbier von Singha findet man auch in den Supermärkten.

Außerdem wird gerne zum Essen oder zum Feiern, ob am helllichten Tag oder abends, **Thai-Brandy** (Regency) getrunken oder **Thai-Rum** (Saengsom), auch hier mit viel Eis und Soda.

Wein

In den Städten bieten die Restaurants und Bars oft auch Wein an. Meist kommt er aus 3-Liter-Kanistern, ist aber trinkbar. Gehobene Restaurants bieten auch importierte Flaschenweine an, die dann entsprechend teurer sind. Supermärkte und 7/11 Tesco haben Wein im Sortiment, auf dem Land ebenso wie in der Stadt. Wer etwas Besonderes will, geht in die Wine Connection oder zu Tops in den Central Festival oder Central Plaza Malls.

Coffeeshop in der Provinz

Elephant Sanctuary, Mae Wang

Aktivitäten

Baden

Im Norden gibt es die Möglichkeit, an den Wasserfällen in den Teichen zu plantschen. Auch an heißen Quellen kann man baden. Wer gerne noch ans Meer möchte, findet gute Tipps im Kasten S. 370.

Nationalparks

Das Königreich beziffert momentan 147 Nationalparks, die eine Fläche von etwa 20 % des Landes schützen. 55 dieser Parks liegen im Norden. Grundsätzlich sind sie nicht mit Nationalparks in den USA oder Kanada zu vergleichen, sie haben weder deren Infrastruktur noch deren atemberaubende Schönheit. Die Thai-Parks sind viel unspektakulärer, haben das ein oder andere Highlight wie heiße Quellen, einen großen Baum, einen oder mehrere Wasserfälle. Trotzdem sind einige von ihnen einen Besuch wert, auf ihren kurvigen Straßen oder engen Wanderwegen entdeckt man eine ganz andere Seite Thailands. Meist gibt es Zeltplätze und Bungalows zum Übernachten. Nicht immer sind alle Wege in wünschenswertem Zustand, oft kommt man gar nicht durch das dichte Grün. Weitere Infos zu den Nationalparks finden Sie im Reiseteil in den jeweiligen Kapiteln.

Elefantencamps

Die Begegnung mit den Dickhäutern ist eine sehr schöne Erfahrung. Besonders im Norden sind die Camps sehr auf die Bedürfnisse der sanften Riesen ausgerichtet. Wir haben hier die besten und nachhaltigsten Camps zusammengestellt. In ihnen wird nicht auf den Tieren geritten, die Tiere müssen keine Shows vorführen, werden in kleinen Herden gehalten und laufen frei in ihren Arealen herum. Außerdem gibt es keine Massenbesichtigungen, sondern kleine Gruppen. Man kann die Tiere füttern, ihnen ein Schlammbad verpassen, sie spielerisch kennenlernen.

Unsere beiden Empfehlungen sind das **Chang Sanctuary,** chiangmaielephanthome.com, und **Elephant Special Tours,** das Camp von Bodo Förster, www.elephant-tours.de (→ S. 233).

Adressen weiterer Camps:

www.karentribenativeelephants.com,
www.baanchangelephantpark.com,
www.elephantnaturepark.org/,
www.happyelephanthome.com,
www.maerimelephantsanctuary.com.

Die folgenden drei Camps wurden speziell für **alte Elefanten** eingerichtet:

www.elephantrescuepark.com,
www.thaielephantcarecenter.com,
www.elephantretirementpark.com.

Die besten Golfplätze des Nordens

Der Norden Thailands ist ein beliebtes Reiseziel bei Golfern. Besonders in den deutschen Wintermonaten ist das Klima ideal, trocken und warm bei Tagestemperaturen um die 27 °C. Die Greenfees sind im Vergleich mit Europa günstig und ziehen auch immer mehr Anfänger an. Die meisten Greens liegen in der Gegend um Chiang Mai. Diese beiden Seiten **www.golfchiangmai.com** und **www.golfasian.com** geben einen guten Überblick über die Golfplätze.

Golfclubs um Chiang Mai:

www.alpinegolfclub.com,
www.chiangmaihighlands.com,
www.royalchiangmai.com,
www.gassangolf.com,
www.chiangmaiinthanongolfresort.com,
www.maejoolfclub.com,
www.hariphunaigolfb.com,
www.summitgreenvalley.com,
www.cngmaigymkhana.com,
www.northhillchiangmai.com.

Golfplätze in Chiang Rai:

www.happycitygolfresort.com/,
www.santiburi.com/chiangrai

Mae Mo ist ein Golfplatz mitten im Braunkohle-Abbaugebiet in der Nähe Lampangs (→ S. 215).

Motorradtouren

Der Norden ist ein Paradies für Motorradfahrer, gut ausgebaute Straßen, griffiger Belag und Kurven über Kurven lassen das Motorradfahrerherz höher schlagen. Aber nicht nur mit dem Big Bike sind die Strecken ein Erlebnis, man kann sie auch mit Scootern fahren. Eine schöne Runde ist die Samoeng Loop (→ S. 67). Mehrere Tage dauert die Mae Hong Son Loop (→ S. 229). Auch der hohe Norden um Chiang Rai und das Goldene Dreieck haben beliebte Strecken. Abseits des Mainstreams liegt die Strecke nach Nan über die Straße 1148, eine der schönsten Straßen für Biker.

In Chiang Mai bietet CP **geführte Touren** an (www.cpbigbikechiangmai.com), ebenso GT Rider (www.thegtrider.com).

Wandern

Die Nationalparks bieten kurze **Nature Trails,** die man schnell abgelaufen hat. Größere **Wandertouren** führen auf den Doi Khun Tan und den Doi Inthanon. In Chiang Dao kann man mit Malee's Nature Lovers die Gegend erkunden und in Chiang Mai den alten Mönchspfad vom Wat Palat zum Doi Suthep hochlaufen. Weitere Informationen in den entsprechenden Reisekapiteln.

Zipline-Parks

Großer Beliebtheit erfreuen sich die Zipline-Parks, die in den Bergen um Chiang Mai zu finden sind und für viele Besucher ebenso zu einem Nordthailand-Aufenthalt gehören wie die Elefanten. Sie werben damit, ihre Gäste wie Affen durch die Bäume gleiten zu lassen, und bieten verschieden lange Zipline-Strecken, Hängebrücken und Abseil-Plätze. Man wird im Resort abgeholt und wieder zurückgebracht. In Mae Wang gibt es einen Zipline-Park, der wenig überlaufen ist (→ S. 230).

▪ Weitere Adressen: www.flightofthegibbon.com, www.jungleflightchiangmai.com, www.dragonflightchiangmai.com.

Badeverlängerung im Süden

Mit über 3000 km Küstenlinie und gleich zwei Ozeanen, dem Golf von Thailand, Teil des südchinesischen Meers, und der Andamanensee, Teil des indischen Ozeans, bietet es sich an, die Ferien um ein paar Badetage zu verlängern. Egal ob Insel oder Festland, einsam oder trubelig, in Thailand gibt es für jeden etwas. Die Anbindungen vom Norden her sind gut, die Inlandsflüge, Busfahrten oder Zugfahrten erschwinglich.

Tipps für den Golf von Thailand

Koh Khud Traveller Oase: Die Insel wird immer noch als Geheimtipp gehandelt und ist noch nicht so gut erschlossen wie ihre Schwestern Koh Chang und Koh Mak, sie ist gut zu erreichen von Trat. Schöne Sandstrände, urige Resorts und coole Strandbars.

▪ Übernachtungstipp: www.kohkoodbeachresorts.com, ab THB 3900. **€€€**

Die Diva – Koh Samui: Immer wieder eine Reise wert ist die Insel im Golf von Siam. Wenn auch sehr touristisch mit Flughafen, Immobilien-Boom und großen Resorts, findet man noch immer Strände und Buchten, in denen es nicht überlaufen ist und man herrlich entspannen kann. Immer noch gemächlich geht es an der Maenam zu, Backpacker werden es noch kennen, das Shady Shack gibt es noch immer und die no names im Restaurant von Omi sind unübertroffen.

▪ 1/7 Moo 4, Maenam Beach, ✆ 077/425392.

Koh Phangan: die mit der Fullmoon Party. Die kleine Schwester Samuis hat sich in den letzten Jahren ganz schön entwickelt, aber auch hier gibt es noch eine Bucht, in der die Zeit stehen geblieben ist, die Than Sadet Bay – so war es hier vor 20 Jahren überall. Bungalows auf Stelzen über dem Meer und in die Hänge gebaut, Restaurant und Hängematten zum Chillen (www.thansadet.com, ab THB 900). Heute findet man jede Menge Luxus-Resorts auf den Inseln und die Backpacker-Unterkünfte werden weniger. Yoga, Detox und Meditation werden auf Koh Phangan groß geschrieben, außerdem findet die berühmte Full Moon Party am Had Rin Beach einmal im Monat am Tag nach Vollmond statt.

Khanom – Geheimtipp auf dem Festland

Eingebettet zwischen Karstfelsen liegen die Buchten um Khanom und Sichon. Die Fischerdörfer sind authentisch, es gibt wenig Touristen und viel zu entdecken. Wer Luxus in der Einsamkeit liebt und das zu erschwinglichen Preisen, ist hier genau richtig.

▪ Khanom Hill Resort (www.khanom.de, Bungalows ab THB 2900, **€€**) und Beach Walk in Tha Sala (✆ 086/2779962, ab THB 2500, **€€**).

Andamanen See

Von Ranong aus erreicht man per Speedboat die Inseln der Cashewbäume, **Koh Chang Noi** und **Koh Phayam.** Während Koh Chang Noi wenig Infrastruktur hat und es im Inselinneren noch nicht mal geteerte Straßen gibt, ist Koh Phayam schon etwas weiter, allerdings sind auch hier die Straßen so schmal, dass man nur mit dem Scooter fahren kann. Beide Inseln haben keinen Strom, er wird mit Generatoren am Abend produziert.

▪ Lamai Resort, Koh Phayam (www.lamaipayam.com, ab THB 800, **€**), Cashew Nut Bungalow auf Koh Chang (✆ 084/5385385, Bungalow ab THB 600, **€**).

Koh Phra Thong – die Insel des goldenen Buddhas: Weiter südlich der Geheimtipp schlechthin. Nur drei Resorts teilen sich die ellenlangen unberührten Strände auf der Insel der Seezigeuner. Die folgende Seite gibt einen guten Überlick über Aktivitäten und Resorts: www.kohphrathong.com.

Khaolak – das Strandparadies: Weiße Sandstrände so weit das Auge reicht, jeder hat seinen eigenen Charme und es findet sich für jeden Geschmack die richtige Unterkunft. Der Klassiker ist das Khaolak Laguna.

▪ www.khaolaklaguna.com, ab THB 5800. **€€€**

Koh Yao Yai und Koh Yao Noi: In der Phang Nga Bay liegen die beiden Inseln, bis vor fünf Jahren wenig bekannt. Sie brüsten sich mit nachhaltigem Tourismus.

▪ Koh Yao Yai Glow Elixir, www.glowhotels.com, ab THB 4500. **€€€€**

Krabi und seine Inseln: Die Strände auf dem Festland von Krabi ziehen sich über Kilometer. Während Ao Nang die Partylöwen und Trubelsuchenden anlockt, kann man sich am Tub Kek in aller Ruhe entspannen. The Tubkaak (www.thetubkaak.com, ab THB 10.000, **€€€€**). Krabi Town wartet mit einer gepflegten Gastronomie, erschwinglichen Unterkünften und Mangroven in der Stadt auf. Ein nettes Guesthouse ist das The Nine House (www.theninehouse.com, **€**).

Koh Jum: Die kleine Insel ist noch nicht großartig entwickelt und bietet schöne Traveller-Unterkünfte.

▪ Joy Bungalow, kohjum-joybungalow.com, ab THB 1200. **€**

Koh Lanta: Sie hat in den letzten zehn Jahren den Sprung von einer charmanten Traveller-Insel zu einer Touristenhochburg geschafft, trotzdem hat sie ihren Charme weitestgehend bewahrt.

▪ Twin Lotus Resort – adults only, www.twinlotusresort.com. **€€€€**

Inseln vor Trang

Koh Mook und Koh Kradan: Die beiden Inseln bestechen durch ihre weißen Sandstrände und kristallklares Wasser, ein idealer Ort, um die Seele baumeln zu lassen.

▪ Ko Mook – Sivalai Beach Resort (www.komooksivalai.com, ab THB 8500, **€€€€**). Seven Seas Resort, Koh Kradan (www.sevenseasresorts.com, ab THB 5500, **€€€€**).

Weiter südlich liegen dann die Inseln des **Koh Tarutao National Park,** auch hier gibt es Unterkünfte der verschiedenen Klassen und schöne Schnorchel- und Tauchgründe.

Wellness

Die **Thai-Massage** gehört zur Kultur wie der Reis. Mittlerweile hat sie die Spas der ganzen Welt erobert und auch in Deutschland, Österreich und der Schweiz machen Thai-Massagepraxen den Physiotherapeuten Konkurrenz. Sie basiert auf einer alten Tradition. Der Besuch eines Massagesalons gehört zu jedem Thailand-Urlaub, egal ob Fuß- oder Ganzkörpermassage – geknetet wird, was das Zeug hält. Es werden Druckpunkte behandelt, man lässt sich mal so richtig auf den Rücken steigen und merkt förmlich, wie die Verspannungen nachlassen – das ist das Geheimnis der Thai-Massage, sie ist besonders wohltuend bei aller Art von Muskel- oder Gelenkschmerzen, manchmal aber auch ein wenig schmerzhaft.

In Thailand ist die Massage ein fester Bestandteil des Alltags. Im kleinsten Dorf gibt es einen Massagesalon, er dient auch oft zum Austausch von Tratsch und Neuigkeiten des Dorfes. In größeren Städten findet man von der einfachen Thai-Massage über Ayurveda bis hin zu Hot-Stone-Massagen alles, was das Wellness-Herz begehrt. Die Massage hat viele Facetten, je nach Budget: einfach auf Matten im Gemeinschaftsraum, nobler in Einzelzimmern, manchmal auf Liegen, ganz nobel in Spas. Jeder kann sich sein Highlight aussuchen. Nichtsdestotrotz zählen am Ende des Tages nicht das Ambiente, sondern das Können des Masseurs und das individuelle Wohlbefinden.

Typische Thai-Massage

Bei der traditionellen Thai-Massage bekommt man weite Hosen und ein Hemd, legt sich entspannt auf eine Matte und lässt sich mit Händen und Füßen von den ausgebildeten Masseuren behandeln. Es handelt sich um eine Mischung aus Akupressur und Massage. Der Körper wird gedehnt und gestreckt, gebogen und gedrückt. Einige bekannte Yogafiguren wie die Kobra, der Fisch oder die Brücke sind Teil der Behandlung, der Körper bleibt jedoch passiv und die Figur wird von den Therapeuten aufgebaut, währenddessen werden die entsprechenden Akupressur-Punkte gedrückt. Das Stehen des Masseurs auf dem Rücken oder den Beinen löst Muskelverspannungen. Eine Ganzkörpermassage sollte mindestens zwei Stunden dauern, so kann sie auch ihre Wirkung entfalten. Die Lehre geht von der Hypothese aus, dass der Körper vom Wind (lom) gespeist wird, den man durch die Lungen einatmet. Dieser Wind wandert dann über Energielinien (sen) durch den Körper und versorgt ihn mit Energie. Für den freien Fluss des Windes sorgt die Massage und hebt Blockaden auf, hilft der Blutzirkulation, ist gut gegen Kopfweh, Migräne und Tinnitus. Die Öl-Massage ist etwas sanfter und verzichtet auf das Herumsteigen auf dem Patienten. Oftmals werden auch heiße Kräuterkompressen angewendet, um extreme Verspannungen erst einmal weich zu bekommen.

Auch **Maniküre und Pediküre** sind Teil des thailändischen Beauty-Programms und sehr erschwinglich. Nail

Salons sind in den letzten Jahren wie Pilze aus dem Boden geschossen und erfreuen sich großer Beliebtheit.

Beliebt bei Europäern ist es für eine Weile in ein buddhistisches Kloster zu gehen und sich in den Techniken der **Mediation** zu üben. Chiang Mai bietet Übernachtungen und Lehrgänge in folgenden Tempeln an: Wat Suan Dok (→ S. 53), Wat Umong (→ S. 57), Doi Suthep Vipassana meditation Center im Wat Phra That Doi Suthep (→ S. 58).

Sabai Sabai – Sanuk Sanuk – das Wohlfühlgefühl der Thais

Die Thais sind wahre Genießer. Nach der Arbeit geht es darum, sich abzulenken, Spaß zu haben, gut Essen zu gehen, gemütlich zusammenzusitzen, was auch immer, sie sind Lebenskünstler im Einhalten einer Work-Life-Balance, die uns Europäern oft abhanden gekommen ist. Das Wohlfühlen auf Thai, „Sabai Sabai", ist dabei ebenso wichtig wie Spaß zu haben - „Sanuk Sanuk". Im Tagesablauf geht alles ruhiger vonstatten, Gelassenheit steht im Vordergrund. Wenn es mal nicht so läuft, dann wartet man ein bisschen, dann geht es wieder, denn das „Sabai"-Gefühl sollte unter keinen Umständen einem „Mai Sabai" (Nicht-gut-Gefühl) weichen. Und wenn etwas mal besonders lange dauert, weil vielleicht ein Gerät nicht funktioniert und man eine Viertelstunde auf einen Kaffee warten muss, dann wird das mit einem Lächeln quittiert und mit stoischer Ruhe hingenommen, während wir Europäer ungestüm davonlaufen würden. Überhaupt wird bei jedem Missgeschick gelächelt und schon ist es nur noch halb so schlimm. Die sprichwörtliche Freundlichkeit der Thais zieht sich durch den kompletten Alltag und die Uhren ticken einfach langsamer. Es gibt auch die sog. „thai time", die Uhr, die immer eine halbe Stunde nachgeht, denn Pünktlickeit ist hier keine Zier. Also eigentlich alle Zutaten, die man für entschleunigte Ferien braucht, man muss sich nur darauf einlassen: „Sabai Sabai" – ausspannen und genießen in Thailands Norden, Tipps dazu haben wir genügend.

Reisepraktisches von A bis Z

Adressen

Die thailändischen Adressen sind eine Wissenschaft für sich und führen auch beim Postler schon mal zur Verzweiflung. Grundsätzlich wird zuerst die Hausnummer genannt, dann die Straße, anschließend die Gasse (Soi, wenn vorhanden), der Tamboon und zum Schluss die Amphoe, gefolgt von der Provinz und der Postleitzahl. So befindet sich das Hauptpostamt unter dieser Adresse: 60 Moo 3, Airport Road., T. Suthep, Amphoe Muang, Chiang Mai, 50200. Zum Auffinden der jeweiligen Örtlichkeiten sind die kompletten Adressen nicht immer nötig, im Reiseteil werden sie so angegeben, dass vor Ort das jeweilige Hotel/Restaurant gefunden werden kann. Road wird in der Adresse abgekürzt (Rd.).

Ärztliche Versorgung

Die ärztliche Versorgung ist am besten in Chiang Mai. Hier gibt es internationale Krankenhäuser und Englisch sprechende Ärzte. Auch haben die Krankenhäuser einen Dolmetscher-Service und sind technisch auf dem neuesten Stand. Die wichtigsten Krankenhäuser Chiang Mais finden Sie im Reisekapitel (→ S. 375). Auch die zahnärztliche Versorgung ist sehr gut und Füllungen und Zahnhygiene sind weitaus billiger als in Deutschland. In den ländlichen Regionen und anderen Provinzen ist es mit Englisch nicht mehr einfach, auch haben die Krankenhäuser einen weitaus niedrigeren Standard. Einzig Chiang Rai mit dem Overbrook Hospital und dem neuen Bangkok Hospital ist auf einem ähnlich guten Stand wie Chiang Mai. Problem ist wirklich oft die Sprachbarriere, deshalb, wenn es irgendwie möglich ist, besser in Chiang Mai einen Arzt aufsuchen. Grundsätzlich kann man in den Krankenhäusern mit Kreditkarte zahlen. Wird man stationär eingewiesen, muss man mit der Kreditkarte oder in bar ein Depot hinterlegen, bei größeren Sachen rechnet das Krankenhaus dann direkt mit der Auslandskrankenkasse ab! Unbedingt eine Auslandsreise-Krankenversicherung abschließen!

Apotheken

In den größeren Städten sind die Apotheken sehr gut sortiert. Viele Medikamente, die in Europa verschreibungspflichtig sind, sind in Thailand „over the counter"-Produkte. So können Antibiotika und Schmerztabletten, Schilddrüsen- und Asthmamedikamente, blutdrucksenkende Mittel und Betablocker ohne ärztliche Verordnung gekauft werden. Ausnahmen bilden Medikamente mit Kortison oder Opiate.

Auswandern nach Thailand

Viele Rentner und Frührentner träumen von einem Leben in Thailand: freundliche Menschen, Wärme, gutes Essen, relativ günstiges Preisgefüge bei Dienstleistungen. Menschen verschiedener westlicher Nationalitäten wagen den Schritt und besonders in der sehr gut erschlossenen Region um Chiang Mai findet man viele Rentner. Die

Sonnenuntergang am Goldenen Dreieck

Krankenhäuser haben internationalen Standard, die Mietpreise sind trotz des momentan sehr starken Baht noch immer günstig, die Landpreise je nach Region ebenfalls und Personal auch. Besonders die Gegend um Chiang Mai, die medizinisch sehr gut erschlossen ist, zieht auch pflegebedürftige Menschen und ihre Angehörigen an. Eine Marktlücke schließt hier das Vivo Bene, das sich auf die Langzeitpflege von Alzheimer-Patienten und anderen alten Menschen spezialisiert hat.

- https://www.alzheimerthailand.com/.

Voraussetzungen für die Auswanderung sind wie überall: Man muss genügend finanzielle Mittel haben. Unabdingbar ist eine internationale Krankenversicherung, in den privaten Krankenhäusern schießen die Rechnungen schon gerne mal in die Höhe. Die Voraussetzungen für ein Non-Immigrant-O-Visum sind sehr strikt. Man muss über 50 Jahre alt sein, Paare, bei denen ein Ehepartner jünger ist, müssen die Heiratsurkunde vorlegen. Dann muss man mindestens 20.000 € auf einem Konto nachweisen, einen Kontostand von mehr als 5000 € in drei aufeinander folgenden Monaten, eine Rente von mindestens THB 65.000 monatlich oder eine Kombination Rente/Devisen. Visa stellen die Konsulate in Deutschland, Österreich oder der Schweiz aus. Alle 90 Tage muss man sich, wenn man ein Non-Immigrant-O-A hat, bei der Immigration des Wohnortes melden, wer kein A hat, muss alle 90 Tage einen Visa-Run über die Grenze machen. Alternativ kann man auch mit einem Touristenvisum einreisen und das dann in ein Non-Immigrant-O-Visum umwandeln lassen. Hierzu müssen THB 800.000 auf einem Konto in Thailand liegen, die unangetastet bleiben müssen. Am besten erkundigt man sich bei den Botschaften und Konsulaten.

Das Non-Immigrant-O-Visum berechtigt zum Kauf eines Fahrzeugs und man wird in den Brief als rechtmäßiger Halter eingetragen. Außerdem muss man die Thai-Fahrerlaubnis beantragen. Wer Land oder ein Haus kaufen will, kann das über einen legalen Supervices-Vertrag tun, eine Landpacht auf 30+30 Jahre. Hier wird man zusammen mit dem Thai ins Grundbuch eingetragen. Man hat in den Jahren das Recht das Land zu nutzen, zu bebauen, zu bewirtschaften und auch zu veräußern. Hier sollte man unbedingt einen Englisch sprechenden Anwalt einschalten oder einen Übersetzer hinzuziehen. Sehr gute Erfahrungen haben wir mit folgenden Grundstücksmaklern gemacht, die einen One-Stop-Service hinlegen: Keith von Perfect Homes www.perfecthomes.co.th/), Ping Properties (www.pingproperties.com).

Diplomatische Vertretungen

Honorarkonsulat der Schweiz, Herr Marc Dumur, Frangipani Serviced Residences, 11/1 Soi 13/1 Praproklao Road, Sriphoom, ✆ 053/225000, chiangmai@honrep.ch.

Honorarkonsulat Deutschland, Herr Sebastian-Justus Schmidt, 163 Moo 3, Baan Nai Fun 2, Kan Klong Chonpratan Road, Mae Hia, ✆ 053/838735199, chiangmai@hk-diplo.de.

Austrian Honorary Consulate, Herr Nikolas Prachensky, 810/1 Moo 1, Rimtai, Mae Rim, ✆ 053/863144, austrianconsulate.cnx@gmail.com.

Einkaufen

Wenn man an Südostasien denkt, erscheint sofort das Bild der farbenfrohen **Märkte** und genau die gibt es in jedem noch so kleinen Ort. Täglich stehen Frauen und Männer an den Ständen und verkaufen frisches Obst und Gemüse, Fisch und Fleisch. Jede größere Gemeinde hat Wochenmärkte, zu denen dann mehr Stände als sonst aufgebaut werden und das Marktleben noch bunter wird. Märkte haben auch viele Essensstände, von dort nimmt man wohl vertütet seine Köstlichkeiten mit nach Hause. Und Marktzeit in Thailand ist irgendwie rund um die Uhr. Es gibt Märkte, die beginnen bereits um 4 Uhr morgens und schließen gegen 8 Uhr, es folgen die Tagesmärkte, die in der Regel bis 20 Uhr geöffnet sind. Diese gehen dann in die Nachtmärkte über – sodass man eigentlich 24 Stunden „vermarktet" ist. Man sollte nicht mit einem europäischen Reinheitsanspruch auf Märkte gehen, oftmals werden Fisch oder Hühner vor Ort um die Ecke gebracht, das zum Verkauf angebotene Fleisch liegt meist nicht auf Eis und müffelt vor sich hin. Wettgemacht werden die Gerüche von den Ständen, an denen gegart und gebrutzelt wird – so sind Märkte durchaus eine olfaktorische Herausforderung. Oft sind auch Stände mit Kleidung und Schuhen Teil des Wochenmarktes, hier bekommt man Schnäppchen, besonders bei Kinderbekleidung.

In den Städten haben sich mittlerweile die **Shopping Malls** der Central-Gruppe niedergelassen, moderne Kaufhäuser, zu vergleichen mit dem deutschen Kaufhof oder dem Schweizer Globus. Je nach Region und Größe der Stadt variiert das Angebot. In größeren Städten wie Chiang Mai und Chiang Rai findet man hier Samsung, Apple und IT-Märkte ebenso wie Schmuckläden, H & M, Marks and Spencer und andere internationale Marken. Teil der Kette sind die **Tops Supermarkets** oder **Food Halls,** hier gibt es jede Menge ausländische Ware (Hengstenberg-Gurken ebenso wie Bismarckheringe und Haribo).

Die Dichte an **internationalen Supermärkten** in Chiang Mai ist recht groß, hier gibt es zudem die Kette Rimping mit jeder Menge importierter Waren. Die Filialen des Big C Extras bieten französische Produkte der Marke Casino, führend bei Käse in Chiang Mai. Im **Tesco Lotus** wird man eher Thais antreffen, der Supermarkt ist eher auf die lokalen Angebote spezialisiert. Dann gibt es die **Convenient Stores** in fast jedem größeren Dorf, 7/11 Tesco Express, Family Mart und Mini Big C. Sie decken Dinge des täglichen Bedarf ab und haben eine Fastfood-Theke. Die **Wine Connection** bietet internationale Weine an. Auf dem tiefsten Land findet man in größeren Dörfern einen 7/11 und

Markttag in Phrao

wenn nicht, gibt es die Dorfläden, die gut bestückt sind. Für Obst und Gemüse gibt es lokale Stände.

Souvenirs kann man auf den vielen **Walking Streets** oder den Nachtmärkten kaufen. Walking Streets finden in allen größeren Orten statt. Einmal die Woche wird dann die Hauptstraße gesperrt und Händler bauen ihre Stände auf. Vor allem Kleider, Schmuck und Essen gibt es. Die **Night Bazaars** in Chiang Rai und Chiang Mai finden allabendlich statt und sind in und um die eigens dafür vorgesehenen Gebäude platziert. Streetfood ist eine Sache, ansonsten Handarbeiten, Webwaren, und Kleider, Tischwäsche und typische Souvenirs, die in Massenware hergestellt werden.

Für **Kunsthandwerk** empfehlen sich die Orte Bo Sang und Ban Tawai – Verschiffung inklusive. Ban Tawai, das Dorf der Schreiner (→ S. 50), eignet sich hervorragend zum Möbelkauf. In Bo Sang sind es zum einen handgefertigte Schirme, die das Dorf weit über seine Grenzen bekannt gemacht haben, zum anderen Webarbeiten, Lackwaren und Silberreliefs. Außerdem wird hier das kostbare Saa Paper aus der Rinde des Maulbeerbaums gewonnen und hergestellt. In Lampang ist die Porzellanauswahl besonders groß und in der Provinz Nan wird von den Bergvölkern wunderschöner Silberschmuck handgefertigt.

Man sollte beim Kauf von nachgemachter Markenware aufpassen, da man diese nicht nach Europa einführen darf, streng genommen. Souvenirs aus Überresten geschützter Tiere wie Elefanten, Tiger etc. sind ein No-Go, Verstöße werden scharf geahndet.

Das Label **OTOP** bedeutet One Tambon One Product und weist darauf hin, dass die Ware lokal hergestellt wurde. Manche Dörfer haben OTOP-Läden, andere verkaufen die Produkte in Supermärkten oder an Tankstellen.

Eintrittspreise

Es wird auf den ersten Blick nicht auffallen, auf den zweiten schon: Ausländer zahlen für Nationalparks und öffentliche Museen weitaus mehr als Einheimische. So liegen für Langnasen und andere asiatische Touristen die Eintrittsgebühren für Nationalparks zwischen THB 200 und 400 (bei kleineren auch THB 100), Museen zwischen THB 50 und 300. Manchmal wird auch nur um eine Spende gebeten.

Feiertage

Nach dem traditionellen thailändischen Mondkalender beginnt die Zeitrechnung in Thailand mit dem Todesjahr Buddhas. So ist das Jahr 2019 in Thailand das Jahr 2562 nach Buddha. Fallen Feiertage auf einen Samstag oder Sonntag, bleiben sämtliche Behörden am nachfolgenden Wochentag geschlossen.

Nationale Feiertage

1. Januar: Neujahrstag

13.–15. April: Songkran – eigentlich ein buddhistischer Feiertag, heute Termin des traditionellen Neujahrsfestes

1. Mai: Tag der Arbeit

5. Mai: Krönungstag Rama IX.

12. August: Königin Sirikits Geburtstag (Muttertag)

28. Juli: Geburtstag von Rama X.

13. Oktober: Gedenktag zum Tod von Rama IX.

23. Oktober: Chulalongkorn-Tag, es wird an Rama V. gedacht. Seine Statuen im Land werden mit Girlanden geschmückt.

5. Dezember: König Bhumibols Geburtstag (Vatertag)

10. Dezember: Tag der Verfassung

31. Dezember: Silvester wird neuerdings groß gefeiert mit Countdowns in den Städten, Livemusik und Feuerwerk.

Buddhistische Feiertage/Feste: Thais lieben es zu feiern, so sind die landesweiten Festivals auch immer gut besucht. An den Tagen der vier wichtigen buddhistischen Feste wird kein Alkohol ausgeschenkt und verkauft. Touristen sind bei den Tempelfesten jederzeit herzlich wilkommen.

Makha Bucha: 3. Vollmond des Jahres (6.3.2023, 24.2.2024), an diesem Tag wird Buddhas spontaner Predigt vor seinen Anhängern gedacht.

Visakha Bucha: der wichtigste buddhistische Feiertag. Er erinnert an Buddhas Geburt, die Erleuchtung und den Eintritt ins Nirwana. Gläubige Buddhisten gehen an dem Tag in den Tempel, es werden üppige Spenden für die Mönche hinterlassen und abends finden allerorts Prozessionen mit Kerzen in den Tempeln des Landes statt (5.5.2023, 22.5.2024).

Asana Bucha: Der buddhistische Feiertag erinnert an Buddhas erste Predigt vor fünf Schülern. Nur die Behörden haben geschlossen: 2.8.2023, 24.7.2024.

Khao Pansa: Am darauffolgenden Tag ist ebenfalls ein buddhistischer Feiertag, es beginnt die dreimonatige Fastenzeit. Während dieser Zeit gehen die Mönche in Klausur und meditieren bis zum Ende der Regenzeit.

Ok Phansa: Drei Monate später im Oktober, das Fest markiert das Ende der Regenzeitklausur: Mönche bekommen Geschenke und neue Roben gespendet. Es ist kein gesetzlicher Feiertag: 28.10.2023, 17.10.2024.

Songkran: 13.–15. April, das thailändische Neujahrsfest, eigentlich ein buddhistisches Fest, wird von Groß und Klein im ganzen Land fieberhaft erwartet. Am Vorabend des 13. April werden Häuser und Wohnungen akribisch geputzt. Am 13. begibt man sich in den Tempel, spendet Almosen und übergießt die Buddhafigur mit Wasser. Auch in Einkaufszentren und öffentlichen Gebäuden hat man schon Tage vor und Tage nach Songkran die Möglichkeit Buddhastatuen mit Wasser zu übergießen. In Chiang Mai wird dann der Buddha aus dem Wat Phra Singh in einem Umzug durch die Stadt gefahren. Das Fest ist grundsätzlich ein Fest der Säuberung, der Reinigung, und so hat sich im Laufe der Jahre das Wasserübergießen dahingehend entwickelt, dass wild um sich gespritzt wird und wahre Wasserschlachten in den Straßen der Städte stattfinden. Die Thais reisen zu ihren Familien, ausgebuchte Flüge, Züge und verstopfte Straßen sind an den sieben Tagen um Songkran an der Tagesordnung. Geehrt werden an Songkran auch die alten Menschen, für sie wird vermehrt im Tempel gebetet.

Loy Krathong: 12. Vollmond im November, das Lichterfestival, ebenfalls ein buddhistisches Fest (kein Feiertag). Blumenschiffchen werden mit Räucherwerk und Kerzen bestückt und in Flüssen und Gewässern eingesetzt, begleitet von traditionellem Tanz und Tempelfesten: 9.11.2022, 28.11.2023, 16.11.2024.

Fotografieren

Die jungen Thais, die mit ihren Handys alles und jeden und am liebsten sich selbst fotografieren, posieren gerne vor der Kamera. Ältere Leute oder Mönche jedoch sind bitte mit Respekt zu behandeln und vorher zu fragen, ob man sie fotografieren darf.

Frauen allein unterwegs

Für Frauen ist Thailand ein ideales Reiseland, man wird nicht angebaggert, es werden einem keine anzüglichen Bemerkungen hinterhergerufen und man muss sich auch nicht bedroht fühlen.

Geld

Die **Landeswährung** ist der Thai Baht (THB). Sie ist gestückelt in Münzen von 25 und 50 Satang, 1, 5 und 10 Baht sowie Scheinen im Wert von 20, 50,

Bunte Laternen am Loy-Krathong-Fest

100, 500 und 1000 Baht. Momentan ist er die stärkste asiatische Währung, das schlägt sich leider für Urlauber auf den Wechselkurs nieder. So liegt der Baht im Juli 2022 bei 37,15 zum Euro. In Hotels und größeren Supermärkten kann man mit Karte bezahlen. Auf Märkten, in kleinen Thai-Läden, beim Massieren (außer es ist ein großes Spa) wird bar bezahlt.

An allen **Bankomaten** kann Geld mit der Kreditkarte gezogen werden, an Bankomaten der Krunsri-Bank kann man auch mit der EC-Karte Geld abheben – Karte vorher bei der Bank freischalten lassen. Die Dichte der Bankomaten ist hoch: an Tankstellen, am 7/11, vor den Fillialen von Tesco Express, in den großen Einkaufszentren und bei Banken direkt. Die Summe, die abgehoben werden kann, hängt zum einen vom Limit der Kreditkarte ab, zum anderen von den Bankomaten. Ein Maximum von THB 25.000 kann abgehoben werden. Es wird pro Abhebung eine Gebühr von THB 220 fällig zzgl. der Kreditkartengebühren des Heimatlandes. Wir empfehlen, sich die Telefonnummer zur Kartensperrung mitzunehmen, sodass im Falle eines Verlusts die Karte sofort gesperrt werden kann.

Wer lieber mit Bargeld reist, kann sein Geld am besten in einer der **Wechselstuben** in größeren Städten tauschen. Banken in kleineren Orten nehmen meist keine Fremdwährungen zum Wechseln an. Money Transfer mit der Western Union ist ebenfalls möglich, auch wieder in den größeren Städten.

Gesundheit/Impfungen

Thailand ist ein tropisches Land und daher ist man vor Mücken nicht gefeit, leider gibt es auch hier **Stechmücken,** die Krankheiten übertragen. Chikungunya und Malaria sind sehr selten, trotzdem sollte man sich auch tagsüber mit einem Mückenschutz schützen. Der sollte DEET enthalten. Dengue-Fieber ist ebenfalls verbreitet, besonders in den Monaten Juli und August. In der Dämmerung also langärmlige Kleider und Hosen anziehen.

Impfungen sind nicht vorgeschrieben, doch ist es sinnvoll gegen Hepathitis A und B geimpft zu sein, wer Umgang mit Tieren pflegt, unbedingt auch gegen Tollwut. Weitere Informationen erteilt der Hausarzt oder aber Ärzte mit tropenmedizinischer Weiterbildung.

Grundsätzlich sollte man aufpassen, dass Fleisch vor dem Verzehr gut durchgegart ist. Besonders bei größeren Hühnerstücken vom Grill kann es passieren, dass das Fleisch am Knochen noch blutig ist, auf den Genuss sollte man dann eher verzichten. Das gleiche gilt für nicht durchgegartes Schweinefleisch. Vorsicht ist bei Milcheis geboten, wirklich nur dort verzehren, wo augenscheinlich viel konsumiert wird.

Kleine Reiseapotheke

Grundsätzlich gibt es die meisten hier aufgeführten Medikamente in Thailand, dennoch macht es Sinn, eine kleine Reiseapotheke parat zu haben. Nasentropfen, Ohrentropfen und Augentropfen sollten Bestandteil der Reiseapotheke sein, ebenso Desinfektionsspray, ein Fieberthermometer und PVP-Jod-Salbe, Verbandszeug, Pinzette, Einweghandschuhe und Schere.

Bei Mückenstichen empfiehlt sich eine Antihistaminsalbe mit 0,5 % Hydrocortisonanteil. Zum Schutz vor Insekten Mückenschutz mit DEET.

Bei Reisekrankheit kann man Kaugummis oder Tabletten mitnehmen.

Bei Kopf-, Zahn- und Gliederschmerzen, Fieber und Erkältung bieten sich Ibuprofen oder Paracetamol an.

Bei Durchfall unbedingt ausreichend trinken, mind. 2 l Wasser am Tag verrührt mit Elektrolytepulver. Sollte der Durchfall nach drei Tagen nicht besser werden oder ist Blut im Stuhl, umgehend einen Arzt aufsuchen. Als Hilfe für unterwegs können loperamidhaltige Tabletten eingenommen werden.

Hilfreiche Informationen mit Ärzten in Ihrem Einzugsgebiet hat die Seite www.crm.de.

Informationen

Der thailändische Tourismusverband **TAT,** Tourism Authority of Thailand, unterhält in fast allen Provinzhauptstädten Büros. Nicht immer sprechen die Angestellten Englisch, geben aber gerne englische Broschüren über die Provinzen und ihre Sehenswürdigkeiten heraus. Sie geben auch Tipps zu Zimmersuche oder Wegbeschreibungen. Die Homepage der TAT gibt Auskunft über Sehenswertes, Visabestimmungen, Festivals und Sehenswürdigkeiten: www.tourismthailand.

Kinder

Thailands Norden mit Kindern macht Spaß. Die Freundlichkeit und Kinderliebe der Thais sorgen für einen entspannten Aufenthalt für die Eltern (→ S. 22).

Kleidung

Für den Abend empfiehlt es sich, im Sommer langärmlige dünne Kleidung zum Schutz vor Mücken mitzunehmen, in den Wintermonaten sollte man unbedingt einen warmen Pulli sowie lange Hosen einpacken, denn es kann bis zu 8 °C kalt werden, je nach Region. Besucht man Tempel und religiöse Stätten, müssen Schultern und Knie bedeckt sein. Grundsätzlich gehört angemessene Kleidung zum guten Ton und Muskelshirts und Träger-Tops gehören eher an den Strand als nach Nordthailand.

Medien

Die **Bangkok Post** mit Sitz in der Hauptstadt ist eine englischsprachige Tageszeitung. Sie erscheint sieben Tage die Woche, man bekommt sie in Buchläden, internationalen Supermärkten oder im Abo. Es gibt auch Online-Abos unter www.bangkokpost.com. Alle zwei Wochen erscheint das deutschsprachige Magazin „Der Farang“, auch mit Online-Abo, www.der-farang.com. Die Bildzeitung Thailands ist www.tipzeitung.de.

Öffnungszeiten

Banken und öffentliche Einrichtungen haben in der Regel montags bis freitags von 8 bis 16.30 Uhr geöffnet. Ausnahmen bilden Bankfilialen in Shopping-Zentren, die haben auch am Wochenende geöffnet. Die meisten **Museen** sind montags geschlossen.

7/11 Stores, Family Market, Big C Mini und **Lotus's** haben rund um die Uhr 24 Stunden geöffnet. Die **großen Supermärkte** öffnen Montag bis Sonntag von 8 bis 20 Uhr. In Supermärkten mit Registrierkasse darf Alkohol nur zwischen 11 und 14 sowie 17 und 0 Uhr verkauft werden.

Shoppingmalls öffnen Montag bis Sonntag von 11 bis 21 Uhr.

Man kann bei **Thai Shops** grundsätzlich davon ausgehen, dass sie auf jeden Fall von Montag bis Samstag aufhaben, meist von 9 bis 17 Uhr.

Cafés öffnen gegen 9 Uhr ihre Pforten, machen dann aber meist gegen 18 Uhr zu. **Restaurants** öffnen später und sind am Abend bis ca. 22 Uhr geöffnet. **Bars und Diskotheken** haben um 1 Uhr Sperrstunde.

Post

Postkarten und Briefe kann man in jeder Postfiliale aufgeben, in der Regel dauert es 10 bis 14 Tage, bis die Post Europa erreicht. Briefmarken werden oft auch gleich mit verkauft, dann kann man die Karten in die roten Postkästen werfen, diese werden täglich geleert. Die Post ist sehr zuverlässig. Schickt man Ware nach Deutschland, kann man das per EMS senden, dann erhält man eine Tracking-Nummer und das Paket kommt sicher an. Speditionen wie DB Schenker sind auf den Versand von größeren Ladungen spezialisiert. Auch DHL-Filialen gibt es für den internationalen Versand (www.dhltoyou.om/en). Im Land wird gerne Kerry genommen. Wer Möbel oder Kunstgegenstände kaufen will, sollte die Abwicklung direkt über den Händler machen.

Das Lichterfest Loy Krathong

Rauchen

Zigaretten sind in Supermärkten erhältlich, die Packungen dürfen nicht zur Schau gestellt werden. In kleinen Dorfläden werden Zigaretten auch einzeln verkauft. E-Zigaretten und Verdampfer sind verboten, es stehen hohe Strafen auf die Einfuhr und die Benutzung. Rauchen ist vor Schulen, öffentlichen Gebäuden und in Gartenrestaurants verboten, bei Letzteren gibt es ausgewiesene Raucherecken.

Reisedokumente

Der **Reisepass** muss bei Einreise noch noch mindestens sechs Monate gültig sein. Zum Visum → S. 384. Wenn man ein Fahrzeug mietet, benötigt man den nationalen sowie den internationalen **Führerschein,** den stellt das Straßenverkehrsamt des Heimatlandes aus.

Reisen mit Handicap

Für Rollstuhlfahrer und Gehbehinderte ist Thailand kein besonders geeignetes Land. Schier unüberwindbar hoch sind die Trottoirs in den Städten, Schlaglöcher finden sich in Gehwegen, die z. T auch unbefestigt sind. Auch legen nur die wenigsten Unterkünfte Wert auf behindertengerechte Maßnahmen.

Schwule und Lesben

Schwule und Lesben werden in Thailand toleriert, gleichgeschlechtliche Lebensgemeinschaften sind auch im Königreich an der Tagesordnung. Auch Ladyboys und Transvestiten können sich in Thailand ausleben (→ S. 339).

Sicherheit

Thailand ist ein sicheres Reiseland. Gerade im Norden fühlt man sich auch in den größeren Städten auch nachts sicher. Natürlich gibt es Taschendiebstähle oder auch Einbrüche in Hotelzimmer, allerdings eher selten und nicht selten gehen diese aufs Konto anderer Ausländer. Das Gesetz sieht sehr harte Strafen für Diebstahl vor, was bei uns mit Geldstrafen oder Verwarnungen geahndet wird, wird hier oft mit empfindlichen Gefängnisstrafen verfolgt.

Immer wieder hört man von Tuk-Tuk-Fahrern, die Gäste in Geschäfte bringen, in denen sie genötigt werden, etwas zu kaufen, auch dies geschieht im Norden eher weniger und ist auf die Hauptstadt und den Süden des Landes bezogen.

Sollte es doch mal ein Problem geben, dann unbedingt an die Tourist Police wenden: ✆ 1155.

Notruf

Tourist Police ✆ 1155

Notruf ✆ 191 und ✆ 123

Hotline Ambulanz thailandweit ✆ 1669

Sprache

Es wird überwiegend Hochthai gesprochen, untereinander reden z. B. die Hilltribes in ihrer eigenen Sprache und die Thais auf den Dörfern z. T. Thai mit sehr starkem nordthailändischem Akzent. Im Straßenverkehr sind die Schilder zweisprachig in Englisch und Thai angeschrieben. Speisekarten und Tafeln vor den Lokalen sind ebenfalls meist in Englisch.

Reisernte

Hunde kommen manchmal ungebeten zu Besuch

Strom

Die Spannung beträgt 220 Volt, es ist kein Adapter für Deutsche und Österreicher erforderlich, für Schweizer reicht ein Reiseadapter, der auch in der EU funktioniert.

Telefonieren/Internet

SIM-Karten kann man in Telefonläden, am Flughafen oder im 7/11 kaufen. Für internationale Gespräche muss man die Karte freischalten lassen. WLAN (WIFI) ist in jedem Hotel vorhanden, auch in kleinen Dörfern, Cafés und Restaurants. In den Dörfern abseits der Städte hat sich längst die moderne Technik breitgemacht, Internet und Funktürme decken mittlerweile fast ganz Thailand ab. Selbst im tiefsten Dschungel hat man eher Internet als in abgelegenen Gegenden Deutschlands.

Vorwahlen

Deutschland +49, dann Nummer ohne Null

Schweiz +41, dann Nummer ohne Null

Österreich +43, dann Nummer ohne Null

Landesvorwahl für Thailand +66

Tiere

Auch im Norden Thailands gibt es sie, die Straßenhunde und streunenden Katzen. Etliche Organisationen machen mobil, um dem Problem Herr zu werden. Diese Organisationen sind auf Unterstützung angewiesen, natürlich auf Geldspenden, aber auch auf Leute, die auf ihrem Rückflug ein Tier nach Europa begleiten. Eine sehr renommierte Organisation ist „care for dogs" in Hang Dong (www.carefordogs.org).

Toiletten

Toiletten findet man unterwegs an jeder Tankstelle und auch in Restaurants kann man ohne zu konsumieren die Toilette aufsuchen. Grundsätzlich sollte man in Thailand das Toilettenpapier in die dafür vorgesehenen Eimer werfen. Oftmals gibt es kein Toilettenpapier in öffentlichen Toiletten, da die Thais die Handdusche, die immer neben dem WC angebracht ist, nutzen. Auch Zeitungspapier sieht man noch in öffentlichen Toiletten hängen. In Tankstellen, einfachen Lokalen oder auch einfachen Häusern herrscht die „Hocktoilette" vor, hier gibt es keine Spülung, sondern man füllt die Kelle in den bereitstehenden Becken und gießt mit Wasser nach.

Trinkgeld

In Garküchen und an Suppenständen gibt man kein Trinkgeld. Im Restaurant kann man von ca. 10 % ausgehen, es wird nicht unbedingt erwartet und sollte nur gegeben werden, wenn man mit dem Service einverstanden ist. Hotels und Resort-Restaurants erheben oft eine „service charge" von 10 % oder mehr.

Trinkwasser

Das Wasser aus der Leitung kann zum Zähneputzen verwendet werden, auch zum Waschen von Gemüse etc., allerdings raten wir, zum Trinken das Wasser aus Flaschen (Drinking Water) zu nehmen.

Verhaltenstipps

Grundsätzlich wird **älteren Menschen** hoher Respekt eingeräumt, so geht man an ihnen mit leicht vornüber gebeugtem Oberkörper vorbei. Auch benutzen Thais gegenüber Farangs (den Fremden), die älter sind als sie, gerne den Namen Mama oder Papa, das ist keineswegs abwertend gemeint, sondern zeigt Respekt, denn Vater und Mutter zu ehren ist höchstes Gebot.

Anders als in europäischen Ländern **begrüßt** man sich nicht per Handschlag, sondern man macht einen „Wai". Man legt die Handinnenflächen vor der Brust zusammen und senkt den Kopf leicht. Weitere Tipps → S. 380.

Auf den Besitz und den Verkauf von **Drogen** steht die Todesstrafe, auch bei schon geringstem Vergehen wie etwa dem Besitz von Marihuana kommt es zu empfindlichen Geldbußen oder Gefängnisstrafen.

Visa

Deutsche, Österreicher und Schweizer erhalten bei Ankunft am Flughafen eine kostenfreie Aufenthaltserlaubnis für 30 Tage, verlängerbar auf 60 Tage. Bei Einreise auf dem Landweg erhalten Schweizer nur 15 Tage, Deutsche und Österreicher 30 Tage. Bei einem längeren Aufenthalt wird ein Visum benötigt, das die Botschaften und Honorarkonsulate der jeweiligen Länder ausstellen. Es gibt ein 60-Tage-Visum, das um 30 Tage verlängert werden kann. Außerdem gibt es Business-Visa, die zur Arbeit berechtigen und Personen über 50 Jahre können ein Jahresvisum „Non immigrant O" beantragen für einfache oder mehrfache Einreise. Für detaillierte Informationen kontaktieren Sie bitte die entsprechenden Konsulate.

Deutschland: Thai Konsulat Essen: www.thai-konsulat-nrw.de; Thai Konsulat München: www.thaiconsulate.de; Thai Konsulat Stuttgart: http://www.thaikonsulat.de; Thailändische Botschaft Berlin: www.thaiembassy.de.

Schweiz: Zürich/Bern www.thaiembassy.ch.

Österreich: Wien www.thaiembassy.at/.

Zeit und Kalender

Die Zeitverschiebung zur Mitteleuropäischen Zeit MEZ beträgt während der Winterzeit 6 Stunden voraus und während der Sommerzeit 5 Stunden. Da die Zeitrechnung mit Buddhas Erleuchtung zu tun hat, schreibt man in Thailand bereits das Jahr 2562, denn der buddhistische Kalender beginnt im Jahr 543 v.Chr.

Zoll

Zollfrei sind 1 Stange Zigaretten (200 Stück) sowie 1 l Spirituosen, Geschenke im Wert von 500 € und alle Kleider und Schuhe für den Eigengebrauch. Ausländische Devisen dürfen in beliebigen Mengen eingeführt werden, ab 10.000 € sollte man allerdings ein Formular ausfüllen. Pornografisches Material und Sexspielzeug sind verboten, ebenso die Einfuhr von E-Zigaretten oder Verdampfern.

Weißer Tempel zwischen
Nan und Uttaradit

Etwas Thai

Das Hochthai gehört zu den Tai-Kadai-Sprachen. Es ist tonhöhenabhängig, somit kann ein Wort fünf unterschiedliche Bedeutungen haben je nach Betonung. Die thailändische Schrift umfasst 44 verschiedene Konsonanten, 33 Vokale und fünf Betonungszeichen. Innerhalb eines Satzes werden die Wörter zusammengeschrieben, nur zwischen den einzelnen Sätzen gibt es Abstände. Wer sich näher mit der Sprache beschäftigen will, kann dies mit dem Titel: „Grundkurs Thailändisch", Dr. Sandro Giovanoli, ISBN 974-210-294-5.

Zahlen

0	*súun*	7	*dschät*	21	*ji sip et*
1	*nüng*	8	*bät*	30	*sahm sip*
2	*song*	9	*gao*	31	*sahm sip et*
3	*sahm*	10	*sip*	100	*roi*
4	*sie*	11	*sip et*	200	*song roi*
5	*hah*	12	*sip sohng*	1000	*pan*
6	*hock*	20	*jie sip*	2000	*song pan*

Elementares

Frauen hängen an Höflichkeitsfloskeln ein „kha" an, Männer ein „khrap".

Guten Tag, auf Wiedersehen (von Frauen gesagt)	*sawadi kha*
Guten Tag, auf Wiedersehen (von Männern gesagt)	*sawadi khrap*
Hallo	*sawasdee kha/khrap*
Tschüss	*laa gon*
danke	*kop khun kha/khrap*
sehr gut	*di maak*
ja	*chai*
nein	*mai*
nein danke	*mai chai*
nicht	*mai*
ohne	*mai au*
Entschuldigung	*kho thoot (kha/khrap)*
Das macht nichts!	*Mai pen rai*
Viel Glück!	*chok di*
Wieviel?	*tao rai*
Was?	*Arai*
Wie geht es Ihnen?	*sabai di mai?*
Wie ist Ihr Name?	*khun tschü arai?*
Sprechen Sie Englisch?	*phut phasa angrit mai?*
Wo?	*ju nai?/thi nai?*
Darf ich fotografieren?	*kho thai rup dai mai?*

Wat Phong Sunan – Schildkröten stehen für ein langes Leben

Zeitangaben

morgens	*tschao*
abends	*jen*
mittags	*tiang*
morgen	*prung-nie*
gestern	*müa wan*
Montag	*wan dschan*

Dienstag	*wang angkhaan*
Mittwoch	*wan phut*
Donnerstag	*whan pharuhat*
Freitag	*wan suk*
Samstag	*wan sau*
Sonntag	*wan aathit*
Stunde	*tschmung*
Minute	*naliga*

Unterwegs

Wo ist ...?	*ju tinai*
geradeaus	*trong pai*
(nach) links	*(liao) sai*
(nach) rechts	*(liao) khwa*
Straße	*thanon*
Auto	*rot*
Sammeltaxis	*songthaew*
Moped	*motoseik*
Zug	*rot fai*
Bus	*rot bas*
Stau	*rothit*
Bahnhof	*sathani rot fai*
Busbahnhof	*sathani rotmeh*
Flughafen	*sala bin*
Flugzeug	*krüa bin*
Taxi	*Teksi*
Fahrrad	*tschakayan*
Motorrad	*motoseik*
Stadt	*mueang*
Dorf	*muban*
Berg	*phu khau*
Fluss	*mae nam*
Insel	*koh*
Strand	*hat*
Höhle	*tham*
Wasserfall	*nam tok*
Wald	*paa*

Übernachten

Hotel	*rong räm*
Zimmer	*hong*
Schlüssel	*gun tschä*
Moskitonetz	*mung*
Badezimmer	*hong nam*
Zimmer mit Klimaanlage	*hong air*
Zimmer mit Frühstück	*hong ruam ahan tschau*

Essen und Trinken

Zu den Gerichten → S. 359 ff.

Das schmeckt gut	*aroi*
scharf	*phet*
nicht scharf	*mai phet*
die Rechnung, bitte	*check bin kha/khrap*
gebraten	*phat*
gekocht	*thom*
süß	*wan*
sauer	*prio*
Restaurant	*rahn ahahn*
Café	*gafä*
Markt	*talad*
heiß	*rohn*
kalt	*jen*
essen	*gin khao*
trinken	*düm*
Reis	*khao*
Ei	*kai*
Spiegelei	*kai dao*
Omelette	*kai dschiau*
Gekochtes Ei	*kai tom*
Obst	*pomlamai*
Gemüse	*phak*
Huhn	*gai*
Schwein	*moo*
Rind	*nüa*
Fisch	*pla*
Garnele	*gung*
Krabbe	*phoo*
Vegetarisch	*jee*

Beim Arzt

Arzt	*moo*
krank	*mai sabai*
Krankenhaus	*rong payabahn*
Medizin	*jah*
wehtun	*dschep*
Zahnarzt	*moo fan*
Hilfe	*tschûay dûay*
Medikament	*yaa*
Apotheke	*ran kha yah*

Kartenverzeichnis

Im Sukhothai Historical Park

Zeichenerklärung für die Karten und Pläne

- mehrspurige Hauptstraße
- Hauptstraße
- Straße im Bau
- Nebenstraße
- Piste, z.T. 4WD
- Bahnlinie
- Gewässer
- Stadtfläche
- Nationalpark
- Nationalpark (nicht im Text erwähnt)
- Militärgebiet
- besiedelte Fläche
- Bebauung
- Wald
- Schwemmland

- Internat. Flughafen
- Flughafen
- Ausgrabungsstätte
- Buddhistisches Kloster
- Sehenswürdigkeit
- Touristenattraktion
- Museum
- Elefantenbeobachtung
- Natursehenswürdigkeit
- Golfplatz
- Berg
- Aussichtspunkt
- Höhle
- Wasserfall
- Quelle, Hot Spring, Geysir

- Information
- Krankenhaus
- Parkplatz
- Haltestelle
- Bahnhof
- Fähre

Lamphun
im Kapitel näher beschriebener Ort

Alles im Kasten

Was haben Sie entdeckt?

Haben Sie ein besonderes Restaurant, ein neues Museum oder ein nettes Hotel entdeckt? Wenn Sie Ergänzungen, Verbesserungen oder Tipps zum Buch haben, lassen Sie es uns bitte wissen!

Schreiben Sie an: Sandra Wohlfart, Stichwort „Thailand – der Norden"

c/o Michael Müller Verlag GmbH | Gerberei 19 | D – 91054 Erlangen

sandra.wohlfart@michael-mueller-verlag.de

Vielen Dank!

Ich möchte mit ganz herzlich bei meiner Lektorin Carmen Wurm bedanken, für die tolle Zusammenarbeit und die konstruktiven Vorschläge zum Buch. Bei Sven Talaron, der mich als Neuautorin des Verlages gecoacht hat. Beim Team vom Michael Müller Verlag, mit dem es jederzeit eine großartige Zusammenarbeit gegeben hat. Herzlichen Dank auch an Eveline und Heinz Willi, Beate Arend, Cordula Kellner und Simone Willimann, die mich bei meinen Recherchen unterstützt haben. Last, but not least – vielen Dank an Jürgen Wohlfart, der mit mir unzählige Kilometer auf zwei und vier Rädern kreuz und quer durch Nordthailand gereist ist.

Impressum

Text und Recherche: Sandra Wohlfart | **Lektorat:** D&M Services GmbH: Carmen Wurm | **Redaktion:** Annette Melber | **Layout:** D&M Services GmbH: Jana Dillner, Julia Lüssow | **Karten:** Theresa Flenger, Judit Ladik, Annette Seraphim | **Herausnehmbare Karte:** Annette Seraphim | **Fotos:** Sandra Wohlfart | **Innentitel:** Die Pagode des Wat Phra That Doi Kong Mu über der Stadt Mae Hong Son | **Covergestaltung:** Karl Serwotka | **Covermotiv:** Königspagode im Doi Inthanon National Park

ISBN 978-3-95654-762-1

 Druck: Zeitfracht GmbH, Nürnberg.

Haftungsausschluss

Die in diesem Reisebuch enthaltenen Informationen wurden von der Autorin nach bestem Wissen erstellt und von ihr und dem Verlag mit größtmöglicher Sorgfalt überprüft. Dennoch sind, wie wir im Sinne des Produkthaftungsrechts betonen müssen, inhaltliche Fehler nicht mit letzter Gewissheit auszuschließen. Daher erfolgen die Angaben ohne jegliche Verpflichtung oder Garantie der Autorin bzw. des Verlags. Autorin und Verlag übernehmen keinerlei Verantwortung bzw. Haftung für mögliche Unstimmigkeiten. Wir bitten um Verständnis und sind jederzeit für Anregungen und Verbesserungsvorschläge dankbar.

Aktuelle Infos zu unseren Titeln, Hintergrundgeschichten zu unseren Reisezielen sowie brandneue Tipps erhalten Sie in unserem regelmäßig erscheinenden Newsletter, den Sie im Internet unter **www.michael-mueller-verlag.de** kostenlos abonnieren können.

Wat Dara Phirom, Mae Rim, Chiang Mai

In den Bergen von Phetchabun liegt der Wat Phra That Pha Son Kaeo

Abruzzen ■ Ägypten ■ Albanien ■ Algarve ■ Algarve ■ Allgäu ■ Altmühltal & Fränk. Seenland ■ Amsterdam ■ Andalusien ■ Andalusien ■ Apulien ■ Australien – Der Osten ■ Azoren ■ Bali & Lombok ■ Barcelona ■ Bayerischer Wald ■ Berchtesgadener Land ■ Berlin ■ Bodensee ■ Bornholm ■ Bremen mit Bremerhaven ■ Bretagne ■ Brüssel ■ Budapest ■ Chalkidiki ■ Chiemgauer Alpen ■ Chiemgau & Berchtesgadener Land ■ Chios ■ Cilento ■ Comer See ■ Cornwall & Devon ■ Costa Brava ■ Costa de la Luz ■ Côte d'Azur ■ Cuba ■ Dänemark Nordseeküste ■ Dolomiten ■ Dolomiten ■ Dominikanische Republik ■ Dresden ■ Dublin ■ Düsseldorf ■ Ecuador ■ Eifel ■ Elba ■ Elsass ■ Elsass ■ Fehmarn ■ Florenz & Chianti ■ Föhr & Amrum ■ Franken ■ Fränkische Schweiz ■ Fränkische Schweiz ■ Friaul-Julisch Venetien ■ Fuerteventura ■ Gardasee ■ Gardasee ■ Golf von Neapel ■ Gomera ■ Gran Canaria ■ Hamburg ■ Harz ■ Haute-Provence ■ Ibiza & Formentera ■ Irland ■ Island ■ Istanbul ■ Istrien ■ Jerusalem ■ Kalabrien & Basilikata ■ Kanada – der Westen ■ Karpathos ■ Kärnten ■ Katalonien ■ Kefalonia & Ithaka ■ Köln ■ Kopenhagen ■ Korfu ■ Korsika ■ Korsika Fernwanderwege ■ Korsika ■ Kos ■ Krakau ■ Kreta ■ Kreta ■ Kroatische Inseln & Küstenstädte ■ Kykladen ■ Lago Maggiore ■ Lago Maggiore ■ La Palma ■ La Palma ■ Languedoc-Roussillon ■ Lanzarote ■ Latium mit Rom ■ Lesbos ■ Ligurien ■ Ligurien ■ Limnos ■ Limousin & Auvergne ■ Liparische Inseln ■ Lissabon & Costa de Lisboa ■ Lissabon ■ London ■ Lübeck ■ Lüneburg & Lüneburger Heide ■ Madeira ■ Madeira ■ Madrid ■ Mailand ■ Mainfranken ■ Mainz ■ Mallorca ■ Mallorca ■ Malta, Gozo, Comino ■ Marken ■ Marseille ■ Mecklenburgische Seenplatte ■ Mecklenburg-Vorpommern ■ Menorca ■ Midi-Pyrénées ■ Mittel- und Süddalmatien ■ Montenegro ■ Moskau ■ München ■ Münchner Ausflugsberge ■ Münster & Münsterland ■ Naxos ■ Neuseeland ■ New York ■ Niederlande ■ Nord- u. Mittelengland ■ Nord- u. Mittelgriechenland ■ Norddalmatien ■ Norderney ■ Nordkroatien ■ Nördliche Sporaden ■ Nordportugal ■ Nordseeküste – Schleswig Holstein ■ Nordspanien ■ Normandie ■ Norwegen ■ Nürnberg, Fürth, Erlangen ■ Oberbayerische Seen ■ Oberitalien ■ Oberitalienische Seen ■ Odenwald ■ Oslo ■ Ostfriesland – Ostfriesische Inseln ■ Ostseeküste – Mecklenburg-Vorpommern ■ Ostseeküste – von Lübeck bis Kiel ■ Paris ■ Peloponnes ■ Pfalz ■ Pfälzerwald ■ Piemont & Aostatal ■ Piemont ■ Polnische Ostseeküste ■ Porto ■ Portugal ■ Potsdam ■ Prag ■ Provence & Côte d'Azur ■ Provence ■ Rhodos ■ Rom ■ Rügen, Stralsund, Hiddensee ■ Rumänien ■ Rund um Meran ■ Salzburg & Salzkammergut ■ Samos ■ Santorini ■ Sardinien ■ Sardinien ■ Schottland ■ Schwäbische Alb ■ Schwarzwald Mitte/Nord ■ Shanghai ■ Sizilien ■ Sizilien ■ Slowakei ■ Slowenien ■ Span. Jakobsweg ■ Spreewald ■ Sri Lanka ■ St. Petersburg ■ Steiermark ■ Stockholm ■ Straßburg ■ Südböhmen – Böhmerwald ■ Südengland ■ Südfrankreich ■ Südnorwegen ■ Südschwarzwald ■ Südschweden ■ Südtirol ■ Südtoscana ■ Südwestfrankreich ■ Sylt ■ Tallinn ■ Teneriffa ■ Teneriffa ■ Tessin ■ Thailand – der Norden ■ Thassos & Samothraki ■ Thüringen ■ Toskana ■ Toskana ■ Tschechien ■ Türkei ■ Türkei – Lykische Küste ■ Türkei – Mittelmeerküste ■ Türkei – Südägäis ■ Türkische Riviera – Kappadokien ■ Umbrien ■ USA – Südwesten ■ Usedom ■ Varadero & Havanna ■ Venedig ■ Valdarno, Casentino & Florenz ■ Venetien ■ Wachau, Wald- u. Weinviertel ■ Wales ■ Warschau ■ Westböhmen & Bäderdreieck ■ Wien ■ Zakynthos ■ Zypern

MM-Travel **MM-City** **MM-Wandern**

Wat Phra That Pha Son Kaeo

Eingang in den Sukhothai Historical Park, UNESCO-Weltkulturerbe

Register

Die in Klammern gesetzten Koordinaten verweisen auf die herausnehmbare Thailand-Karte.

Per Boot erreicht man den Wat Tilok Aram auf einer Insel im Kwan Phayao

Vom Aussichtspunkt hat man einen schönen Blick auf das chinesische Dorf Baan Rak Thai und seine Teeplantagen

Die Mutter aller Flüsse ...

... führt in der Trockenzeit wenig Wasser

Kühe sind oft der einzige Gegenverkehr